FERDINAND VON RAESFELD

DAS DEUTSCHE WAIDWERK

FERDINAND VON RAESFELD

DAS DEUTSCHE WAIDWERK

Lehr- und Handbuch der Jagd

Vierzehnte Auflage
völlig neubearbeitet von

Dr. RÜDIGER SCHWARZ †

Landesforstmeister

Mit 391 Abbildungen, davon 24 farbig,
im Text und auf 5 Tafeln
nach Gemälden und Zeichnungen von R. R. Hofmann,
Fritz Laube und Karl Wagner

VERLAG PAUL PAREY · HAMBURG UND BERLIN

Die Jagdklassiker

Ferdinand von Raesfeld

DAS DEUTSCHE WAIDWERK

1. Auflage	· 1913	8. Auflage	· 1957
2. Auflage	· 1918	9. Auflage	· 1961
3. Auflage	· 1921	10. Auflage	· 1964
4. Auflage	· 1931	11. Auflage	· 1967
5. Auflage	· 1942	12. Auflage	· 1970
6. Auflage	· 1952	13. Auflage	· 1974
7. Auflage	· 1955	14. Auflage	· 1979

Die 4. Auflage wurde von Graf Silva-Tarouca, die 5. bis 9. Auflage von Walter Frevert, die 10. bis 13. Auflage von Gerd von Lettow-Vorbeck und die 14. Auflage von Dr. Rüdiger Schwarz bearbeitet.

Ferdinand von Raesfeld

DAS REHWILD

8. Auflage · 1978 · Neubearbeitet von A. H. Neuhaus und Dr. K. Schaich

Ferdinand von Raesfeld

DAS ROTWILD

8. Auflage · 1978 · Neubearbeitet von Olfm. a. D. F. Vorreyer

Ferdinand von Raesfeld

DIE HEGE

4. Auflage · 1978 · Neubearbeitet von Hans Behnke

DIEZELS NIEDERJAGD

22. Auflage · 1978 · Neubearbeitet von Prof. Dr. D. Müller-Using

CIP-Kurztitelaufnahme der Deutschen Bibliothek

Raesfeld, Ferdinand von:
Das deutsche Waidwerk : Lehr- u. Handbuch d.
Jagd / Ferdinand von Raesfeld. – 14. Aufl. /
völlig neu bearb. von Rüdiger Schwarz. –
Hamburg, Berlin : Parey, 1980.
  ISBN 3-490-15112-7
NE: Schwarz, Rüdiger [Bearb.]

ISBN 3-490-15112-7

VORWORT ZUR 14. AUFLAGE

Die Bearbeitung der vorliegenden Auflage des Deutschen Waidwerks hatte Landesforstmeister Dr. Rüdiger Schwarz als letzte literarische Tätigkeit abgeschlossen, als er unerwartet am 3. 6. 1978 auf der Bockjagd von einem jähen Tod ereilt wurde. Damit ist ein wesentlicher Teil des umfassenden jagdlichen Wissens dieses großen Jägers in dem Traditionswerk erhalten geblieben, das Ferdinand von Raesfeld 1913 geschrieben und in den ersten 3 Auflagen betreut hat, dessen 4. Auflage Graf Silva-Tarouca bearbeitete und das Oberforstmeister Walter Frevert mit der 5. bis 9. Auflage und Gerd von Lettow-Vorbeck mit der 10. bis 13. Auflage weiterentwickelt haben.

Der Verlag gedenkt in großer Dankbarkeit des Verfassers dieser Neuauflage, dem wir in vielfacher Hinsicht besonders verbunden waren und dem wir ein ehrendes Andenken bewahren werden. Wir betrachten diese 14. Auflage des Deutschen Waidwerks als ein Vermächtnis des Verstorbenen, das dazu beitragen wird, die Erinnerung an Dr. Rüdiger Schwarz in den Kreisen der deutschen Jägerschaft lebendig zu erhalten.

Für viele Jägergenerationen war dieses Buch Anleitung und Richtschnur zugleich, ein Lehrmeister für die Jugend und ein stets zuverlässiger Begleiter für den reiferen Waidgenossen. Im gleichen Geist ist auch die vorliegende Auflage bearbeitet. Unter möglichster Beibehaltung des unverwechselbaren, lebhaft an der Praxis orientierten Stils, der die Bücher Raesfelds so lebensnah und richtungsweisend erhalten hat, sind in dieser Auflage wiederum die neuen und gesicherten Erkenntnisse jagdwissenschaftlicher und jagdpraktischer Arbeit berücksichtigt worden.

Das Kapitel über die Jagdhunde ist durch Neufassung von Forstoberamtmann Hans Lux dem heutigen Stande jagdlicher Hundeführung angepaßt worden.

Das Schießwesen wurde von Helmut Kinsky, dem technischen Leiter der Deutschen Versuchs- und Prüfanstalt für Jagd- und Sportwaffen (DEVA), neu bearbeitet.

Besonderer Dank gebührt dem Jagdmaler Fritz Laube, der mit mehr als 30 instruktiven Zeichnungen im Text und 2 Farbtafeln wesentlich zur Vervollkommnung der neuen Auflage beigetragen hat.

Hamburg, im Herbst 1979   VERLAG PAUL PAREY

FERDINAND VON RAESFELD

Ein Lebensbild[1]

Die RAESFELDS sind ein westfälisches Uradelsgeschlecht, das bis auf Wittekind zurückgeht, aber früh seinen ganzen Lehnsbesitz im Raume Dorsten/Raesfeld (nordwestlich von Gelsenkirchen) verlor. FERDINAND V. RAESFELDS Vater hatte, seiner Neigung folgend, Medizin studiert, seine Mutter, AUGUSTA geb. REISCHEL, stammte aus einer Dorstener Kaufmannsfamilie. FERDINAND V. RAESFELD selbst, geboren am 29. November 1855, wuchs als Ältester von neun Geschwistern in seiner Geburtsstadt Dorsten auf, wo er eine glückliche Kindheit verlebte.

Schon früh zeigten sich in dem gesunden und selbstbewußten Jungen Charaktereigenschaften, die er für sein ganzes Leben behielt: Ein ausgeprägtes wissenschaftliches Interesse, das sich vornehmlich auf die Naturwissenschaften erstreckte, Ehrgeiz, hohe Begabung, zäher Fleiß immer dort, wo sein Interesse erregt war, Opposition, wo er den Sinn eines Tuns nicht einsehen wollte oder konnte, und eine empfindliche Ichbezogenheit. Freunde hatte er überall, Feinde desgleichen.

Nach Absolvierung der Volksschule und des Progymnasiums bezog er das alte Gymnasium Nepomucenianum in dem unweit gelegenen Coesfeld, das er 1874 mit dem Zeugnis der Reife verließ. – Schon früh hatte es ihn hinaus in Wald und Feld gezogen, er hatte, von seinem Vater gefördert, Sammlungen aller Art angelegt und Tiere gehalten. Diese seine Neigung zu Wald und Wild war bestimmend für die Wahl des Forstberufs.

Seine Lehrzeit, die unter einem verständnisvollen Lehrherrn harmonisch und beglückend verlief, verbrachte er in dem Forstamt Rumbeck an der Weser. Dort wurde eine gute Grundlage im Forstlichen gelegt, und wenn er auch später sein Hauptinteresse der Jagd zuwandte, wurde und blieb er doch zugleich ein sehr aktiver, sich vielseitig betätigender Forstmann.

Seine Studienzeit an der Forstakademie Eberswalde gab ihm freilich nicht übermäßig viele Anregungen. Aus seinen Aufzeichnungen klingt heftige Kritik über den Klippschulbetrieb, der damals dort herrschte, doch spendet er auch einzelnen seiner akademischen Lehrer, insbesondere den Vertretern der Grundwissenschaften, HARTIG (Botanik) und ATUM (Zoologie), hohes Lob.

Die Referendarzeit begann er als „försternder Referendar" in dem Schorfheide-Forstamt Großschönebeck, wo er in Vertretung seines erkrankten Forstmeisters auch an der dortigen Forstschule Unterricht zu erteilen hatte. Als großer Freund des Jagdhorns schuf FERDINAND V. RAESFELD damals das wohl erste Bläserkorps an einer preußischen Forstschule, das dann bei einer Hofjagd dem alten Kaiser WILHELM I. und seinem Oberhofjägermeister Fürst V. PLESS so gut gefiel, daß er sich das Korps bald darauf zu einer anderen Hofjagd, im Berliner Grunewald, bestellte. Es scheint fast so, als ob der Hörnergruß erst durch diese Initiative V. RAESFELDS wieder zu einer ständigen Einrichtung geworden sei.

[1] Nach einer in der Z. f. Jagdwissenschaft X, 1 (1964) erschienenen Abhandlung von Prof. Dr. MÜLLER-USING †.

Die weitere Referendarzeit führte RAESFELD in viele Forstämter, teils um die reguläre Ausbildung durchzumachen, teils um sich bei Dürchführung besonderer Aufgaben, vornehmlich Kartierung, ein wenig Geld zu verdienen.

So lernte er die preußischen Wälder vom Riesengebirge bis Rügen, von Rhein und Nahe bis zur Schorfheide kennen. Mehr noch als heute wurden die von dem reisenden Referendar besuchten Forstämter unter jagdlichen Gesichtspunkten ausgesucht und so reizten ihn gerade auf Rügen die vielseitigen Jagdverhältnisse auf Hoch- und Niederwild. Doch war RAESFELD, wie sein späteres Wirken auf dem Darß bewies, keineswegs nur Jäger, sondern auch Forstmann, und nach bestandenem Oberförsterexamen übernahm er eine rein forstliche Aufgabe im Ausland, nämlich die gut dotierte Einrichtung der Fürstlich Orlowschen Forsten in Rußland – mit 500 000 Hektar an der unteren Wolga, im Wolgabogen bei Samara (Kujbyschjew) gelegen.

Das verlockende Angebot, die Verwaltung des Besitzes ganz zu übernehmen, schlug er aus. Er kehrte nach Deutschland zurück und übernahm für fünf Jahre als Assessor die Verwaltung des damaligen Preußischen Forstamts Meisenheim an der Nahe.

Am 1. Januar 1890 wurde RAESFELD dann auf Grund persönlicher Bewerbung beim damaligen Oberlandforstmeister DONNER Revierverwalter in Born auf dem Darß, jener nordwestlich von Stralsund gelegenen, nur durch zwei dünne Landbrücken mit dem Festland verbundenen Insel, die im Westteil ein großes Laubholz- und Kieferrevier, ebenfalls Darß genannt, trägt. In seinem Süden liegt die alte Oberförsterei Born, für die nächsten 23 Jahre der Wohnsitz und die Arbeitsstätte unseres Altmeisters. Bei dem zahlenmäßig überstarken, gütemäßig aber geringen Rotwildbestand handelte es sich um ein wegen der Insellage verhältnismäßig isoliertes Vorkommen, bei dem jede Hegemaßnahme oder Art der Bewirtschaftung sich unmittelbar auf den Wildstand selbst auswirken mußte. RAESFELD boten sich also die besten Voraussetzungen für die Erprobung jener neuen Wege, die zu gehen er sich entschlossen hatte.

Selbstverständlich lagen die von ihm praktizierten Abschußgrundsätze – das Altwerdenlassen gut veranlagter, das Ausmerzen schlecht veranlagter Hirsche, die Erfüllung des Kahlwildabschusses durch einen hohen Abschußanteil bei den Kälbern und Schmaltieren – irgendwie im Zuge der Zeit und wurden in der damaligen Jagdpresse bereits diskutiert. RAESFELD aber war der erste, der die ganzen Probleme konsequent von Anfang bis zu Ende durchdachte und seine Gedanken in die Tat umsetzte. Seine große Passion und seine überaus große Könnerschaft im Ansprechen ließen ihn den Wahlabschuß weitgehend selbst durchführen. Die Erfolge blieben nicht aus, Erfolge, die wir viel später, nach dem Inkrafttreten des Reichsjagdgesetzes, ja dann beim Rotwild selbst erlebt haben.

In seine ersten Jahre auf dem Darß, jenem „vielbeschrieenen Revier", wie einer seiner Freunde schrieb, fiel nun ein Ereignis, das für die ganze Jägerei von großer Wichtigkeit geworden ist, die Gründung der Jagdzeitschrift „Wild und Hund" im Verlag Paul Parey unter ERWIN STAHLECKER. Schon im ersten Jahrgang von „Wild und Hund" schrieb RAESFELD, zunächst noch unter der Chiffre D. v. D., jagdliche Aufsätze, und zwar sowohl Erlebnisberichte als auch solche jagdkundlichen Inhaltes, zumal über Hegemaßnahmen, wobei von besonderem Interesse der Abdruck eines Vortrages ist, in dem er den Kitzabschuß fordert. Kitze waren bis dahin in Preußen vollständig geschont. In diesem Vortrag bezieht er sich auf die 1885 bereits ausgesprochene Forderung eines Forstmeisters BALTHASAR „Schonet die Mütter und schießet die Kälber". Gerade diese Bezugnahme zeigt, daß die Diskussion über die zweckmäßige Handhabung des Abschusses schon im Flusse war. Aber es ist wohl RAESFELD zu verdanken, daß der Kitzabschuß schließlich freigegeben und damit der Weg für eine sinnvolle, artgerechte Nutzung des Rehstandes eröffnet wurde. Die geniale Formulierung

RAESFELDS „Hege mit der Büchse", stammt aus dieser Zeit; eine Formulierung, die so schnell Allgemeingut wurde, daß RAESFELD sich einmal genötigt sah, darauf hinzuweisen, daß er es schließlich gewesen sei, der dieses treffende Wort gefunden habe.

Im November 1898 erscheint dann im Verlag Paul Parey das erste der klassisch gewordenen Werke, die großangelegte Monographie „Das Rotwild". In einer Würdigung aus demselben Jahr heißt es schon, daß er eine Fülle des Stoffes mit großer Mühe aus der ganzen Jagdliteratur zusammengetragen habe, dabei aber doch in dieser und jener Beziehung seine eigenen Ansichten wohl zu begründen wisse. Unter den eigenen Ansichten ist es besonders die, daß in den weitaus meisten Fällen nur der Jäger selber und nur er allein die Ursache des vielbeklagten Rückganges der Körperstärke des Rotwildes sei. Sein Rezept war: „Sorge für Ruhe, gönne dem Wild die vollen Jahre zu seiner nötigen Entwicklung, schieße nur Minderwertiges ab, bis das Ganze auf eine genügend hohe Stufe gebracht ist, und halte keine größere Anzahl von Wild, als die gegebenen Verhältnisse voll zu entwickeln und zu erhalten vermögen." Wahrlich, eine heute noch im vollen Wortlaut gültige und höchst aktuelle Anweisung!

Außerordentlich instruktiv waren die von RAESFELD angegebenen *Beschußpläne*, wie man damals sagte. RAESFELD beherrschte beim sorgfältigen Durchdenken seiner Beschußpläne das ganze Wissen seiner Zeit, daher auch sein Ausgehen von dem natürlichen Geschlechterverhältnis 1 : 1, das dann im Jahre 1909 durch die Trachtuntersuchungen des Forstmeisters GUSSONE wissenschaftlich bestätigt wurde. Ein Jahr nach RAESFELDS „Rotwild" erschien das Werk des berühmtem österreichischen Rotwildhegers Graf SYLVA-TAROUCA „Kein Heger, kein Jäger", in dem dieser durchaus selbständig zu den gleichen Grundsätzen wie RAESFELD gelangte.

Als zweites der klassischen Werke erschien im Jahre 1905 im gleichen Verlag und in der gleichen Ausstattung wie das „Rotwild" sein Buch über das Rehwild, das auch für den Naturwissenschaftler heute noch eine Fundgrube darstellt. Immerhin ist es erstaunlich, daß es bis zur 2. Auflage des „Rotwildes" 13 Jahre dauerte, bis zu der des „Rehwildes" 14 Jahre. Das nächste Werk, gleichsam ein Lehrbuch für den jagdlichen Anfänger, war das letzte der auf dem Darß geschriebenen Bücher des Verfassers: „Das Deutsche Waidwerk". Drei Auflagen sind zu Lebzeiten des Verfassers erschienen, die 4. bald nach seinem Tode, von Graf SYLVA-TAROUCA bearbeitet. Das Buch wurde von seiner 5. bis 9. Auflage von Oberforstmeister FREVERT († 1962) und von seiner 10. bis 13. Auflage von G. v. LETTOW-VORBECK († 1973) bearbeitet.

Das vierte und letzte der klassischen Werke FERDINAND VON RAESFELDS ist sein zusammenfassendes Buch über die „Hege in der freien Wildbahn", das 1920 gleichfalls im Verlag Paul Parey erschien und eine ausgezeichnete Zusammenstellung und Revision all der Hegegrundsätze darstellt, die er in seinen vorausgegangenen Schriften entwickelt hat; aber es konnten doch Wiederholungen nicht ganz ausbleiben. So machten seine eigenen früheren Werke diesem Buch solche Konkurrenz, daß es erst nach 38 Jahren in der sorgfältigen Neubearbeitung von GERD v. LETTOW-VORBECK eine 2. Auflage erlebte.

Die Zeit auf dem Darß endete 1913. RAESFELD nahm aus persönlichen Gründen seinen Abschied und ging zunächst auf Reisen. Er war auf weitere schriftstellerische Tätigkeit angewiesen und veröffentlichte neben laufenden jagdkundlichen Beiträgen in der gesamten Jagdpresse auch eine Reihe von Romanen, die in jagdlichem Milieu spielten. Bleibendes hat er hier aber nicht geschaffen.

Daneben hielt FERDINAND v. RAESFELD viele Vorträge, ja man kann ihn wohl als einen der Begründer des Vortragswesens im Rahmen der jagdlichen Organisation, inbesondere des alten ADJV, des Vorgängers unseres DJV, bezeichnen. Noch im Februar 1929 sprach er in den Bezirksvereinen Werdau und Gera des ADJV, im März in Karlsruhe, Kaiserslautern, Essen, Hagen; auch andere Orte Westfalens sahen ihn als Vortragenden. Überall in deutschen

Landen hatte er seine Gefolgschaft, die Jäger, die den großen Mann, den fröhlichen Zecher und brillanten Plauderer gern unter sich sahen, nachdem er ihnen klar und überzeugend seine jagdlichen Vorstellungen entwickelt hatte. Seinen letzten Vortrag hielt er wiederum in Westfalen, wohin es ihn immer wieder zog, in Dortmund; als kranker Mann kehrte er zurück und starb am 6. Mai 1929 zu Marquartstein, 73 Jahre alt.

Sein Tod brachte Versöhnendes: Die Grüne Farbe, die sich nach 1913 von ihm abgewandt hatte, worunter er wohl im stillen sehr schwer litt, gab nun doch ihre Vorbehalte auf und erfüllte seinen letzten Wunsch: „Mich soll einmal des Waldes Erde haben!" Auf die Initiative des im 2. Weltkrieg gefallenen RUDOLF THORBECKE hin, der damals Sekretär in der Hauptgeschäftsstelle des ADJV war, übernahm dieser die Erstellung eines Ehrengrabes in seinem alten Forstamt Darß, wohin seine sterblichen Überreste ein Jahr nach seinem Tode überführt wurden. Sein Amtsnachfolger, der bekannte Forstmeister MÜELLER-DARSS übernahm das Grab aus der Obhut des ADJV. Der Gedenkstein steht heute noch.

Zur abschließenden Würdigung FERDINAND V. RAESFELDS scheinen mir die Worte, die Prinz ISENBURG an seinem Ehrengrabe sprach, besonders treffend: „Seit drei Jahrzehnten" – heute sind es über sieben – „bewegt sich unser Waidwerk in den Bahnen, die er ihm gewiesen, arbeiten und hegen Deutschlands Jäger, wie er es gelehrt."

Eine Aufstellung der 1980 lieferbaren Werke von FERDINAND VON RAESFELD finden Sie auf der Seite 4 dieses Buches.

INHALT

14

VIERTER TEIL

DIE HEGE

FÜNFTER TEIL

DAS JAGDLICHE BRAUCHTUM

SECHSTER TEIL

BEWERTUNGSFORMELN

ERSTER TEIL

DIE DEM JAGDRECHT UNTERLIEGENDEN TIERE

Hochwild

Das Rotwild

Der Rothirsch *(Cervus elaphus)* kommt in fast allen Ländern Mitteleuropas und auch in den meisten Landstrichen der Bundesrepublik Deutschland vor, vor allem aber in den großen geschlossenen Waldgebieten.

Das männliche Wild heißt *Edelhirsch, Rothirsch,* auch kurz *Hirsch*; das weibliche einschließlich der Kälber *Kahlwild* oder *Wild,* auch *Mutterwild.* Das einzelne Stück Kahlwild heißt *Rottier, Tier,* in Bayern auch *Stück.* Das Tier, das bereits ein Kalb *gesetzt* hat, wird *Alttier* genannt. Das männliche Kalb heißt *Hirschkalb,* das weibliche *Wildkalb.* Letzteres wird nach Ablauf des ersten Lebensjahres ein *Schmaltier*; wenn es in einem Alter von zwei Jahren nicht setzt, wird es ein *übergehendes* oder übergangenes *Schmaltier.* Die Vereinigung einer Mehrzahl von Stücken heißt *Rudel,* auch *Trupp.* Das Rudel wird in der Regel von einem *Leittier, Kopftier* geführt. Man spricht von einem *Rudel Wild,* wenn es aus Kahlwild, von einem *Rudel Hirsche* oder *Hirschrudel,* wenn es aus Hirschen besteht. Das Hirschkalb wird zum *Spießer, Rotspießer, Schmalspießer,* wenn es das erste Geweih – *Spieße* – trägt. Das Geweih wird *aufgesetzt, geschoben* und *abgeworfen*; es ist *gut, brav, stark,* wenn es sich durch Höhe, Stangenstärke und Endenreichtum auszeichnet. Es sitzt auf den *Rosenstöcken,* womit die Stirnbeinzapfen bezeichnet werden, und besteht aus zwei *Stangen,* die die *Enden* und die *Krone* tragen und die an ihrem unteren Teil von einem mehr oder weniger regelmäßigen Kranz, der *Rose,* umgeben sind.

Die körnigen Erhabenheiten an der Oberfläche des Geweihes heißen *Perlen.* Das Geweih ist gut, stark *geperlt.* Die langen, rinnenförmigen Vertiefungen heißen *Furchen,* auch *Riefen, Rillen.* Die mit feinen Haaren bedeckte Haut, die das Geweih während des Wachstums überzieht, heißt *Bast*; das Geweih selbst während dieser Zeit *Bastgeweih, Kolbengeweih*; der abgefegte Bast das *Gefege.* Die Endenzahl wird *angesprochen,* indem man die Enden derjenigen Stange, die die meisten trägt, verdoppelt. Sind sie auf beiden Stangen in gleicher Anzahl vorhanden, so spricht man den Hirsch beispielsweise auf *gerade* zwölf Enden an, sonst auf *ungerade*; man sagt ein *gerader* Achtender oder Achter, ein *ungerader* Zehnender oder Zehner. Der Spießer wird durch die *Augsprosse* zum *Gabler* oder *Gabelhirsch*; dieser durch die *Mittelsprosse* zum *Sechser* oder *Sechsender*; dieser wird durch Gabelung des Stangenendes zum *Achtender.* Aus letzterem geht entweder durch weitere Teilung der *Endsprosse,* der *Kronenzehner* oder durch Hinzutreten der *Eissprosse* der *Eissprossenzehner* hervor; beide werden schlechthin als *Zehner* bezeichnet. Eine seltenere Bildung ist der *Eissprossenachter,* der an Stelle der oberen Stangenteilung über der Augsprosse die Eissprosse aufweist. Die *Krone* besteht aus drei oder mehr Enden. Durch weiteres Hinzutreten von Enden entsteht der *Zwölfender, Vierzehnender* usw. Alle Enden über der Mittelsprosse werden der Krone zugezählt. Der Höhepunkt der Geweihentwicklung liegt zwischen dem zwölften und fünfzehnten Jahr. Danach setzt auch der gesunde, starke Hirsch schnell zurück. Das Geweih ist *vereckt*, wenn die Enden unter dem Bast ausgereift und spitz sind. Das vereckte Geweih wird durch gewaltsames Reiben an Stämmen und Ästen von dem noch lebenden Bast befreit: es wird *gefegt*; der Hirsch *fegt*. Wenn der Hirsch nach Beseitigung des Bastes mit dem Geweih Bäume und Sträucher bearbeitet, was er bis zur Beendigung der Brunftzeit und besonders während dieser, aber auch kurz vor dem *Abwerfen*, gern tut, so *schlägt* er.

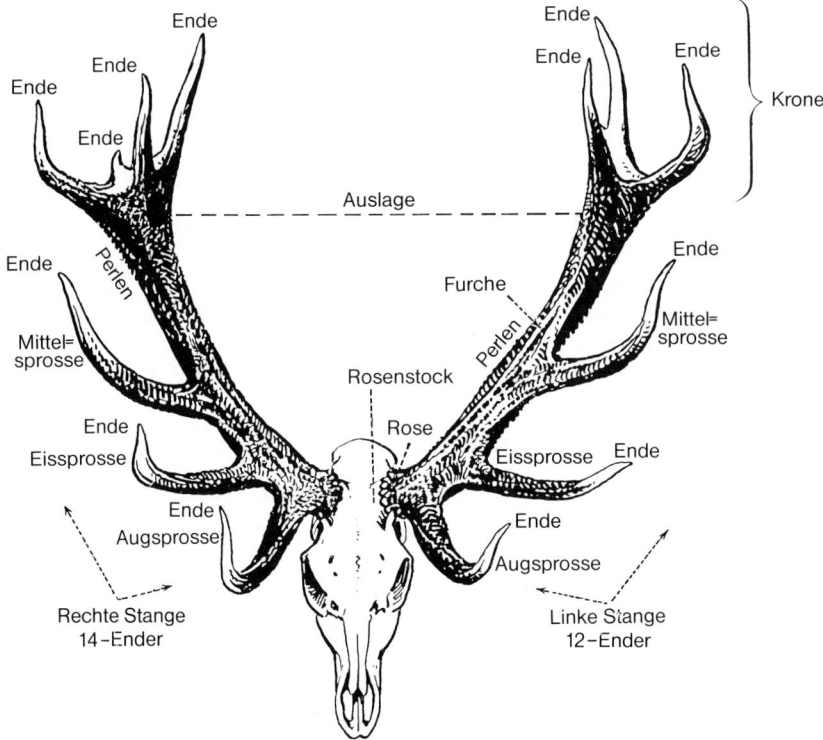

Ungerader 14-Ender. Die waidmännischen Bezeichnungen des Hirschgeweihes

Der Kopf des Rotwildes heißt: *Kopf, Haupt*, in Süddeutschland auch *Grind* genannt, die Nase *Windfang*, das Maul *Äser, Graser* (in Österreich), die Zunge *Lecker*, die Eckzähne im Oberkiefer *Haken*, auch *Grandeln, Granen, Kusen*, die Augen *Lichter*, die unter ihnen befindlichen, vertieften Hautfalten *Tränengruben, Tränenhöhlen*; die Ohren heißen *Lauscher, Luser, Loser*. Der Hals heißt *Hals*, auch *Träger*, die Mähne des Hirsches *Kragen*, in Süddeutschland und Österreich *Mähne (Brunftkragen, Brunftmähne)*; der Rücken heißt *Rücken*, auch *Rückstrang*; die Schulterblätter werden *Blätter* und mit den vorderen drei Rippen zusammen *Vorschlag* genannt; der untere Brustteil vorn unter dem Hals heißt *Stich*, zwischen den Vorderläufen *Brustkern*. Die Beine werden *Läufe* genannt: *Vorder-, Hinterläufe*. Die Klauen heißen *Schalen*; die hornigen Zehen oberhalb der Schalen, die in ruhiger Gangart den Boden nicht berühren, *Geäfter* oder *Oberrücken*. Die Seiten des Bauches werden

als *Flanken* oder *Flämen* bezeichnet; die Bauchdecken selbst heißen *Dünnungen*. Das Wildpret am ganzen Rückgrat heißt der oder das *Ziemer* (*Vorderziemer* und *Wedelziemer*), die
'Oberschenkel *Keulen* oder *Schlegel*, der Schwanz *Wedel*, der After *Waidloch*, der heller
behaarte Teil der hinteren Keulen ist der *Spiegel*, das Euter das *Gesäuge*. Das weibliche
Geschlechtsteil heißt *Feuchtblatt*, auch *Feigenblatt*, das männliche Glied *Brunftrute* oder
Rute, das Geschröte *Kurzwildpret*, die Hoden *Brunftkugeln*. Der *Brunftfleck* oder *Brunft-
brand* ist ein metallisch schimmernder Fleck um den *Pinsel* herum; er wird durch den Austritt
der Samenflüssigkeit hervorgerufen. Es ist wohl zu unterscheiden von dem dunklen oder
schwarzen Bauchhaar vieler Hirsche, das sich mit dem Haarwechsel im Herbst auf der ganzen
Unterseite einfindet. Die Haut wird *Haut* oder *Decke* genannt. Die Luftröhre ist die *Drossel*,
der Kehlkopf der *Drosselknopf*; die Speiseröhre heißt *Schlund*. Herz, Lunge, Leber und
Nieren bilden das *Geräusch*; der Magen heißt *Pansen, Waidsack*; er bildet das *große
Gescheide*; die Gedärme heißen *kleines Gescheide*; Magen und Gedärme zusammen bilden das
Gescheide. Geräusch und Gescheide zusammen heißen der *Aufbruch*. Das Fleisch heißt
Wildpret, das Blut *Schweiß*, sobald es aus dem Wildkörper heraustritt, überhaupt sichtbar
wird, dagegen im Wildkörper Blut, das Stück verendet z. B. an innerer Verblutung. Das Fett
heißt *Feist*, auch *Unschlitt*. Sehen heißt *Äugen*, Riechen heißt *Winden, Wittern*, Hören
Vernehmen. Unter *Sichern* versteht man das Aufmerken unter Anspannung aller Sinne, unter
Verhoffen das Stehenbleiben in der *Flucht*. Das Haar heißt *Haar*, in Norddeutschland auch
Farbe. Der Haarwechsel heißt *Färben*; das Wild *färbt* sich; es hat *verfärbt*, wenn der
Haarwechsel beendet ist. Die Zeit des Haarwechsels ist die *Färbezeit*.

Der Eindruck, den die Schalen *eines* Laufes im Boden zurücklassen, ist der *Tritt*; mehrere
Tritte hintereinander bilden die *Fährte*. Die festen Ausscheidungen sind die *Losung*; das Wild
löst sich, lost; es näßt, wenn es Wasser läßt.

Wenn das Wild mit den Läufen Moos, Laub usw. wegschlägt, dann *plätzt* es; so, wenn es
bei hoher Schneelage die Äsung freischlägt. Manche Hirsche pflegen auch während der
Brunftzeit zu plätzen. Dagegen sei hier bemerkt, daß das Rotwild, bevor es sich *niedertut*, nur
sehr selten plätzt. Die Stelle, wo das Wild sich niedertut, heißt das *Bett*, bei *krankem*
(angeschweißtem) Wild das *Wundbett*. Hat das Wild sich niedergetan, so *sitzt* es. Das Wild
steht in einem Revier, in einer Dickung auf einer Blöße; es hat seinen *Stand* in einer gewissen
Örtlichkeit; es *wechselt aus*, wenn es das Revier verläßt, es *wechselt*, wenn es von einem Ort
zum anderen *zieht*; es *tritt aus*, wenn es aus einer Dickung ins Freie zieht; den Pfad, den es
dazu regelmäßig benutzt, nennt man den *Wechsel*. Fressen heißt *sich äsen*, die Nahrung *Äsung*,
das *Geäse*. Das Wild *tränkt* sich oder *schöpft*, wenn es trinkt. *Wenn es sich im Schlamm badet,
so suhlt es sich.* Ist es fett, so sagt man, es ist *feist, gut bei Leibe, gut von Wildpret*. Bei
schlechter Äsung wird es *schlecht*; kommt es weiter herunter, so *kümmert* es; solche Stücke
heißen *Kümmerer*. Es *zieht* früh vom Feld *zu Holze*, bei Hirschen nennt man das *Kirchgang*.
Das Wild ist *vertraut*, zieht *vertraut*, wenn es sich in vollkommener Ruhe befindet oder
bewegt; es *trollt*, wenn es trabt, wird *flüchtig*, wenn es galoppiert; es *überflieht* oder *überfällt*
das Gestell, einen Weg; es *durchrinnt* einen See, wenn es hindurchschwimmt.

Die Paarungszeit, die in den Herbst fällt, heißt *Brunftzeit* und dauert von Anfang
September bis Anfang Oktober (norddeutsches Flachland) oder Mitte Oktober (Bergland).
Das Wild *brunftet*, wenn es sich paart. Der Hirsch *beschlägt* das Tier; wenn dieses empfangen
hat, so ist es *beschlagen, hochbeschlagen*, wenn es bald *setzen* wird. Die Zeit, in der in der
Regel die Kälber gesetzt werden, ist die *Setz-* oder *Satzzeit*. Ein Tier, das in der Brunft nicht
fruchtbar beschlagen wurde, heißt ein *geltes* oder *Gelttier*; setzt es aus irgendwelchen
Gründen überhaupt nicht mehr, ein *Dauergelttier*.

Der Hirsch *schreit, orgelt, röhrt*, wenn er sich in der Brunftzeit laut hören läßt, er *trenzt*, *knört*, wenn er dieses leiser tut. Hirsch und Tier *schrecken*, wenn sie einen kurzen Laut der Beunruhigung ausstoßen; das Tier *mahnt*, wenn es den Hirsch zur Begattung reizt oder das Kalb heranlockt. Das Wild *klagt*, wenn es aus Schmerz oder Angst schreit. In der Brunftzeit *kämpft* der Hirsch mit seinem Nebenbuhler; er *schlägt ihn ab*, wenn er ihn verjagt; er *forkelt* ihn, wenn ihn mit dem Geweih verwundet.

Man unterscheidet *Abschußhirsche* oder abschußnotwendige Hirsche und *Zukunftshirsche*. Erstere sind Hirsche, die auf Grund ihrer schlechten Geweihformen und Veranlagung oder ihrer schlechten körperlichen Konstitution ausgemerzt werden müssen, letztere dagegen junge, gut veranlagte Hirsche mit edlen Geweihformen, die noch nicht reif zum Abschuß sind.

Man spricht auch von *jagdbaren, hochjagdbaren, kapitalen* und *hochkapitalen* Hirschen. Diese Begriffe sind jedoch nicht genau festzulegen und schwanken je nach den örtlichen Verhältnissen. Seit den dreißiger Jahren werden die Geweihe nach Formeln bewertet. Für Rothirsche ist heute die Internationale Rothirschformel maßgebend. Durch die Jagdbehörden wird in den Ländern festgesetzt, was als jagdbarer Hirsch zu gelten hat.

Wurde Wild mit Erfolg beschossen, so ist es *krank, angeschweißt, verwundet; es stürzt* oder *bricht zusammen*, wenn es dann fällt; *endet* oder *verendet*, wenn es stirbt; es *geht ein*, wenn es infolge eines alten Schusses, an Krankheit, Alter, Hunger o. dgl. stirbt. Wenn Wild nach dem Schusse zusammenbricht, aber noch lebt, wird es mit dem Hirschfänger entweder hinter dem Blatt *abgefangen* oder durch einen Stoß in die Brusthöhle von vorn *(auf den Stich)* getötet; letztere Art bezeichnet man als *Kälberstich*. Um dem Wild Angst und Qual zu ersparen, wird heute jedoch fast ausnahmslos der *Fangschuß* auf das Blatt oder den Träger vorgezogen. Dann werden die Eingeweide herausgenommen; das Wild wird *aufgebrochen*. Das Geweih wird *abgeschlagen*; das aufgebrochene Stück aus der *Decke geschlagen* oder *zerwirkt* und schließlich zum Genuß zerteilt, *zerlegt*.

Hat man einen abschußnotwendigen oder jagdbaren Hirsch frei, so ist es nicht damit getan, daß man feststellt, einen geringen, mittelstarken oder starken Hirsch vor sich zu haben, sondern man muß bestätigen, wie der Hirsch einzustufen ist, ob er abschußreif, ob er alt oder jung ist, ob das Geweih nach Form, Stärke und Endenbildung gut oder schlecht ausgebildet und somit vermutlich entsprechend veranlagt ist. Diese Aufgabe setzt eine gute Beobachtung voraus; man muß den Hirsch, wenn er nicht gleich ausnahmsweise günstig steht, von vorn, von hinten und von der Seite scharf ins Glas nehmen, um seines Ansprechens sicher zu sein; gar zu leicht decken sich Enden, und man zählt eins zu wenig; oder denen der einen Stange täuscht sich eins der anderen hinzu. Also scharfe, ruhige Beobachtung von allen Seiten; auch Prüfung des ganzen Gebäudes des Hirsches. Für die Wildbahn sollten stets die ihrer Erscheinung nach am besten veranlagten Hirsche bis zu ihrer vollen Reife von der Kugel verschont bleiben. Selbstverständlich darf das Geweih nicht allein ausschlaggebend sein, Körperform und vor allem Körperstärke spielen bei der Beurteilung auch eine Rolle.

Hat man sich so durch das Auge überzeugt, daß man einen abschußreifen Hirsch, ein gering entwickeltes Kalb, Alttier vor sich hat, dann kann es an das Erbeuten gehen, was oft für den erfahrenen Waidmann mit dem Augenblick des Ansprechens zusammenfällt, für minder Geübte aber längere Zeit und manchen vergeblichen Gang erfordert.

Die *Setzzeit,* während der das Tier seine Kälber zur Welt bringt, fällt Mitte Mai bis Mitte Juni; das Tier setzt ein, sehr selten zwei Kälber. Die Zeit des Geweihwachstums heißt *Kolben-* oder *Bastzeit*; die Zeit, in der der Hirsch sein Geweih fegt, die *Fegezeit*. Sie beginnt im ersten Julidrittel und geht bis in die erste Hälfte August. Der Hirsch sucht sich zum Fegen meist freistehende Stämme, Randbäume, herabhängende Äste aus; im dichten Bestand, wo er sich nicht allseitig bewegen kann, fegt er minder gern. Aus der Stärke des Stammes, der Höhe der Fegestelle kann man mit hoher Wahrscheinlichkeit, ja mit Sicherheit auf die Stärke des Hirsches schließen. Je stärker der Stamm, je höher die Fegestelle, desto stärker der Hirsch. Starke, alte Hirsche fegen zuerst, dann die geringeren. Findet man im Herbst, im September frische Fegestellen, so rühren diese meist von Spießern her.

Erst nachdem das Geweih gefegt ist, wird der Hirsch feist, er *tritt in die Feiste*. Starke Hirsche stehen in der Feistzeit, August bis zum Beginn der Brunft im September, gern allein oder zu wenigen gleich alten zusammen. Die Hirsche tun sich dann meist in denselben Betten nieder, die sich am kühlen, vor Fliegen und Geschmeiß sicheren Ort befinden. Oftmals findet man daselbst Losung in solcher Menge, daß man sie schaufelweise entfernen könnte.

Während der Brunft verrät der Hirsch seinen Stand durch sein Schreien. An dem gröberen, tieferen Ton, dem anhaltenden Durchschreien erkennt man den stärkeren Hirsch; geringere Hirsche haben eine höhere Stimme; doch merke: Bricht der gröbere Schrei eines Hirsches am Ende hoch ab, so hat man es meist mit einem jüngeren Hirsch zu tun. Das gilt für den Anfang der Brunft; in ihrem weiteren Verlauf und besonders gegen Ende sind infolge des vielen Schreiens die Stimmen alle erheblich gröber geworden, so daß ein geringer Hirsch zu dieser Zeit oftmals schreit, wie ein stärkerer beim Beginn der Brunft.

Ganz alte Hirsche, meist auch die stärksten, schreien wenig – sie sind sich ihres Besitzes an Kahlwild sicher – und wenn sie schreien, ist der Ton oft nur ein tiefes Rasseln. In diesem Fall hat man es mit einem sehr alten Hirsch zu tun.

Bei lebhafter Brunft, in der sog. *Hochbrunft,* schreit der Hirsch auch über Tag. Doch ist das meist ein leiseres Knören, immerhin auf einige hundert Schritte hörbar; er knört, wenn er in der Suhle sitzt, was er zur Brunftzeit mehr zu tun liebt als sonst, wenn er sich in der Dickung niedergetan hat, sozusagen im Schlaf. Jedes an sein Gehör dringende Geräusch beantwortet er mit Knören, vor allem aber jeden Schrei eines anderen Hirsches.

Auch sonst noch verrät uns das Ohr den Hirsch. Wird er in der Dickung vor dir flüchtig, so schlägt das Geweih des stärkeren Hirsches an Stamm und Äste. Zieht der Hirsch auf schmalem Wechsel in die Dickung, so veranlaßt das Geweih ein ziemlich weit hörbares Rauschen der

Zweige; und wechselt er auf dem Anstand nah an dir vorbei, so hörst du deutlich das Knistern im trockenen Grase, und wenn es ganz still ist, auch das leise Knacken der Laufgelenke; letzteres vorzugsweise bei alten Hirschen.

Daß man kämpfende Hirsche weithin hört, braucht kaum hervorgehoben zu werden. Geringe Hirsche verursachen infolge der Kürze und der porösen, noch grobzelligen Knochenmasse Töne mit den Geweihen, die dem Aneinanderschlagen von Stöcken gleichen. Bei starken Geweihen klingt der Kampf hell und weithin, wie Schwerterschlag auf Panzer.

Hat der Hund während der Nachsuche im Verlauf einer Hetze ein Stück Kahlwild niedergezogen, so hört man es oft *klagen;* je jünger das Stück, desto leichter klagt es. Hirsche habe ich meiner Erinnerung nach noch niemals klagen gehört.

Kälber geben, wenn sie mit dem Alttier auf Äsung ziehen, gern ein *Mahnen* von sich, sie sind lebhaft und spiellustig; dabei mahnen sie von Zeit zu Zeit. Daß auch die Alttiere dieses tun, aber tiefer und aus anderem Anlaß, ist schon erwähnt worden.

Gelegentlich läßt sich auch die Anwesenheit von Rotwild durch die Nase feststellen. Es ist bekannt, daß der Brunfthirsch bei fortschreitender Brunft einen immer stärker werdenden bockigen Geruch annimmt. Kommt man daher durch eine Dickung, so wird man einen kurz vorher hindurchgezogenen oder einen darin stehenden Hirsch oft genug durch die Nase feststellen können. Weniger bekannt ist, daß auch das Kahlwild in der Brunftzeit eine starke, jedoch von der des Hirsches verschiedene Wittrung hat.

Hirsche und Kahlwild *schälen* im Winter, wie im Sommer an Fichten, Tannen, Kiefern, Eichen, Buchen usw., d. h. sie ziehen die Rinde mit den Zähnen ab. Das gelingt ihnen im Winter nur auf kleinen Stellen, weil die Rinde nicht „geht", der Baum nicht im Saft steht; im Sommer aber wird die Rinde dafür in langen Streifen abgerissen. Aus der größeren oder geringeren Frische läßt sich auf die Zeit des Schälens schließen. Besonders intensiv schält das Rotwild im Frühjahr, wenn die Winterruhe der Bäume endet und der Saft in den Stämmchen zu steigen beginnt. Auch Verbißschäden entstehen durch das Rotwild, so daß die jungen Forstkulturen, vor allem, wenn Laubbäume angepflanzt werden, durch Gatter oder andere Maßnahmen geschützt werden müssen.

Wo Rotwild seinen Stand hat, da entstehen im Lauf der Zeit auch *Wechsel*. Diese fallen dort am ersten ins Auge, wo das Wild durch die Dichtigkeit des Bestandes, Unterholz, Schilf, Farne usw., zur Innehaltung ganz bestimmter Wechsel gezwungen ist. Hier prägen sie sich oftmals zu auch jedem Laien auffallenden Pfaden aus. Im lichten Holz, auf Blößen usw. fallen sie weniger ins Auge, doch erkennt sie auch hier das geschulte Jägerauge leicht, besonders an Hängen und im weichen Boden.

Das Rotwild hat das Bedürfnis, sich zu *suhlen,* d. h. sich im schlammigen Wasser zu wälzen. Bei stärkerem Wildstand oder regelmäßigem Wechselwild sind solche *Suhlen* der Jägerei bekannt, und sie sind fortlaufend zu beobachten, weil durchwechselndes oder neueingewechseltes Wild die Suhle alsbald anzunehmen pflegt. Das läßt sich, auch wenn man eine deutliche Fährte nicht findet, meist aus den Strichen und Streifen im Erdreich bestimmen, die der liegende und sich wälzende Hirsch mit dem Geweih hineingedrückt hat. Nicht selten läßt sich daraus ein zuverlässiger Schluß auf die Stärke des Hirsches ziehen.

Ob Rotwild oder Sauen gesuhlt haben, unterscheidet man mangels klarer Fährtenabdrücke am *Haar,* das immer im Suhlschlamm verbleibt oder auf dem Wasser schwimmt, und an den *Malbäumen.* Das Schwarzwild hat die Eigentümlichkeit, sich nach Verlassen der Suhle an nahestehenden Bäumen, fast immer an den gleichen, zu reiben, und zwar so heftig, daß nach und nach die Rinde völlig abgerieben wird. Rotwild tut dieses nur ausnahmsweise. Bei diesem ist aber die Malstelle hoch, beim tiefer gestellten Schwarzwild niedrig; nur bei geringem Rotwild und sehr *groben* Sauen kann sich der Höhenunterschied ausgleichen. Aber der

Befund von Haar oder Borsten an Malbaum gibt dann immer sichere Kunde, welche Wildart gesuhlt hat. In nassen Jahren, wenn das Wasser in den Wagengeleisen steht, wird jede vernäßte Stelle zum Suhlen benutzt und mit der Zeit oft so weit ausgewühlt, daß eine förmliche, große Suhle entsteht.

Auf schmalen Pfaden in Dickungen und im dichteren Unterholz sieht das geschärfte Jägerauge gelegentlich die dünneren Zweige umgekehrt, zum Teil eingeknickt hängen; Blätter sind eingerissen; die Rinde der dünnen Zweige ist geritzt. Das ist ein Zeichen, daß hier ein starker Hirsch zog, der mit Vorliebe, seines Geweihes wegen, auf verwachsenen Abfuhrwegen, außer Gebrauch gekommenen Fußpfaden, schmalen Schneisen usw. zieht. Man nennt diese Erscheinung das *Himmelszeichen* oder das *Wenden*, während in der alten Literatur mit *Himmelsspur* auch die Fegestelle benannt wird. In beiden Fällen gibt die Höhe des Zeichens einen Anhalt für die Stärke des Hirsches. Ja, das Vorkommen des Himmelszeichen überhaupt deutet auf einen stärkeren Hirsch, weil ein niedriges, endenarmes Geweih meist keine Spur im Gezweig zurückläßt.

Findest du einen Ameisenhaufen, der nach den Seiten weit auseinandergeschlagen ist, so darfst du annehmen, daß das ein Hirsch getan hat; zumal kurz vor und während der Brunftzeit. *Wimpelschlagen* nennt der Jäger diese aus Übermut hervorgehende Tätigkeit des Hirsches. Die Alten nahmen an, daß er es „zu seiner Artzney und Stärkung tue". Spechte und andere Tiere, die ebenfalls Ameisenhaufen beschädigen, wühlen Löcher in dieselben hinein, da sie an die Larven und Puppen heranwollen, der Hirsch dagegen schlägt die Ameisenhaufen auseinander. – Stößt man auf eine Stelle, wo der Bodenüberzug, Laub, Gras usw., mit dem Geweih zur Seite geschleudert ist, was der aufgekratzte und zerwühlte Boden hinreichend verrät, so hat ein Hirsch *gescherzt*. Er tut das in der Brunftzeit nicht nur aus Scherz, sondern öfter in Wut und Gereiztheit. *Scherzen* nennt man aber auch das meist spielende Kämpfen junger Hirsche in der Feistzeit.

Wir kommen jetzt zu den wichtigsten *Zeichen,* die die Gegenwart von Wild verraten, nämlich zu den *Fährten* und der *Losung*. Es sei gleich vorweg bemerkt, daß die alte Jägerei die Fährtenkunde gerade beim Rotwild zu einer vollkommenen Meisterschaft ausgebaut hat, deren wesentlicher Teil auch heute gilt. Gleichwohl wird sie nur noch von wenigen Jägern beherrscht.

Am leichtesten unterscheidet sich anfangs die Fährte eines starken Hirsches von der eines Altieres, diese von der eines Kalbes. Trifft man aber auf eine Einzelfährte, so weiß man im Beginn der Lehrzeit oft genug nichts mit ihr anzufangen. Daher empfiehlt es sich, zu Anfang immer ein Maß (10 cm eines zerbrochenen Maßstabes in der Rocktasche genügen) mitzuführen und die Fährten zu messen. Auf diese Weise gewöhnt sich das Auge bald an die Größenunterschiede und findet auch wohl andere. Da sieht der angehende Waidmann zum Beispiel, daß die starken, sagen wir einmal 8 cm breiten Tritte eines Hirsches immer mit der vorderen Rundung nach außen gerichtet sind, während bei den Tritten eines Altieres von beispielsweise 5 cm Breite die einzelnen Tritte genau parallel zur Fortbewegungsrichtung des Stückes, also parallel zur Mittellinie der Fährte stehen. Es fällt ihm ferner auf, daß die Tritte des Hirsches im weichen Sandboden immer ganz, d. h. einschließlich des Balles abgedrückt sind, während der Ballenabdruck bei der Tierfährte fast niemals ganz, meist überhaupt nicht zu sehen ist. Er beobachtet ferner die völlige *Geschlossenheit* der Hirschtritte, ihre starke vordere Abrundung. *Stümpfe;* wogegen die Tritte des Altieres vorn die spitzen Schalen offen, gespreizt zeigen. Man kann sagen, die vordere Form der Tritte bildet beim Hirsch einen Rundbogen, beim Tier einen Spitzbogen. Diese Beobachtungen möge der Anfänger festhalten. Trotzdem wird er oft genug in die Lage kommen, im Einzelfall nicht genau zu wissen, ob er wirklich eine Hirsch- oder eine Tierfährte vor sich hat. Da gibt es ein unfehlbares Mittel, das nie versagt, sobald man auf einem Wege oder sonst einer Örtlichkeit mit offenem Boden, die Fährte nur 6–7 Tritte weit verfolgen kann: das ist der *Schrank*.

Die Fortbewegung des Wildes findet in der Weise statt, daß dieses bei vertrautem Ziehen der Schalen des linken Hinterlaufes genau in den Tritt des linken Vorderlaufes, die des rechten in den des rechten setzt. Diese Tritte stehen seitwärts der gedachten Mittellinie der Fährte, also der Fortbewegungsrichtung. Je weiter sie von dieser Linie abweichen, desto stärker ist der Schrank.

Ich lasse nur einige Messungen folgen, die ich in der Natur selbst von Wild aufgenommen habe, das ich vorher beobachtete, bei denen also jeder Zweifel an der Zugehörigkeit ausgeschlossen ist.

Der Abstand der Mitte der Trittspitze von der Mittellinie der Fährte betrug bei einem Hirsch von 10 Enden 7 cm, bei einem Alttier von gleichem Gewicht, 3 Monate vor dem Setzen, 3 cm; der Schrank, also die Entfernung der Tritte voneinander, wenn man sie hart gegeneinanderstellt, betrug somit beim Hirsch 14 cm, bei dem genannten Alttier 6 cm, ein Unterschied, der deutlich in das Auge fällt.

Unterer Teil eines rechten Rotwildlaufes

Bei einem geringen Hirschkalb betrug der Abstand der Mitte der Trittspitze von der Mittellinie der Fährte 4 cm, der Schrank also 8 cm; das sind schon 2 cm mehr als bei einem beschlagenen Alttier. Bei Schmaltieren wird der Schrank nur dadurch hervorgebracht, daß die Innenseiten der rechten und linken Tritte immer in *einer* Linie an der Mittellinie der Fährte angrenzen. Ähnlich verhält es sich bei nicht beschlagenen Alttieren. Das ist recht bemerkenswert; denn wir sehen, daß der Schrank schon dem Hirschkalb eigen ist, daß er also eng mit dem Bau der Geschlechter zusammenhängen muß. Es ist die Folge der größeren Breite des Hirsches, der in seinem Gewicht ja das Doppelte desjenigen eines Alttieres und mehr erreicht. Darauf ist der Knochenbau von Jugend an eingerichtet.

Also am Schrank haben wir, sofern wir es mit einer fortlaufend sichtbaren Fährte zu tun haben, wir ein unfehlbares Kennzeichen, ob die Fährte von einem männlichen oder weiblichen Stück herrührt. Sind wir daher im Zweifel, wohin wir die Fährte nach den sonstigen Merkmalen rechnen sollen, so gibt der Schrank den Ausschlag. Damit könnte ich nun die Akten über die ganze Fährtenkunde schließen, wenn wir es immer mit fortlaufend sichtbaren Fährten zu tun hätten. Aber oft genug steht auf einem Wege nur ein einziger Tritt. Dann müssen auch die anderen Merkmale, die *gerechten Zeichen* der Alten, herangezogen werden, wenn wir die Fährte richtig ansprechen wollen.

Da ist zunächst, um ganz systematisch vorzugehen, die *Schrittweite*. Sie stellt den Abstand der vorhergehenden Trittspitze von der folgenden dar. Aus meinen vielfachen Fährtenmessungen gebe ich folgende Maße nach unmittelbaren Wildbeobachtungen: die Schrittweite eines mittelstarken Hirsches von 10 Enden betrug 70 cm, die eines geringen Hirschkalbes 41 cm. Die Schrittweite eines geringen Hirsches von 8 Enden betrug 57 cm, die eines Alttieres von gleichem Gewicht auch 57 cm. Die Schrittweite eines anderen gerade noch jagdbaren Hirsches betrug 70 cm; der Schrank zwischen zwei Tritten – nebeneinander gedacht – 17 cm; die Breite der Vorderlauftritte 7 cm, die der Hinterlauftritte 6 cm. Demgegenüber betrug die Schrittweite eines dreijährigen Keilers 42 cm, die Trittbreite 6 cm.

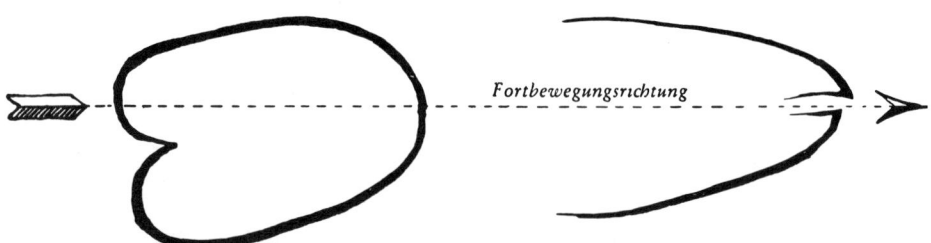

a. Linker Tritt eines geringen Hirsches. b. Linker Tritt eines mittelstarken Alttieres

Man sieht, daß die Schrittweite ein sehr gerechtes Zeichen ist. Jedoch gehört zu ihrer Bestimmung immer eine fortlaufende Fährte vertraut gezogenen Wildes. Hat man eines solche Fährte nicht, sondern nur einen einzelnen Tritt, so muß die *Stärke* und *Form* des Trittes das Rätsel lösen. Die obenstehende Abbildung sagt in dieser Hinsicht genug. Doch sei erwähnt, daß man es dem einzelnen Tritt nicht immer ansehen kann, ob der Hinterlauf auch in den Tritt des Vorderlaufes hineingesetzt ist, was besonders beim Hinaustreten des Wildes auf Wege und Gestelle zweifelhaft sein kann; denn hier sichert es gern seitwärts und stellt dementsprechend die Läufe. In diesem Fall muß man wissen, daß der Tritt des Hinterlaufes immer um etwa 1 cm schmaler ist (bei erwachsenem Wild) als der des Vorderlaufes. Ein Hinterlauftritt von 7 cm Breite würde einen Vorderlauftritt von 8 cm Breite entsprechen, also immer einem jagdbaren Hirsch angehören.

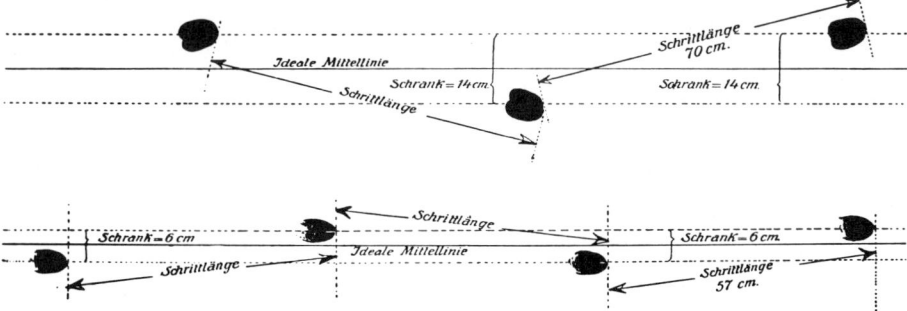

Der Schrank; oben: Fährte eines Hirsches von 10 Enden; unten: Fährte eines Tieres

Der *Zwang* oder das *Zwingen* ist eine Eigentümlichkeit der Fährte des Hirsches, die seinem strafferen, festeren Auftreten entspricht, während das Tier mehr schiebt oder latscht. Der Hirsch drückt beim Ziehen die Schalen seitlich fest zusammen, außerdem drückt er die Schalenspitzen von vorn etwas nach rückwärts gegen die Ballen hin, er *zwingt*. Infolgedessen ist die Hirschfährte schärfer ausgeprägt *geschlossen*. Sie ist außerdem vorne *stumpf*, wohl infolge der stärkeren Abnutzung der Schalen durch den Zwang.

Ferner führt der Zwang zur Bildung des *Burgstalles* oder des *Grimmens,* einer im bindigen, frischen Boden in der Mitte des Trittes zurückbleibenden, rundlichen Erhabenheit, die, solange die Schalen den Boden berührten, die *Hohle* ausfüllte. Eine weitere Folge des Zwanges ist das *Fädchen* oder *Fädlein.* Während die Schalen sich vorne unmittelbar berühren, also keinerlei Erdreich zwischen sich haben, weisen sie von den Schalenspitzen aufwärts einen schmalen Zwischenraum auf, indem sich beim Weiterschreiten durch das Zusammenziehen der Schalen etwas Boden in die Hohle schiebt und manchmal dort stehenbleibt. Dieses Bodenstreifchen heißt Fädchen.

Je älter der Hirsch wird, um so stärker und stumpfer werden sein *Oberrücken* oder *Geäfter;* und desto weiter stehen sie vom Lauf ab und auseinander, während sie beim Tier gerade herunterzeigen und nah aneinander gerückt sind. Erkennt man sie also z. B. im Schnee, wenn der Hirsch vertraut zog, oder sonst im Boden, wenn der Hirsch flüchtig war, oder, wenn er im losen Erdreich tief durchtrat, als weit abstehend, stumpf und stark, so hat man die Gewißheit, vor der Fährte eines Hirsches zu stehen. Immerhin erfordert dieses Zeichen den Blick eines erfahrenen Waidmannes.

Die *Ballenzeichen* sind, abgesehen von dem Vierballenzeichen, gerechte Zeichen für den starken Hirsch und das beschlagene Tier. Sie sind beim Hirsch die Folge feisten Zustandes, wie der Steifheit des Alters, beim Tier der Schwerfälligkeit aus Anlaß des wachsenden *Fötus.* Daher weist die Tierfährte sie nur am Ende des Frühlings auf, die Hirschfährte mehr oder minder zu jeder Zeit, besonders natürlich in der Feistzeit. Während beim Tier – abgesehen von der Breite und Form – der Vorderlauftritt genau in Richtung der Fortbewegung, der Hinterlauftritt dagegen stark nach auswärts weisen, zeigt bei der Hirschfährte die Mittellinie des Vorderlauftritts ebenso nach außen wie die des Hinterlauftritts.

Junge Hirsche weisen in der Fährte oftmals das *Vierballenzeichen* auf; eine Folge des *Übereilens.* Der Hinterlauf wird nicht genau in den Tritt des Vorderlaufes gesetzt, sondern etwas vorgeschoben, so daß oft alle vier Ballen abgedrückt werden. Da aber der vordere, der Hinterlauftritt, wesentlich schmaler ist als der des Vorderlaufes, so läßt sich der erfahrene Waidmann dadurch nicht irreführen. Tritt der Hirsch mit dem Hinterlauf nicht genau in den Tritt des Vorderlaufes, so erscheint die Fährte leicht breiter, als sie in Wirklichkeit ist; man nennt dieses Zeichen das *Blenden.* Tritt der Hirsch mit dem Hinterlauf neben den Tritt des Vorderlaufs, so spricht man vom *Beitritt,* stehen die beiden Tritte halb seitlich aufeinander, so haben wir den *Kreuztritt.* Blenden, Beitritt und Kreuztritt kommen jedoch auch beim Kahlwild vor.

Wenn Rotwild aus dem *Bett hoch wird,* so richtet es sich mit den Hinterläufen zuerst auf. Dabei hat der Hirsch die Eigentümlichkeit, einen Lauf ziemlich mitten unter dem Körper aufzusetzen; während das Kahlwild den Lauf mehr seitlich ansetzt. Auf diese Weise erscheint nachher beim Hirsch der Abdruck der Schalen eines Hinterlaufes mehr oder minder mitten im Bett. Man nennt diese Erscheinung den *Schloßtritt.*

Noch sei des *Reifchens* oder *Reifleins* gedacht. Durch das Einsetzen des Hinterlaufes in den Vorderlauftritt wird, weil der erstere geringer ist als letzterer, oftmals ein schmales Streifchen Boden, das bald länger, bald kürzer ist, in die Höhe geschoben. Da die Schalenstärke vorn und hinten beim Hirsch größere, beim Tier geringere Verschiedenheit aufweist, und außerdem die Fährte des Hirsches *reiner* ist als die meist etwas unklare des Tieres, so ist die schärfere Ausbildung des Reifchens ein Zeichen des Hirsches.

Das wären in der Hauptsache die gerechten Zeichen der Fährte, die bei einigem Fleiß leicht zu erlernen sind, deren Kenntnis aber von einem hirschgerechten Jäger, vor allem aber von einem Schweißhundführer, verlangt werden muß. Ohne sie ist er unfähig, den für die Nachsuche unentbehrlichen Hund zu arbeiten.

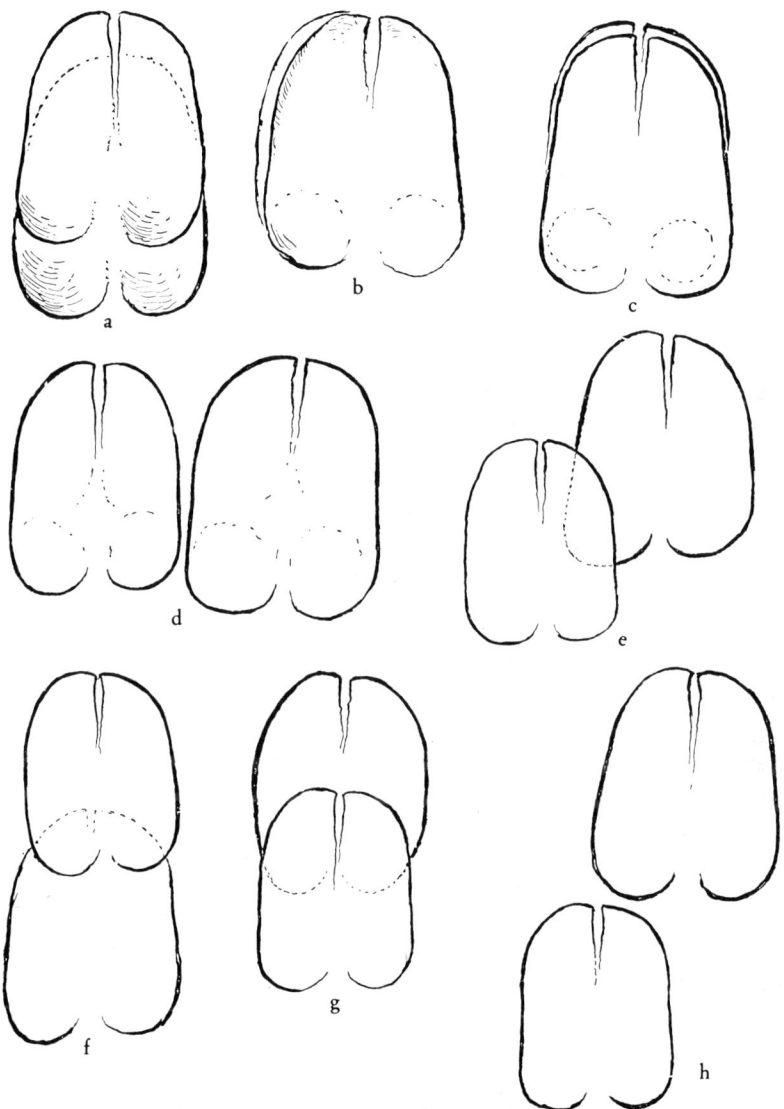

Hirschgerechte Zeichen. a. Vierballenzeichen, b. Blenden, c. Reifchen, d. Beitritt, e. Kreuztritt,
f. Übereilen, g. Ereilen, h. Zurückbleiben oder Hinterlassen
Aus: Frevert „Die gerechte Führung des Hannoverschen Schweißhundes", Verlag Paul Parey

Die alte Jägerei hatte die Fährtenkunde oft bis ins Kleinliche ausgebildet; 72 Zeichen gab es, die der hirschgerechte Jäger kennen mußte. Lassen wir aber diese Spielereien fort, und bleiben wir bei den erwähnten Zeichen, so bleibt genug zu beachten, um noch heute eine Kunst zu üben, ohne die ein guter Waidmann nicht bestehen kann. Wäre nur die Stärke der Fährte ausschlaggebend, so wäre nicht viel Rühmens dabei; denn die läßt sich mit dem Meßstock jederzeit erweisen. Aber man wüßte dann weiter nichts, als daß man vor der Fährte eines starken Hirsches steht; ob es sich um die eines Altieres oder eines geringen Hirsches handelt usw., das bleibt unentworren. Der Rotwildjäger aber muß nähere Einzelheiten aus der Fährte lesen können, und es kann mit Bestimmtheit behauptet werden, daß die Beherrschung der Kunst des sicheren Fährtenansprechens nicht nur den starken Hirsch erkennen, sondern auch den geringen Hirsch vom gleichstarken Alttier, den Spießer vom Schmaltier, ja schon das Hirschkalb vom Wildkalb sicher unterscheiden läßt.

Eine wesentliche Ergänzung der Fährtenkunde bildet die Kenntnis der *Losung* des Wildes. Schon die Art des *Nässens* läßt einen Schluß zu, ob Hirsch- oder Wildfährte. Das Tier näßt dorthin, wo es schon gestanden hat, hinter sich; es näßt in den *letzten Tritt;* der Hirsch näßt zwischen die Tritte; er *tritt* auf das benäßte *Erdreich.*

Losung des Hirsches   Losung des Tieres

Die feste Losung des Edelwildes fällt nach Jahreszeiten und Äsung verschieden. Sie ist der Form der Eichel ähnlich und von dunkelgrüner bis schwarzgrüner Farbe. Bei hinreichender Ästung fällt sie reichlich; sie ist dann, wenn sie nicht blättrig oder formlos wird, von sehr regelmäßiger Beschaffenheit. Bei Äsungsmangel oder bei Hirschen zur Brunftzeit, wo wenig oder gar keine Äsung aufgenommen wird, wird sie unregelmäßig und in der Form verkümmert.

Die Losung des Hirsches unterscheidet sich von der des Tieres einmal durch ihre größere Gleichmäßigkeit in der Form, falls diese erkennbar ist, dann durch die Größe der einzelnen Stücke, endlich durch ihre Gestalt. Die einzelnen Stücke geformter Losung haben gleiche Längen und gleiche Durchmesser; an dem einen Ende zeigt sie ein *Zäpfchen,* an dem anderen ein *Näpfchen,* immer ineinander passend, oft aneinanderhängend. Sie sind im Verhältnis zu ihrer Länge viel dicker als beim Kahlwild, bei dem die Länge die Dicke weit übersteigt. Im Winter ist die Losung hart, im Frühjahr, nach Aufnahme saftiger Kräuter, weich; in der Festzeit fällt sie oft in Fladen und ist stark mit Schleim überzogen. Bei den Tieren bleibt sie auch zur Brunftzeit so, während sei bei den Hirschen zu dieser Zeit wieder hart wird und beim alten *Platzhirsch,* dem Beherrscher des Brunftplatzes, oft völlig verkümmert fällt.

Ich lasse jetzt noch die Besprechung einiger Eigenschaften des Rotwildes folgen, die für dessen Jagd von Bedeutung sind. Da sind zunächst die Sinne: das Rotwild *äugt* außerordentlich scharf, *windet* auf weiteste Entfernung hin und *vernimmt* das leiseste Geräusch. Man darf ohne Übertreibung sagen, daß es von allen übrigen Wildarten die feinsten Sinne vereinigt besitzt, wenn auch der eine oder andere Sinn von dem einer anderen Wildart übertroffen wird. Mit ruhiger Überlegung verbindet es eine große Vorsicht. Es weicht einer Gefahr nicht eher aus, als bis es sie erkannt hat; ja, es sucht dem störenden Gegenstand näher zu kommen, um ihn zu erkennen. Seinen Wechsel nimmt das Wild fast immer gegen den Wind oder mit halbem Wind, so daß man aus der Windrichtung schließen kann, wohin das Wild gezogen ist. Daher steht es bei Ostwind mehr in östlichen Revierteilen, bei Westwind mehr in westlich gelegenen. Hiervon weicht aber angeschweißtes Wild, namentlich waidwund geschossenes, ab. Dieses zieht gern *mit* dem Wind, weil es das Gelände *vor sich* mit den Augen beherrscht, das *hinter sich* unter dem Windfang haben will. Derartiges Wild tut sich auch gern so nieder, daß es in seine eigene *Rückfährte* äugt (die Fährte, wo es herkam; dagegen *Hinfährte,* die Fährte in der Vorwärtsrichtung), weil es auf dieser den Verfolger erwartet.

Im Wald, wo das Gesichtsfeld beschränkt ist, hat es für den Waidmann, der Wild erwartet, Bedeutung zu wissen, in welcher Reihenfolge es heranzieht. Diese ist, wenn das Wild nicht erheblich beunruhigt wurde, immer die gleiche. Bei Kahlwildrudeln ist das Leittier immer ein Alttier, das ein Kalb führt; dann folgt das Kalb, diesem ein Schmaltier: dann wieder ein Alttier, Kalb, Schmaltier oder die gelten Tiere, falls Alttiere mit Kälbern nicht mehr dabei sind. In gemischten Rudeln sind die Hirsche immer die letzten. Der allerletzte pflegt gleichzeitig der stärkste zu sein. Wirklich starke Hirsche stehen außer der Brunftzeit nicht mit dem Kahlwild zusammen; sie lieben die Kinderstube nicht. Bei einem Rudel Hirsche ist sehr häufig ein junger, geringer der erste, während die älteren Hirsche den Schluß bilden. Doch habe ich auch oft genug erlebt, daß der Stärkste das Rudel anführt.

Durch die fortschreitende Zivilisation und intensivste Bodennutzung, durch wachsende Versiedlung, Verkehrsdichte und Industrialisierung ist das Rotwild an vielen Orten zum Nachttier geworden; in ruhigen Revieren zieht es freilich auch während der Mittagsstunden zum Äsen umher. Sonst tritt es abends, meist bei schwindendem Büchsenlicht auf die Äsungsflächen, um diese mit dem ersten Morgengrauen zu verlassen. Wenn ein Rudel Hirsche morgens früh wieder *zu Holze zieht,* so nennt man das den *Kirchgang.*

Über die Tageszeit, wann das Wild die Suhle annimmt, ist allgemein Bestimmtes nicht zu sagen. Genaue örtliche Beobachtung muß darüber Aufklärung schaffen; dasselbe gilt von der Annahme der Tränke. Daß beide Gelegenheiten – wenn sie im Wald liegen, in dem das Wild früher und länger rege ist als auf dem Feld oder beim Zuholzeziehen – in trocknen Revieren und in trocknen Sommern dem Jäger auch bei gutem Büchsenlicht, ja selbst in den Mittagsstunden, gute Aussichten bieten, liegt auf der Hand.

Es ist das Bestreben des waidgerechten Jägers – und das gilt für alle Schalenwildarten – gering entwickeltes oder schlecht veranlagtes Wild möglichst frühzeitig auszumerzen, dagegen kräftige, wahrscheinlich gut veranlagte Stücke alt werden zu lassen und erst dann zu erlegen, wenn sie den Höhepunkt ihrer Entwicklung erreicht haben. Das entspricht auch dem Wunsch jeden Waidmannes nach der einen oder anderen starken Trophäe als Lohn für Enthaltsamkeit und Hege. Voraussetzung dafür ist das richtige *Ansprechen* des Wildes *auf sein Alter.*

Während uns nun verschiedene Hilfsmittel zur Verfügung stehen, um an dem verendeten Stück Wild mit einiger Genauigkeit das Alter festzustellen, ist es außerordentlich schwer, dies am lebenden Stück zu tun. Hier aber liegt des Pudels Kern. Was nützt es mir, wenn ich einen guten und starken Vierzehnender auf die Decke gelegt habe und nun nachträglich feststellen muß, daß dieser Hirsch, den ich auf der Höhe seiner Kraft glaubte, erst sieben oder acht Jahre alt ist. Keine Macht der Welt kann ihn wieder lebendig machen. Um es gleich vorwegzunehmen: Aus Büchern kann man die *Altersschätzung* am lebenden Stück nicht lernen, es gehören hierzu sehr viel praktische Erfahrung und vor allem die Möglichkeit, häufig Wild beobachten zu können. Darüber hinaus muß aber auch eine gewisse Fähigkeit angeboren sein, ein Tier in seiner ganzen Erscheinungsform richtig erfassen zu können. Diese angeborene Fähigkeit ist nur zu einem Teil durch Übung und Erfahrung zu ersetzen. Ich erinnere mich an wirklich gute Rotwildkenner, die auch an der Fütterung, wenn im zeitigen Frühjahr die Hirsche abgeworfen hatten, ihre Hirsche genau wiedererkannten.

Der noch wenig erfahrene Jäger soll nun nicht etwa hoffnungslos werden. Gewisse Hinweise lassen sich immerhin geben und Belehrung und Erfahrung tun im Laufe der Zeit das übrige. Aber eines ist sicher: Auch der ältere, erfahrene Jäger wird sich immer einmal wieder beim Ansprechen eines Hirsches irren.

Zur Altersansprache am lebenden Hirsch kann nicht nur der Kopfschmuck herangezogen werden, auch die Körperform, die gesamte Erscheinung und das Benehmen des Stückes lassen Schlüsse auf das Alter zu. Der Ansichten gibt es da viele, und es würde zu weit führen, alle

Theorien hier aufzuzählen. So soll beim Hirsch das stark gekräuselte Haar auf der Stirn den „alten Herrn" kennzeichnen. Aber die Natur stellt sich nicht so schematisch dar, wie wir Menschen das gerne möchten. Auch Hirsche vom fünften bis siebten Kopf haben manches Mal gekräuselte Stirnhaare und können dann älter wirken. Ebenso gibt es alte Hirsche mit starkem Brunftkragen, aber auch solche, die kaum den Ansatz einer Mähne zeigen.

Im allgemeinen hat ein junger Hirsch einen schmalen Rumpf und einen dünnen Träger, die Brunftmähne ist geringer entwickelt als beim älteren Hirsch und beginnt später zu wachsen. Die Haltung eines jungen Hirsches ist aufrechter, insbesondere sind Haupt und Träger ziemlich steil nach oben gerichtet, während der ältere Hirsch meist mit fast waagerecht gehaltenem Träger und etwas geneigtem Haupt zu ziehen pflegt. Alte Hirsche haben außerdem – jedenfalls in der Feiste – einen besonders starken *Wanst;* beim Menschen würde man sagen, sie haben einen Hängebauch. Auch entsteht der Eindruck eines Senkrückens, der noch betont wird durch den *Widerrist,* der deutlich hervortritt. Bezeichnend für den alten Hirsch ist auch die fast wie ein Doppelkinn wirkende faltige *Wamme,* die beim gestrafften Kopf des jüngeren Hirsches nie ins Auge fällt. Insgesamt wirkt der alte Hirsch tiefer, niedriger auf den Läufen.

Zweifellos läßt das *Verhalten* des Hirsches gewisse Schlüsse auf sein Alter zu; ein alter Hirsch wird im allgemeinen immer vorsichtiger sein als ein junger oder mittelalter. Im Hirschrudel, also in der Feistzeit und im Winter, zieht der alte Hirsch meist, wenn auch nicht immer, am Schluß des Rudels. In der Brunft neigt der ältere Hirsch dazu, in der Dickung mit einem brunftigen Tier zu brunften, wobei er das Rudel, bei dem dann häufig kein weiteres hochbrunftiges Stück vorhanden ist, den Beihirschen überläßt, so daß für den oberflächlichen Beobachter der Eindruck entsteht, als ob der stärkste Beihirsch der Platzhirsch wäre. Mancher junge Beihirsch ist hierdurch an Stelle des alten Platzhirsches fälschlich geschossen worden.

Die Körperstärke ist für die Altersbestimmung von untergeordneter Bedeutung; ein mittelalter Hirsch kann erheblich stärker an Wildpret sein, als ein Hirsch vom zwölften oder dreizehnten Kopf. Selbstverständlich ist ein ganz junger Hirsch, etwa vom zweiten oder dritten Kopf, im allgemeinen schwächer an Wildpret. Wenn ich hier von Altersmerkmalen spreche, so meine ich insbesondere die Unterschiede zwischen mittelalten und alten Hirschen; ein Hirsch vom zweiten oder dritten Kopf unterscheidet sich von einem zehn- oder zwölfjährigen Hirsch derart wesentlich, daß hier Irrtümer kaum vorkommen können. Dagegen ist es oft schwierig, den sieben- bis achtjährigen Hirsch von einem älteren zu unterscheiden.

Hinsichtlich der *Geweihbildung* möchte ich nur einen mir wichtig erscheinenden Punkt anführen. Ein junger Hirsch hat meist, insbesondere wenn er gut veranlagt ist, viel Masse in den Kronen. Der untere Teil der Stangen und die Rosen sind im Verhältnis dazu schwächer. Der alte Hirsch dagegen hat in der Regel unten dicke Stangen und starke Rosen und läßt nach oben zu der Krone hin nach.

Wenn ich hier einige typische Merkmale angegeben habe, so bin ich mir doch bewußt, daß auch bei diesen sehr vorsichtig formulierten Grundsätzen immer wieder Ausnahmen vorkommen können.

Während die Altersschätzung des lebenden Stückes viele Fehlerquellen birgt, stehen uns für die Beurteilung des Alters am verendeten Stück klarere Merkmale zur Verfügung. Bis zum Alter von 3 Jahren ist die Entwicklung beim Rothirsch einwandfrei zu ermitteln, da der Zahnwechsel erst nach 30 Monaten ganz abgeschlossen ist und die einzelnen Stufen der Entwicklung aus den *Zahnformeln* genau zu ersehen sind, wie es in zahlreichen Fachbüchern dargestellt ist, so daß ich mir hier eine Wiedergabe ersparen kann. Danach kann der Jäger feststellen, ob das erlegte Stück ein Rotspießer vom ersten oder zweiten Kopf ist oder ob er ein Schmaltier oder ein übergehendes Schmaltier geschossen hat.

Bei höherem Alter müssen wir dagegen die *Zahnabnutzung* zur Hilfe nehmen. Sie vermittelt zwar keine genauen Ergebnisse, da bei den einzelnen Stücken die Härte des *Zahnschmelzes* oder des *Zahnbeins* verschieden sein kann. Außerdem werden die Zähne, je nach der Härte der Äsung, verschieden stark beansprucht. Doch genügt es für den praktischen Gebrauch des Jägers, wenn er am erlebten Stück feststellen kann, ob der Hirsch sieben bis acht oder zehn bis zwölf Jahre alt ist.

Eine weitere Bestimmungsmethode ist die von *Harke,* die das Alter aus Länge und Durchmesser der Rosenstöcke ableitet.

Die sicherste Methode ist jedoch die Altersbestimmung durch *Zahnschliff.* In der Zahnhöhle der Schneidezähne bildet sich vom dritten Lebensjahr an *Ersatzdentin,* das sich als dunkler gefärbte Schicht absetzt, gewissermaßen also Jahrringe bildet, wie unsere Bäume. Beim Abschleifen des Zahnes werden diese „Ringe" sichtbar. Die Methode ergibt bis zum Alter zehn genaue Ergebnisse, während bei höherem Alter die ersten Jahresschichten durch die Zahnabnutzung wieder verschwinden. Für die Praxis ist sie nicht anwendbar, ebenso wie die Altersbestimmung von Mitchell (1963) auf der Grundlage der Ablagerung von *Zahnzement* an den *Zahnwurzeln.* Für beide Verfahren müssen wissenschaftliche Institute in Anspruch genommen werden. Davon sollte zum mindesten in strittigen Fällen Gebrauch gemacht werden.

Ich habe der Altersansprache und -bestimmung bewußt viel Raum gegeben, da heute Abschußplanung und -durchführung sehr stark nach dem Alter gegliedert werden und der verantwortungsbewußte Waidmann seine Erfahrungen und Kenntnisse darüber vervollständigen muß.

Das Damwild

Beim *Damwild (Dama dama)* sind die waidmännischen Bezeichnungen im wesentlichen dieselben wie beim Rotwild. Man spricht vom *Damhirsch,* vom *Damtier, Schmaltier, Hirsch-* und *Wildkalb* wie dort, nur gelten hinsichtlich des Geweihes, das bei älteren Hirschen aus *Schaufeln* besteht, einige Besonderheiten. Aus dem Hirschkalb wird der *Damspießer.* Dieser schiebt im 3. Lebensjahr ein kurzes Geweih, das kaum oder noch gar keinen Ansatz zu einer Stangenverbreiterung hat und auch *Knieper* oder *Sproßler* genannt wird. Bereits mit dem 3. Kopf zeigt der gutveranlagte junge Hirsch schmale Schaufeln. Wir sprechen von *angehenden Schauflern* oder auch *Löfflern.* Die weitere Entwicklung führt über den *Halbschaufler* zum *Vollschaufler* und über den starken Schaufler zum *Kapitalschaufler,* je nach der stärkeren Ausbildung der Schaufeln. Der gutveranlagte Schaufler soll voll geschlossene, breite Schaufeln ausreichender Länge haben. Am hinteren, unteren Teil der Schaufeln bildet sich oft ein hakenförmiges Ende, der sogenannte *Schauflerhaken* oder *Dorn.* Geweihe mit über 70 cm Stangenlänge sowie um 40 cm langen und 20 cm breiten Schaufeln zählen zur absoluten Spitzenklasse. Der Höhepunkt der Entwicklung liegt bei 10 bis 12 Jahren, doch hält ein gesunder Schaufler seine Geweihstärke bis zum 13./14. Kopf. Als unerwünschte, möglicherweise auch schlecht veranlagte Hirsche gelten Schaufler mit *offenen* oder *zerrissenen* Schaufeln, mit tiefen *O-förmigen Einschnitten* sowie mit *karo-* oder *fischbauchförmigen* Schaufelflächen.

Das Gebiß des Damwilds weist nur ausnahmsweise Grandeln auf.

Das Damwild liebt eine aufgelockerte Landschaft im Wechsel von Waldungen, Feld- und Wiesenflächen. Es verbringt große Teile des Jahres in den Feldgemarkungen, vor allem im Sommer in den großen Getreideschlägen oder im Frühjahr auf den Saaten. Doch kehrt es immer wieder in seine Waldeinstände zurück. Es lebt gesellig, zum Teil in großen *Rudeln*, und man kann es mehr bei Tage beobachten, als das empfindlichere Rotwild. Doch sind die Sinne des Damwildes vortrefflich entwickelt, vor allem äugt es hervorragend und übertrifft darin fast alle anderen Schalenwildarten. Einmal mißtrauisch geworden, beruhigt es sich nicht wieder, äugt pausenlos, bis es – oft nach langen Minuten – ganz plötzlich und scheinbar ohne Grund verschwindet. Ein Rudel Damwild anzupürschen ist, wenn es glückt, höchste Waidmannskunst.

Der Jahresrhythmus des Damwildes verschiebt sich gegenüber dem des Rotwildes um etwa einen Monat. Die *Setzzeit* fällt in die Monate Juni bis Anfang Juli: das Tier setzt ein, aber auch zwei Kälber. Wie beim Rotwild bilden sich Kahlwild- und Hirschrudel. Die Geweihe werden im April abgeworfen, die neuen Ende August bis Anfang September gefegt. Im September *steht* der Schaufler *in der Feiste*. Er wird unglaublich feist, ist entsprechend träge und ist schwerer zu erjagen als ein Rothirsch zur Feistzeit. Mit Beginn des Oktobers werden die älteren Schaufler unruhig, ziehen zu den altbekannten Brunftplätzen, markieren durch Plätzen und Schlagen die Grenzen ihres Bereiches und schlagen auf den *Brunftplätzen* selbst flache Betten in den Erdboden, die *Brunftkuhlen*. Dort sitzen sie, soweit sie nicht ihren Brunftbereich kontrollieren, den Tag über und erwarten das Kahlwild, das zu den Brunftplätzen zieht. Die Brunft setzt Mitte Oktober ein und dauert etwa bis zum 10. November. Sie verläuft lebhaft, und während der *Hochbrunft* ist auch am Tage fast pausenlos Betrieb. Es kommt zu erbitterten *Kämpfen*, die nicht selten mit dem Tod eines der Kontrahenten enden.

Der Brunftschrei des Damschauflers unterscheidet sich wesentlich von dem des Rothirsches. Er klingt wie ein *rasselndes Rülpsen* oder Grunzen, das in regelmäßigen Abständen ausgestoßen wird. Doch hört man bei näherem Anpürschen die leiseren Töne, die den eigentlichen Brunftschrei verbinden und zu einem an- und abschwellenden Rollen werden lassen. Durch das pausenlose Schreien sind die Hirsche am Ende der Brunft so heiser, daß sie kaum noch einen Ton herausbringen.

Neben dem Brunftlaut der Hirsche haben diese, wie die Tiere, einen *Schmällaut;* sie *schrecken,* wenn sie beunruhigt werden, ohne zu wissen, durch wen. Das *Mahnen* dient der Verständigung zwischen Tieren und Kälbern.

Ebenso wie beim Rothirsch kann man auch den brunftenden Damhirsch durch die Nase feststellen, wenn man in seinen Wind gerät. Er zeichnet sich durch einen stark bockigen Geruch aus.

Damwild kommt in verschiedenen Farbvariationen vor. Neben normal gefärbten Stücken – im Sommer hellrot-braun mit weißen Flecken – gibt es auch dunkles, schwarzes, fahlgelbes und weißes Wild. Das Gewicht starker Schaufler erreicht 70 bis 75 kg, in der Feistzeit wurden auch solche mit 100 kg gemeldet; das der Alttiere liegt bei 32 bis 38 kg.

Die Ansichten über den jagdlichen Wert des Damhirsches sind recht verschiedenartig, je nachdem dieses Wild nach seinem Verhalten in kleinen Tiergärten oder in der freien Wildbahn beurteilt wird. In enger Einhegung wird das Damwild leicht zahm, so daß es den Menschen eher aufsucht als vor ihm flieht. Dagegen treten in freier Wildbahn ganz andere Eigenschaften hervor, die die Jagd auf dieses Wild eher schwieriger denn leichter als die auf Rotwild erscheinen lassen. Bei der Sinnenschärfe unseres Damwildes stellt das Waidwerken hohe Anforderungen an den Waidmann und die Erlegung eines starken, alten Schauflers wird zu einem unvergeßlichen Erlebnis.

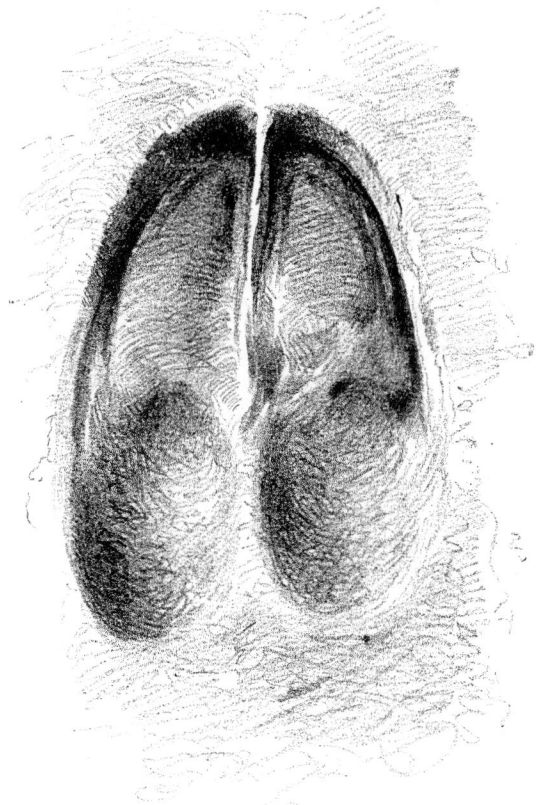

Vielfach wird behauptet, Damwild und Rotwild vertrügen sich nicht miteinander in *einem* Revier. Die Tatsache, daß beide Wildarten häufig durcheinander vorkommen, spricht gegen die allgemeine Gültigkeit dieser Ansicht. Doch wollen gut beobachtende Waidmänner wissen, das Rotwild meide die Plätze, wo das Damwild viel äse; es würde durch den ihm unangenehmen Geruch der Damwildlosung verscheucht. Demgegenüber wird behauptet, Damwild, das mehr Vorliebe für Kräuter als für Gräser habe als das Rotwild, wähle überhaupt von vornherein andere Äsungsplätze als dieses. Dem kann ich nicht zustimmen, denn ich habe oft genug beide Wildarten zu-

Trittsiegel eines Damschauflers

sammen auf ein und denselben Äsungsplätzen beobachtet. Daß starke Rothirsche dort nicht gern Stand nehmen, wo das immer lebhafte und unruhige Damwild wechselt, ist verständlich; – meiden sie doch auch die eigene Kinderstube. Nach meinen persönlichen Erfahrungen kommen beide Wildarten gut nebeneinander aus, sofern sich der Damwildbestand zahlenmäßig in Grenzen hält, so daß dem Rotwild selbst ausreichend ruhige Einstände bleiben.

Damwild macht im Walde nicht so viel Schaden wie das Rotwild. Es *schält* kaum, in manchen Revieren so gut wie überhaupt nicht. Nur bei zu *hoher Wilddichte* oder in Wintern mit länger andauernden Schneeperioden verfällt es auf diese Unart und schält dann vor allem an Laubhölzern wie Esche und Buche.

Für die *Fährte* des Damwildes gilt grundsätzlich und in der Hauptsache dasselbe wie beim Rotwild. Doch ist der einzelne *Tritt* auch des stärksten Schauflers niemals in der Weise abgestumpft, wie schon beim geringen Rothirsch; alle Damwildfährten zeichnen sich durch eine auffallend spitze Form der Tritte aus. In der Länge und Breite der einzelnen Tritte erreicht der des stärksten Schauflers höchstens die Maße eines Hirsches von 6 Enden; beim Damtier wird der Tritt nicht stärker als der eines Rotwildkalbes von 80 Pfund. Dementsprechend ist auch die *Schrittweite*. Nichtsdestoweniger läßt sich die Fährte des Damhirsches durch zwei sehr in das geübte Auge fallende Zeichen von der des Tieres, abgesehen von dem erheblichen Stärkeunterschied der Tritte, leicht unterscheiden; das sind der *Schrank* und der *Zwang*. Ich habe lange Zeit auf das Studium der Damwildfährten verwendet und mich schließlich so in diese hineingesehen, daß ich jeden einzelnen Hirschtritt von dem des Tieres am Zwang erkennen konnte. Dieser machte die Fährte reiner und geschlossener, während der Tritt des Tieres immer unklar und in den Einzelheiten verwischt ist. Nun liegt es auf der Hand, daß schon die Größe des Hirschtrittes eine Verwechslung mit dem Tritt des Damtieres ausschließt; – nicht aber mit dem des Rottieres. Diesen Unterschied möchte ich daher kurz hervorheben. Beider Tritte sind unter Umständen gleich groß; beide sind spitz. Der des Damhirsches ist aber ziemlich geschlossen, der des Rottieres vorn offen, gespreizt; der des Damhirsches rein, der des Rottieres unklar, außerdem ist beim Damwild der *Ballenabdruck* etwa halb so lang wie der ganze Tritt, beim Rotwild dagegen macht er nur knapp ein Drittel der gesamten Trittlänge aus.

Auch die *Schrittweite* gibt einen Anhalt; sie beträgt bei einem alten Rottier 57 cm, bei einem starken Damschaufler höchstens 45–47 cm.

Die *Losung* des Damwildes gleicht der des Edelwildes in verhältnismäßiger Stärke; doch sind die Unterschiede bei Hirsch und Tier nur in der Größe zu finden.

Einen Damschaufler in der Wildbahn auf sein *Alter* anzusprechen, ist ungleich schwerer als einen Rothirsch. Es fehlt die für diesen typische Brunftmähne, doch weist auch der alte Schaufler einen starken Träger auf, der bei einem sehr alten Hirsch faltiglocker wirkt und ihn vorne tief erscheinen läßt. Das Haupt wirkt bulliger, die Stirn breiter. Das gibt dem alten Schaufler einen mürrischen Gesichtsausdruck. Das Haupt eines jungen Hirsches erscheint dagegen schmaler und klarer in den Zügen. Wie beim Rothirsch, so trägt auch der alte Schaufler Träger und Haupt gesenkt.

Noch schwieriger ist allerdings die Ansprache nach dem Geweih, es sei denn, dieses weist einen der bereits genannten Fehler auf. Schon der fünf- bis sechsjährige Hirsch kann beachtliche Vollschaufeln zeigen und damit zu einem voreiligen Schuß verleiten. Erfahrene Damwildkenner vertreten die Ansicht, daß sich beim normal entwickelten reifen Schaufler das Schwergewicht der Schaufeln ins obere Drittel verlagert und daß das Schaufelpaar stark nach innen schränkt, während das Geweih des jungen und mittelalten Hirsches oben offener wirkt. Das deckt sich mit meinen Beobachtungen, doch gibt es auch hier häufiger Ausnahmen.

Auch hier kann es sich nur – wie beim Rothirsch – um Anhaltspunkte handeln; es gibt keine Regel ohne Ausnahme, und es wird wohl bei keiner Schalenwildart so häufig falsch, das heißt zu alt angesprochen wie beim Damwild.

Am erlegten Stück wird das Alter ebenfalls nach der *Zahnabnutzung* festgestellt. Dagegen ist die Eidmann'sche Methode des Schneidezahnschliffs unsicher und kaum praktikabel. Bessere Ergebnisse scheint die Altersbestimmung nach der Zonierung des Zahnzements zu ergeben, doch kann dieses Verfahren nur durch wissenschaftliche Institute ausgeführt werden. Das Dauergebiß ist beim Damwild mit dem 26. Monat vollständig. Eine alte Faustregel sagt, daß die Abnutzung der *Molaren* und *Prämolaren* (Backenzähne) nur halb so schnell vor sich geht wie beim Rehwild. Das heißt, der Kiefer eines vierjährigen Bockes entspricht also etwa dem eines achtjährigen Schauflers.

Das Sikawild

Seit mehreren Jahrzehnten ist in Deutschland in verschiedenen Revieren Sikawild *(Cervus nippon)* ausgesetzt worden und hat sich in zufriedenstellender Weise eingewöhnt und vermehrt. Die Sikahirsche, von denen es verschiedene Unterarten gibt, haben ihre Heimat in Japan, in der Mandschurei und in China. Soweit ich feststellen konnte, wurde Sikawild 1910 in Cadinen bei Elbing und 1893 im Arnsberger Wald auf den damaligen Besitzungen des Grafen Donner ausgesetzt. Weitere Vorkommen finden wir in Westdeutschland in Baden, an der Schweizer Grenze, in Franken (Höchstadt), Hessen (Schlitz), Westfalen (Höxter) und in Schleswig-Holstein (Angeln). Dabei handelt es sich in den meisten Fällen um die auf den japanischen Inseln lebende Unterart *Cervus nippon nippon,* vereinzelt auch um den etwas größeren *Cervus nippon dybowskii.* Der heute vorhandene Gesamtbestand in der Bundesrepublik Deutschland dürfte etwa 1200 bis 1500 Stück betragen.

Die waidmännischen Bezeichnungen des Sikawildes sind die gleichen wie beim Rotwild.

Die rotwildfarbene Decke ist auffallend stark gefleckt, stärker als die des Damwildes. Die Winterdecke des Tieres ist grau, etwas dunkler als beim Rehwild, die des Sikahirsches tief dunkel mit breitem *Aalstrich* über dem Rücken und einer auffallend kräftigen Mähne. Der Kopf ist schwarz, so daß die Hirsche im Winter ein fast diabolisches Aussehen haben. Auffällig ist auch der große schneeweiße *Spiegel.*

Das Sikawild erreicht nicht ganz die Körperstärke des Damwildes. Ein ausgewachsener Hirsch wiegt etwa 40 bis 50 kg aufgebrochen, ein Alttier etwa 25–35 kg. Das Wildpret ist außerordentlich schmackhaft.

Die *Geweihentwicklung* ist ähnlich wie beim Rotwild, also Spießer, Sechser, Achter. Die Achterstufe wird normalerweise nicht überschritten, nur das schleswig-holsteinische Vorkommen in Angeln bringt häufiger Geweihe von zehn, zwölf und im Einzelfall sogar vierzehn Enden. Das Geweih eines jagdbaren Hirsches wird im allgemeinen nicht über 50 cm hoch (bei der Unterart *C. nippon dybowskii* bis zu 70 cm). Da die Geweihe meist hell und in der Regel ungeperlt sind, wirken sie wenig ansehnlich. Das ändert jedoch nichts daran, daß dem Waidmann, dem es vergönnt ist, ein Revier mit Sikawild zu betreuen, dieses Wild ans Herz gewachsen ist.

Das Sikawild lebt weitgehend gesellig. Wie beim Rot- und Damwild kommt es zu starken Rudelbildungen, häufig nach Kahlwild und Hirschen getrennt. Die *Setzzeit* liegt mit ihrem Schwerpunkt im Juni, Zwillingsgeburten sind verhältnismäßig selten. Die *Brunft* fällt in den Oktober/November und kann sich bis in den Dezember hinziehen. Der Brunftschrei ist ein nasalartiges, langgezogenes Pfeifen. Bei Störungen oder Unsicherheit stoßen sowohl Hirsch auch Tier Schrecklaute aus, die dem Warnpfiff des Gamswildes ähneln.

Zweifellos weist das Sikawild eine Reihe guter Eigenschaften auf. Es ist standorttreu, verträglich gegenüber Dam- und Muffelwild, anpassungsfähig und verhältnismäßig unempfindlich gegenüber Störungen durch Waldbesucher. Auf der anderen Seite kommt es bei zunehmender *Wilddichte* zu nicht unerheblichen Schäden in der Land- und Forstwirtschaft (Schälschäden). Vor einer Einbürgerung in Rotwildgebieten muß eindringlich gewarnt werden, da Sikawild sich nachgewiesenermaßen mit Rotwild kreuzt.

So ist die Frage durchaus berechtigt, ob eine weitere Verbreitung des Sikawildes in unseren heimischen Wildbahnen zu vertreten ist, zumal die zur Verfügung stehenden Lebensräume durch unsere anderen Schalenwildarten – Rot-, Dam-, Rehwild – schon reichlich ausgelastet sind.

Das Steinwild

Was menschlicher Aberglaube anzurichten vermag, zeigt die fast völlige Ausrottung des *Alpensteinbocks (Capra ibex),* dieses herrlichen Bergwildes, welches früher im gesamten Alpengebiet heimisch war. Das *Herzkreuzl,* die *Bezoarsteine* aus dem Pansen, die pulverisierten Hörner und vieles andere am Steinbock galt als heilkräftig, als Talisman gegen böse Geister und als Helfer gegen die Widerwärtigkeiten dieses Lebens. Nur an einer einzigen Stelle hat sich das Steinwild seit Urzeiten gehalten; es ist das in Italien gelegene Gebiet des Gran Paradiso, welches sich bis zu einer Höhe von 4000 m erhebt. In dieses sehr schwer zugängliche Gebiet hatten sich geringe Reste des Steinwildes vor der Verfolgung des Menschen gerettet. Es ist das Verdienst des Königs Viktor Emanuel II., des Jägerkönigs, wie er in Piemont genannt wurde, daß der Alpensteinbock vor vollständiger Vernichtung bewahrt blieb. 1854 machte Viktor Emanuel den Gran Paradiso zum Hofjagdrevier, und damit wurden umfangreiche Maßnahmen zur Hege und zum Schutz des Steinwildes eingeleitet. 1933 wurde der Gran Paradiso durch Gesetz zum Nationalpark erklärt. Die Folgen dieser Maßnahmen sind sehr erfreulich. Heute wird der Bestand an Alpensteinwild auf italienischem Gebiete wieder auf etwa 4000 Stück geschätzt. Der Abschuß erfolgt außerordentlich vorsichtig und beträgt jährlich nur einige wenige Stücke, wobei allerdings zu berücksichtigen bleibt, daß durch Lawinen und Steinschlag ein verhältnismäßig hoher natürlicher Abgang vorhanden ist.

Nachdem in der Schweiz durch die Wildpark-Gesellschaft Peter und Paul St. Gallen an verschiedenen Stellen die Wiedereinbürgerung des Steinwildes gelungen war, und der Gesamtbestand sich inzwischen so stark vermehrt hat, daß eine begrenzte Zahl von Steinböcken zur Jagd freigegeben werden muß, ist der Fortbestand des Steinwildes gesichert. In Deutschland wurde im Jahre 1936 unweit von Berchtesgaden auf der „Röth" hinter dem Königssee Steinwild zunächst in einem Eingewöhnungsgatter ausgesetzt. In Österreich, insbesondere im Revier Blühnbach in den Salzburger Alpen, war schon ein Jahrzehnt früher Steinwild mit gutem Erfolg wieder eingebürgert worden. Beide Vorkommen haben sich mittlerweile vereinigt und stehen mal auf deutscher und mal auf österreichischer Seite.

Die waidmännischen Bezeichnungen sind dieselben wie beim Gamswild, als Besonderheit merke: *Steinwild* oder *Fahlwild, Steinbock* oder *Alpensteinbock, Steingeiß* auch *Steinziege, Bockkitz, Geißkitz.* Der Steinbock hat ein *Gehörn,* das bogig nach hinten gekrümmt ist, 100 cm lang werden kann und an dessen Vorderseite starke *Hornwülste* sitzen, die in hohem Alter jedoch nur noch wenig ausgeprägt sind. Bei der Geiß ist das Gehörn nur 30 cm lang. Die Sinne des Steinwildes sind außerordentlich fein entwickelt, das Gesicht ist erheblich besser als beim Gamswild. Das Wildpret soll von vorzüglichem Geschmack sein. Die Brunft fällt mit der Gamsbrunft zusammen, ist also im November, erstreckt sich jedoch manchmal bis in den Januar hinein. Die Steingeiß setzt ein und häufig auch zwei Kitze.

Das Steinwild lebt in den Hochlagen der Gebirge, noch über der Gamsregion und bevorzugt ausgesprochenes Felsengelände. Es ist ein vorzüglicher, absolut sicherer Kletterer.

Von einer Jagd auf Steinwild kann man vorläufig in Deutschland nicht mehr sprechen. Immerhin scheint nach den bisherigen Ergebnissen die Wiedereinbürgerung im deutschen Alpenland gesichert und die weitere Vermehrung und Ausbreitung dieses herrlichen Wildes sehr wohl möglich zu sein.

Das Muffelwild

Beim Mufflon *(Oris musimon)* heißt das männliche Stück *Muffelwidder,* das weibliche *Muffelschaf,* auch *Wildschaf;* man spricht ferner vom *Schmalschaf* und vom *Widderlamm* und *Schaflamm.* Der Widder wird als ein-, zwei-, drei- usw. -jähriger Widder bezeichnet, endlich als guter, starker, kapitaler Widder. Er trägt *Schnecken,* die mit zunehmendem Alter an Länge, Stärke und Drehung gewinnen. An beiden Flanken hat er einen hellen, weißlichen Fleck, den *Sattel* oder die *Schabracke,* auch *Schneefleck* genannt. Den Warnlaut der Widder und Schafe nennt man *Pfeifen,* den Lockton vorwiegend der Schafe und Lämmer *Meckern,* das Blöken der Schafe *Bähen,* das Bewegen der Lefzen und Kiefer beim Äsen *Muffeln.* Die bei den Schafen häufig, nicht immer, vorhandenen Hörner heißen *Stümpfe.*

Das Muffelwild ist das einzige Wildschaf Europas und kam ursprünglich nur in Korsika und Sardinien vor, außerdem noch auf Cypern und in Kleinasien. Seit etwa einem Jahrhundert ist das Muffelwild auch an anderen Plätzen Europas eingebürgert, in Deutschland erstmalig im Jahre 1902 durch den Hamburger Kaufmann Tesdorpf in dem damaligen Hofjagdrevier Göhrde.

Das Muffelwild ist ein Gebirgswild und gedeiht insbesondere im deutschen Mittelgebirge vorzüglich, hat sich aber auch in Revieren der Ebene gut entwickelt. In den Äsungsansprüchen ist das Muffelwild sehr genügsam; es schält im allgemeinen nicht, sofern es sich um reinblütiges Wild handelt. Nicht reinblütiges Muffelwild – leider gibt es zahlreiche Stämme, die mit Zackelschaf, Heidschnucke und anderen Schafarten verkreuzt sind – schält dagegen stark und sucht auch die angrenzenden Felder heim, während das reinblütige Wild fast ganz im Wald verbleibt. Bei hoher Schneelage nimmt das Muffelwild Fütterungen gerne an; groß ist auch seine Vorliebe für Salzlecken.

Das Muffelwild lebt gesellig und schließt sich oft zu größeren Rudeln zusammen. Ältere Widder bilden dagegen kleinere Trupps oder ziehen auch alleine. Unser Wild hält schlecht Wechsel, sondern zieht unstet umher und verändert häufig seinen Standort. Muffelwild ist ein Tagwild und steht dann gerne in älteren Baumhölzern, in denen es gutes Blickfeld hat. Es äugt und windet vorzüglich. Einmal gestört, beruhigt es sich nicht wieder, stößt einen zischenden *Warnruf* aus und wird dann flüchtig.

Die *Brunft* spielt sich in den Monaten Oktober und November ab. Es kommt zu heftigen Kämpfen, das Zusammenschlagen der Schnecken ist weithin zu hören. Nach einer *Tragezeit* von fünf Monaten setzt das Schaf ein, selten zwei Lämmer, die schon bald der Mutter folgen.

Das *Alter* der Widder ist an den Schnecken ablesbar. Das Längenwachstum ist in der Jugend außerordentlich schnell, nimmt von Jahr zu Jahr ab und ist mit dem vollendeten 5. Lebensjahr im wesentlichen abgeschlossen, hört aber nie ganz auf. Durch Abschlagen oder Abwetzen der Schneckenspitzen kann die Gesamtlänge jedoch wieder zurückgehen. Auch der Umfang der Schnecken an der Basis nimmt bis zum 5. Lebensjahr zu und geht in hohem Alter etwas zurück. Der jährliche Längenzuwachs ist durch die *Jahresrillen* deutlich zu erkennen. Sie entstehen jeweils während einer Wuchspause im November/Dezember. Diese Jahresrillen sind nicht zu verwechseln mit der wulstförmigen Ringelung, den *Schmuckwülsten*, die sich während der eigentlichen Wuchsperiode bilden. Sie werden auch fälschlich als „Monatsringe" bezeichnet. Mit zunehmendem Alter wird diese Ringelung feiner. Der gutveranlagte Widder mit erwünschter Schneckenausformung kann vom 6. Lebensjahr an als jagdbar gelten. Unerwünschte Formen sind *Scheuerer,* deren Schneckenspitzen den *Kragen* abwetzen, *Einwachser* oder Schnecken mit sehr engem Radius. Sie gelten als *Abschußwidder.*

Die Bejagung des Muffelwildes ist nicht ganz leicht. Ein alter Widder pflegt sehr heimlich zu sein, nur in der Brunftzeit stehen ältere Widder mit den Schafen zusammen. Sie sind in freier Wildbahn aber immer unstet, halten keine Wechsel, sondern vagabundieren in großen Revierkomplexen umher. Die Pürsch oder das Pürschenfahren ist daher dem Anstand vorzuziehen, zumal das Muffelwild offene Äsungsflächen oder Feldstücke nur sehr unregelmäßig aufsucht.

Die Fährte des Muffelwildes ähnelt der des Hausschafes. Die Schalen sind sehr weit gespreizt, weiter noch als beim Damwild, die Schalenabdrücke sind außerdem stumpfer. Die Ballen sind sehr gering abgedrückt. Fährtenunterschiede zwischen Widder und Schaf sind nur in der Stärke vorhanden. Häufig wachsen beim Muffelwild die Schalen an den Läufen lang heraus und behindern das Wild am Ziehen. Die Folge ist ein Kümmern. Man nimmt an, daß das Wild die Schalen auf sandigem, nicht felsigem Boden zu wenig abnutzt und daß man deshalb Muffelwild nur in steinigen Gebirgsrevieren aussetzen sollte. Wir wissen heute, daß das Langwachsen der Schalen sowohl in Gebirgsrevieren als auch in der Ebene vorkommt, jedoch sind Reviere mit häufigen hohen Schneelagen für Muffelwild ebenso ungeeignet wie nasse und moorige Reviere der Ebene.

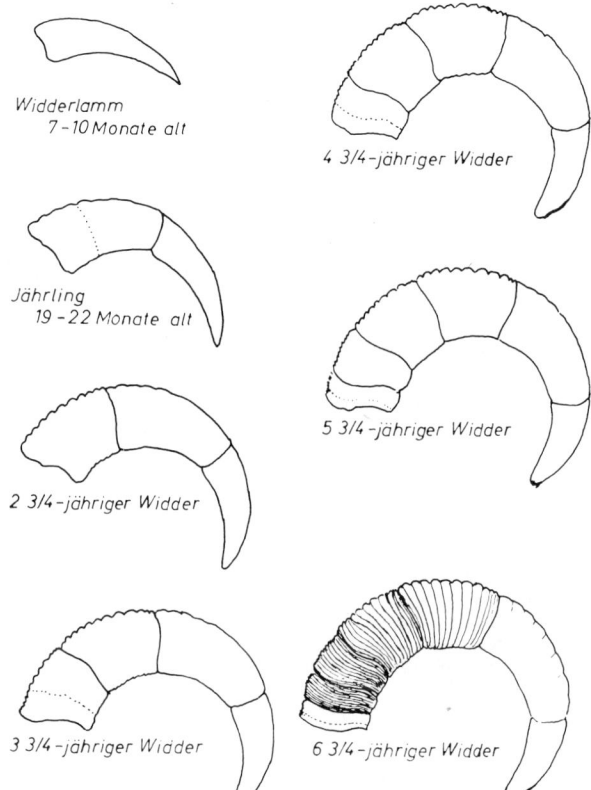

Die Altersentwicklung der Widderschnecke (nach SCHMINCKE*) eines gesunden Widders vom Dezember des ersten Jahres bis Dezember des siebten Jahres. Die Basis verläuft stets in einer Einschnürung, der jeweiligen Jahresrille. Die punktierte Linie des ältesten Jahresabschnitts zeigt die Basis im August. Die Längen der Jahresabschnitte nehmen von Jahr zu Jahr um etwa ein Drittel ab. Die Breite der „Monatsringe", die innerhalb eines Kalenderjahres bis zum Frühjahr rasch ansteigen und von dann ab bis Dezember langsam zurückgehen, vermindert sich von Jahr zu Jahr entsprechend dem Längenrückgang der Jahresabschnitte*

Widderlamm
7 – 10 Monate alt

4 3/4 -jähriger Widder

Jährling
19 – 22 Monate alt

5 3/4 -jähriger Widder

2 3/4 -jähriger Widder

3 3/4 -jähriger Widder

6 3/4 -jähriger Widder

Durch *Einbürgerung* haben die Muffelwildbestände in letzter Zeit in der Bundesrepublik erheblich zugenommen, so daß der Gesamtbestand mit etwa 6000 Stück angenommen werden kann. Es kann daher zu den heimischen Wildarten gerechnet und dort, wo es hingehört, als erfreuliche Bereicherung der Wildbahn angesehen werden. Doch sollte sich jeder Revierinhaber, der die Absicht hat, Muffelwild auszusetzen, vorher über die Herkunft Gewißheit verschaffen, da es zu viele verbastardierte Bestände gibt und nur reinrassiges Wild nicht schält oder in den Feldern zu Schaden geht. Zur Einbürgerung bedarf es der Genehmigung der obersten Jagdbehörden der Länder.

Das Gamswild

Beim Gams *(Rupicapra rupicapra)* heißt das männliche Wild *Bock (Gamsbock)*, das weibliche *Geiß;* die Jungen werden als *Kitze* bezeichnet; die Kitze nach dem Geschlecht als *Bockkitz* oder *Geißkitz* angesprochen. Nach Vollendung des ersten Lebensjahres wird das männliche oder weibliche Stück *Jährling* genannt; den Bock spricht man als *drei-, vier-, fünfjährig* usw., als *schwachen, starken* oder *Kapitalbock* an; die dreijährige Geiß, die noch nicht gesetzt hat, heißt *Schmalgeiß*, die ihr Kitz führende Geiß *Kitzgeiß*, die kein Kitz hat *gelte Geiß*. Man sagt im Gebirge „das Gams", nur im Allgäu spricht man von „Gemsen" und „Gemsböcken".

Gams sind ausgesprochene Tagtiere. Sie rudeln sich, die Rudel werden von einer *Leitgeiß* geführt. Geißen, Kitze und schwächere Böcke nennt man *Scharwild* oder auch *Geraffel*. Die älteren Böcke bilden Trupps für sich, der alte Bock steht auch gerne allein. Gamswild braucht nötig Wasser zum Schöpfen, seine geradezu leidenschaftliche Vorliebe für Salz sollte beachtet werden.

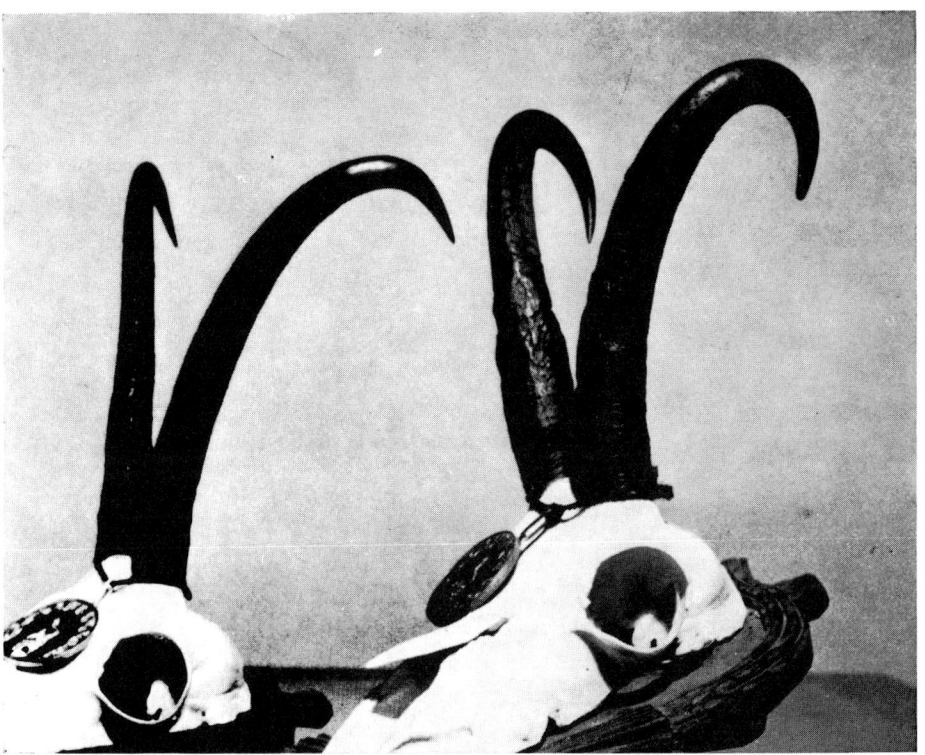

Geißkrucken   Bockkrucken

Im Gegensatz zu anderen Schalenwildarten, fällt die geringe *Vermehrungspotenz* des Gamswildes auf. Nach PRAGER (Das Waidwerk in Deutschland) setzt die Gamsgeiß in den nördlichen Alpen mit ihrem rauhen Klima ihr erstes Kitz frühestens im vierten, meist aber erst im fünften Lebensjahr. Unter optimalen Verhältnissen, z. B. im Schwarzwald, wo 1935 Gamswild eingebürgert wurde, setzt die Gamsgeiß ihr erstes Kitz bereits am Ende ihres zweiten Lebensjahres. In der Regel ist es nur ein Kitz, doch sind zwei nicht selten. Als Setzzeit kann der Mai gelten.

Der Bock trägt im Winterhaar den *Bart*, das sind die bis über 20 cm langen schwarzen Rückenhaare, die sich vom Widerrist bis zum Wedel hinziehen; er wird auch *Wachler* genannt. Wenn der Bart schön sein soll, so müssen seine äußersten Spitzen weiß sein; gut *gereift, gereimelt;* er muß einen guten *Reif* haben. Der schönste Bart ist der bei ganz dunklen Böcken mit breitem, weißem Reif. Bei dem von hellen Böcken hebt sich der Reif weniger ab, außerdem wird er hier bald *fuchsig* und unscheinbar.

Schwarze Gams ohne die gelben Zeichen
an Backe und Kehle werden als *Kohlgams*
angesprochen, während der mit dem Bart
gezierte Bock *Bartgams* heißt. Bock und
Geiß tragen *Krickel* oder *Krucken,* die beim
Bock von unten auf stärker, in dem zurück-
gebogenen oberen Teil schärfer und damit
deutlicher nach unten gekrümmt *(gehakelt)*
und meist weiter ausgelegt sind als bei der
Geiß. Bei dieser sind sie dünner von unten
auf, häufig auch enger gestellt und im zu-
rückgebogenen Teil weniger entschieden
nach unten gebogen. Nach der Höhe der
Krickel aber erreicht manche Geiß den
Bock durchaus.

Die sog. *Zuwachsringe* entsprechen den
Jahresringen. Sie sind vom 2. bis zum
5. Jahr gut zu unterscheiden. Später jedoch,
wenn das Wachstum des Krickels langsamer vor sich geht, sind die Absätze häufig
weniger gut, bei hohem Alter kaum noch
sichtbar. Immerhin ist mit einiger Genauigkeit das Alter nach den Jahresringen anzusprechen. Ein gutes Merkmal für die *Altersansprache,* sowohl beim Bock als auch bei
der Geiß sind die dunklen Wangenstreifen,
die *Zügel,* die bei jüngeren Gams scharf
abgegrenzt sind, während sie mit zunehmendem Alter grauer erscheinen und an
den Rändern verwischen. Auch die starke,
eckige Figur ist ein guter Anhaltspunkt zur
Beurteilung des Alters. Tatsächlich sagen
erfahrene Gamsjäger das Alter eines Gams-
bockes bis auf ein bis zwei Jahre genau an,
besonders wenn vorher Gelegenheit war,
ihn durch ein stark vergrößerndes Spektiv
zu beobachten.

Der Unterschied von Bock und Geiß ist
nicht so in die Augen fallend wie bei anderen Wildarten. Die Färbung bietet keinen
Anhalt. Im Sommer sind Bock und Geiß
ziemlich gleich gefärbt, obgleich das Haar
des Einzelstückes vom fahlen Gelb bis ins
Braune hinüberspielt. Im Winterhaar
braucht das kohlschwarze Stück durchaus
nicht der Bock und das hellgraue die Geiß
zu sein: es ist oft genug umgekehrt; und ein
silbergrauschwarzer Bock steht zwischen

kohlschwarzen Geißen. Als sicheres Unterscheidungsmerkmal des Haares kann dann der Bart gelten, der auf dem Rücken des Kapitalbockes wie eine Mähne wallt und sich gelegentlich stellenweise umlegt, so daß die Rückenlinie schon auf weite Entfernung hin unterbrochen erscheint. Die Krickel auf Büchsenschußweite anzusprechen, erfordert geübten Blick, doch sollte die viel stärkere Krümmung der Bockkrucken und deren Dicke in der Regel sofort auffallen. Gleichwohl unterläuft dabei manches Versehen; denn manche alte Geltgeiß trägt so starke Krickel, daß sie auf größere Entfernung von einem guten Bock schwer zu unterscheiden ist; und schlecht veranlagte Böcke tragen oftmals Krickel wie Geißen. In der Brunft, etwa Anfang November bis Anfang Dezember, wenn der Bock ständig näßt, ist auch der *Pinsel* ein Anhalt für das Geschlecht; zu anderer Zeit kaum. Oft genug muß zusätzlich die Gesamterscheinung den Ausschlag geben; und sie tut das auch nicht nur hinsichtlich des gedrungenen Körperbaues mit dem dicker und kürzer aussehenden Hals des Bockes, sondern auch hinsichtlich des gesamten Auftretens.

Immerhin ist ein sicheres und rasches Ansprechen des ungewohnten Wildes für den Neuling im Gamsgebirge eine schwierige Sache; deshalb soll er sich von einem erfahrenen, eingesessenen Jäger begleiten lassen, der die Verantwortung übernimmt und sich nur selten irren dürfte. Geschieht das doch einmal, so ist das Opfer des Irrtums meist eine alte Geltgeiß, um die es nicht schade ist. Am schwersten bleibt das Ansprechen immer im Rudel außer der Brunftzeit; es ist dann selbst für erfahrene Jäger nicht immer eine Selbstverständlichkeit.

Ein alter, einzeln im Wald stehender Bock heißt *Laubbock, Latschenbock, Pechbock.* Der helle Fleck an der Hinterseite der Keulen, der im dunklen Winterhaar natürlich mehr hervortritt als im hellen Sommerhaar, heißt *Spiegel,* auch *Stern,* der Schwanz *Blume* oder

*Tritt eines Gams-
bockes*
³/₄ natürl. Größe

Wedel. Die auf der Rückseite der Krucken auf dem Schädel sitzenden, in der Brunft namentlich beim Bock stark riechenden und sich vergrößernden Drüsen heißen *Brunftkappen* oder *Brunftfeigen.*

Beim Gams *pfeifen* beide Geschlechter, wenn sie beunruhigt werden oder auch unsicher oder erregt sind. Es bedeutet meist eine Warnung für die anderen Gams, aber auch für den Waidmann. Zur Brunftzeit hört man vom Gamsbock einen meckernden Ton, wie etwa der Ziegenbock ihn hat, der als „Blädern" bezeichnet wird, beim Treiben der Geiß keucht der Bock, ähnlich wie ein Rehbock.

Wenn Gamswild in einem Kamin oder sonst im Geschröff ab- und aufsteigt, so macht es oft Steine los, die dann mehr oder minder laut herunterrollen. Dieses *Steineln* ist meist weithin zu hören.

Die *Fährtenkunde* spielt bei der Gamsjagd keine bedeutende Rolle. Die Natur des Gebirges bringt es mit sich, daß man eine Fährte niemals auf eine längere Strecke verfolgen kann. Die Schalen sind keilförmig, scharfrandig und drücken sich beim Ziehen oder Steigen weit auseinander. Diese Fähigkeit, die Schalen gespreizt anzusetzen, verbunden mit der guten Haftfähigkeit der Ballen, ermöglichen es dem Gamswild, sich auch auf schwierigsten Felspartien sicher fortzubewegen. Ob irgendeiner der vielen ausgezeichneten Gamsjäger unserer Alpen die Fährten von Bock und Geiß unterscheiden kann – ich glaube es nicht. Die *Losung* ähnelt derjenigen der Ziegen.

Von den *Sinnen* des Gamswildes sind *Gehör* und *Witterungsvermögen* in hohem Maße ausgebildet; weniger dagegen das Auge; besonders was nahe Entfernung anbetrifft. Daraus möge aber niemand schließen, daß das Gamswild schlecht äugt. Es nimmt auch auf größere Entfernungen Bewegungen schnell wahr, Bewegungslosigkeit ist daher beim Ansitz die erste Losung für den Anfänger. Verhält sich dieser derart, so wird er selbst in nächster Nähe nicht erkannt.

Daß das Gams hervorragend vorsichtig ist, ist allgemein bekannt. F. C. KELLER bezeichnet die *Keesgams,* die in den höheren, nackten Gebirtsteilen steht, als scheu, die *Waldgams,* deren Stand tiefer unten ist, als vorsichtig. Besonders ältere Böcke stehen im Sommer und frühen Herbst gerne im Walde. Man kann insgemein sagen, daß das Gams ein Bewohner der oberen Waldregion und der darüberliegenden Hochlagen ist. Vor allem der Winter vertreibt die Gams in die offenen Berge, wenn der Schnee im Waldgürtel so tief zu liegen kommt, daß er jede Bewegung hemmt und die Äsung abschließt. Das Gams ist dann auf die offenen, *aperen* Hänge angewiesen. Einzelne Stücke, vor allem ältere Böcke, ziehen sich jedoch auch dann gerne in eine tiefer gelegene Waldzone weit unterhalb der Baumgrenze zurück.

Für die Jagd von besonderer Bedeutung ist die Vorliebe des Gamswildes für eine gemäßigte Wärme. Wenn es in der Morgenfrühe in den sonnenbeschienenen Hängen auf Äsung umherzieht, so wechselt es mit steigender Sonne in die Schattengebiete. Danach ist der Pürschgang einzurichten. Für die Drückjagd, das Riegeln, kommen häufig im Hochgebirge Zwangswechsel für das Gamswild als einziger Ausweg in Frage. Der Stand an einem solchen Zwangswechsel ist natürlich der beste. Derartige Riegeljagden werden jedoch kaum noch durchgeführt.

Abgesehen vom Wildererunwesen, das auch in wohlbehüteten Hochgebirgsrevieren infolge der angeborenen Jagdpassion der Bevölkerung niemals vollständig auszurotten sein wird, drohen dem Gamswild die größten Gefahren durch die Lawinen, die *Gamsräude* und in neuerer Zeit die Skifahrer, die ihnen die Wintereinstände verleiden und es nirgend zur Ruhe kommen lassen. Durch die Räude kann bisweilen der Gamsbestand eines großen Gebirgs-stocks bis auf wenige Stücke dahingerafft werden. In derartig schwer heimgesuchten Gebieten braucht es dann lange Jahre, bis die Bestände sich erholt haben und der frühere Wildreichtum wieder vorhanden ist.

Die einzige Bekämpfungsmöglichkeit der Räude besteht in einem rücksichtslosen Abschuß aller befallenen Stücke. Zweifellos tritt die Räude in überhegten Revieren leichter auf als in Gebieten, in denen ein geringerer Bestand vorhanden ist.

Ein gut gelungener Versuch mit dem Aussetzen von Gamswild ist im Feldberggebiet bei Freiburg gemacht worden. In den Jahren 1935–1939 wurden dort 22 Stück Gamswild ausgesetzt, die sich bis heute auf etwa 1500–1700 Stück vermehrt haben.

Das Schwarzwild

Ein Stück Schwarzwild *(Sus scrofa)* oder eine *Sau* heißt im ersten Lebensjahr *Frischling,* im zweiten Lebensjahr spricht man vom *Überläufer, überlaufender Keiler, überlaufende Bache;* im dritten Lebensjahr sagt man *zweijährige Bache* und *zweijähriger Keiler;* im vierten Lebensjahr *dreijähriger Keiler,* dieser wird mit 4 Jahren ein *angehendes Schwein,* ist mit 5 bis 6 Jahren ein *hauendes* oder *gutes Schwein,* vom 7. Lebensjahr ab ein *Hauptschwein* oder *grobes Schwein.* Das weibliche Stück wird *zweijährige, dreijährige usw. Bache* genannt, endlich *starke* oder auch *alte, grobe Bache.* Die Ohren heißen *Teller,* der Vorderkopf *Wurf,* der Rüssel *Gebrech* oder *Gebreche.* Die Sauen brechen damit nach Untermast den Boden um, man sagt, sie *stehen im Gebräch* oder *gehen ins Gebräch* und nehmen *Fraß* oder *Gefräß* auf. Die Eckzähne des Keilers nennt man *Gewaff* oder *Waffen,* die im Unterkiefer *Gewehre* und im Oberkiefer *Haderer* heißen. Die Bache dagegen hat im Ober- und Unterkiefer *Haken.* Die Bache *frischt,* wenn sie ihre Jungen *(Frischlinge)* bringt. Die Haut heißt *Schwarte, Sau-*

schwarte, die Haare *Borsten* und auf dem Rücken *Federn*. Der Schwanz heißt *Pürzel*, *Bürzel*, *Federlein*, *Ringel*, auch *Schnörkel*. Die Keulen heißen *Hamer (selten)*.

Das Schwarzwild lebt gesellig. Mehrere Sauen zusammen bilden eine *Rotte*,besteht diese nur aus Keilern oder Bachen, d. h. sind keine Frischlinge oder Überläufer dabei, so spricht man von einer *Rotte grober Sauen*. Ältere Keiler halten sich jedoch gerne alleine und ziehen als *Einzelgänger*, es sei denn, sie stoßen während der *Rauschzeit* zu einer Rotte. Die einzelne Sau hat ein *Lager*, die Rotte einen *Kessel*. Die Sauen *schieben sich ein*, wenn sie sich niedertun. Sie

liegen oder *stecken* in einem Revier, einer Dickung. Wenn bei groben Keilern die Schwarte des Schulterblatts, der *Schild* sich stark verdickt hat, so nennt man diesen *Panzer*, spricht vom *Panzerschwein*. Die Begattungszeit nennt man *Rauschzeit*, die Sauen *rauschen*. Vor den Hunden stellt sich das Schwarzwild, es *geht durch*, wenn es fortläuft. Von starken Hunden, den sog. *Saupackern*, wird es *gepackt*, auch *festgemacht* oder *gedeckt*, die grobe Sau *schlägt* dabei häufig Hunde. Wenn sich die gedeckte Sau von Hunden loszumachen versucht, so *streitet* sie mit ihnen. Der angeschweißte Keiler und auch die führende Bache *nehmen* den Jäger *an* und werden mit der *Saufeder* abgefangen, oder es wird ihnen der *Fang*, jetzt in der Regel der *Fangschuß* gegeben. Die Sau grunzt, schnauft, bläst, kreischt, klagt und wetzt mit *den Gewehren*. Das Fett nennt man *Weißes*, auch *Weiß*. Die Sau hat einen Magen oder *Waidsack*. Im übrigen gelten die für Rotwild üblichen Ausdrücke.

Fast überall ist das Schwarzwild starker Verfolgung ausgesetzt, weil es der Landwirtschaft erheblichen Schaden zufügt. Da es tagsüber im Busch, Rohr oder Wald zu stecken pflegt, so wird es hier am meisten gejagt, obgleich es, von Besonderheiten abgesehen, im allgemeinen dem Wald nützlich ist. Diese scharfe Verfolgung hat das Schwarzwild zu einem äußerst scheuen Wild gemacht, das nur in ruhigen Revieren bei Tage beobachtet werden kann. Doch ist es in vielen Gebieten infolge scharfer und rücksichtsloser Bejagung fast ganz zum Nachtwild geworden, verläßt erst nach *Büchsenlicht* seine Einstände und wechselt bei tiefer Nacht in die angrenzenden Felder und geht dort zu Schaden.

So ist, so bedauerlich das ist, die Nachtjagd mit allen ihren Nachteilen und Unsicherheiten nicht ganz auszuschließen. Dem Waidmann aber, der gezwungen ist, bei Nacht zu jagen, sei größte Vorsicht empfohlen. Es sind genug Unglücke durch Leichtfertigkeit vorgekommen, und manch falsch angesprochenes Stück – vor allem führende Bachen – wurde rücksichtslos erschossen.

Welch anderes Bild bietet sich in einem gut betreuten Revier, in dem das Schwarzwild verständnisvoll bejagt wird. Dort treffen wir es noch bei gutem Licht an, und jeder echte Waidmann wird seine Freude am Beobachten haben. Eine Rotte Sauen, die vertraut im Gebräch steht, ist selten ganz still. Entweder hört man von Zeit zu Zeit ein behagliches Grunzen oder ein *Gekreisch;* je nachdem Friede oder Streit ist, oder sobald irgendein Anlaß zur Beunruhigung vorliegt, ein ziemlich weit vernehmbares *Schnaufen* oder *Blasen.* Beunruhigt flüchtende Sauen geben oft ein kurz abgestoßenes, nur einen einzigen Laut bildendes Grunzen von sich. Vom Hund gepackte Frischlinge, Überläufer oder Bachen *kreischen* oder *klagen* laut und *anhaltend*; dasselbe tun sie bei Verwundungen, insbesondere Knochenschüssen. Das angeschweißte grobe Schwein *wetzt,* indem es im Zorn Ober- und Unterkiefer

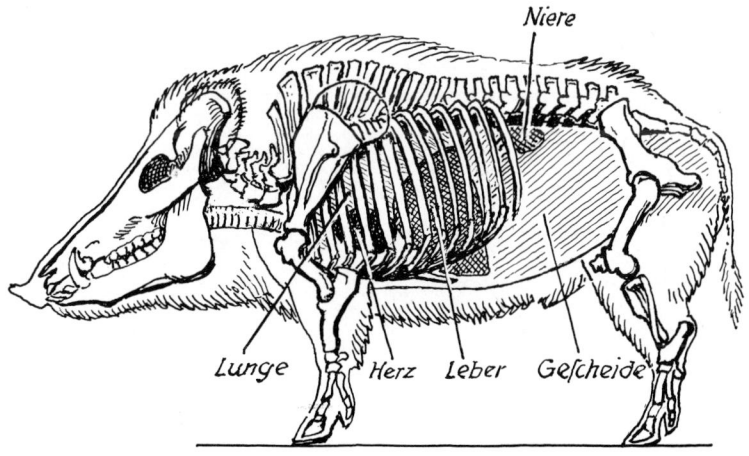

Knochengerüst des Schwarzwildes, tief nach unten gehende Wirbelsäule, daher häufig Krellschüsse, sehr tief liegendes Herz!

aufeinanderschlägt, so daß die Zähne oder Gewehre beim Aufeinandertreffen einen knappenden Ton von sich geben. Hörst du bei der Nachsuche nach einem hauenden Schwein einen solchen Laut, dann Vorsicht: denn jeden Augenblick kann der wütende *Basse* dir am Leibe sein.

Empfindlichen Nasen fallen die Sauen durch den *Geruch* auf, und zwar am meisten zur *Rauschzeit.* Bei reichlichem Fraß tritt diese Zeit schon Ende Oktober ein, in der Regel Ende November; in schlechten Jahren verzögert sie sich bis tief in den Dezember hinein. Dementsprechend *frischen* die Bachen von Ende Februar bis Mai, und zwar etwa vier bis zehn

Frischlinge. Nach guten Mastjahren kommt es gelegentlich auch zu zweimaligem Rauschen, so daß im Hochsommer ein weiterer Wurf erfolgt. Desgleichen können Frischlinge ausnahmsweise auch schon im ersten Jahr rauschig und mit Erfolg beschlagen werden. Die Vermehrungspotenz ist also sehr hoch. Zu Unzeiten geworfene Frischlinge kommen schwach in den Winter und sollten geschossen werden.

Am ehesten zeigt sich die Anwesenheit von Schwarzwild im Revier durch das Gebräch, das die Wiesen verunstaltet, im Bestand auch weithin zu sehen ist. Grobe Sauen pflegen größere Flächen zu brechen und tiefere, langhin wenig unterbrochene Furchen zu hinterlassen. Geringe Sauen brechen unregelmäßiger, Frischlinge setzen mal hier, mal dort an, um immer wieder nach noch besserem Fraß zu suchen. Selbstverständlich hängt die Tiefe des Gebräches, der Furche, von dem Zwecke ab, den die Sauen verfolgen. Bricht ein Überläufer in der Wiese nach Mäusen, so bricht er erheblich tiefer als das hauende Schwein, das im Buchenaltholz nach Mast unter dem Laube bricht.

Die Fährte ist von der anderen Schalenwildes leicht zu unterscheiden, weil die Oberrücken oder Geäfter stets mit den Schalen zugleich abgedrückt sind. Es stehen also immer vier Schalenabdrücke in *einem* Tritt. Nur ganz ausnahmsweise, wenn einmal, wie es bei Trockenheit und hartem Boden vorkommt, die Geäfter in ihren Abdrücken nicht sichtbar sein sollten, kann ein Unkundiger einen einzelnen Tritt des Keilers mit dem eines Hirsches verwechseln.

Tritt eines Frischlings, eines dreijährigen Keilers und eines flüchtigen Stück Rotwildes

Einem Kundigen kann auch das nicht unterlaufen, weil die Schrittweite alsbald sicheren Aufschluß gibt. So betrug die von mir gemessene Schrittweite eines schlecht jagdbaren Hirsches – bei 7 cm Trittbreite des Vorder- und 6 cm Trittbreite des Hinterlaufes – 70 cm, die eines dreijährigen Keilers, bei 6 cm Trittbreite, nur 42 cm. Die Schrittweite eines Hauptschweines dagegen erreicht die Schrittlänge eines jagdbaren Hirsches, doch ist der einzelne Tritt nie so geschlossen und abgerundet. Bei geringeren Sauen ist der Abdruck der äußeren Schalen erheblich länger als der der inneren. Dieses Zeichen verliert sich jedoch mit zunehmendem Alter mehr und mehr, wenn auch niemals ganz. Je nach Bodenart sind die Fährten mehr oder weniger scharf ausgeprägt, so daß man bei einiger Aufmerksamkeit die Stärke und mutmaßliche Stückzahl einer Rotte ansprechen kann. Wenn bei tiefem, trockenem Schnee eine Rotte Sauen hintereinander zog, dann muß der prüfende Jäger scharf aufpassen, um sich ein klares Bild machen zu können, und zu diesem Zweck die Fährte auf längere oder kürzere

Strecken verfolgen. Ob die Fährten Schwarzwild oder Rotwild gehören, merkt er an der Schleppbahn. Denn die Sauen haben niedrige Läufe; und im tiefen Schnee hinterläßt der Rumpf eine Bahn von seiner Breite in der oberen Schneelage. Außerdem zieht Schwarzwild fast durch jeden, noch so flachen Graben hindurch, während Rotwild ihn überschreitet oder überfällt. Aber der Jäger weiß nun noch nichts über Stückzahl und Stärke. Darüber kann ihn nur weiteres Verfolgen der Fährte belehren. Man folgt natürlich nicht in die Dickung hinein, wo man die möglicherweise schon steckenden Sauen beunruhigen würde, sondern auf der Fährte nach rückwärts.

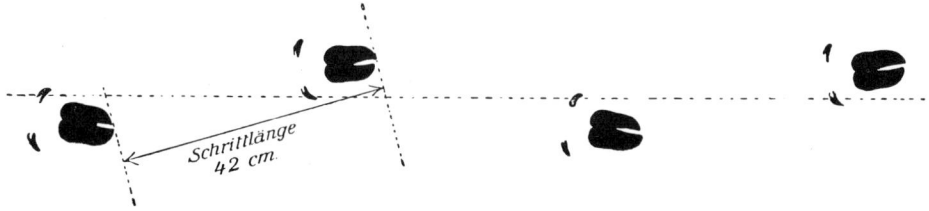

Fährte eines Keilers

An den Orten, wo das Schwarzwild sich über Tag einzuschieben pflegt, findet man gelegentlich einen *Kessel* oder ein *Lager*. Oft wird derselbe Kessel lange Zeit hintereinander benutzt. Mit Vorliebe wählt das Wild dazu verfallene Gräben, umgebrochene Wurzelballen und Stämme, die noch ihr Reisig tragen, dichten Gras- oder Krautwuchs, so daß er Schutz von oben gegen die Kälte hat. Man glaube aber nicht, daß sich die Schwarzkittel immer nur in Dickungen einschieben. Es geschieht das vielmehr oft genug dort, wo der wenig erfahrene Waidmann es gar nicht erwarten würde: unter einzelnen Wacholderbüschen, auf einer trockenen Erhöhung im lichten Bruch, in einer Gruppe von Schwarzdorn, in einem in offenen Laubholzbeständen gelegenen Nadelholzhorst. Die einzige Voraussetzung ist nur die, daß der Ort ruhig und ungestört ist. Bei großer Kälte stecken die Sauen gerne in Heuhafen, im Schilf und in Ameisenhaufen, um von unten warm zu sein.

Schwarzwild nimmt die *Suhlen* noch lieber an als das Rotwild, ebenso die *Tränken.* Namentlich bei guter Mast oder nach reichlichem Getreidefraß suchen sie dort Kühlung. An den bekannten Suhlen ist daher leicht festzustellen, ob Sauen im Revier sind. Der Ansitz dort verspricht guten Erfolg, sei es in den frühen Abendstunden oder am Morgen, wenn die Sauen sattgefressen zu ihren Tageeinständen zurückziehen. Doch sind sie an heißen Tagen auch um die Mittagszeit einem kühlenden Schlammbad nicht abgeneigt. Wie man bei dem Besuch einer Suhle sich davon überzeugt, ob man auf Schwarzwild oder Rotwild ansprechen soll, das ist beim Rotwild schon gesagt worden.

Auch die *Malbäume* sind dort schon beschrieben, so daß es hierzu keiner weiteren Erläuterungen bedarf.

Die Losung des Schwarzwildes kann mit der andern Wildes nicht wohl verwechselt werden. Die einzelnen Kotballen sind nach der Stärke des Wildes verschieden stark; bald fallen sie rundlich, kugelförmig einzeln, bald stellen sie, aneinandergepreßt, eine noch zusammenhängende Wurst dar. Ist das Wild bei guter Mast *weiß* – man sagt niemals feist oder fett –, dann fällt die Losung breiig in weichen Fladen; zu anderer Zeit härter und in schärferer Form.

Die *Sinne* des Schwarzwildes sind, was Vernehmen und Wittern angeht, sehr gut. Dagegen *äugen* die Sauen *schlecht.* So habe ich wiederholt eine Rotte Sauen bei gutem Wind über eine freie, deckungslose Fläche angehen können, ohne daß sie mich wahrnahmen. Am feinsten ist das *Gehör* ausgebildet. Ist der Geruchssinn nach meiner Beobachtung auch vielleicht nicht in dem außerordentlich hohen Maße entwickelt wie das Gehör, so steht er doch recht hoch. Mit schlechtem Wind ist an die Sauen durchaus nicht heranzukommen.

Ganz besonders ist beim Schwarzwild die Wehrhaftigkeit ausgeprägt. Keine unserer heimischen Wildarten kommt in dieser Hinsicht den Sauen nahe. Und zwar bezieht sich das nicht nur auf das hauende Schwein; auch der Frischling ist schon ein tapferes Kerlchen, und die Bache, der man einen solchen entführt, der kreischt, verfolgt den Räuber oft weit und kann zu einem lebensgefährlichen Gegner werden.

Man glaubt nicht, mit welcher Geschwindigkeit ein angeschweißter Keiler auf den vermeintlichen Feind anstürmt. Ist das Schwarzwild auch ungewandt und kann es keine kurzen Wendungen in schneller Gangart machen, so ist es doch ungeheuer schnell; nur Ruhe und sicheres Zielen sind die Rettung wenn man nicht über den Haufen gerannt werden oder zu

dem unrühmlichen Aufbäumen seine Zuflucht nehmen will. Während die annehmende Bache durch *Beißen* gefährliche Wunden verursacht, *schlägt* der Keiler mit dem Gewehr bei offenem Gebrech seitwärts von unten nach oben, meist im schnellen Vorüberstürmen, hin und wieder jedoch auch bei seinem Gegner stehenbleibend, ja, sich über den Geworfenen stellend. Im höheren Alter, etwa vom 7. Lebensjahr an, beginnen die Gewehre sich stärker nach rück-

Schwarzwildlosung

wärts zu krümmen, so daß sie oftmals gar keine Waffe mehr darstellen, weil ihre Spitze den Gegner nicht trifft. Am gefährlichsten sind meist die angehenden Schweine, die sogenannten Hosenflicker, weil bei diesen die Gewehre die bedrohlichste Richtung haben. Die Länge der Gewehre entspricht nicht immer der Körperstärke. Ganz grobe Keiler haben gelegentlich kurze Gewehre, während solche von weniger Gewicht viel längere haben. Öfters sind die Gewehre auch stark abgebrochen und eingesplittert.

Eine Eigentümlichkeit des Schwarzwildes ist das, ich möchte sagen, ruckweise *Verhoffen* bei Beunruhigung oder Unsicherheit. Sauen, die aus dem Kessel herausgesprengt werden, verhoffen fast ausnahmslos nach 10 bis 12 Fluchten; ebenso geht es, wenn man bei der Pürsche unversehens zwischen eine Rotte Sauen gerät. Nicht selten pflegt sich bei der Jagd mit Hunden eben gehetztes Schwarzwild vor den Augen des Rüdemanns in einen Busch oder Windwurf sofort wieder einzuschieben.

Stark beunruhigtes, beschossenes, vor allem aber angeschweißtes Schwarzwild wechselt oft unglaublich weit fort, krankes Wild fast immer so weit, wie seine Kräfte es zulassen. Die Nachsuche nach nicht tödlich angeschweißten Sauen ist daher recht schwierig.

Das *Ansprechen des Schwarzwildes* ist nicht einfach, zumal die Lichtverhältnisse häufig nicht günstig sind. Dabei ist es die wichtigste Voraussetzung für einen richtigen Abschuß. Auf keinen Fall dürfen Bachen von den Frischlingen weggeschossen werden. Der gewissenhafte Jäger muß als erstes also lange genug warten, ob nicht doch Frischlinge in der Nähe sind. Auf Drückjagden ist das die Rotte anführende starke Stück fast immer eine Bache. Leichter ist die führende Bache im Sommer zu erkennen. Sie trägt noch die Winterborsten, wenn Keiler und Überläufer bereits das kurze Sommerhaar haben und kahl wirken. Im Herbst dagegen tragen die führenden Bachen das Sommerhaar länger.

Zur Blattzeit   *Nach einem Gemälde von F. Laube*

Eine Unterscheidung von Keiler und Bache nach der Figur ist dagegen nur selten möglich, es sei denn, es handelt sich um ein hauendes oder Hauptschwein. Die Kopfform ist kein sicheres Zeichen und blitzende Gewehre wird man fast nie sehen. Als sicheres Erkennungszeichen kann nur der Pinsel gelten, doch dazu muß die Sau freistehen und das Licht ausreichen. Auch im Treiben ist dazu nur in den seltensten Fällen Gelegenheit. Dagegen kann man auf Pürsch und Ansitz aus der Zusammensetzung einer Rotte schließen, ob es sich um Überläufer, Frischlinge, Bachen oder – zur Rauschzeit – auch Keiler handelt.

Zur Zahnentwicklung sei hier nur so viel gesagt, daß die Gewehre sich erst vom 5. Jahr an zur Spitze hin nicht mehr nennenswert verjüngen, während noch beim dreijährigen Keiler der Durchmesser eben unterhalb der Schleiffläche wesentlich schwächer ist, als an der Basis. Auch die Haderer runden sich erst vom 5. Lebensjahr an einwärts und können gegeneinandergestellt bei einem Hauptschwein einen vollen Kreis bilden. Aber derartige Bassen sind leider selten geworden.

Das Schwarzwild hatte sich nach dem letzten Kriege sehr stark vermehrt. Diese Entwicklung wurde begünstigt durch das Jagdverbot für deutsche Jäger sowie durch mehrere reiche Mastjahre und milde Winter. Die Bestände nahmen beängstigend schnell zu, und Gebiete in denen diese Wildart seit vielen Jahrzehnten fast unbekannt war, wurden in kürzester Zeit neu besiedelt. Die Schäden in der Landwirtschaft stiegen ins Unerträgliche. Durch intensive Bejagung sind die Bestände zwar wieder zurückgegangen, dennoch hat sich das Schwarzwild in vielen der neu eroberten Einstandsgebiete gehalten. Doch wird es auch heute noch fast überall scharf bejagt, um die Feldschäden in Grenzen zu halten. So sind die Sauen vielerorts unstet geblieben, meiden das Tageslicht und sind in vielen Revieren nur nachts zu bejagen.

Erfreulicherweise gewährt die neue Bundesverordnung über die Jagdzeiten auch dem Schwarzwild eine Schonzeit vom 1. Februar bis zum 16. Juni, von der nur Frischlinge und Überläufer ausgenommen sind. Ähnliche Regelungen waren seit Jahren in den meisten Bundesländern verordnet. Darüber hinaus bildeten sich zunehmend Hegegemeinschaften, die sich ihre eigenen Abschußrichtlinien gaben und danach handelten.

So ist zu hoffen, daß unserem ritterlichen Schwarzwild in Zukunft eine gerechtere Bejagung zuteil werden wird, die Bestände sich von einem bisher ungeregelten Abschuß erholen und ältere Bachen sowie starke Keiler in ausreichender Zahl heranwachsen und die Grundlage gesunder Bestände bilden. Dem Waidmann aber winkt als Lohn seiner Mühen und Entsagung das starke Gewaff eines wirklichen Hauptschweines.

Das Auerwild

Das Auerwild *(Tetrao urogallus)* oder *Auergeflügel* gehört als einziges Federwild zur hohen Jagd.

Das männliche Geschlecht heißt *Auerhahn,* auch *Urhahn, Großer Hahn,* das weibliche *Auerhenne;* die Jungen bilden das *Gesperre,* auch die *Kette;* mehrere Ketten vereinigen sich zu einem *Flug.* Der stark gebogene Schnabel heißt *Schnabel,* die Augen *Augen* oder *Lichter;* die rote, nackte, warzige Haut um die Augen stellt die *Rosen* oder die *Flammen* dar. Die verlängerten Kehlfedern heißen der *Federbart* oder *Kehlbart.* Der Hahn trägt auf der Oberbrust ein grünes, die Henne ein braunes *Schild.* Unter den Achseln, beim ruhig sitzenden Hahn zum Teil sichtbar, ist der reinweiße *Spiegel.* Der *Stoß* wird auch *Schaufel* oder *Fächer* genannt. Die langen Schwanzfedern nennt man *großer Stoß,* die unteren kürzeren *kleiner Stoß.* Die Beine werden als *Läufe, Füße, Ständer* bezeichnet. Die Zehen tragen seitlich die

Zehenstifte, oder *Balzstifte*, verkümmerte Federn; die Krallen sind die *Nägel*, die Fittiche die *Schwingen*. Der Hals heißt *Kragen* oder *Stingel*. Das Auerwild hat einen *Kropf*, einen *Vormagen* und einen *Muskelmagen*. Die kleinen Steinchen, die es aufnimmt und die im Muskelmagen gefunden werden, heißen *Waidkörner* oder *Magensteine*. Der After heißt *Waidloch*; der Darm ist das *Gescheide*, der Mastdarm der *Waiddarm*. Das Auerwild macht, wenn es läuft, eine *Fährte* oder ein *Geläufe*; es *hudert* sich, wenn es ein Staubbad nimmt, und macht bei dieser Gelegenheit *Pfannen* oder *Huderplätze* in das Erdreich. Es *tritt* vom Baum zu Boden, *tritt* oder *steigt* zu Baum; es *streicht* oder *zieht*, wenn es fliegt, *schwingt sich ein*, *fällt ein* oder *ab*, *steht ab* oder *zu*; es *reitet ab*, indem es fortfliegt.

Wenn das Wild sich an den Boden drückt, um nicht bemerkt zu werden, so *drückt es sich*, oder es *steckt sich* im Buschwerk. Stellt sich das Auerwild von einem Baum auf einen benachbarten, so *stellt es sich um* oder *überstellt sich*. Streicht das Wild aus einem Revierteil ganz fort, so *verstreicht* es, es hat sich *verstrichen*. Der beunruhigte Hahn *verhofft* oder *sichert*. Das Auergeflügel ist *vertraut*, wenn es ganz ungestört ist, *mißtrauisch* bei Unsicherheit, *vergrämt* bei vollendeter Störung.

Das Auerwild *geht auf Äsung*, verbeißt Knospen und Triebe, es *nadelt*. Außerdem setzt sich seine Äsung aus Sämereien, Beerkraut und Früchten, aber auch Insekten, Schnecken und Würmern zusammen. Das Auerwild *schöpft* und *tränkt sich*, wenn es trinkt.

Die Zeit der Fortpflanzung heißt die *Balzzeit*, die *Balz*, auch *Falz*; man spricht von *Hauptbalz*, *Nebenbalz*, *Vorbalz*, *Nachbalz*, *Bodenbalz*, *Hochbalz*, *Frühbalz*, *Sonnenbalz*, *Abendbalz*, der Hahn balzt *voll* oder *lau*, er *balzt zu Baum* oder *zu Boden*. Er *tritt auf* oder *in die Balz*. Der alte Beherrscher des *Balzplatzes* ist der *Platzhahn*; geringe Hähne sind *Schneider*. Geht die Balz zu Ende, so *balzt* der Hahn *ab*. Wenn zwei Hähne miteinander streiten, so *kämpfen* sie; sie geben dabei fauchende und zischende Töne von sich, die man *Blasen* nennt. Den *Balzgesang* des Hahnes bezeichnet man als *Spiel* oder *Vers*, auch *Gesetz'l*. Er besteht aus dem *Knappen* (der Hahn *spielt sich ein*), dem *Triller*, dem *Hauptschlag* und dem *Schleifen* oder *Wetzen*. Der Balzgesang des Urhahns steht mit der Größe dieses starken Vogels in einem erstaunlichen Widerspruch. Der einzige lautere Ton ist der Hauptschlag, die übrigen Teile sind so leise, daß sie einem ungeübten Ohr unter den vielerlei Lauten des Waldes kaum auffallen.

Die Henne *lockt*, indem sie ein weiches Gok, Gok von sich gibt; sie *warnt*, indem sie denselben Ton hart und heftig mehrfach hintereinander ausstößt. Bei der Balz wird der Hahn vom Jäger *angesprungen*; d. h. der Jäger macht während des Schleifens, je nach den Bodenverhältnissen, bis zu drei schnelle Schritte; mehr kann er während des nur wenige Sekunden dauernden Schleifens nicht schaffen. Ist man aus irgendeinem Grunde veranlaßt, von einem angesprungenen Hahn abzulassen, oder muß man zurück, um ihn überhaupt mit Erfolg beschießen zu können, so *springt* man wieder *ab*. Der kranke, noch nicht verendete Hahn wird *abgenickt* oder *abgefangen*. Dann *bricht man ihn auf* oder besser *fährt ihn aus*. Beim Anspringen wird der Hahn durch Ungeschicklichkeit oder Unglück des Jägers *vergrämt* oder *vertreten*. Durch Beunruhigung außerhalb des Anspringens wird er *stillgegangen* oder *abgetreten*.

Der Balzplatz wird durch den beobachtenden Jäger *ausgemacht*; der Hahn *verhört*, *verlust*, *bestätigt*. Früh am Abend begibt sich der Jäger in die Gegend, wo er den Balzplatz vermutet. Dort *schwingt* der Hahn *sich ein*, *meldet*, indem er, falls er ganz vertraut ist, ein doppeltes *Knappen* wiederholt und anhaltend hören läßt. Dieses Knappen, das lautlich am besten durch *Klippen* wiedergegeben, auch als *Schnackeln*, *Schnalzen* oder *Glöckeln* bezeichnet wird, ist ein gutes Zeichen, daß der Hahn balzlustig ist, und läßt für die Jagd am anderen Morgen das beste erhoffen. Das *Worgen*, auch *Räuspern* genannt, ist ein scharfer, kreischender Ton, wie von

einem schlecht geschmierten Schiebkarrenrad; ein kurzes Krächzen, das der Hahn von sich gibt, nachdem er sich des Abends eingeschwungen hat; oder auch ein *Kröchen*, das aus einem wiederholten, ganz kurzen *och, och* besteht, das der Hahn hören läßt, wenn er mißtrauisch ist.

Die *Balzzeit*, die je nach der Witterung früher oder später liegen kann, fällt im allgemeinen bei uns in den April und endet ausgangs Mai. „Buchenlaub raus, Hahnenfalz aus", sagt man im Mittelgebirge. Ein alter Jägerspruch lautet:

Wer die Hahnen schießt vor St. Georgen,
Muß das Treten der Hennen selber besorgen.

Da die Hennen erst in der zweiten Hälfte der Balzperiode *getreten* werden, soll der Waidmann den freigegebenen Hahn nicht vor Ende der Balz schießen.

Das Auerwild lebt *polygam*. Je nach dem Geschlechterverhältnis und der Rauflust der Hähne *bestreitet* der Platzhahn bis zu zwölf und mehr Hennen. Bei der Begattung *tritt* er sie.

Beim ersten Dämmern des nahenden Morgens erwacht der Hahn, *beutelt* sich, d. h. schüttelt sein Gefieder, worgt auch wohl einigemal, um dann zögernd und in längeren Zwischenräumen zu knappen. Das *Knappen* – ich habe es hundertmal gehört und finde doch keine bessere Beschreibung als die des alten WINCKELL – ist „ein gleichsam doppelt schnalzender Laut, welcher ungefähr so klingt, als wenn zwei völlig ausgedörrte Stöcke von hartem, schalenlosem Holze zusammengeschlagen werden". Das Knappen geht in den *Triller* über, dem wiederum der *Hauptschlag* folgt. Diesen vergleicht man am treffendsten mit dem schallenden, kurzen Ton, der beim schnellen Herausziehen eines Korkens aus einer festverschlossenen Falsche entsteht.

Dem Hauptschlag folgt das *Schleifen* oder *Wetzen*, das etwa drei Sekunden dauert. Dies ist ein ganz merkwürdiger Ton, der mit dem Wetzen einer Sichel verglichen wird und daher seinen Namen hat. Ich will hier gleich bemerken, daß die Stärke des Tones ganz verschieden ist, je nachdem der Hahn uns den Schnabel oder den Stoß zukehrt. Während des Schleifens ist der Hahn vollkommen taub. Das beruht auf einer eigenartigen Schwellfalte im Gehörgang, die in Verbindung mit einem Knochenfortsatz des Unterschnabels einen völligen Verschluß dieses Ganges bewirkt. In neuerer Zeit ist das Vorhandensein dieser Schwellfalte bestritten worden. Die Möglichkeit, daß allein das weite Öffnen des Schnabels während des Schleifens den Gehörgang verschließen und den Hahn taub machen kann, ist nicht von der Hand zu weisen.

Die Taubheit erlaubt das Anspringen des Jägers, das nur während des Schleifens möglich ist. Sie ist so vollkommen, daß der Hahn sich auch durch einen abgegebenen Fehlschuß in keiner Weise stören läßt. Blind ist der Hahn jedoch während des Schleifens nicht, worauf man beim Anspringen achten muß.

Wenn der Hahn feurig balzt, so folgt das eine Spiel dem anderen, so daß ein aufmerksames Ohr dazu gehört, die einzelnen Sätze voneinander zu unterscheiden. Hat er aber nicht rechte Lust zu balzen, oder ist er mißtrauisch, dann folgen die Verse einander nur zögernd; der Hahn hört oft vor dem Hauptschlag plötzlich auf. Hat der Jäger sich dann schon auf das Anspringen bei Beginn des erwarteten Schleifens eingerichtet, und macht er die erste Bewegung, so eräugt der Hahn ihn sofort und reitet meist mit lautem Kröchen polternd ab. Er hat dann sein *Vexierspiel* gespielt.

Beim Auerhahn ist die *Altersbestimmung* – wie bei den meisten Vogelarten noch keineswegs zufriedenstellend geklärt. Die wissenschaftlichen Methoden – Grad der Verknöcherung einzelner Teile des Kopfskeletts – bedeuten für den Jäger keine Hilfe.

Für die *Altersschätzung* am lebenden Hahn in der Wildbahn kommen im wesentlichen Gefieder und Schnabelmerkmale in Frage, obwohl es auch da individuelle Unterschiede gibt. Als sicherste Erkennungszeichen können die Ausformung der Schaufeln, die Hakung des Schnabels und die Länge der *Schnabelrille* gelten.

Die Schaufeln sind beim jungen Hahn kürzer und schmäler als beim alten, die Spitzen sind bis zum dritten Jahr abgerundet, flachen dann mit zunehmendem Alter ab und werden deutlich breiter. Während beim jungen Hahn der gefächerte Stoß einer halben Ellipse ähnelt, scheint er beim alten infolge der abgeflachten, breiten Schaufelenden rund und in sich geschlossen.

Der Schnabel oder *Brocker* ist vom zweiten Lebensjahr an zunehmend stärker gekrümmt mit stärker werdendem über den Unterschnabel herabreichendem Haken. Der Schnabel des Junghahnes ist glatt, blaugrau getönt mit deutlich abgesetzten hellen Streifen am Rande des Oberschnabels. Mit zunehmendem Alter bekommt der Schnabel eine hornfarben-gelbliche Färbung und es bildet sich unterhalb der Nasenlöcher eine Rille, die vom vierten Jahr an deutlich ausgeprägt ist und bei sehr alten Hähnen fast bis zur Schnabelspitze reicht.

Als unzuverlässiges Merkmal muß die Weißfleckigkeit des Stoßes angesehen werden. Doch erscheint im allgemeinen das Gefieder des alten Hahns dunkler und kräftiger gefärbt, der blaugrün schillernde Brustschild ausgeprägter. Hals und *Bart* sind stärker, und der Kopf wirkt breiter, eckiger und linienhärter.

Das Ansprechen des Hahnes vor dem Schuß bleibt dennoch sehr schwierig. Schlecht balzende, immer wieder im Knappen unterbrechende, lange sichernde, sich ohne Grund öfter überstellende Hähne sind gewöhnlich alt.

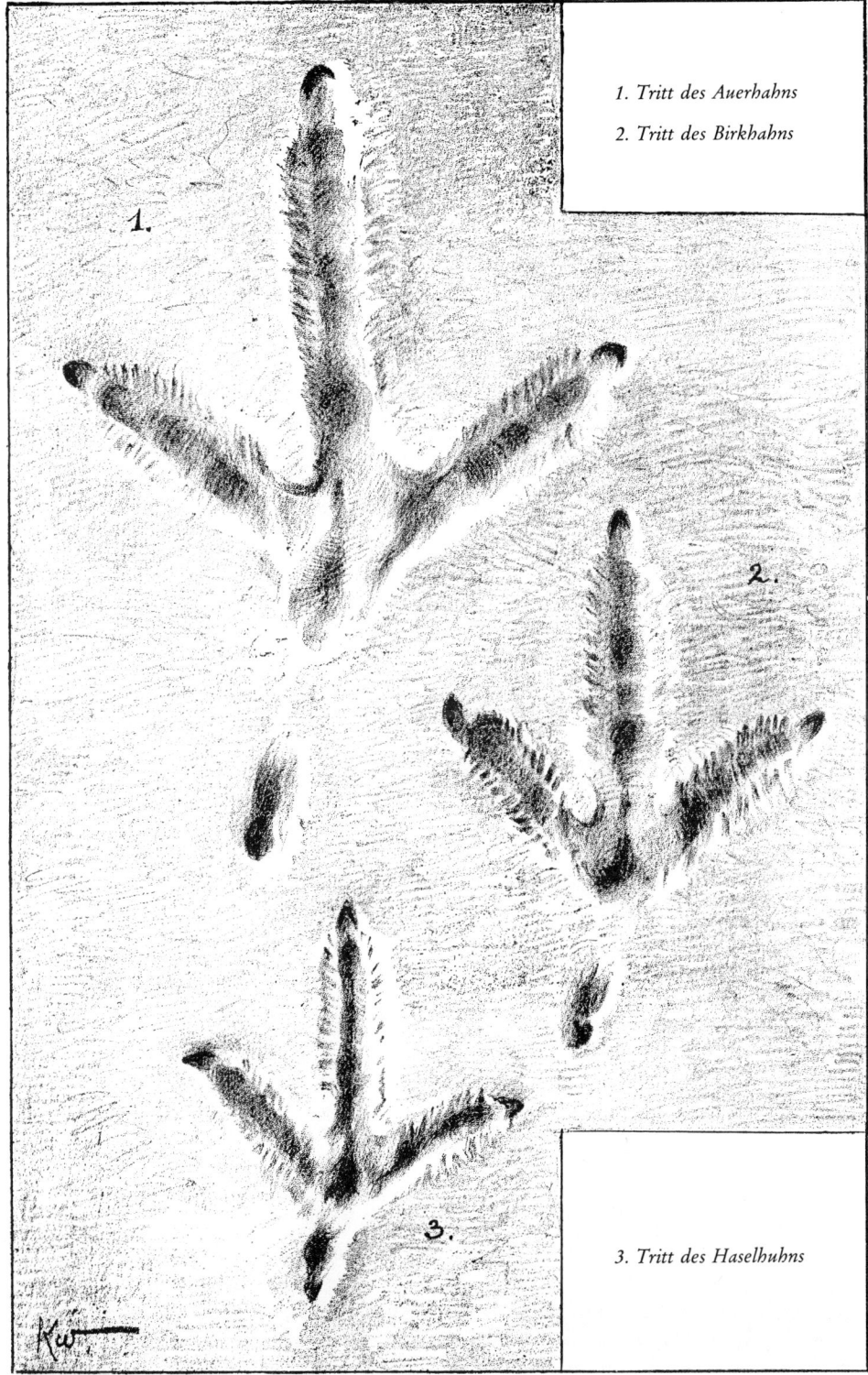

1. Tritt des Auerhahns
2. Tritt des Birkhahns

3. Tritt des Haselhuhns

Das *Nest*, das die Henne kunstlos am Boden anlegt, enthält acht bis zwölf 55 : 42 mm große, glatte Eier, die auf lehmfarbigem bis rötlichbraunem Grund mit dunkleren Punkten und Flecken dicht gezeichnet sind. Die Brutzeit beginnt etwa Mitte Mai und dauert vier Wochen. Wenn die Henne das Gelege, das meist in der Nähe von Wegen, Pfaden und Wildwechseln liegt, ungestört verläßt, deckt sie die Eier mit trockenem Laub zu. Die Gelege sind durch Schwarzwild und Dachs, aber auch durch Fuchs und Marder stark gefährdet. In guten Schwarzwildrevieren ist es schwer, Auerwild zu halten.

Die *Losung* besteht aus gekrümmten 5–6 cm langen wurmartigen Walzen, die die Äsungsreste deutlich erkennen lassen und z. B. durch Aufnahme von Blaubeeren dunkelblau gefärbt sein können. Daneben findet sich unter den *Schlafbäumem* eine aus dem Blinddarm stammende breiige Losung die fälschlicherweise auch *Balz-* oder *Falzpech* genannt wird.

Über die Lebensweise des Auergeflügels sei noch bemerkt, daß die Jungen etwa Mitte August flugbar werden. Im Herbst sondern sich die jungen Hahnen von den Ketten ab und treiben sich den Winter über in größeren Flügen umher. Die Henne lebt im allgemeinen mehr am Boden, der Hahn mehr auf Bäumen. Im Winter findet man das Auerwild oft in langen Gängen auf dem Boden unter dem Schnee, wo es nicht nur Wärme, sondern auch andere Grünäsung findet, als sie der Baumwuchs zu der Zeit zu bieten vermag. Gerät man, wie es mir in den an Auerwild reichen Waldungen der mittleren Wolga öfters widerfuhr, in so einen Flug hinein, so denkt man, die ganze Welt würde unter einem lebendig. Denn ein Stück nach dem anderen durchbricht die Schneedecke mit gewaltigem Poltern, um schleunigst davonzustreichen.

Die ausgewachsenen Hähne stehen außer der Balzzeit, wo sie sich zu den Hennen gesellen, allein. Aber auch zu dieser Zeit ist der Hahn über Tag allein; erst am Abend *steht* er auf dem Balzplatz *zu*, um ihn nach Sonnenaufgang zu verlassen.

Die Sinne des Auerwildes sind hochentwickelt. Das gilt namentlich für das *Äugen* und *Vernehmen*. Hervorzuheben ist neben großer *Vorsicht* und *Scheu* eine gewisse Neugier, die wohl die Ursache ist, warum der aufgestörte Hahn, vom Hund verbellt oder sonst durch eine auffallende Erscheinung gefesselt, zu Baume steht und sich dort kunstlos herabschießen läßt. Im 18. Jahrhundert hatte man besondere Auerhahnhunde, mit denen man auf diese Weise den Auerhahn bejagte. In Skandinavien ist diese Jagd heute noch weit verbreitet.

Das Auergeflügel ist ein Bewohner des geschlossenen, weiten Hochwaldes; es hat eine besondere Vorliebe für die Kiefer und da wieder für lichter stehende Altholzbestände mit dichtem Bodenbewuchs von Beerkräutern. Gegen forstwirtschaftliche Veränderung seiner Standorte ist es sehr empfindlich. Es gehört zu den Kulturflüchtern, und die starke Abnahme des Auerwildes in den meisten Revieren ist in hohem Maße auf die Intensivierung der Forstwirtschaft zurückzuführen.

Ur, Wisent, Elch, Bär, Luchs, Wolf

Diese urigen Wildarten gehören leider der Geschichte an. Sie sind ausgestorben oder in Deutschland im Aussterben begriffen.

Der *Ur* oder *Auerochse (Bos primigenius)* ist bereits im Anfang des 17. Jahrhunderts ausgestorben. Bis dahin hatten sich letzte Reste in Ostpreußen an der litauischen Grenze gehalten. Rückzüchtungsversuche, die Prof. H. HECK durchgeführt hatte, sind durch den letzten Krieg zerschlagen worden. Die Wisente *(Bison bonasus)*, die nach dem II. Weltkrieg nur noch in einigen Exemplaren in Europa reinblütig vorhanden waren, haben inzwischen zahlenmäßig wieder so zugenommen, daß mit ihrer dauerhaften Erhaltung in Zoos und Gehegen gerechnet werden kann. Die meisten Wisente hat Polen. In Deutschland bestehen heute verschiedene Gehege, deren bekanntestes das Wisentgehe in Springe bei Hannover ist. Über die Wisente in Europa wird ein Zuchtbuch geführt. Vor dem letzten Weltkrieg war mit amerikanischen Bisonkühen eine vielversprechende Verdrängungszucht eingeleitet worden.

Bei der Räumung Ostpreußens im Jahre 1944/45 war noch ein Bestand von 1500 *Elchen (Alces alces)* in freier Wildbahn vorhanden. Durch planmäßige Hege mit der Büchse war es gelungen, kapitale Elchschaufler heranzuhegen, während der *Stangler* durch intensiven Abschuß immer mehr zurückgedrängt wurde. In den Nachkriegswirren schien dieser Bestand gefährdet und von der Ausrottung bedroht. Doch hat er sich nach unseren Informationen erholt und über sein damaliges Einstandsgebiet hinaus verbreitet. Vereinzelt wurden sogar Elche in Schlesien, der Tschechoslowakei, bis hin zu den Alpen, in der Mark und in Mecklenburg beobachtet. Der Bestand kann als gesichert angesehen werden. Gute Elchwildbestände gibt es heute noch in Skandinavien, in Finnland, in Rußland und in Polen. In Übersee sind die kapitalen Elche Kanadas und Alaskas berühmt.

Der *Bär (Ursus arctos)* ist in Deutschland ausgestorben, der letzte Bär in Ostpreußen wurde zu Beginn des 19. Jahrhunderts zur Strecke gebracht. Heute kommt der Bär in freier Wildbahn in Europa nur noch in Jugoslawien, in den Karpaten, in den italienischen Alpen, in Spanien, in Skandinavien und Rußland vor. Neuerdings wechseln gelegentlich Bären aus Jugoslawien nach Kärnten ein.

Auch der *Luchs (Lynx lynx)* ist in Deutschland ausgestorben, wenn auch bis zur Beendigung des Krieges von Zeit zu Zeit einige Luchse aus den Ostseeländern, insbesondere aus Litauen, nach Ostpreußen einwanderten und dort bestätigt wurden. In der Rominter Heide war der Luchs in mehreren Exemplaren ausgesetzt und hatte sich dort gut gehalten. Heute wird versucht, den Luchs in Deutschland wieder heimisch zu machen, so im Nationalpark „Bayerischer Wald" und im Harz, aber auch in der Schweiz. Ob diese Versuche Erfolg haben werden, bleibt abzuwarten.

Anders liegen die Verhältnisse beim *Wolf (Canis lupus)*. Dieser muß heute, nach den vorliegenden Nachrichten, in den östlichen Provinzen als Standwild bezeichnet werden. Schon vor dem Kriege wechselten im Winter stets einzelne Wölfe von Polen und Litauen nach Ostpreußen und Westpreußen ein und wurden dort auch erlegt. Heute soll der Wolf in ganz Ostpreußen und bis nach Pommern hinein keine Seltenheit mehr sein, und selbst in der Lüneburger Heide tauchten in den Jahren nach dem letzten Kriege vereinzelt Wölfe auf und wurden erlegt.

Gehegeversuche im Nationalpark „Bayerischer Wald" haben das Ziel zu prüfen, ob eine Wiedereinbürgerung des Wolfes in freier Wildbahn Aussicht auf Erfolg hat, doch erscheint mir das höchst fraglich und auch unrealistisch. Da der Wolf sehr weit wandert, wird es sich bei diesen Exemplaren um Stücke handeln, die aus dem Osten eingewandert sind. Seit dem Jahre 1900 wurden in Deutschland noch rund 100 Wölfe erlegt.

Während der Luchs dem Wild auflauert und es durch Anspringen reißt, pflegt der Wolf sein Beutetier zu hetzen. Hierdurch bringt der Wolf erheblich größere Unruhe in eine Wildbahn, als der Luchs es tut. Beide rauben verschwenderisch, d. h. sie kehren selten zu ihrem Riß zurück, besonders selten ist das beim Luchs der Fall. Im Winter und bei geringer Wilddichte kommt dagegen der Wolf öfter zu seinem Riß zurück.

Niederwild

Das Rehwild

Beim *Rehwild (Capreolus capreolus)* gelten dieselben waidmännischen Ausdrücke wie bei den vorgenannten Hirscharten, mit folgenden Abweichungen: Das männliche Reh heißt *Rehbock,* auch kurz *Bock;* je nach der Stärke *Kapitalbock, guter, geringer Bock.* Das Bockkitz bildet bereits im August *Rosenstöcke* und schiebt anschließend ein *Erstlingsgehörn* – *Knöpfe* oder kleine Spieße ohne Rosen, die bereits bis zum Februar wieder abgeworfen werden. Das eigentliche Geweih, das *Gehörn,* auch *Krone, Gewicht* oder *Gewichte* genannt wird, besteht aus den Stangen mit den Enden. Sind erstere noch ohne Enden, so werden sie *Spieße* genannt; hat die Stange zwei Enden, so heißt das Gehörn *Gabelgehörn,* bei dreien *Sechser-,* bei vieren *Achtergehörn.* Die Bezeichnung *gerade* und *ungerade* für das Gehörn ist dieselbe wie beim Rothirsch. Finden sich Unregelmäßigkeiten in der Ausbildung des Gehörns, so nennt man diese *widersinnig* oder *abnorm.*

Das weibliche Reh wird *Ricke, Rehgeiß,* auch *Hille* genannt. Wenn es schon gebrunftet hat, nennt man es *Altreh, alte Ricke;* ist es aber ein Jahr alt und hat noch nicht gebrunftet, so heißt es *Schmalreh.* Die *Jungen* werden, solange sie noch kein Jahr alt sind, als *Kitze* bezeichnet und nach dem Geschlecht *Bockkitz* oder *Rickenkitz, Geißkitz* genannt. Führt die Ricke ein Kitz, ist sie eine *führende Ricke.* Der lange Haarbüschel an der Austrittsöffnung der Brunftrute beim Bock heißt *Pinsel.* Er ist das sicherste Unterscheidungsmerkmal zwischen Bock und Ricke nach dem Abwerfen des Gehörns. Das weibliche Geschlechtsglied wird *Feuchtblatt* genannt, der Haarbüschel daran die *Schürze* oder das *Wasserzeichen.* Den im Winterhaar reinweißen Fleck um das *Waidloch* nennt man *Spiegel.* Bei Störung und Beunruhigung wird das Haar gespreizt und der vergrößerte Spiegel dient als Warnung. Der Schwanz, der nicht sichtbar, aber wohl fühlbar ist, heißt *Wedel* oder *Blume.*

Das Rehwild *schmält, schreckt* oder *meldet* sich, wenn es einen bellenden Ton von sich gibt; es *fiept,* wenn es einen feineren Ton hören läßt; so das Kitz, wenn es die Mutter verloren hat, oder die Ricke oder das Schmalreh, wenn es den Bock anlockt. Vom Hund ergriffen oder sonst geängstigt, *klagt* das Reh. Scharrt es vor dem Niedertun das Laub oder den Bodenüberzug fort, was es regelmäßig tut, so *plätzt* es. Die Begattungszeit heißt *Brunftzeit,* auch *Blattzeit.* Die vom Bock heftig getriebene Ricke stößt dabei gelegentlich das *Angstgeschrei* aus, während der Bock *keucht.* Geht das Treiben in enge Kreise über, so sprechen wir auch von *Hexenringen.* Der Bock brunftet jeweils nur mit einer Ricke verläßt diese erst, wenn sie nach einigen Tagen nicht mehr *brunftig* ist, um sich eine neue Gespielin zu suchen.

Rehe, die eine dauernde Gesellschaft bilden, stehen in einem *Sprung* zusammen. Ricken, die wegen hohen Alters oder aus sonstigen Gründen keine Kitze mehr setzen, heißen *Dauergeltrehe* oder *Dauergeltricken;* solche, die vorübergehend kein Kitz führen, obgleich sie das der Natur nach tun müßten: *Geltrehe, Geltricken, gelte Ricken.*

Die regelmäßige *Brunftzeit* fällt in die Monate Ende Juli bis Mitte August. Die regelmäßige *Setzzeit* ist der Mai; doch kommen viele Ausnahmen vor. Die Ricke setzt 1–2, seltener 3 Kitze. Wenn die Ricke oder das Schmalreh vom Bock beschlagen ist, dann ruht das befruchtete Ei ohne eine sichtbare Weiterentwicklung bis etwa Anfang Dezember in der *Tracht* (Gebärmutter), erst dann beginnt der Fötus zu wachsen. Wird ein weibliches Stück in der eigentlichen Brunftzeit nicht beschlagen, dann wird es im November erneut brunftig und kann dann auch beschlagen werden. Im letzteren Fall entwickelt sich der Fötus sofort nach dem Beschlag, also ohne *Keimruhe*, die man auch *Vortragezeit* nennt.

Da das Rehwild ursprünglich ein Wild der buschreichen Waldrandzone und des Buschwaldes war, liebt es auch heute noch den strauch- und baumartenreichen Mischwald in Gemengelage mit Ackerland und Grünländereien. Doch finden wir es dank seiner Anpassungsfähigkeit auch in geschlossenen Waldgebieten, in reinen Nadelwäldern, aber auch im offenen, fast deckungslosen Gelände, wie beispielsweise den Marschen der nordwestdeutschen Tiefebene. Es ist eigentlich überall zu Hause, wenn auch nicht in gleicher Stärke.

Das Rehwild lebt nicht gesellig wie das Rotwild, sondern allenfalls im engen *Familienverband* – Ricke, Kitze, Schmalreh, während der ältere Bock fast immer ein Einzelgänger ist, der sich sein *Einstandsgebiet* wählt und energisch gegen andere Böcke verteidigt. Ein lockerer

Zusammenschluß zu *Sprüngen* erfolgt nur zum Winter und frühen Frühjahr. Feldrehe oder das Rehwild der Marschgebiete neigt mehr dazu, Sprünge zu bilden, vermutlich aus einem Instinkt für mögliche Gefahren, gegen die der Rudelverband (Sprung) die wirksamste Abwehrstellung ist.

Das Rehwild hat an einigen Körperteilen (s. Abbildung) besondere *Drüsenorgane*, die teils einfach, teils gemischt aus Schweiß- und Talgdrüsen zusammengesetzt sind und speziellen Aufgaben dienen.

Etwas unterhalb des Sprunggelenkes an der Außenseite der Hinterläufe findet sich eine hervorragende Haarbürste. In der Haut darunter liegt ein braunrot gefärbtes, rundes Feld von der Größe der Haarbürste, in deren Mitte eine haarlose flache Warze von Linsengröße liegt. Diese sondert ein trübes, zähes Sekret von grauer Farbe ab, dessen biologische Bedeutung in der Hervorbringung einer arteigenen Wittrung zu suchen sein dürfte, die am hohen Pflanzenwuchs abgestreift wird.

Zwischen den Zehen der Hinterläufe liegt die *Klauendrüse*, deren Aufgabe darin besteht, die sich berührenden Flächen des Klauenspaltes und der Schalen einzufetten und dadurch vor Schädigungen durch Reibung zu schützen. Haut und Schalen werden mit einer fettigen Schutzschicht überzogen. Oberhalb der Schalen befindet sich an den Hinterläufen im Klauenspalt eine runde Öffnung von 5 mm Durchmesser, aus der ein Büschel Haare hervorragt, die durch ein fettiges Sekret verklebt sind. Die Öffnung führt in das Klauensäckchen. Es ist 8 mm breit und 20 mm lang. Das Klauensäckchen ist mit einer grauen fettigen Salbe gefüllt, die einen süßlichen Geschmack und Geruch hat. Im Drüsenpolster liegen oberflächlich Talgdrüsen, die beim Reh besonders stark ausgebildet sind, darunter Schweißdrüsen. In den Talgdrüsen zerfallen die Zellen außerordentlich schnell und erzeugen dadurch viel Sekret. Da der Grund des Klauensäckchens höher liegt als die Mündung, kann das Sekret leicht abfließen.

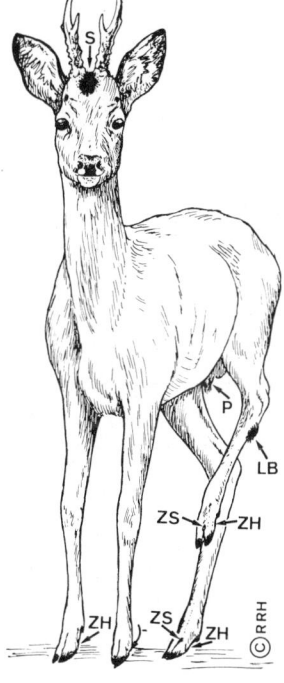

Hautduftorgane des Rehbocks. LB Laufbürste, P Pinseldrüsen (Vorhaut), S Stirnorgan, ZH Zehenhautdrüsen, ZS Zwischenklauensäckchen (R. R. HOFMANN, aus RAESFELD, Das Rehwild)

Durch die Absonderungen der Klauendrüse, die auch Duftstoffe enthalten, entsteht beim Reh wohl in der Hauptsache der Fährtengeruch. Es ist anzunehmen, daß das Sekret bei brunftigen Stücken eine besondere Wittrung hat, so daß es dem Zusammenfinden der Geschlechter dient und vielleicht auch geschlechtlich erregend wirkt.

Die Fähigkeit eines Hundes, eine gesunde Fährte rein zu halten, ist auf Duftstoffe zurückzuführen, die sicher zum großen Teil aus der Klauendrüse stammen. Es müssen geringe Unterschiede in der Zusammensetzung des Drüsensekrets bei jedem Stück vorhanden sein, die ein Hund mit guter Nase noch wahrzunehmen und zu trennen vermag. Erregung dürfte in den Hautdrüsen eine stärkere Absonderung hervorrufen, vielleicht ist deren Zusammensetzung dann auch geändert, so daß der Hund dadurch in der Lage ist, den Fährtengeruch eines gesunden Stückes von dem eines krankgeschossenen auch dann zu unterscheiden, wenn es keinen Schweiß verloren hat.

Unter der Stirnlocke des Rehbocks befinden sich weitere *Duftdrüsen*. Beim Abschärfen der Decke dieses Bereiches fällt ein besonderer Geruch und die klebrige Beschaffenheit auf. Da dieses Stirnorgan nur beim Bock vorkommt, muß es in Beziehung zu seiner Lebensweise, nicht zu der der Ricke stehen. Mit den Duftstoffen dieser Drüsen setzt der Bock beim Fegen und Reiben an dünnen Stämmchen und Ästen seine Duftmarken und grenzt so sein Einstandsgebiet, sein *Territorium*, ein. Das Schlagen des Rehbocks erfolgt hauptsächlich im Juni zur Zeit der Einstandswahl und später wieder zur Brunftzeit. Das findet seine Bestätigung darin, daß diese Duftdrüsen im Frühjahr am stärksten ausgebildet sind, während sie im Winter ihre Tätigkeit vollständig einstellen.

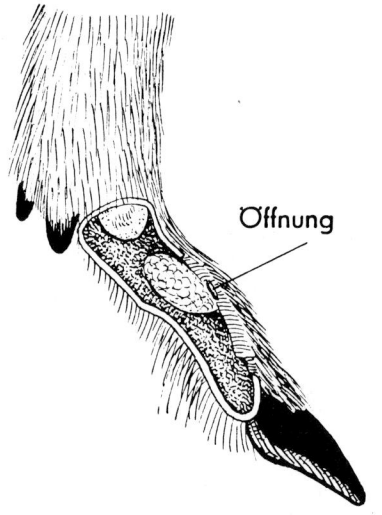

Klauendrüse vom Reh (nach Krumbiegel)

Der so abgegrenzte Einstand wird von jüngeren Böcken respektiert. Dringen gleichalte oder ältere Böcke ein, so kommt es zu heftigen Einstandskämpfen. Geduldet werden nur Jährlingsböcke, sie werden noch nicht ernstgenommen.

Dem Ohr macht Rehwild sich mehr bemerkbar als andere Wildarten, indem es bei jeder Gelegenheit leicht und andauernd *schreckt*, der Bock meist tiefer und kürzer, die Ricke höher und länger gezogen. Es schrecken jedoch die Rehe nicht überall gleich leicht und gleich andauernd. Manchmal gibt *eine* an einer größeren Blöße oder Wiese stehende alte Ricke das Zeichen, und alle in der Umgegend stehenden Rehe stimmen ein. Der Grund des Schreckens ist meist in Ungewißheit und Störungen zu suchen oder in Verärgerung, so zum Beispiel beim plötzlichen Auftauchen von Sauen, die unser Rehwild nicht so gerne in seiner unmittelbaren Nähe sieht. Ältere Böcke schrecken gelegentlich auch aus Trotz und Herrschsucht, wenn sie anderen Böcken imponieren wollen.

Rehwild hält unsicher *Wechsel*, am ehesten noch der Bock zur *Fegezeit* (April–Juni). Man kann den Wechsel dann an der Reihenfolge der gefegten und bearbeiteten Stämmchen ziemlich sicher erkennen und danach seinen Plan für zukünftige Pürschen machen. Besonders unstet sind ältere Böcke, die sich keineswegs nach der Uhr erjagen lassen. Vor allem spielt die jeweilige Witterung eine wesentliche Rolle. Rehwild reagiert sehr empfindlich auf bevorstehende Witterungswechsel und kündigt durch sein Verhalten einen solchen oft schon ein bis zwei Tage vorher an.

Pürscht du an einem schönen Abend bei herrlichem Wetter – wie du meinst – und siehst kein Rehwild an den gewohnten Plätzen, so kannst du sicher sein, daß anderentags das Wetter umschlägt.

Auch das sollte der Pürschjäger wissen und versuchen, einiges daraus zu lernen.

Niemals tut Rehwild sich nieder, ohne vorher zu *plätzen*; auch plätzt der Bock viel vor und während der Blattzeit, wo er auch lebhaft an Busch und Gesträuch *schlägt*. Das Schlagen erfolgt mit dem fertigen Gehörn; also etwa von Anfang Juni bis zum Ende der Brunftzeit im August.

Hinsichtlich der *Fährten* hält man allgemein dafür, daß Unterschiede wie beim Rotwild dem Reh nicht eigen seien. Trotzdem sind sie vorhanden; und derjenige, dessen Auge an der Edelwildfährte geschult ist, wird auch ohne Hilfsmittel für das Auge die Fährten von Bock und Ricke unterscheiden können. Allein das schließt nicht aus, daß die Unterscheidung bei der Kleinheit der Tritte den meisten Jägern zu unsicher und gesucht erscheint.

Dieser Einwand fällt fort, sobald man sich nicht mit dem einzelnen Tritt, sondern mit der fortlaufenden Reihe von Tritten, der Fährte, beschäftigt. Dann ergibt sich beim Bock ein erheblich stärkerer Schrank als bei der stärksten Ricke. Dabei sei, um Irrtümer zu vermeiden, kurz bemerkt, daß sich bei ein und demselben Stück der Schrank bei wachsender Schrittweite, die beim Reh niemals so gleichmäßig ist wie etwa beim Rotwild, verringert, bei kürzerem Ziehen vergrößert. Bemerkt der Anfänger dazu, daß der Bocktritt mehr herzförmig, der der Ricke mehr eiförmig ist, so wird er bei fleißigem Beobachten mit der Zeit ein Unterscheidungsmittel der Geschlechter haben, das jagdlich nicht ohne Wert ist. Es sei aber zugegeben, daß die Fährtenkunde beim Rehwild bei weitem nicht die Rolle spielt wie beim Rotwild und auch nicht kann, weil Lebens- und Wechselgewohnheiten beider Wildarten grundlegend verschieden sind.

Die *Losung* besteht aus schwarzgrünen, länglichen Stücken, die ihrer Kleinheit halber mit der andern Wildes nicht wohl verwechselt werden können.

Unter den *Sinnen* ist der *Geruchssinn* am besten entwickelt. Das Reh windet und wittert den Menschen auf 200–300 Schritt und weiter, wenn der Wind günstig ist. Dagegen tritt der *Gesichtssinn* zurück. Das Reh äugt nicht annähernd mit der Schärfe wie das Edelwild und erkennt oft den stillstehenden Jäger selbst auf kurze Entfernung nicht. Die geringste Bewegung freilich macht es aufmerksam. Vom *Gehörsinn* kann man annehmen, daß er die Mitte zwischen Äugen und Wittern hält.

Der Bock ist, namentlich im höheren Alter, ein listiger, verschlagener Geselle. Wie oft glaubt der unerfahrene Anfänger im Waidwerk, wenn ein angepürschter Bock, nachdem er aufgeworfen und den Jäger gewahrt hat, scheinbar ruhig weiteräst, dieser sei wieder vertraut geworden, während er, nur scheinbar äsend, ihn nicht einen Augenblick unbeobachtet gelassen hat. Wie oft auch pürscht der Anfänger auf ein und denselben Bock, der seinen Stand nicht verändert, und bekommt ihn nach den ersten erfolglosen Begegnungen nur flüchtig wieder zu sehen. Sie kennen sich beide; – aber der Bock den Jägerlehrling weit besser als dieser ihn.

Das Rehwild ist außerordentlich *schreckhaft* und verliert in der wirklichen, wie vermeintlichen Gefahr oft völlig den Kopf. Wenn man überraschend sehr nah an Rehwild herankommt, so stürzt es manchmal wie vom Blitz erschlagen zu Boden, rennt in der Flucht gegen Bäume, sogar gegen Menschen und verletzt sich dadurch nicht selten tödlich. Dort, wo es pfleglich behandelt wird, kann Rehwild sehr vertraut werden. Es weiß sich auch gelegentlich schwierigen Verhältnissen gut anzupassen und drückt sich manchmal, anstatt flüchtig zu werden, wie ein Hase an den Boden.

Die *Altersschätzung* am lebenden Stück ist beim Rehbock noch unsicherer als beim Rothirsch. Gewisse Anhaltspunkte lassen sich jedoch auch hier geben und die Erfahrung tut ein übriges. Aber auch der erfahrene Waidmann wird bei der Ansprache eines Bockes irren. Es gibt eben keine Regel ohne Ausnahme. So sollen der graue Kopf und die dachförmig herabgewachsenen Rosen ein untrügliches Zeichen des Alters sein, die helle „Brille" um die

Lichter typisch für den über fünfjährigen Bock, der scharf abgegrenzte weiße Fleck über dem Windfang dagegen den Zwei- bis Dreijährigen verraten. Aber die Natur handelt nicht so schematisch, wie wir Menschen das gerne möchten. Aber zwei- bis dreijährige Böcke haben gelegentlich ein eisgraues Gesicht und ein Achtjähriger kann immer noch den weißen Nasenfleck aufweisen. Immerhin sollte dieser weiße Fleck zur Vorsicht mahnen und häufig trifft es auch zu, daß eine bunte Gesichtsmaske den jungen, die mehr verwischte, ineinanderlaufende Färbung am Haupt den alten Rehbock kennzeichnet. Die Gehörnbildung dagegen birgt für das Erkennen von jung und alt noch größere Fehlerquellen.

Der erfahrene Waidmann wird sich lieber auf den Gesamteindruck verlassen; wirkliche Könner haben es „im Gefühl". Der ältere Bock hat meistens eine erheblich gedrungenere, muskulösere Figur als der jüngere Bock. Sein Träger wirkt kürzer und dicker. Außerdem hat ein sehr alter Bock oft wieder einen ganz dünnen Hals; doch kann ein drei- bis vierjähriger Bock in guter Verfassung wie ein alter aussehen und ein gering entwickelter Bock nie einen starken Hals gehabt haben. Alte Böcke *verfärben* im Frühjahr fast immer später als jüngere, dagegen *schieben* und *fegen* die alten Böcke früher. Die Gehörnstärke ist dabei völlig unerheblich. Man muß sein Revier und die einzelnen Böcke genau kennen, um die Altersschätzung außerhalb der Verfärbungs- und Fegezeit einigermaßen richtig durchzuführen. In fremden Revieren wird man öfter Irrtümern unterliegen. Natürlich lassen sich auch aus dem *Verhalten* des Rehbockes Schlüsse auf sein Alter ziehen.

Bei der Beurteilung des Alters am verendeten Stück stehen uns ein paar verhältnismäßig sichere Merkmale zur Verfügung, nicht zuletzt durch das reichliche Wildmarkenmaterial, das vorliegt. Im 12. bis 14. Monat ist das Dauergebiß fertig, der bis dahin dreiteilige Prämolar 3 gewechselt und damit auch zweiteilig. Schieße ich also einen Bock im Mai oder Juni, so kann ich einwandfrei feststellen, ob es ein Jährling oder ein zweijähriger Bock ist. Danach kann die Altersschätzung nur noch nach dem Abnutzungsgrad der Backenzähne erfolgen. Dabei ist am abgekochten Unterkiefer das zweijährige und auch das dreijährige Stück noch mit großer Genauigkeit zu erkennen. Mit zunehmendem Alter müssen wir, wie beim Rotwild, eine gewisse Spanne einräumen, da der Härtegrad der Zähne bei den einzelnen Individuen unterschiedlich ist und auch die Äsung eine Rolle spielt; man kann auf etwa 2 Jahre genau schätzen. Als Regel kann gelten, daß Zahnreihen mit heller Dentinfarbe sich schneller abnutzen als solche mit dunkelbrauner oder schwarzer. Eine Schätzungsspanne von zwei Jahren ist also immer gegeben.

Das zu parasitären Erkrankungen neigende und auf eine vielseitige Äsung angewiesene Rehwild verliert bei Nahrungskonkurrenz durch anderes Schalenwild oder bei Überhege schnell an Körpergewicht und Gehörnstärke. Die Grenze einer gesunden Besiedelungsdichte liegt bei etwa 10 Stück je 100 ha Wald, Feld und Wiese im Gemisch, doch hängt das von dem gegebenen Lebensraum ab und die mögliche, oder wie heute gern gesagt wird, *tragbare Wilddichte* wird in mageren Gebieten niedriger, auf besonders kräftigen, äsungsreichen Standorten aber auch höher liegen. Der beste Weiser für eine angepaßte Wilddichte ist das Wild selbst nach seinem Gesundheitszustand und der Konstitution der einzelnen Stücke. *Kümmerformen, Knopfböcke,* körperschwache Kitze und ruppig und abgekommen aussehende Stücke sind für den aufmerksam beobachtenden Waidmann ein untrügliches Zeichen dafür, daß der Wildbestand zu hoch und auch „*biotisch*" nicht mehr tragbar ist. Entscheidend für die Wilddichte ist auch, welche weiteren Schalenwildarten im Revier stehen.

Die Vermehrung (Zuwachs) des Rehwildes ist in der älteren Literatur und wird auch heute noch von vielen Revierinhabern zu niedrig eingeschätzt. Man muß unter normalen Umweltfaktoren, bei normalen Wintern und nicht zu hoher Verkehrsgefährdung einen jährlichen Zuwachs annehmen, der 100–120 % der am 1. April vorhandenen weiblichen Stücke –

einschließlich der vorjährigen weiblichen Kitze – beträgt. Man muß auch wissen, daß in deckungsreichen Revieren eine genaue Bestandsermittlung durch Zählung nicht möglich ist. Wir müssen dort mit einer sogenannten *Dunkelziffer* von bis zu 50 % des vorhandenen Wildes rechnen. Weil aber die Wilddichte einen so entscheidenden Einfluß auf die Qualität der Rehwildbestände hat, ist es die Pflicht des gewissenhaften Revierinhabers, diesem Problem seine besondere Aufmerksamkeit zu schenken.

Der Hase

Nach dem Geschlecht heißt der alte Hase (*Lepus europaeus*) *Rammler*, die alte Häsin *Häsin* oder *Setzhase*. Die Jungen werden als *Junghasen* bezeichnet; je nach der Entwicklung als *halbwüchsig* oder als *Dreiläufer*. Die Haut heißt *Balg*, die Beine *Läufe*, die Hinterläufe auch *Sprünge*; die Haare sind die *Wolle*, die Ohren die *Löffel*, der Schwanz die *Blume*, die Augen *Seher*. Die Begattungszeit heißt *Rammelzeit*; die Hasen *rammeln*; die Häsin *setzt*, wenn sie Junge zur Welt bringt. Die Jungen nennt man einen *Satz*. Der Hase ist *fett*, *gut* oder schlecht. Wenn er in einer Bodenvertiefung sitzt, die er sich selbst scharrt, so sitzt er im *Lager* oder in der *Sasse*; dort *drückt er sich*, wenn er sich klein macht; *er drückt sich* auch sonst, wenn er sich verbirgt. Wird er aus seinem Lager aufgescheucht, so wird er *aufgestoßen*, auch *aufgestochen*. Er *fährt* dann aus dem Lager *heraus*, wie er auch *hineinfährt*. Man macht einen Hasen *hoch*, indem man ihn *aufstößt*. Wenn er sein Lager freiwillig verläßt, etwa um Äsung aufzunehmen, so *steht* er *auf*. Der beißt nicht Halme und dergleichen ab; er *schneidet* sie ab. Der Hase *rückt* ins Feld oder zu Holz; er *springt* über einen Graben. Er *hält gut* oder *schlecht*, je nachdem er den Jäger nah an sein Lager herankommen läßt oder nicht. Der vom Hund oder Menschen ergriffene, noch lebende Hase *klagt*; der quäkende Ton klingt wie das Schreien eines kleinen Kindes.

Die langsamste Bewegung des Hasen ist das *Rutschen*; dann kommt das *Hoppeln*; er ist *flüchtig*, wenn er schnell flieht. Weicht er bei der Verfolgung durch einen Hund plötzlich zur Seite oder ändert er auch sonst plötzlich seine Richtung, so *schlägt er einen Haken*. Richtet er sich, um umherzuäugen, so weit auf, daß er sitzt, so *macht* er einen Kegel; richtet er sich aber höher auf, so daß er auf den Hinterläufen steht, so *macht* er ein *Männchen* oder *einen Pfahl*. Der erbeutete, aber noch nicht verendete Hase wird *abgenickt*, auch *abgeschlagen*, indem man ihn an den Hinterläufen hochhält und ihm durch einen Schlag mit der flachen Hand hinter die Löffel das Genick bricht; er wird dann *ausgeweidet* oder *ausgeworfen*, wenn das Gescheide herausgenommen wird. Soll er dann aufgehängt werden, so wird er zuvor *geheßt* oder *geheest*; d. h. zwischen der Springsehne und dem Laufknochen wird der Balg aufgeschärft und der andere Sprung bis zum Gelenk hindurchgezogen. Wird dem Hasen der Balg abgezogen, so wird er *gestreift* oder *abgebalgt*.

Nach seinem hauptsächlichen Aufenthalt unterscheidet man *Wald-* und *Feldhasen, Busch-hasen* und *Berghasen*. Der Waldhase lebt im geschlossenen Wald, *rückt* abends auf Blößen oder zu Feld und morgens wieder zu *Holz*. Dabei ist auffallend, wie weite Wege er dabei zurücklegt. Der Feldhase dagegen lebt ausschließlich im freien Feld und sucht fast niemals den Wald auf; dabei tritt er äußerst zahlreich auf und zeigt nur geringe Körperstärke. Wo Wald und Feld im Gemenge liegen, finden wir den Buschhasen, der die Nacht im Feld, den Tag im Holz zubringt, wenn ihn nicht plötzlicher Laubabfall oder klatschender Schnee daraus vertreiben. Diese sogenannten Buschhasen sind überhaupt stark von der Witterung abhängig und richten ihren Tagesaufenthalt danach ein. So kann drohender Ostwind mit Kälte und

Schneefall sie tief in die Waldstücke hineindrücken, während sie bei mildem, windstillem Wetter gerne außerhalb des Waldes auf dem Acker sitzen. Der Berghase ist der stärkste von allen Hasen und, wie Kenner behaupten, der wohlschmeckendste.

Die Häsin setzt drei- bis viermal im Jahr. Die erste *Rammelzeit* ist bereits Ende Januar, so daß der erste Satz im März erfolgt. „Märzhasen sind die besten." Die Häsin setzt 1–3, gelegentlich auch noch mehr Junge. Als eines der wenigen Säugetiere kann die Häsin noch während der Tragezeit fruchtbar beschlagen werden, so daß also eine Überfruchtung eintritt, d. h. es befinden sich gleichzeitig zwei verschieden alte Föten in je einem Horn des Tragsakkes. Durch HEDINGER wurde nachgewiesen, daß eine solche neue Befruchtung bis zu 5 Tagen vor dem Setzen erfolgen kann. Die Vermehrung der Hasen ist im Vergleich mit anderen Wildarten groß. Man kann rechnen, daß eine Häsin in einem Jahr 8–12 Nachkommen zur Welt bringt, was aber nicht besagen soll, daß diese alle groß werden. Daß die Märzhasen im selben Jahr schon zur Paarung schreiten, dürfte nur ausnahmsweise vorkommen.

Nach dem Gewicht können die Junghasen oft nicht erkannt werden. Als zuverlässiges Jugendmerkmal gilt häufig noch das STROHSCHE Zeichen (s. Abb.), eine wulstartige Auftreibung am unteren Ende der Elle, die als Knötchen deutlich durch den Balg hindurch fühlbar ist. Dieses Knötchen ist so lange vorhanden, bis das Körperwachstum abgeschlossen ist. Das ist beim Feldhasen mit etwa 9 Monaten der Fall. Doch ist das Stroh'sche Zeichen nach Müller schon mit etwa 6 Monaten kaum noch festzustellen. Es kann also zu erheblichen Fehlern kommen, so daß die im nächsten Absatz aufgeführten Ergebnisse nur mit Vorbehalt zu werden sind.

Durch Abtasten der Außenseite des Vorderlaufs, etwa 1 cm über dem Fußwurzelgelenk (s. Abb.), ist bei allen Hasen der Strecke zu prüfen, ob das Jugendzeichen vorhanden ist oder fehlt. Dadurch soll der Anteil der Junghasen, also der Hasen, die im laufenden Jahre gesetzt wurden, festgestellt und daraus gefolgert werden, ob die Vermehrung gut oder schlecht war. Wenn die Zahl der Junghasen unter 40 % liegt, ist der Zuwachs schlecht, bei 60 % ist er normal und bei mehr als 70 % gut. Nach dem Ergebnis der Streckenuntersuchungen wäre zu entscheiden, ob das Revier im nächsten Jahr in vollem Umfange bejagt werden kann, oder ob die Jagd eingeschränkt werden muß.

Eine vielgeübte Methode zur Altersbestimmung ist das Abtasten des *Tränenbeins*. Lassen sich die im oberen Winkel befindlichen *Augendorne* leicht eindrücken, so ist der Hase jung. Alte Hasen haben kräftigere, härtere Augendorne, die mehr Widerstand leisten. Aber auch diese Methode ist, wie das Stroh'sche Zeichen, unsicher und führt, vor allem gegen Ende der Jagdzeit im Dezember/Januar, zu Fehlern. Ein sicheres Zeichen gibt es also nicht, und es bedarf einer gewissen Erfahrung und etwas Glück, wenn man sich einen jungen Hasen von der Strecke aussuchen will.

Abgesehen von der unmittelbaren Beobachtung verraten das Lager, die Pässe in Wald und Feld sowie etwaige Beschädigungen an Jungwüchsen und Obstbäumen, deren Rinde er gern nimmt, den Hasen. Daß der Urheber solcher Verbißschäden ein Hase ist, ist meist leicht zu erkennen. Während das Reh die Triebe abrupft, *schneidet* der Hase sie mit seinen scharfen Nagezähnen *ab*. Dies kann in Fällen von Wildschäden wichtig sein, da der Schaden durch Hasen nicht unter die Ersatzpflicht fällt.

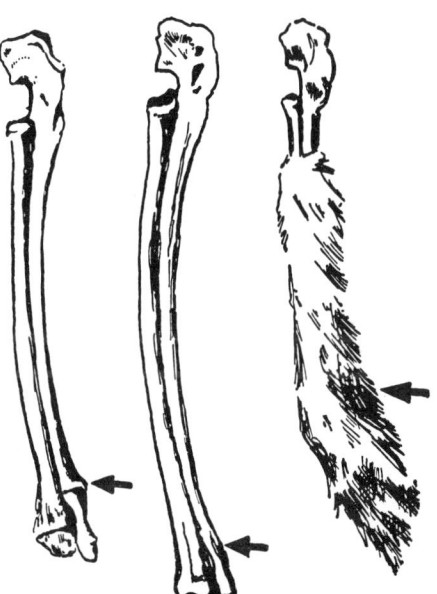

Wo kein anderes Wild vorkommt, da ist der Hasenpaß im Wald als flaches Pfädchen auf dem Laub oder den abgefallenen Nadeln, Moos und dergleichen kenntlich. Im heranwachsenden Getreide schneidet der Hase völlige Steige aus, die man *Hexensteige* nennt. Ist stärkeres Wild vorhanden, dann benutzt der Hase gern dessen Wechsel. Selbst im offenen Feld, auf dem rauhen Acker, hält der Hase gut *Paß*; die Pfädchen hier, so unscheinbar sie sind, fallen dem kundigen Auge sofort auf.

Die *Hasenspur* ist mit keiner anderen zu verwechseln; höchstens könnte ein Junghase und ein Kaninchen dieser Verwechslung unterliegen. Die *Losung* besteht aus den bekannten runden Ballen, die immer das *Gefüge* der Pflanzenfaser erkennen lassen.

Von den *Sinnen* des Hasens sind Gehör und Geruch gut entwickelt, der Gesichtssinn ist es aber nur mäßig.

Junghase links, Althase Mitte

Rammler und Häsin zu unterscheiden, ist für den erfahrenen Waidmann nicht schwer, aber auch nicht so leicht, wie mancher glaubt. Äußerlich sind sie *nicht* zu unterscheiden; auch nicht an dem bekannten Schnalzen mit der Blume, das fälschlich nur dem Rammler zugeschrieben wird. Man muß den Hasen schon in der Hand haben. Außerhalb der Rammelzeit sind die Brunftkugeln freilich in die Bauchhöhle zurückgeglitten, also nicht zu fühlen. Doch wenn man bei dem noch warmen Hasen mit gespreizten Fingern einen Druck seitwärts der Geschlechtsöffnung ausübt, dann tritt beim Rammler die kurze, spitze Rute hervor. Die ähnlich geformte Klitoris der Häsin erkennt man stets an einer deutlichen Längsspalte.

Die Hasen lieben Felder mit warmem, durchlässigem Boden; vornehmlich die Häsinnen, die bei anhaltender Nässe in kalten Jahren förmlich nach höher gelegenen, trockenen Standorten auswandern. Offenbar geschieht das der Nachzucht zuliebe. Werden dann bei

Jagden an solchen Orten größere Strecken an Häsinnen als an Rammlern gemacht, so wird das öfter fälschlich der Jagdart zugeschrieben.

Wenn der Hase aus seinem Lager herausgestoßen wird, so trachtet er, sei es auch auf weiten Umwegen, immer wieder in die Nähe des Lagers zurückzukommen. Auf dieser Eigentümlichkeit beruht der Erfolg der heute kaum noch ausgeübten *Brackenjagd*. Die niemals nachlassende Bracke hetzt den Hasen so lange, bis er den auf den Pässen zu seinem Lager anstehenden Schützen in das Rohr läuft.

Was der Hase durchaus nicht mag, das ist der Wind; er sucht sein Lager daher immer an überwindigen Plätzen. Seine sprichwörtliche Furchtsamkeit läßt ihn außerdem jedes Geräusch meiden. Wenn im November plötzlich Frost eintritt, und nun im Laubholz das welke Laub massenhaft raschelnd zu Boden fällt, so verläßt der Hase den Wald, um sein Lager im Feld zu nehmen. Dasselbe geschieht, wenn nach Frost bei Schnee Tauwetter eintritt, und nun die dicken Tropfen und klatschende Schneeklumpen zur Erde fallen. Auch dann meidet oder verläßt der Hase den sonst als Tagesaufenthalt dienenden Busch oder Wald mit Sicherheit. Dagegen zieht er sich bei drohenden Schneefällen oder scharfen, stürmischen Winden auch gerne in den Schutz des Waldes zurück. Man trifft dann, auch im hohen Holz, häufig auf Schritt und Tritt Hasen an, die sonst in den angrenzenden Feldern zu Hause sind.

Von links nach rechts: Spur eines rückenden, eines hoppelnden und eines flüchtigen Hasen

Der Alpen- oder Schneehase

Der bei uns in den Alpen gelegentlich auch in Ostpreußen, besonders im Memelland vorkommende Schneehase *(Lepus timidus)* ist etwas kleiner als der vorige. Er ist im Sommer dunkelbraun bis bläulich, dabei im Gegensatz zum Feldhasen nicht gesprenkelt, sondern gleichfarbig. Das Haar ist weicher, im Winter weiß bis gelb, bis auf die schwarzen Löffelränder. Bei uns ist dieser Hase im Sommer immer braun; im hohen Norden bleibt er auch in dieser Jahreszeit weiß.

Der Schneehase gilt für dumm; jedenfalls ist er meist vertraut und wird leicht kopflos, wenn er überrascht wird. Doch weiß er seinen Aufenthaltsort seinem jeweiligen Kleid, wenn irgend möglich, anzupassen, indem der weiße Hase weißen Hintergrund liebt, der braune den

Schnee meidet. Sein *Wildpret* steht dem des Feldhasen erheblich an Wohlgeschmack nach. Die Spur unterscheidet sich von der seines Vetters durch die bedeutend stärkeren Tritte.

In der Bundesrepublik Deutschland ist der Schneehase ganzjährig geschützt.

Das Kaninchen

Dieselben waidmännischen Bezeichnungen, die dem Hasen zukommen, sind auch beim Kaninchen gebräuchlich. Im Gegensatz zu diesem bringt es aber den Tag in der Regel nicht in Lagern, sondern in *Bauen* zu, die es sich selbst gräbt, und deren Ausgänge man als *Röhren* bezeichnet. Das hängt auch vom Wetter ab. An windigen, kalten, regnerischen Tagen ist es fast immer in der Erde, bei ruhigem, sonnigem Wetter liegt es dagegen gerne im Freien. Das Kaninchen bevorzugt leichte, sandige Böden, in denen es seine Baue gut anlegen kann. Dort kommt es häufig in größeren Kolonien vor.

Das beste Unterscheidungsmerkmal vom Hasen ist neben der Größe und der Farbe die mausgraue Färbung der kürzeren Löffel, während der Hase stets schwarze Löffelspitzen hat.

Das Kaninchen oder *Karnickel (Oeyctolagus caniculus)*, auch *Lapin* (SW-Deutschland) *wittert* und *vernimmt* ganz ausgezeichnet; aber auch sein Gesichtssinn ist im Gegensatz zum Hasen hervorragend ausgebildet. Dabei ist es schlau, was man von dem Hasen eigentlich nicht sagen kann. Die *Stimme* ist ein heller, pfeifender Ton, den es häufig ausstößt, wenn es, nicht ganz plötzlich, verendet.

Die *Begattung* kann beim Kaninchen jederzeit stattfinden, da die Eireife durch den Deckakt ausgelöst wird, sog. provozierte Ovulation. Die Zahl der Sätze beträgt 5–6, die

Satzstärke bis zu 9 Stück, allerdings werden davon selten mehr als 3–4 Stück groß. Zum Setzen gräbt die Häsin eine *Setzröhre*, die mit Gras und Bauchwolle ausgepolstert wird. Verläßt sie die Röhre, so verschließt sie den Eingang mit einem Graspfropfen. Die Jungen werden nackt und blind geboren und werden drei Wochen gesäugt. Die Überfruchtung, wie sie beim Hasen beschrieben wurde, kommt – wenngleich seltener – auch beim Kaninchen vor. Die Vermehrung ist also sehr groß.

Durch die *Myxomatose* ist das Kaninchen in vielen Revieren fast ausgerottet. Die Krankheit wurde nach dem letzten Kriege durch aus Australien eingeführte Viren in Frankreich ausgelöst, doch hat es den Anschein, daß die *Virulenz* sich abschwächt und ein Teil der Kaninchen immun wird, so daß heute in vielen von der Myxomatose heimgesuchten Revieren bereits wieder starke Bestände vorhanden sind und bemerkenswert gute Strecken erzielt werden.

Die Gewohnheit, das Leben zum großen Teil im Bau zu verbringen sowie der Schutz, den dieser dem Kaninchen bietet, bringen große Verschiedenheiten für die Jagd gegenüber der auf den Hasen mit sich, die später besprochen werden sollen, weil sie sich von der Behandlung der Jagd nicht gut trennen lassen. Hier sei nur kurz erwähnt, daß krankgeschossene Kaninchen mit der letzten Lebenskraft den Bau zu erreichen trachten, wo sie dem Jäger fast immer verloren sind.

Der Biber

Wenn schon diese Wildart vollkommen geschützt wird, um ein Aussterben zu verhindern, und sie heute auch nicht mehr zu den dem Jagdrecht unterliegenden Tieren gehört, so soll sie doch besprochen werden. Die mittlere Elbe in der Umgegend von Alt-Dessau mit ihren Altwässern wird heute noch vom Biber *(Castor fiber)* – Meister Bockert heißt er in der Fabel – bewohnt. Einst war der Biber in ganz Deutschland verbreitet, und seine Ausrottung ist einmal auf seinen wertvollen Balg zurückzuführen, aus dem kostbares Pelzwerk, vor allem aber im 17. Jahuhundert die begehrten „Castorhüte" gefertigt wurden. Zum anderen aber war der sog. *Bibergeil* zu Heilzwecken außerordentlich begehrt; es sind dies zwei Drüsen, die neben dem Waidloch liegen und sowohl beim männlichen als auch beim weiblichen Geschlecht vorkommen. Die Unterscheidung der Geschlechter ist ohne anatomische Untersuchung sehr schwer, weil die Geschlechtsorgane unter dem Balg verborgen liegen. Die Kralle der zweiten Hinterzehe ist gespalten und dient in zweckvoller Art zum Kämmen der stets fettigen und zum Verkleben neigenden Haare.

Die Nase des Bibers heißt *Nase*, die Augen *Seher*, die Haut *Balg*, auch *Fell*, die Ohren *Lauscher*, der breite Schuppenschwanz *Schwanz*, auch *Biberkelle*. Wo der Biber in das Wasser steigt, da hat er seinen *Einstieg*, wo er heraussteigt, seinen *Ausstieg*. Er ist ein sehr gewandter Schwimmer und Taucher und gebraucht seine Kelle geschickt als Ruder und zum Steuern. Seine Baue werden *Baue* genannt; wenn sie aus Knüppeln und Erde bestehen und hoch über das Wasser herausragen, nennt man sie *Burgen*. In der Ruhe *steigt* der Biber ins Wasser; wird er jedoch beunruhigt, so *fährt* oder *fällt* er hinein.

Seine Nahrung besteht aus Wasserpflanzen, Holz und Baumrinde, die er mit seinen kräftigen, meißelartigen Schneidezähnen abschneidet und zerkleinert. Er ist in der Lage auch kräftige Stämme bis zu 30/40 cm ⌀ zu fällen, um an die Zweige zu gelangen. In der Umgebung der Kolonien finden sich überall die Stümpfe und Stammreste. Er zieht nicht auf Äsung, sondern er *geht* darauf; wenn er Reisig oder Äste abbeißt, so *schneidet* er sie ab.

Die Vorderläufe haben keine *Schwimmhäute*, wohl aber die Hinterläufe. Der untere Teil

der letzteren ist unbehaart. Da nun der Biber einen ganz auffallenden Körperbau hat, indem er nach hinten zu immer breiter wird, so ergibt sich eine ganz eigentümliche Spur, die da, wo sie *rein* ist, gar keinen Zweifel für richtiges Ansprechen lassen kann, zumal die breite Schleppspur der Kelle in weichem Boden immer sichtbar ist.

Die Begattungszeit liegt im Februar/März, die *Tragezeit* dauert 14 Wochen, dann werden 2–3 Junge gesetzt. Ein ausgewachsener Biber hat ein Gewicht von etwa 25 kg.

Der heutige Bestand an Bibern beträgt in der DDR ungefähr 200 Stück, im Mündungsgebiet der Rhone in Frankreich etwa 120 Stück, in Polen 250 Stück, und Norwegen, wo sich die Schonbestimmungen besonders gut ausgewirkt haben, beherbergt heute bereits wieder ungefähr 12 000 Biber.

In jüngster Zeit wurden Versuche unternommen, den Biber in Bayern wieder heimisch zu machen; das Ergebnis muß abgewartet werden.

Das Murmeltier

Das Murmeltier *(Marmota marmota)*, *Murmentl*, wie es in Tirol, *Mankei*, wie es im bayerischen Hochland heißt, ist ein Höhlenbewohner des Hochgebirges, der im Sommer oberhalb der Waldgrenze lebt, im Winter in tieferen Lagen den Bau bezieht und in diesem oft in ganzen Familien seinen Winterschlaf hält. Das Mankei liebt offene, sonnenseitige Hänge, an denen es sich am Tage die Sonne gerne auf den Balg scheinen läßt. Die Jäger des Hochlands nennen das Männchen *Bär*, das Weibchen *Katz*. Es lebt im Sommer in kürzeren Bauen im Geklüft, die es bei Sonnenaufgang verläßt, um in der Nähe seiner Äsung nachzugehen. Die *Sinne* sind alle hochentwickelt: das Mankei *äugt*, *vernimmt* und *wittert* vortrefflich. Die *Ranzzeit* liegt im April/Mai; nach 5 Wochen bringt die *Katz* 3–6 Junge zur Welt, die bei ihrer Geburt nackt und blind sind.

Bei der geringsten Beunruhigung stößt das Mankei einen lauten Pfiff aus, der schriller ist als der des Gams, und verschwindet schleunigst im Bau, um ihn fürs erste nicht wieder zu verlassen. Mankeis, die nicht sofort auf der Stelle nach einem Schuß verenden, suchen mit allen noch vorhandenen Kräften den Bau zu erreichen, wo sie dann dem Jäger fast immer verloren sind. Das Fett des Mankeis war bei den Gebirgsjägern als Wunderheilmittel sehr begehrt. Als Trophäe gelten die langen, braunroten Schneidezähne, die gerne im Trachtenschmuck verarbeitet werden.

Nach dem Bundesjagdgesetz haben Murmeltiere keine Jagdzeit.

Der Fuchs

Der Waidmann nennt den männlichen Fuchs *(Vulpes vulpes) Fuchs*, *Rüde*, den weiblichen *Füchsin*, *Fähe*, auch *Betze*. Das Maul heißt *Fang*, die Zähne *Gebiß*, die Eckzähne *Fänge*; die Augen *Seher* oder *Lichter*, die Ohren *Lauscher* oder *Luser*, auch *Gehöre*. Die Beine heißen *Läufe*, die Zehen *Pranten* oder *Branten*; der Schwanz *Lunte*, *Standarte*, *Stange*; das äußerste, meist weiß oder schwarz gefärbte Ende die *Blume*. Auf der Oberseite der Lunte, etwa 6 cm von der Schwanzwurzel, durch einige schwarzgefärbte Haare erkenntlich, befindet sich eine nach Veilchen duftende Drüse, *Viole* oder *Nelke* genannt.

Das männliche Glied hießt *Rute*, auch *Fruchtglied*, die Hoden *Geschröt*, das weibliche Glied *Schnalle*, die Haut *Balg*. Der Fuchs *schleicht*, wenn er sich langsam fortbewegt; er *schnürt* oder *trabt*; er ist *flüchtig* bei schnellster Gangart. Wenn der Fuchs dem Lockton des Jägers, dem *Reizen* folgt, so *läuft* er; wird er verfolgt, so *läuft* er ebenfalls.

Die Begattungszeit heißt die *Roll-* oder *Ranzzeit*, sie fällt in den Januar/Februar. Beide Geschlechter *rollen* oder *ranzen*, wenn sie sich begatten; die hitzige Fähe *rennt*; ist sie trächtig, so *geht* sie *dick*, wenn sie Junge zur Welt bringt so *wirft* oder *wölft* sie, den Wurf Junge nennt man *Geheck*.

Was der Fuchs zu seiner Nahrung braucht, das *raubt* er; die Nahrung ist der *Raub*. Lebende Tiere *reißt* oder *schlägt* er; den *Raub frißt* er. Fängt er Mäuse, so *maust* er. Lockt ihn

der Jäger durch Nachahmung des Mäusepfeifens, so *mäuselt* er. Wo der Fuchs häufig zu wechseln pflegt, da hat er seinen *Paß*.

Der Fuchs gräbt sich einen *Bau*, oder er benutzt einen vom Dachs gegrabenen. Der Bau hat einen oder mehrere *Kessel* und *Röhren*. Der Fuchs *steckt* im Bau, *kriecht* zu Bau, *fährt* aus dem Bau. Es gibt *Hauptbaue, Notbaue* und *Notröhren, Fluchtröhren*. Bringt der Fuchs im Bau zwischen sich und den vorliegenden Hund Erde, so daß dieser nicht mehr an ihn heran kann, so *verklüftet* oder *versetzt* er sich; er *verliert* sich darin, wenn der Hund ihn nicht wiederfindet. Er *springt*, wenn er ihn vor dem Hund verläßt.

Der Fuchs *bellt*, vor allem während der Ranz- oder Rollzeit; die Fähe auch, wenn sie ihre Jungen warnt. Er *keckert* oder *murrt*, wenn er gereizt oder erregt ist und sich bedrängt fühlt. Er *klagt*, wenn es ihm ans Leben geht.

Nach der Farbe des Haares unterscheidet man folgende einheimische Spielarten: den *Birkfuchs* oder *Rotfuchs*, den *Brand*- oder *Kohlfuchs* und den *Kreuzfuchs*. Bei ersterem, dem *Birkfuchs*, sind die Abzeichen, wie ich sie nennen möchte, ein Rand um den Fang, der sich breit über die Kehle fortsetzt und nach unten spitz ausläuft, die Flanken- und Bauchpartie *gelblich* bis *weiß*; die Spitze der Lunte ist *weiß*. Es ist die am häufigsten bei uns vorkommende Spielart. Beim *Kohl*- oder *Brandfuchs* sind diese Abzeichen *dunkelgrau* bis *schwarz*. Der *Kreuzfuchs* zeichnet sich durch einen *schwarzen* oder *dunklen Rückenstreifen* aus, der mit einem gleichen, quer über den Rücken und die Schultern hinlaufenden, ein *Kreuz* bildet.

Der Fuchs galt lange als der gefährlichste Feind der Niederjagd, man verfolgte ihn mit allen Mitteln, wobei selbst vor Gift nicht zurückgeschreckt wurde. Heute sehen wir im Fuchs mehr die Gesundheitspolizei, der alles kranke und schwache Wild aus dem Revier nimmt, dessen er habhaft werden kann. Seine Hauptnahrung besteht jedoch aus Mäusen, Kleinsäugern und Kleinvögeln, aber auch Insekten, Larven und Würmern. Daß er daneben auch Jungwild vom Hasen bis zum Kitz greift, soweit er seiner habhaft werden kann, entspricht seiner Natur, und es liegt auf der Hand, daß er in gutbesetzten Niederwildrevieren erheblichen Schaden machen kann. So mag er auch in ausgesprochenen Fasanenrevieren auf das schärfste bejagt werden, ganz wird man seiner doch nicht Herr, und selbst die größten Bemühungen werden auch in solchen Revieren niemals die Ausrottung zur Folge haben. Das wäre auch weder erwünscht noch naturgewollt, denn jede Tierart hat im Haushalt der Natur ihre Aufgabe zu erfüllen. Für Hochwildreviere sollten die von mir aufgezeigten Überlegungen jedoch nicht gelten.

Der sentimentale Einwand, daß man eine ganze Anzahl von Rehläufen auf dem Fuchsbau gefunden habe, besagt gar nichts. Wer weiß denn, ob die Rehe nicht schon eingegangen waren, als der Fuchs sie fand; wer, ob sie nicht von der Rachen- und Hautbremse so weit heruntergebracht waren, daß der würgende Fuchs als Erlöser von langen Qualen erschien. Und dann: ist es denn ein Fehler, wenn der Fuchs widerstandsunfähige Stücke nach hartem Winter fortnimmt? Gewiß, er reißt zuweilen auch ein gut veranlagtes, frisch gesetztes Kitz; aber die meisten kriegt er *nicht*. Ich veranschlage daher seinen Wert für die Erhaltung einer guten Art für den Rehstand höher als den Schaden, den er ihm zufügt.

Man hört heute sehr viel Klagen über den Rückgang der Niederwildstrecken und versucht, hierfür den Fuchs verantwortlich zu machen. Ich kenne eine Menge Reviere, in denen, im Vergleich zu anderen Jagden derselben Gegend, gute Hasen- und Hühnerstrecken erzielt und wo auf jeder Treibjagd eine ganze Anzahl Füchse geschossen werden. Wenn wirklich einige Hasen weniger auf der Strecke liegen, dafür aber einige Rotröcke, so ist das jagdlich bestimmt tausendmal reizvoller als noch so viel mehr Hasen. Eine ausgesprochene Hege des Fuchses sollte man dagegen nirgends betreiben, da der Schaden des Fuchses nicht allein beim Niederwild, sondern vor allem beim Geflügel der Bauern unangenehm werden kann.

Jeder Waidmann muß die *Baue* in seinem Revier kennen. Dies ist gar nicht so einfach. Aber kein Bau kann der Beobachtung entgehen, solange es noch Jäger gibt, die bei einer *Neuen* (frischgefallenem Schnee) Freude daran haben, durch Althölzer, Stangen und Dickungen hindurch die Fuchsspur auszutreten. Dabei findet der Anfänger jeden Bau. Kennt er die Baue, so kann er sich jederzeit überzeugen, ob sie *befahren* sind und von wem.

Die Fuchsspur ist von der anderer Wildarten leicht zu unterscheiden; am ehesten könnte sie noch mit der eines leichten oder kleinen Hundes verwechselt werden. Das gilt jedoch nur für den einzelnen Tritt, nicht für die Spur im ganzen. Die Ballenabdrücke sind beim Fuchs geringer als beim Hund. Vor allem aber *schnürt* eine Hundespur niemals so scharf und regelmäßig wie die eines Fuchses. Dieses Schnüren besteht darin, daß der Fuchs beim kurzen, behaglichen Trab, seiner

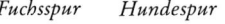

Fuchsspur   *Hundespur*

gewöhnlichsten Gangart, den Hinterlauf genau in den Tritt des Vorderlaufes setzt, und daß diese Tritte annähernd eine gerade Linie bilden. Bei schärferem Traben greift der Fuchs jedesmal mit dem Hinterlauf über den Tritt des Vorderlaufes hinaus, so daß ersterer etwas vor dem des Vorderlauftrittes zu stehen kommt: es stehen dann zwei Tritte nah beieinander, anstelle des einen beim behaglichen Schnüren. Bei der Spur des flüchtigen Fuchses stehen, dem einzelnen Sprung entsprechend, vier Tritte in einem Trapez, von denen jedesmal die vordersten die Abdrücke der vorgreifenden Hinterläufe sind.

Siebeneinhalb Wochen nach der Ranz *wölft* die Fähe 4–7, selten bis zu 12 Jungfüchse, so daß schon im Februar die ersten *Gehecke* gefunden werden können.

Wenn man die Baue kennt und sie oft genug besucht, so wird man bald genug dahinterkommen, wo ein *Geheck* junger Füchse steckt. Einmal verraten das die Reste des ihnen zugetragenen Raubes; dann auch findet man auf dem Bau oder aber in nächster Nähe auf offenem Boden die Plätze, auf denen die jungen Füchse spielen. Die jungen Füchse suchen gern sonnige Orte auf, die nicht zu weit vom Bau entfernt liegen. Findet man also solche Plätze, und kennt man keinen Bau in der Nähe, so wird man bei einigem Suchen bald auf ihn stoßen.

Die *Losung* des Fuchses kann nur mit der des Dachses verwechselt werden; letztere enthält aber fast immer die Flügeldecken von Käfern, die des Fuchses immer Haare. Gelegentlich hat auch Gewölle von Greifvögeln Ähnlichkeit mit der Fuchslosung; doch besteht ersteres nur aus Haaren oder Federn mit wenig Knocheneinschluß.

Die *Sinne* des Fuchses sind alle in hohem Maße entwickelt; ganz besonders gilt das vom *Wittern*. Sein *Windfang* ist unfehlbar, sein *Gehör* ausgezeichnet; und auch sein *Gesichtssinn* läßt nichts zu wünschen übrig. Was dagegen seine Begabung, seine sprichwörtliche Klugheit, Verschlagenheit und List angeht, so vermag ich mich der landläufigen Anschauung nicht anzuschließen. Es liegt zwar auf der Hand, daß ein Tier, das sich von der Erbeutung anderer Tiere ernährt, wenn man den Ausdruck gebrauchen darf, klüger sein muß als ein Pflanzenfresser; und ein gewisses Maß an Überlegung und Vorsicht will ich dem Fuchs gewiß nicht absprechen. Das hat aber seine Grenzen. Man hält ihn wohl für so klug und verschmitzt, weil sein eigenartiger Gesichtsausdruck, die spitze Form seines Kopfes auf diese Eigenschaften schließen lassen.

Einen großen Teil seines Lebens bringt der Fuchs im Bau zu. Da die Baue dem aufmerksamen Waidmann bekannt sind, so ist es gegeben, ihn hier, wo man ihn auf kleinem Raum täglich erwarten kann, mit Aussicht auf Erfolg zu bejagen. Zu dem Zweck aber muß man wissen, wann der Fuchs im Bau steckt. Alle Theorien, die darüber aufgestellt worden sind, halten einer ernsten Nachprüfung nicht stand. Sicher mißfallen ihm windige, regnerische Tage, und auch nach dem ersten Schnee wird der Fuchs gerne rechtzeitig den Bau aufsuchen, um trocken hineinzugelangen, aber auch der nasse Fuchs geht gelegentlich zu Bau, und sicher ist nur, daß in der Rollzeit der Fuchs viel öfter im Bau steckt als zu anderen Jahreszeiten – dann aber meistens nicht allein, sondern bei der Fähe befinden sich recht häufig ein oder zwei Verehrer. Das ist die Zeit, wo der Jäger mit dem Teckel oder dem Jagdterrier die Baue seines Reviers mit guter Aussicht auf Erfolg revidiert, um die Füchse zu *sprengen*.

Der Fuchs hält im allgemeinen recht sicher Paß, so daß der Anstand auf ihn gute Aussicht auf Erfolg bietet. Er ist leicht und sicher zu *reizen*; und selbst alte Füchse, die öfter *vergrämt* sind, laufen den gut mäuselnden Jäger wieder an.

Beim Waldtreiben pflegt der Fuchs meist zuerst zu kommen, weil er, immer auf alles aufmerksam, dem Lärm der Treiber so schnell wie möglich zu entgehen sucht. Sieht er sich aber beim Feldtreiben von allen Seiten umstellt, so drückt er sich oftmals wie ein Hase und kommt den vorstehenden Schützen erst unmittelbar vor den Treibern.

Das schwerwiegendste Problem stellt derzeit jedoch die Tollwut dar; sie hat, Mitte der fünfziger Jahre, vom Osten kommend, nach und nach das ganze Bundesgebiet überzogen und weist, trotz gelegentlichem gebietsweisem Rückgang, immer noch eine Zunahme der Seuchenfälle auf. Hauptüberträger ist nachweislich der Fuchs, so daß eine rücksichtslose Bejagung gefordert werden muß. Notfalls wird eine Vergasung der Baue nicht zu umgehen sein. Ich komme darauf in dem Abschnitt Wildkrankheiten noch zurück. Dem verantwortungsbewußten Waidmann ist hier jedenfalls eine Aufgabe erwachsen, die ihn häufig mit seinem waidmännischen Gewissen in Widerstreit bringen wird, doch wo Menschenleben und auch Tiere aufs höchste gefährdet sind, muß er die Konsequenzen ohne hier nicht angebrachte Ressentiments ziehen.

Der Dachs

Die waidmännischen Bezeichnungen Meister Grimbarts sind denen des Fuchses ähnlich. Nur nennt man die Haut *Schwarte*, den Schwanz *Rute, Zain, Pürzel*, die Zehen *Klauen*, die Krallen *Nägel*. Der Dachs *(Meles meles) bewohnt* den Bau, *wohnt* in der *Baustatt*, und zwar in einem *Kessel*. Die Zugänge dazu heißen *Röhren, Einfahrt, Geschleife*. Wird er vom Hund im Bau gehetzt oder verbellt, so wird er *angetrieben*. Er *sitzt* im Kessel; ein Bau, der von ihm bewohnt ist, hat eine oder mehrere *befahrene* Röhren; man sagt auch, der Bau ist *befahren*. Der Dachs *schleicht* und *trabt;* er *geht zur Weide, weidet sich* und *nimmt die Weide* an; wenn er dabei den Boden aufbricht, so *sticht* oder *wurzelt* er. Wird ein Bau aufgegraben, um den Dachs zu erbeuten, so wird der Dachs *gegraben;* hat dieser sich dabei mit dem Hund verbissen, so hat er sich *verfangen;* beißt er den Hund, so *schlägt* er ihn. Der erbeutete Dachs wird, ebenso wie der Fuchs, durch einen starken Hieb auf den Ansatz des Nasenbeins getötet; beim Dachs reicht das häufig nicht aus. Man schlägt dann, nachdem man den Dachs auf den Rücken gelegt hat, mehrere Male kräftig mit einem Stock gegen die Kehle. Durch Anschwellen des Kehlkopfes tritt dann ein schneller Tod ein. Man *schärft* die Schwarte ab, löst die Fettschicht oder das *Weiß* ab. Eine am Waidloch liegende Querspalte führt zu einer innen behaarten Drüsentasche, die das *Stinkloch,* auch *Schmalzröhre* oder *Saugloch* genannt wird.

Über Tag bekommt man den Dachs selten zu sehen, obgleich er nur dort das ausschließliche Nachttier ist, wo er stark und viel beunruhigt wird. Namentlich Hunde meidet der kurzläufige und schwerfällige Geselle, und in Revieren, in denen er in der Morgen- oder Abenddämmerung von Hunden gehetzt wurde, fährt er erst in tiefer Nacht aus seinem Bau. Dort aber, wo er nicht viel gestört wird, verläßt er seinen Bau nicht nur schon am frühen Abend, um ihn erst am hellen Morgen wieder aufzusuchen, sondern man begegnet ihm auch gelegentlich am Tag, sogar unter Mittag.

Im übrigen geben die *Baue* von seinem Dasein Kunde, da die Hauptein- und -ausfahrten rinnenförmig ausgetreten sind. Mit dem Fuchs bewohnt er gelegentlich denselben Bau, aber in getrennten Teilen. Die Behauptung, daß der unreine Fuchs den reinlichen Dachs aus dem Bau vertreibe, um ihn selbst zu bewohnen, ist eine Fabel. Im Herbst ist leicht zu sehen, ob ein Dachs oder Fuchs im Bau steckt. Der Dachs *fährt* nämlich *ein,* d. h. er schiebt, rückwärts gehend, ganze Haufen Gras, Laub, Moos und Waldstreu in den Bau, um so ein gepolstertes Winterlager zu haben. Lange Schleifspuren verraten sofort, wo ein Dachs eingefahren hat.

Die *Spur* des Dachses fällt, da er Sohlengänger ist, sehr ins Auge; sie ist leicht kenntlich an dem Abdruck der weit vor den Klauen stehenden Nägel und durch den großen Ballen.

Die *Losung* findet man regelmäßig in der Umgebung des Baues, wo der Dachs sie in kleinen Löchern abzusetzen pflegt, oft auch im Freien. Sie ist nur dann mit der des Fuchses zu verwechseln, wenn man nicht beachtet, daß in der Fuchslosung fast immer Haare, in der Otterlosung immer Fischgräten und Schuppen, in der Dachslosung fast immer die Flügeldecken von Käfern zu finden sind. Da der Dachs gern Beeren aller Art nimmt, so sind zu den entsprechenden Jahreszeiten auch die Schalen und Kerne der geweideten Beeren in der Losung enthalten.

Seine Anwesenheit im Revier verrät der Dachs fernerhin noch durch sein *Stechen* oder *Wurzeln.* Man sollte, was meines Wissens noch nicht geschehen ist, diese Ausdrücke scharf unterscheiden. Nämlich: Entweder scharrt der Dachs mit Hilfe seiner Nägel kleine, nach unten spitze Löcher in den Boden, um an Regenwürmer, Larven, Puppen, Pilze usw. zu kommen, woher augenscheinlich der Ausdruck „Stechen" rührt; oder er bricht nach Art der Sauen die Laubdecke oder den losen Boden mit der Nase auf, um nach Waldfrüchten und Wurzeln aller Art sowie Larven und dgl. zu wühlen. Da der Ausdruck „Brechen" für den Dachs nicht gebräuchlich ist, sollte man dafür das Wort „Wurzeln" verwenden.

Dachsspur

Der Dachs ist ein *Allesfresser,* der von Mäusen, Insekten, Larven und Schnecken sowie von Pflanzenteilen, Wurzeln, Obst und Hafer lebt. Einen gewissen Schaden macht er im Forst an Buchen- und Eichensaaten. Er holt die Eicheln und Bucheckern aus dem Boden heraus und frißt den Kern. Unangenehmer ist, daß er außerdem jedes Gelege am Boden brütender Vögel, also des Auer- und Birkwildes, der Fasanen, Enten usw. sowie deren Junge, Junghasen, kurz alles Lebende, dessen er habhaft werden kann, raubt. Er muß in entsprechenden Revieren kurzgehalten werden, doch gebe ich zu bedenken, daß auch der Dachs zu unserer heimischen Tierwelt gehört und ihm sein Platz im Haushalt der Natur zusteht.

Die *Ranzzeit* des Dachses fällt in den Juli–August; die Jungen – drei bis fünf – werden im Januar–Februar gewölft. Nach neueren Forschungen soll die Ranzzeit bereits April–Juni stattfinden. Die Entwicklung des Fötus ist unregelmäßig, so daß die Tragezeit Schwankungen unterliegt. Auch der Dachs hat ähnlich wie die Marder, mit denen er zoologisch nahe verwandt ist, eine sog. *Vortragezeit*. Es wird vielfach angenommen, der Dachsrüde kümmere sich um die Ernährung der Jungen nicht. Wie ist diese Annahme mit der Tatsache zu vereinigen, daß man beim Dachsgraben im Herbst fast immer – wenigstens bei meinen sehr zahlreichen Erdjagden war es so – neben den Jungen *beide* alte Dachse im Bau findet, daß nicht selten beim Spiel auf dem Bau *zwei* alte Dachse beobachtet werden?!

Die *Sinne* sind nicht besonders entwickelt; das *Gesicht* ist schlecht, die *Nase* kurz, aber nicht schlecht; am besten ist noch das *Gehör*. Seine Stimme besteht in einem Murren, das er im Kampf mit Hunden, aber auch bei behaglichem Weidegang nicht selten hören läßt. Außerdem stößt der Dachs einen langgezogenen, fast menschlich klingenden, durch Mark und Bein gehenden Schrei aus, und zwar im allgemeinen zur Ranzzeit.

Da der Dachs eine Art Winterschlaf hält, richtiger möchte ich sie mit Winterruhe bezeichnen, die häufiger unterbrochen wird, und auch sonst im Jahre tagsüber meist im Bau sitzt, so bringt er wohl den größten Teil seines Lebens in diesem zu. Wenn er den Bau ungestört verläßt, so pflegt er sich den Staub, Sand oder die ihm anhängenden Reste aus seinem Kessel noch innerhalb der Röhre abzuschütteln, was in der nächsten Umgebung als lebhaftes Poltern zu hören ist. Wenn er aber beunruhigt den Bau verläßt, so tut er das ohne das geringste Geräusch; jedoch pflegt er vorher mehrmals den Kopf sichernd aus der Röhre zu strecken. Durch Hunde oder sonstwie außerhalb des Baues beunruhigte Dachse pflegen mit aller Hast zum Bau zu flüchten, dort angekommen, ohne Verzug einzufahren.

Wo Meister Grimbart völlig ungestört ist, da verläßt er an sonnigen Tagen gern den Bau, um sich auf ihm zu sonnen. Der Dachs ist ein tapferes Tier; er wehrt sich mit allen seinen nicht geringen Kräften gegen den Hund, auch gegen den Menschen, wenn ihm die Flucht verwehrt ist. Ein auf oder in der Nähe des Baues krankgeschossener Dachs strebt mit allen ihm verbleibenden Kräften zu Bau. Seine Erbeutung ist dann manchmal schwierig. Im Spätherbst ist der Dachs *fett* oder *weiß* (Dachsfett, Dachsweiß), oft so sehr, daß ein alter *Dachsbär*, wie das männliche Geschlecht hin und wieder bezeichnet wird, bis zu 20 Kilo Gewicht erreicht.

Der Fischotter

Die für das übrige Raubwild geltenden waidmännischen Ausdrücke finden auch für den *Fischotter (Lutra lutra), Flußotter, Fischmarder* Anwendung. Doch mögen folgende Besonderheiten verzeichnet sein: das männliche Tier heißt *Otter*, auch *Rüde*, das weibliche *Otterin*, auch *Otterfähe*.

Der Schwanz ist die *Rute*, das weibliche Glied die *Nuß*. Wenn der Otter im Wasser nach Nahrung geht, so *fischt* er. Wo er ins Wasser steigt, da ist der *Einstieg*; er *steigt ein*. Wo er es verläßt, ist der *Ausstieg*; er *steigt aus*. Wird er in das Wasser hineingescheucht, so *fährt* oder

fällt er *hinein.* Über Land *geht* der Otter; seine Stimme heißt der *Pfiff;* er *pfeift.* Die Läufe werden auch *Schwimmer* genannt. Nach der Ranzzeit, die meist im Februar, aber auch unregelmäßig über das ganze Jahr verteilt ist, *geht* die Otterin 9 Wochen *dick* und *bringt* dann zwei bis vier *Junge.* Das Fleisch heißt *Wildpret,* auch *Kern,* wie bei allem übrigen Raubwild. Ähnlich der Viole des Fuchses und der Schmalzröhre des Dachses hat der Otter zur Seite des Waidloches zwei Drüsen, die eine stinkende Flüssigkeit enthalten; nach dem Eintrocknen wird der Geruch aber bisamähnlich.

Man wird den Otter am Tag nicht leicht zu Gesicht bekommen; es sei denn, daß man ihn am Fluß- oder Seeufer zufällig aufstößt. Er fällt dann mit lautem Platsch ins Wasser, in das er sofort tief eintaucht. In hellen Nächten dagegen, namentlich bei Schnee, erblickt man gelegentlich oder auf dem Anstand einen oder auch einige Otter auf dem Eise.

Am häufigsten verrät den Fischmarder zur Nachtzeit ein ihm eigentümliches helles, durchdringendes Pfeifen, das er namentlich zur Ranzzeit hören läßt. Auf dieses Pfeifen hin erlegte ich einst am späten Abend auf einem gefrorenen märkischen See bei weichem Schnee und guter Deckung mit *einem* Schuß aus dem Schrotlauf meiner Büchsflinte zwei Otter, die auf dem Eise ranzten. Einer lag im Dampf, den anderen fand ich am folgenden Tag in einer Wake (offenen Stelle), wo er verendet im Wasser trieb.

Eigentliche Baue wie Dachs und Fuchs gräbt der Otter nicht; er liegt über Tag in röhrenähnlichen Löchern am Ufer, meist unter überhängenden Rändern, die er nach Bedarf vergrößert. Ob es wahr ist, daß er immer für zwei Ausgänge sorgt, einen unter Wasser, den anderen über dem Wasserspiegel, lasse ich dahingestellt. Ich muß aber bemerken, daß ich wiederholt Otter aus einem Bau ins Wasser habe fallen sehen, der sicher nur einen einzigen Ausgang hatte. Gern liegt der Otter am Tage auch auf einem alten Baumstumpf, einer Kaupe usw. in der Sonne und schläft dort so fest, daß er erst bei allernächster Annäherung des Menschen erschreckt ins Wasser fährt.

Um die *Otterspur* richtig würdigen zu können, muß man mit dem Bau der Läufe genau vertraut sein. Diese sind kurz und stark. Die Vorder- und die etwas längeren Hinterschwimmer haben *Schwimmhäute*, die fünf Zehen verbinden. Letztere sind an den *Vorderschwimmern* nackt; diese haben lange Klauen, die scharf sind. Die Schwimmhaut ist kleiner als an den *Hinterschwimmern*. Im weichen Grund sieht man die Schleppspur der Rute seitwärts der Tritte. Die Schleppe und die Abdrücke der Schwimmhäute verraten den Otter leicht.

Wie den übrigen Marderarten ist auch dem Otter eine trabende Bewegung nicht eigen; statt dessen hüpft er in schnellerer Gangart, indem er sich wie eine Spannerraupe zusammenzieht und wieder streckt. In voller Flucht greifen die Hinterschwimmer den vorderen vor, und es entsteht dann ein Spurbild, das entfernt an das bekannte des Hasen erinnert, aber weit unregelmäßiger ist.

Die *Losung* findet sich in der Nähe des Ein- und Ausstieges; sie enthält immer Fischgräten und Schuppen, oft auch Eierschalen. Denn der Otter lebt durchaus nicht nur von Fischen; er nimmt auch Eier und alles Wassergeflügel, dessen er habhaft werden kann. Doch bilden Fische und Krebse seine Hauptnahrung. Die Losung riecht tranig. Die *Sinne* des Otters sind hervorragend scharf; er *äugt*, *windet* und *vernimmt* ausgezeichnet.

Die Lebensweise des Otters zeigt eine große Unstetigkeit. Obwohl er auf dem Land unbeholfen wirkt, macht er doch in *einer* Nacht oft weite Reisen, und zwar nicht nur zu Wasser, sondern auch über Land, indem er die Wasserscheide zwischen zwei Flüssen oder Bächen zu Land übersteigt. Das wiederholt sich, wenn auch in weiten Abständen, mit einer gewissen Regelmäßigkeit. Wird ihm der

A Bei ruhiger Fortbewegung. B Hüpfend und flüchtig. Aufnahme bei dünnem Neuschnee über altem, harschem Schnee. Wo der Otter bei A mit dem Vorderschwimmer durch den alten Schnee durchgetreten hatte, da stand der Hinterschwimmer etwas daneben und dahinter

A   Otterspur   B

Weg für eine Nacht zu weit, so nimmt der Otter unterwegs einen Dachs- oder Fuchsbau, auch eine Notröhre an.

Der Otter ist ein tapferes Tier; er stellt sich, wenn er nicht mehr entfliehen kann, den Hunden entschlossen zur Wehr; da er bei seiner Gedrungenheit stark ist und ein wahrhaft furchtbares Gebiß hat, so wird er den Hunden sehr gefährlich. Wird er von diesen ergriffen, so gibt er laut kreischende Töne von sich, die mit wütendem Murren abwechseln. In der Hand des Jägers wird der noch lebende Otter durch einen Hieb auf den Nasenansatz getötet; er wird *gestreift,* dann *aufgebrochen* und *zerlegt.* Das Wildpret des Fischotters spielte früher eine große Rolle als Fastenspeise. Da der Otter angeblich nur von Fischen leben sollte, galt sein Wildpret nicht als Fleisch, sondern durfte zur Fastenzeit gegessen werden. Der lichtbraune Balg ist im Sommer und Winter gleich wertvoll.

Die unstete Lebensweise sowie das Leben im Wasser haben den Otter vor gänzlicher Ausrottung bewahrt. Gleichwohl ist unser Fischmarder von Jahr zu Jahr seltener geworden. Die fortschreitende Geradelegung der Flüsse und Bäche hat ihm seine bevorzugten Kolke und Schlupfwinkel mehr und mehr genommen, und durch die zunehmende Verschmutzung und den dadurch bedingten Rückgang der Fischbestände ist der Lebensraum des Otters erheblich eingeengt worden. In Westdeutschland kommt er fast nur noch in Schleswig-Holstein, in Teilen Niedersachsens und in Bayern vor. Durch das Bundesjagdgesetz ist er ganzjährig geschützt.

Die Wildkatze

Die männliche Wildkatze *(Felis silvestris)* nennt man *Kater, Kuder,* die weibliche *Kätzin,* auch *Kietze.* Die Wildart im ganzen heißt auch *Baumkatze, Baumreiter, Waldkatze, Waldkater.* Die Nägel an den Zehen sind die *Waffen* oder *Krallen.* Die Wildkatze *ranzt;* sie hat eine Ranzzeit; die Kätzin *bringt Junge.* Sonst sind die waidmännischen Bezeichnungen dieselben wie bei *Fuchs, Dachs* usw.

Recht häufig wird die der Wildkatze gleichfarbige verwilderte Katze als echte Wildkatze angesprochen. Als Unterscheidungsmerkmale wurden bisher angeführt: die drei deutlich geschlossenen schwarzen Ringe vor dem schwarzen Endstück der buschigen Rute, der kleinere schwarze Sohlenfleck, ein weißes Haarbüschel zwischen den Sohlenballen, die verlängerten Haarspitzen an den Gehören und ein fleischfarbener Nasenspiegel. Alle diese Merkmale kommen nach neueren Forschungen auch bei verwilderten Hauskatzen vor. Treffen alle angeführten Merkmale zusammen, dann ist allerdings mit hoher Wahrscheinlichkeit anzunehmen, daß es sich um eine echte Wildkatze handelt, besonders wenn das betreffende Stück ein hohes Körpergewicht aufweist – ein Kuder wird bis zu 12 kg, in Ausnahmen bis zu 18 kg schwer –, und wenn die Lunte höchstens die halbe Körperlänge ausmacht. Auch die plumperen, kürzeren Läufe, der breitere Fang, die steilere Stirn, die längeren Luntenspitzenhaare sind gute Kennzeichen der echten Wildkatze. Eine einwandfreie Feststellung kann nur der Zoologe treffen, da anatomische Unterschiede zwischen Hauskatze und Wildkatze vorhanden sind, insbesondere ist die Darmlänge unterschiedlich.

Zu Gesicht wird man die Baumkatze nur zufällig bekommen, weil sie sehr scheu ist. Gelegentlich kommt sie bei einer Treibjagd vor. In der Ranzzeit, die in den Februar, auch erst in den März fällt, macht sie sich durch lautes Miauen, das dem der Hauskatze gleich ist, sowie durch das gleiche, lebhafte Schreien, Zanken und Fauchen oft weithin bemerkbar. Die Tragezeit dauert 9 Wochen, kann jedoch um einige Tage schwanken. Die Kätzin wirft 2–4 Junge.

Die *Spur* der Wildkatze ist der der Hauskatze sehr ähnlich, nur stärker. Sie *schnürt* niemals; sie *schränkt* vielmehr ziemlich stark; die einzelnen Tritte sind fast rund.

Die *Sinne* sind ausgezeichnet. Die Wildkatze *äugt, vernimmt* und *wittert* hervorragend scharf. Eine besondere Eigentümlichkeit ist ihre große Neigung zum Klettern.

Erfreulicherweise hat der Besatz an Wildkatzen in den letzten Jahren zugenommen, in der Eifel, im Hunsrück, im Harz ist sie noch nicht selten vorkommendes Standwild. Weitere Vorkommen werden gemeldet aus der Rheinpfalz, dem Westerwald, dem Taunus, dem Meißnergebiet in Hessen und anderen Orten. Wegen ihres großen Schadens, den sie durch ihren Raub der Jagd zufügt, wurde sie früher mit allen Mitteln verfolgt. Ihre heimliche Lebensweise und große Vorsicht haben sie aber bis heute vor der Vernichtung bewahrt, sie gehört zu den ganzjährig geschützten Tierarten.

In den letzten Jahrzehnten ist unsere heimische Tierwelt ärmer geworden. Seien wir froh, daß sich die Wildkatze noch erhalten hat, und hoffen wir, daß wir sie in unseren Wildbahnen noch lange beobachten können.

Die Marder

Edel- und Steinmarder haben so viel gemeinsam, daß sie am besten zusammen behandelt werden. Der *Edelmarder (Martes martes)* heißt auch *Goldmarder, Baummarder, Waldmar-*

der, während der *Steinmarder (Martes foina)* auch den Namen *Hausmarder* führt. Beide sind sehr gewandte Kletterer; sie *baumen* oder *holzen auf,* wenn sie auf Bäume klettern. Die Stelle auf der Erde, die der Marder zuletzt mit den Läufen berührt, wenn er in die Höhe klettert, heißt der *Aufstieg;* diejenige, auf die er beim Herabklettern aufspringt, der *Absprung.* Die übrigen waidmännischen Ausdrücke sind dieselben wie bei den vorbesprochenen Raubtieren.

Der Unterschied im Äußeren zwischen Baum- und Steinmarder ist recht erheblich. Ersterer hat einen kaffeebraunen Balg mit gelblicher Unterwolle. Der Unterhals trägt einen nach unten *niemals gegabelten,* meist dottergelben (Gelbkehlchen), gelegentlich fast weißen Fleck. Seine Nase ist schwarz. Zwischen Zehen und Ballen ist die Sohle stark behaart. Der Steinmarder ist etwas schwerer als der Baummarder, hat einen weißlich-braunen Balg mit weißlichem Unterhaar. Der *Kehlfleck* ist meist rein weiß und nach unten *stets gegabelt.* Die Fußsohle ist nackt. Der Baummarder lebt in Waldungen und Büschen, wo er in hohlen Bäumen, Krähen- und Eichhornnestern sowie Greifvogelhorsten sein Lager aufschlägt. Der Steinmar-

Von oben nach unten:
Baummarder, Steinmarder, Iltis, großes und kleines Wiesel

der haust am liebsten in Gebäuden, einsam stehenden Gehöften, altem Gemäuer, in Holzstößen und Reisighaufen, kommt jedoch auch im Walde vor.

Während der Steinmarder ein reines Nachttier ist, kann man den Baummarder gelegentlich auch über Tage zu Gesicht bekommen, vor allem im Sommer und Herbst. Da beide eine ausgesprochene Stimme nicht haben und nur in Wut und Schmerz ein lebhaftes *Keckern* und *Murren* hören lassen, so verraten sie sich hierdurch selten. Der Geruch verrät sie dagegen mit Sicherheit, d. h. wenn man ihre Losung findet, die meist auf Wegen und Pfaden, Wildwechseln und ähnlichen Pässen und freien Plätzen abgesetzt wird. Sie riecht ausgesprochen nach Veilchen und Bisam. Es hängt das mit den Drüsen am Waidloch zusammen, die eine derartig riechende Flüssigkeit absondern.

Außerdem offenbaren beide Marder ihre Anwesenheit durch ihren Beutetrieb, der zu dem Lebensbedürfnis dieser doch nur kleinen Tiere in gar keinem Verhältnis steht. Gerät der Marder in einen Hühnerstall, so mordet er alles, dessen er habhaft werden kann. Wahrscheinlich wird sein Instinkt zu töten, immer wieder und so lange ausgelöst, wie er Fluchtbewegungen seiner Opfer im begrenzten Raum wahrnimmt. Am liebsten durchbeißt er das Genick, sonst Kopf oder Hals. Weitere Beutetiere des Baummarders sind Häher, Wildtauben, Eichhörnchen und Jungwild, während der Steinmarder besonders eifrig auf Mäuse und Ratten Jagd macht. Beide lieben aber auch Eier, Obst und Beeren.

Die *reine* Spur des Edelmarders ist infolge der stark behaarten Zwischenräume zwischen Ballen und Zehen stets verwischt, während beim Steinmarder der Abdruck klar ist. Bei der schnelleren Bewegung, die man am besten als *Hüpfen* bezeichnet, stehen zwei Tritte schräg nebeneinander; in voller Flucht greifen die Hinterläufe den Vorderläufen vor, so daß eine Spur ähnlich der des Hasen entsteht, aber weit unregelmäßiger. Die *Losung* ist eine dünne Wurst, die zur Zeit, wo es Beeren gibt, regelmäßig mit deren wenig verdauten Resten durchsetzt ist.

Die *Sinne* sind gut entwickelt; besonders *äugen* und *wittern* die Marder vortrefflich. So tapfer sie ihrer Raubtiernatur entsprechend sind, so zeigen sie doch anderseits auch große Scheu, um nicht von Furcht zu reden.

Auf diese gründet der Waidmann zwei Jagdarten, von denen die eine mehr beim Baummarder, die andere mehr beim Steinmarder angewendet wird, ohne aber ausschließlich dem einen oder anderen eigen zu sein. Stößt man nämlich draußen auf einen Edelmarder, und hat man nur die Büchse bei sich, mit der man den kostbaren Balg entwerten würde, so *macht* man, sobald der Marder sich auf einem Ast drückt, was er gern tut, ein *Gespenst*. D. h. der Jäger zieht seinen Rock aus oder legt seinen Umhang oder Mantel so über einen Busch oder hängt ihn so auf, daß er von oben recht ins Auge fällt. Dann bleibt der Marder meist ruhig liegen und starrt auf diesen Gegenstand, so daß der Jäger oftmals mit einer Schrotflinte noch rechtzeitig wieder am Ort erscheinen kann, um ihn herunterzuschießen. – Gegen hart und hellklingende, heftige Geräusche sind die Marder derart empfindlich, daß sie bei deren Ertönen völlig kopflos ein sicheres Versteck verlassen und den umstehenden Jägern in die Flinte laufen. Man benutzt diese Eigentümlichkeit, wenn man in einer mit Stroh oder Heu gefüllten Scheune Marder vermutet oder *festgemacht* hat, um sie daraus zu vertreiben, ohne die ganze Stroh- oder Heumenge umzupacken.

Die Ranzzeit beider Marderarten fällt in den Hochsommer und erstreckt sich von Ende Juni bis Mitte August, so daß der Juli der eigentliche Ranzmonat ist. Die *Tragezeit* beträgt 9 Monate, so daß der April als eigentlicher Wurfmonat zu gelten hat. Diese lange Tragezeit erklärt sich daraus, daß auch die Marder eine *Vortragezeit* haben, d. h. das befruchtete Ei bleibt mehrere Monate ohne sichtbare Entwicklung in der Tracht. Die Zahl der gewölften Jungen schwankt zwischen 2 und 4, selten sind 5 Junge beobachtet worden.

Erfreulicherweise haben sich, wie ich selber auf vielen Reviergängen beobachten konnte,

Wieder einmal hat Reineke, der Fuchs, das Nachsehen

Nach einem Gemälde von F. Laube

		Spuren des hüpfenden			
Baummarders	*Steinmarders*	*Iltis*	*Hermelins*	*kleinen Wiesels*	*Eichhörnchens*

beide Marderarten in den letzten Jahren wieder vermehrt. Das ist sicher darauf zurückzuführen, daß mancher Waidmann nicht kundig genug ist oder auch die Mühe scheut, den Marder intensiv und ausdauernd zu bejagen. Auf Grund der Zunahme der Bestände ist die Jagdzeit seit 1977 auf den 16. Oktober bis zum 28. Februar verlängert worden, doch rate ich davon ab, ihn vor Mitte November zu bejagen, da der Balg vorher noch nicht gut ist.

Der Iltis

Der Iltis *(Mustela putorius)*, eine auch *Ratz, Ilk, Stänker* benannte kleine Marderart führt die nämlichen waidmännischen Bezeichnungen wie das andere kleine Raubwild. Sie trägt besonders den Namen Stänker mit Recht; denn die Drüsen am Waidloch sondern eine sehr übelriechende Feuchtigkeit ab, die sich auch der *Losung* mitteilt. Hierdurch ist diese leicht von der Marderlosung zu unterscheiden, der sie auch an Größe nachsteht.

Letzteres gilt auch von der *Iltisspur*, die bei hüpfender Bewegung kürzere Abstände zeigt als die der Marder, daneben aber oft so gestellt ist, daß drei oder vier Tritte in einem unregelmäßigen Trapez sichtbar sind; sie ähnelt auch öfters in der Stellung der Hasenspur. Da der Iltis zwischen den Klauen nur eine kurze Verbindungshaut besitzt, so ist der einzelne Tritt klarer abgedrückt, als es beim Steinmarder der Fall ist.

Die Stimme des Iltis ist entweder ein Fauchen oder ein murrendes, kurzes Kläffen. Die Ranzzeit ist im März, kann sich aber bis in den Juni hinziehen. Die 4 bis 8 Jungen werden nach sechswöchiger Tragezeit gewölft.

In der Art zu rauben unterscheidet sich der Iltis zu seinem Vorteil von den Mardern, denn er begnügt sich mit *einem* Stück, das er an einen sicheren Ort trägt, um es dort zu verzehren. Mit den Mardern aber hat er wiederum die sinnlose Angst gemein vor klirrenden, heftig und hart tönenden Geräuschen, die von Metallgegenständen herrühren.

Während der milderen Jahreszeit hält sich der Ilk in Wald und Feld auf, seiner Neigung auf Fische entsprechend gern in der Nähe von Bächen und Gräben. Frösche bilden eine sehr beliebte Nahrung. Im Winter zieht er sich in die Nähe menschlicher Wohnungen zurück, um auf Ratten und Mäuse, aber auch auf zahmes Geflügel und Eier zu fahnden.

Die Wiesel

Wir unterscheiden das große Wiesel oder Hermelin *(Mustela erminea)* und das kleine Wiesel oder Mauswiesel *(Mustela nivalis)*.

Ohne die Rute ist das erstere etwa 27 cm, letzteres etwa 15 cm lang. Die Rute des großen Wiesels hat etwa 6 cm, die des kleinen 4 cm Länge. Erstere ist buschig behaart und hat stets eine schwarze Spitze; letztere ist kurz behaart und hat nie eine solche. Das große Wiesel wird im Winter reinweiß bis auf die schwarze Rutenspitze; doch gilt das nur für den Norden Deutschlands und die höheren Gebirge. Je nach der geographischen Lage gibt es zahlreiche Übergänge, so für Mitteldeutschland, wo neben braunen auch braunweiße sowie ganz weiße Hermeline im Winter vorkommen. Das kleine Wiesel ändert seine braune Färbung in nördlichen Gegenden so weit ab, daß es braun und weiß gefleckt erscheint; doch wird es nie reinweiß.

Wiesel sind eifrige Räuber, die auch über Tag jagen. Dabei kann das Hermelin auch größere Tiere überwältigen; ja, es vermag einen ausgewachsenen Hasen zu töten. Seine Hauptbeute besteht jedoch aus Kleintieren, wie Mäusen, Vögeln und aus Eiern der Bodenbrüter. In guten Niederwaldrevieren kann es bedeutenden Schaden anrichten, vor allem in mäusearmen Jahren, so daß es dort so kurz wie möglich gehalten werden muß.

Die *Wieselspuren* sind bei hüpfender Gangart nicht leicht mit anderen zu verwechseln, wenn man sich gegenwärtig hält, daß es sich um sehr dünne, langgestreckte Tierchen handelt, die ganz kurze Läufe haben. Doch kann die Spur des Hermelins wohl eine Iltisspur vortäuschen, wenn sie von einem flüchtigen Hermelin herrührt.

Die *Losung* der Wiesel ist je nach der Art von verschiedener Größe und, der Nahrung entsprechend, fast niemals frei von Haaren oder Federresten. Sie zeigt oft Stücke von Eierschalen.

Das große Wiesel kann von Sommer bis Spätwinter ranzen. Die 4–8 Jungen werden im April gewölft, so daß die Tragezeit 2 bis 8 Monate dauert, d. h., es ist eine verschieden lange Vortragezeit möglich. Die Regel scheint die Spätwinterranz zu sein.

Das kleine Wiesel (Mauswiesel) kann das ganze Jahr über ranzen und wölft seine 4–12 Jungen nach einer Tragezeit von 5 Wochen.

Die *Sinne* der Wiesel sind ganz hervorragend; ihr Beutetrieb und Mut sind groß.

Hermelin und Mauswiesel dürfen, wie auch der Iltis, vom 1. August bis zum 28. Februar bejagt werden.

Marderhund, Waschbär

Der *Marderhund, Enok,* auch *japanischer Fuchs* genannt *(Nyetereutus procyonoides),* ist ein aus Ostasien stammendes, in der UdSSR eingebürgertes Pelztier, das wegen seines wertvollen Balges in Farmen vermehrt wurde und sich mittlerweile als Farmflüchtling schnell nach Norden und Osten ausbreitete. Die ersten Tiere tauchten Ende der fünfziger Jahre in der

Waschbär

Bundesrepublik Deutschland auf, und der Enok wurde inzwischen in Bayern, Hessen, Niedersachsen und Westfalen festgestellt. Er übertrifft eine Katze an Größe, hat einen hundeartigen Kopf, kurze Läufe und eine graubraune Grundfarbe. Der Marderhund jagt bei Nacht, während er den Tag in Erdlöchern oder Bauen verschläft. Als Allesfresser verursacht er auch empfindliche Verluste in Niederwildrevieren, vor allem beim Federwild, insbesondere den Waldhühnern. Seine Verbreitung ist unerwünscht, daher muß mit allen Mitteln versucht werden, ihn zu bekämpfen und nicht heimisch werden zu lassen.

Der *Waschbär (Procyon lotor)*, ein aus Nordamerika stammender Kleinbär, ist durch Entweichen aus Farmen und Aussetzen im nördlichen Hessen in die freie Wildbahn gelangt und hat sich von dort aus sehr schnell verbreitet und stark vermehrt. So kommt er heute sowohl in Baden-Württemberg als auch im nördlichen Niedersachsen vor und wurde auch bereits in Schleswig-Holstein festgestellt. Der Waschbär ist ein ausgesprochenes Waldtier, das ausgezeichnet klettert und nur des Nachts aktiv wird. Daher ist seine Bejagung äußerst schwierig. Als Allesfresser verursacht er erheblichen Schaden unter dem Jungwild und als Nesträuber. Er sucht mit Vorliebe auch Obstkulturen auf. Ausgewachsene Tiere erreichen ein Gewicht von 5–6 kg.

Der Waschbär bedeutet keine Bereicherung unserer Wildbahn und ist wegen seiner Schädlichkeit rücksichtslos zu bejagen.

Der Seehund

Die für uns wichtigste Robbenart ist der *gemeine Seehund (Phocus vitulina)*. Da er in der älteren Jagdliteratur kaum Erwähnung findet, ist er hinsichtlich der waidmännischen Benennungen zu kurz gekommen. Es wird sich aber empfehlen, ihm dieselben Bezeichnungen zukommen zu lassen, wie dem Fischotter, mit Ausnahme der Schwimmer, die man besser *Flossen* oder *Ruder* nennt. In Anlehnung an den Gebrauch der Fischer nennt man das männliche Geschlecht *Hund*, das weibliche *Hündin*.

Der Seehund lebt im Meer und kommt vor allem im Wattenmeergebiet von Holland bis hinauf nach Dänemark, im Kattegatt und in Restbeständen vor der dänischen Ostseeküste vor. In dem genannten Wattengebiet leben – wie durch Zählungen vom Flugzeug festgestellt wurde – noch etwa 3800 Seehunde, davon rund 45 % vor der schleswig-holsteinischen Küste.

Der Seehund verbringt die meiste Zeit im Wasser und kommt nur an Land, das heißt auf die mit der Ebbe freifallenden Sände, um zu ruhen, um die Jungen zu *setzen* und zu *säugen*. Dort kann man die Rudel mit einem guten Glas liegen sehen, sonst bemerkt man sie vom Boot aus schwimmend, wobei in der Regel nur der Kopf zu sehen ist.

Das Gehör und der Geruchssinn des Seehundes sollen gut sein, dagegen ist das Gesicht außerordentlich schlecht. Er ist klug und vorsichtig, aber sehr neugierig. Letzteres nützt der Seehundjäger mit Erfolg aus.

Die *Ranzzeit* fällt in den August–September. Die Hündin wirft Mitte Juni bis Mitte Juli ein, selten zwei Junge, von denen jedoch eines meist verlorengeht. Die *Säugezeit* dauert nur $3^{1}/_{2}$ Wochen, dann muß der Junghund so kräftig sein, daß er sich selbst ernähren kann. Die Milch ist sehr fetthaltig, und der Junghund nimmt in der kurzen Säugezeit um das Zweieinhalbfache seines Geburtsgewichts zu und setzt bereits eine *Speckschicht* an. Das ist auch erforderlich, da er sich nun auf die natürliche Nahrungssuche umstellen muß; er macht eine Art Hungerzeit durch, die vier Wochen dauert, dann ist er wirklich selbständig und hat gelernt, sich ausreichend zu ernähren.

Die *Nahrung* der Seehunde besteht aus Fischen, vor allem aus Plattfischen, sowie Krabben, Scharben u. a. Doch ist der Schaden für die Fischerei nicht so groß, wie von seiten der Fischer vielfach behauptet wird.

Während der Säugezeit kommt es häufiger vor, daß die Jungen ihre Mutter verlieren, sei es bei der stürmischen See oder auch durch menschliche Störungen, durch die die säugenden Hunde von den Sandbänken verjagt werden. Die verlassenen Junghunde irren dann jämmerlich klagend an den Stränden umher; wir sprechen von *Heulern* oder *Huilern*. Werden solche Heuler rechtzeitig gefunden, so können sie gerettet werden. Im Norden (Niedersachsen) und Büsum (Schleswig-Holstein) bestehen Seehundaufzuchtstationen, in denen die Heuler sachkundig aufgezogen werden. Im Herbst werden diese Hunde dann markiert wieder ins Wattenmeer hinausgefahren und der See zurückgegeben.

Die *Sterblichkeit* der Junghunde ist sehr hoch, sie wird für das erste Lebensjahr auf 40 bis 45 % geschätzt. Die Gründe dafür sind einmal in den dauernden Beunruhigungen durch Menschen, vor allem während der Wurf- und Säugeperiode, zu suchen. Derartige Störungen sind während oder kurz nach dem Wurfakt tödlich und führen während der Säugezeit dazu, daß der Junghund nicht ausreichend ernährt wird, keine Speckschicht ansetzen kann und bereits geschwächt in die sogenannte Hungerperiode geht. Zum anderen treten beim Junghund entzündliche Hautkrankheiten auf, die, meist am Nabel beginnend, sich schnell vergrößern und nur selten ganz wieder zuheilen. Ich komme darauf noch im Abschnitt Wildkrankheiten zurück.

Die Seehundpopulation in den Wattenmeergebieten der Nordsee muß auf Grund der Krankheitsanfälligkeit und der hohen Jugendsterblichkeit als gefährdet angesehen werden, auch wenn der Bestand in Schleswig-Holstein in den letzten Jahren eine leichte Zunahme aufgewiesen hat. Die hohe Zahl unheilbar kranker Hunde zeigt aber auch, daß dem fachkundigen Jäger hier eine *hegerische Aufgabe* erwächst, denn es liegt im Interesse der Erhaltung des Seehundes, die Bestände gesund zu halten.

Der Seehund hat eine Jagdzeit vom 1. September bis zum 31. Oktober, doch ruht zur Zeit die Jagd vor den Küsten Niedersachsens und Schleswig-Holsteins. Sollte sie wieder aufgelassen werden, so wird sie sich auf den Abschuß kranker und einzelner sehr alter Hunde beschränken, einen echten Hegeabschuß also, der mir auf Grund der Verhältnisse nicht nur gerechtfertigt, sondern auch notwendig zu sein scheint.

Die Greifvögel

Es sei vorausbemerkt, daß ich auch bei den nun folgenden Greifvögeln von eingehender naturgeschichtlicher Beschreibung absehe, weil ich eine solche nicht für die Aufgabe eines Jagdbuches halte. Von einem Jäger, vor allem, wenn er ein Revier verantwortlich betreut, muß aber erwartet werden, daß er die hauptsächlichsten Vertreter dieser schönen Vögel draußen richtig ansprechen kann. Hierzu wird ihm viel eher die Kenntnis des Flugbildes, der Horste, der Eier verhelfen als die Aufzählung aller ihrer Unterscheidungsmerkmale. Letztere mag er zu Hause, etwa an der Hand des ausgezeichneten Werkes von Peterson „Die Vögel Europas" (Verlag Paul Parey, Hamburg und Berlin) nachschlagen und sich merken.

Für Greifvögel (und Eulen) gelten folgende waidmännische Bezeichnungen:

Der Schnabel heißt *Schnabel,* dessen krumme Spitze der *Haken;* eine mehr oder minder scharfe Zacke des Oberschnabels: *Zahn, Falkenzahn;* die oftmals farbige Haut an der Schnabelwurzel und um die Nasenlöcher die *Wachshaut.* Das Auge wird *Auge* genannt; die Flügel heißen *Fittiche,* die äußersten Flügelfedern die *Handschwingen.* Die Federn am ganzen Körper sind das *Gefieder;* die Beine heißen *Ständer;* die an ihnen sitzenden, oft längeren Federn sind die *Hosen;* die Ständer sind *behost.* Die Krallen der Zehen heißen *Fänge* oder *Gewaff;* der Schwanz wird *Stoß* genannt, der untere, flaumige Teil der *Unterstoß.* Die Greifvögel *kreisen* oder *ziehen Kreise,* wenn sie sich in Bögen oder Kurven über einem begrenzten Gebiet hoch in der Luft aufhalten; sie *streichen,* wenn sie in gerader Richtung fliegen.

Das Nest heißt *Horst,* die Eier das *Gelege;* die Greifvögel *horsten,* sie nisten nicht; sie *stoßen* auf ihre Beute, den *Raub;* haben sie ihn *gefangen* oder *geschlagen,* d. h. ergriffen, so *rupfen* sie ihn, um ihn dann zu *kröpfen,* d. h. zu verzehren. An der Art und dem jeweiligen Ort der *Rupfung* kann man erkennen, um welchen Greifvogel es sich handelt. Die beim *Kröpfen* mitverschluckten Federn, Haare und unverdauten Knochen *speien sie aus.* Das Ausgespiene heißt das *Gewölle.* Nimmt der Greifvogel Aas an, so ist das sein *Fraß.* Löst er sich, so *schmeißt* er; die Losung heißt das *Geschmeiß.*

Wenn der Greifvogel sich auf einen Baum, Ast oder Felsen setzt, so *hakt* oder *blockt* er *auf;* verläßt er seinen Sitz, so *streicht* er *ab.* Der Baum, auf dem er gern zur Nachtruhe aufhakt, ist der *Schlafbaum.*

Die Körpergröße der Weibchen ist regelmäßig stärker als die der Männchen, manchmal bis zum völligen Mißverhältnis.

Alle Greifvogelarten sind seit 1977 durch die Bundesverordnung über Jagd- und Schonzeiten in der Bundesrepublik Deutschland geschützt, doch war dies schon eine Reihe von Jahren vorher in den meisten Bundesländern der Fall.

Der Seeadler

Von den großen, bei uns heimischen Adlern ist der Seeadler *(Haliaëtus albicilla)* der gewaltigste. Die Spannweite seiner Fittiche beträgt beim ausgewachsenen Weibchen $2^1/_2$ m, während der Steinadler es selten über 2 m bringt. Das *Flugbild* des Seeadlers ist dem geübten Auge leicht kenntlich durch den kurzen, runden Stoß, der nur 30 cm lang und beim alten Vogel rein weiß ist, und die fast gerade abgestutzten Handschwingen, die immer etwas voneinanderstehen. Das ganze Bild erscheint daher plump, mit breiten, eckigen Handschwingen. Der Kopf des alten Vogels ist ganz hell fahlgelb; Iris, Wachshaut, Schnabel und Fänge sind erbsengelb. Der junge Vogel zeigt dieselbe Färbung wie der alte, nur sind Stoß und Kopf noch braun.

Der Seeadler gehört zu den unechten Adlern, weil der untere Teil der Ständer unbefiedert, *unbehost* ist.

Beim sitzenden Vogel überragen die Spitzen der Handschwingen den Rand des Stoßes.

Die *Stimme* des Seeadlers ist ein lautes Jäk, Jäk; bei jungen Vögeln mehr Jük, Jük.

Sein gewaltiger *Horst,* der oft mehr als eine Fuhre Reisig enthält, weil der Adler meist den vorjährigen wieder ausbaut, steht auf hohen Bäumen in der Nähe größerer Gewässer. Das Weibchen legt bis Ende März meist zwei, selten drei im Größenverhältnis kleine Eier von 70 : 55 mm. Die rauhe, grobkörnige Schale ist oft weiß, oft braun gefleckt. Männchen und Weibchen brüten abwechselnd; solange Eier im Horst und die Jungen noch nicht erwachsen sind, ist *einer* der alten Adler immer am Horst. Anfang August sind die Jungen ausgewachsen. Einige Zeit später wandern sie aus, weil die Alten sie im eigenen Jagdgebiet nicht mehr dulden.

Obwohl der Seeadler früher als ein der Jagd hervorragend schädlicher Vogel dargestellt wurde, so ist das doch nur hinsichtlich des Wassergeflügels, und auch da nur in begrenztem Ausmaß, zutreffend. Über zwanzig Jahre habe ich diesen stolzen Vogel als Brutvogel im Revier gehabt; aber noch niemals ist der Raub von Rotwildkälbern oder Rehen beobachtet. Noch niemals ist am Adlerhorst ein Knochen von Rot- oder Rehwild gefunden; wohl aber waren Reste von Fischen und Wassergeflügel dort etwas Alltägliches, insbesondere von Bläßhühnern und Haubentauchern.

Der Seeadler ist in seinem Bestand aufs äußerste gefährdet. In der Bundesrepublik Deutschland kommt er nur noch in Schleswig-Holstein in vier bis fünf Paaren vor. Dank intensiver Bewachung der Horste während der Brutzeit – unter den freiwilligen Helfern waren zahlreiche Jäger – ist es in den letzten Jahren gelungen, Störungen von den Brutplätzen weitgehend fernzuhalten, so daß jährlich zwischen 2 und 5 Jungadler schlüpfen und von den Alten aufgezogen werden konnten. Auch gelang es erstmals, in Gefangenschaft gezogene Jungadler freilebenden Paaren, die nur ein Junges hatten, unterzuschieben.

Der Steinadler

Ist die norddeutsche Meeresküste mehr die Heimat des Seeadlers, so bewohnt der Steinadler *(Aquila chrysaëtos)* mehr das süddeutsche Gebirge und die Alpenländer Österreichs und der Schweiz. Eine hellere Farbvarietät, die wahrscheinlich auch eine Folge höheren Alters ist, nennt man *Goldadler.* Doch handelt es sich hier um dieselbe Art.

Das Gefieder des Steinadlers ist sehr verschiedenfarbig, und zwar bezieht sich diese Verschiedenheit nicht nur auf die Altersunterschiede. Doch ist dunkelbraun die am meisten vorkommende Färbung des ganzen Gefieders. Der Stoß, der bis 36 cm lang ist, ist an der Wurzel weiß; dann folgt ein schwarzgeflecktes Band und schließlich ein breiter, schwarzer Rand. Der Unterstoß ist weiß. Im helleren Jugendkleid weisen die Fittiche einen großen, weißen *Spiegel* auf, der sich im Alter meist verliert. Die braunen Hosen reichen bis auf die Fänge. Die Iris des Steinadlers ist goldbraun; die Wachshaut und die Fänge sind gelb.

In der Mitte: Steinadler, oben links: Seeadler,
oben rechts: Fischadler, unten: Schreiadler

Beim sitzenden Vogel erreichen die Spitzen der Handschwingen nicht den Rand des Stoßes.

Das *Flugbild* des Steinadlers unterscheidet sich von dem des Seeadlers sehr deutlich. Die Handschwingen erscheinen zwar auch gerade abgestutzt, wie bei diesem, weil auch bei ihm die vierte oder fünfte Handschwinge die längste ist; auch sind sie fingerförmig ausgebreitet. Dagegen ist der Stoß erheblich länger und nicht rund; er erscheint vielmehr wie abgeschnitten. Dadurch wird das Gesamtbild viel schlanker und leichter als das des massiven Seeadlers. Hat man den Steinadler so nah, daß man auch Farben unterscheiden kann, so ist auf seiner Unterseite, neben dem weißen Unterstoß, eine breite, weiße, nach hinten sich in weiße Streifen auflösende und nach innen sich verjüngende Binde sichtbar, die sich scharf von dem übrigen dunklen Gefieder abhebt.

Der *Horst* steht entweder auf hohen Bäumen, wo er, jährlich neu ausgebessert, sich zu immer größerem Aufbau erhebt, oder an steiler, unzugänglicher Felswand. Die rundlichen, wie die des Seeadlers verhältnismäßig kleinen Eier, 80 : 57 mm, sind rauhschalig und auf schmutzigweißem oder schmutziggrauem Grund mit unregelmäßigen, bräunlichen Tupfen gezeichnet. Meist brütet der Adler zwei Junge aus, oft nur ein einziges. Die Brutzeit beginnt im März; die Jungen fliegen Anfang August aus.

Der Steinadler schlägt alles Getier, dessen er habhaft werden und das er bewältigen kann, insbesondere Murmeltier, Gamskitze, aber auch Jungschafe und Ziegen, die in den Bergen gehütet werden. Daher galt der Steinadler lange Zeit als besonders jagdschädlich und wurde stark bejagt, in Österreich noch bis zum Jahre 1938, was die Schonmaßnahmen erschwerte. Nachdem ihm jedoch in allen Alpenländern Schutz gewährt wurde, nahm er erheblich zu, so daß in Österreich bereits einige Einzelabschüsse genehmigt werden mußten.

Der Fischadler

Häufiger als die beiden vorgenannten Adler ist der Fischadler *(Pandion haliaaëtus);* in der Bundesrepublik Deutschland kommt er jedoch fast ausschließlich zur Zugzeit vor und muß hier als sehr seltener Gast angesehen werden. Er ist erheblich kleiner als See- und Steinadler; seine Spannweite mißt nur etwa 1,60 m. Die Iris ist hellgelb; die Wachshaut und die unbefiederten Ständer sind blaugrau; der etwa 18 cm lange Stoß ist braun und schwarz gebändert, der Unterstoß weiß.

Das *Flugbild* dieses Adlers ist so scharf gekennzeichnet, daß es schwer zu verwechseln ist; und zwar einmal wegen der Knickung in der Vorderlinie der Fittiche, deren Unterarm stark zurückweicht; dann wegen der ganz weißen Unterseite. Es wird dadurch noch schärfer gekennzeichnet, daß der Adler, falls er einen Fisch geschlagen hat und ihn zum Horst trägt, diesen immer so zwischen den Fängen hält, daß er parallel mit dem Körper gerichtet ist, den Kopf nach vorn.

Ein besonderes Merkmal des Fischadlers ist die nach Art der Eulen nach hinten wendbare Außenzehe.

Der Horst, der jährlich wieder bezogen wird, steht immer auf der höchsten Spitze alter Eichen und Kiefern, so daß er kaum mehr als höchstens einen trocknen Ast zum Aufhaken über sich hat.

Der Fischadler wandert im Herbst in südlichere Gegenden. Gleich bei seinem Wiedererscheinen, Ende März, legt das Weibchen zwei bis drei längliche, hartschalige Eier von 65 : 48 mm, die auf weißem oder grünlichem Grund sehr unregelmäßig und unter sich ungleich mit blaugrauen und braunroten Flecken und Punkten gezeichnet sind. Fast immer werden nur zwei Junge ausgebrütet, die um die Mitte des Monats Juli flugfähig sind.

Solange Eier oder Junge im Horst sind, ist stets einer der Alten in unmittelbarer Nähe und verfolgt mit lautem Geschrei, das einem hohen und weichen, gezogenen Pfeifen gleicht, jeden Störenfried. Da der Fischadler ausschließlich von Fischen lebt, ist er für die Jagd völlig unschädlich.

Der Schreiadler, Schlangenadler und Schelladler

In den Laubwaldungen Norddeutschlands östlich der Elbe sowie im europäischen Osten lebt dieser wegen seiner lauten, hellem Hundeblaff ähnlichen Stimme als Schreiadler *(Aquila pomerina)* bezeichnete Vogel als ziemlich seltener Bewohner. Er hat etwa die Größe eines Mäusebussards und ist gleichmäßig kaffeebraun gefärbt. Die Spitzen der Fittiche erreichen beim sitzenden Vogel den Rand des dunkel gebänderten, etwa 25 cm langen Stoßes nicht. Die braunen Hosen gehen bis auf die Zehen. Die Iris ist gelb mit einzelnen braunen Punkten. Die Wachshaut sowie die Zehen sind gelb, der Schnabel hornblau mit schwarzer Spitze.

Das *Flugbild* läßt ihn einmal durch seine Größe, dann durch die wie abgestutzt aussehenden und gespreizten Handschwingen ohne Zweifel als Adler erkennen.

Erwähnt sei noch der *Schlangenadler (Circaetus gallicus),* der in den Donauländern, gelegentlich auch in Schlesien und Ostpreußen, als Brutvogel auftritt und durch Vertilgung von Schlangen, auch von Giftschlangen, sehr nützlich ist.

Selten kommt in Ostpreußen und Schlesien der *Schelladler (Aquila clanga)* als Brutvogel vor, der auch wohl der große Schreiadler genannt wird.

Der rote Milan

Der auch als *Gabelweih (Milvus milvus), Königsweih, Gabel-* oder *Schwalbenschwanz* bekannte, harmlose Greifvogel, der viel von der Beute lebt, die er tot findet oder anderen, gewandteren Räubern abjagt, ist weit verbreitet, aber nirgends häufig.

Das Gefieder ist rötlich, die Iris graugelb; Wachshaut und Ständer sind gelb. Die Spannweite der Fittiche beträgt etwa 1,45 m; die Stoßfedern sind verschieden lang, die äußeren etwa 38, die inneren etwa 31 cm. So entsteht die schöne Gabelung des Stoßes, die für das Flugbild charakteristisch ist.

Der *Horst* steht auf hohen Bäumen, jedoch niemals auf deren Wipfel. Er ist von weitem oft daran kenntlich, daß allerlei Papier und Lappen unordentlich aus ihm heraushängen. Der rote Milan erscheint bei uns mit der Waldschnepfe und verläßt uns wieder mit ihr. Anfang April legt das Weibchen zwei bis drei Eier, die 60 : 46 mm groß, von stumpfem Korn und auf weißlichem Grund mit bunten, spitzen Flecken und nur dem Milan eigentümlichen rotbraunen Kritzeln und Schnörkeln gezeichnet sind.

Der rote Milan liebt die Ebene, Waldungen, Stromtäler, Seen; er meidet das höhere Gebirge. Zur Horstzeit raubt er vorübergehend auch Jungwild und Nestvögel.

Der schwarze Milan

Der schwarze Milan *(Milvus migrans),* von Unkundigen oft mit dem gemeinen Bussard verwechselt, ist nicht ganz so harmlos wie sein roter Vetter, doch fällt der Schaden, den er gelegentlich verursacht, jagdlich nicht ins Gewicht. Die Spannweite der Fittiche beträgt etwa 1,40 m; der Stoß hat an den äußeren Federn eine Länge von 29 cm, die inneren sind um 1,5 cm kürzer, so daß der Vogel im Flug nicht annähernd den tiefen Einschnitt zeigt wie der rote Milan, während ihn andererseits die halbmondförmige Gabelung selbst wieder sicher von dem rundschwänzigen Bussard unterscheidet. Das Gesamtgefieder ist schwärzlichbraun, am Kopf bläulichweiß. Der Stoß ist dunkel mit verloschenen, dunkleren Bändern. Die Iris ist grau; die Wachshaut und die Ständer sind gelb, der Schnabel schwarz. Horst und Gelege sind denen des roten Milans ähnlich.

Die Weihen

1 roter, 2 schwarzer Milan, 3 Rohrweih (Weibchen),
4 u. 5 Wiesenweih (Weibchen, altes Männchen),
6 Kornweih (altes Männchen)

Von den bei uns vorkommenden Weihen sei der *Kornweih* (*Circus cyaneus*), der *Wiesenweih* (*Circus pygargus*) und der *Rohrweih* (*Circus aeruginosus*) genannt. Wer sich mit diesen Greifvogelarten nicht näher beschäftigt hat, wird sich wundern, in welchem Maße Geschlecht und Alter auf die Färbung des Gefieders einwirken. Von anderen Greifvögeln unterscheiden sich die Weihen durch ihren schlanken, schwächlichen Körper, den schwachen, aber stark gekrümmten Schnabel mit langem Haken und stumpfem Zahn und durch sehr lange Ständer. Die erste Handschwinge ist auffallend kurz, die dritte und vierte sind die längsten. Die ganze Erscheinung erinnert im Flug an Möwen.

Der *Kornweih* spannt etwa 1,20 m; der Stoß ist etwa 20 cm lang. Iris, Wachshaut und Ständer sind gleichfalls gelb. Er kommt als Brutvogel nur noch in Norddeutschland vor.

Der *Wiesenweih* oder *Bandweih* ist etwas größer; seine Spannweite beträgt 1,25 m, die Stoßlänge 23 cm. Iris, Wachshaut und Ständer sind gleichfalls gelb. Er ist als Brutvogel sehr selten geworden. – Noch größer ist der *Rohrweih*; er spannt etwa 1,45 m, bei einer Stoßlänge von 24 cm. Iris, Wachshaut und Ständer sind gelb. Während er in Süddeutschland sehr selten geworden ist, kommt er im Norden gebietsweise noch häufig als Brutvogel vor.

Einen Anhalt zur Bestimmung, mit welchem der Weihen man es zu tun hat, bietet für den Kornweih die Oberseite des Stoßes nach der Wurzel zu, die immer weiß ist; der innere Einschnitt der ersten Handschwinge liegt unter der Spitze der oberen Fittichdecken. Die Fittichspitzen erreichen den Stoßrand nicht.

Beim Wiesenweih wird der innere Einschnitt der ersten Handschwinge von den oberen Fittichdecken nicht verdeckt, sondern steht um mehrere Zentimeter darüber vor; die Fittichspitzen sind länger als der Stoßrand.

Beim Rohrweih ragt der innere Einschnitt der ersten Handschwinge kaum 1 cm über die oberen Fittichdecken hinaus; an der oberen Stoßwurzel finden sich niemals weiße Zeichnungen.

Ganz auffallend unterscheiden sich die alten Männchen des Korn- und Wiesenweihes von den Jungvögeln und den Weibchen. Während die beiden letzteren bei diesen Weihen immer eine gewisse Ähnlichkeit im Gefieder haben, ist dieses beim Kornweihmännchen auf der Oberseite hellaschgrau mit einem Stich ins Blaue, auf der Unterseite weiß. Beim Wiesenweihmännchen ist die Oberseite lichtschieferblau, die Unterseite weiß mit roten Längsstrichen.

Der Rohrweih zeigt im Alter einen Unterschied der Geschlechter in demselben Maße nicht; beide Geschlechter bleiben im wesentlichen braun; nur das alte Weibchen hat einen gelblichen bis weißen Nacken.

Die Weihen sind ausgesprochene Feldvögel, sie lieben offenes Gelände. Der Horst des Kornweih steht im Getreide; entweder kunstlos auf der Erde oder in einem Busch; der des Wiesenweih auf einem Bülten oder, wie der des Rohrweih, im Rohr. Die Gelege aller drei Arten enthalten vier bis fünf einander sehr ähnelnde, entweder weiße oder grünliche Eier, die glanzlos und stark zugespitzt, mitunter auch gelblich oder bräunlich gefleckt sind. Größe beim Rohrweih 52 : 40 mm, bei den beiden übrigen Arten 42 : 33 mm.

Das *Flugbild* aller drei Weihen ist von dem anderer Greifvögel stark verschieden: die langen, schmalen Fittiche, der lange Stoß verleihen, in Verbindung mit dem schwächlichen Körper, dem Flug eine schwankende, weiche Bewegung, die etwas Möwenartiges an sich hat und als Weihenflug gekennzeichnet werden kann.

Die Weihen ernähren sich in der Hauptsache von Vögeln, Mäusen, Reptilien. Der kräftigere Rohrweih greift aber auch Junghasen, Wassergeflügel und plündert die Nester der Bodenbrüter. Er ist ein geschickter Jäger und kann in Niederwildrevieren schädlich werden.

Die Weihen sind Zugvögel; sie erscheinen im Frühjahr und verschwinden im Herbst, nur die Kornweihe überwintert gelegentlich bei uns.

Die Bussarde

Hier sei zunächst der häufigste aller Greifvögel Deutschlands genannt: der *Mäusebussard* (*Buteo buteo*). Ein plumper Vogel mit breiten, runden Fittichen und rundem Stoß. Die Spannweite der Fittiche beträgt etwa 1,25 m, die Stoßlänge 25 cm. Das Gefieder ist veränderlich; meist braun mit dunkelgebändertem Stoß; oftmals braun auf der Oberseite mit heller, weißer, quergefleckter Brust; dann auch gelbweiß mit dunkleren Schwingen und ebensolchem Stoß.

Die Iris ist braun, im Alter heller; Wachshaut und Ständer sind gelb.

Das *Flugbild*, gekennzeichnet durch den plumpen Körper, die runden, breiten Fittiche und den kurzen, runden Stoß, kann mit keinem anderen verwechselt werden. Man sieht ihn häufig hoch am Himmel seine Kreise ziehen. Zur Brutzeit hört man fortwährend das „Hiäh, Hiäh".

Der Mäusebussard ist ein Zugvogel, der Ende Februar, Anfang März bei uns einkehrt und im Oktober wieder fortzieht. Er zieht oft in großen Mengen; ich erinnere mich, einmal 84 nacheinander am Horizont auftauchende Vögel gezählt zu haben. Die bei uns überwinternden Bussarde sind meist Gäste aus dem Norden oder Osten.

Der *Horst* steht in der Regel in einer Astgabel starker Stämme; er wird im März mit drei meist ungleich geformten und verschieden großen Eiern belegt, die eine Durchschnittsgröße von 60 : 45 mm haben, auf schmutzig-grauweißem Grund braunwolkig oder marmoriert und dicht mit braunroten Tupfen und Flecken bedeckt sind. Die Jungen fliegen im Juni aus. Seine Hauptnahrung sind Kleinsäuger, vor allem Mäuse, aber auch Jungvögel, Insekten und Lurche, gelegentlich wohl auch ein Junghase, wenn er ihn bei seinem Ansitz entdeckt. Die immer wieder geäußerte Behauptung, es gäbe unter den Bussarden auch Niederwildspezialisten, ist bisher nicht eindeutig bewiesen. Seine verhältnismäßig schwachen Fänge und die mangelnde Wendigkeit sprechen dagegen. Sicher ist, daß er bei günstiger Gelegenheit versuchen wird, Rebhuhn oder Fasanenhenne zu greifen. Doch wird ihm dies wohl nur gelingen, wenn es sich um krankes oder geschwächtes Wild handelt, so vor allem in langen Wintern, oder wenn die Hauptnahrung des Bussards, die Mäuse, knapp sind. Insgesamt gesehen, ist sein Schaden für die Niederwildjagd jedenfalls ohne Bedeutung. Das schließt nicht aus, daß bei starker Zunahme der Brutpaare in Zukunft auch einmal regulierend eingegriffen werden muß.

Der *Wespenbussard* (*Pernis apivorus*) ist gestreckter als der plumpere Mäusebussard; seine Spannweite beträgt etwa 1,38 m, die Stoßlänge 23 cm. Das Gefieder wechselt ebenso wie das des vorigen; doch ist der Vogel durch die drei bis vier breiten, dunklen Bänder des Stoßes ausgezeichnet. Die Iris ist weiß bis gelb; die Wachshaut und die Ständer sind gelb. Das *Flugbild* ist der größeren Spannweite und des schmäler wirkenden Stoßes wegen ein anderes als beim Mäusebussard; besonders aber ist es der Stoß, dessen breite Bänder und viele schma-

Schlangenadler   Rauhfußbussard
Mäusebussard   Wespenbussard

Segel-Pirschflug

ROHRWEIHE *Circus aeruginosus*

Segel-Pirschflug

KORNWEIHE *Circus cyaneus*

Segel-Pirschflug

WIESENWEIHE *Circus pygargus*

MILANE

Segelflug - Beutesuchflug

SCHWARZER MILAN *Milvus migrans*

Segelflug - Beutesuchflug

ROTER MILAN *Milvus milvus*

Mäusebussard *Buteo buteo*
Segelflug

Rauhfussbussard *Buteo lagopus*

Segelflug   Wespenbussard *Pernis apivorus*   schnelles Streichen

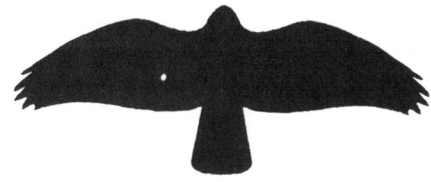

Schlangenadler (Schlangenbussard)
Circaëtus gallicus
langsamer Ruderflug - Streichen

ADLER

Segelflug   Steinadler *Aquila chrysaëtos*   Segelflug bei starkem Wind

Schreiadler *Aquila pomarina*
Segelflug

Seeadler *Halieëtus albicilla*
Segelflug

Fischadler *Pandion haliaëtus*
Segelflug - langsames Streichen

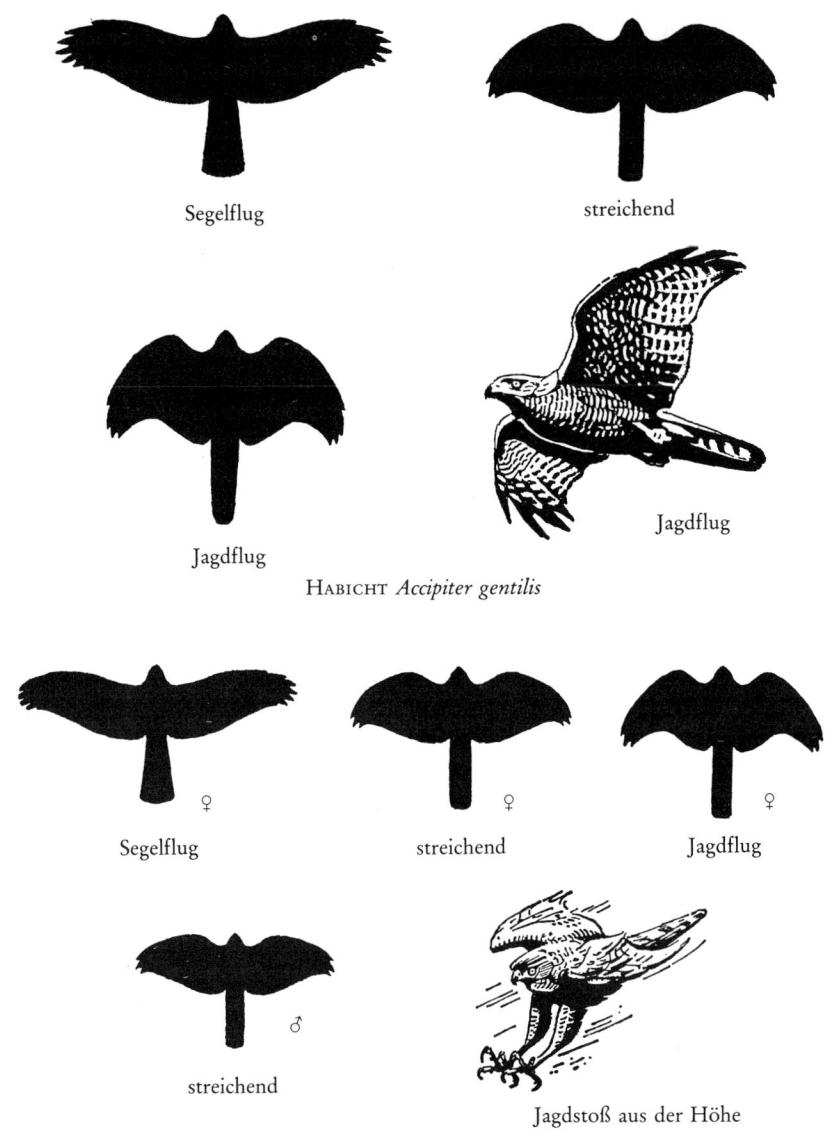

Segelflug   streichend

Jagdflug   Jagdflug

HABICHT *Accipiter gentilis*

Segelflug   streichend   Jagdflug
♀   ♀   ♀

streichend
♂

Jagdstoß aus der Höhe

SPERBER *Accipiter nisus*

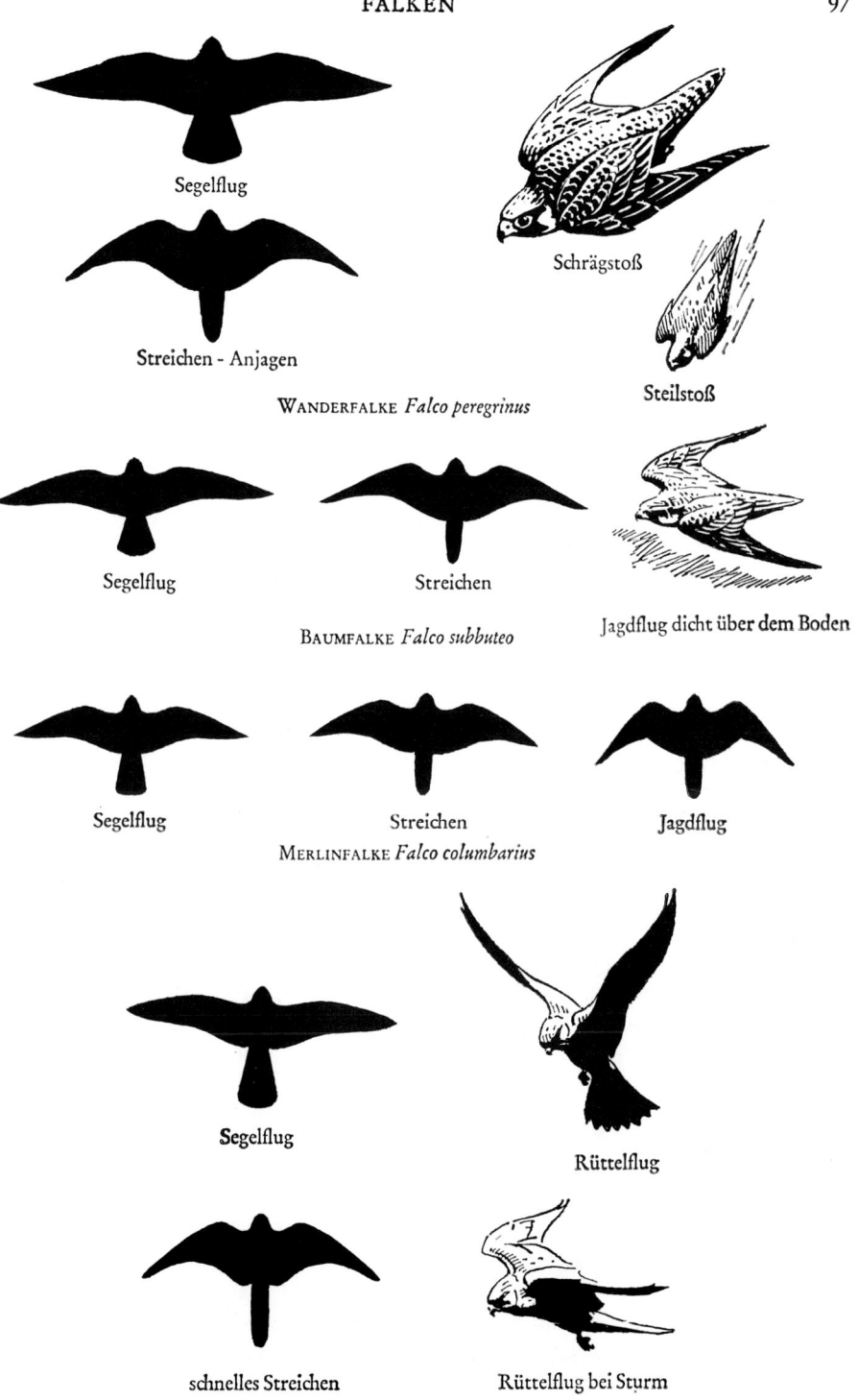

Segelflug

Streichen - Anjagen

Schrägstoß

Steilstoß

WANDERFALKE *Falco peregrinus*

Segelflug

Streichen

Jagdflug dicht über dem Boden

BAUMFALKE *Falco subbuteo*

Segelflug

Streichen

Jagdflug

MERLINFALKE *Falco columbarius*

Segelflug

Rüttelflug

schnelles Streichen

Rüttelflug bei Sturm

TURMFALKE *Falco tinnunculus*

len Binden auf hellem Untergrund es ganz sicher ansprechen lassen. Er ist Zugvogel wie der
vorige; doch kommt er etwas später und zieht früher fort. Der Vogel bezieht lieber einen alten
Horst, als daß er selbst einen baut; ein solcher ist dann immer undicht und liederlich. Das
Gelege besteht aus zwei rotbraunen Eiern, die, mit dunkleren Flecken versehen, eine Größe
von 56 : 46 mm haben. Er lebt meist von Insekten.

Schließlich sei noch der *Rauhfußbussard* (*Buteo lagopus*) erwähnt, der ein nordischer
Brutvogel ist, bei uns aber auf dem Zuge durchkommt. Er hat die meiste Ähnlichkeit mit dem
Mäusebussard, von dem er sich aber durch die bis auf die Zehen befiederten Ständer sicher und
leicht unterscheidet. Das *Flugbild* zeigt, von oben betrachtet, einen weißen Stoß mit starkem,
dunklem Endband. Der Bauch ist dunkel, und an den hellen Unterflügeln fallen der scharf
abgegrenzte schwarze Flügelbugfleck und die dunklen Spitzen der Handschwingen auf.

Der Hühnerhabicht

Die Habichte (*Accipiter gentilis*) zeichnen sich durch große körperliche Verschiedenheit der
Geschlechter aus. Das Weibchen ist bedeutend stärker als das Männchen. Während ersteres
eine Spannweite der Fittiche von etwa 1,28 m bei 70 cm Körperlänge aufweist, ist das
Männchen nur 1,10 m breit, bei 55 cm Körperlänge. Die Länge des Stoßes beträgt 22 cm. Das
Gefieder ist ausgefärbt: oben dunkel graubraun, aschblau überflogen, unten weiß; jede Feder
mit schwarzbraunen Schaftstrichen und mit Wellenlinien quer gezeichnet (Sperberzeichnung).
Die Iris, die Wachshaut und die Ständer sind gelb; der Schnabel ist schwarz. Die jungen Vögel
sind oben braun, unten roströtlich bis rotweißlich, braun, tropfenförmig *längsgefleckt*. Beim
sitzenden Vogel reichen die Spitzen der kurzen Fittiche nur bis zur Hälfte des Stoßes.

Das *Flugbild* ist gekennzeichnet durch verhältnismäßig kurze, runde Fittiche bei starkem
Körper und den langen, meist etwas ausgebreiteten Stoß. Es kann, und zwar sehr leicht, mit
dem des Sperberweibchens verwechselt werden, wenn man die Körperstärke nicht einigermaßen sicher ansprechen kann. Immerhin ist die Spannweite des letzten um 30 cm geringer als die
des Habichtsmännchens. Der Unterstoß ist weiß.

Der Habicht liebt waldreiche Gebiete, dort horstet er und überjagt ein Areal von 3000 bis
5000 Hektar. Der *Horst*, groß und flach, steht auf hohen Bäumen und wird, wie auch bei den
Adlern und anderen Greifvögeln, mit grünem Nadelreisig umlegt, das öfter erneuert wird. Das
Gelege besteht aus zwei bis vier grauweißen, länglichen Eiern mit stumpfer Schale, die oft
verwischte, gelbliche Flecke zeigen und 55 : 40 mm groß sind. Männchen und Weibchen
brüten abwechselnd, wobei der lange Stoß meist über den Horstrand hervorragt. Anfang Juli
sind die Jungen flügge; die verschiedene Größe der Geschlechter fällt bei ihnen schon im
hellen Dunenkleid auf.

Solange Eier oder Junge im Horst sind, kreisen die Alten bei Beunruhigung mit sausendem
Flug unter fortwährendem Geschrei über ihm und verraten auf diese Weise leicht seine Lage.

Der Habicht ist ein ebenso gewandter Flieger wie gefährlicher Räuber, der große Kühnheit
mit verschlagener Dreistigkeit verbindet. Flach über den Boden streichend, nutzt er jede
Deckung aus und schlägt seine Beute im Überraschungsangriff durch Hals- oder Kopfgriff.
Hauptbeutetiere sind Tauben, Häher, Fasane, Eichhörnchen und Kaninchen, doch ist er auch
in der Lage, einen ausgewachsenen Hasen zu schlagen. Der Schaden, den er der Niederjagd,
vor allem in Fasanenrevieren, verursacht, kann nicht abgestritten werden, doch sollte man der
Seltenheit dieses schönen Greifes Rechnung tragen und alles vermeiden, was seinen Fortbestand gefährden könnte.

Der Habicht ist gelegentlich Zugvogel, bleibt aber oft den Winter über bei uns.

Der Sperber

Der Sperber (*accipiter nisus*) ist ein kleiner Habicht; der Habicht ein großer Sperber. Besser lassen sich beide nicht kennzeichnen.

Männchen und Weibchen stehen hinsichtlich der Körpergröße in demselben auffallenden Mißverhältnis wie beim Hühnerhabicht. Ersteres hat bei 64 cm Spannweite der Fittiche 32 cm Länge, letzteres bei 80 cm 40 cm Länge. Die Stoßlänge beträgt 15 cm. Das Jugendgefieder ist bei beiden Geschlechtern oben graubraun, unten weiß, an Kehle und Vorderhals längsgestreift, am Bauch quergefleckt.

Das Gefieder älterer Vögel ist oben dunkelgrau, unten weiß mit der eigentümlichen Sperberzeichnung, nämlich rostroten Wellenlinien und ebensolchen Schaftstrichen. Das Männchen ist lebhafter gefärbt und hat oben einen blauen Anflug. Die Iris ist goldgelb; Wachshaut und Ständer sind gelb; der Schnabel ist blau. Alle Sperber haben im Nacken einen weißen Fleck. Beim sitzenden Vogel erreichen die Spitzen der Fittiche nur die Hälfte des Stoßes.

Das *Flugbild* zeigt viel Ähnlichkeit mit dem des Habichts; nur ist es kleiner. In der Nähe erkennt man die fünf- bis sechsmalige schwarze Bänderung des Stoßes, dessen einzelne Federn weiß gesäumt sind.

Der *Horst* steht nicht hoch, etwa 3 m über der Erde; meist gut verborgen. Er wird im April mit vier bis fünf, auch sechs runden Eiern belegt, die bei 40 : 35 mm Größe auf grünlichem Grund mit rotbraunen Flecken und Punkten oft kranzförmig gezeichnet sind und in drei Wochen ausgebrütet werden.

Das Weibchen kann seiner Größe wegen auch einmal größere Vögel schlagen, doch ist das für die Niederjagd ohne Bedeutung. Die Hauptbeute des Sperbers sind Kleinvögel bis Drosselgröße. Er ist der gefürchtetste Feind der Kleinvogelwelt.

Hühnerhabicht   *Wanderfalk*   Sperber

Männchen   *Weibchen*

Wie der Habicht ist auch der Sperber gelegentlich Zugvogel, er bleibt vielfach den ganzen Winter über bei uns.

Die Falken

Die Falken haben um das Auge eine nackte Haut, welche mit der Wachshaut um den Ständern und Zehen stets gleichfarbig ist; im Oberschnabel befindet sich ein Zahn, welcher in einem Einschnitt im Unterschnabel genau paßt, der sog. *Falkenzahn.* „Der größte der bei uns in Deutschland horstenden Falken ist der *Wanderfalke,* der den Typ des Falken in Adel und Gestalt und der Gewalt des Fluges am vollkommensten verkörpert und daher mit Recht auch *Edelfalk* genannt wird", sagt Lucanus in seinem Buche „Deutschlands Vogelwelt" von diesem eleganten und schönen Greif der Lüfte.

Die meisten Falken schlagen ihren Raub nur im Fliegen; sie stoßen mit solcher Gewalt herab, daß sie sich zerschmettern würden, wollten sie Wild auf der Erde schlagen. Daraus erhellt, daß sie ihren Raub nur in der Vogelwelt suchen können.

Die Eier aller Falken sind auf gelbrötlichem Grund mit rotbraunen Flecken und Punkten mehr oder weniger dicht besetzt, rauhschalig und stumpf. Die Form ist bald rundlich, bald gestreckt.

Der *Wanderfalke (Falco peregrinus)* zeigt unter den Geschlechtern abweichende Größen. Das ausgewachsene Männchen hat eine Spannweite der Fittiche von 84 bis 104 cm, eine Länge von 42–47 cm; beim alten Weibchen ist erstere 110–120 cm, letztere 47–52 cm lang. Die Stoßlänge beträgt 20 cm.

Das Gefieder weicht nach Alter und Geschlecht, aber auch innerhalb dieser vielfach ab. Der Wanderfalke ist aber daran zu erkennen, daß der Bartstreifen, ob braun oder schwarz, stets dicht und nicht durch Strichelungen irgendwelcher Art unterbrochen ist; auch ist die Mittelzehe ohne Fang (Kralle) länger als der Unterständer. Beim sitzenden Vogel erreichen die Spitzen der Fittiche das Ende des Stoßes.

Der Falkenzahn

Bei alten Vögeln ist das Gefieder oben hellschiefergrau mit dunkleren, dreieckigen Flecken bandartig gezeichnet; Kehle und Oberbrust sind hell mit schwarzem Bartstreifen; der Bauch ist rötlichgelb mit dunkleren Querflecken, der Stoß hellgrau gebändert. Die Weibchen sind lebhafter gezeichnet als die Männchen. Im Jugendkleid ist das Gefieder oben schwarzgrau, jede Feder rostgelb gesäumt, unten weißlich mit dunkleren Längsflecken, der Bartstreifen braun. Die Iris ist dunkelbraun; die Wachshaut, der Schnabelwinkel, die nackte Haut um das Auge und die Ständer sind gelb; der Schnabel ist blau, die Spitze schwarz.

Das *Flugbild* des Wanderfalken zeichnet sich durch die schlanke, geschmeidige Gestalt, die es wesentlich von dem des vorn sehr dicken Hühnerhabichts unterscheidet aus; ferner durch die sehr spitzen und weit längeren Fittiche und die Gesamtfärbung, die gegen die des Habichts hell genannt werden muß.

Der *Horst* steht im Felsengeklüft, auf hohen Bäumen, doch nimmt er auch verlassene Horste anderer Greifvögel. Die Eier haben eine Größe von 59 : 46 mm. Der Wanderfalke ist ein sehr gewandter und kühner Flieger, dabei ist er sehr vorsichtig und scheu. Er ist Sommer und Winter bei uns; wenn die einheimischen Vögel nach dem Süden ziehen, werden sie durch nordische ersetzt. Zur Horstzeit hört man oft die laut tönende Stimme, die wie kajak, kajak klingt.

Der Wanderfalke ist einer unserer seltensten Greifvögel; in vielen Gebieten fehlt er ganz, doch findet er sich, vor allem im süddeutschen Raum, noch als Brutvogel mit insgesamt etwa 70 Paaren. Er verdient unseren besonderen Schutz.

Der *Baumfalk (Falco subbuteo)*, auch *Lerchenfalk* und *Weißbäckchen* genannt, hat eine Spannweite bis zu 84 cm, eine Länge bis zu 35 cm; der Stoß ist 16 cm lang. Das Gefieder beider Geschlechter ist ohne erheblichen Unterschied. Bei allen Vögeln ist die Oberseite blau-schwarz, der Bartstreifen schwarz, nicht durchstrichelt. Kehle und Bakke sind weiß; daher der sehr bezeichnende Name *Weißbäckchen*. Die Unterseite zeigt auf hellem Grund schwarze Längsflecken; die Hosen und der Unterstoß sind rostrot mit schwarzen Flecken. Der junge Vogel ist oben dunkel mit rostgelb geränderten Federn, unten auf gelblichem Grund schwach längsgestreift.

Die Iris ist dunkelbraun, die nackte Haut um das Auge, die Wachshaut und die Ständer sind gelb; der Schnabel ist blau, an der Spitze dunkler. Beim sitzenden Vogel überragen die Spitzen der Fittiche den Stoßrand.

Das *Flugbild* ist dem des Wanderfalken in hohem Grad ähnlich, aus der Nähe aber leicht zu kennen an den weißen Backen, den roten Hosen und dem roten Unterstoß. Der

Baumfalk   *Turmfalk*

Baumfalk trägt außerdem den Stoß leicht gefächert. Er ist ein schneller, gewandter Flieger und schlägt sogar Schwalben und Mauersegler, doch gehören neben Kleinvögeln vor allem Insekten zu seiner Nahrung.

Der *Horst* steht auf alten Bäumen; er ist meist ein ausgebautes Krähennest. Gelegentlich horstet der Vogel auch in Felsen, und im freien Feld auch auf der flachen Erde. Die Brutzeit fällt spät; nicht vor Mai, oft erst in den Juli. Das Gelege besteht aus vier bis fünf Eiern von der schon erwähnten Falkenzeichnung bei einer Größe von 42 : 32 mm.

Der Baumfalk ist ein Zugvogel, der uns im Herbst verläßt und im Frühling heimkehrt. Er hat eine wohlklingende, etwa gäth, gäth, gäth klingende Stimme, deren einzelne Laute schnell hintereinander ausgestoßen werden. Zur Horstzeit lautet sie hell: gük gük. Sein Bestand ist in den letzten Jahren erheblich zurückgegangen.

Als letzter der bei uns brütenden Falken sei der *Turmfalk (Falco tinnunculus)* auch *Rüttelfalk*, genannt. Seine Spannweite beträgt 70 cm, die Länge 33, die Stoßlänge 16 cm. Das Gefieder des alten Männchens ist im Nacken schön aschblau; ebenso ist die Farbe des Stoßes, dessen Rand ein schwarzes, weißgesäumtes Band bildet; der Rücken ist rostrot mit schwarzen Spitzflecken. Dem alten Weibchen, mit dessen Färbung das Gefieder der Jungen viel Ähnlichkeit hat, fehlen die schönen Färbungen des Nackens und der Oberseite des Stoßes; doch ist letzterer dafür rotschwarz gewellt, mit gleichfalls schwarzem, weißgesäumtem Rand. Die Unterseite ist bei den alten Vögeln beiderlei Geschlechts ziemlich gleich: an der Kehle weißgelb, sonst rotgrau oder blaßgelb mit schwarzen Längsflecken. Die Iris ist dunkelbraun; die nackte Stelle um die Augen und die Wachshaut sind graugelb, die Ständer hellgelb. Das *Flugbild* ist durch ein häufiges Rütteln (Stillstehen in der Luft bei bewegten Flügeln mit ausgebreitetem Stoß) so scharf gekennzeichnet, daß es mit dem eines andern Greifvogels kaum verwechselt werden kann. Wenn der Vogel nicht rüttelt, so ist das vorherrschende Rot der Gesamtfärbung ein sicheres Kennzeichen. Der Turmfalk ist Zugvogel, der im Februar–März bei uns erscheint und uns im Oktober–November verläßt. Seinen *Horst* erbaut er in Felsen, auf hohen Bäumen oder auch in Baumlöchern. Das Gelege besteht aus vier bis fünf unter sich verschieden gefärbten Eiern, die statt des sonst bei den Falken regelmäßig rötlichen Grundes oft einen rein weißen zeigen, der mit roten und braunen Tupfen bedeckt ist. Auch die Größe wechselt zwischen 41 : 32 und 36 : 29 mm. Der Turmfalk ist ein ebenso schöner wie harmloser Vogel, der dazu in hohem Grade nützlich ist, weil er sich hauptsächlich von Mäusen, Käfern usw. ernährt. Er ist der häufigste unserer Falken und kommt fast überall noch in ausreichender Zahl vor.

Erwähnt seien noch der Merlin oder Zwergfalk und der Rotfuß- oder Abendfalke. Beide horsten nicht in Deutschland, berühren uns aber auf dem Zuge.

Die Eulen

Die Eulen sind mit dickem, rundem Kopf, großen, nach vorn gerichteten Augen, die von einem Schleier umgeben sind (d. h. von einem Kranz rückwärts gekrümmter, steifer Federchen), mit stark gebogenem Schnabel ohne Zahn, abgerundeten Fittichen, befiederten Ständern und einem sehr weichen, losen Gefieder ausgestattet, das ihnen einen lautlosen Flug erlaubt. Alle Eulen legen rein weiße Eier, die rund und mit kleinen Knötchen versehen sind. Eine sichtbare Wachshaut haben die Eulen nicht; dies ist vielmehr in den Borstenfedern der Schnabelwurzel versteckt.

Als erster möge der *Uhu (Bubo bubo)* genannt werden. Er ist ein Hilfsmittel zur Jagd, nicht deren Gegenstand; daher wird er im zweiten Teil noch besonders erwähnt werden. Gleichwohl möchte ich des Zusammenhanges halber seine kurze Beschreibung an dieser Stelle nicht fehlen lassen. Die Spannweite der Fittiche des Uhu schwankt zwischen 1,76 m beim Weibchen und 1,55 beim Männchen; die Länge beträgt entsprechend 77 und 63 cm. Das Gesamtgefieder, das sehr reich ist, ist lebhaft braunrot mit schwarz. Die Ohren sind schwarz. Der Augenstern ist goldgelb bis rötlich, glühend; die nackten Teile der Ständer sind blaugrau. Der *Horst* steht entweder in Felsen, in Baumlöchern oder auch auf dem Erdboden. Die Eier haben eine Größe von 65 : 55 mm.

Der Uhu bewohnt große, geschlossene Wälder. Er gehört zu den Nachteulen, die am Tag schlafen. Er ist ein außerordentlich kräftiger Vogel, dem selbst das frisch gesetzte Rotwildkalb nicht zu stark ist, der der Wildgans ebenso gefährlich wird wie der Ratte. Er ist daher früher stark verfolgt und so leider sehr selten geworden. Er ist heute nicht nur völlig geschützt, sondern man hat sogar an verschiedenen Stellen der Bundesrepublik Deutschland versucht, ihn durch Aussetzen wieder einzubürgern. Dabei sind beachtliche Erfolge erzielt worden, vor allem im süddeutschen Raum, wo, vom Biotop gesehen, recht günstige Voraussetzungen vorliegen.

Die Stimme des Männchens hat dem Uhu seinen Namen gegeben. Namentlich zur Horstzeit läßt er gegen Abend sein dumpfes, weithin hörbares „Schu-hu" ertönen. Das Weibchen hat zu der Zeit Töne, die man nicht gut lautlich wiedergeben kann; sie sind ein gräßliches, schallendes Kreischen. Zweifellos ist die Sage vom wilden Jäger auf diese unheimlichen Stimmen zurückzuführen.

Die Vogelwelt haßt diesen Räuber auf das heftigste und verfolgt ihn, wenn er sich am Tag sehen läßt, ohne Unterlaß. Der Uhu ist daher der beste Reizvogel für die Krähenhütte.

Nächst ihm sei die *Waldohreule (Asio otus)* genannt. Eine Eule, die ähnliche Lebensgewohnheiten hat wie der Uhu, indem sie bei Nacht jagt. Sie wird aber auch häufig am Tag angetroffen, oftmals in größeren Gesellschaften.

Die Spannweite der Fittiche beträgt 91–98 cm, die Länge 35 cm, die Stoßlänge 15 cm. Die Ohrbüschel sind länger als beim Uhu, sonst hat die Waldohreule im Gefieder viel Ähnlichkeit mit diesem; nur ist sie, weil weniger Schwarz vorherrscht, nicht so düster im Gesamteindruck. Beim sitzenden Vogel überragen die Fittichenden den Stoß. Die Fittiche sind spitz und verhältnismäßig länger als beim Uhu. Die Iris ist hochgelb, der Schnabel schwarz.

Als Nistplatz dient gewöhnlich ein alter Greifvogelhorst oder ein Krähennest. Die Eier sind 40 : 34 mm groß, meist vier an der Zahl.

Die Waldohreule ist ein ausgesprochener Waldvogel. Die Stimme ist der des Uhus ähnlich, weniger voll, aber aus mehr Silben bestehend: Huhuhuhu. Am Tage schläft die Eule sehr fest; sie steht am Stamm auf einem Ast aufrecht und ist leicht zu übersehen. Als fast ausschließliche Mäusevertilgerin ist sie nur nützlich, jagdlich unschädlich.

Die *Sumpfohreule (Asio flammeus)* ist in Deutschland kein Brutvogel. Die Spannweite der Fittiche beträgt etwa 98 cm, die Länge 36, die Stoßlänge 15 cm. Das Gefieder ist im großen ganzen blaßgelb; die Kopf- und Rumpffedern tragen schwarze Schaftstriche; die Ohrbüschel sind wenig bemerkbar, da sie nur aus wenigen Federn bestehen. Das Auge ist lichtgelb; der Schnabel schwarz. Beim sitzenden Vogel überragen die Fittichenden den Stoß.

Die Sumpfohreule wird im Herbst in Röhricht und Wiesen, kleinen Feldgehölzen und ähnlichen Örtlichkeiten gelegentlich aufgestöbert, und, weil sie sich häufig bis zum letzten Augenblick drückt, von schußhitzigen Schützen mit aufstehendem Flugwild verwechselt und erlegt. Sie ist teilweise Zugvogel, bei Mäuseplagen oft in Gesellschaften.

Ein viel interessanterer Vogel ist der *Waldkauz (Strix alaco)*, ein häufiger Bewohner unserer Wälder und Parkanlagen, die er abends und nachts mit seinem heulenden Huhuhuhu, Huhuhuu und ku-it, hu-it belebt. Bei etwa 100 cm Fittichspannweite erreicht der Vogel eine Länge von 40 bis 48 cm und eine Stoßlänge von 18 cm.

Das Gefieder ist entweder tiefgrau oder lichtrostbraun; oben dunkler als unten, mit helleren Partien auf den Fittichen, mit dunklen Flecken und braunen Wellenlinien auf jeder Feder. Ohrenfedern fehlen ganz. Den ausgesprochen dicken Katzenkopf beleben zwei große Augen mit tiefdunkelbrauner Iris; der Schnabel ist blaugrau. Beim sitzenden Vogel erreichen die Fittichspitzen den Stoßrand nicht.

Der *Horst* steht entweder im Felsgeklüft, in hohlen Bäumen; oder er befindet sich in alten Greifvogelhorsten oder Krähennestern. Das Gelege besteht aus vier bis sechs Eiern, die 45 : 38 mm groß sind.

Der Waldkauz hat ungemein zähe Lebensgewohnheiten; er ist ein ausgesprochener Philister, der seinen Platz fest innehält und fast mit Sicherheit über Tag in einem und demselben Baumloch oder auf demselben Stamm im schattigen Walddickicht angetroffen werden kann. Wenn er auch ein guter Mäusevertilger ist, so bilden diese Nager doch nicht seine ausschließliche Nahrung.

Dagegen ernährt sich der *Steinkauz (Athene noctua)* nur von Mäusen, kleinen Vögeln, Kerbtieren u. dgl. Seine Fittichspannweite beträgt 52–55 cm, seine Länge 21–22 und seine Stoßlänge 8 cm. Beim sitzenden Vogel reichen die Fittichspitzen nur bis zum zweiten Drittel des Stoßrandes. Das Gefieder ist oben dunkel graubraun, unregelmäßig weiß gefleckt, das

Uhu	*Waldohreule*	*Sumpfohreule*

Gesicht ist weißlich; ebenso die Unterseite, die aber braun längsgefleckt ist. Der Stoß zeigt fünf undeutliche Bänder. Die Iris ist schwefelgelb, der Schnabel grünlichgelb.

Der Schleier umfaßt den oberen Augenrand nicht. Hierdurch sowie durch die wenig gefiederten Zehen unterscheidet sich unser Steinkauz von dem *Rauhfußkauz (Aegolius funereus)*, der einen rings um das Auge gehenden Schleier und stark befiederte Zehen hat. Die Lebensgewohnheiten beider Käuze sind dieselben. Obgleich der letztere mehr dem Norden angehört, so kommt er auch bei uns in ausgedehnten Waldungen als Brutvogel vor.

Die Stimme des Steinkauzes ist das bekannte ku-iw, ku-iw, kui-witt. Im Aberglauben des Volkes spielt diese nur nützliche und bewegliche Eule eine erhebliche Rolle. Ihr Ruf soll den bevorstehenden Tod anzeigen.

Einen richtigen *Horst* baut der Steinkauz nicht. Er legt seine vier bis fünf Eier, die 35 : 30 mm groß sind, in eine passende Höhlung in altem Gemäuer, in Felswände, Baumhöhlen, auf Dachböden usw. Er ist kein Vogel der großen Waldungen, liebt vielmehr Feldgehölze, alte Kopfweiden usw. und siedelt sich gern in menschlichen Wohnungen oder in deren Nähe an.

Wie den Uhu, so kann man den Steinkauz auf der Krähenhütte zum Reizen von Krähen und Hähern benutzen.

Kurz erwähnt sei noch der *Sperlingskauz (Glaucidium passerinum)*, der nicht viel größer als ein Hausspatz ist und dessen lautes, an eine Kleinbahnlokomotive erinnerndes Pfeifen man morgens bei der Auerhahnbalz oder auch im Herbst während der Hirschbrunft häufig hört. Er kommt jedoch nicht überall vor, ich selbst stellte ihn in Ostpreußen, im Harz und im Schwarzwald fest.

Den Schluß bei der Aufzählung der Eulen möge die *Schleiereule (Tyto alba)* bilden. Die

Waldkauz   Steinkauz   Rauhfußkauz   Schleiereule

Beschreibung dieses allbekannten Vogels bleibe auf die Erwähnung des großen, herzförmigen Schleiers, der langen, den Stoß überragenden Fittiche und der auffallenden, lehmroten Färbung beschränkt. Der *Horst* steht auf Dachböden, Kirchtürmen, in altem Gemäuer; er enthält fünf bis sechs für Euleneier sehr längliche Eier, die 38 : 29 mm groß sind und sofort nach dem Legen des ersten Eies bebrütet werden, so daß sich in *einem* Horst verschieden alte Junge und Eier vorfinden. Die Schleiereule lebt hauptsächlich von Mäusen. Ihre Stimme erinnert an den schnarchenden Menschen.

Alle Eulenarten gehören nicht mehr zu den jagdbaren Tieren. Sie stehen unter dem Schutz der Naturschutzgesetzgebung, doch habe ich sie mit aufgenommen, da der Jäger ihnen draußen im Revier häufig begegnet und sich als Betreuer der freilebenden Tierwelt für sie mitverantwortlich fühlt.

Die Rabenvögel

Von den rabenartigen Vögeln gehört nur der Kolkrabe zu den jagdbaren Tieren. Dennoch sollen Rabenkrähe, Nebelkrähe, Saatkrähe und Elster erwähnt werden, da sie – mit Ausnahme der Saatkrähe, die nur landwirtschaftliche Schäden verursacht – in allen Niederjagdrevieren unbedingt kurzgehalten werden müssen. Dagegen sollen die Dohle, der Eichelhäher, der Tannenhäher, die Alpendohle und die Alpenkrähe, als nur ganz gelegentlich oder gar nicht zur Jagd in Beziehung stehend, unberücksichtigt bleiben.

Der *Kolkrabe (Corvus corax)*, auch *Edelrabe* oder *Jochrabe* genannt, ist der stärkste unter den bei uns vorkommenden Rabenvögeln. Er ist im bundeseutschen Jagdgebiet selten geworden und kommt hauptsächlich noch im Hochgebirge Bayerns, in Schleswig-Holstein und Niedersachsen sowie im östlichen Deutschland vor. Dieser große, tiefschwarze Vogel kann niemandem verborgen bleiben; denn von Zeit zu Zeit macht er sich durch sein tiefes gong, gong, das ungemein weit zu hören ist, bemerkbar.

Der große *Horst* steht auf hohen Bäumen oder im Gebirge im Felsgeklüft. Schon im Februar, spätestens Anfang März, ist das aus drei bis fünf Eiern von 52 : 33 mm Größe bestehende Gelege fertig. Die Eier fühlen sich rauh an; sie sind auf blau- oder graugrünem Grund mit vielen hell- und dunkelbraunen Flecken und Tupfen gezeichnet.

Kolkrabe   Rabenkrähe   Saatkrähe

Der Rabe ist ein äußerst kluger Vogel, der sein Benehmen ganz seiner Umgebung anpaßt. Er lebt von tierischer Nahrung. Der Jagd, namentlich der Niederjagd, ist er schädlich, weil er vom Ei und Junggeflügel bis zum Hasen und Rehkitz alles raubt, was er bewältigen kann. Doch sollten wir uns vor Augen halten, daß er zu einem großen Teil geschwächtes und krankes Wild nimmt und, wo er findet, Aas. Seine Seltenheit macht eine völlige Schonung erforderlich, die ihm gesetzlich auch zugestanden ist.

Im Winter streicht der Rabe weit umher, sammelt sich auch zu großen Flügen, vor allem durch Zuzug aus den nordischen Ländern, und kontrolliert dann Müll- und Abfallplätze auf der Suche nach Nahrung. Der Kolkrabe wird sehr alt.

Die *Rabenkrähe (Corvus corone)* kann leicht mit der *Saatkrähe (Corvus frugilegus) verwechselt* werden. Doch gelten folgende Unterschiede: Bei ersterer ist der Schnabel etwas kürzer als der Ständer; die Halsfedern sind zugespitzt; die erste Schwungfeder ist kürzer als die neunte. Bei letzterer ist der Schnabel so lang oder länger als der Ständer; die Halsfedern sind abgerundet und am Ende zerschlissen; die erste Schwinge ist so lang wie die neunte; und schließlich, was am ersten und schon von weitem ins Auge fällt: bei den alten Vögeln ist die Schnabelwurzel nackt, von einer grindigen, weißgrauen Haut bedeckt.

Östlich der Elbe wird die Rabenkrähe durch die *Nebelkrähe (Corvus cornix),* auch *Graukrähe* genannt, ersetzt, bei der Rücken, Brust und Bauch aschgrau sind; doch treffen wir sie im Winter auch westlich der Elbe an. Raben- und Nebelkrähe sind für die Jagd und für die kleine Vogelwelt die größten Schädlinge, insofern sie jedes Ei und jeden Jungvogel und jeden Junghasen nehmen, dessen sie habhaft werden können.

In zahlreichen Jagdkreisen wurde früher jährlich ein Vergiftungskrieg gegen die Krähen geführt. Die Ansichten über den Erfolg sind verschieden. Ich kann mich mit der Verwendung vergifteter Eier zur Krähenvertilgung nicht einverstanden erklären, und zwar einmal aus grundsätzlichen Erwägungen und zum anderen, weil sowohl Rebhühner und Fasanen als auch vor allem Fuchs, Dachs und Sauen die Phosphoreier aufnehmen und elendiglich daran zugrunde gehen können. Das Auslegen von Gift-
eiern ist ohne besondere Genehmigung nicht mehr gestattet und außerdem für alle Reviere ver-
boten, in denen der Kolkrabe vorkommt.

Die *Saatkrähe* nistet meist in größeren Kolo-
nien, die beiden anderen einzeln. Jagdlich ist sie bedeutungslos, doch können Ballungen in zu großen Kolonien (Lärm, Verschmutzung, Beschädi-
gung der Baumkronen) einen regulatorischen Eingriff erforderlich machen.

Die Eier aller drei Arten sind gleich. Sie sind auf grünlichblauem oder blaugrünlichem Grund grau und braun gefleckt und bespritzt, 41 : 28 mm groß. Das Gelege besteht aus drei bis sechs Eiern.

Die *Elster (Pica pica)* ist vielerorts wieder recht häufig geworden. Sie ist durch ihr schwarzweißes Federkleid und den langen, metallisch schillernden Stoß leicht zu erkennen. Das kugelige Elsternnest

Nebelkrähe   *Elster*

steht nicht nur auf hohen Bäumen, sondern oft genug auch in Hecken und ähnlichen Verstecken. Es hat meist eine Bedachung von Dornen und dann ein Flugloch, innen fast immer einen Napf aus Lehm, Erde, Scherben, der das Nest von unten gegen Schüsse mit feinem oder mittlerem Schrot undurchdringlich macht.

Das Gelege besteht aus sieben bis acht 33 : 23 mm großen, schlanken Eiern, die zwar wesentlich kleiner sind als Kräheneier, diesen aber in Farbe und Zeichnung durchaus ähneln.

Die Elster ist als Eierräuber der Niederjagd besonders schädlich und muß daher überall kurzgehalten werden.

Das Birkwild

Die waidmännischen Bezeichnungen sind dieselben wie beim Auerwild. Der Birkhahn (*Lyrurus tetrix*), auch *Spielhahn* oder *kleiner Hahn* genannt, hat als Stoß die *Leier* oder *Schere*. Die äußeren gekrümmten Stoßfedern nennt man *Sicheln*. Die leuchtend roten Rosen über den Augen schwellen zur Balzzeit stark an. *Geläuf* und *Losung* gleichen der des Auerwildes, nur sind sie entsprechend kleiner.

Die Stimme des Birkhahns ist entweder ein zischendes *Blasen* oder ein rollendes *Rodeln*. Das Rodeln, auch Kullern genannt, trifft lautlich am besten die Bezeichnung *Grudeln*. Rutuluh, Rutuluh, Rutuluhuhu – Rutuluh, Rutuluh, Rutuluhuhu . . . so lautet annähernd der am meisten gehörte Balzgesang. Doch ist der Rhythmus längst nicht bei allen Hähnen gleich. Die Stimme der Henne ist entweder ein sanft lockendes, gedämpftes Kök, Kök, Kök, das oftmals kurz hintereinander ausgestoßen wird, oder ein warnendes scharfes Gok, Gok.

Steht der Birkhahn beim Übergang der Nacht zum Morgen auf dem Balzplatz *zu*, so verhält er sich nach dem Einfallen zunächst einen Augenblick sichernd, um dann alsbald ein lautes *Blasen* oder *Zischen* hören zu lassen, dessen lautliche Darstellung sehr schwer ist. Alle mir bekannten Wiedergaben mögen dem, der sie schreibt, treffend erscheinen; sie können aber dem, der das Blasen selbst nicht hörte, eine richtige Vorstellung davon nicht geben. Während der Hahn sich beim Kullern oft mit waagerecht gestrecktem Hals, gespreizten Schwingen und hochgestelltem *Spiel* (Stoß) vorwärtsbewegt, springt er beim Blasen häufig meterhoch in die Luft, vor allem, wenn ihm ein gleichrangiger Gegner zu nahe kommt. Es kommt zu erbitterten Kämpfen. Nach neueren Beobachtungen besteht auf einem Balzplatz eine feste Rangordnung. Wir sprechen von *Platzhähnen* (A) und *Beihähnen* (B, C . . .), von denen letztere in gebührlichem Abstand von dem A-Hahn balzen. Die Hennen sollen sich nur von dem Platzhahn treten lassen. Darum soll dieser, wenn überhaupt, auch erst gegen Ende der Balz erlegt werden. Durch vorzeitigen Abschuß kann ein Balzplatz veröden.

Die *Balzzeit* liegt nach Witterung und Höhenlage verschieden. Man kann sie unter günstigen Verhältnissen von Mitte März bis Mitte Mai, unter ungünstigen von Mitte April bis Mitte Juni rechnen. Ein alter Jägerspruch lautet:

> Ist's Birkenlaub 'nen Heller breit,
> hat der Hahn sein' größte Freud'!

Im Gegensatz zum Auerhahn balzt der Birkhahn meist zu Boden. Sobald die Sonne aufsteigt, verschweigen die Hähne auf einem Balzplatz fast schlagartig, sie halten das Morgengebet, wie der Jäger sagt. Erst am sonnenhellen Morgen stellt sich der Hahn oftmals zu Baum und balzt dort noch eine Weile. Diesen Teil der Balz nennt man die *Sonnenbalz*.

Die Altersansprache beim Birkhahn ist sehr umstritten. Bisher galt die Regel, daß beim einjährigen Hahn die Sichelfedern nur wenig gekrümmt seien, während sie mit zunehmendem Alter sowohl nach Krümmung als auch nach Zahl zunehmen. So sollte der Hahn ab vier Jahren drei oder vier Sicheln aufzeigen. Während das Rückgefieder des jungen Hahnes noch einen bräunlichen Ton aufweisen sollte, wurde der ältere Hahn als tiefblauschwarz beschrieben. Auch sollten die Rosen beim alten Hahn größer und leuchtender sein.

Alle diese Markmale mögen zwar in manchen Fällen zutreffen, doch sind sie nicht die Regel und gelten heute als unzuverlässig. Die individuellen Unterschiede sind zu groß. Zuverlässiger ist die Rangordnung auf dem Balzplatz, der Platzhahn wird meistens auch der älteste sein.

Das *Nest* steht am Boden in einer Vertiefung; das Gelege enthält sechs bis zehn Eier, die, wenn sie groß sind, 55 : 38, wenn klein, 48 : 34 mm haben. Sie sind denen des Auerwildes sehr ähnlich gefärbt und gezeichnet, auf lehmfarbenem oder bräunlichem Grund braun punktiert und gefleckt.

Gesicht und *Gehör* sind gut entwickelt; dabei ist das Birkwild sehr scheu und vorsichtig. Man sagt, der Birkhahn habe auf jeder Feder ein Auge.

Die Lebensweise hat mit der des Auerwildes viel Ähnlichkeit. Nur scharen sich die jungen Hähne zu noch größeren Flügen zusammen. So zählte ich einst im Wolgagebiet über 80 auf einen mit gefrorenem Schneeanhang bedeckten alten Kiefern stehende Birkhähne mit dem Glas ab. Es waren aber noch mehr dort, die ich erst beim Abstreichen gewahrte.

Eigentümlich ist dem Birkwild ein festes Innehalten des *Striches*. Es nimmt beim Umherstreichen in großen Flügen fast mit Sicherheit immer denselben Weg. Ferner ist es so gesellig, daß streichendes Birkwild stets dorthin zieht, wo es ein Stück auf einem Baum stehend äugt.

Im Gegensatz zum Auerwild, das ein ausgesprochener Waldvogel ist, liebt das Birkwild die großen Heiden mit wenig Baumwuchs, weite Wiesenflächen und Moore mit Sumpfporst, Birken- und Erlenkrüppelwuchs, sofern es darin die ihm sehr zusagenden Beeren in hinrei-

chender Menge findet. Die Blütenkätzchen der genannten Holzarten bilden im Winter oft die ausschließliche Äsung. Wir treffen das Birkwild aber auch im Hochgebirge an, so beispielsweise in den Alpen und in der Rhön im Bereich der Baumgrenze.

Es ist ein unstetes Wild, das heute hier häufig und dort selten, morgen hier selten und dort häufig sein kann, ohne daß man naheliegende Erklärungen dafür hätte. Leider ist in den letzten Jahren infolge Kultivierung großer Moore und Ödländereien das Birkwild überall sehr selten geworden. Das Birkwild gehört, wie alle Waldhühner, zu den Kulturflüchtern, die eine Veränderung ihres Lebensraumes nicht vertragen.

Der Birkhahn hat eine Jagdzeit vom 1.–31. Mai und darf nur auf Grund eines Abschußplanes erlegt werden. Tatsächlich ist die Zahl der jährlich erlegten Hähne sehr gering.

Das Rackelwild

Dort, wo Auerwild und Birkwild zusammen vorkommen, wie es in den nördlichen und östlichen Ländern der Fall ist, werden oftmals Auerhennen von Birkhähnen fruchtbar getreten. Das Ergebnis dieser Verbindungen ist das Rackelwild, das je nach Vater und Mutter verschieden gestaltet und gefiedert ist. Man unterscheidet – ich schreibe für den praktischen Waidmann und nicht für den Gelehrten, der es ohnehin besser weiß als ich – die Nachkommen von Birkhahn und Auerhenne: das Rackelwild, als die am häufigsten vorkommende Form; dann die Bastarde vom Rackelhahn mit der Auerhenne und die Bastarde aus Rackelhahn und Birkhenne. Die beiden zuletzt genannten sind selten.

Der aus der erstgenannten Verbindung hervorgehende Rackelhahn hat die meiste Ähnlichkeit mit dem Birkhahn. Neben anderen Unterschieden kennzeichnet ihn der Stoß, dessen Sicheln nicht so ausgesprochen wie beim Birkhahn, sondern nur durch eine geringe Krümmung angedeutet sind. Er hat nicht den grünen Schild des Auerhahns, sondern am Hals einen violetten Glanz, der sich auch weiter nach der Unterseite hin erstreckt. In der Größe hält er zwischen dem Großen und dem Kleinen Hahn die Mitte.

Die Stimme klingt rauher und ähnelt in der Strophenanordnung manchmal dem Spiel des Urhahns; sie hat nicht den rollenden Wohllaut des Birkhahns.

Das Haselwild

Das kleinste bei uns lebende Waldhuhn ist das Haselhuhn *(Tetrastes bonasia)*, das nur etwas stärker als das Rebhuhn ist.

Ist der Unterschied zwischen Hahn und Henne beim Auer- und Birkgeflügel so in die Augen fallend, daß ich ihn gar nicht erst betont habe, so ist beim Haselwild doch eine kurze Kennzeichnung erforderlich. Der die Henne in der Größe nur wenig übertreffende *Hahn* trägt im Spätherbst, Winter und Frühling einen *tiefschwarzen, weißeingefaßten, glänzenden Flek-*

Haselhahn

ken an Kinn und Kehle, der bei jüngeren Hähnen brauner ist. Den Kopf schmückt eine *Holle,* die aufgerichtet und niedergelegt werden kann. Auf der Brust trägt der Hahn ein hufeisenförmiges *Schild,* dessen Rand rot ist, mit schwarzen und weißen Einfassungen; der offene Teil des Hufeisens ist nach unten rein weiß. Die *Rosen* sind lebhaft rot und werden nach hinten zu von einem rein weißen Fleck begrenzt. Bei der Henne ist die Holle klein; der Kehlfleck und der Fleck hinter der Rose sowie die Innenseiten des Schildes sind gelblich oder bräunlich; der Schildrand ist braun. Nach der Balz im Sommer und Frühherbst verliert der Hahn in der Mauser seine Abzeichen und ähnelt dann der Henne.

Das Vorkommen von Haselwild im Revier erkennt man an dessen lebhaftem Surren, wenn es zufällig herausgetreten wird oder *vertraut* von einem Baum zum anderen streicht; an den an Wegrändern aufgefundenen *Pfannen,* in denen man häufig die nicht leicht zu verkennenden Federn findet; an dem Geläuf, dem ebenso wie beim Auer- und Birkhuhn die den Zehenabdruck verbreiternden Hornfransen eigen sind, sowie an dem zufällig gefundenen *Gelege.*

Wir unterscheiden die Herbstbalz (September/Oktober), in der der Hahn bereits seine Henne lockt und sie gegen andere verteidigt, und die Frühjahrsbalz im März, an deren Ende er sie tritt. Der Hahn trippelt mit gesträubtem Halsgefieder und aufgestellter Holle einher und läßt seinen Balzruf ertönen. Die Stimme ist ein hohes, zischendes Pfeifen, das *Spissen* genannt wird, während die Henne *bistet* (lockt). Es ist auch in den übrigen Jahreszeiten zu hören. Die Rufe sind so leise, daß nur ein aufmerksames, sehr feines Ohr sie in ziemlicher Nähe vernimmt. Ihre gute Nachahmung ist die Voraussetzung für den Erfolg der Lockjagd, von der später noch gesprochen werden soll.

Das *Nest* steht am Boden; das Gelege enthält 8–12 Eier von etwa 35 : 26 mm Größe, die auf rostfarbigem Grund rotbraun punktiert und gefleckt sind. Nur die Hälfte der Eier soll auskommen. Das Haselwild lebt paarig, im Gegensatz zu den übrigen Waldhühnern; Doch beteiligt sich der Hahn nicht am Brutgeschäft.

Als Bewohner des Waldes, besonders des unterholzreichen Mischwaldes, ist das Haselhuhn ein echtes Buschhuhn, das nicht gern weit über freie Flächen streicht, sich desto lieber auf Boden und Ast drückt und gern und schnell läuft. Überall, wo noch Eichenlohschläge vorhanden sind, kommt auch Haselwild vor, doch ist es selten geworden, da die aufgeräumten Wälder ihm nicht zusagen. Im Bundesgebiet hat das Haselwild keine Jagdzeit mehr.

Alpenschneehuhn im Sommerkleid

Das Alpenschneehuhn

Das Alpenschneehuhn *(Lagopus mutus)*, ein naher Verwandter des schottischen Moorhuhns (Grouse) und des Moorschneehuhns, lebt bei uns in den Alpen. Oberhalb der Baumregion stößt man auf den weiten Schutthalden am Fuß der Steilwände gelegentlich eine Kette Schneehühner auf, die im gewandten, taubenartigen Flug weiterstreicht und meist bald wieder einfällt.

Im Herbst ist das Gefieder beider Geschlechter gleich: oben und an den Seiten auf grauem Grund schwarz oder braun gesprenkelt, unten weiß. Da auch in der Größe zwischen Hahn und Henne kein nennenswerter Unterschied ist, so sind sie zu der Zeit nicht zu unterscheiden. Im

Alpenschneehahn im Winterkleid

Winterkleid, das mit Ausnahme des schwarzen Stoßes, der nur in der Mitte zwei weiße Federn hat, ganz weiß ist, unterscheidet sich der Hahn von der Henne durch den schwarzen Zügelstreifen. Die Zehen sind dicht befiedert.

Die Schneehühner leben paarig. Bei der *Balz* läßt der Hahn ein dreiteiliges, knarrendes oar-o-oar hören; zuweilen tut er das auch im Spätherbst nach der Mauser zum Winter. Sonst ist die Stimme ein tiefes, knarrendes oar.

Das *Nest* des Schneehuhns steht am Boden; es enthält 6 bis 12 Eier, die 38 : 26 mm groß, eine feinkörnige, glänzende Schale haben und auf weißlichem oder lehmfarbigem bis bräunlichem Grund mit feinen, mäßig großen oder großen Punkten und Flecken von rotbrauner bis schwarzbrauner Farbe dicht bedeckt sind.

Im Winter lebt das Schneehuhn, wie manchmal auch Birk- und Auerwild, in Gängen unter dem Schnee, wo es an die Äsung herankommt und Wärme findet. Es hat keine Jagdzeit.

Das Steinhuhn

Wie das Alpenschneehuhn ist auch das Steinhuhn *(Alectoris graeca)*, ein Bewohner der Alpen.

Hahn und Henne unterscheiden sich wenig.

Die Lebensweise ist der des Schneehuhns ähnlich. Die *Balz* fällt in den April. Die *Stimme* erinnert an das Gackern der Haushühner; der Lockruf ist ein schallendes Gigigig oder Tschatschibit-Tschattibig; beim Aufstehen stoßen die Steinhühner ein pfeifendes Pitschii, pitschii aus. Dort, wo es viele gibt, glaubt man sich zur Balzzeit in einen Hühnerhof versetzt.

Die Hähne sind hervorragend kampflustig. Die Steinhühner sind mit scharfen Sinnen ausgestattet und außerordentlich vorsichtig; sie laufen sehr schnell und gewandt und wissen sich meisterhaft zu drücken.

Das *Nest* steht am Boden. Das *Gelege* enthält 10–15 Eier, die 40–45 : 31–32 mm groß und auf blaßrotfarbigem Grund mit vielen gelbbraunen Punkten und Flecken gezeichnet sind.

Das Steinhuhn ist aus der Liste der jagdbaren Tiere gestrichen und steht unter dem Schutz der Naturschutzgesetzgebung.

Der Fasan

Die waidmännischen Bezeichnungen für den *Fasan (Phasianus colchieus)* sind im allgemeinen dieselben wie bei den bisher behandelten Hühnervögeln. Doch merke man sich folgendes: Der Fasan hat ein *Spiel* oder *Stoß*; die *Ständer* nennt man auch *Füße*; der Hahn hat *Sporen*, die den Hähnen der Waldhühner fehlen. Die grünglänzenden *Federohren* werden auch *Hörner* genannt, die Fittiche *Schilder*. Beim Ringfasan ist der weiße Strich rings um den Hals der *Ring*.

Wichtig ist, für die einzelnen Reviere die richtige Auswahl zu treffen. Für Feldreviere mit nur mäßiger Dauerdeckung eignet sich der helle Ringfasan, bei dem das Torquatusblut vorherrscht. Mit ihm kann man Massenstrecken erreichen, aber nur wenn für beste Hege gesorgt wird. Ist dies letztere nicht gegeben, nimmt man besser den härteren, aber weniger geselligen, ringlosen böhmischen Jagdfasan, also mit vorherrschendem Colchicusblut. Für diesen am besten geeignet sind Aureviere. Der Ringfasan mit dominierendem Mongolicusblut paßt für Reviere auf schwerem Boden und mit nur niedriger Schilf- und Buschdeckung, der grüne Versicolor für höher gelegene Reviere und solche mit hohem Wald- und Unterholzanteil. Zusammenfassend läßt sich sagen, daß der Fasan offene Feldfluren, durchsetzt mit

Büschen und Gehölzen und durchzogen von Wasserläufen, bevorzugt, doch fühlt er sich in höheren Berglagen nicht heimisch.

Einzelheiten sind zu ersehen aus der für dies Fachgebiet empfehlenswerten Broschüre von Wildmeister Behnke „Hege, Aufzucht und Aussetzen von Fasanen und Rebhühnern". 5. Auflage, Verlag Paul Parey, Hamburg und Berlin. Ferner sei verwiesen auf die Farbtafel in dem Raesfeldschen Werk „Die Hege in der freien Wildbahn", die die Unterscheidungsmerkmale zwischen den für die Jagd wichtigsten Fasanenrassen deutlich macht.

Die Lebensgewohnheiten der Fasanen sind so, daß ihr Vorkommen, das meist auf eine besondere Hege begründet ist, nicht verborgen bleiben kann. Der Hahn *baumt* abends mit lautem Gok, gok, gok, das weithin zu hören ist, auf seinen Schlafbaum. Die Henne tut dieses still. Hahn und Henne sind viel im Freien und gelangen so zur Beobachtung. Auch sonst läßt der Hahn seine Stimme oftmals hören, besonders wenn er *aufgetan* wird. Die Henne stößt bei dieser Gelegenheit, wie auch wenn sie überrascht oder erschreckt wird, das bekannte Zi-Zick, Zi-Zick aus.

Die *Balz* beginnt Ende März; der Balzlaut des Hahnes ist ein wenig wohlklingendes Krähen, begleitet von schwirrendem Flügelschlag. Der ältere Hahn verteidigt seinen Balzplatz und bekämpft jeden Nebenbuhler auf das heftigste. Ein Hahn kann eine große Anzahl Hennen *bestreiten*; wird aber die Zahl zu groß, so bleiben die Eier unbefruchtet. Zu viele Hähne bringen Unruhe und stören auch das Brutgeschäft. Der Hahnenabschuß sollte daher so geregelt werden, daß auf einen Hahn etwa sechs Hennen kommen. Dabei ist aber mit dem fatalen *Verstreichen* der Fasanen zu rechnen. Die Henne legt in ein einfaches *Nest* am Boden etwa zehn bis vierzehn Eier von runder Form, wie kleine Hühnereier, jedoch von schmutzig-grau-grüner Farbe. Wird das Gelege zerstört, so kommt es zu einem Nachgelege.

So prächtig das Gefieder des Hahnes ist, so dumm ist er selber. Es hilft nichts, hier beschönigend zu schreiben: der Fasan ist und bleibt dumm. Darum ist ein Fasanenstand auch nur dort einigermaßen auf der Höhe zu halten, wo dem schleichenden und fliegenden

Raubwild und sonstigen Räubern wie Katzen, Krähen, Elstern scharf nachgestellt wird. Indessen, so weit geht die Dummheit doch nicht, daß seine Jagd ohne jede Vorsicht vonstatten gehen könnte. Stell dich einmal dort an, wo die Fasanen beim Treiben angelaufen kommen, und mache die geringste Bewegung, blase nur leicht den Zigarrenrauch aus: und blitzschnell ist der aufmerksame Hahn verschwunden. Daraus folgt, daß der Fasan sehr scharf *äugt*; er *vernimmt* auch gut; aber er weiß von diesen Eigenschaften nur selten am rechten Ort Gebrauch zu machen.

Eigentümlich ist dem Fasan, der sonst ein guter Flieger und namentlich an Schnelligkeit des Streichens manchen Schützen immer viel zu eilig ist, die Neigung zum Laufen. Er *steht* nur gezwungen *auf*; beim Treiben müssen künstliche Hindernisse geschaffen, oder es muß „umfassend" getrieben werden, um ihn überhaupt vor die Schützen zu bringen. Doch davon im dritten Teil dieses Buches.

So nützlich der Fasan durch Vertilgen von Schadinsekten, zum Beispiel des Kartoffelkäfers, ist, so kann er doch auch bei zu hohem Besatz durch Aufnehmen des Saatgetreides unangenehmen Schaden machen. Ein Zuviel ist bei jeder Wildart von Übel und dem gegebenen Raum nicht angepaßt. So sollte sich der Jäger auch beim Fasan, der ja in Fasanerien so leicht nachzuziehen ist, vor einer Überhege hüten.

Das Rebhuhn

Die waidmännischen Ausdrücke beim Rebhuhn *(Perdix perdix)* sind folgende: Die Alten und die Jungen zusammen sind ein *Volk* oder *Kette*. Die Rebhühner oder, wie es meist kurz heißt, die Hühner *laufen*, sie *stehen auf*, sie *streichen* oder *ziehen*, sie *fallen* ein, sie *liegen*. Wenn sie zur Äsung einfallen, so *fallen sie auf die Weide* oder *auf das Geäse*. Sie *weiden* oder *äsen*. Die Hühner *stäuben* sich, wenn sie im trocknen Sand ihr Staubbad nehmen. Die dabei entstehenden Spuren nebst den Federn und der Losung nennt man das *Gestüber*. Ist ein Volk auseinandergelaufen, so *locken* oder *rufen* die Hühner, um sich wieder zusammenzufinden. *Stößt* der Jäger *die Hühner auf, und streichen* sie in verschiedenen Richtungen auseinander, so ist das Volk *gesprengt*, oder es *hat sich gesprengt*. Ein von Schroten getroffenes Huhn ist *geständert*, wenn ein Ständer zerschmettert ist, *geflügelt*, wenn ein Fittich zerschossen ist. Das Huhn *himmelt*, wenn es steil in die Höhe steigt, um verendet herabzufallen. Die Spur eines

laufenden Huhnes heißt das *Geläufe*. Der hufeisenförmige, rotbraune, große Fleck vor der Brust ist das *Schild*; wenn die Jungen nach der Mauser diesen zeigen, so haben sie *geschildert*. Das Schild ist übrigens nicht nur dem Hahn eigentümlich; auch die Henne hat ein solches, nur weniger deutlich. Gleichwohl kommt auch ein scharf ausgeprägtes, lebhaft gefärbtes Schild bei letzterer vor; dann handelt es sich aber bestimmt um eine unfruchtbare, eine *gelte* oder *Gelthenne*. Da der Abschuß dieser für die Hege von Bedeutung ist, so ist das Schild immer ein gutes Erkennungsmittel, in erster Linie für die abzuschießenden Hähne, in zweiter für die Gelthenne. Hahn und Henne leben paarig. Wenn sie sich im Februar zusammenfinden, so heißt es, die Hühner *fallen zu Paaren*, sie *paaren* sich; diese Hühner selbst heißen *Paarhühner*.

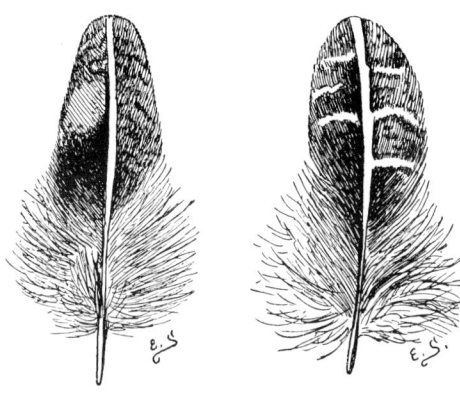

Obere Flügeldeckfeder
vom Rebhahn

Obere Flügeldeckfeder
von der Rebhenne

Das *Nest* steht am Boden. Das *Gelege* bilden zwölf bis sechzehn Eier von etwa 35 : 27 mm Größe, ohne Glanz, lehmfarben bis graugrünlich, ohne Zeichnung. Der Hahn beteiligt sich an der Aufzucht der Jungen und bleibt bei der Kette bis zum Ausgang des Winters. Jedenfalls sollte man bei der Bejagung eines Volkes das zuerst aufstehende Huhn schonen, um die Kette nicht führerlos zu machen.

Die Hühner verraten ihr Vorkommen durch ihren Ruf, der ein lautes Girhick, girhäck darstellt. Sie lassen ihn am meisten in der Paarungszeit, immer auch dann hören, wenn sie entweder gesprengt oder bei der Weide auseinandergelaufen sind.

Da das Rebhuhn regelmäßig ein Bewohner des freien Feldes ist, so wird es oft gesehen; seinen Lieblingsaufenthalt verrät das Gestüber.

Die *Sinne – Gesicht* und *Gehör –* sind gut entwickelt; die Hühner sind klug und vorsichtig. Ein Volk läuft, wenn die Bodenbestockung es erlaubt, gern; einzelne Hühner pflegen besser *zu halten* als ein Volk; doch *laufen* auch sie oft weit vor dem Hund.

Nicht völlig geklärt ist die Frage der *Wanderhühner*. Es kann wohl kaum hierbei von regelmäßigen Wanderungen gesprochen werden. Immerhin ist häufig beobachtet, daß im Spätherbst plötzlich große Scharen von mehreren hundert Rebhühnern auftauchen und meistens auch sehr bald wieder verschwunden sind.

Leider gehen die Rebhuhnbestände fast überall seit Jahrzehnten zurück, da die moderne intensive landwirtschaftliche Nutzung, vor allem durch den Einsatz von Herbiziden und das Vernichten der Unkräuter überhaupt, die Lebensgrundlagen zunehmend verschlechtert.

Die Wachtel

Die Wachtel *(Coturnix coturnix)* war früher bei uns ein recht häufiges Wild, dessen fröhlicher Schlag abends und morgens aus dem Felde schallte. Sie ist recht selten geworden, und nur wenige Jäger haben das Glück, sie zu beobachten. Vom jungen Rebhuhn ist sie durch den gelblichen Längsstrich auf der Mitte des Kopfes und über jedem Auge leicht zu unterscheiden. Die kleine, sich am Boden fast immer in kugeliger Gestalt bewegende Wachtel ist ein kluger

Vogel. Er liegt vor dem Hund unglaublich fest und pflegt nach dem Herausstoßen in geradem Flug mit hängendem Hinterleib selten weit fortzustreichen.

Die Wachtel ist der einzige Zugvogel unter unseren Hühnervögeln und trifft zur Paarungszeit im April bis Mai bei uns ein. Das *Nest* steht am Boden; es ist ebenso kunstlos wie das des Rebhuhns, in einer Vertiefung angelegt und enthält acht bis fünfzehn birnenförmige Eier, die 29 : 23 mm groß und auf gelblichem Grund mit vielen, dunkelbraunen Flecken und Klecksen über und über bedeckt sind. Die Wachtel genießt wegen ihrer Seltenheit völlige Schonung.

Die Wildtauben

Von den Wildtauben kommen bei uns vier Arten vor: die Ringeltaube, die Hohltaube und die Turteltaube, seit 1946 auch die Türkentaube. Diese aus Kleinasien zugewanderte Taubenart erobert sich bei uns immer mehr Boden. Die Unterschiede der einzelnen Taubenarten seien kurz angegeben:

Die *Ringeltaube (Columba palumbus)* ist die größte. Das Gefieder ist schieferblau. Die alten Tauben tragen zu beiden Seiten des Halses einen weißen, halbmondförmigen Fleck, der von weitem wie ein weißer Ring wirkt. Dieser Fleck fehlt den jungen Tauben im ersten Herbst noch; doch sind die Alten wie die Jungen von den anderen Arten zweifellos daran zu unterscheiden, daß der Vorderrand des Flügels *weiß* ist. Die Iris ist hellgelb; Schnabelwurzel und Ständer sind rot. Ringeltauben sind im Flug häufig auch an dem klatschenden Flügelschlag zu erkennen.

Bei der deutlich kleineren *Hohltaube (Columba oenas)* fehlt das Weiß im Gefieder, das im allgemeinen mohnblau ist und dunkle Flügelbinden hat.

Die *Turteltaube (Streptopelia turtur)* ist die kleinste der Wildtauben; sie unterscheidet sich von den beiden anderen durch die zusammenhängende *Nasenkappe*, die nicht wie bei diesen durch eine Furche geteilt ist. Sie ist überwiegend grau, am Rücken bräunlich und hat an jeder Halsseite einen halbmondförmigen Fleck von schwarzen Federn mit weißem Saum. Beim Flug fällt der weißgeränderte Stoß ins Auge.

Die *Türkentaube (Streptopelia decaocto)* ist etwa so groß wie die Turteltaube und hat eine gewisse Ähnlichkeit durch die rötlichbraune Tönung des Gefieders. An der Halsseite ist ein grau eingefaßter schwarzer Halbring. Sie lebt ausschließlich im Siedlungsbereich der Dörfer und Städte.

Hohltaube und Turteltaube sind ausgesprochene Waldvögel. Man erfährt ihr Vorkommen am ehesten durch ihren Ruf, den die Waidmannssprache bei der Ringeltaube als *Girren, Rucksen* und *Hulen*, bei der Hohltaube als *Rucksen* und *Kollern*, bei der Turteltaube als *Hulen* bezeichnet. Die Stimmen sind leicht zu unterscheiden; während der Ringeltauber Kru – kruh, kru – kru – kru – kruh, kru – kru – kru, kru ruckst, lautet das Kollern der Hohltaube u – hup, u – hup, u – hup. Die Turteltaube hat ihren Namen unmittelbar von ihrem Heulen, das man viel besser als Girren bezeichnet; denn es ist ein wohlklingendes Tur-tur-tur . . . Der Balzruf der Türkentaube klingt wie ruck-u-guh, mit Betonung auf dem mittleren u. Er wird pausenlos wiederholt und wirkt in seiner Eintönigkeit ermüdend.

Das *Nest* der Ringeltaube besteht aus wenigen dürren Reisern, durch die man von unten oft die weißen Eier liegen sieht. Das *Gelege* enthält zwei reinweiße, wenig glänzende, beiderseits stark begrundete Eier, die etwa 39 : 29 mm groß sind.

Die Hohltaube *nistet* nur in hohlen Bäumen und kommt daher dort, wo es solche nicht gibt, nur auf dem Zug vor, doch nimmt sie auch künstliche Nisthöhlen an. Sie ist viel seltener als die Ringeltaube. Auch ihre Eier, die außerordentlich fest bebrütet werden, sind immer nur zu zweien in einem Nest; sie sind etwas kleiner als die der Ringeltaube, 36 : 27 mm, sonst aber diesen gleich.

Die Turteltaube baut ihr Nest ebenso liederlich und durchsichtig wie die Ringeltaube. Nur steht es immer sehr niedrig; meist kann es von einem aufrecht stehenden Mann mit der Hand erreicht werden. Die beiden Eier sind im Verhältnis zu dem kleinen Vogel groß zu nennen, 29 : 23 mm; sie sind weiß wie die anderen Taubeneier.

Hohltaube   *Turteltaube*   *Türkentaube*   *Ringeltaube*

Turteltauben sind ganz und Hohltauben zum Teil Zugvögel; die Ringeltaube bleibt jedoch in milden Wintern bei uns und erhält oft Zuzug von Tauben aus dem Norden, die in großen Schwärmen bei uns einfallen.

Die Tauben haben die Eigentümlichkeit, sich auf zopftrockenen, alten Eichen und Buchen niederzulassen, wenn sie vom Feld oder vom Wasser zurückstreichen. Dort können sie leicht erlegt werden. „Taubeneichen" gibt es in jedem Revier.

Die Ringeltaube hat sich im letzten Jahrzehnt so stark vermehrt, daß sie in noch nicht abgeernteten Getreidefeldern, vor allem aber in Gemüseanbaugebieten, großen Schaden anrichtet. Sie muß daher scharf bejagt werden. Nach der Bundesverordnung über die Jagdzeiten hat die Ringeltaube jetzt eine Jagdzeit vom 1. Juli bis zum 30. April. Das gleiche gilt für die Turkentaube, während Hohl- und Turteltaube ganzjährig geschützt sind.

Die Waldschnepfe

Die Waldschnepfe *(Scolopa rusticola)* kommt bei uns hauptsächlich als Zugvogel vor, wenn sie im Frühjahr und Herbst von und zu ihren Überwinterungsgebieten in Westeuropa und im Mittelmeergebiet zieht. Die Schnepfe ist auf dem *Zuge,* wenn sie bei uns *durchstreicht.* Wir nennen sie *Lagerschnepfe,* wenn sie in milden Wintern bei uns bleibt, was im Nordwesten Deutschlands nicht allzu selten vorkommt. Sie kommt auch als *Standschnepfe* vor, wenn sie bei uns brütet. Sicht man beim Ansitz auf den Rehbock im Mai–Juni häufiger Schnepfen auf dem Abendstrich, so ist das ein Zeichen, daß sie dort auch als Brutvogel vorkommt. Durch eigene Beobachtungen in Schleswig-Holstein konnte ich feststellen, daß diese Standschnepfen nicht ab-, sondern eher zugenommen haben.

Die waidmännischen Bezeichnungen sind folgende: der Schnabel heißt *Stecher,* die Schnepfe *sticht,* wenn sie in den Boden bohrt, um Würmer, Larven, Insekten u. ä. hervorzuholen. Die Schnepfen *stechen* aufeinander, wenn sie sich beim Balzflug mit dem Stecher bekämpfen. Das Umher*streichen* während der Balzzeit in der Morgen- und Abenddämmerung nennt man den *Schnepfenstrich.* Die verkümmerte Endschwungfeder heißt *Malerfeder,* den Federbüschel an der Pürzeldrüse nennt man *Bart.* Sie werden als Trophäe am Hut getragen oder zu einer Rosette gefaßt.

Man hat die Schnepfe die Königin der Niederjagd genannt, nicht ganz zu Unrecht, denn der Schnepfenstrich war eine in Deutschland seit jeher beliebte Jagdart, die weniger um der Beute willen ausgeübt wurde, sondern eher, um den Reiz des Frühlingserwachens im Revier zu erleben. Die Balzzeit fällt in den März, April, je nach der Witterung. Die Schnepfe zieht im Frühling mit warmen südlichen oder westlichen Winden nach Norden; bei Nord- oder Ostwinden bleibt sie *liegen.* Während dieses Zuges findet die Balz statt. Das, was wir unter Schnepfenstrich verstehen, ist in der Hauptsache der Balzflug der Männchen, wenn auch gelegentlich mal ein Weibchen streicht. Meist befinden sich jedoch die Weibchen am Boden und locken dort die vorüberstreichenden Männchen durch ein leises *Püitzen.* Dieser Ton, der verschieden wiedergegeben wird, auch als pswst, pssk und puitz, ist beiden Geschlechtern eigen. Der Balzlaut des Männchens ist außerdem ein tiefes *Murksen* oder *Quorren,* unterbrochen von gelegentlichem Puitzen. Wenn zwei oder mehr Schnepfen beim Balzflug aufeinanderstechen, so wird das dabei ausgestoßene Puitzen oft zum lauten *Quietschen.*

Der *Balzflug* ist bei mildem Wetter weich, langsam, eulenartig, bei kalter, windiger Witterung aber schnell, entweder sehr hoch oder sehr niedrig über dem Gebüsch. Daß die streichenden Schnepfen meistens Männchen sind, dafür habe ich einen zweifellosen Beweis erlebt. Bekanntlich sind Männchen und Weibchen äußerlich nicht zu unterscheiden. Als ich das Frühjahr 1883 an den Ufern der Wolga verlebte, erlegte ich auf dem Schnepfenstrich 54 streichende Schnepfen – man sieht, daß sie daselbst nicht selten waren. Da ich fern von menschlichem Verkehr ziemlich allein im Wald wohnte, so habe ich alle 54 Schnepfen in verschiedener Zubereitung selbst gegessen, und da mein Koch keine Schnepfenbrötchen bereitete, aber das ganze Eingeweide vorschriftsmäßig in der Bauchhöhle ließ, so war es mir möglich, bei etwa 50 Stück durch Freilegen der Hoden das männliche Geschlecht einwandfrei festzustellen. Mit diesen Beobachtungen decken sich auch die Ergebnisse neuerer Forschungen über den Balzflug der Schnepfen, nach denen von auf dem Frühjahrsstrich geschossenen Schnepfen über 80 % *Hähne* waren. Da die Suchjagd vor dem Hund in Deutschland im Frühjahr verboten war, war das Erlegen einzelner Schnepfen auf dem Frühjahrsstrich zweifellos die pfleglichste Art der Bejagung. Schonender jedenfalls als die Treib- und Suchjagd im Herbst, wenn die Schnepfe in großer Zahl und geballt bei uns durchzieht. Trotzdem ist nach

Oben links: Waldschnepfe, rechts: Bekassine,
Mitte: Doppelschnepfe, unten: Zwergschnepfe

der neuen Bundesverordnung über Jagd- und Schonzeiten die Frühjahrsjagd nicht mehr möglich, da die Jagdzeit auf die Waldschnepfe am 15. 1. endet.

Die Unterscheidung nach *Eulenköpfen* und *Blaufüßen*, auch *Dornschnepfen*, als verschiedenen Arten oder Geschlechtern hat sich als unbegründet erwiesen. Wahrscheinlicher ist jedoch, daß bei der Schnepfe eine große Variabilität bezüglich des Gewichtes und des Federkleides vorkommt.

Die Waldschnepfe brütet am Boden, am liebsten in Dickungen und Stangenhölzern. Das Gelege besteht aus vier, seltener drei Eiern, die etwa 43 : 34 mm groß und auf rostgelbem bis rostrotem Grund grau gefleckt und mit rostbraunen Punkten und Schnörkeln gezeichnet sind. Das Weibchen brütet alleine.

Am Tage liegt die Schnepfe meist still. Wird sie aufgestöbert, so streicht sie mit einem weichklatschenden Schlag der Fittiche fort. Dabei sucht sie mit großer Gewandtheit immer Deckung zwischen sich und den Störenfried zu bringen.

Neben dem Schnepfenstrich verrät die Schnepfe ihre Anwesenheit durch das Umwenden der Bodendecke: hier hat die Schnepfe *gestochen;* und durch die weißliche, dünnflüssige Losung: hier hat sie *gekälkt.* Ferner durch die zahlreichen Stichstellen, die man entweder in Kuhfladen oder an feuchten, weichen Bruchstellen findet.

Die Doppelschnepfe, Bekassine und Zwergschnepfe

Alle drei Arten gehören nach der neuesten Fassung des Bundesjagdgesetzes nicht mehr zu den dem Jagdrecht unterliegenden Tieren. Sie fallen unter die Naturschutzgesetzgebung und sind ganzjährig geschützt. Dennoch will ich sie hier mit aufführen, da der Waidmann, der ein entsprechendes Revier betreut, immer einmal mit ihnen zusammentrifft und letztlich auch für diese Arten mitverantwortlich ist.

Die *Doppelschnepfe (Gallinago media),* auch als *große Sumpfschnepfe* bekannt, wird gelegentlich mit der Bekassine verwechselt. Es sei daher kurz auf die Unterscheidungsmerkmale hingewiesen. Zunächst streicht die aufgestoßene Sumpfschnepfe *stumm* fort; dann fliegt sie schwerfällig und geradeaus, während die Bekassine fast immer mit einem lauten, heiseren Ätsch aufsteht und zunächst pfeilschnellen Fluges einige Zickzacklinien macht, bevor sie gerader fortstreicht. Betrachtet man den Vogel, so zeigt die Doppelschnepfe im Stoß die vier äußersten Federn jederseits weiß oder größtenteils weiß, während der Stoß der Bekassine nur wenig oder gar kein Weiß hat. Wie bei der Waldschnepfe sind die Geschlechter der großen Sumpfschnepfe äußerlich nicht unterscheidbar.

Die Doppelschnepfe ist ein Zugvogel, der meist Ende April bei uns durchzieht, um im August schon wieder nach dem Süden zu fliegen. Das Brutvorkommen in Deutschland kann als erloschen gelten.

Die *Bekassine (Gallinago gallinago),* auch *Himmelsziege* genannt, ist ein Zugvogel, dessen Frühjahrszug Mitte März beginnt und dessen Herbstzug von August bis in den Oktober zu dauern pflegt. Sie gehört heute in den meisten Gebieten zu den seltenen Vogelarten, kommt jedoch in den Feucht- und Niederungsgebieten Nordwestdeutschlands noch verhältnismäßig häufig vor. Sie liebt weite, feuchte Niederungen.

Bekannt ist der Balzlaut, nach dem die Bekassine den Namen *Himmelsziege* erhielt, der aber mit dem Meckern einer Ziege nur entfernt Ähnlichkeit hat. Er entsteht durch die Schwingungen der Stoßfedern, wenn der streichende Vogel sich von Zeit zu Zeit mit ausgebreiteten Fittichen und gefächertem Stoß herabfallen läßt. Dadurch entsteht ein sausendes, weichklingendes Summen.

Die Bekassine ist ein kluger, scheuer und vorsichtiger Vogel. Die Suchjagd auf sie war eine reizvolle Jagdart, die einen gewandten Jäger und sicheren Schützen erforderte. Aber das gehört nunmehr hierzulade der Vergangenheit an, und wer auf Bekassinen jagen will, muß andere Länder aufsuchen.

Das Nest steht auf einer Erhöhung im Sumpf. Das Gelege besteht aus vier Eiern, die etwa 30 : 40 mm groß, also kleiner sind als die der Doppelschnepfe, von denen sie sich im übrigen nicht unterscheiden.

Die *Zwergschnepfe (Lymnocryptos minimus),* auch *Stummschnepfe, Haarschnepfe* genannt, ist durch ihre Größe, ihren der Doppelschnepfe ähnlichen, schwerfälligen und kurzen Flug von den drei vorigen zu unterscheiden. Sie hat etwa die Größe eines Stares; das Gefieder ist auf dem Rücken zwischen den vier gelblichen Längsstreifen metallisch glänzend. Sie ist Zugvogel und zieht etwa mit der Doppelschnepfe gleichzeitig bei uns durch. Das Brutvorkommen kann in Deutschland als erloschen gelten.

Der Trappe

Hahn und Henne des Großtrappen *(Otis tarda)* sind durch ihren Größenunterschied ohne weiteres erkennbar; während der Trapphahn bis 30 Pfund schwer wird, wiegt die stärkste Henne kaum halb soviel. Außerdem zeichnet sich der Hahn durch einen unterhalb der Schnabelwinkel herabhängenden *Federbart* aus, der bis zu 15 cm lang werden kann. Auf jeder Seite des Halses ist die Haut nackt und von schwärzlicher Farbe. Das Gefieder der Oberseite ist rotbräunlich und schwarz gebändert. Im Flug ist der Trappe von anderen größeren Schreitvögeln zunächst an seinem kurzen Schnabel zu erkennen, der nicht länger ist als der Kopf. Der Stoß ist kurz und abgerundet; die äußeren Stoßfedern sind weiß, wie auch die ganze Unterseite des Körpers weiß ist; am Stoßrand findet sich eine breite, schwarze Binde. Die *Fährte* des Trappen zeichnet sich dadurch aus, daß die drei Vorderzehen sehr kurz sind, die Hinterzehe aber ganz fehlt.

Der *Horst* steht in einer Bodenvertiefung im Feld; das Gelege enthält meistens zwei, seltener drei Eier, die 77 : 54 mm groß und auf grünlichem Grund grau und mattblau gefleckt sind.

Der *balzende* Hahn legt den Stoß flach nach hinten auf den unteren Rücken, so daß der weiße Unterstoß eine lose Federmasse bildet. Dabei bläst er einen ihm eigenen großen *Kehlsack* auf, sträubt die Federn des Vorderkörpers und führt so vor seinem Weibchen allerlei Sprünge aus.

Als ein ausgesprochener Bewohner großer, freier Ebenen ist der Trappe außerordentlich scheu. Er läuft schnell und streicht schwerfällig ab und hat die Gewohnheit, beim Hin- und Herstreichen dieselben Wechsel einzuhalten. Das gibt die Gelegenheit, um ihn zu erlegen. Der Trappe ist Standvogel, der auch im Winter bei uns bleibt, so in der Mark und der Magdeburger Börde, nicht aber in der Bundesrepublik Deutschland. Er kommt nur noch in einigen Gebieten der Norddeutschen Tiefebene vor. Der viel kleinere *Zwergtrappe (Tetrax tetrax)* kommt dagegen in Deutschland nicht vor.

Der große Brachvogel

Der Große *Brachvogel, Keilhaken,* auch *Kronschnepfe (Numenius arquata),* ein Bewohner großer Öden, seien sie sumpfig, seien sie trocken, ist in Norddeutschland Brutvogel. So brütet er beispielsweise noch in zahlreichen Mooren Schleswig-Holsteins und Niedersachsens. Am Meeresstrand, in den Heiden findet man ihn zur Zugzeit oft in größerer Zahl, sonst meist paar- oder familienweise. Das *Flugbild* ist durch die langen, nach hinten gestreckten Ständer gekennzeichnet. Der Brachvogel hat einen langen, abwärts gebogenen Schnabel (Stecher); das Gefieder ist gelblichbraun, dicht gestreift. Seine laute, klangvoll flötende Stimme, die er viel hören läßt, ist am besten mit „teaüh, teaüh . . ." zu beschreiben.

Der Große Brachvogel wurde in der Bundesrepublik Deutschland noch bis vor kurzem bejagt. Nunmehr ist er aus der Liste der dem Jagdrecht unterliegenden Tiere gestrichen, doch trifft der Jäger der Niederungsgebiete immer wieder mit ihm zusammen. Das gleiche gilt für die zahlreichen anderen Arten der Brachvögel, Wasser-, Strand-, Uferläufer und Regenpfeifer, die alle dem Naturschutzrecht eingeordnet sind. Doch sollte der Jäger der Moore, Niederungen und Küsten sie kennen. Ich verweise daher auf das hervorragende Werk von PETERSON, „Die Vögel Europas".

Der Reiher

Bei den Reihern will ich mich im wesentlichen auf den Fischreiher beschränken, der als einziger für den Waidmann von Bedeutung werden kann und dem Jagdrecht untersteht. Andere, die in verschiedenen deutschen Jagdgebieten vorkommen, seien nur kurz erwähnt.

Der *Fischreiher,* heute *Graureiher (Ardea cinerea)* genannt, war zur Blütezeit der Falkenbeize der Hauptgegenstand dieser Jagd; er war das „königliche Beizwild". Er ist zweifellos für die Fischerei, vor allem für die Teichwirtschaft schädlich, aber sein Bestand ist fast überall so zurückgegangen, daß im Interesse seiner Erhaltung eine Bejagung nicht mehr zu verantworten ist. In Westdeutschland kommt er nur noch in Schleswig-Holstein und Teilen Niedersachsens in befriedigender Zahl vor, verzeichnet dort sogar eine leichte Zunahme. Dort kann ein begrenzter Abschuß, der beantragt werden muß, im Interesse der Fischzuchtbetriebe erforderlich werden. Eine Jagdzeit hat der Graureiher in der Bundesrepublik Deutschland nicht mehr.

Der Graureiher ist ein Zuvogel, der uns im Herbst verläßt und im März zurückkehrt – wenn er nicht in milden Wintern einmal ganz hierbleibt –, um dann sogleich zur Fortpflanzung zu schreiten. Die Horste stehen meist kolonienweise auf alten, hohen Bäumen: Eichen – aber diese brauchen durchaus nicht, wie die Sage geht, zopftrocken zu sein –, Kiefern auch Buchen, oft bis sechs auf *einem* Stamm. Der Horst ist außen kugelig, hoch aufgetürmt, mit flacher Horstmulde.

Das Gelege besteht aus drei bis vier, selten mehr, blaß-blaugrünen Eiern, die 60 : 42 mm groß und nicht glänzend sind. Unter den Horstbäumen findet man eine weiße Scheibe von 1–2 m Durchmesser, auf der durch das dauernd herunterrieselnde, flüssige, weißgraue Geschmeiß der Pflanzenwuchs abgestorben ist. Freilich nicht für lange; denn im Frühling wächst auf dieser Scheibe immer der meiste Waldmeister.

Die Stimme des Reihers ist ein heiseres Gekrächze, wenn sie während des Streichens oder nach Beunruhigung ertönt. Anders, wenn der alte Reiher, den Kropf voll von Fischen, sich der jungen Brut im Horst nähert: dann lautet die Stimme tief und voll ro, ro, ro. Auf dem Horst angekommen, speit er unter lautem Würgen seinen Vorrat aus, während die Jungen ein feines, zartes Klappern nach Art des Storches hören lassen.

Der Reiher lebt nicht nur von Fischen, wie man früher vielfach annahm. Sein Speisezettel ist äußerst reichhaltig und umfaßt neben Fischen aller Art – sein Lieblingsfisch ist der Hecht – auch Mäuse, Ratten, Frösche, Reptilien und Insekten.

Steht der Reiher im Wasser oder auf der Wiese, so trägt er den Schnabel, dem man am treffendsten *Stecher* nennen sollte, auf dem stark S-förmigen Hals liegend, so, daß er mit einem blitzschnellen Vorstoß die sich um ihn oder vor ihn stellenden Fische erbeuten kann.

Das *Flugbild* ist gekennzeichnet durch den langsamen Schlag seiner breiten, runden, gewölbten Fittiche, den ganz zurückgelegten Hals, die nach hinten gestreckten Ständer und eine rundliche Ausbuchtung der Armschwingen.

Es ist verständlich, daß die Fischer ihm nicht wohlgesonnen sind und der Fischzüchter und Teichbesitzer ihn lieber gehen als kommen sieht. Sie haben aber kein Recht, die völlige Vernichtung unseres schönen Wildfischers zu fordern.

Die *Große Rohrdommel*, auch *Moorochse, Rodump (Botaurus stellaris)* ist an schilfreichen Gewässern, namentlich in der Norddeutschen Tiefebene, zu Hause, obgleich nirgends häufig. Sie führt ein recht verborgenes Dasein in Ried und Rohr, aus dem sie zur Paarungszeit ihre gewaltige Stimme erschallen läßt. Man kann den Paarungsruf nur als ein Brüllen bezeichnen, über dessen nähere Entstehung die Gelehrten noch nicht einig sind. Wer es nicht weiß, hält es kaum für möglich, daß ein verhältnismäßig kleiner Vogel diese gewaltigen dumpfen Töne hervorbringt.

Im Sitzen ist die Rohrdommel entweder ganz zusammengesunken oder aber sie nimmt die bekannte *Pfahlstellung* ein, indem sie den Schnabel steil in die Höhe stellt. Sie ist in beiden Stellungen schwer zu erkennen. Das *Flugbild* ist dem des Fischreihers sehr ähnlich; doch ist die Rohrdommel erheblich kleiner und entgegen dem hellen Körper des Reihers, von unten gesehen, braun.

Die *Zwergrohrdommel (Ixobrychus minutus)* ist halb so groß wie die vorige, sonst hat sie die größte Ähnlichkeit mit ihr, nur daß sie vorwiegend Nachtvogel ist, der auch seinen, dem der Rohrdommel ähnlichen Paarungsruf nur bei Nacht hören läßt.

Rohrdommel in Pfahlstellung

Die Rohrdommeln sind Zugvögel, die große Rohrdommel auch Strichvogel. Sie unterliegen nicht dem Jagdrecht.

Der *Nachtreiher (Nycticorax nycticorax)* und der *Purpurreiher (Ardea purpurea)*, die früher in Deutschland als Brutvogel vorkamen, seien hier nur namentlich aufgeführt. Sie können allenfalls als seltene Strichvögel einmal in Erscheinung treten.

Die Störche

Wir unterscheiden den *weißen* und den *schwarzen* Storch. Während beim ersteren das ganze Gefieder, mit Ausnahme der schwarzen Fittiche, weiß ist, ist der schwarze Storch oben schwarzbraun, unten weiß, Rücken- und Brustgefieder haben einen metallischen Glanz. Die

Weißstorch   Schwarzstorch   Kranich   Graureiher

nackte Haut zwischen Schnabel und Auge ist beim weißen Storch schwarz, beim schwarzen rot. Beide Arten sind Zugvögel, die uns im Herbst verlassen und im Frühjahr zurückkehren.

Wenn die Vögel sitzen, sind sie leicht zu unterscheiden. Das Flugbild beider ist aber recht ähnlich, und es bedarf oft scharfen Hinschauens, um endlich am schwarzen Rücken den schwarzen Storch zu erkennen. Besonders kennzeichnend sind im Flug bei beiden Störchen die weit ausgebreiteten Handschwingen. Da der Hals leicht geneigt nach vorn gestreckt, und die Ständer gerade nach hinten getragen werden, so könnte das Flugbild mit dem des Kranichs verwechselt werden. Dieser ist jedoch im Gefieder blaugrau und zeigt außerdem die gespreizten Handschwingen nach oben umgebogen, was bei den Störchen nicht oder doch in weit geringerem Grad der Fall ist.

Das allbekannte große Nest des *weißen* Storches *(Ciconia ciconia)* steht auf dem Giebel von Bauernhäusern, auch auf Bäumen. Es enthält ein Gelege von drei bis fünf Eiern, die etwa 78 : 56 mm groß sind und eine glatte, sehr feste Schale von gelblicher Färbung haben.

Der *weiße* Storch ist je nach den Umständen vertraut, ja zahm oder – scheu. Er *äugt* und *vernimmt* sehr scharf. Im Volksaberglauben spielt er eine große und nützliche Rolle. Der Jagd ist er nicht ganz unschädlich, da er neben Fröschen, Mäusen, Schnecken u. ä. gelegentlich auch Junghasen mitnimmt. Der weiße Storch hat in den letzten Jahren in Deutschland stark abgenommen. Eine der Ursachen müssen wir in der Veränderung seines Lebensraumes sehen; die Wasserregulierung in Sümpfen und feuchten Niederungsgebieten verringert das Nahrungsangebot. Auch wird mancher Vogel ein Opfer der Stromleitungen. Hinzu kommen die Verluste in den Winterquartieren in Nordafrika.

Der *Schwarzstorch (Ciconia nigra)*, auch *Waldstorch*, ist ein Waldvogel; der Horst steht auf hohen Waldbäumen in unzugänglichen Mischwäldern; er ist flach, meist ein Teller und enthält gewöhnlich drei bis fünf Eier, die einen bläulichen Anflug haben und deren Größe etwa 66 : 48 mm beträgt. Er ist sehr scheu und gegen jede Störung empfindlich. Wir finden ihn noch im nördlichen Niedersachsen, Nordostbayern und neuerdings auch wieder in wenigen Paaren in Schleswig-Holstein. Beide Arten unterstehen nicht dem Jagdrecht, doch hielt ich es für richtig, sie hier aufzuführen, da der Jäger sie kennt und, wenn erforderlich, ihnen auch seinen Schutz angedeihen lassen muß. Das kann vor allem an den Brutstätten des Schwarzstorches von großer Bedeutung sein.

Die Rallen

Von diesen Vögeln seien das *Bläßhuhn*, das *grünfüßige Teichhuhn*, der *Wachtelkönig* und die *Wasserralle* genannt. Unter das Jagdrecht fällt davon nur noch das Bläßhuhn.

Das *Bläßhuhn (Fulica atra)* auch *Hurbel, Lietze, Zappe, Wasserhuhn, Belchen, Papke* und *Papchen* genannt, ist auf allen mit *Gelege,* d. h. mit Schilf umgebenen, stehenden oder langsam fließenden Gewässern bei uns heimisch und kommt nicht selten auch in großer Zahl vor. Das Gefieder ist grauschwarz mit tief schwarzem Kopf, weißer Stirnplatte (Blässe) und weißem Schnabel. Das sicherste Unterscheidungsmerkmal vom *grünfüßigen Teichhuhn (Gallinula chloropus)* ist die Stirnplatte, die bei diesem im Alter rot, in der Jugend schmutzig-grün ist. Außerdem hat das Bläßhuhn seitlich eingeschnürte Hautlappen an den Zehen, die dem Teichhuhn fehlen.

Das *Nest* des Bläßhuhns steht im Röhricht, oft auf schwimmenden Klumpen von Wasserpflanzen. Das *Gelege* besteht aus acht bis zwölf Eiern, die 58 : 36 mm groß und auf blaßgelbbraunem Grund mit grauen Schalenflecken und vielen feinen, dunkelbraunen Punkten gezeichnet sind.

Wachtelkönig   Wasserralle   Grünfüßiges Teichhuhn   Bläßhuhn

Das *Gelege* des grünfüßigen Teichhuhns enthält sieben bis elf glattschalige Eier von etwa 43 : 31 mm Größe; ähnlich den vorigen in Farbe und Zeichnung, in einem ähnlich gebauten *Nest*.

Beide Arten sind sehr gute Flieger und Schwimmer, die auch gut tauchen, doch zieht das Bläßhuhn große offene Wasserflächen vor. Das Bläßhuhn gilt vielfach als zänkisch und unduldsam gegen anderes Wassergeflügel, weswegen es in manchen Gegenden scharf bejagt wurde. Während es früher das ganze Jahr hindurch bejagt werden durfte, ist ihm neuerdings eine Schonzeit vom 16. 1. bis 31. 8. zugebilligt worden. Das mag für manche Gebiete richtig sein, doch ist das Bläßhuhn stellenweise noch so häufig, daß die verbleibende Jagdzeit für eine ausreichende Regulierung sehr kurz ist.

Der *Wachtelkönig (Crex crex)* ist durch seinen knarrenden Ruf, den man an Sommerabenden und oft während der Nacht ununterbrochen hört, ein so markanter Vogel, daß über sein Äußeres nichts zu sagen wäre. Wenn man aber einen toten Wachtelkönig in der Hand hat, ohne vorher seine Stimme gehört zu haben, so bedarf es doch einiger Kenntnisse, um ihn richtig anzusprechen. Ganz roh: Er ist eine Wachtel auf hohen Ständern, gekennzeichnet durch einen aschgrauen Streifen über den Augen und die aschgraue Färbung der Seiten des Halses und der Oberbrust.

Die *Wasserralle* unterscheidet sich von allen anderen Rallen durch den langen, schwach gebogenen Schnabel, der mindestens so lang ist wie die Mittelzehe. Sie ist ein Vogel, der feuchte Gebiete liebt, offenes Wasser aber meidet. Sie führt ein heimliches, verstecktes Dasein.

Zur weiteren Unterrichtung über die verschiedenen Arten von Rallen empfehle ich das schon genannte Buch von PETERSON, „Die Vögel Europas".

Der Kranich

Der *Kranich (Grus grus)* ist ein Zugvogel, der im größten Teil des deutschen Jagdgebietes nur im Frühling und Herbst auf dem Durchzug beobachtet wird und nur im nördlichen Deutschland, vor allem im Nordosten, als regelmäßiger Brutvogel auftritt; in einzelnen Paaren jedoch auch im nordöstlichen Teil Niedersachsens und im südöstlichen Teil Holsteins. Auch wenn der Kranich nicht mehr zu den dem Jagdrecht unterstellten Tieren zählt, sei er hier aufgeführt, da dieser herrliche Vogel des besonderen Schutzes bedarf. Er erscheint im Frühjahr, um uns im späten Herbst wieder zu verlassen. Seine Stimme verrät ihn, außer der Brutzeit, wo er still ist, weithin; und seine, namentlich in einiger Entfernung, schönklingenden melodischen Trompetentöne Rih-Rah, Rih-Rah sind wohl imstande, das Herz des Naturfreundes zu entzücken. Hast du aber auch nur ein einziges Mal jenen wunderbar rollenden, tiefen Balzlaut des Hahns gehört, dann wirst du mit mir darin einig sein, daß dieser von allen Lauten größerer Vögel der wohlklingendste ist.

Wie bei den meisten Schreitvögeln sind Hahn und Henne äußerlich nicht zu unterscheiden. Das Federkleid ist schiefergrau, Gesicht und Hals schwarz mit weißen Streifen an den Seiten; aus der Nähe erkennt man den roten Scheitel; die dunkleren Armschwingen hängen lang herab.

Der *Horst* steht in unzugänglichen Brüchern oder im Fenn auf einer Unterlage von Rohrstengeln; er wird jahrelang wieder benutzt und kann daher recht groß werden. Er enthält meist nur zwei Eier, die etwa 92 : 63 mm groß sind und auf grünlichem Grund rotgraue und braune Punkte und Flecke tragen.

Der Kranich ist mit ausgezeichneten Sinnen ausgestattet und sehr klug. Seine Vorsicht läßt er nie außer acht. Obgleich er in größerer Anzahl im Forstamt Darß Brutvogel war und seit über 20 Jahren daselbst völlige Schonung genoß, so ließ er sich doch auch dort nicht auf Büchsenschußweite angehen.

Gelingt es nicht, die letzten Brutgebiete in ihrer natürlichen Beschaffenheit, vor allem hinsichtlich der Feuchtigkeit, zu erhalten und dort jede Störung fernzuhalten, so sind die wenigen Brutpaare im nordwestdeutschen Raum aufs äußerste gefährdet.

Der Schwan

Die beiden bei uns vorkommenden Wildschwäne, der *Höckerschwan (Cygnus olor)* und der *Singschwan (Cygnus cygnus)*, unterscheiden sich durch den dem ersteren eigenen schwarzen Schnabelhöcker und den roten Schnabel, wogegen der höckerlose Schnabel des Singschwans schwarz mit gelber Schnabelwurzel ist. Das Gefieder beider Arten ist rein weiß, das der Jungvögel bis zum dritten Lebensjahr braungrau.

Der Höckerschwan ist in Deutschland Brutvogel. Er ist besonders in Norddeutschland so zahlreich geworden, daß eine Verminderung notwendig wird. Der Singschwan besucht uns nur im Winter.

Von waidmännischen Bezeichnungen der Schwimmvögel ist hervorzuheben, daß die mit Schwimmhäuten versehenen Füße *Ruder* heißen. Die Glieder einer Familie nennt man zusammen *Kette* oder *Schof;* einige wenige Ketten bilden einen *Flug,* mehrere Flüge vereinigt eine *Schar.*

Höcker- und Singschwan sind schwimmend von weitem an der Haltung des Halses zu erkennen, die beim ersteren schön gebogen den bekannten Schwanenhals zeigt. Der letztere trägt den erheblich kürzeren Hals gerade aufgerichtet.

Das *Flugbild* des Schwanes zeichnet sich, abgesehen von dem blendenden Weiß des Gefieders, durch den lang nach vorn gestreckten Hals und den kurzen Stoß sowie durch die schwarzen Ruder aus, die, nach hinten gestreckt, den Körper nicht überragen. Einen Flug Schwäne an einem klaren Herbsttage über unsere Seen ziehen zu sehen, ist ein herrliches, majestätisches Bild.

Während der Höckerschwan gewöhnlich schweigsam ist, ist dem Singschwan ein laut tönendes Rufen eigen, das Trompetenrufen ähnelt. Schon von weitem ist auch der eigenartig metallische Schlag der mächtigen Fittiche hörbar, der eine Eigentümlichkeit fliegender Schwäne ist und vor allem dem Höckerschwan eigen ist.

Der Schwan ist von Natur ein außerordentlich scheuer und vorsichtiger Vogel, der gegen Störungen sehr empfindlich ist, doch ist der Höckerschwan in vielen Gegenden schon weitgehend domestiziert und hat die Scheu vor dem Menschen verloren, so daß wir ihn nur noch als zahm oder halbwild bezeichnen können. Dadurch und durch seine Überhandnahme wird er lästig, zumal er sehr streitbar sein Brutgebiet gegenüber anderem Wassergeflügel verteidigt und dort, wo er in großer Zahl auftritt (Junggesellschaft), auch als Nahrungskonkurrent anzusehen ist. Der Bundesgesetzgeber hat dieser Entwicklung Rechnung getragen und für den Höckerschwan eine Jagdzeit vom 1. September bis 15. Januar ausgewiesen, der die Bundesländer folgen können, sofern in ihrem Bereich eine Regulierung der Bestände, und nur als solche ist die Bejagung des Schwans anzusehen, notwendig wird. Dagegen ist der Singschwan weiterhin ganzjährig geschont. Er trifft im norddeutschen Raum ab Oktober auf dem Durchzug ein, und der Waidmann, der zu dieser Zeit noch den Höckerschwan bejagen will, muß sorgsam bedacht sein, daß er statt seiner nicht einen Singschwan zur Strecke bringt.

Das *Nest* der Schwäne steht auf Haufen von Rohr- und Wasserpflanzen, in geschützten, ruhigen, schwer zugänglichen Örtlichkeiten an Seen und Meeresbuchten; es enthält drei, auch oft bis zu zehn Eier von 11 : 8 cm Größe mit grober, graugrünlicher, beim Singschwan glatterer und hellerer Schale.

Der *Zwergschwan (Cygnus bewickii)*, der in Deutschland nur als seltener Wintergast auftritt und in seiner Erscheinung dem Singschwan ähnelt, nur, daß er kleiner ist, sei hier nur am Rande erwähnt.

Die Wildgans

Als die bei uns am häufigsten vorkommenden Wildgänse sind die *Graugans (Anser anser)* und die *Saatgans (Anser fabalis)* zu nennen, doch ist letztere seltener geworden. Erstere ist im nördlichen Deutschland Brutvogel, letztere nicht. Beide findet man aber im Winter in weiten, offenen Feldern in der Nähe größerer Wasserflächen, meist in Scharen auf der grünen Saat. Sie sind voneinander dadurch zu unterscheiden, daß die Gesamterscheinung der Graugans grau, die der Saatgans braun ist. Außerdem ist bei ersterer der Schnabel orangerot mit weißlichem *Nagel* (die nagelförmige Spitze des Oberschnabels); und die Ruder zeigen ein schmutziges Rosa. Bei der Saatgans ist der Schnabel schwarz mit schwarzem *Nagel*, mit einem orangefarbigen Band in der Mitte; die Ruder sind orangefarben.

Das *Nest* der Graugans steht im Schilf oder Gebüsch auf reichlicher Unterlage von Halmen usw. Das Gelege enthält fünf bis zehn schmutzig-gelbliche Eier von etwa 85 : 62 mm Größe, die glattschalig, aber glanzlos sind.

Stimme und *Losung* beider Arten gleichen genau denen der zahmen Gans.

Graugans   Saatgans

Bläßgans   Kanadagans   Nonnengans   Ringelgans

Ihre Vorsicht und Scheu ist außerordentlich groß, die Jagd daher sehr schwierig. Von der sprichwörtlichen Gänsedummheit hat die Wildgans nichts an sich.

Jagdlich von besonderer Bedeutung sind einige Eigentümlichkeiten der Gänse. Sie verbringen die Nacht auf offenem Wasser, das sie in der Dämmerung mit großem Geschrei scharenweise aufsuchen. Hierbei pflegen sie immer die gleichen Routen einzuhalten.

Bei jungen Graugänsen findet kurz vor der Flugbarkeit ein ganz ungewöhnlich rasches Wachstum der Schwungfedern statt, so daß die Flugbarkeit außerordentlich schnell eintritt. Die Mauser der alten Graugänse fällt in den Juni. Da sie dann ihre Schwungfedern nicht nach und nach, sondern auf einmal zu verlieren pflegen, sind sie zu der Zeit flugunfähig.

Erfreulicherweise hat die Graugans als Brutvogel in Schleswig-Holstein so stark zugenommen, daß gegen eine zeitlich eingegrenzte Bejagung keine Bedenken bestehen. Erwähnen möchte ich auch den geglückten Versuch, sie am Dümmersee in Niedersachsen wieder heimisch zu machen. Die Graugans verursacht im reifen Getreide, aber auch auf Saatschlägen und Weiden erheblichen Schaden, so daß sie neben einer Winterjagdzeit vom 1. November bis 15. Januar, wie sie auch für die Saat-, Bläß-, Ringel- und Kanadagans eingeräumt ist, eine solche vom 1. August bis 31. August zugeteilt bekommen hat.

Zur Zugzeit im Herbst kommen die Gänse in großen Scharen aus dem Norden zu uns. Sie fliegen gewöhnlich in Keilform, aber auch in Linie und das laute Rufen, vor allem der Graugänse, ist weithin zu hören. Man sagt auch, die Gänse künden den Winter an.

Von den anderen Gänsearten, die im Winterhalbjahr bei uns durchziehen oder auch monatelang rasten, seien die *Bläßgans (Anser albifrons)* und die *Ringelgans (Branta bernicla)* erwähnt, die vor allem an der Westküste Schleswig-Holsteins und auch Niedersachsens zu Tausenden und Abertausenden erscheinen. Die Halligen, Vordeichgebiete und Feuchtgebiete dieser Landstriche gehören zu den Hauptrast- und Äsungsplätzen der Populationen aus dem Norden und Nordosten.

Beide Gänse sind kleiner, vor allem die Ringelgans, die ein dunkleres Gefieder hat und kleinere weiße Flecken am Hals, die fast wie ein schmales Halsband aussehen, während die Bläßgans durch einen auffallend weißen Fleck am Schnabelansatz und schwarze Querflecken am Bauch gekennzeichnet ist. Vor allem die Ringelgans kann durch Abäsen und Verschmutzen der Grünländereien erheblichen Schaden verursachen, da der Weideauftrieb von Schafen und Rindern – vor allem auf den Halligen – verzögert wird. Beide Arten sind in ihrem Bestand noch nicht gefährdet.

Seltener dagegen sind die *Weißwangengans (Branta leucopsis)* und die *Kurzschnabelgans (Anser brachyrhynchus)*. Erstere ist an ihrem schwarz-weißen Gefieder und dem auffallend weißen Gesicht zu erkennen, letztere an der hell blaugrauen Oberseite, die sich deutlich von dem sehr dunklen Kopf und Hals abhebt und durch den kurzen, rötlich und schwarz gefärbten Schnabel. Besonders die Kurzschnabelgans ist in ihrem Bestand rückläufig, und die Rastplätze im nordfriesischen Wattenmeer sind für beide Arten von großer Bedeutung. Beide Arten sind ganzjährig geschont. Zur näheren Unterrichtung empfehle ich das schon mehrfach erwähnte Werk von Peterson „Die Vögel Europas".

Die Wildenten und Säger

Auch hier soll die Beschränkung auf das Notwendige als Ziel gelten, insofern nur diejenigen Arten, die tatsächlich bejagt werden oder an unseren Küsten auf dem Durchzug in großer Zahl Rast machen. Berücksichtigung finden nicht aber auch solche, die einmal gelegentlich als seltene Wintergäste beobachtet werden.

Einige waidmännische Ausdrücke mögen vorweg angeführt werden. Das Männchen heißt *Entenvogel*, auch *Erpel*, das Weibchen *Ente*. Die Alten mit den Jungen zusammen bilden das *Schof* oder *Geheck*, mehrere Schofe einen *Flug*, mehrere Flüge eine *Schar*. Den farbigen, schillernden Fleck an den Fittichen nennt man *Spiegel*. Wenn in der Paarungszeit mehrere Entenvögel hinter einem Weibchen herziehen, so *reihen* die Enten *(Reihezeit)*. Das Paaren selbst heißt *Züchten*. Die Jungen werden nicht ausgebrütet, sondern *ausgebracht*. Die alten Jäger behaupten, daß Enten, die krankgeschossen seien, untertauchten, sich unter Wasser an Halmen oder sonstigen Teilen von Wasserpflanzen mit dem Schnabel festgebissen und auch im Tod nicht losließen. Sie sagten dann: die Ente hat sich *verbissen*. Es liegen tatsächlich einige Beobachtungen vor, die diesen Glauben zu befestigen scheinen. Der junge Entenjäger tut aber gut, sich nicht darauf zu verlassen, wenn er eine angeschossene Ente dort, wo sie untertauchte, nicht finden kann, und sollte desto sorgsamer am Ufer nachsuchen. Denn in den allermeisten Fällen verbeißt sich die kranke Ente nicht. Und niemals taucht sie dort wieder auf, wo sie untertauchte, weil sie unter Wasser das Ufer oder sonstige Deckung zu erreichen sucht. Wenn die Ente, um zu *gründeln*, sich im Wasser auf den Kopf stellt, so *stürzt sie sich* oder *stürzt*.

Die Enten *äugen* und *vernehmen* sehr scharf, dagegen vermag ich nicht daran zu glauben, daß sie auch gut *winden* oder *wittern*, obgleich das ein altes Jägermärchen ist. Ich meine, daß das unter Wind, also unter besonders günstigen Umständen, wirkende Gehör für alle die oft erzählten, wundersamen Begebenheiten mit Wildenten eine völlig ausreichende Erklärung abgibt, und daß man daher das bei Vögeln niedrig entwickelte Geruchsvermögen gar nicht zur Erklärung heranzuziehen braucht.

Wir unterscheiden zwischen *Schwimmenten, Tauchenten* und *Meerenten.* Die ersteren tauchen bei der Nahrungssuche in der Regel nicht, sondern *gründeln;* beim Auffliegen stehen sie unmittelbar vom Wasser auf. Die Tauchenten tauchen nach Nahrung; sie brauchen einen Anlauf, um sich vom Wasser abzuheben. Sie leben in Küstengewässern oder auf offenen Binnenseen. Meerenten sind, die Brutzeit ausgenommen, ans Meer gebunden. Von den bei uns vorkommenden Enten seien folgende, den Unterscheidungsmerkmalen nach, kurz erwähnt:

Stockente (Anas platyrhynchos): Kopf beim Entenvogel glänzend grün mit weißem Halsband, Brust braun, Unterseite hellgrau, Schnabel gelbgrau oder graugrün, Ruder gelbrot; bei der bräunlich gefärbten Ente schmutzig gelbrot. Spiegel blaugrün, violett schillernd, oben und unten schwarz, weiß eingefaßt. Nest am Boden, auch auf Bäumen, oft weit ab vom Wasser. In Deutschland die am häufigsten vorkommende Ente.

Krickente (Anas crecea): Kleinste Ente Europas. Erpel mit kastanienbraunem Kopf mit gebogenem grünem Augenfleck, waagrechter weißer Streifen über dem Rücken, Schnabel schwarz, Ruder dunkelgrau, metallisch hellgrün leuchtende Spiegel. Nest am Wasser in Schilf und Rohr. Gebietsweise selten geworden, jedoch in Nordwestdeutschland, vor allem in Schleswig-Holstein, noch häufiger Brutvogel.

Knäkente (Anas querquedula): Etwas größer als die Krickente. Beim Erpel klar gegen den weißen Bauch abgesetzte braune Brust, langgezogener weißer Bogenstreifen am Kopf, Schnabel schwarz-bräunlich, bei der Ente bleigrau, Ruder bleigrau, Spiegel klein, dunkelgraubraun mit schwach grünlichem Glanz, oben und unten mit schmaler Einfassung in Weiß.

Nest am Wasser in hohem Gras, Ranken und Rohr, seltener als die Krickente, doch beispielsweise in Schleswig-Holstein noch gesicherter Brutvogel.

Schnatterente (Anas strepera): Kleiner und schlanker als die Stockente, Erpel kastanienbraune Flügeldecken, Schnabel schwarz bis grau, Ruder rotgelblich, Spiegel weiß, Erpel im Schlichtkleid und Enten leicht mit Stockente zu verwechseln. Weniger verbreitet als die Stockente, in Nordwestdeutschland aber noch gesicherter Brutvogel.

Pfeifente (Anas penelope): Kopf rotbraun mit hellem Scheitel (Erpel), Bauch weiß, Schwanzfedern schwarz, Spiegel grün-schwarz; Ente ähnlich der Stockente, doch kleiner. Stimme: ein helles Pfeifen beim Erpel, bei der Ente ein tieferes Schnurren. Nest im Moor, in Sümpfen, auf Seeinseln, im Winter sehr zahlreich vor den Meeresküsten.

Spießente (Anas acuta): Schlank, mit langem Hals und spitzem Stoß. Erpel mit dunkelbraunem Kopf und Hals und weißen Streifen längs des Halses. Brust weiß, Oberseite und Flanken grau. Kommt im Winter sehr zahlreich vor den Küsten Nordwestdeutschlands vor.

Löffelente (Spatula clypeata): Auffallendstes Merkmal der löffelartig verbreitete Schnabel. Erpel mit grünschimmerndem Kopf, weißer Brust, rostfarbenem Bauch und rostbraunen Flanken. Ente, wie bei allen bereits genannten Arten, unscheinbarer. Flug schwerfällig. Nest in nassen Wiesen, Sümpfen, an verwachsenen Teichen. Brutvorkommen in Teilen Nordwestdeutschlands, so in Schleswig-Holstein, noch gesichert.

Kolbenente (Netta rufina): Die größte Tauchente; gedrungener Körper, brauner Kopf mit aufstellbarer Haube, dunkelbraune Oberseite, Hals, Brust- und Bauchstreifen schwarz, weiße Flanken, Schnabel rot. Die unscheinbare Ente ist durch die helle Färbung der Wangen erkennbar. Sie liebt schilfreiche Binnenseen und sucht nur selten das Meer auf. Die Kolbenente gehört zu den seltenen Arten.

Bergente (Aythya marila): Kopf, Hals und Brust schwarz, desgleichen der Schwanz, Rücken hellgrau, Bauch und Flanken weiß, Schnabel blaugrün. Die unscheinbare Ente ist an dem deutlichen weißen Streifen um den Schnabelansatz erkennbar. Außerhalb der Brutzeit finden wir sie vor den Küsten, in Meeresbuchten.

Reiherente (Aythya fuligula): Verhältnismäßig kleine, schwarz-weiße Tauchente mit deutlichem Federschopf; ähnelt der Bergente, vor allem auch die Ente. Vorkommen auf Seen und Teichen, wo sie auch brütet, selten auf dem Meer, gelegentlich in Flußmündungen.

Tafelente (Aythya ferina): Dunkelbrauner Kopf und Hals, schwarze Brust, sonst überwiegend grau. Die Ente ist schlichter im Gefieder mit braunem Kopf und Brust und helleren Seiten. Kommt vor allem auf Binnenseen vor, selten auf dem Meer.

Moorente (Aythya nyroca): Kopf, Hals und Brust sowie die Flanken tiefbraun, Unterseite weiß, desgleichen das Unterschwanzgefieder. Die Ente ist matter in den Farben. Vorkommen auf Binnenseen, selten auf dem Meer.

Schellente (Bucephala clangula): Auffallend schwarz-weiß, Kopf, Rücken und Schwanz schwarz, typisch der große, runde weiße Fleck zwischen Schnabel und Auge. Die Ente hat einen braunen Kopf ohne Wangenfleck, einen weißen Hals und ist sonst grau gefärbt. Ist auf Binnenseen und Küstengewässern anzutreffen und nistet in Baumhöhlen und Kaninchenbauen.

Eisente (Clangula hycmalis): Gefieder dunkelbraun und weiß, Kopf weiß mit dunklem Fleck auf der Halsseite, Schnabel rötlich und schwarz gebändert, auffallend die langen, spitz auslaufenden mittleren Stoßfedern. Kommt mit Ausnahme der Brutzeit nur auf dem Meer vor und ist dann vor der Küste Nordwestdeutschlands anzutreffen.

Eiderente (Somateria mollissima): Die stärkste Ente mit langem schwarzem Körper und einem länglichen Bauch, Kopf weiß mit schwarzem Scheitel und hellgrünem Nacken, Brust rahmfarben getönt, die Bauchseite schwarz, Rücken und Vorderflügel weiß. Die Ente ist dunkel- und hellbraungebändert. Die Eiderente ist eine Meeresente, die nur dort vorkommt und lediglich zum Brüten die Küstenregionen aufsucht. Wir finden sie in der Bundesrepublik Deutschland vor allem im nordfriesischen Wattenmeer, sowohl als Brutvogel als auch in

1. Stockente   2. Reiherente   3. Schellente   4. Eisente   5. Brandente   6. Moorente
7. Krickente   8. Knäkente   9. Löffelente   10. Schnatterente   11. Tafelente

großen Flügen während der gesamten Zugzeit. Sie ist keineswegs selten, doch aus einer gewissen Tradition heraus ganzjährig geschützt.

Brandente (Tadorna tadorna), Grabgans, auch *Fuchsgans,* genannt. Eine sehr große Ente, die fast mehr einer Gans ähnelt und eine Art Zwischenstellung einnimmt. Kopf und Hals sind grünlich/schwarz, der Körper weiß mit einem breiten fuchsroten Streifen um den Vorderkörper, sowie schwarzen Streifen an Schultern und Schwingen, Schnabel rot mit einem Wulst am Schnabelansatz, Ruder blaßrötlichgrau. Die Brandente kommt an den norddeutschen Küsten vor, aber auch im Binnenland. Sie brütet in Erdlöchern oder auch in Baumhöhlen. Die Brandente hat gebietsweise stark zugenommen, so daß sie zum Teil ein lästiger Konkurrent anderer Vogelarten geworden ist. Sie hat aber keine Jagdzeit. Gejagt werden dürfen: die Stockente vom 1. September bis 15. Januar, die Krickente, Knäkente, Pfeifente, Spießente, Bergente, Reiherente, Tafelente vom 1. Oktober bis 15. Januar. Alle anderen Entenarten sind ganzjährig geschont.

Im Anschluß an die Enten will ich noch die *Säger,* und zwar den *Gänsesäger (Mergus merganses)* und den *Mittelsäger (Morgus serrator)* nennen, da sie bei uns als seltene Brutvögel vorkommen und der Entenjäger sie hier und da in seinem Revier mitbetreut.

Als Zugvogel kommt außerdem der im hohen Norden brütende *Zwergsäger (Mergus albellus)* gelegentlich vor.

Die Säger zählen nicht mehr zu den dem Jagdrecht unterstellten Vögeln, genießen aber nach dem Naturschutzrecht ganzjährigen Schutz.

Die Taucher

Von den Steißfüßen brüten bei uns der *Schwarzhalstaucher,* der *Zwergtaucher* und der allbekannte *große Haubentaucher (Podiceps eristatus)* mit einer Länge von etwa 56 cm und einer Fittichspannung von 75 cm. Im Prachtkleid tragen beide Geschlechter um das weiße Gesicht einen braunen, schwarz eingefaßten Kragen und zwei spitze, schwarze Federschöpfe auf dem Oberkopf. Kragen und Schöpfe verlieren sich im Herbst. Das Nest steht auf einem

Zwergtaucher   *Großer Haubentaucher*

schwimmenden Haufen von Wasserpflanzen und enthält drei bis vier Eier von etwa 54 : 35 mm Größe. Frisch gelegt sind sie mattgrün-weiß, später nehmen sie durch verwesende Wasserpflanzen, mit denen sie vom brütenden Vogel beim Verlassen des Nestes zugedeckt werden, eine bräunlich-rostige Farbe an.

Der *Schwarzhalstaucher (Podiceps nigricollis)* hat nur eine Länge von etwa 30 cm und eine Fittichspannung von etwa 52 cm. Der *Zwergtaucher (Podiceps ruficollis)* ist bei einer Länge von etwa 23 cm und einer Fittichspannung von etwa 42 cm noch kleiner. Beide Arten leben sehr heimlich und gelangen meist nur durch ihren trillernden Paarungsruf zur Beachtung. Der große Haubentaucher liebt dagegen die freien, größeren Wasserflächen.

Die Taucher unterstehen, ebenso wie Kormoran und Lumme, nicht mehr dem Jagdrecht, doch sind sie durch die Naturschutzgesetzgebung ausreichend geschützt.

Die Möwen

Die Möwen sind herrliche Flugkünstler. Es ist ein Genuß, diesen Flug, bei dem die Gesetze der Schwerkraft ausgehoben zu sein scheinen, zu beobachten. Der Segelflug der Möwen ist das Vorbild geworden für die menschliche Segelflugtechnik.

Wir unterscheiden *Silbermöwe (Larus agentatus)*, *Sturmmöwe (Larus canus)*, *Mantelmöwe (Larus marinus)* und *Heringsmöwe (Larus fuscus)*, die vor allem an den Küsten und Flußmündungen vorkommen, sowie die *Lachmöwe (Larus ridibundus)*, die häufiger im Binnenland auf Seen und an Sümpfen zu finden ist, wo sie in Kolonien brütet.

Silbermöwe und Sturmmöwe zeigen sehr geringe Unterschiede. Beide sind rein weiß, bis auf die schwarzweißen Schwingen und die zart silbergraue Oberseite, doch ist die Silbermöwe fast doppelt so groß wie die Sturmmöwe. Mantelmöwe und Heringsmöwe haben eine schwarze Oberseite, doch ist die Mantelmöwe erheblich größer. Im Jugendkleid ähneln die Arten einander stark. Die Lachmöwe ist wesentlich kleiner und lebhafter im Flug als die anderen Arten.

Schließlich sei noch die *Dreizehenmöwe (Rissa tridactyla)* genannt, die zu den seltenen Arten gehört, aber beispielsweise auf Helgoland häufig vorkommt.

Im allgemeinen wird der Jäger keine Möwen schießen, doch haben die Möwen in den Küstengebieten und im Bereich der großen Häfen so zugenommen, daß dieser Übervermehrung entgegengesteuert werden muß. Das trifft vor allem für die Silbermöwe und die Lachmöwe zu, die als gefräßige Räuber Gelege und Bruten anderer, seltener Seevogelarten zerstören und den Bestand dieser Arten gebietsweise gefährden. Außerdem sind die Möwen, vor allem in den Seehäfen, gefährliche Krankheitsüberträger (Salmonellen). Eine Reduzierung ist daher dringend erforderlich, eine Bejagung nicht zu umgehen.

Silber-, Sturm-, Mantel- und Heringsmöwe haben eine Jagdzeit vom 16. August bis zum 30. April, die Lachmöwe eine solche vom 16. Juli bis zum 30. April.

ZWEITER TEIL

DIE HILFSMITTEL ZUR JAGD

Schußwaffen, Munition und Schießen

Die Leistung unserer heutigen Schußwaffen und Munition ist dank ihrer Weiterentwicklung ungleich größer als die Leistung der Jagdausrüstung früherer Zeit. Aber die Möglichkeit, hierdurch ebenso unsere Schießfertigkeit zu steigern, verlangt mehr denn je, die waidmännischen Gesichtspunkte in den Vordergrund zu stellen. Ihr Inbegriff ist die Forderung, das Wild auf die humanste Weise zu strecken und ihm nach Möglichkeit jede Angst und Qual zu ersparen. Diese hohe Verantwortung dem Mitgeschöpf gegenüber unterscheidet grundsätzlich den Jäger vom Sportschützen. Sie verlangt, die Funktion und Wirkung der Schußwaffen und ihrer Munition sowie die Grenzen der Leistung der Schußwirkung zu kennen, hiermit vertraut zu werden und sich auch Klarheit über die eigene Schießfertigkeit zu verschaffen. Wahrt der Jäger die sich hieraus ergebenden Beschränkungen auch dann in Selbstbeherrschung, wenn er sich auf der Einzeljagd ohne Zeugen weiß, wird er in dieser Beziehung ein guter Waidmann sein.

Die von unseren Jägern geführten Schußwaffen sind *Handfeuerwaffen*, in denen heiße Gase Geschosse verschiedener Art durch einen Lauf treiben.

Handfeuerwaffen

In den Handfeuerwaffen werden Einzelgeschosse oder Schrote durch den Druck der Gasentwicklung von verbrennendem Pulver durch die Läufe getrieben. Dazu wird mittels einer Patronenhülse eine der beiden Geschoßarten mit dem Treibladungsmittel und einer dazugehörigen Zündung zu einer Patrone zusammengefaßt. Sie wird von hinten in den Lauf geladen, durch eine hinter dem Lauf eingebaute Schlageinrichtung gezündet, und leitet dadurch die Schußentwicklung ein. Zu Jagdzwecken werden die Handfeuerwaffen in der Form von *Langwaffen* (mehr als 60 cm Länge) mit der Bezeichnung *Jagdgewehre* verwendet. Zur Abgabe des Fangschusses und zur Selbstverteidigung benutzt der Jäger die Handfeuerwaffen in der Form von *Kurzwaffen* (bis zu 60 cm Länge) mit der Bezeichnung Pistole oder Revolver.

Auf *Schalenwild* wird mit einem Einzelgeschoß gejagt, das das Ziel nur in einem Punkt trifft und das wir kurzweg als *Geschoß* bezeichnen. Die früher für das Einzelgeschoß übliche Bezeichnung Kugel, die noch aus der Zeit des Gebrauchs tatsächlicher Rundkugeln herrührt, ist für die heute in Jagdpatronen verwendeten Langgeschosse nicht mehr zutreffend.

Die mit einem Einzelgeschoß geladene Patrone ist eine *Büchsenpatrone*, wenn sie für die Verwendung in den hierfür üblichen gezogenen Läufen eingerichtet ist. Die Läufe dieser Bauart nennt man *Büchsenläufe* und die entsprechenden Waffen ganz allgemein Büchsen (Abb. S. 137 oben).

Auf *Feder*- und *Haarwild* der *Niederwildarten* jagt man vorwiegend mit einer geballten

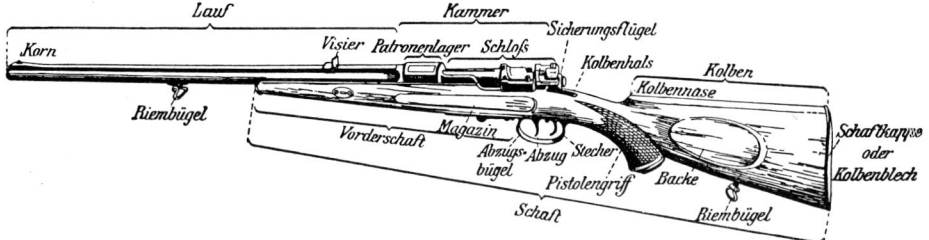

Bezeichnung der Gewehrteile einer Mauser-Repetierbüchse Modell 98

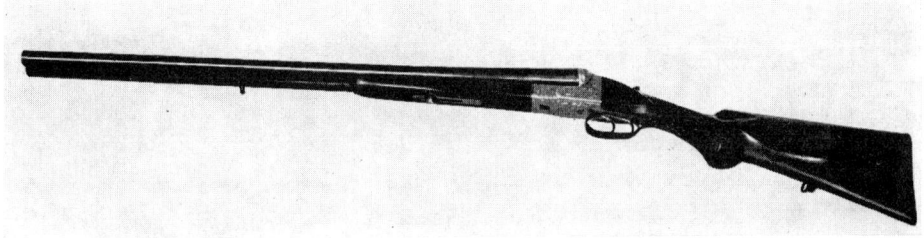

Doppelflinte von J. P. Sauer & Sohn, Eckernförde

Ladung kornartiger Geschosse, die einen über das Ziel streuenden Schuß ergeben und die wir *Schrote* nennen. Die dazugehörige Patrone ist die *Schrotpatrone,* die aus glatten, sogenannten *Schrot-* oder *Flintenläufen* verfeuert wird. Die entsprechenden Gewehre heißen *Schrotgewehre* oder *Flinten* (s. obige Abbildung).

Aus *Pistolen* und *Revolvern* verschießt man Einzelgeschosse; die entsprechenden Patronen sind Pistolen- und Revolverpatronen.

Die zum behelfsmäßigen Schießen mit einem Einzelgeschoß aus Schrot- bzw. Flintenläufen bestimmte, mit einem *Flintenlaufgeschoß* geladene Patrone ist eine Flintenlaufgeschoßpatrone.

Bauarten der Jagdgewehre

Entsprechend der Einrichtung der Gewehre und ihrer Läufe für Büchsenpatronen oder für Schrotpatronen, je nach der Zahl solcher Läufe und je nach der viel gebräuchlichen Vereini-

Gewehrarten und Laufsysteme

Gezogene Läufe für Büchsenpatronen	Glatte Läufe für Schrotpatronen	Gesamtzahl der Läufe	Benennung
1	–	1	Büchse
2	–	2	Doppelbüchse
–	1	1	Flinte
–	2	2	Doppelflinte
1	1	2	Büchsflinte
1	2	3	Drilling
2	1	3	Doppelbüchs-Drilling
2	2	4	Vierling

gung beider Laufarten in einem Gewehr *(Kombinierte Gewehre)*, sind nachstehende Benennungen für die verschiedenen Gewehrarten üblich geworden.

Zum Unterschied gegenüber dem früher allgemein gebräuchlichen Gewehrbau mit quer-
bzw. nebeneinanderliegendem *Laufsystem* von Doppelläufen, wird deren schießtechnisch
günstigere, heute vielfach bevorzugte, übereinanderliegende System-Anordnung *Bockgewehr*
genannt. Dementsprechend lauten die Bezeichnungen dieser Gewehre Bockbüchse, Bock-
flinte, Bockbüchsflinte, Bockdrilling, Bockbüchsdrilling.

Bezüglich des Ladesystems teilen wir die Gewehre in Einzel-, Mehr- und Selbstlader ein.

Einzelladesystem

Das *Einzelladesystem* (Abb. S. 137 unten) wird für alle mehrläufigen Gewehre und einen Teil
einläufiger Gewehre verwendet. Es läßt je Lauf nur eine Patrone einladen, die ihm für jeden
Schuß einzeln von Hand zugeführt werden muß. Hierzu erfordern Einzelladegewehre mit
dem Öffnen des Verschlusses, Laden, Schließen und Abziehen von Hand vier getrennte
Handgriffe, dazu evtl. einen fünften zum Ausziehen der abgeschossenen Hülse, und bei
besonderer Schloßspannung von Hand noch einen sechsten. Da der Einzellader nach dem
Abschießen der Läufe zu diesen Handhabungen auch aus dem Anschlag genommen und für
einen folgenden Schuß wieder angeschlagen werden muß, ist seine Betätigung zeitraubend und
seine Feuergeschwindigkeit bei Bedarf mehrerer aufeinanderfolgender Schüsse gering.

Mehrladesystem

Das für einläufige Gewehre benutzte *Mehrladesystem* (Abb. S. 137 oben) wird in Deutschland
hauptsächlich für *Repetierbüchsen* System Mauser, Mannlicher, Sauer und andere verwendet.
Die Gewehre fassen bis zu fünf Patronen in einem Magazin, das hinter dem Lauf liegt.
Die Patronenbeförderung aus dem Magazin über einen Zubringer in den Lauf, die Schloßspannung und der Patronen- bzw. Patronenhülsenauswurf werden durch mechanisch wirkende Teile des Verschlusses besorgt. Sie wirken bei dessen Schließ- und Öffnungsvorgang so
miteinander, daß diese einzelnen Vorgänge des Schußfertigmachens gleichzeitig mit den
Betätigungen des Verschlußgriffes in einem Handgriff ausgeführt werden. Infolgedessen
haben die Mehrlader für den Fall einer aufeinanderfolgenden Abgabe mehrerer Schüsse eine
Feuergeschwindigkeit, die wesentlich größer ist als die von Einzelladern, besonders wenn der
Schütze sich darin übt, den Verschluß mit der Mehrladeeinrichtung bei angeschlagener Waffe
zu betätigen.

Selbstladesystem

Das gleichfalls nur für Einlaufgewehre verwendete *Selbstladesystem* führt, nach erstmaligem
Laden durch Handgriffe, für die folgenden Schüsse sämtliche Vorgänge des Schußfertigma-
chens selbsttätig aus. Hierzu werden an Stelle der Handbetätigung Kräfte, die sich bei der
Schußentwicklung bilden (Gasdruck oder Rückstoß), auf die Verschluß- und Ladeeinrichtung
übergeleitet und bewegen sie. Bei geladenem Lauf und Magazin bedürfen diese Waffen für das
Abfeuern des Magazininhalts nur des Abziehens von Hand des Schützen und keinerlei
Unterbrechung des Anschlags. Sie besitzen damit die größte Feuergeschwindigkeit. Das
Arbeitsgeräusch, das die Verschluß- und Schloßbetätigung bei anderen Gewehren erst mit
zeitlichem Abstand nach einem Schuß entstehen läßt, geht im Schußknall des Selbstladers
völlig unter. In Deutschland sind Selbstlader für Jagdzwecke als Flinten (Browning, Franchi,

Remington usw.) schon lange gebräuchlich. Eine zuverlässige Selbstladebüchse für starke Jagdbüchsenpatronen wurde erst im Jahr 1935 von der Firma Krieghoff, jetzt in Ulm/Donau, auf den Markt gebracht, die Herstellung aber nach dem 2. Weltkrieg nicht wiederaufgenommen.

Durch verschärfte waffen- und jagdgesetzliche Bestimmungen ist inzwischen die Verwendung von Selbstladegewehren in der Bundesrepublik eingeschränkt worden. Danach dürfen nur noch Selbstlader für die Jagd Verwendung finden, deren Magazin nicht mehr als 2 Patronen aufnehmen kann.

Patronen

Sämtliche Patronen, die ein Einzelgeschoß oder Schrote und Pulver enthalten, werden mit *Patronenmunition* bezeichnet.

Die Patronen enthalten in einer Patronenhülse das Geschoß oder die Schrote, das Treibladungsmittel, dessen Verbrennung heiße Gase bestimmten Druckes entwickelt und hierdurch die Geschosse (Einzelgeschosse oder Schrote) im Gewehrlauf in Gang setzt und beschleunigt, und die Zündung, die das Pulver anbrennt.

Büchsenpatronen

Für *Büchsenpatronen* (s. Abbildung) werden *Patronenhülsen* verwendet, die in einem Stück aus Messing gezogen sind.

Zu Patronenhülsen mit *Zentralfeuerzündung* (s. Abbildung), die wir vorwiegend für Jagdzwecke benutzen, werden die Hülsen entweder mit einem am Hülsenboden massiv angepreßten Rand versehen oder randlos mit einer über dem Hülsenboden eingedrehten

Geschoß mit Loch, verdeckt durch eingesetzte hohle Kupferblechspitze (sogen. Kupferhohlspitze)

Büchsenpatrone (ohne Rand) mit H-Mantel-Geschoß

Auszieherrille gearbeitet (s. Abbildung). Von außen nach innen verlaufend, sind in den Patronenhülsenboden eine Zündglocke und ein oder zwei Zündlöcher eingearbeitet, die zum darüberliegenden Pulverraum führen. In der Zündglocke sitzt ein Zündhütchen, das in seiner Metallkapsel einen schlagempfindlichen Zündsatz enthält. Neuerdings ist der Amboß im Zündhütchen und in der Patronenhülse nur noch eine Bohrung für den Zündstrahl. Für Patronen mit *Randfeuer-*

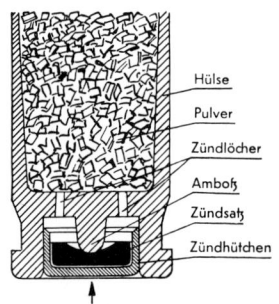

Büchsenpatrone (randlos) mit Zentralfeuerzündung (nach RWS)
→ = *Einschlagstelle des Schlagbolzens*

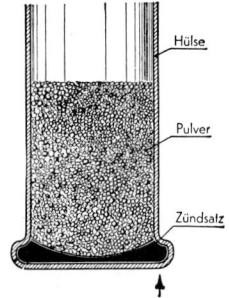

Büchsenpatrone mit Randfeuerzündung (nach RWS)
↑ = *Einschlagstelle des Schlagbolzens*

zündung (s. Abbildung), z. B. Patrone Kal. .22 long rifle, werden Patronenhülsen mit einem Rand benutzt, der zu einem Hohlraum ausgebildet ist und hierin den Zündsatz enthält.

In den Pulverraum der Patronenhülse ist ein *Büchsenpulver* geladen, das in seinem Verbrennungscharakter auf die besonderen Aufgaben abgestimmt ist, die sich für das Pulver aus dem Verfeuern der sehr verschiedenartigen Jagdbüchsengeschosse ergeben. Vorwiegend werden heute sog. „rauchlose" Pulver (Nitro-Pulver) verarbeitet, die mit nur schwach wahrnehmbarer Rauchentwicklung abbrennen. Sie dürfen nur aus Läufen verschossen werden, die dem amtlichen Nitrobeschuß (Haltbarkeitsbeschuß) unterzogen wurden.

Im Hals der Patronenhülsen sind die *Geschosse* häufig mit einem sog. Ankniff befestigt. Ihr äußerer Aufbau ist der Fluggeschwindigkeit, mit der ein Geschoß verfeuert werden soll, und den Bedingungen angepaßt, die sich hieraus für die Führung der Geschosse im Gewehrlauf ergeben. Die ursprüngliche, heute nur noch in Jagdbüchsen älteren, überholten Typs und in sog. Kleinkaliberbüchsen verwendete Geschoßart stellt das *Bleigeschoß* dar. Es ist in einem Stück zu einem massiven Bleikörper ausgepreßt, hat eine weiche Führung im Lauf und ist verwendbar für Fluggeschwindigkeiten bis etwa 450 m/s. Die jetzt für Jagdzwecke vorwiegend gebrauchte Geschoßart ist das mit einer festen Führung versehene, für höhere Geschwindigkeiten bestimmte *Mantelgeschoß* (Abb. S. 139). Als Jagdgeschoß wird es aus einem Bleikern und einem darübergezogenen, am Boden meistens geschlossenen Mantel hergestellt. Als Werkstoff für den Geschoßmantel werden Flußstahl oder in zunehmendem Maße Kupferlegierungen (Tombak) verwendet. Tombak als Werkstoff hat den Vorteil, daß es zähweich ist und so besser für die modernen Deformationsgeschosse geeignet ist.

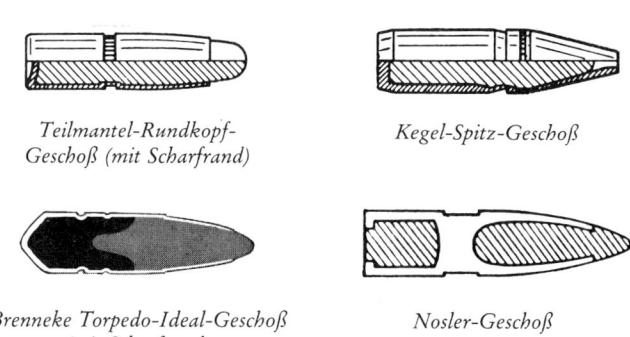

Teilmantel-Rundkopf-   Kegel-Spitz-Geschoß
Geschoß (mit Scharfrand)

Brenneke Torpedo-Ideal-Geschoß   Nosler-Geschoß
(mit Scharfrand)

Nach ihrem mit *Kaliber* bezeichneten Durchmesser sind die deutschen Büchsengeschosse in die hauptsächlichsten Kalibergruppen 5,6, 6,5, 7, 8 und 9,3 mm eingestuft. Innerhalb dieser, teils auf $^1/_{10}$, teils auf $^1/_{20}$ mm abgerundeten Kaliber-Durchmesser ($\varnothing$) ergaben sich während der Entwicklung z. T. beträchtliche Schwankungen des tatsächlichen Geschoß-$\varnothing$ im einzelnen, so daß heute in den einzelnen Kalibergruppen oftmals mehrere verschiedene Geschoß-$\varnothing$ bestehen.

Die jeweilige Kalibergröße einer Patrone sowie ihre Hülsenlänge und Ausführungsart mit und ohne Rand sind aus den Bezeichnungen deutscher Büchsenpatronen, z. B. 7 × 57 und 7 × 57 R, ersichtlich. Die voranstehende Zahl kennzeichnet die Kalibergröße, die folgende Zahl die Länge der Patronenhülse, R deren Ausführung mit Rand. Die außerhalb Deutschlands entwickelten Kaliber (USA, England) sind mit Zollmaßen gekennzeichnet. So bedeutet die Kaliberangabe .308 Win., daß das Geschoß ein Kaliber von 0,308 Zoll hat; das entspricht einem Durchmesser von 7,62 mm.

Die Gewichte der Geschosse sind der Stärke unserer verschiedenen Wildarten angepaßt. Patronen, die sich für Wild unterschiedlicher Größe eignen, werden deshalb auch mit Geschossen verschiedener Gewichtsstufen geliefert.

Schrotpatronen

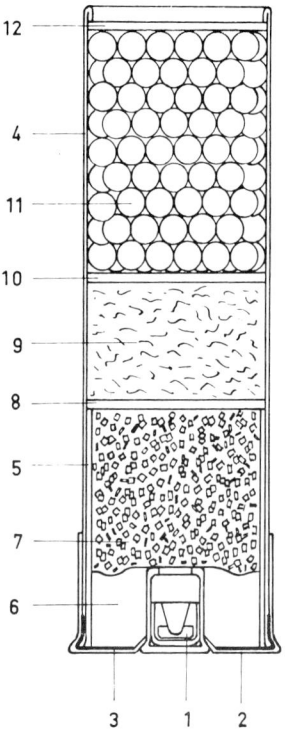

Die *Patronenhülsen* für *Schrotpatronen* wurden bis vor wenigen Jahren ausschließlich als „Pappehülsen" (s. Abb.) hergestellt. Ihr Bodenende enthält einen Pappestöpsel (6) und ist außen durch eine mit einem Rand versehene Blechkappe (2) umschlossen. Im Pulverraum enthalten die Pappehülsen von Markenpatronen der guten Qualitäten einen besonderen Pappe- oder Blecheinsatz (5) und im Boden als Verstärkung eine Blecheinlage (3), Imprägnierungen der Pappehülsen ergeben je nach Güte eine mehr oder minder ausreichende Widerstandsfähigkeit gegen Feuchtigkeitseinflüsse, denen Patronen bei Lagerung oder beim Gebrauch ausgesetzt sind. Völlig geschützt gegenüber Feuchtigkeit sind Patronenhülsen, die aus Kunststoff teils in einem Stück, teils in zwei Stücken hergestellt werden.

Die *Zündung* der Schrotpatronen ist als Zentralfeuerzündung (1) in den Hülsenboden eingesetzt, und darüber ein Schrotschußpulver (7) eingeladen.

Das *Schrotschußpulver* ist in seinem Verbrennungscharakter der Vortreibung der locker geschichteten, relativ leicht durch die glatte Laufbohrung eines Schrotlaufes zu befördernden Schrotladung angepaßt. Mit Rücksicht auf den hierzu notwendigen flotten Abbrand des Pulvers ist es für Büchsenpatronen, deren feste Geschosse einen hohen Einpreßwiderstand in den dazugehörigen Läufen ergeben, ungeeignet und äußerst gefährlich. Es wird heute „rauchloses", d. h. rauchschwaches Schrotschußpulver (Nitropulver)

Schrotpatrone mit Pappehülse

verwendet, das ebenfalls nur aus Läufen verfeuert werden darf, die hierfür amtlich durch den Nitrobeschuß geprüft sind.

Über dem Pulver sitzt in der Schrotpatrone ein Zwischenmittel, das entweder ein gefetteter Filzpfropfen (9) oder ein Schrotkorb aus Kunststoff sein kann. Bei bestimmten Arten des Pfropfens ist sein Boden gegenüber dem Pulver und seine Stirn gegenüber dem darüber lagernden, aus Hartblei hergestellten *Schrot* (11) abgedeckt. Hierzu dienen entweder auf den Pfropfen aufgeklebte Scheibchen aus Teerpapier oder lose eingelegte Kartonscheiben (8 und 10).

Die Schrote sind in die Größen 2, 2¹/₄, 2¹/₂, 2³/₄, 3, 3¹/₂, 4 und 4¹/₂ mm Ø sortiert, werden nach diesen Ø benannt und in entsprechende Patronensorten geladen. Den vorderen Verschluß der Patrone bilden entweder ein dünner Schlußdeckel (12), über den das Patronenhülsenende fest hinweggebördelt ist, oder eine sternförmige Faltung des Hülsenmundes.

Das *Kaliber* der Schrotpatronen wird nicht etwa nach dem Ø der darin verladenen Schrotsäule bezeichnet. Es wird nach alter Überlieferung international danach benannt, wieviel Kugeln aus Reinblei des betreffenden Laufbohrungsdurchmessers jeweils zusammen ein englisches Pfund wiegen; sind es 12, haben die Patronen und dazugehörenden Läufe Kal. 12, sind es 16, haben sie Kal. 16 usw. Von den bei uns gängigen Schrotkalibern ist das größte das Kal. 12, das kleinste das Kal. 20. Die noch kleineren Kaliber 24, 28, 32 und 36 (im englischen Sprachbereich Kaliber .410) werden nur selten verwendet.

Die Hülsen der Schrotpatronen werden in den Kal. 12, 16 und 20 überwiegend in einer Länge von 70 mm und nur in wenigen Ausführungen auch in einer Länge von 65 mm, in den

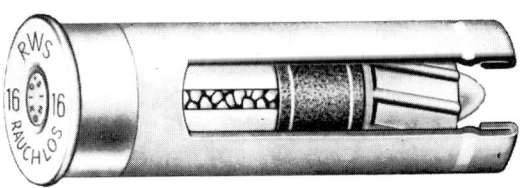

Flintengeschoß-Patrone mit Brenneke-Flintenlaufgeschoß (nach RWS)

Kal. 24, 28 und 32 nur 63,5 mm lang gefertigt. Die Patronenbezeichnung lautet nach Kaliber und Patronenhülsenlänge Kal. 12/65 oder 12/70, Kal. 16/65 oder 16/70 usw. In letzter Zeit setzt sich immer mehr eine Hülsenlänge von 67,5 mm durch. Sie hat den Vorteil, daß die Patronen sowohl aus Flinten mit 65 mm langen, als auch aus Flinten mit 70 mm langen Patronenlagern verschossen werden können, ohne daß die Trefferleistung beeinflußt wird. Auch ergeben sich keine Änderungen des Gasdruckes.

Ausländische Schrotpatronen sind zum Teil als „Magnum"-Patronen auch mit Hülsen von mehr als 70 mm Länge versehen.

Die zu den verschiedenen Kalibern und Patronenlängen verwendeten mittleren Schrotladungs-Gewichte und -Mengen sind hierin annähernd einheitlich und ihre Mittelwerte aus der folgenden Tabelle ersichtlich.

Flintenlaufgeschoß-Patronen

Flintenlaufgeschoß-Patronen (Abb. S. 142) werden hergestellt, indem in Schrotpatronenhülsen bolzenartige Bleigeschosse an Stelle der Schrotladung eingesetzt werden. Die Geschosse sind in ihrem Umfang je nach Bauart längsgerippt oder mit Ringen versehen, um den Einpreßwiderstand im Lauf demjenigen von Schroten anzugleichen und einen leichten gefahrlosen Durchgang durch die Laufbohrung zu gewährleisten. Das *Brenneke-Flintenlaufgeschoß* hat einen am Geschoßboden befestigten Filzpfropfen; es wird unmittelbar auf die Pulverladung gesetzt. Das Patronenhülsenende wird über das Geschoß hinweggebördelt, wie dies beim Schlußdeckel von Schrotpatronen üblich ist.

Gewehrläufe

Der Gewehrlauf muß die Schußentwicklung der Patrone übernehmen, deren Druck auffangen, den abgefeuerten Geschossen oder Schroten eine zweckmäßige, sichere Führung geben und ihnen eine stetige Flugrichtung vermitteln. Diesen Aufgaben kann nur ein Gewehrlauf entsprechen, der ausreichend fest gebaut, mit aller Sorgfalt gearbeitet und durch genügende Pflege in gutem Zustand erhalten wird.

Mehrläufige Gewehre haben eine *Visierschiene,* auf der die Visierung angebracht ist. Einläufige Gewehre tragen die Visierung entweder auf weich aufgelöteten Sätteln oder ebenfalls auf einer Schiene. Die Läufe für mehrläufige Schußwaffen werden zu einem Laufbündel bzw. einer Laufgarnitur vereinigt und in der Regel fest miteinander verbunden. In das hintere Laufende ist ein *Patronenlager* und davor ein *Übergangskegel* eingefräst. Hieran

Patrone Kal.	Gramm	2 mm	2¹/₂ mm	Kornzahl 3 mm	3¹/₂ mm	4 mm
12/70[1]	35,5	755	390	225	140	95
12/65	34,5	710	370	215	135	90
16/70	31	650	335	195	125	85
16/65	28,5	605	315	180	115	75
20/70	26,5	565	290	170	105	70
20/65	25,5	540	280	160	100	68

Spezial-Wurftaubenpatronen Kal. 12/70 enthalten etwa 36 g 2,4-mm-Schrot = 445 Körner

schließt die Geschoß- bzw. Schrotführung an, die sich bis zur Mündung der Läufe erstreckt und bis dahin das Geschoß oder die Schrote führt. Die längs durch die Laufbohrung verlaufende Achse ist die *Seelen-* oder *Laufachse.*

Büchsenläufe

Beginnend in dem Übergangskegel und sich fortsetzend in der Geschoß-führung, sind in die Bohrung der Büchsenläufe *Züge* eingearbeitet, zwischen denen als erhabene Balken *Felder* stehen (s. Abb.). Der sich hieraus ergebende Laufinnendurch-messer wird mit *Kaliber* bezeichnet. Als Zugdurchmesser wird es zwischen den Zügen, als Felddurchmes-ser zwischen den Feldern gemessen. Innerhalb der einzelnen Kaliber-gruppen der Büchsenpatronen ist das Laufkaliber den hierin verschiedenen Geschoßdurchmessern in einem da-zugehörigen Paßverhältnis angegli-

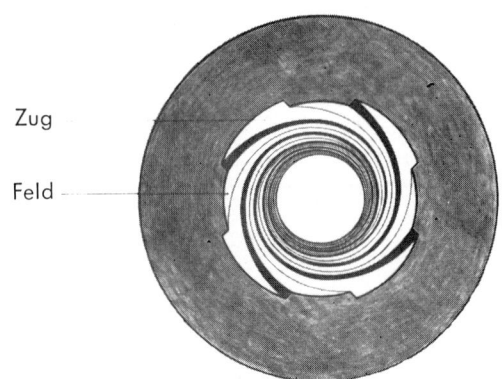

Blick in die Bohrung mit Zügen und Feldern eines Büchsen-laufes (nach RWS)

chen. Für die Patronen Kal. 8 × 57 J und 8 × 57 JR mit 8,09 mm größtem Geschoßdurch-messer hat die Laufbohrung z. B. 8,07 mm kleinsten Zugdurchmesser, für Patronen 8 × 57 JS und JRS mit 8,22 mm größtem Geschoßdurchmesser 8,20 mm kleinsten Zugdurchmesser. Die dazugehörigen 8-mm-Pastronen des größeren Kalibers sind durch ein S gekennzeichnet (8 × 57 JS bzw. 8 × 57 JRS).

Züge und Felder der Laufbohrung verlaufen, wie in Abb. oben, in schraubenartiger, mit *Drall* bezeichneter Windung. Sie bezweckt eine dem Geschoß mitzugebende, schnelle Umdre-hung um seine Längsachse und verhindert dadurch das übermäßige Pendeln und das Über-schlagen, dem jedes nicht rotierende Langgeschoß während seines Fluges unterliegt.

Schrotläufe

Die Schrotführung der Bohrung von Schrotläufen setzt ebenfalls nach einem Patronenlager in dem davorliegenden Übergangskegel an und erstreckt sich bis zu der Laufmündung. Die Patronenlager Kal. 12, 16 und 20 werden, entsprechend den unterschiedlichen Längen der Schrotpatronenhülsen, entweder 65 oder 70 mm lang oder ggf. (Magnum-Patronen) noch

Schrotpatrone mit 70 mm langer Hülse im 65 mm langen Patronenlager

Vor dem Schuß   *Während der Schußentwicklung*

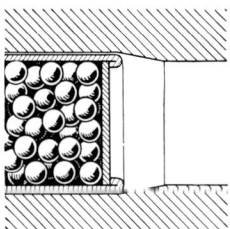
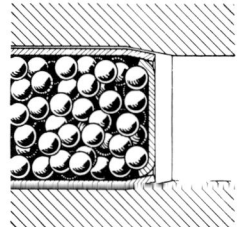

Die Patrone mit 70 mm langer Hülse ist durch die Umbördelung am vorderen Ende gekürzt; sie läßt sich deshalb unbehindert in das 65 mm lange Patronenlager einladen

Während der Schußentwicklung öffnet sich der Hülsenmund nur unvollständig, weil sich das Hülsenende in den Übergangskegel legt; hierdurch wird der Hülsenmund verengt, das Austreten des Schlußdeckels und der Schrote gehemmt und der Gasdruck erhöht

länger gebohrt. Die Länge der Patronenlager soll durch einen entsprechenden Stempel auf dem Lauf vermerkt sein. Will man Schrotpatronen mit z. B. 70 mm langen Hülsen gebrauchen, muß man sich vergewissern, ob das Patronenlager diese Länge hat, damit sich die umgebördelte oder gefaltete Hülse beim Schuß noch im Patronenlager völlig öffnen kann. Andernfalls stößt sie dabei gegen die Steigerung des Übergangskegels, behindert hier den zügigen Einlaß der Schrote (siehe Abbildung) und bewirkt Erhöhung des Gasdrucks. Auch das Verfeuern von Schrotpatronen mit nur 65 mm langen Hülsen aus 70 mm langen Patronenlagern ist nicht ratsam, weil die hierbei sich ergebende Schußentwicklung nachteiligen und unter Umständen auch gefährlichen Störungen unterliegt. Die Verwendung von Patronen mit 67,5 mm langer Hülse habe ich bereits weiter oben angesprochen. Die Oberfläche der Patronenlager muß glatt (frei von Bohrringen und anderen Unebenheiten), der Durchmesser vorn etwas kleiner als hinten sein. Andernfalls können die abgeschossenen Hülsen im Patronenlager hängenbleiben.

Die Schrotführung der Laufbohrung ist völlig glatt gehalten. Verläuft ihr Durchmesser zylindrisch bis zur Laufmündung hin, haben wir eine *Zylinderbohrung*, die eine große Streuung der Schrote bewirkt. Die meisten Schrotführungen enden jetzt in einer *Würge*- oder *Chokebohrung*, die eine Verengung der Laufmündung darstellt. Je nach dem Grad ihrer Verengung und deren, den schwärmenden Flug der Schrote zusammenhaltenden Wirkung, spricht man von schwacher, mittlerer und starker Würge- bzw. Chokebohrung.

Flintenlaufgeschosse werden aus normalen Schrotläufen verfeuert. Der Flug dieser Geschosse wird nicht durch eine Rotation stabilisiert, wie sie den aus gezogenen Büchsenläufen verfeuerten Geschossen vermittelt wird, sondern durch einen entsprechenden Aufbau der Geschosse nach dem Pfeilprinzip. Es reicht für den kurzen Wirkungsbereich dieser Munition aus. Aus Würgebohrungen mit normaler Verengung können z. B. Brenneke Flintenlaufgeschosse ohne Schaden für den Lauf verschossen werden.

Verschlußeinrichtungen

Der *Gewehrverschluß* hat die Aufgabe,
1. Die Patronenlager zum Einführen oder Wiederausziehen von Patronen bzw. abgeschossenen Hülsen zugänglich zu machen,

2. die Patronenlager hinten zuverlässig zu verschließen und dabei den Druck der Schußentwicklung in Richtung des Patronenhülsenbodens aufzunehmen,

3. bei einem Reißen von Patronenhülsen zurückströmende Gase nach Möglichkeit abzufangen.

Infolgedessen ist der Verschluß mit einer Festigkeit auszurüsten, die den Kräften standhält, die aus der Schußentwicklung der verschiedenen Jagdpatronen hervorgehen.

Unsere Gewehrverschlüsse sind zu gliedern in solche zu Gewehrsystemen mit feststehenden Läufen und in solche zu Systemen mit abkippenden Läufen.

Verschlüsse für feststehendes Laufsystem

Für die Verschlüsse ist an dem Lauf ein Verschlußstück angeschraubt, in dem ein Verschlußblock hinter dem Laufende meistens vor- und zurückläuft. Die gebräuchlichsten Verschlüsse dieser Art sind die nur für einläufige Gewehre in Frage kommenden *Zylinderverschlüsse* nach Bauart Mauser (Abb. S. 137), Mannlicher und andere, die durch ihre Zylinderform gekennzeichnet sind. Als Kammer bezeichnet, läuft der Zylinderverschluß in der Verschlußhülse, die mit ihrem vorderen Ende über den Lauf geschraubt ist, in dessen Richtung vor und zurück. Zu Jagdzwecken wird der Verschluß vorwiegend für Mehrladebüchsen verwendet; er ist dann so eingerichtet, daß sein Schließvorgang gleichzeitig die Zuführung einer Patrone aus dem Magazin in den Lauf, sein Öffnungsvorgang das Ausziehen und Auswerfen einer abgeschossenen Hülse aus dem Lauf oder dessen Entladen besorgt. Die feste Verriegelung der Kammer mit dem Lauf entgegen dem Bodendruck der abgefeuerten Patrone, in nächster Nähe der hierdurch ausgelösten Kräfte, verbürgt eine größte Standfestigkeit gegenüber anderen Verschlußarten. Laufersatz ist bei dieser Verschlußart einfach und preiswert. Nachteilig ist die verhältnismäßig große Baulänge mancher Zylinderverschlüsse, die einen kürzeren Lauf bzw. eine größere Länge des Gewehrs bedingt. Der sog. Kurzverschluß der Mauser-Repetierbüchsen Modell 66 vermeidet solche Mängel. Auch das laute Öffnungs- und Schließgeräusch des Zylinderverschlusses kann sich auf der Jagd in der Nähe von Wild unvorteilhaft auswirken.

Der *Blockverschluß* wird in Deutschland nur für einläufige Gewehre benutzt. Manche, nicht alle Ausführungen neigen bei Verwendung stärkerer Patronen zu Verklemmungen. Vorteilhaft ist die kurze Baulänge und der ebenfalls einfache Laufersatz.

Verschlüsse für das Kipplaufsystem

Verschlüsse für das Kipplaufsystem werden vorwiegend in der im Grundsatz in Abb. S. 146 gezeigten Bauart als *Kippverschluß* gefertigt. Der Kippverschluß verschließt das hintere Laufende mittels des Stoßbodens eines massiv gearbeiteten, gewinkelten Verschlußgehäuses.

Dem Abkippen der Läufe im Schuß begegnet die *Laufhakenverriegelung* vermittels eines im Verschlußgehäuse vor- und zurücklaufenden Keils, der in entsprechende Aussparungen der Laufhaken eintritt und sie verriegelt (Abb. S. 146). Bewegt wird der Keil durch einen meist hinter den Läufen liegenden Verschlußhebel. Die Standfestigkeit des nur mit den Laufhaken verriegelten Kippverschlusses ist gegenüber starken Beanspruchungen nicht immer ausreichend.

Eine Verstärkung dieses Verschlusses bewirkt der *Greener-Querriegel-Verschluß*, der vorzugsweise für doppelläufige Gewehre und für Drillinge verwendet wird (S. 146 oben). Als oben im Stoßboden des Verschlußgehäuses querlaufender Bolzen greift er durch einen an die Läufe angearbeiteten Zapfen. Die so hergestellte Verbindung der Läufe mit dem Stoßboden des Verschlußgehäuses wirkt dem Abkippen der Läufe im Schuß in der Senkrechten entgegen und vermindert die Winkelbeanspruchung des Verschlußgehäuses. Damit genügt der mit der Laufhakenverriegelung vereinigte Greener-Querriegel stärkeren Verschlußbeanspruchungen. Einem seitlichen Abdrehen querliegender Läufe im Verschlußgehäuse während der Schußabgabe begegnet der Greener-Querriegel nur wenig, weil die hierdurch ausgelösten Seitenkräfte außerhalb der Verriegelung angreifen.

Diesen Kräften widersteht der *Kerstenverschluß* am besten. Sein nach Art des Greener-Querriegels im Stoßboden des Verschlußgehäuses querlaufender Doppel-Bolzen greift in zwei

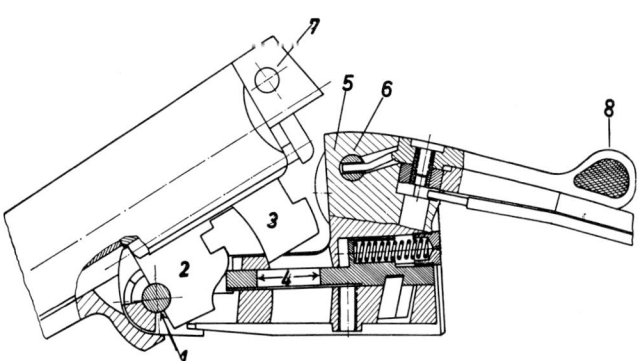

Kippverschluß mit Greener-Querriegel und doppelter Laufhakenverriegelung (im Schnitt von der Seite gesehen, nach Sauer & Sohn) 1 Scharnierwelle, 2 und 3 Laufhaken, 4 Verschlußkeil, 5 Stoßboden, 6 Greener-Querriegel, 7 Laufzapfen, 8 Verschlußhebel

Zapfen, die an die beiden äußeren Laufwandungen angeschmiedet sind (S. 146 unten). Die hiermit den Läufen und dem Stoßboden gegebene doppelseitige Verankerung nimmt alle Bewegungen der Läufe, die sie bei dem Abgeben eines Schusses im Verschlußgehäuse erhalten, innerhalb des verriegelten Bereiches der Verschlußanordnung auf. Der Verschluß ist daher besonders geeignet für das Auffangen der verstärkten Hebelkräfte, die sich bei einer Schußabgabe im Verschluß von Bockgewehren ergeben. Ebenso entspricht der Kersten-Verschluß auch den sehr hohen Anforderungen an die Verbindung der Läufe von Doppelbüchsen mit dem Verschlußgehäuse, die besonders fest sein muß.

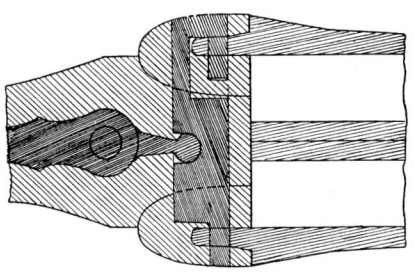

Kippverschluß mit Kersten-Riegel (im Schnitt von oben gesehen)

Der *Kippverschluß* hat entschiedene Vorzüge. Er ist kurz, so daß er entweder die Gesamtlänge des Gewehrs verringert oder eine vorteilhafte, größere Lauflänge zuläßt. Die damit ausgerüsteten Gewehre sind im Verschluß leichtgängig und lassen diesen nahezu geräuschlos betätigen. Ihr Ansehen ist außerordentlich gefällig.

Die Standfestigkeit von Verschlüssen, deren Gehäuse aus Stahl hergestellt sind, ist solchen aus Leichtmetall (Aluminium-Legierung) überlegen.

Gut konstruiert und gut gearbeitete Verschlüsse werden verdorben, wenn Sand, Pulverblättchen und andere Fremdkörper in die Paßflächen gelangen, vor dem Schließen nicht entfernt werden, und der Verschluß mit gewaltsamer Überwindung des Hindernisses betätigt wird.

Der in dieser Beziehung naturgemäß immer empfindlichere Kippverschluß will mit weicher Hand, mit zügigem Gefühl, geöffnet und geschlossen sein; ein ruckartiges, hartes Abkippen der Läufe und ein Hineinschlagen in das Verschlußgehäuse, wie man es vielfach bei dem Öffnen und Schließen von Kippverschlüssen beobachtet, ruiniert sie auf die Dauer.

Trägt ein Verschluß nicht allseitig, ist er im ganzen undicht oder zu schwach, dann ist er unsicher, und Läufe und Verschlußgehäuse ziehen sich bei der Schußabgabe voneinander ab. Hierauf reagieren Büchsenläufe, indem ihre Treffpunktlagen entsprechend dem Nachgeben des Verschlusses schwanken; sie schießen gleichermaßen ungenau und streuen. Schrotläufe zeigen Verschlußmängel zunächst weniger offensichtlich, weil der Schrotschuß an sich schon streut; erst bei größeren Undichtigkeiten eines Verschlusses schwankt auch die Treffpunktlage solcher Läufe merklich.

Gewehrschlosse

Die *Gewehrschlosse* vermitteln dem im Patronenboden sitzenden Zündhütchen den Schlag, der es zündet und dadurch das Pulver der Patrone entflammt. Hierzu bedient sich das Schloß eines Schlagbolzens oder eines zugespitzten Schlagstückes, die unter der Wirkung einer Schlagfeder stehen und durch eine im Stoßboden des Verschlusses angebrachte Führung gegen das Zündhütchen der Patrone schnellen.

Selbstspannende Schlosse für Zylinderverschlüsse

Selbstspannende Schlosse für Zylinderverschlüsse der verschiedenen Bauarten enthalten den Schlagbolzen und eine darumgelegte Spiralfeder in dem zu einer hohlen Kammer ausgebildeten Verschlußzylinder. Eine sinnreiche Kupplung der Kammerbewegung mit der des Schlagbolzens bringen diesen samt Feder in Spannstellung, wenn die Kammer, je nach Bauart, geöffnet oder geschlossen wird. Unterhalb der Kammer ist ein Abzugsstollen angebracht, der den gespannten Schlagbolzen über eine hieran angearbeitete Nase festhält. Schlosse dieser Art sind die einfachsten und widerstandsfähigsten, deren Gang im Gebrauch kaum gestört werden kann. Ein Nachteil sind ihre bei einigen Konstruktionen unvorteilhaft langen Schloßschlagzeiten, die sich namentlich beim Schuß auf Wild in Bewegung ungünstig auswirken können, und die geräuschvolle Schloßspannung.

Selbstspannende Schlosse für Kipplaufgewehre

Selbstspannende Schlosse für Kipplaufgewehre werden als Kasten-, Abzugsblech- und Seitenblechschlosse gebaut. Die Spannung der Schlosse wird automatisch nach dem Öffnen des Verschlusses durch das Abkippen der Läufe im Verschlußgehäuse bewirkt. Die Selbstspannung verläuft nahezu geräuschlos, die Schloßschlagzeit ist kurz.

Die hauptsächlichsten Bestandteile dieser Schlosse sind beim *Kastenschloß* Anson & Deeley in das kastenartig ausgearbeitete Verschlußgehäuse eingebaut (Abb. S. 148).

Derartige Schlosse zeichnen sich durch große Zuverlässigkeit ihres Wirkens aus. Großenteils im Verschlußgehäuse liegend, bedürfen sie nur verhältnismäßig geringer Aussparungen im Kolbenhals des Hinterschaftes. Hiermit ermöglichen sie eine feste Verbindung des Verschlußgehäuses mit dem Kolbenhals des Hinterschaftes, die durch den Gewehrrückstoß stark beansprucht wird.

Das als „Blitzschloß" bekannte *Abzugsblechschloß* liegt mit Schlagstück, Schlagfeder und Abzugsstange in einer Aussparung des Kolbenhalses eingebettet. Es ist auf dem Abzugsblech montiert, das hinten am Boden des Verschlußgehäuses befestigt ist. Die einfache Lösungsmöglichkeit dieser Verbindung macht das Schloß zu Reinigungs- und Reparaturzwecken auch für eine mechanisch weniger erfahrene Hand leicht zugänglich. Auf die Schwächung des Kolbenhalses durch dessen Aussparung für das Blitzschloß muß beim Umgang mit derartigen Gewehren Rücksicht genommen werden. Sie sind in Fahrzeugen besonders schonend mitzuführen. Am Kolbenhals ist das Schaftholz durch Behandlung mit Schaft- oder Leinöl ständig vor Verwitterung zu schützen.

Die Schloßteile für das *Seitenblechschloß* (Seitenschloß) sind auf der Innenseite eines Seitenblechs angebracht. Die Bleche sind von außen in das Verschlußgehäuse und in den Kolbenhals eingelassen und hiermit verschraubt. Die einfach zu lösende Schraubverbindung der Schlosse, die infolge Handarbeit teuer sind, versetzt den Jäger in die Lage, gebrochene Teile gegen mitgeführte Ersatzstücke selbst auswechseln zu können. Die Verbindung des Schaftes mit dem Verschlußgehäuse ist bei Verwendung dieses Schlosses fester als beim Abzugsblechschloß.

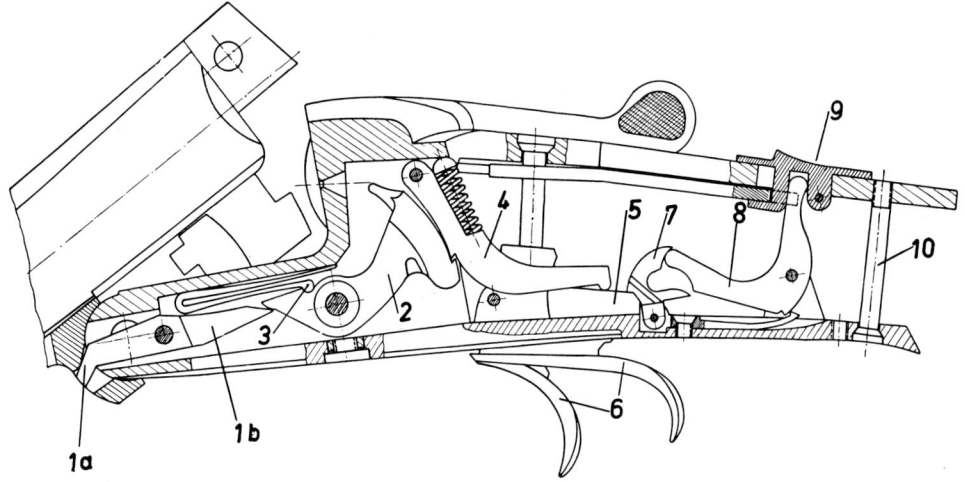

Kastenschloß Anson & Deely von J. P. Sauer & Sohn A.G., Eckernförde, mit automatischer Abzugssicherung. 1a vorderes Ende, 1b hinteres Ende des Spannhebels, 2 Schlagstück, 3 Schlagfeder, 4 Abzugsstange, 5 Abzugsblatt, 6 Abzugsgriffe, 7 u. 8 Hebel der Abzugssicherung, 9 Schieber der Sicherung, 10 Kreuzschraube

Viele Selbstspannerschlosse sind mit einer „*Signaleinrichtung*" versehen, die anzeigt, ob ein Schloß gespannt oder entspannt ist. Hierzu dienen entweder Signalstifte oder Signalwellen, die in den Außenseiten des Verschlußgehäuses von Selbstspanner-Gewehren angebracht sind.

Handspannerschlosse für Kipplaufgewehre

Handspannerschlosse für Kipplaufgewehre werden in verschiedenen Konstruktionen hergestellt. Die älteste Konstruktion ist das sogenannte *Hahnschloß*. Die Schlosse dieser Art sind bei mehrläufigen Gewehren als Seitenblechschlosse beiderseits in die Außenseite des Kolbenhalses eingelassen. Sie sind mit einem außenliegenden, als Hahn bezeichneten Schlagstück ausgerüstet. Zum Schußfertigmachen wird der unter Federdruck stehende Hahn *von Hand gespannt*. Durch Betätigung des Abzuges wird der Hahn ausgelöst und schnellt vor, schlägt dabei auf einen im Stoßboden des Verschlußgehäuses liegenden Schlagbolzen und zündet über diesen die Patrone.

Die von Hand zu spannenden Schlosse zeigen durch die jeweilige Stellung ihres außenliegenden Hahnes dessen gespannten oder entspannten Zustand augenfällig an. Ferner ist ein mit derartigen Schlossen ausgerüstetes Gewehr im entspannten Zustand weitestgehend gegen ein ungewolltes Abfeuern der Läufe gesichert. Infolgedessen vermitteln solche Gewehre, sofern die Schlosse sorgfältig und nicht aus Gründen billigen Preises der Gewehre dürftig gearbeitet sind, eine größte Sicherheit. Überdies zeichnen sich die außenliegenden Hahnschlosse durch einfachste Pflege- und Instandsetzungsmöglichkeit aus. Die Schlosse wurden jedoch durch die Selbstspannerschlosse, die eine schnellere Feuerbereitschaft erlauben, nahezu verdrängt.

In Erkenntnis der Sicherheit, die ein von Hand zu spannendes Schloß für das Führen eines Gewehrs bietet, wurde die *Handspannung* auch auf Kipplaufgewehre, die mit Schlossen mit innenliegenden Schlagstücken versehen sind, übertragen. Zu dem Zweck erhielten die Schlagstücke solcher Schlosse eine besondere Spannvorrichtung. Sie endet in einem Spannhebel oder Spannschieber, der entweder an der linken Seite des Verschlußgehäuses oder oberhalb des Kolbenhalses angebracht ist und von hier aus durch Hand betätigt wird. Mit derartigen, von außen durch Hand zu betätigenden Schloßspannungen werden bestimmte Modelle von Bockbüchsflinten und Drillingen ausgerüstet.

Bei Drillingen mit innenliegenden Schlagstücken beschränkt sich die Handspannung in der Regel auf das dem Büchsenlauf zugeordnete Schloß. Die für die Schrotläufe vorgesehenen Schlosse sind in diesem Fall selbstspannend ausgeführt.

Entspannen von Gewehrschlossen

Ein Entspannen der Schlosse nach dem Gebrauch von Gewehren ist ratsam, um ein Erlahmen der Schlagfedern, das sich infolge deren ständiger Spannung ergeben kann, zu verhüten. Das *Entspannen* ist vorzunehmen, indem bei Gewehren mit Zylinderverschlüssen (z. B. Repetierbüchsen) und bei Selbstladegewehren die Schlagbolzen, bei Kipplaufgewehren die Schlagstücke aus ihrer Spannstellung ohne harten Anschlag in abgespannte Stellung vorgelassen werden. Hierzu sind bei Gewehren, die eine automatische Sicherung (S. 151) nicht enthalten, nach Öffnen der Verschlüsse und gegebenenfalls Abkippen der Läufe von Kipplaufgewehren die Abzüge zurückzuziehen, in dieser Stellung festzuhalten und währenddessen die Verschlüsse wieder zu schließen. Schlosse von Kipplaufgewehren mit automatischer Sicherung, die ein solches Verfahren nicht zuläßt, und Gewehre mit automatischem Patronenhülsenauswerfer werden entspannt durch Abschlagen der Schlosse gegen abgefeuerte Patronenhülsen, die zuvor in die Läufe gesteckt wurden, oder besser gegen in die Läufe eingeführte sogenannte *Pufferpatronen*, die anstelle des Zündhütchens einen unter Federdruck stehenden Puffer enthalten.

Bei Drillingen mit drei selbstspannenden Schlossen lassen sich durch die Betätigung der Abzüge bei abgekippten Läufen jeweils nur zwei Schlosse entspannen; je nach Einstellung der Umschaltung entweder bei Schrotlauf-Schlosse oder das Büchsenlaufschloß und das linke Schrotlaufschloß.

Abzugseinrichtungen

Gang der Abziehvorrichtung

Unerläßlich, besonders beim Schuß auf Wild in schneller Bewegung, ist ein Gang der Abziehvorrichtung des Schloßwerks, der seinen Schlag unmittelbar und ohne Leerlauf folgen läßt, sobald der Abzug den zu seiner Wirkung gehörigen Druck erhält. Andernfalls wird namentlich ein feinnerviger Schütze, besonders beim Schießen auf Wild, das sich bewegt, niemals gute Schießergebnisse erreichen. Zur Überprüfung der in dieser Hinsicht oft fehlerhaften Abziehfunktion fasse man nach Einladen einer Pufferpatrone oder abgeschossenen

Patronenhülse den Abzug zwischen Daumen und Zeigefinger einer Hand und ziehe ihn langsam und zügig durch. Läuft er hierbei fühlbar eine Strecke leer, bevor das Schloß abschlägt, hat der Abzug *toten Gang,* der die Dauer der Gewehrschloßtätigkeit um diesen Leerlauf verzögert. Hierdurch wird die Schloßschlagzeit um das Vielfache verlängert und entsprechend die Zündung der Patrone und die Schußabgabe verspätet.

Der Druck, den wir zur Auslösung des Schloßschlags einem Abzug geben müssen, wird durch den Abzugswiderstand des Schlosses bestimmt. Aus Sicherheitsgründen muß dieser Widerstand einen bestimmten Mindestwert haben, um ein eigenmächtiges Abschlagen von Schlossen durch den Gewehrrückstoß oder durch andere Erschütterungen des Gewehrs zu verhüten.

Oftmals ist dieser *Abzugswiderstand* unnötig stark, so daß derartige Abzüge zu schwer gehen, ihre Betätigung das Gewehr aus der Ziellinie verreißt und die Schußabgabe diesseitig verzögert. Wir prüfen den Widerstand nach, indem wir in Richtung des durchziehenden Fingers so viel Gewicht an den betr. Abzug hängen, bis dies von sich aus den Schloßschlag auslöst. Ermitteln wir dabei im Schloßwerk von Gewehren mit Block- und Kipplaufverschlüssen einen Abzugswiderstand von mehr als 20 N des vorderen und mehr als 22,5 N des hinteren Abzugs, müssen wir den Widerstand vom Büchsenmacher auf diese Werte verringern lassen.

Das Schloßwerk von Repetierbüchsen bestimmter Bauarten (z. B. Mauser Modell 98) bedingt auf Grund ihrer Konstruktion aus Sicherheitsgründen einen Abzugswiderstand von mehr als 20 N und einen langen Abzugsweg mit reichlich totem Gang. Der Einbau eines sogenannten *Flintenabzugs,* der in verschiedenen brauchbaren Konstruktionen geliefert wird, schaltet auch bei diesen Schlossen zu hohen Abzugswiderstand und toten Gang aus.

Stechschlosse

Bei Abgabe eines feingezielten Büchsenschusses auf stehende Ziele empfinden die meisten Schützen auch vorstehende Abzugswiderstände noch als zu hoch. Deshalb erhalten die Abzüge für Büchsenlaufschlosse als zusätzliche Einrichtung sog. Stechschlosse, die den Abziehwiderstand vermindern. Diese Stechschlosse werden bei einläufigen Büchsen meistens durch das Zurückziehen eines zweiten Abzuges, den *Stecher-Abzug,* gesondert gespannt. Bei Mehrlaufgewehren ist die Stecheinrichtung derart mit dem betreffenden normalen Abzug verbunden, daß ein Vordrücken dieses Abzuges das Stechschloß spannt. Die Einrichtung wird als *Rückstecher* bezeichnet. Je nach Einstellung der durch eine äußere Stellschraube regulierbaren Stecher schnellt der „gestochene" Abzug unter mehr oder minder leichterem Druck ab. Die *Einstellung* ist richtig, wenn man beim Hochbringen und Anschlagen des Gewehrs den Finger leicht am Abzug anliegen lassen kann, ohne daß der Stecher abschnellt. Doppelbüchsen läßt man nur mit einem Stechschloß für den vorderen Abzug ausrüsten, weil sie mit dem zweiten Lauf doppeln, falls auch der hintere Abzug mit einem Stechschloß versehen ist und vor dem Abfeuern eines Laufes beide Schlosse „gestochen" werden.

Das *Spannen,* das „Einstechen" eines Stechschlosses, verursacht einen knackenden Ton, der das feine Gehör des Wildes leicht auf den Jäger aufmerksam machen kann. Bei geschickter Handhabung des Stechschlosses, die bei entladenen Läufen zu üben ist, läßt sich das Geräusch ausreichend dämpfen. Hierzu wird das Stechschloß mit besonderem Stecher-Abzug so betätigt, daß man den Mittelfinger auf den hinteren Stecher-Abzug, den Zeigefinger auf den eigentlichen Abzug legt, dann den Stecher-Abzug mit dem Mittelfinger nach hinten durchzieht und hierbei den Zeigefinger fortlaufend leicht an dem davorgelegenen Abzug anliegen läßt. Sobald dabei der Stecher-Abzug seine hinterste Stellung erreicht hat, wird der Zeigefinger von dem Abzug weggenommen. Hierbei rastet der Stecher-Abzug lautlos in seine Spannstellung ein und wird jetzt losgelassen. Das *Entspannen, das Abstechen"*, erfolgt lautlos, indem bei gesichertem Gewehr umgekehrt verfahren wird wie beim Einstechen. Bei der Repetierbüchse Sauer 80 erfolgt das Entstechen automatisch beim Öffnen der Kammer.

Der Rückstecher wird leise gespannt, indem man den Abzug, in den der Stecher eingebaut ist, zwischen Daumen und Zeigefinger nimmt, damit festhält und mit beiden vordrückt. Das Abspannen geschieht gleichfalls bei gesichertem Gewehr, indem der Abzug wieder von beiden Fingern gefaßt, festgehalten und zurückgezogen wird.

Die *Abzüge* von mehrläufigen Gewehren müssen so viel Abstand voneinander haben, daß zwischen beiden Abzügen der Zeigefinger auch im Handschuh noch Bewegungsfreiheit hat. Enger stehende Abzüge sind hinderlich, wenn gelegentlich der zu dem hinteren Abzug gehörende Lauf schnell zuerst abgefeuert werden soll. Außerdem vermag dann der Gewehr-Rückstoß den vorderen Abzug, wenn dieser mit einem Rückstecher versehen ist, derart rückwärts gegen den Schießfinger, der auf dem hinteren Abzug ruht, zu schnellen, daß ersterer hierdurch unbemerkt eingestochen wird.

Die Kanten des vorderen Abzuges erfordern eine Abrundung, andernfalls sie unter Einwirkung des Rückstoßes den Schießfinger verletzen können, wenn dieser den hinteren Abzug durchzieht. Der vordere Abzug soll nach links, der hintere nach rechts herausgedreht sein, um damit das Übergreifen des Fingers vom vorderen zum hinteren Abzug zu beschleunigen und die schnelle Folge eines zweiten Schusses zu fördern.

Zur Ausschaltung von Fingerverletzungen sollen auch die Kanten des Abzugsbügels gerundet sein. Der vordere Bogen des Abzugsbügels soll ausreichend geräumig vom vorderen Abzug abstehen, der hintere Bogen möglichst dicht an dem hinteren Abzugsgriff anliegen. Andernfalls werden der den vorderen Abzug tätigende Zeigefinger oder der hinter dem Abzugsbügel liegende Mittelfinger durch Prellungen infolge des Gewehrrückstoßes verletzt.

Sicherungen

Sicherungen sollen das Abfeuern von Gewehren verhüten, wenn diese durch einen Stoß erschüttert werden oder ein anstreifender Ast u. a. ungewollt an einem Abzug zieht.

Vorbildlich besorgen das die am rückwärtigen Ende der Schlosse von Repetierbüchsen angebrachten Sicherungen, deren Einschalten den gespannten Schlagbolzen blockiert. Da ein aufgesetztes Zielfernrohr die Betätigung von derartigen Sicherungen, wenn sie als aufwärts schwenkende Flügel angebracht sind, behindert, baute man zusätzliche Schiebesicherungen ein; da solche nur den Abzug und nicht den Schlagbolzen sperren, sind sie wenig zuverlässig.

Von den für Kipplaufgewehre üblichen, durch Schieber betätigten Sicherungen legt die vorwiegend verwendete *Abzugssicherung* unzureichend nur die Abzüge fest (Abb. S. 148 Ziffer 5–9), die verläßlichere *Stangensicherung* bereits die Abzugsstangen; erst die bewährte *Schlagstücksicherung* blockiert die Schloßteile, die als Schlagstücke die Patronen unmittelbar zünden. Diese Sicherung ist daher sehr zuverlässig, solange sie nicht bei einem Anstreifen oder Sturz mit dem Gewehr unbeabsichtigt verschoben und hierdurch das Schloßwerk in Feuerstellung gebracht wird.

Vorwiegend Abzugssicherung sind oft so mit dem Verschlußhebel gekuppelt, daß dieser beim Öffnen des Verschlusses die Sicherung selbsttätig in Sicherstellung rückt. Der Wert dieser *automatischen Sicherungen* ist fraglich. Sie verleiten den Jäger zu Unachtsamkeit und verzögern, da nach jedem Öffnen des Verschlusses bzw. nach jedem Laden der Läufe entsichert werden muß, die Feuerbereitschaft.

Alle Sicherungen sollen sich annähernd geräuschlos betätigen lassen. Bei den Sicherungen

von Kipplaufgewehren läßt sich das einrichten. Die Flügelsicherung der Mauser-Mehrlade-
büchsen, Modell 98, eine in ihrem Ursprung militärische Konstruktion, ist als solche hierauf
von Haus aus nicht eingerichtet; die Kanten der Rasten, in die der Sicherungsflügel in den
verschiedenen Stellungen eintritt, sind bewußt scharf gehalten, damit dieser bei keinem
Umgang mit dem Gewehr eigenmächtig ausrastet. Läßt man diese Kanten abrunden, kann
auch die Mauser-Sicherung der Büchsen Modell 98 leise gehandhabt werden.

Der Schieber, durch den die Sicherung selbstspannender Kipplaufgewehre betätigt wird, ist
in der Regel bei doppelläufigen Gewehren auf der oberen Seite des Kolbenhalses angebracht.
Bei Drillingen und Vierlingen wurde dieser Schieber bei den anfänglichen Bauarten an der
linken Seite des Kolbenhalses angeordnet und auf der oberen Seite des Kolbenhalses der
Umstellschieber montiert, mit dem die Schlosse nach Bedarf auf die Schrot- oder Büchsenläufe
geschaltet werden. Eine solche unterschiedliche Anbringung der Sicherungsschieber gab
Anlaß zu unliebsamen Verwechslungen. In Erkenntnis des Mangels erhielt daher in neuerer
Zeit das Schloßwerk einiger Drillingsfabrikate eine veränderte Konstruktion. Sie ordnete den
Sicherungsschieber auch bei Drillingen auf der oberen Seite des Kolbenhalses an und ist
infolgedessen vorzuziehen.

Patronenauszieher

Die *Patronenauszieher* helfen beim Entladen eines Laufes.

Bei *Zylinderverschlüssen* von Mehrladebüchsen ist der Auszieher als Kralle vorn am
Verschlußzylinder angebracht. Diese Auszieherkralle gleitet, z. B. im System Mauser Modell
98, beim Einführen der Patrone vom Magazin in den Lauf seitlich der Hülse in deren
Auszieherrille oder vor den Rand des Patronenhülsenbodens. Hier verbleibt die Kralle
während sämtlicher weiterer Verschlußbewegungen. Sie löst sich erst wieder aus der Rille
oder vom Rand der Patronenhülse, wenn der geöffnete und völlig zurückgezogene Verschluß
den Patronenhülsenboden gegen einen Auswerferstollen drückt und damit die Patrone oder
Hülse auswirft.

Diese Wirkungsweise des Ausziehers muß beim Laden solcher Gewehre berücksichtigt
werden. Die in den Lauf zu ladenden Patronen sind zuvor in das Magazin einzuführen und
nur von hier aus vermittels Vorschiebens der Verschlußkammer in den Lauf zu bringen. Ein
Übergehen des Magazins, indem man eine Patrone unmittelbar von Hand in den Lauf ladet,
führt zu Beschädigungen der Auszieherkralle. Sie gleitet hierbei nicht zwanglos von der Seite
der Patronenhülse in deren Ausziehrille oder vor deren Rand, sondern wird beim Vorschie-
ben des Verschlusses mit Gewalt von hinten über den Patronenhülsenboden gedrückt.

Der als Schieber gearbeitete Patronenauszieher von *Kipplaufgewehren* greift vor den Rand
der hiermit versehenen Patronen. Beim Öffnen des Verschlusses zieht er die Patronen bzw.
deren abgefeuerte Hülsen soweit aus dem Patronenlager, daß die Finger die Patronenhülse
zum Entladen erfassen können. Für Drillinge und Vierlinge, deren Laufanordnung das
Erfassen des Hülsenbodens der unten liegenden Büchsenpatrone behindert, empfiehlt sich
zum schnelleren Entladen ein geteilter Auszieher, der diese Hülse weiter auszieht als die der
anderen Patronen. Für Bockgewehre mit Verschlußzapfen, die nach Art des Kersten-Ver-
schlusses beiderseits des oberen Laufes angearbeitet sind, ist ein geteilter Auszieher, der die
beiden Patronenhülsen verschieden weit aus dem Lauf holt, unerläßlich. Andernfalls stören
diese Verschlußzapfen das schnelle Herausbefördern abgeschossener Patronenhülsen zu sehr.

Zusätzlich zu vorstehender, handbetätigter Ausziehereinrichtung aller Kipplaufgewehre
werden selbsttätig arbeitende, als *Ejektor* bezeichnete *Auswerfer* gebaut. Sie wirken mit der

Spanneinrichtung der Selbstspannerschlosse derart zusammen, daß der Auswerfer beim Abkippen der Läufe automatisch in Tätigkeit tritt, sobald vorher das zu einem Lauf gehörige Schloß abgeschlagen bzw. entspannt ist. Daher wirft der Ejektor nur abgefeuerte Patronenhülsen und Versagerpatronen aus, während er bei nicht ausgelöstem Schloßschlag die betreffenden Patronen nur soweit aus den Läufen zieht, wie zum Entladen von Hand erforderlich ist.

Gewehrschäfte

„Die Läufe schießen, der Schaft trifft." Diese Erkenntnis erfahrener Jäger bedeutet, daß die Jagdgewehre einer *Schäftung* bedürfen, die ihnen auch im schnellen Anschlag eine Lage am Körper vermittelt, die das Gewehr schon von sich aus annähernd richtig auf ein Ziel einrichtet. Dann brauchen wir weniger Zeit zum Zielen und beschränken Fehler, die sich im Drang der Zeit nicht immer vermeiden lassen, auf ein Kleinstmaß. Diese Vorsorge gilt besonders für alle Gewehre, mit denen wir auf flüchtendes oder streichendes Wild schießen. Eine Ausführung der Schäftung, die diesen Erfordernissen entspricht, bedingt in den meisten Fällen einen individuellen Zuschnitt auf die körperliche Eigenart des einzelnen Jägers.

Hinterschaft

Der aus Kolbenhals und Kolben bestehende Hinterschaft beginnt hinter dem Verschlußgehäuse.

Am *Kolbenhals* greift die „Schießhand" an, die die Abzüge betätigt und das Gewehr mit dem Kolben in die Schulter einsetzt. Die Unterseite des Kolbenhalses wird entweder gerade, in einer Linie mit der Unterkante des Kolbens verlaufend, gearbeitet oder in gekrümmter Form, die dem Schaft von Pistolen entnommen ist und als Pistolengriff-Schäftung (s. Abbildung) bezeichnet wird.

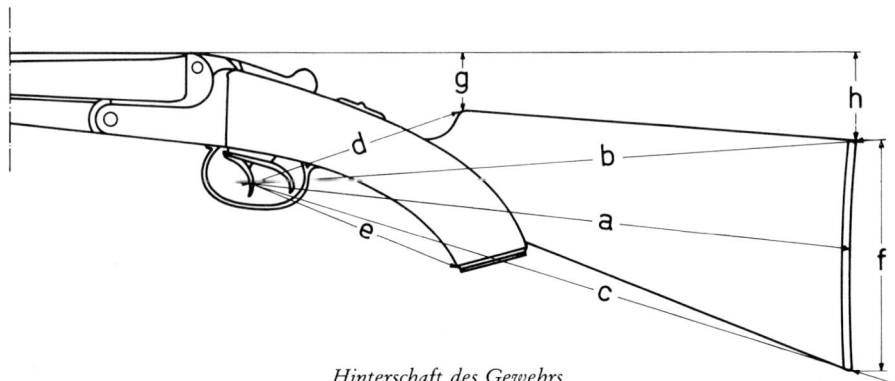

Hinterschaft des Gewehrs

a, b, c = Schaftlänge, d = Abstand der Kolbennase vom vorderen Abzug (Länge des Kolbenhalses), e = Abstand des Pistolengriffes vom vorderen Abzug (Länge des Pistolengriffes), f = Länge der Kolbenkappe, g u. h = Senkung des Schaftes an der Kolbennase und Kolbenkappe

Beim Führen verschiedener Gewehre mit Schrot- und Büchsenläufen ist eine einheitliche Ausführung des Kolbenhalses anzuraten. Die zweckmäßigste Form ist dann ein *Pistolengriff*, der in schwacher, weit nach hinten gezogener Krümmung verläuft. Die Form hat den Vorzug, eine feste Gewehrhaltung in der Schießhand zu ergeben und dabei dem Kolbenhals eine Griffigkeit zu belassen, die im Falle des schnellen Doppelschusses aus mehrläufigen Gewehren die Schießhand trotzdem nicht am Zurückgleiten behindert, wenn sie den hinteren Abzug betätigen will. Die sonstige Gestaltung des Kolbenhalses ist der Länge und Breite der Schießhand anzugleichen. Sein Umfang soll die Handhöhle voll ausfüllen und seine Länge so bemessen sein, daß der Daumenballen nicht gegen die Kolbennase drückt, sobald das vordere Glied des Schießfingers am Abzug (bei Gewehren mit zwei Abzügen am hinteren Abzugsgriff) liegt. In beiden Ausführungen soll der Kolbenhals mit einer als Fischhaut bezeichneten Aufrauhung versehen sein, damit er in der Hand nicht rutscht.

Die den Kolbenhals nach hinten abschließende, in Richtung der Daumenlage der Schießhand liegende *Kolbennase* muß gut gerundet sein. Die vor Schulter und Brust anliegende *Kolbenkappe* sei oben in etwa ¹/₃ ihrer Länge glatt, um beim Inanschlaggehen leicht an der Kleidung aufwärts gleiten zu können; unten sei die Kappe in etwa ²/₃ ihrer Länge mit einer stumpfen Fischhaut versehen, damit der angeschlagene Schaft nicht abrutschen kann. Der backenlose Kolben, der sog. glatte Schaft, muß im ganzen voll gearbeitet sein, um eine ausreichende Anlehnung an unsere Wange zu gewährleisten.

Ein zu kurzer *Hinterschaft* ergibt einen unsicheren Anschlag und führt zu Tiefschüssen und zu schmerzhaftem Empfinden des Rückstoßes. Ein zu langer Hinterschaft verzögert den Anschlag und kann übermäßigen Hochschuß bewirken. Die Länge des Hinterschaftes wird gemessen vom Abzug bis zur Mitte der Außenfläche der Kolbenkappe; als Anhalt gilt, daß sie so lang sein soll wie die Länge des Unterarmes bei rechtwinklig gebeugtem Ellbogen, gemessen von der Innenseite des mit dem Rockärmel bekleideten Ellbogengelenkes bis zur Mitte des vorderen Gliedes des Schießfingers. Im Falle besonders dicker, winterlicher Kleidung benötigt man eine etwas kürzere Schäftung als bei leichter Sommerkleidung. Verschieden starke, auswechselbare Kolbenkappen gleichen solche Unterschiede aus.

Die Stellung der *Kolbenkappe* zum Schaftrücken soll so gewinkelt sein, daß die Kappenfläche gleichmäßig vor Brust und Schulter am Körper anliegt, und nicht nur oben oder unten. Schützen mit langem Hals und langem Gesicht benötigen eine lange Kolbenkappe, damit diese auch in ausreichender Länge Anlehnung an Brust und Schulter hat. Andernfalls schlägt uns der Rückstoß den Schaft unangenehm gegen die Wange.

Die *Senkung des Kolbens* (Abstand des Kolbenrückens in Höhe der Kolbenkappe und in Höhe der Kolbennase unter die nach hinten verlängert gedachte Laufschiene oder die Visierlinie) ergibt sich aus dem individuellen Körperbau und aus der Kopfhaltung des Schützen. Je nachdem, ob Hals und Gesicht lang oder kurz sind, ob wir im Anschlag den Kopf aufrecht halten oder vorwärts in das Gewehr hineinlegen, brauchen wir eine Schäftung mit größerer Senkung (krumme Schäftung) oder eine mit geringerer Senkung (gerade Schäftung). Zu krumme Schäftung führt ebenfalls zu schmerzhaften Prellungen der Backe durch den Rückstoß. Außerdem ergibt sie auf Wild, das uns quer kommt oder von uns fortflüchtet oder -streicht, einen Anschlag des Gewehrs, der zu Tiefschuß führt. Gerade Schäftung bewirkt einen Anschlag, der Hochschuß veranlaßt. Die meisten Jäger schießen aber auf derartige Ziele zu tief, weil sie diese nicht mit der Gewehrmündung zudecken wollen und daher das Ziel unbewußt auf dem Korn „aufsitzen" lassen. Deshalb ist eine möglichst gerade Schäftung anzuraten, die durch den Hochschuß, den sie ergibt, die Folgen des gewohnheitsmäßigen tiefen Anfassens der Ziele ausgleicht.

Die *Schränkung des Schaftes* stellt eine seitliche Ausbiegung des Hinterschaftes aus der nach hinten verlängerten Visierlinie dar. Je nachdem, ob ein Schütze eine breite oder eine schmale Schulter, ein volles oder mageres Gesicht hat, und je nachdem, ob wir den Kopf im Anschlag weniger oder mehr nach der Seite des Kolbens, die an unserer Wange anliegt, hin neigen, muß der Hinterschaft „aus dem Gesicht" geschränkt werden. Hierbei sei er unten an der Kolbenkappenspitze etwas mehr aus dem Gesicht geschränkt als oben.

Die passende Schaftsenkung und richtige Schränkung aus dem Gesicht wird am besten durch einen Büchsenmacher ermittelt, der Erfahrung im jagdlichen Schießen und Schaftanpassen hat (s. „Anschlag" S. 181).

Vorderschaft

Der Vorderschaft liegt vor dem Abzugsbügel unterhalb der Läufe. An seiner Fischhautfläche greift die *Zielhand* an, die das Gewehr im Anschlag stützt und es sicher zu führen hat, besonders beim Mitschwingen auf flüchtiges Wild. Diesen Aufgaben kann nur ein Vorderschaft gerecht werden, der bei gehörig vorgestrecktem Arm gut in der Hand liegt, indem er die Handhöhlung, der Haltung am Vorderschaft entsprechend, möglichst voll ausfüllt. Der hohe massige Vorderschaft von Bockgewehren entspricht dieser Notwendigkeit ohne weiteres. Bei der Form des Vorderschaftes, die bei Gewehren mit querliegenden Läufen üblich ist, wird eine gute Lage des Vorderschaftes in der Hand bei ausreichend weit vorgestrecktem Arm zu wenig berücksichtigt. Statt hierbei den Vorderschaft genügend völlig zu halten, wird er um des schlanken gefälligen Ansehens willen zu flach und für Schützen mit langen Armen zu kurz gearbeitet. Vorteilhaft ist daher die für Gewehre mit querliegenden Läufen angewendete *Biberschwanz*-Ausführung. Sie ist höher und breiter gehalten und füllt die Hand ausreichend aus.

Visier- und Zielvorrichtungen

Zum Einrichten eines Gewehrs auf das Ziel bedienen wir uns einer in fester Verbindung mit dem Gewehr stehenden *Visiervorrichtung.*

In ihrer Lage zur Lauf- oder Laufbündelachse sind diese Visiervorrichtungen verstellbar, um sie beim Einschießen der Gewehre auf die Treffpunktlage der Läufe einzustellen.

Visierung für den Büchsenschuß

Die bekannteste Visierung für den Büchsenschuß besteht aus einem *Visier* und aus einem *Korn.* Ihre praktischste und, sofern das Sehvermögen eines Schützen noch gut ist, für vielerlei Jagdzwecke immer noch bewährteste Bauart ist das *Balkenvisier.* Entweder mit einem Visiersattel auf dem Lauf oder auf der Laufschiene angebracht, liegt in einigem Abstand vom Auge des Schützen als erstes Absehen ein Visierblatt, in dessen Oberkante eine Kimme eingefeilt ist. Über dem vorderen Laufende sitzt als zweites Absehen auf einem Kornsattel oder auf einer Laufschiene ein Korn (s. Abbildung).

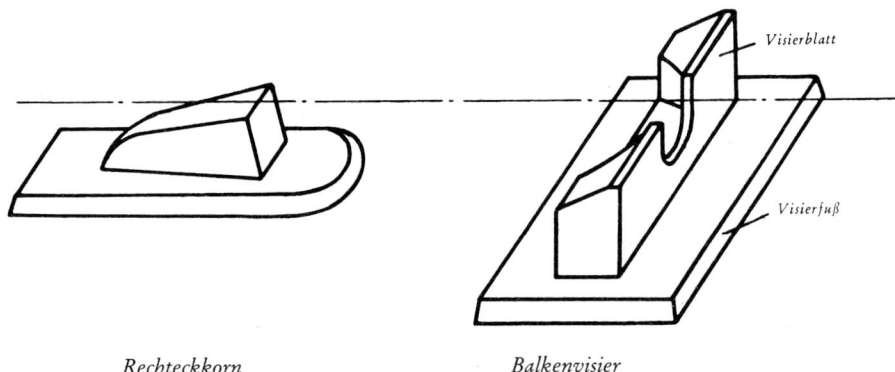

Rechteckkorn   Balkenvisier

Die zu dieser Einrichtung gehörige *Visierlinie* verläuft von der Mitte der Kimme des Visierblattes (1. Visierpunkt) zur Mitte der Oberfläche des Korns (2. Visierpunkt). Wir stellen diese Linie her, indem wir dem Gewehr im Anschlag eine Lage geben, in welcher das Korn und Visier die in den unten stehenden Abbildungen gezeigten Stellungen einnehmen. Korn und Visier in dieser Stellung zueinander belassend, verlegen wir durch entsprechendes Richten des Gewehrs die so gebildete Visierlinie in die vom Auge zum Ziel führende Sehlinie, bis beide Linien zusammenfallen und ein Bild nach Abb. S. 197 entsteht. Hier liegt jetzt unser sogenannter *Haltepunkt* im Ziel, und in dieser Haltung müssen wir das Gewehr abziehen und währenddessen festhalten, ohne seine Lage zu verändern. Gelingt uns das, wird auch der Schuß im Ziel sitzen, falls das Gewehr entsprechend eingeschossen ist.

Die Ausführung der dargestellten Einzelvorgänge des Anvisierens eines Zieles ist voller Schwierigkeiten, und zwar um so mehr, je schwerer es dem Auge mit zunehmendem Nachlassen seiner Funktionen und Sehschärfe wird, Visier, Korn und Ziel scharf zu sehen. Infolgedessen unterlaufen uns mancherlei Zielfehler, wie Fein- oder Vollkorn nehmen, Klemmen des Korns in der Kimme oder das Verkanten (Abb. S. 199).

Eine hierauf Rücksicht nehmende Ausführung der Visierung kann uns in diesen Schwierigkeiten beträchtlich helfen. Das *Visierblatt* soll gehörig lang sein. Seine Oberkante muß parallel zum waagerechten Querschnitt der Läufe liegen, durchaus gerade und in Richtung des Korns schräg abfallend gearbeitet sein. Die *Kimme* sei halbrund und soweit ausgefeilt, daß beim Visieren der Kimmenumfang allseitig reichlich Abstand vom Kornumfang zeigt. Nur eine derartig ausgeführte, in Abb. S. 156 gezeigte Visierung ermöglicht, Korn und Visier beim Zielen wirklich in eine genaue Ebene zu bringen.

Der Abstand des Visiers vom Auge sei nicht zu klein, weil ein im Alter zunehmend weitsichtig werdendes Auge das Visier um so schärfer sieht, je weiter jenes hiervon entfernt ist.

   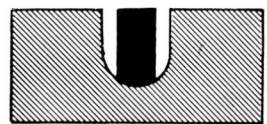

Balkenvisierung mit Perlkorn   *Balkenvisierung mit Rechteckkorn*

Die gebräuchlichsten Kornformen sind das *Perlkorn* (Abb. S. 156) und das von erfahrenen Jägern bevorzugte *Rechteckkorn* (Abb. S. 156). Die gerade Oberkante des Rechteckkorns läßt sich genauer und schneller in die Ebene der Oberkante des Visierblatts einstellen und damit auch die Höhenlage der gesamten Visierung im Ziel besser beurteilen, als die Rundung des Perlkorns.

Die Oberfläche eines nach Abb. S. 155 vorschriftsmäßig gearbeiteten Rechteckkorns soll sich in Richtung der Laufmündung schräg nach unten neigen. Die dem Auge zugewandte Kornfläche muß sich, um genügend Licht zu fangen, in Richtung des Visiers schräg abwärts neigen. Die Breite des Korns soll wenigstens 2, besser bis zu 3,5 mm messen und sich nach der Laufmündung hin verjüngen. Mit breiten, groben Kornen wird man, zumal im vorgerückten Alter, am besten fertig. Man schießt damit unter den wechselnden, schwierigen Licht- und Visierverhältnissen auf stehendes und flüchtiges Wild und auch auf Kleinwild sicherer und alles in allem genauer als mit schmalen, feinen Kornen.

Schwierig ist die richtige Auswahl der *Farbe* der dem Auge zugewendeten Kornfläche. Bei vielerlei Versuchen erwies sich ein Kornbelag in sattem Gelb (Messing oder Gold) als der unter allen Verhältnissen praktischste. Ausreichend bruchfest sind auch gefärbte Emailleauflagen, wenn damit vorsichtig umgegangen und solch Korn beim Gewehrtransport durch einen aufschiebbaren Kornschützer vor Bestoßen bewahrt wird.

Entweder Korn oder Visier werden, um seitliche Schußabweichungen beim Einschießen der Gewehre berichtigen zu können, seitlich in den Kornsattel oder in die Laufschiene eingeschoben. Die hierbei eingestellte Lage der Visierung soll durch einen gegenseitigen Meißeleinhieb in den Visier- bzw. Kornfuß und in ihr Bett gekennzeichnet sein, damit wir eigenmächtige Verschiebungen bemerken und beseitigen können.

Zielfernrohr

Die technisch günstigste Visierung für den Büchsenschuß stellt das Zielfernrohr dar. Seine Vorzüge, hauptsächlich die Vereinfachung der Visiervorgänge, kommen auch in der Revierpraxis voll zur Geltung, wenn man sich dieser Zielvorrichtung mit Überlegung und Vernunft bedient.

Die *Visierlinie* dieses Zielgerätes liegt innerhalb des Fernrohrs. Sie verläuft über sein *Absehen* unmittelbar zu dem Ziel, dessen Bild das Linsensystem des Fernrohrs vor dem Auge entwirft. Hiermit enthebt das Zielfernrohr den Schützen der Schwierigkeit, eine fehlerfrei verlaufende Visierlinie über das Visier und das Korn zum Ziel herzustellen und hierbei diese drei, in verschiedener Entfernung liegenden Visierpunkte scharf zu sehen. Visierfehler nach Art von Kornklemmen, Fein- und Vollkorn (Abb. S. 199), können bei zentrischem Sehen durch das Fernrohr nicht unterlaufen.

Das vom Zielfernrohr wiedergegebene Gesamtbild ist aufgehellt und in seiner Bildschärfe auf das Sehvermögen eines jeden Auges scharf einstellbar. Die hierzu am Fernrohr angebrachte *Scharfeinstellung* wird am besten im schwachen Licht vor Einbruch der Dämmerung auf mittlere Schußentfernung einreguliert. Die Einstellung ist richtig, wenn Absehen und Ziel gleiche Schärfe zeigen.

Die *Zielfernrohre* werden in Ausführungen geliefert, die das Bild des Ziels in 1- bis 10facher *Vergrößerung* wiedergeben. Infolgedessen erscheint ein in 100 m Entfernung stehendes Wild bei 4facher Vergrößerung wie ein nur in 25 m Entfernung stehendes, ein 150 m entferntes bei 6facher Vergrößerung ebenfalls wie ein nur auf 25 m stehendes. Hiermit wird ein Ziel um so deutlicher und das Abkommen darauf um so klarer, je stärker die Bildvergrößerung ist. Je schlechter die Beleuchtung und je größer die Zielentfernung sind, desto augenfälliger wird dieser Vorzug.

Im praktischen Gebrauch sind der Vergrößerung Grenzen gesetzt. Steigende Vergrößerung vermehrt in der Bildwiedergabe die darauf sich übertragenden Schwankungen des im Anschlag liegenden Gewehrs. Damit wird naturgemäß das ruhige Abkommen im Ziel mit steigender Vergrößerung zunehmend erschwert.

Das Bild von Wild, das durch Baum- oder Buschbestände flüchtet, läßt sich mit zunehmender Vergrößerung um so schlechter erfassen, je näher es ist und je schneller es sich fortbewegt. Man sieht daher bei solchen Gelegenheiten u. U. nur ein verschwommenes Bild des Wildes, auf dem nicht mehr abzukommen ist, sofern man das Ziel in dem kleinen Gesichtsfeld, das stärkerer Vergrößerung eigen ist, überhaupt findet. Auf flüchtiges Wild sind deshalb nur kleine Vergrößerungen brauchbar, am besten 1¹/₂- bis 2¹/₂fach.

Für den Durchschnittsgebrauch zur Pürsch und zum Ansitz bis zu beginnender Dämmerung ist eine 4fache Vergrößerung die gegebene. Die durch sie verursachten Schwankungen des Zielbildes sind auch noch beim Freihandschuß erträglich.

Unter sehr schlechten Lichtverhältnissen und beim Schießen auf weite Entfernung brauchen wir eine mindestens 6fache Vergrößerung, um ein hinreichend klares Bild des anvisierten

Ziels zu erhalten. Derartige Zielfernrohre zeigen die Schwankungen des Abkommens in einem Ausmaß, das, je nach der körperlichen Veranlagung und augenblicklichen Verfassung des Jägers, eine beruhigende Stützung des Gewehrs durch Auflegen oder Anstreichen erfordert. Sehr zweckmäßig sind Zielfernrohre, die mit verstellbaren Vergrößerungen 1½- bis 6fach oder 1½- bis 10fach ausgerüstet sind. Sie haben sich gut bewährt.

Die Auswahl der praktischsten *Absehenform* ist mehr oder weniger Sache der persönlichen Eignung für den einzelnen Jäger. Grundsätzlich gehört zum Schuß bei schlechtem Licht ein grobes Absehen nach Abb. S. 158b, zum Feinschuß auf kleine Ziele und auf weite Entfernung ein feines Absehen nach Abb. S. 158a, zum Schießen auf flüchtiges Wild ebenfalls ein grober Punkt, entweder nach Abb. b angeordnet, oder besser nur auf einem einzelnen, feinen Querfaden liegend. Das in der Abb. c gezeigte, universelle Sonderabsehen der Zielfernrohre mit veränderlicher Vergrößerung, Fabrikat Zeiss, vermittelt einerseits ein sehr präzises Abkommen, andererseits ein noch ausreichendes Erkennen auch bei schwachem Licht.

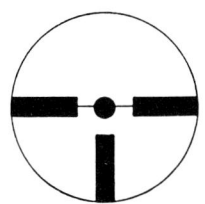

a. Normal-Absehen   *b. Absehen mit Punkt und*   *c. Universelles Absehen der*
                        Balken   *Firma Zeiss für variable Ver-*
                                                        größerungen

Die Befestigung des Zielfernrohrs auf dem Gewehr erfolgt durch die *Zielfernrohrmontage*.

Der Durchmesser des Zielfernrohrs bedingt einen Abstand seiner Visierlinie von den Läufen, der, gegenüber dem Abstand der Visierlinie der Balkenvisierung hiervon, mit zunehmendem Linsendurchmesser des Fernrohrs wächst. Infolgedessen müssen wir für den Anschlag des Gewehrs zum Fernrohrschuß den Kopf mehr anheben. Um die hieraus sich ergebende Unsicherheit des Anschlags, die leicht Schießfehler verursacht, tunlichst zu beschränken, sollen wir jedes Zielfernrohr so niedrig wie möglich auf das Gewehr aufpassen lassen.

Ein Tunnel in den Fernrohrfüßen, um evtl. einen Schuß über Visier und Korn unter dem aufgesetzten Zielfernrohr hindurch zu zielen, wenn z. B. Feuchtigkeit auf den Fernrohrlinsen das Bild verschleiert, erhöht die Fernrohrlage wesentlich. Da im Bedarfsfall der Wert dieser Einrichtung fragwürdig ist, verzichtet man am besten auf den Tunnel zugunsten einer niedrigen Lage des Zielfernrohrs auf den Läufen. Ihr Vorteil überwiegt bei weitem ein Auslassen vereinzelter Schießgelegenheiten im Verlauf eines langen Jägerlebens.

Von dem Führen *eines* Zielfernrohrs auf verschiedenen Gewehren oder Laufgarnituren ist aus technischen Gründen abzuraten. Es ist sehr schwierig, derartige Montagen von Zielfernrohren zu einem zuverlässigen Paßsitz zu bringen. Meist werden sich dabei früher oder später Veränderungen der Treffpunktlage bei dem einen oder anderen Gewehr bzw. Laufgarnitur einstellen. Dagegen ist gegen die Aufpassung von zwei Fernrohren auf einem Gewehr oder einem Lauf, etwa ein Zielfernrohr mit schwacher, ein zweites mit stärkerer Vergrößerung, nichts einzuwenden, wenn die Montagen durch einen erstklassigen Fachmann ausgeführt werden.

Der auf die Dauer zuverlässige Paßsitz einer Zielfernrohrmontage erfordert eine sorgfältige, zeitraubende Handarbeit. Infolgedessen muß für eine gute Montage ein angemessener Preis aufgewendet werden. Billige Montagen sind vielfach mit Fehlern behaftet und daher nicht empfehlenswert.

Jedes Zielfernrohr wird in seiner beim Einschießen vorgenommenen Einstellung verändert und reagiert darauf mit Treffpunktverlagerung des betreffenden Gewehrs, wenn sich der Sitz des Absehens und der vorderen Linsen verändert. Irgendwelche Eingriffe in das Innere eines Zielfernrohrs, z. B. zu Reinigungszwecken, dürfen wir deshalb nicht vornehmen. Hiermit ändern wir unvermeidlich den Sitz seiner Linsen und können das äußerst empfindliche Absehen beschädigen.

Aus gleichen Gründen müssen wir ein Zielfernrohr vor nachhaltigen Erschütterungen bewahren und besonders Leichtmetall-Zielfernrohre zum Transport in einem Fahrzeug vom Gewehr abnehmen. Nach einem harten Stoß gegen ein Zielfernrohr oder nach Umfallen eines damit versehenen Gewehrs prüfe man durch einen Probeschuß nach, ob die Treffpunktlage noch unverändert ist.

Jüngere Jäger und solche mit gutem Sehvermögen sollten alle Gelegenheiten zum Schuß mit offener Visierung nutzen, weil uns der ausschließliche Gebrauch des Zielfernrohrs zu sehr verwöhnt und uns derart davon abhängig macht, daß wir uns schließlich einen sicheren Schuß mit offener Visierung nicht mehr zutrauen. Dann ist der Jäger nicht mehr Herr der Lagen, in denen allein ein schnelles Handeln und Zielfassen über den freien Lauf zu einem erfolgreichen Schuß verhelfen können.

Visierung für den Schrotschuß

Die Visierung für den Schrotschuß begnügt sich mit dem hinteren Ende der Laufschiene als erstem Absehenpunkt und mit einem in Nähe der Laufmündung sitzenden Korn als zweitem Absehenpunkt. Der Verlauf der Visierlinie ist entsprechend. Die Genauigkeit dieser vereinfachten Visierung genügt in Anbetracht der geringen Schußentfernung mit streuenden Schroten. Unser Auge fluchtet beim Visieren über eine freie Laufschiene so genau, daß es Seitenabweichungen der Visierlinie, die vom Auge über die Schienenmitte zum Korn läuft, schon wahrnimmt und gefühlsmäßig zu berichtigen sucht, wenn die Abweichung nur in Bereichen von 1 mm liegt. Solche bedingen aber auf 35 m Schußentfernung nur rd. 5 cm Treffpunktabweichung, die angesichts der Streuung der Schrotgarbe bedeutungslos ist.

Die ständige Benutzung eines Visieres für den Schrotschuß würde dazu verleiten, allzu sorgsam zu visieren. Wir verlören dadurch wertvolle Zeit, würden im zügigen Schwingen des Gewehres mit sich bewegenden Zielen behindert, und Fehlschüsse wären die Folge. Eine richtig liegende Schäftung muß allerdings die schnelle Herstellung einer ausreichend genau verlaufenden Visierlinie unterstützen.

Das *Flintenkorn* soll ausgesprochen grob sein (3–4 mm), damit das Auge es schnell zu erfassen und beim Visieren längs der Laufschiene gefühlsmäßig rasch in die richtige Lage zum Ziel zu bringen vermag.

Vorgänge beim Schuß

Schußentwicklung

Die *Schußentwicklung* umfaßt das Geschehen innerhalb des Laufes vom Zündzeitpunkt bis zum Geschoßabgang aus dem Lauf. Sie setzt ein, wenn nach Durchziehen des Abzugs der Schlagbolzen oder das Schlagstück aus ihrer Halterung bzw. Rast frei werden und unter

Einwirkung der Schlagfeder in Richtung des Patronenlagers vorschnellen. Bei Zentralfeuerzündung auf die Mitte des in den Boden der Patronenhülse eingesetzten Zündhütchens
treffend, bei Randfeuerzündung gegen den Rand des Patronenhülsenbodens gerichtet, schleudert der Schlag den hier eingeladenen Zündsatz gegen den Amboß oder die gegenüberliegende
Wand des Hülsenrandes. Der Satz entzündet sich dadurch und entflammt das Treibmittel
Pulver.

Je nach Eigenart der Pulversorten mehr oder minder schnell verbrennend, setzt sich das
Pulver im Verlauf des Abbrands in Gase um. Der Abbrandgeschwindigkeit des Pulvers
folgend, nehmen die Gase schnell an Menge zu. Sie entwickeln hinter der vorliegenden
Geschoßmasse einen rasch ansteigenden Druck, der nach allen Seiten hin wirkt. Ihm weichen
die Geschosse aus; sie machen sich als Büchsengeschoß vom Ankniff im Patronenhülsenmund
frei, öffnen als Schrotladung den nachgebenden Hülsenverschluß und gelangen in den
Übergangskegel der Geschoß, bzw. Schrotführung. Die hier vorliegende Verengung der
Laufbohrung setzt der sich darin einpressenden Geschoßmasse starken Widerstand entgegen;
infolgedessen verzögert sich ihr Vormarsch, so daß sich die Gasmengen, die der fortlaufende
Pulverabbrand nachliefert, für einen Augenblick stauen. Ihr Druck steigt deshalb noch mehr
(1000–3000 bar beim Büchsenschuß und 450–600 bar im Mittel beim Schrotschuß) und zwingt
die Geschoßkörper in die Führung der Laufbohrung. Hierin weitermarschierend und dabei
schneller und schneller werdend, gibt dadurch die Geschoßmasse den fortgesetzt nachdrän-
genden Gasen rasch wieder Raum und zunehmende Entspannungsmöglichkeit, bis Geschoß
oder Schrote die Laufmündung erreichen. Die aus der Mündung strömenden Pulvergase
explodieren in der Luft und erzeugen den Schußknall.

Mündungsfeuer

Das mit Beendigung der Schußentwicklung an der Laufmündung erscheinende *Mündungsfeuer* kann den Jäger bei Schüssen mit Büchsenpatronen während der Dämmerung so stark
blenden, daß er das Verhalten eines beschossenen Stückes Wild nach dem Auslösen des
Schusses nicht zu beobachten vermag. Die Stärke dieses Mündungsfeuers hängt davon ab,
wieweit – je nach Verbrennungscharakter des Pulvers, Lademenge des Pulvers und Geschoßgewicht – die Pulververbrennung fortgeschritten ist, wenn das Geschoß die Mündung eines
Laufes von bestimmter Länge verläßt. Je träger der Verbrennungsverlauf der Pulverart, je
größer die Pulvermenge (Ladungsgewicht), je leichter das Geschoß und je geringer dabei die
Lauflänge sind, desto kräftiger wird das Mündungsfeuer.

Rückstoß

Der im Gewehrlauf sich entwickelnde Gasdruck beschleunigt die vorliegende Geschoßmasse
nach vorn und bewegt als Gegenwirkung das Gewehr nach hinten. Des weiteren bewirken die
mit hoher Geschwindigkeit aus der Laufmündung strömenden Pulvergase einen Raketenef-
fekt, der das Gewehr zusätzlich rückwärts bewegt. Diese Gewehrbewegungen insgesamt
empfinden wir als *Rückstoß* an Schulter und Wange. Er fällt um so kräftiger aus, je größer
einerseits die Geschoßgeschwindigkeit und der Gasdruck, das Laufkaliber und das Geschoßgewicht, und je geringer andererseits das Gewehrgewicht und die Lauflänge sind.

Bei dem Abfeuern von Selbstladegewehren wird ein erheblicher Teil der Rückstoßkräfte
auf die Selbstladeeinrichtung übertragen und durch deren Funktion verbraucht. Infolgedessen
fällt der restliche, den Schützen treffende Rückstoß entsprechend abgeschwächt aus.

Führung der Geschosse und Schrote durch den Lauf

Während des Durchgangs der Geschosse und Schrote durch die Laufbohrung entsteht beiderseits eine beträchtliche Reibung, die sich mit zunehmender Geschoßgeschwindigkeit und Unebenheit der Laufbohrung vermehrt. Überschreitet die Beanspruchung, der hierbei die weichere Geschoß- bzw. Schrotoberfläche unterliegt, deren Festigkeit, bleibt Geschoßmetall in der Laufbohrung hängen. Diese *Laufverschmierungen* hemmen den stetigen Durchgang nachfolgender Geschosse und Schrote durch den Lauf. Nimmt die Verschmierung überhand, wird sie Anlaß zu vermehrter Streuung der Einzelgeschosse, zu Unregelmäßigkeiten des Schrotschusses und zu Gasdrucksteigerungen.

Die Verarbeitung von fehlerfreiem Laufwerkstoff, die Herstellung einer glatten Oberfläche der Laufbohrung und eine Begrenzung der Fluggeschwindigkeit der Geschosse (gefettete Bleigeschosse auf 450 m je Sekunde [m/s], Geschosse mit weichen Kupfermänteln auf 650 m/s, Geschosse mit festen Mänteln aus harten Kupferlegierungen oder aus Flußeisen bis etwa 1000 m/s) sichert uns insoweit gegen übermäßige Metallablagerungen in der Laufbohrung. Sorgen wir des weiteren unsererseits für die Erhaltung der Glätte der Laufbohrungen, indem wir durch sachgemäße Laufpflege Rostschäden verhüten und metallische Laufverschmierungen von Zeit zu Zeit durch besondere Reinigungsmittel beseitigen lassen, wird die Geschoßführung durch den Lauf stets richtig erfolgen.

Staub und Sand, die in die Laufmündung eindringen, und fehlerhafte Handhabung der Laufreinigung führen zu Kalibererweiterungen nach der Laufmündung hin (Vorweiten) und zu abgeschliffenen Felderkanten der Büchsenlaufbohrungen. Die Fehler wirken auf die Geschosse ebenso, wie ein ausgeleiertes Gewinde einer Schraubenmutter, das eine darin sich drehende Schraube zum Flattern bringt.

Gefettete Laufbohrungen ändern die Führung von Einzelgeschossen bei einem ersten Schuß. Hierdurch kann gegenüber einem Schuß aus fettfreier Laufbohrung die Abgangsrichtung des Geschosses aus der Laufmündung und somit sein Treffpunkt verlagert werden[1]. Auf den Schrotschuß hat eine leicht gefettete Laufbohrung keinen bedeutenden Einfluß.

Der Büchsenschuß

Schußleistung der Büchsenläufe

Die wichtigste Funktion der Schußleistung eines Büchsenlaufes ist seine *Treffgenauigkeit*, d. h. die Genauigkeit, mit der ein Lauf Schuß für Schuß unsere Geschosse auf den Fleck bringt, den wir in einem Ziel treffen wollen. Diese Treffgenauigkeit setzt sich aus der Treffpunktlage und aus der Streuung („Präzision") der Büchsenläufe von ein- und mehrläufigen Gewehren zusammen.

Mit *Treffpunkt* bezeichnen wir den Fleck, auf dem in bezug auf das anvisierte Ziel der Schuß sitzt. Beim Einschießen bringen wir durch Einstellung der Visierlinie auf diesen Fleck den Treffpunkt unserer Büchsenlaufgewehre in die gewünschte Lage zu unserem Haltepunkt im Ziel. Diese *Treffpunktlage* wird die Büchse bei bleibender Visiereinstellung und Verwen-

---

[1] Der Einfluß von Öl in Laufbohrungen auf den Treffpunkt daraus abgegebener Schüsse wurde mit Repetierbüchsen Kal. 6 × 57 und 8 × 57 JS ermittelt. Hierbei zeigten sich gegenüber Schüssen aus fettfreier Laufbohrung auf 100 m Entfernung bis zu 4 cm Hochschuß und 3 cm Rechtsschuß. Ferner bewirkten die geölten Laufbohrungen eine Vergrößerung der Gewehrstreuung um 100 %.

dung von Patronen unveränderter Ladung immer haben, sofern uns in der Handhabung der Waffe beim Schießen keine Fehler unterlaufen, die ihrerseits die Treffpunktlage verändern.

Unter *Streuung* eines Laufes verstehen wir die Größe der Fläche, auf die sich mehrere Geschosse, die auf eine bestimmte Entfernung unter Ausschaltung von Ziel- und anderen Schützenfehlern aus einem Gewehr abgefeuert werden, am Ziel verteilen.

Die Treffpunktlage und die Streuung eines Büchsenlaufes sind das Ergebnis der jeweiligen Richtung, welche die Laufmündung in dem Zeitpunkt einnimmt, in dem ein Geschoß aus ihr abgeht. Hierzu vergegenwärtigen wir uns, daß bei einer Schußabgabe das ausgelöste Schloßwerk des Gewehrs und der Gasdruckstoß der Schußentwicklung das gesamte Gewehr erschüttern. Ferner bewirken der Gasdruck und der Einpreßwiderstand des Geschosses in die Laufbohrung elastische Dehnungen des Laufes in seiner Längs- und Querrichtung, infolge des Dralles auch elastische Verdrehungen um seine Achse. Die Stärke dieser Einflüsse versetzt das Gewehr und den Lauf in schwingende Bewegungen. Der Lauf vibriert in sich mit der freien Mündung, das Gewehr insgesamt biegt sich infolge des Rückstoßes u. a. auch im Kolbenhals durch. Als Folge dieser Schwingungen erhält die Lage der Seelenachse an der Laufmündung bei Abgabe eines Schusses Richtungsänderungen gegenüber ihrer Richtung vorher.

Treffpunktlage der Büchsenläufe

Die *Treffpunktlage* (TPL) der Büchsenläufe ergibt sich aus der Richtungsänderung, die die Laufmündung durch die Schwingungs- und Biegungsvorgänge des Gewehres zur Zeit des Geschoßabgangs aus dem Lauf erhält. Die Richtungsänderung verläuft als sogenannter Abgangsfehlerwinkel in einem bestimmten Ausschlag der Laufmündung gegenüber ihrer Ruhelage vor der Schußentwicklung. Er legt die Abgangsrichtung der Geschosse fest und ergibt in Verbindung mit Außeneinflüssen auf das fliegende Geschoß die vom Lauf ausgehende, auf eine bestimmte Zielentfernung gegebene TPL der Geschosse. Beim Einschießen des Gewehrs wird, indem hierbei die Visierung oder die Absehenmarke des Zielfernrohrs auf die auf die Zielentfernung gegebene TPL des Laufes eingestellt wird, der Abgangsfehlerwinkel mit ausgeglichen.

Der Abgangsfehlerwinkel ist je nach der Eigenart eines Gewehres individuell bedingt und verschieden. Er verläuft je nach Bauart (glatter oder mit Schiene ausgerüsteter Lauf, Dicke der Wandung und Länge des Laufes, ein- oder mehrläufiges Gewehr, Verschlußart usw.), je nach Belastung eines Laufes durch ein aufgesetztes Zielfernrohr und je nach der verwendeten Patronensorte (Pulverladung und Geschoß) in dieser oder jener Richtung und Größe. In ihrer hierdurch festgelegten Richtung und Größenordnung sind der individuelle Abgangsfehlerwinkel und die TPL eines Laufes bzw. Gewehrs von Schuß zu Schuß grundsätzlich gleichbleibend. Sie werden geändert, sobald sich die folgenden Einflüsse auf die Schwingungs- und Biegungsvorgänge innerhalb des Gewehrs einstellen:

1. Schwankungen im Paßgang der Verschlußteile.
2. Verlagerung des Sitzes des Gewehrschaftes an dem Lauf und Verschlußgehäuse (festerer oder loserer Sitz der Verbindungsschrauben, Verziehungen im Holz der Vorderschäfte durch Einflüsse der Witterung).
3. Ein aufgesetztes Zielfernrohr (Laufverspannung durch die Montage und Laufbelastung durch das Fernrohrgewicht).

Bei dem Einschießen eines Gewehrs mit Visier und Korn wird die Richtung dieser Visierung stets auf den Abgangsfehlerwinkel und die TPL des Laufes, die sich bei dem vom Zielfernrohr freien Gewehr auf die Zielentfernung ergeben, eingestellt. Dadurch wird der in diesem Fall vorliegende Abgangsfehlerwinkel ausgeglichen, und es wird hierdurch die auf die Einschießentfernung gewünschte TPL des Gewehrs bzw. Laufes bei dem Zielen mit Visier und Korn erreicht.

Bei dem Einschießen eines Gewehrs mit dem Zielfernrohr wird dessen Absehenmarke auf den Abgangsfehlerwinkel und die TPL des Laufes, die aus der Belastung des Gewehrs durch das Zielfernrohr hervorgehen, eingestellt. Hierdurch wird bei einer mit dem Zielfernrohr gezielten Schußabgabe dieser Abgangsfehlerwinkel ausgeglichen, und es wird dadurch die TPL erlangt, die das Gewehr bzw. der Lauf auf die Einschießentfernung mit dem Zielfernrohr ergeben soll.

Wird bei aufgesetztem Zielfernrohr ein Schuß über Visier und Korn durch einen Tunnel der Montage des Zielfernrohrs gezielt, sind durch die vorliegende Einstellung des Visiers und des Korns der Abgangsfehlerwinkel und die TPL des Laufes, die in diesem Fall durch das auf das Gewehr aufgesetzte Zielfernrohr bewirkt werden, nicht ausgeglichen; denn Visier und Korn sind, wie vorstehend ausgeführt, stets auf den Abgangsfehlerwinkel und die TPL des Laufes des vom Zielfernrohr freien Gewehrs eingerichtet. Infolgedessen ergibt der Büchsenlauf des Gewehrs, das bei dem Zielen eines Schusses über Visier und Korn durch das aufgesetzte Zielfernrohr belastet ist, hierbei eine andere TPL als die eines solchen Schusses, der mit Visier und Korn aus dem vom Zielfernrohr nicht belasteten Gewehr abgeben wird.

4. Wechselnde Schußbeanspruchung eines Gewehres infolge anderer Pulverladung (Art und Ladungsgewicht), anderen Geschosses (Innenaufbau, Führungseigenschaften und Gewicht), anderer Fabrikationsserie oder anderen Fabrikates der gleichen Patronensorte.

Ob und wieweit und nach welcher Richtung hin der Abgangsfehler und die TPL eines Gewehrs durch vorgenannte Ursachen 1–4 verändert werden, ist Sache der Eigenart eines jeden Gewehrs. In allen solchen Fällen muß durch ein Probeschießen auf die Scheibe Aufschluß über evtl. TPL-Veränderungen gesucht werden, nach denen gegebenenfalls eine Visier- bzw. Fernrohrumstellung vorzunehmen ist.

5. Unterschiedliche Auflage und Abstützung eines Gewehrs, falls wir mit aufgelegter oder angestrichener Waffe schießen.

Legen wir ein Gewehr in unmittelbarer Nähe seines Schwerpunktes, nicht weiter als etwa 15 cm (1 ½ Handbreite) vor dem Abzugsbügel, auf, oder streichen wir es nicht weiter davor an eine Stütze an, so ist die TPL die gleiche wie bei einem freihändig abgegebenen, ebenso abgekommenen Schuß. Dabei ist es gleichgültig, ob wir das Gewehr auf eine weiche, harte oder federnde Unterlage auflegen bzw. anstreichen (Abb. S. 164a).

Legen wir ein Gewehr in weiterer Entfernung vor dem Abzugsbügel auf, wirken Prellungen, die im Verlauf einer jeden Schußabgabe zwischen der Unterlage und dem Vorderschaft bzw. Lauf eines Gewehrs (je nach Entfernung der Unterlage von dem Abzugsbügel) entstehen, vermehrt mittelbar bzw. unmittelbar auf den Lauf ein. Die derartigen Prellungen haben einen in Abb. S. 164b gezeigten *Hochschuß* zur Folge, der sich mit zunehmender Entfernung der Unterlage vom Abzugsbügel steigert, auch wenn das Gewehr auf eine weiche Unterlage aufgelegt wird. Ebenso weicht die Treffpunktlage des Schusses nach der Seite hin ab, wenn wir das Gewehr weiter als etwa 15 cm vor dem Abzugsbügel an eine Stütze anstreichen.

Wird eine einläufige Büchse mit dem Vorderschaft aufgelegt, und werden dabei die Büchse und die Unterlage (z. B. Querstange eines Hochsitzes) gemeinsam fest mit der Hand umklammert, erhält hierdurch der Lauf einen von oben nach unten gerichteten Druck. Dadurch wird ein Lauf, der in dem Vorderschaft einer Büchse „hohl" gelagert ist (mit Spielraum zwischen Lauf und Holz), abwärts gedrückt, und als Ergebnis wird der Abstand der Achse des Laufes von der Visierlinie eines aufgesetzten Zielfernrohrs vergrößert. Die Folge ist *Tiefschuß*, der beträchtliche Ausmaße einnehmen kann.

Wird aus dem *Büchsenlauf eines mehrläufigen Gewehrs* (z. B. Büchsflinte, Bockbüchsflinte oder Drilling) ein Schuß abgegeben, können seine Auswirkungen die TPL dieses Laufes zeitweilig ändern. Ursächlich dafür ist, daß der abgefeuerte Büchsenlauf in seiner Dehnung, die er als Ergebnis der Schußerwärmung erhält, durch die üblicherweise *in ganzer Länge gelötete Verbindung mit dem Laufbündel* einseitig behindert wird. Infolgedessen dehnt sich der abgefeuerte Lauf in seinem freiliegenden Bereich mehr als in dem Bereich der Verbindung

Veränderung der Treffpunktlage (TPL) bei aufgelegtem Schießen

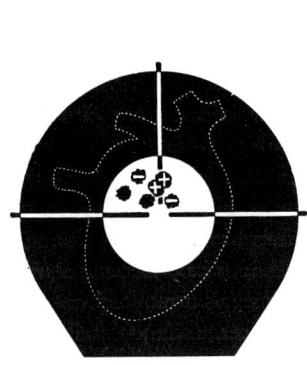

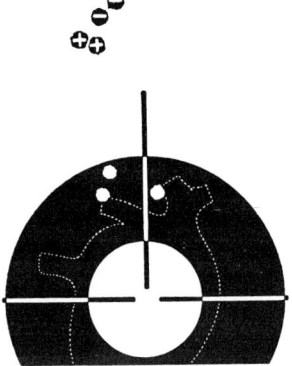

a. Normale TPL bei 15 cm vor dem Abzugsbügel aufgelegtem Gewehr:

● = *TPL bei Auflage auf Wollsack*

◗ = *TPL bei Auflage auf 2¹/₂ cm dicke Holzstange*

◓ = *TPL bei Auflage auf Ziegelstein und ebenso 4 mm dicken Draht*

b. Hochschuß des nebenstehenden Gewehrs, wenn dies weiter nach vorn aufgelegt wurde:

○ = *TPL bei Auflage 40 cm v. d. Abzugsbügel auf Wollsack und Holzstange; 4 cm Hochschuß gegenüber normaler TPL*

◔ = *TPL bei Auflage 60 cm v. d. Abzugsbügel auf Wollsack; 12 cm Hochschuß gegenüber normaler TPL*

◖ = *TPL bei Auflage 60 cm v. d. Abzugsbügel auf Holzstange; 14 cm Hochschuß gegenüber normaler TPL*

Beide Versuche geschossen mit Mauser-Repetierbüchse Modell 98 Kaliber 8 × 60 S (Gewicht ohne Zielfernrohr 3,5 kg) auf 80 m, Haltepunkt Mitte des weißen Spiegels

mit dem Laufbündel. Hierdurch wird der abgefeuerte Lauf verzogen (gekrümmt) und demgemäß die Richtung seiner Mündung geändert. Wird daher nach einem ersten Schuß aus dem Büchsenlauf, solange seine hierdurch bewirkte Erwärmung und damit auch Verziehung noch bestehen, ein zweiter Schuß abgegeben, erhält er eine TPL, die gegenüber der des „kalten" Zustandes des Laufes verändert ist[1]. Die TPL-Änderung verläuft nach der Seite des Büchsenlaufes, mit der er an dem Laufbündel anliegt, z. B. bei unten gelegenem Büchsenlauf aufwärts. Laut Versuchen beträgt die TPL-Änderung auf 100 m Entfernung 5 bis 15 cm, wenn nach einem ersten Schuß aus kaltem Lauf in unmittelbarer Folge ein zweiter Schuß abgegeben wird[2]. Die TPL-Änderung verliert sich erst mit dem völligen Verschwinden der Schußerwär-

---

[1] Gelegentlich zeigen sich Laufverziehungen und TPL-Änderungen dieser Art auch bei einläufigen Büchsen, deren Läufe mit einer Laufschiene versehen oder mit Zwang in den Vorderschaft gebettet sind.

[2] Aus demselben Gewehr fallen die TPL-Änderungen dieser Art bei Schüssen, die durch ein Zielfernrohr visiert werden, größer aus als bei über Visier und Korn gezielten Schüssen.

mung und Laufverziehung. Die Dauer des Vorgangs ist bei jedem Gewehr verschieden und kann – besonders bei Gewehren mit dünnwandigen oder unter starken Spannungen liegenden Läufen – bis zu 10 Minuten betragen. Darauf Rücksicht nehmend, sollen vornehmlich bei Kontrollschüssen auf dem Schießstand und bei dem Einschießen derartiger Büchsenläufe die Schußabgaben in Zeitabständen erfolgen, die jeden Einfluß der Lauferwärmung auf die TPL ausschließen.

Auswirkungen besonderer Art hat die durch eine Schußerwärmung veranlaßte *Laufverziehung bei Gewehren mit zwei Büchsenläufen*, wenn sie in ganzer Länge des Laufbündels fest damit verbunden sind. In diesem Fall überträgt sich bei einer Schußabgabe aus dem einen Büchsenlauf dessen Verziehung auf den zweiten Büchsenlauf. Hierdurch erhält die Mündung des zweiten Büchsenlaufes eine veränderte Richtung. In der Folgezeit des Abfeuerns des ersten Laufes schwindet mit der Abnahme seiner Erwärmung und Verziehung stetig die Richtungsänderung, die hierdurch der zweite Lauf erhält. Daher ist die TPL des zweiten Laufes, wenn dieser abgefeuert wird, abhängig von dem Zeitraum zwischen den Schüssen aus beiden Läufen.

Bei der Anfertigung und dem Einschießen der *Gewehre mit zwei Büchsenläufen gleichen Kalibers* werden die hierbei gegebenen Vorgänge der Laufverziehung und die dadurch bewirkten Treffpunktwanderungen der Läufe in einem begrenzten Ausmaß ausgeglichen. Hierzu wird einheitlich ein Schießverfahren angewendet, das den hauptsächlichen Gebrauchszwecken solcher Gewehre, für den Bedarfsfall zwei schnell aufeinanderfolgende Schüsse zur Verfügung zu haben, angeglichen ist. Dementsprechend wird das Schießen wie folgt gehandhabt:

1. Beide Büchsenläufe werden geladen.
2. Als erster Lauf wird der zum vorderen Abzug gehörige abgefeuert.
3. Unmittelbar nach diesem, ohne das Gewehr zu öffnen und sobald das Ziel wieder anvisiert ist, wird der zum hinteren Abzug gehörende zweite Büchsenlauf abgeschossen.
4. Die zwischen beiden Schüssen liegende Zeitspanne wird gleichbleibend bemessen; sie soll je nach der Zeit, die der eine oder andere Schütze zum genauen Visieren benötigt, 7 bis 10 Sekunden betragen.
5. Nach jedem Schußpaar wird bis zur Abgabe des nächsten eine Pause bis 10 Minuten (je nach Außentemperatur) eingelegt.

An Hand dieses Schießverfahrens erhalten die beiden Büchsenläufe, indem während ihres Einschießens ihre Bettung in dem Laufbündel nachgepaßt wird, eine geeignete Lage zueinander. Sie vermittelt dem Lauf, der als zweiter abzufeuern ist, einen Treffpunkt, der während des Zustandes seiner Verziehung durch den zuerst abgefeuerten Lauf mit dem Treffpunkt dieses Laufes zusammenfällt.

Der Zeitraum, in dem die TPL der beiden Büchsenläufe im Zustand ihrer Verziehung zusammenfallen, ist beschränkt auf die Zeit, in der die Läufe bei ihrem Einschießen und Einrichten aufeinander abgefeuert worden sind (s. Punkt 4). Erfolgen die Schußabgaben in davon abweichenden Zeitabständen, ergeben sich mehr oder minder veränderte TPL des an zweiter Stelle abgefeuerten Laufes. Des weiteren sind als Ergebnis der Verziehungsvorgänge in den Büchsenläufen ihre TPL auch abhängig von der Reihenfolge, in der sie abgefeuert werden. Je nachdem erhalten der an zweiter Stelle abgefeuerte Lauf eine gegensätzlich gerichtete Verziehung und entsprechende TPL.

Das Erreichen einer übereinstimmenden TPL von zwei Büchsenläufen eines Gewehrs ist eine schwierige Aufgabe. Erst wiederholtes Schießen bei gleichzeitigem Nachrichten und Nachpassen der Laufverbindung führt zu einem guten Zusammenschießen der Läufe. Daß sie aber sowohl mit offener Visierung als auch mit Zielfernrohr gleichzeitig zusammenschießen, ist infolge der Veränderung der Laufschwingungen, die durch die Belastung der Läufe durch das Zielfernrohr bewirkt wird, nicht zu erreichen. Gelingt das parallele Zusammenschießen der Läufe mit Zielfernrohr, kreuzen sich ihre TPL meist bei dem Schießen über Visier und Korn (s. Abbildung). Schießen dagegen die Läufe mit Visier und Korn auf eine bestimmte Entfernung zusammen, dann schießen sie hier mit dem Zielfernrohr auseinander.

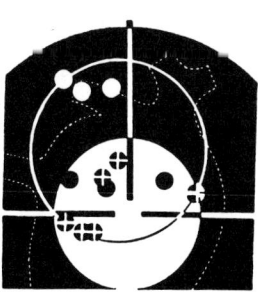

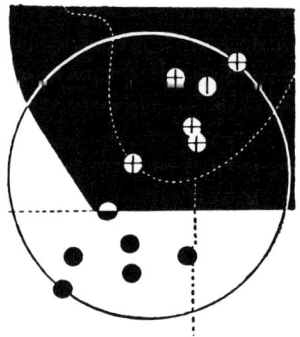

Geschossen mit Zielfernrohr. Die Treffpunktlagen beider Läufe liegen wenig auseinander, sie schießen annähernd parallel. Gesamtstreukreis-Durchmesser 73 mm, Schußleistung vorzüglich. Haltepunkt Mitte des weißen Punktes

Geschossen über Visier und Korn. Die Treffpunktlagen beider Läufe entfernen sich voneinander und kreuzen sich. Gesamtstreukreis-Durchmesser daher 102 mm, Schußleistung befriedigend. Haltepunkt Mitte der Unterkante des schwarzen Spiegels

Trefferbilder geschossen mit Bockbüchse Kaliber 8 × 57 JRS. Pause zwischen den Schüssen aus unterem und oberem Lauf 8 Sekunden. Richtige Treffpunktlage der Läufe zueinander für Zielfernrohr- sowie Visier- und Kornschuß. ⊕ = Schüsse aus dem unteren, ◯ = Schüsse aus dem oberen Lauf. Bei Doppelbüchsen erfolgt die Treffpunktverschiebung sinngemäß nach der Seite hin

Anders als bei den Gewehren mit zwei Büchsenläufen gleichen Kalibers erfolgt bei *Gewehren mit zwei Büchsenläufen verschiedenen Kalibers* das Einschießen und Einrichten dieser Läufe. Sie dienen eigens dazu, hiermit je Kaliber gesondert auf unterschiedliche Ziele (mit kleinem Kaliber auf schwaches Wild, mit größerem Kaliber auf starkes Wild) zu schießen. Aufeinanderfolgende Schüsse in kurzem Zeitabstand aus beiden Büchsenläufen sind nicht vorgesehen. Infolgedessen wird ihr Einrichten bei getrenntem Einschießen der jeweiligen Läufe vorgenommen. Dabei erhält jeder Lauf für sich in dem Laufbündel die Lage, die seinen Treffpunkt, unabhängig von einer Schußabgabe aus dem anderen Lauf und deren Auswirkungen, mit der Visierlinie und dem Zielpunkt zusammenfallen läßt. Werden beide Büchsenläufe nicht einzeln, sondern in kurzer Folge nacheinander abgefeuert, stellen sich Treffpunktabweichungen des zweiten abgefeuerten Laufes von der Visierlinie und dem Zielpunkt ein.

Die Vorgänge, die sich bei Schußabgaben mit Doppelbüchsläufen vollziehen und deren TPL bestimmen, sind entscheidend das Ergebnis der Schußbeanspruchung der Läufe durch die abgefeuerte Patrone. Je nach deren Schußentwicklung (Verlauf des Gasdruckes und des Einpreßwiderstandes des Geschosses in die Laufbohrung) fallen die Laufbeanspruchung, die dadurch bewirkte Verziehung der Läufe und folglich ihre TPL unterschiedlich aus. Somit schießen Doppelbüchsläufe, deren TPL mit einer bestimmten Patronensorte (Pulverladung, Geschoßart, Geschoßgewicht und Fabrikat) in Übereinstimmung gebracht sind, meistens nicht mehr zusammen, wenn eine andere Patronensorte verwendet wird. In diesem Fall müssen die Läufe in dem Laufbündel erneut gerichtet und eingeschossen werden.

Im Gegensatz zu der bisher üblichen Verbindung der Läufe von mehrläufigen Gewehren, bei der die Läufe miteinander in ganzer Länge des Laufbündels fest verbunden (verlötet) sind, hat die Jagdwaffen-Fabrik Krieghoff, Ulm, für Bockbüchsflinten und Drillinge eine *neuartige Laufverbindung* entwickelt und eingeführt. Hierbei sind die Büchsenläufe nur in einer bestimmten Länge des hinteren Teils des Laufbündels damit durch Lötung fest verbunden. Davor liegen die Büchsenläufe bis zu dem Bereich der Mündungen frei. In dem Mündungsbereich der Bockbüchsflinten und Drillinge ist ihr Büchsenlauf in eine Muffe, die an die Schrotläufe angelötet ist, eingeschoben. Dadurch wird hier der Büchsenlauf zwar in seinem Umfang (radial) abgestützt, ihm aber freie Bewegung in der Längsrichtung belassen.

Die in der Längsrichtung freie Lagerung derart verbundener Büchsenläufe ermöglicht ihnen ein unbehindertes Strecken im Verlauf der Erwärmung durch Schußabgaben. Damit wird vermieden, daß sich hierbei der abgefeuerte Büchsenlauf einseitig verzieht und dadurch, wenn aus ihm bei Bockbüchsflinten und Drillingen nacheinander folgende Schüsse abgegeben werden, eine erhöhte TPL bewirkt wird.

Eine andere Möglichkeit, den TPL-Änderungen von Doppelbüchsläufen als Folge ihrer Erwärmung und Verziehung durch Schußabgaben aus dem Weg zu gehen, ist die Anschaffung einer Selbstladebüchse (s. S. 138). Ihr einzelner Lauf erhält durch nacheinander abgegebene Schüsse keine Verziehung und TPL-Änderung, und außerdem ist für die Anschaffung einer Selbstladebüchse nur etwa ein Drittel des Preises von Doppel- bzw. Bockbüchsen aufzuwenden.

Streuung der Büchsenläufe

Die *Streuung* der Büchsenläufe, verursacht durch Vorgänge der Schußentwicklung, ist teils patronen-, teils gewehrseitig bedingt.

Selbst bei größter Herstellungsgenauigkeit von Patronen unterlaufen in ihren vielerlei Elementen unvermeidliche Differenzen. Sie ergeben entsprechende Schwankungen der Schußentwicklung, die sich in Unterschieden der Laufschwingungen von Schuß zu Schuß äußern. Infolgedessen nimmt die Laufmündung im Zeitpunkt des Abgangs des Geschosses aus ihr eine jeweils veränderte Stellung ein. Hierdurch gruppieren sich bei der Abgabe mehrerer Schüsse die Abgangsrichtungen der Geschosse im einzelnen „streuend" um den mittleren Abgangsfehlerwinkel (s. S. 162), den eine Laufmündung in Verfolg von Schußabgaben erhält.

Zusätzlich zu den patronenseitigen Gegebenheiten können auch gewehrseitige Einflüsse eine Streuung der aus einem Lauf abgehenden Geschosse bewirken. Sie resultiert unter anderem aus Eigenarten der Laufbohrung, die sich in Ungleichheiten des Bohrungsdurchmessers und sonstigen Fehlern äußern. Teils fabrikationsbedingt, teils erst später infolge mangelhafter oder unsachgemäßer Reinigung von Läufen entstanden, wird hierdurch ein unstabiler Durchgang der Geschosse

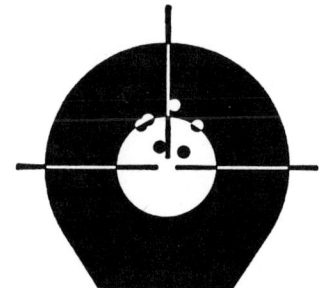

Trefferbild einer richtig auf 100 m eingeschossenen Zielfernrohr-Büchse. Auf 100 m 3,5 cm Hochschuß, auf 150 m Fleckschuß, Haltepunkt Mitte des weißen Punktes. Streukreis-Durchmesser 40 mm

durch den Lauf verursacht. Auch eine übermäßige metallische Verschmierung einer Laufbohrung durch das Material der Mäntel von Geschossen, die mit sehr hoher Geschwindigkeit (Höchstgeschwindigkeits-Patronen) durch einen Lauf getrieben werden, kann die Stabilität der Passage der Geschosse durch die Laufbohrung beeinträchtigen. Solche unstabilen Vorbewegungen von Geschossen in einem Lauf setzten sich nach ihrem Abgang aus der Laufmündung fort, so daß auch dadurch die Geschosse streuende Flugrichtungen erhalten.

Insgesamt veranlaßt die Gewehr- beziehungsweise auch Geschoßstreuung bei der Abgabe einer Schußreihe, daß sich auf der Zielentfernung die Geschosse über eine bestimmte Fläche in einem *Trefferbild* (Abb. S. 167) verteilen. Sein Zentrum ergibt den *mittleren Treffpunkt* des Laufes.

Die Unregelmäßigkeiten in der Schußentwicklung, die die Streuung verursachen, sind Zufälligkeiten unterworfen. In einer kurzen Schußreihe aus einem Gewehr können die Vorgänge gleichmäßiger sein als in einer anderen Schußreihe, so daß wir im ersteren Fall ein Trefferbild mit geringerer, im anderen Fall eins mit größerer Streuung erhalten. Deshalb zeigen mehrere, unter gleichen Verhältnissen mit demselben Gewehr geschossene Trefferbilder verschiedene Streukreisdurchmesser.

Erst mit zunehmender Schußzahl tritt ein immer vollständiger werdendes Bild der tatsächlichen Streuung eines Büchsenlaufes zutage, weil mit wachsender Schußzahl die patronen- und laufseitigen Einflüsse, die die Streuung verursachen und gegebenenfalls vergrößern, bei der Prüfung in steigendem Maß erfaßt werden. Die Zahl der zur Ermittlung der Streuung eines Laufes abzugebenden Schüsse soll deshalb mindestens fünf betragen. Trefferbilder mit geringerer Schußzahl sind nichtssagende, zufällig zustande gekommene Ergebnisse. Bei einigem Aufwand von Patronen und Geduld läßt sich dann auch mit einem verhältnismäßig stark streuenden Lauf ein Trefferbild mit drei Schüssen zustande bringen, in dem diese zufällig einmal eng gruppiert sind.

Gemäß Versuchen, die mit 300 Büchsenläufen durchgeführt wurden, vergrößert sich die Streuung von 3 Schüssen zu 5 Schüssen im Durchschnitt um 40 Prozent. Demnach wird ein Lauf, dessen Streuung bei der Abgabe von 3 Schüssen auf 100 m Entfernung mit beispielsweise 40 mm ermittelt wurde, auf dieselbe Entfernung bei 5 Schüssen eine wirklichkeitsnahe Streuung von 55 mm ergeben.

Die Zunahme der Schußentfernung bedingt auch ihrerseits eine Vergrößerung der Gewehrstreuung. Sie erweitert sich in dem Verhältnis der Zunahme der Entfernung; beträgt die Streuung auf 100 m 50 mm, wird sie auf 150 m 75 mm und auf 200 m 100 mm betragen.

Schwere Gewehre mit dickwandigen Läufen und kräftigen Verschlüssen ergeben bei gleicher Herstellungsqualität der Läufe geringere Streuungen als leicht gebaute Gewehre. Erstere reagieren auf die Schwankungen in der Schußentwicklung weniger und beschränken dadurch bewirkte Unregelmäßigkeiten in den Laufschwingungen auf ein kleineres Ausmaß.

Revierstreuung von Büchsenschüssen

Die Streuung von Büchsenschüssen, die anläßlich der Jagd im Revier abgegeben werden, müssen wir größer ansetzen als die auf einem Schießstand ermittelte Gewehrstreuung.

Bei dem Schießen eines Trefferbildes zum Nachweis der Streuung eines Gewehrs wird jeder Lieferant und Einschießer mit Recht bestrebt sein, an Hand eines besonders sorgfältigen Schießens eine möglichst geringe Streuung aus der Waffe herauszuholen. Beim jagdlichen Schießen unterlaufen uns aber unvermeidliche Ziel- und andere Fehler, die auf 100 m Entfernung bis zu 30 mm bereits bei guten und 50 mm oder mehr bei mäßigen Schützen betragen. Daraus folgt eine persönliche, sogenannte *Schützenstreuung*. Sie vermehrt sich – ähnlich wie die Gewehrstreuung – mit der Vergrößerung der Schußentfernung etwa auch in dem Verhältnis, in dem die Entfernung zunimmt. Die Schützenstreuung tritt daher zu der Gewehrstreuung hinzu, und beide zusammen ergeben die *Revierstreuung*, mit der wir auf der Jagd zu rechnen haben.

Prüfung und Beurteilung der Streuung von Büchsenläufen

Die *Prüfung der Streuung von Büchsenläufen* erfolgt in der Regel auf 100 m Entfernung. Hierbei sollten, um die tatsächliche Streuung festzustellen, je Lauf 5 Schüsse abgegeben werden. Wird von Gewehrlieferanten, wie es meistens üblich ist, ein Trefferbild nur mit 3 Schüssen geschossen, ist das dabei ermittelte Streuungsmaß zur Bestimmung der wirklichen Streuung (s. S. 168 Mitte) um 40 Prozent zu erhöhen.

Die bei einer Prüfung festgestellte Streuung eines Laufes gilt nur für die Patronenlaborierung (Pulverladung und Geschoßart) und das Patronenfabrikat, die dabei verwendet werden. Bei dem Schießen mit einer anderen Laborierung oder derselben eines anderen Fabrikates ergibt der geprüfte Lauf oftmals eine mehr oder minder erheblich veränderte Streuung.

Erfolgt die Prüfung der Streuung, indem die Schüsse über Visier und Korn gezielt werden, so gilt die dabei ermittelte Streuung des Laufes gleichfalls nur für diese Schießmethode. Wird das Gewehr mit einem Zielfernrohr versehen, können etwaige Fehler in seiner Montage, je nach ihrer Art, eine Verspannung des Zielfernrohrs bewirken oder ein Nachgeben seines Sitzes auf dem Gewehr veranlassen. Durch solche häufigen Fehler wird die Gewehrstreuung vermehrt.

Für die Schießverfahren, die bei der Feststellung der Streuung angewendet werden, sind die Gebrauchszwecke der Gewehrarten maßgeblich.

In eine erste Gruppe (I) „*Einzeln zu prüfende Büchsenläufe*" sind zusammengefaßt: Einlaufbüchsen; Drillinge, Büchsflinten und Bockbüchsflinten mit *einem Büchsenlauf*; Bockbüchsen mit *zwei Büchsenläufen verschiedenen Kalibers* (sogenannte Bergstutzen); Doppelbüchsdrillinge, Bockbüchsdrillinge und Vierlinge mit *zwei Büchsenläufen verschiedenen Kalibers*.

Eine zweite Gruppe (II) „*Gemeinsam zu prüfende Büchsenläufe*" enthält: Doppelbüchsen, Bockbüchsen und Doppelbüchsdrillinge mit *zwei Büchsenläufen gleichen Kalibers*.

Schießverfahren für einzeln zu prüfende Büchsenläufe

Die Prüfung der Streuung der Büchsenläufe dieser Gruppe I geschieht, indem je Lauf ein Trefferbild geschossen wird. Sein Kreisdurchmesser, verlaufend durch die Mitten der äußersten Schußlöcher, zeigt das Maß der Streuung des einzelnen Laufes.

Die Schußabgaben sollen grundsätzlich mit Pausen von 5–10 Minuten (je nach Außentemperatur) erfolgen, damit Verziehungen und Treffpunktlageänderungen des abgefeuerten Laufes, die durch seine Schußerwärmung bewirkt werden (s. S. 165), bis zu der Abgabe eines nächsten Schusses völlig abklingen können.

In das anzuwendende Schießverfahren sind die Gewehre mit zwei Büchsenläufen verschiedenen Kalibers einbezogen, weil sie dazu dienen, hiermit anläßlich der Jagd in der Regel ebenfalls auf gesonderte Ziele (mit kleinem Kaliber auf schwaches Wild, mit größerem Kaliber auf starkes Wild) zu schießen. Demgemäß erfolgen Schußabgaben nur aus dem jeweiligen Lauf des einen oder anderen Kalibers (s. S. 166). Somit ist nur die Streuung des einzelnen Laufes ausschlaggebend und zu prüfen.

Schießverfahren für gemeinsam zu prüfende Büchsenläufe

Die beiden Büchsenläufe gleichen Kalibers der derartigen Gewehrgruppe II sind vornehmlich dazu bestimmt, nach einem ersten Schuß auf ein Stück Wild im Bedarfsfall schnell einen zweiten Schuß auf dasselbe Stück oder ein anderes zur Hand zu haben. Das bedingt die

Abgabe aufeinanderfolgender Schüsse in kurzem Zeitabstand aus beiden Läufen. Demnach ist bei derartigen Gewehren die Gesamtstreuung ihrer beiden Büchsenläufe zu prüfen, wie sie sich aus der Streuung der einzelnen Läufe und deren Treffpunktlagen (TPL) zueinander ergibt, wenn die Läufe paarig in kurzer Folge abgefeuert werden. Zu dem Zweck wird mit beiden Läufen ein gemeinsames Trefferbild geschossen, indem gemäß dem für diese Gewehre vorgesehenen Schießverfahren (s. S. 165) je Lauf 5 Schüsse abgegeben werden. Der Durchmesser des Kreises, der durch die Mitten der äußersten Schußlöcher des Zehn-Schuß-Trefferbildes verläuft (s. S. 167), bezeichnet die Gesamtstreuung beider Läufe.

Beurteilung der Streuung von Büchsenläufen

Die *Beurteilung der Streuung von Büchsenläufen* gründet sich gleichfalls auf ihren Gebrauchszweck. Dabei ergeben sich aus den Wildarten die Größen der Zielflächen und aus den Revierverhältnissen die Entfernungen, auf die ein sicheres Treffen der Ziele gewährleistet sein muß. Die demnach erforderliche Schußleistung ist Sache der *Gewehrstreuung* und der zusätzlichen *Schützenstreuung* (s. S. 168), die uns selbst bei Schußabgaben anläßlich der Jagd unterläuft.

Manche Jäger werden mit dem Büchsenlauf nur auf Rehwild und darauf bis zu 120 m Entfernung schießen. Folglich werden sie bei einer eigenen Schützenstreuung bis 50 mm auf 100 m mit einer Gewehrstreuung bis 75 mm auf 100 m Entfernung auskommen. Andere Jäger mit vorzüglicher Schießfertigkeit

Eignung der auf 100 m Entfernung ermittelten Streuungen von Büchsenläufen

Gewehrgruppe und Zielgröße	Gewehrstreuung Klasse 1	Schußbereich	Gewehrstreuung Klasse 2	Schußbereich	Gewehrstreuung Klasse 3	Schußbereich	Gewehrstreuung Klasse 4	Schußbereich
Gewehrgruppe I								
Elster, Krähe und Taube	61–75 mm	40 m	51–60 mm	50 m	41–50 mm	60 m	b.s 40 mm	70 m
Katze und Fuchs	61–75 mm	60–80 m[1]	51–60 mm	70–90 m[1]	41–50 mm	80–100 m[1]	b.s 40 mm	90–130 m[1]
Rehwild[2]	61–75 mm	120 m	51–60 mm	130 m	41–50 mm	160 m	b.s 40 mm	200 m
Gams[2]	61–75 mm	130 m	51–60 mm	150 m	41–50 mm	180 m	b.s 40 mm	250 m
Rotwild[2]	61–75 mm	170 m	51–60 mm	200 m	41–50 mm	250 m	b.s 40 mm	300 m
Gewehrgruppe II								
Rehwild und Gams	101–150 mm	70 m	76–100 mm	100 m	bis 75 mm	130 m	—	—
Rotwild	101–150 mm	110 m	76–100 mm	150 m	bis 75 mm	180 m	—	—

Unter Berücksichtigung der Schützenstreuung zulässige Schußbereiche

[1] Je nach Zielgröße.
[2] Weite Schußbereiche bei Verwendung entsprechend starker Patronen.

müssen ihr Rehwild bis 160 m oder Gams im Gebirge bis 180 m Entfernung erlegen. Dabei hätte sich bei einer Schützenstreuung bis 40 mm auf 100 m die Gewehrstreuung bis 50 mm auf 100 m Entfernung zu beschränken. Jäger mit bester Schießfertigkeit wollen gelegentlich auf Feldrehe auch bis 200 m und auf Hochwild im Gebirge bis 300 m Entfernung schießen. Hierfür sowie auch für Schüsse auf kleine Ziele (Niederwild, Raubwild und Raubzeug) müßte bei einer Schützenstreuung bis 30 mm auf 100 m die Gewehrstreuung bis 40 mm auf 100 m Entfernung begrenzt sein.

Um gemäß solchen jagdlichen Bedingungen die Streuungen von Büchsenläufen beurteilen zu können, hat im Jahr 1965 der Deutsche Jagdschutz-Verband als Richtlinien *Eignungstabellen* herausgegeben. In Zusammenfassung der darin enthaltenen Gewehrgruppen I und II mit Büchsenläufen ist der Inhalt der Tabellen vorstehend auf Seite 170 zusammengestellt.

Die zu den Gewehrgruppen I und II (s. S. 169 und 170) angegebenen zulässigen *Schußbereiche* berücksichtigen die Gewehrstreuung, die bei der Abgabe von 5 Schüssen je Lauf auf 100 m Entfernung vorliegt, die hier je nach unserer eigenen Schießfertigkeit gegebene Schützenstreuung und die Größen der Zielflächen des Wildes, deren Treffen bei Breitstellung genügende Wirkung des Schusses gewährleistet.

Die *Schützenstreuung* ist für Klein- und Raubwild bzw. Raubzeug, weil darauf abgegebene Schüsse auf Jäger mit entsprechend bester Schießfertigkeit zu beschränken sind, in allen Streuungs-Klassen der Tabelle mit einer Größe bis 20 mm auf 100 m Entfernung angesetzt. Für Schalenwild wurden in den Streuungs-Klassen 1 und 2 bis 50 mm, in 3 bis 40 mm und in 4 bis 30 mm Schützenstreuung auf 100 m Entfernung zugrunde gelegt. Die *wirksamen Zielflächen* sind für Ziele der Größenordnung von Elstern bis Wildtauben und Krähen mit 4 cm Höhe, für Katzen und Füchse mit 6 bis 8 cm Höhe bemessen. Für die Höhen der Kammer (Brustraum) von Schalenwild wurden bei Rehwild 15 cm, Gams 17 cm und Rotwild 22 cm zugrunde gelegt.

Gewehrstreuungen über 75 mm von einzeln zu prüfenden Büchsenläufen (Gewehrgruppe I) und über 150 mm von gemeinsam zu prüfenden Büchsenläufen (Gewehrgruppe II) auf 100 m Entfernung werden als „Nicht befriedigende Schußgenauigkeit" bewertet.

Auf Grund des neuen Beurteilungsverfahrens kann jetzt der Jäger bei der Bestellung oder dem Ankauf einer Schußwaffe seine Anforderungen an die Streuung auf seine persönlichen Bedürfnisse ausrichten. Dadurch wird er dem Zwang enthoben, sich an die früheren Werturteile „genügend", „gut" und „hervorragend" zu klammern, mit denen bisher die Schußpräzision eines Laufes gekennzeichnet wurde, ohne hierdurch über die speziellen Erfordernisse eines Jägers Aufschluß zu geben. Ferner läßt das neue Verfahren aus den in den Tabellen enthaltenen Angaben auch unmittelbar die Entfernung ersehen, bis zu der die Streuung des Laufes, zuzüglich der Schützenstreuung, noch ein sicheres Treffen eines Zieles bestimmter Größe gewährleisten kann.

Schußleistung der Flintenlaufgeschosse

Der Schuß mit Flintenlaufgeschossen (Fl. L. Gesch.) ist nur ein Behelf in besonderen Fällen, um auf ein Stück Schalenwild schießen zu können, wenn wir gerade keinen Büchsenlauf zur Hand haben.

Die Führung der Fl. L. Gesch. im Schrotlauf ist gegenüber der Geschoßführung im Büchsenlauf primitiv. Außerhalb des Laufes wird der Flug der Fl. L. Gesch. durch das einfache Pfeilprinzip, ohne Rotation des Geschosses, notdürftig stabilisiert. Daraus folgt alles in allem eine verhältnismäßig große Streuung der Fl. L. Gesch. Je $^1/_4$ der hiermit während mehrerer Jahre geprüften Schrotläufe zeigte bei Abgabe von 5 Schüssen je Lauf auf 35 m Entfernung nachstehende Streuungen:

Bis   80 mm Streukreisdurchmesser ⎫
bis   110 mm Streukreisdurchmesser ⎬ Leistung befriedigend,
bis   150 mm Streukreisdurchmesser ⎭
über   150 mm Streukreisdurchmesser   Leistung nicht befriedigend.

Die Treffpunktlage (TPL), die ein Schrotlauf mit Fl. L. Gesch. eines bestimmten Fabrikates ergibt, stimmt im allgemeinen nur dann mit der TPL, die er beim Schrotschuß hat, überein, wenn ein Lauf mit Fl. L. Gesch. dieses Fabrikates besonders eingeschossen ist. Das ist aber nur bei den wenigsten Flintenläufen der Fall. Deshalb sind beim Schießen mit Fl. L. Gesch. auf 35 m Entfernung oft TPL-Abweichungen von 20 cm und mehr gegenüber der TPL des Schrotschusses festzustellen.

Auf Grund der vorstehenden Eigenarten der Fl. L. Gesch. sollen vor ihrem Gebrauch die Streuung und die TPL aus dem hierfür vorgesehenen Gewehr durch Probeschüsse gründlich geprüft werden. Nur dann gewinnen wir ein Bild davon, ob aus einem bestimmten Gewehr der Gebrauch von Fl. L. Gesch. zu verantworten ist und wie weit damit je nach der Größe der Streuung geschossen werden darf. Sind TPL und Streuung in Ordnung, ist gegen die Verwendung von Fl. L. Gesch. des erprobten Fabrikats Brenneke auf beschränkte Entfernungen nichts einzuwenden, besonders, wenn das Gewehr eine auf ihre TPL eingestellte Visierung hat.

Flugbahnen der Geschosse

Die *Flugbahn der Büchsengeschosse* verläuft – mit Ausnahme von Schüssen in der Senkrechten auf- und abwärts –, nachdem ein Geschoß den ihm richtunggebenden Lauf verlassen hat, nicht in der Richtung der verlängerten Seelenachse des Laufes.

Die *Anziehungskraft der Erde* (AE) zieht jeden Körper senkrecht abwärts in Richtung des Erdmittelpunktes. Infolgedessen erhält unser fliegendes Geschoß, dem anfangs eine Vortriebsbewegung mitgegeben ist, die der jeweiligen Richtung des Laufes gleicht, bei allen Schüssen, die von der Senkrechten abweichend gerichtet sind, eine gleichzeitige Fallbewegung. Sie verläuft in der Kraftrichtung der AE und senkt das Geschoß während des Fluges um bestimmte Fallstrecken unter die verlängert gedachte Seelenachse des Laufes.

Die hemmende Wirkung der auf der Erde lagernden Luftschichten gegen jeden darin bewegten Körper, uns als *Luftwiderstand* (LW) schon fühlbar vom Fahren im offenen Kraftwagen bekannt, richtet sich gegen die weitaus schneller fliegenden Geschosse noch wirkungsvoller. In seiner Größe bestimmt durch Fluggeschwindigkeit, Form und Durchmesser eines Geschosses sowie durch das Luftgewicht u. a., vermindert der LW die Fluggeschwindigkeit des Geschosses mit zunehmender Flugstrecke mehr und mehr. Je nach der Hemmung durch den LW benötigt daher das Geschoß innerhalb einer bestimmten Schußentfernung zur Zurücklegung gleicher Entfernungsabschnitte hierin sich stetig steigernde Flugzeiten. Ihnen zufolge wirkt die AE während jedes folgenden Entfernungsabschnitts länger auf das fliegende Geschoß ein und bewirkt eine mit wachsender Schußentfernung fortlaufend sich steigernde Verlängerung seiner Fallstrecken. Entlang der Endpunkte dieser Strecken des Geschoßfalls, die infolge der AE und des LW unterhalb der verlängerten Seelenachse liegen, verläuft mit entsprechendem Krümmungsgrad (Abb. S. 173 oben) ähnlich wie bei einem geworfenen Ball, die *Flugbahn* unserer Geschosse.

Das Zustandekommen der Flugbahnkrümmung, bewirkt durch die AE während der

Flugzeiten des Geschosses in aufeinander folgenden Entfernungsabschnitten, ergibt Abhängigkeit des Krümmungsgrades der Flugbahn des Geschosses von seiner Flugzeit (T). Je geringer diese T ist, desto weniger Zeit wirkt die AE auf das Geschoß, um so kürzer sind seine Fallstrecken und um so geringer ist die Flugbahnsenkung unter die verlängerte Seelenachse, desto weniger gekrümmt, desto gestreckter verläuft die Flugkurve.

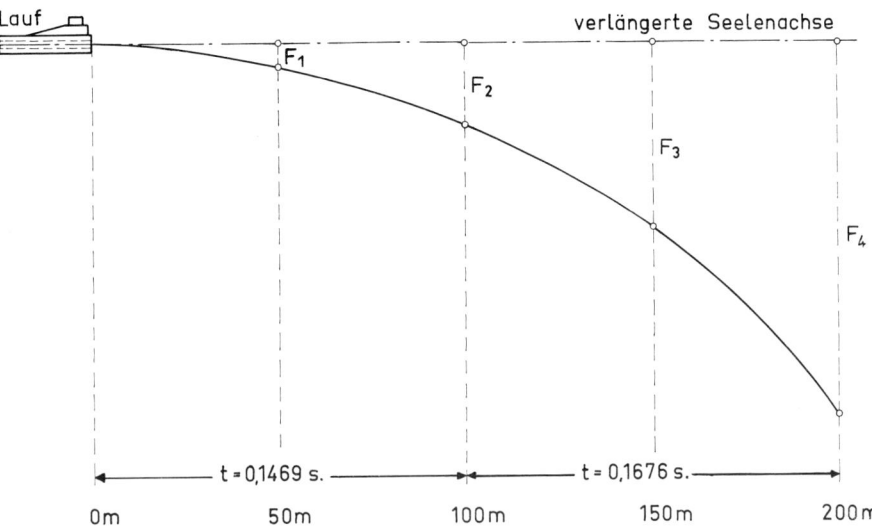

Fallstrecken des Geschosses und Senkung der Flugbahn unter die verlängerte Seelenachse F 1, F 2, F 3, F 4 = Geschoßfallstrecken und Flugbahnsenkung auf 50, 100, 150 und 200 m. T = 0,1469 s und 0,1676 s = Flugzeiten 0–100 m bzw. 100–200 m

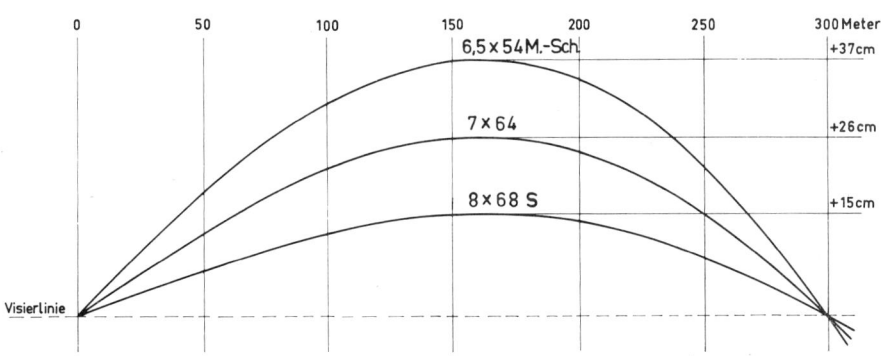

Krümmung der Flugbahnen von Geschossen verschiedener Rasanz

Geschoßflugzeiten auf 300 m:
Patrone 6,5 × 54 M.-Sch. = 0,5553 s
Patrone 7 × 64 = 0,4640 s
Patrone 8 × 68 S = 0,3571 s

Die für die Flugbahnkrümmung bzw. Senkung unter die verlängerte Seelenachse hauptsächlich maßgebliche Flugzeit (T) ist nicht aus der Anfangsgeschwindigkeit eines Geschosses abzuleiten. Kurze T ist vielmehr das Ergebnis einer über die gesamte Schußentfernung durchschnittlich möglichst hohen Geschwindigkeit eines Geschosses. Sie ist die Folge guter ballistischer Flugeigenschaften, d. h. einer großen Querschnittsbelastung (hohes Gewicht eines Geschosses im Verhältnis zu seinem Querschnitt) und guten Formwerts eines Geschosses zwecks günstiger Überwindung des Luftwiderstands, in Verbindung mit großer Anfangsgeschwindigkeit. Zum Beispiel hält ein 11,2 g schweres 7-mm-Geschoß in seiner Geschwindigkeit auf weitere Entfernungen stetiger durch und benötigt deshalb kürzere T als ein nur 9 g schweres 7-mm-Geschoß; ersteres hat ebenso den „längeren Atem" wie etwa eine geworfene Kugel aus Eisen gegenüber einer solchen aus Kork.

Als Ergebnis ist es zur Erlangung einer geringen Flugbahnkrümmung zweckmäßig, ein Geschoß zu verwenden, das in seinem Kaliber verhältnismäßig schwer ist und dabei mit möglichst hoher Geschwindigkeit innerhalb der jagdlichen Schußentfernungen fliegt.

Wertbegriff für die aus der Geschoßflugzeit sich ergebende Größe der Flugbahnkrümmung ist die dem lateinischen Wort „rasere" (= abscheren) entnommene *Rasanz* (s. Abb. S. 173).

Der Schrotschuß

Schrotgarbe im Flug

Die Entwicklung der in die Schrotpatrone eingeladenen Schrote zu einem sogenannten Streuschuß bahnt sich bereits im Lauf an.

Beim Durchgang durch den Lauf werden die Schrote durch den Stoß des Pfropfens, der durch die Pulvergase nach vorn getrieben wird, zusammengedrängt, gestaucht, teilweise an die Laufwand gepreßt und dadurch mehr oder minder abgeschliffen. Erreicht die in Bewegung versetzte Schrotladung die Würgebohrung, werden die Schrote in dieser Verengung noch mehr gepreßt und verformt und verlassen in diesem Zustand zusammen mit dem Pfropfen den Lauf.

Der Pfropfen bleibt bald hinter den Schroten zurück, und die Schrotladung setzt in Form einer Garbe ihren Weg allein fort.

Die gegen den Luftwiderstand anfliegenden Schrote lassen in ihrer Fluggeschwindigkeit recht schnell nach. Sie beträgt $2^1/2$ mm Schrot auf 20 m 253 $\frac{m}{s}$, auf 50 m 144 $\frac{m}{s}$ und auf 60 m 120 $\frac{m}{s}$ Schrot $3^1/2$ mm fliegt auf diese Entfernungen mit 265, 218, 178 und 158 $\frac{m}{s}$.

Bald nach dem Beginn ihres Fluges löst sich die Schrotgarbe zu einem fortschreitend ausbreitenden Schwarm auf, der sich mit zunehmender Flugweite mehr und mehr von außen nach innen auflockert. Die Schrotkörner behindern sich in ihrem Flug gegenseitig und bringen sich dadurch nach allen Richtungen hin aus der Bahn. Die im Lauf abgeschliffenen Schrote weichen am weitesten von dem Garbenkern ab und bleiben infolge ihres leichteren Gewichtes und größeren Luftwiderstandes im Flug hinter den Kernschroten zurück. In diesem ständigen Wechselspiel im Flug der einzelnen Schrote zieht sich die Garbe nach Seiten, Höhe und Länge auseinander und nimmt die Gestalt eines ellipsenartig gestreckten Körpers an, in dem die Schrote mehr oder minder unregelmäßig verteilt fliegen.

Schon 2–3 m von der Mündung entfernt tritt eine merkliche Auflösung der Schrotgarbe ein. Nach 10 m Flugweite haben sich die Garbenbreite von Schrot 2,5 mm auf etwa maximal 70 cm und die Garbenlänge auf etwa 100 cm auseinandergezogen. Bei 35 m Schußentfernung hat sich die gesamte Schrotgarbe nach den Seiten auf einen Kreis von maximal 300 cm Durchmesser ausgebreitet, bei 60 m auf einen solchen von maximal 700 cm. Die Länge der ganzen Schrotgarbe hat sich bei 35 m auf 350 cm, bei 60 m auf 600 cm etwa auseinandergezogen.

Die beträchtliche Seiten- bzw. Breitenausdehnung der Schrotgarbe führt zu der Annahme daß sich ein genaues Richten des Schusses auf ein Ziel erübrige, weil es, auch wenn man erheblich seitlich mit der Mitte der Garbe daran vorbeischösse, infolge der Schrotstreuung dennoch getroffen würde. Diese Auffassung erweist sich als Irrtum, wenn wie die in der Abbildung wiedergegebenen, auf einer Scheibe aufgefangenen Trefferbilder von Schrotgarben ansehen. Nur im Durchmesser von 75 bzw. 60 cm sitzen die Schrote eng genug beieinander, um einen Hasen mit noch ausreichender Wirkung einzudecken. Über den Umfang dieser *wirksamen Treff-Flächen* hinaus würde ein Hase nur vereinzelte Treffer erhalten, die ihn nur zufällig töten könnten, meist aber nur krank werden lassen.

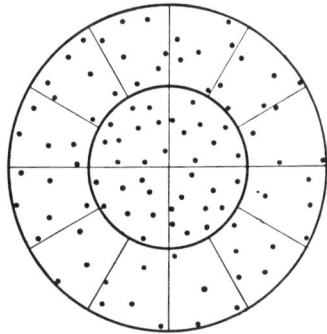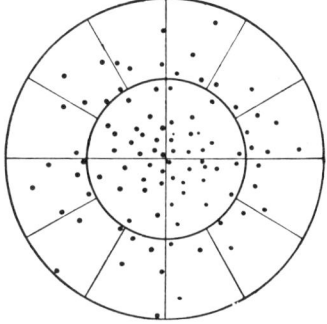

Trefferbilder mit 3¹/₂-mm Schrot aus Kal. 12 auf 35 m in der 16-Felder-Prüfscheibe

Trefferzahl 98
Der Durchmesser der wirksamen
Treff-Fläche beträgt 75 cm

Trefferzahl 98
Der Durchmesser der wirksamen
Treff-Fläche beträgt 60 cm

Ausschlaggebend für den jagdlichen Erfolg eines Schrotschusses ist deshalb nur jene wirksame Treff-Fläche, die den Kern der Schrotgarbe zum Inhalt hat, in dem die Schrote in einem so engen Trefferabstand zusammensitzen, daß wir mit genügender Wirkung rechnen können. Hierbei müssen wir davon ausgehen, daß ein Fuchs 5 bis 7 Schrote und Hase 5 bis 6 Schrote 3¹/₂ mm, Ente und Fasan 4 bis 5 Schrote 3 mm und ein Rebhuhn 4 Schrote 2¹/₂ mm mindestens erfordern, um sicher zur Strecke zu kommen, wenn das Wild flüchtet bzw. streicht. Ruhendes Wild erfordert eine größere Trefferzahl.

Flugbahn der Schrotgarbe

Die Krümmung der Flugbahn der Schrotgarbe ist innerhalb der Entfernungen des wirksamen Schußbereiches gering. Die Tabelle gibt die jeweilige Lage der Flugbahn zu der Visierlinie für einen Schrotlauf an, der auf 35 m Entfernung Fleck oder auf diese Entfernung mit 10 cm

Treffpunktlage des Laufes auf 35 m Entfernung	Lage der Flugbahn der Schrotgarbe[1] zu der Visierlinie auf Entfernung					
	10 m	20 m	35 m	40 m	45 m	50 m
Fleckschuß	+ 0,5 cm	+ 2,0 cm	0	− 2,5 cm	− 5,5 cm	− 10,0 cm
10-cm-Hochschuß	+ 3,5 cm	+ 7,5 cm	+ 10,0 cm	+ 9,5 cm	+ 8,0 cm	+ 6,0 cm

[1] Auf ¹/₂ cm abgerundete Mittelwerte, geltend für Schrot 2¹/₂ mm und 3¹/₂ mm Ø.

Hochschuß eingeschossen ist. Die Abweichungen der Flugbahn von der Visierlinie auf den einzelnen Entfernungsabschnitten bis 50 m Schußentfernung gehen in dem sehr viel größeren Umfang der Schrotstreuung völlig unter. Die geringen Abweichungen erübrigen daher Änderungen des Haltepunktes bei dem Schießen mit Schrot innerhalb der wirksamen Entfernungen.

Trefferleistung der Schrotläufe

Die Abb. S. 177 stellt die Ausdehnung der wirksamen Treff-Flächen des Schrotschusses an Hand von 2 Läufen, die – ebenso wie in Abb. S. 175 – in ihrem Charakter grundsätzlich verschieden schießen, auf Entfernungen von 0–40 bzw. 50 m dar. In den schraffierten, tropfenartigen Gebieten sind die jeweiligen Durchmesser der wirksamen Trefferflächen danach dargestellt, wie diese den Schußbildern der beiden Läufe auf Scheiben in verschiedenen Entfernungen entnommen wurden.

Seitlich in den jeweiligen Abständen rings um die Ziellinie herum sehen wir innerhalb des Tropfens die Durchmesser der wirksamen Treff-Flächen von der Laufmündung aus mit zunehmender Auflockerung der Schrotgarbe zunächst anwachsen, bis sie auf eine bestimmte Entfernung ihr größtes Ausmaß erreichen. Auf diese Entfernung können wir uns die größten Zielfehler leisten.

Aus Abb. S. 177 geht weiter hervor, daß nach einer bestimmten Schußentfernung der Durchmesser der wirksamen Treff-Fläche sich allmählich verringert, weil nun in den Randgebieten der Schrotgarbe die Treffer zunehmend nach außen abwandern. Infolgedessen deckt nur noch der sich hierbei ständig verringernde Durchmesser des Kernschusses ein Ziel genügend ein. Die außen fliegenden Randschrote – in der Zeichnung dargestellt durch die trichterförmig sich öffnenden Linien außerhalb des Kernes – streuen schon zu sehr. Schließlich lockert sich bei dem einen Lauf auf 40 m, bei dem anderen, enger schießenden Lauf auf 50 m der Kern der Schrotgarbe so weit auf, daß nun nirgends mehr ein noch ausreichender Trefferabstand vorhanden ist. Hier liegt die *Wirkungsgrenze* des Laufes.

Die Abb. S. 177 zeigt schließlich, daß ein stärker streuender Lauf eine größere wirksame Treff-Fläche (hier 75 cm Durchmesser) liefert, dafür aber nur 40 m weit reicht. Er bietet die größere Aussicht, ein schnell sich bewegendes Schrotziel zu treffen. Der enger schießende Lauf deckt eine kleinere wirksame Treff-Fläche von etwa 60 cm, ist aber noch bis 50 m wirksam.

Es wäre ein Irrtum, zu erwarten, daß wir mit dem 10 m weiter reichenden Wirkungsbereich des zweiten Laufes den Nachteil seiner kleineren wirksamen Treff-Fläche dadurch aufholen könnten, daß wir mit diesem Lauf noch Wild erlegen werden, das uns der kürzere Wirkungsbereich des anderen nicht zur Strecke bringen kann. Wir würden bald finden, daß der Nahschuß mit Schrot der häufigere ist, und daß man einen schlechten Tausch macht, wenn man durch Weitschüsse das einholen will, was man beim näheren Schießen mit dem eng schießenden Lauf vorbei oder damit krankschießt. Das sichere Treffen schneller Schrotziele auf weitere Entfernungen als 40 m beherrschen nur wenige Meisterschützen in genügender Vollendung; und selbst das einigermaßen regelmäßige Treffen bis hierhin mit dem Schrotschuß ist nicht jedermanns Sache, obgleich er allgemein reichlich streut.

Aus diesen Gründen muß es für den Besitzer einer Flinte und vor allen Dingen für den Jäger, der sich ein Schrotgewehr erst anschaffen will, wichtig sein, sich darüber klarzuwerden, welche Trefferleistung seinen Bedürfnissen am besten entsprechen wird. Man wird sich also fragen müssen: bin ich ein Anfänger oder schon ein geübter Schütze; pflege ich Mühe zu haben, regelmäßig gut zu treffen oder nicht; jage ich unter Umständen, die hauptsächlich nähere oder die vorwiegend weitere Schüsse erfordern werden; welche beste Treff-Chance bringt mir das Gewehr mit dieser oder mit jener Trefferleistung?

Nach den vorstehenden Hinweisen wird sich ein besonnener Jäger die geeignete Flinte aussuchen. Bei Neubestellung wird er seinen Büchsenmacher beauftragen, durch Anwendung einer geeigneten *Würgebohrung*, mit der die Streuung (Verdichtung) der Schrotgarbe geregelt wird, die für ihn brauchbarste Schußleistung herzustellen.

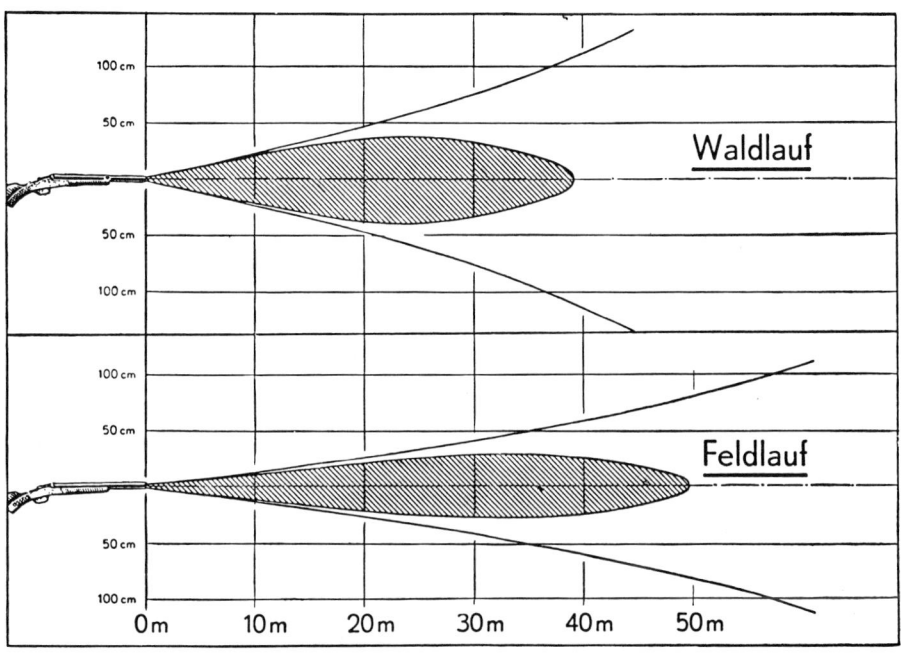

Trefferleistung verschieden schießender Schrotläufe mit Schrot 3¹/₂ mm (nach RWS)

„Waldlauf": Größte Ausdehnung der wirksamen Treff-Fläche 75 cm auf 23 m,
Wirkungsgrenze 40 m auf Hasen

„Feldlauf": Größte Ausdehnung der wirksamen Treff-Fläche 60 cm auf 35 m,
Wirkungsgrenze 50 m auf Hasen

In der Regel wird man die Doppelläufe von Schrotgewehren so einrichten lassen, daß für die im allgemeinen näheren Bereiche des ersten Schusses der rechte bzw. untere Lauf etwas mehr streut als der linke bzw. obere Lauf. Wer in der glücklichen Lage ist, sich für Jagdverhältnisse mit nahen Schußentfernungen, z. B. *Wald-* und *Buschjagd*, und für die weiteren Schußentfernungen der *Feld-* und *Wasserjagd* besondere Gewehre oder Wechselläufe mit entsprechend geeigneter Streuung anschaffen zu können, wird hiermit am besten abschneiden.

Prüfung und Beurteilung der Trefferleistung von Schrotläufen

Den verschiedenen Bedürfnissen der Jäger und den verschiedenen Revierverhältnissen wurde in der Schrotschußbeurteilung der Deutschen Versuchsanstalt für Handfeuerwaffen Rechnung getragen. Die dazugehörige Prüf-Scheibe hat einen Durchmesser von 75 cm und enthält 16

Felder gleicher Größe (Abb. S. 175). Zwei nebeneinanderliegende Felder der Scheibe entsprechen etwa dem Flächeninhalt eines breit kommenden Hasen; in 1 Feld haben 3 Rebhühner Platz; 1 Ente oder Fasan nehmen ²/₃ eines Feldes ein. An Hand dieser zweckvollen Scheibeneinteilung wird durch Abgabe von 5 Schüssen je Lauf oder Patronensorte die Flinten- oder Munitionsleistung in folgenden Richtungen geprüft:

Nach dem Mittelwert der Trefferzahl und ihrer Verteilung in der Prüfscheibe die Wirkungsgrenze; nach dem Durchmesser der wirksam durch Schrote eingedeckten Scheibenfläche die Trefferwahrscheinlichkeit und die Eignung der Leistung für nähere oder weitere Schußbereiche bzw. für die gegebene Schießfertigkeit eines bestimmten Schützen; nach der Zahl der wirksam durch Schrote eingedeckten Felder die Güte der für die Schußwirkung wichtigen Eindeckung des Zieles; nach der Abweichung der Trefferzahlen der einzelnen Schüsse von ihrem Mittelwert die Güte der Regelmäßigkeit der festgestellten Leistung.

Die mittleren Treffpunktlagen (TPL) der Schrotläufe sollen annähernd in dem Zielpunkt liegen. Weicht bei mehrläufigen Gewehren innerhalb des natürlichen Wechselspiels mehrerer Schrotschüsse auf 35 m Schußentfernung die mittlere TPL eines Schrotlaufes um mehr als etwa 5 cm von der TPL eines anderen Laufes ab, mindert die Abweichung den Wert des Gewehrs und bedarf der Korrektur durch den Büchsenmacher.

Die Wirkungsbereiche von Schrotgewehren werden vielfach überschätzt. Geltend für breitkommendes, flüchtendes oder streichendes Wild, endet der regelmäßige Wirkungsbereich guter Durchschnittsläufe Kal. 12 mit Schrot 2¹/₂ mm auf Rebhühner bei 40 m, mit Schrot 3¹/₂ mm auf Hasen bei 45 m. Flintenläufe Kal. 12, die regelmäßig mit Schrot 2¹/₂ mm weiter als 45 m, mit Schrot 3¹/₂ mm weiter als 55 m wirksam sind, gibt es nicht. Die wirksamen Schußbereiche gut schießender Läufe des Kal. 16 sind rund 3 m kürzer als des Kal. 12; die des Kal. 20 sind rund 2 m kürzer als des Kal. 16 bzw. 5 m als des Kal. 12[1].

Wild, das dem Jäger nicht breit, sondern in schrägen Richtungen kommt, oder das von vorn oder von hinten beschossen wird, zeigt kleinere Zielflächen. Folglich gelangt in sie eine verringerte Trefferzahl, die die Wirkung herabsetzt. Zum Ausgleich ist eine Verkürzung der Schußentfernung erforderlich, um hierdurch eine ausreichende Trefferzahl auf die kleineren Zielflächen zu bringen.

Das Schießen

Einschießen der Gewehre

Das *Einschießen von Gewehren* erfordert eine ruhige Gewehrhaltung. Es wird deshalb von einem feststehenden Tisch aus vorgenommen, auf dem ein genügend hohes, festes Kissen (Sandsack oder gepolsterte Bank) liegt, auf das wir das Gewehr auflegen.

Bei dem Einschießen von kombinierten Gewehren sollte nachgeprüft werden, ob die Treffpunktlagen (TPL) aller Läufe genügend übereinstimmen. Schießen die Läufe nicht auf einen Fleck zusammen, so ist hieran durch eine Verstellung der Visierung nichts zu ändern, weil die Läufe in dem Laufbündel miteinander verbunden sind. Durch eine solche Maßnahme würden immer nur die TPLn der Läufe insgesamt, wie sie durch deren gegenseitige, festliegende Lage im Laufbündel gegeben ist, im Ziel verlegt werden, nicht aber die TPL eines einzelnen Laufes. Abweichungen der TPLn der Schrotläufe von einem Büchsenlauf bis etwa 5

---

[1] Weitere Ausführungen über die ballistischen Merkmale und die Eigenart der Wirkung des Schrotschusses, über die Eignung jeweiliger Trefferleistungen für den unterschiedlichen Jagdbedarf, über die technischen Anforderungen an die Funktion der Schrotgewehre und über das Prüfverfahren der Schrotschußleistung enthält die in dem Verlag des vorliegenden Buches erschienene Schrift „Der Schrotschuß".

cm sind unbedeutend. Größere Abweichungen sollten durch den Lieferanten des Gewehrs bzw. durch einen darin erfahrenen Büchsenmacher behoben werden.

Einschießen der Büchsenläufe

Genaues *Einschießen von Büchsenläufen* erfordert viel Ruhe und eine gute Schießfertigkeit des Schützen. Verfügen wir nicht über sie, so überlassen wir das Einschießen unserem Büchsenmacher. Hierbei ist das unterschiedliche Sehen und Visieren der Augen verschiedener Menschen zu berücksichtigen, das besonders beim Schießen über Visier und Korn eine Treffpunktabweichung zwischen uns und dem Einschießer ergeben kann. Sie wird durch die eigenhändige Abgabe von Probeschüssen durch den Jäger festgestellt, und hiernach wird die Visierung korrigiert.

Die vorübergehende Treffpunktänderung, die bei mehrläufigen Gewehren ein Büchsenlauf infolge der Erwärmung durch eine Schußabgabe erhält (siehe S. 165) und die auch bei einläufigen Büchsen vorkommen kann (Spannungen im Lauf, besonders bei langen Vorderschäften), sowie die Veränderung der Gewehrschwingungen gegebenenfalls durch die Gewehrauflage (siehe S. 163) müssen wir durch langsames Schießen und richtiges Auflegen berücksichtigen. Bei zu schneller Abgabe mehrerer Schüsse nacheinander oder bei unrichtiger Gewehrauflage kommen wir zu einer Visier- und Fernrohreinstellung, die nur augenblicklich, aber nicht mehr gelten, wenn später die Wirkung der Lauferwärmung beendet ist oder das Gewehr richtig aufgelegt wird.

Die Visierung (Visier und Korn oder Zielfernrohr) wird nicht auf die Treffpunktlage eines einzelnen Schusses eingestellt, weil diese je nach Größe der Streuung willkürlich ist. Die Einstellung erfolgt auf den mittleren Treffpunkt mehrerer, bei gleichem Abkommen abgegebener Schüsse.

Bei *Hochschuß* ist das Visier niedriger zu feilen oder ein höheres Korn aufzusetzen.

Bei *Tiefschuß* wird ein höheres Visier oder ein niedrigeres Korn erforderlich.

Bei *Rechtsschuß* muß das Korn nach rechts oder das Visier bzw. die darin gelegene Kimme nach links versetzt werden; bei *Linksschuß* ist umgekehrt zu verfahren.

Zeigen sich bei dem Schießen mit einem *Zielfernrohr* Abweichungen der Treffpunktlage vom Haltepunkt im Ziel, ist das Absehen stets in die Richtung der Schußabweichung zu verlagern. Hierzu wird bei Schußabweichungen vom Haltepunkt in der Senkrechten mittels der Stellscheibe, die auf der oberen Seite des Zielfernrohrs angebracht ist und der Höhenverstellung dient, das Absehen bei Hochschuß aufwärts und bei Tiefschuß abwärts verstellt. Bei seitlichen Treffpunktabweichungen mit einem Zielfernrohr, dessen Montage mit einem sogenannten Support versehen ist, wird durch Verstellen der Support-Schrauben die Achse des Zielfernrohrs seitlich in die Richtung der Treffpunktabweichung geschwenkt. Enthält ein Zielfernrohr eine Seitenverstellung des Absehens, ist mit Hilfe der ihr dienenden, seitlich an dem Zielfernrohr angebrachten Stellscheibe das Absehen in die Richtung der Treffpunktabweichung zu verlagern. Es ist zu empfehlen, im Bedarfsfall den Rat des Büchsenmachers einzuholen.

Während des Transportes sowie auch bei der Jagdausübung sind Gewehre und Zielfernrohre gelegentlich Erschütterungen, Stößen und dergleichen ausgesetzt, die zu Veränderungen der Treffpunktlage von Büchsenläufen führen können. Besonders bei der Verwendung von Leichtmetall-Zielfernrohren unterlaufen derartige Folgen solcher Vorkommnisse des öfteren. Daher sollte man alljährlich, mindestens vor dem Beginn der Büchsenjagd, auf dem Schießstand die Treffpunktlagen von Büchsenläufen überprüfen. Das Gleiche ist nach Fehlschüssen, vornehmlich solchen, die nicht erklärlich sind, erforderlich.

Zweckmäßige Einschießentfernung für Büchsenläufe

Es hat sich als praktisch erwiesen, wenn wir nach Abb. S. 168 die Gewehre so einschießen, daß sich auf 100 m Entfernung ein Hochschuß von etwa 4 cm ergibt. Dann liegt die Fleckschußentfernung bei Mantelgeschoß-Patronen mit Flugbahnen geringer Rasanz auf etwa 130 m, bei solchen mit guter Rasanz auf etwa 150 m, bei Patronen mit Geschoßflugbahnen bester Rasanz zwischen 170–200 m Entfernung. Mit einem derart auf *günstigste Einschießentfernung* eingeschossenen Büchsenlauf können wir auf jede waidgerechte Schußentfernung, selbst auf kleine Ziele, z. B. Fuchs oder Katze, noch innerhalb des Wildkörpers abkommen. Unterlaufen uns infolge falsch geschätzter Schußentfernung Fehler im Haltepunkt, wird ein Schuß meist noch nicht übermäßig vom richtigen Treffpunkt abweichen.

Wird eine Büchse auf nur 100 m Fleck eingeschossen, senkt sich die Flugbahn des Geschosses der verwendeten Patrone bei einem Schuß auf ein 150 m entferntes Ziel bis 7 cm unter die Visierlinie und den Haltepunkt. Bei weiten Schüssen auf kleine Ziele wäre dann ein Abkommen über dem Wild, das unsicher ist, erforderlich. Bei Unterschätzung von Schußentfernungen unterlaufen bei einem so eingeschossenen Gewehr über Entfernungen von 100 m hinaus Tiefschüsse, die beträchtlich sein und zu Treffern auf die Läufe des Wildes führen können.

Einschießen der Schrotläufe

Das *Einschießen von Schrotläufen* wird auf eine einheitliche Entfernung von 35 m vorgenommen. Ein Schrotlauf, der hier die gewünschte mittlere Treffpunktlage hat, behält diese im Hinblick auf die geringe Krümmung, die die Flugbahn einer Schrotgarbe innerhalb der wirksamen Schußentfernungen einnimmt, in deren Verlauf mit ausreichender Genauigkeit.

Im Gegensatz zum Büchsenschuß, der vorwiegend auf stehendes Wild gerichtet ist, wird mit Schrot hauptsächlich auf Wild geschossen, das sich schnell bewegt und kleiner ist. Derartige Ziele will unser Auge beim Visieren möglichst klar sehen. Wir halten deshalb beim Schrotschuß unwillkürlich unter das Wild und würden es daher, falls das Gewehr „Fleck" schießt, oft unterschießen. Um einen solchen Fehler auszugleichen, sollen Schrotläufe so eingeschossen sein, daß sie auf 35 m Entfernung 10–15 cm Hochschuß ergeben, wenn der Schütze beim Zielen ungefähr 15 cm vorwärts des hinteren Laufendes 3 mm über die Laufschiene sieht.

Grundlagen für das Schießen im Revier

Die gewandte und sichere Abgabe des Schusses hat ihre Grundlage in einer Stellung des Schützen und in einem Anschlag des Gewehrs, die den besonderen Bedingungen des jagdlichen Schießens im Revier entsprechen.

Schießstellung und Körperhaltung

Die Grundhaltung des Körpers[1] zur Schußrichtung soll sich die in Abb. Seite 181 gezeigte *Fußstellung* als Vorbild nehmen. Sie gestattet eine große Wendigkeit des Schützen nach beiden Seiten hin und gibt dem Körper den notwendigen Halt.

Zur Haltung des Körpers: Die Knie werden leicht durchgedrückt, nicht steif verkrampft. Der ganze Körper ist gestreckt zu halten und in der Schußrichtung etwas vornüber zu neigen.

[1] Die hier und folgend gegebenen Hinweise gelten für Schützen, die das Gewehr rechts anschlagen. Bei Linksanschlag des Gewehrs ist umgekehrt zu verfahren.

Bei *Büchsenschüssen* auf stehendes Wild nimmt der Schütze annähernd Profilstellung zu dem Ziel ein. Er wendet bei vorgestelltem linkem Fuß die linke Körperseite dem Ziel zu und nimmt die rechte Körperseite zurück. Der Körper sei in sich leicht gestrafft, das Körpergewicht ruhe überwiegend auf dem linken Fuß.

Bei *Schrotschüssen* auf sich bewegende Ziele soll der Körper in sich gelockert sein. Die Stellung der Füße und die Front des Körpers sollen sich aus der Grundstellung der Richtung des Wildes, in der es flüchtet bzw. streicht, zuwenden:

1. Auf Wild, das direkt bzw. in nur kleinen Winkeln von vorn kommt oder sich derart vom Schützen fortbewegt, stehen die Füße in der Grundstellung und das Körpergewicht ruht auf dem dabei vorgesetzten linken Fuß.

2. Auf Wild nach links wird der linke Fuß auf seiner Ferse aus der Grundstellung nach Bedarf in Richtung der Bewegung des Wildes nach links gedreht oder auch rückwärts versetzt; gleichzeitig dreht sich der rechte in der Grundstellung verbleibende Fuß auf seiner Spitze mit der Ferse nach rechts, das Körpergewicht ruht auf dem linken Fuß.

3. Auf Wild nach rechts wird der rechte Fuß auf seiner Ferse aus der Grundstellung nach Bedarf in Richtung der Bewegung des Wildes nach rechts gedreht oder auch rückwärts versetzt; gleichzeitig dreht sich der linke in der Grundstellung verbleibende Fuß auf seiner Spitze mit der Ferse nach links, das Körpergewicht ruht auf dem rechten Fuß. Die Ferse des jeweils hintenstehenden Fußes (zu 1 und 2 rechter, zu 3 linker Fuß) sei nach Bedarf mehr oder minder angehoben.

Neben diesen grundsätzlichen Hinweisen für die geeignete Schießstellung und Körperhaltung bedarf das treffsichere Schießen mit Schrot auf flüchtendes Bodenwild und streichendes Flugwild infolge der vielfältigen Besonderheiten, die sich dabei von Fall zu Fall nach den Seiten und in der Höhe ergeben, noch weiterer, darauf im einzelnen eingehender Anweisungen. Daher ist die Zuhilfenahme eines der eigens hierfür geschriebenen Lehrbücher anzuraten[2]. Ihr Gebrauch ist nicht nur notwendiges Rüstzeug für Jäger, die ihre Laufbahn erst beginnen. Es ist ebenso fortgeschrittenen Jägern dienlich, weil solche Lehrbücher mit ihren vielen anschaulichen Abbildungen auch aufzeigen, welche Fehler bei einem Vorbeischießen unterlaufen sind und aus welchen Gründen sie unterliefen.

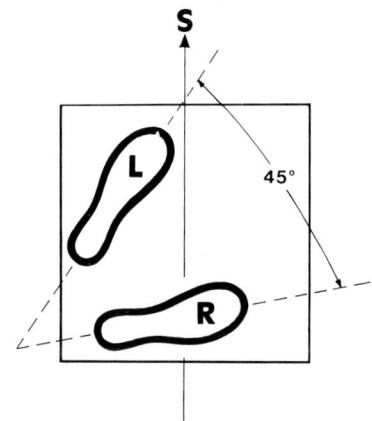

Grundstellung der Füße eines Schützen mit Rechtsanschlag; eingezeichnete Grundfläche 0,50 m² (aus: Diezels Niederjagd)

Anschlag des Gewehrs und Lage des Schaftes

Beim richtigen Anschlag des Gewehrs greift die linke Hand so weit am Vorderschaft vor, daß der linke Ellenbogen mehr gestreckt als gebeugt ist. Das Anschlagen des Gewehrs an der Schulter erfolgt, indem diese ihrerseits gegen die Kolbenkappe des Schaftes vorgeschoben wird. Die gegenteilige Methode, den Schaft seinerseits gegen die in Grundhaltung verbleibende Schulter zurückzuziehen, ist falsch.

---

[2] Macdonald Hastings „Einführung in das Flintenschießen" und Robert Churchill „Das Flintenschießen", Verlag Paul Parey, Hamburg und Berlin.

Die Länge des Vorgreifens der Hände an dem Gewehr und das entsprechende Strecken der Arme, die Höhe der Anlage der Schulter an dem Schaft und die Haltung des Kopfes zu ihm sollen nicht dem Zwang unterliegen, sich einem gegebenen Schaft angleichen zu müssen. Vielmehr sollte die Schäftung in ihrer Form und in ihren Maßen denen des Körpers des Schützen angepaßt werden. Dieses *Anmessen des Schaftes* erfolgt bei wiederholten, schnellen Anschlags- und Zielübungen mit dem Gewehr. Hierzu wird bei richtiger Grundstellung und Haltung des Körpers ein nahes Ziel ins Auge gefaßt und das Gewehr bei geschlossenen Augen schnell in den Anschlag gebracht, der sich bei ungezwungener Haltung des Schützen ergibt. Danach wird die Lage des Gewehrs am Körper durch Änderungen am Schaft durch den Büchsenmacher so lange nachgepaßt, bis das Gewehr bei wiederholten Versuchen mit einiger Regelmäßigkeit so liegt, daß Visier und Korn bzw. Laufschiene und Korn in annähernd richtiger Stellung zueinander in der Sehlinie liegen, die vom Zielauge zum Zielpunkt führt. Das Korn der Flinte muß dabei in Richtung der Mitte der Laufschiene gesehen werden, die Sehlinie etwa 15 cm vorwärts des hinteren Laufendes 3 mm über der Laufschiene verlaufen. Dann

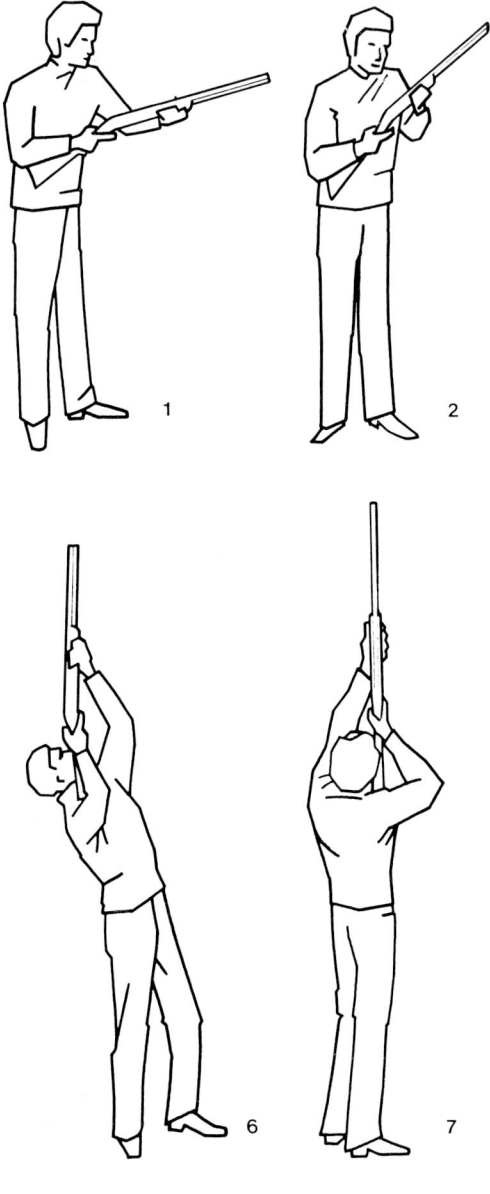

erscheint die Laufschiene zu einem Teil im Blickfeld. Führt ein Jäger mehrere Gewehre, sollen sie gleichgeschäftet sein, weil sich andernfalls Ungleichheiten im Anschlag ergeben, die die Schießfertigkeit benachteiligen.

Liegt das Gewehr dem Jäger, sollte er sich damit zunächst durch ständige *Anschlags-* und *Zielübungen* vertraut machen. Anfangs erfolgen sie aus der Grundstellung heraus in verschiedenen Richtungen auf festliegende Ziele. Hiernach faßt man während des Gehens Ziele, die gleichfalls in unterschiedlichen Richtungen liegen, ins Auge und übt das Einnehmen der Grundstellung und das Anschlagen des Gewehrs aus dem Gang heraus.

Stellungen beim Flintenschießen

1 Grundstellung, die der Jäger vor Sichtbarwerden des erwarteten Zieles einnimmt
2 Grundstellung, in Erwartung eines hohen Zieles; die Mündung der Flinte wird in dieser Erwartungs-
   stellung von vornherein in Richtung des Zieles gehalten
3 u. 4 Perfekter Flintenanschlag mit guter Körperstellung
5 Guter Anschlag auf Bodenziele
6, 7 u. 8 Der steile Schuß auf Überkopfziele in vorbildlicher Haltung
9 Empfohlene Trageweise der Flinte vor und nach dem Schuß: Kipplaufwaffen im geöffneten Zustand in
   die Armbeuge gelegt
10 Empfohlene Trageweise von Selbstladeflinten

Schießen auf stehende Ziele

Der *Schuß auf stehende Ziele* mit der Büchse wird geübt, indem man mit kurzer Schußentfernung von etwa 50 m beginnt und dann allmählich die Entfernung steigert. Hierbei soll in allen vorkommenden Anschlagsarten (Abb. S. 182, 183, 200 u. 201), zunächst auf Ringscheiben, dann auf Wildscheiben geschossen werden. Sie gewöhnen den Jäger an das anfangs schwierige Abkommen im Wildkörper, dessen gleichmäßige Farbtönung der Visierung keinen klaren Anhalt für den Haltepunkt im Ziel bietet.

Auch mit Schrot sollten wir zu Anfang den einen und anderen Schuß auf stehende Ziele abgeben. Wir lernen dabei die Treffpunktlage der Flinte kennen und gewohnen uns an den Gang der Abzüge.

Schießen auf Ziele in Bewegung

Beim *Schießen auf Wild in Bewegung* sind 2 Vorgänge zu berücksichtigen, die sich abspielen, während wir uns zur Schußabgabe entschließen und den Schuß abziehen, und während das Geschoß oder die Schrote bis zum Ziel gelangen.

Zum Verständnis denken wir uns an eine breit vorbeilaufende Wildscheibe mit angeschlagener, schußfertiger Büchse so nahe herangetreten, daß ihre Mündung fast die Scheibe berührt. Lassen wir jetzt die Scheibe am stillgehaltenen Gewehr vorbeilaufen und ziehen in dem Augenblick, in dem der 10er-Ring, der beste Treffpunkt auf der Scheibe, vor dem Korn erscheint, den Abzug durch, wird das Geschoß beträchtlich hinter dem 10er-Ring oder gar nicht mehr auf der Scheibe sitzen.

Ursache dieses Schußsitzes ist zunächst die *menschliche Schußverzögerung,* d. h. die Zeitspanne, die vom Sehen der „10" vor dem Gewehrkorn bis zum Durchziehen des Abzugs vergeht. Je nach der persönlichen Veranlagung beträgt die Verzögerung etwa 0,17 s bei jüngeren, schnell reagierenden, und bis 0,30 s bei älteren, langsam reagierenden Schützen. Ferner vergehen während der *Schußverzögerung des Gewehres* (Gewehrschloß-Bewegung 0,0030–0,0080 s, Schußentwicklungszeit der Patrone 0,002–0,003 s) im Mittel noch weitere 0,0080 s, bevor das Geschoß oder Schrote nach Einsetzen der Bewegung eines schnell auslösenden Abzugs die Laufmündung verlassen.

Während dieser Schußverzögerung des Menschen und des Gewehres von im Mittel 0,2430 s ist unsere Scheibe bei einer Bewegungsgeschwindigkeit von 35 km/h (mittelschnelle Flucht) 2,3 m, bei solcher von 55 km/h (sehr schnelle Flucht) 3,7 m weitergelaufen. Wollen wir mit einem Büchsenschuß trotzdem die Kammer des Wildes bzw. die „10" treffen, müssen wir die Schußverzögerung ausgleichen. Hierzu bemühen wir uns entweder, den Abzug bereits in dem Zeitpunkt durchzuziehen, in dem sich, in der Bewegungsrichtung der Scheibe gesehen, unser Korn noch um jene 2,3 m bzw. 3,7 m vor der „10" befindet; verläßt das Geschoß dann die Laufmündung, so läuft jetzt auch die „10" an ihr vorbei und wird vom Geschoß getroffen. Bei dieser Art des Abkommens mit stillstehender Büchse ist es aber nahezu ausgeschlossen, sie immer im richtigen Zeitpunkt vor dem Ziel abzudrücken. Außerdem würden uns große Zielfehler unterlaufen, wenn wir 2–4 m vor dem Wild, ohne Anhaltspunkt an dieses, in der Luft abkommen wollten. Deshalb gleichen wir die Schußverzögerung des Menschen und des Gewehres aus, indem wir beim Erscheinen der Scheibe vor dem Lauf mit dem Gewehr in gleicher Geschwindigkeit mit ihr mitfahren, das Korn auf die „10" schwingen und im steten weiteren *Mitziehen* des Korns auf der „10" den Schuß lösen. Hierdurch ist die Schußverzögerung vom Zeitpunkt der beabsichtigten Schußabgabe bis zum Abdrücken und von diesem bis zum Geschoßaustritt aus der Laufmündung, gleichgültig, wie groß diese Zeit auch sein mag, ausgeglichen, und der Schuß wird in der „10" sitzen.

Draußen im Revier flüchtet das Wild aber nicht an der Laufmündung vorbei, sondern mehr oder minder entfernt, so daß dort unser Geschoß eine bestimmte Zeit bis zum Eintreffen am Ziel benötigt. Schießen wir mit einer Büchsenpatrone mit einer mittleren Geschoßgeschwindigkeit von 750 m/s auf 50 m Entfernung, benötigt das Geschoß hierfür eine Flugzeit von 0,067 s; währenddessen legt ein mit 35 km/h breit an uns vorbeiflüchtendes Stück Wild eine Strecke von rund 60 cm zurück. Unser Schuß würde also um diese 60 cm hinter der Kammermitte sitzen, wenn wir, mit dem Wild mitfahrend, hierauf abgekommen wären.

Die Strecken, die das Wild während der Flugzeiten von Einzelgeschossen oder von Schroten zurücklegt, werden ausgeglichen, indem wir das Gewehr auf einen entsprechenden Haltepunkt zu dem Ziel richten. Er liegt um das Maß jener Bewegungsstrecken des Wildes vor dem in dem Ziel gewünschten Treffpunkt, und auf jenem Haltepunkt ist, das Gewehr *mit dem Ziel fließend mitschwingend*, bei dem Auslösen des Schusses abzukommen. Wir müssen also stets dorthin zielen, das heißt *vorhalten*, wo sich das Wild bzw. der Fleck, auf dem unser Schuß sitzen soll, zur Zeit des Eintreffens des Geschosses oder der Schrote befinden wird. Wie wir später sehen werden, ist das Vorhaltemaß von so vielen Faktoren abhängig, daß kein Schütze in der Lage ist, dies immer richtig einzuhalten. Insofern haben die nachfolgenden Betrachtungen nur theoretischen Charakter.

Die *Vorhaltemaße*, die bei Büchsen- und Schrotschüssen auf flüchtendes oder streichendes Wild sowie bei Schüssen mit Flintenlaufgeschossen auf verschiedene Entfernungen, bei unterschiedlichen Bewegungsgeschwindigkeiten des Wildes und verschiedenen Geschoß- bzw. Schrotgeschwindigkeiten erforderlich sind, lassen sich tabellarisch nicht angeben.

Trollendes Schalenwild bewegt sich mit einer Geschwindigkeit von etwa 10 km je Stunde bzw. 2,8 m je Sekunde, mittelschnell flüchtendes mit etwa 35 km/h bzw. 9,7 m/s, hochflüchtiges mit etwa 55 km/h bzw. 15,4 m/s

Mit etwa 30–40 km/h bzw. 9,7 m/s Geschwindigkeit bewegen sich der mittelschnell flüchtende Hase, die Krähe und aufstehendes Flugwild; mit 40–45 km/h bzw. 12,5 m/s ein mit mittlerer Geschwindigkeit streichendes Rebhuhn; mit etwa 60 km/h bzw. 16,7 m/s ein durch die Treiber- oder Schützenlinie brechender, hochflüchtiger Hase im ebenen Gelände, ferner der im Treiben in mittlerer Fahrt anstreichende Fasan und die ziehende Ente. In schneller Fahrt mit dem Wind kommende Fasanen und ebenso schnell ziehende Enten und Gänse haben Geschwindigkeiten von 85 km/h bzw. 23,6 m/s und mehr.

Die angeführten Vorhaltemaße berücksichtigen nur die Fortbewegung des Wildes während der Flugzeiten der Geschosse von der Laufmündung bis zum Wild, nicht die Fortbewegung des Wildes während der menschlichen Schußverzögerung und der Schußverzögerung des Gewehrs. Die Maße gelten deshalb nur für Schützen, die diese Verzögerungszeiten, wie bereits angeraten, durch ein Mitschwingen des Gewehrs mit dem Wild und ein Weiterschwingen des Gewehrs während des Abdrückens ausgleichen. Andernfalls muß der Jäger mehr vorhalten, während derjenige, der sein Gewehr schneller schwingt, als sich das Ziel bewegt, mit kleinerem Vorhalt auskommt.

Bei dem *Schießen mit der Büchse* auf trollendes oder flüchtendes Wild mag es uns gelingen, unter Benutzung der vorstehenden Methode des Vorhaltens und der *bewußten Anwendung* der jeweils erforderlichen *Vorhaltemaße* den Schuß auf den gewollten Fleck zu setzen; denn bei den heutigen modernen Büchsenpatronen, denen hohe Geschoßgeschwindigkeiten und entsprechend kurze Geschoßflugzeiten eigen sind, ergeben sich Vorhaltemaße, die auf Ziele der Größen von Rot- und Schwarzwild meistens innerhalb der Längen der Wildkörper liegen. Daher sind bei solchen Büchsenschüssen auch ihre Haltepunkte auf den Wildkörper oder unmittelbar davor beschränkt und vermitteln einen augenfälligen Anhalt für das Visieren des Schusses.

Im Gegensatz dazu liegen die Vorhaltemaße, um die bei dem *Schießen mit Schrot* auf flüchtendes oder streichendes Wild der Schuß vor den gewollten Treffpunkt zu richten ist, infolge der gegenüber Büchsengeschossen sehr viel geringeren Geschwindigkeiten und demgemäß längeren Flugzeiten der Schrote in erheblichen Abständen im freien Raum vor den Zielen. Infolgedessen sind die jeweiligen Haltepunkte für den Schuß nicht augenfällig, sondern Gegenstand nicht greifbarer Vorstellungen. Des weiteren bedingen die langen Flugzeiten von Schroten bei Schüssen auf Wild, das sich in verschiedenen Entfernungen befindet und sich mit voneinander abweichenden Geschwindigkeiten bewegt, sehr unterschiedliche Vorhaltemaße. Bereits zwischen 35 m und 50 m differieren sie bis 2,5 m, bei näheren Entfernungen beginnend noch mehr. Somit sind die Trefferergebnisse, wenn sich der Schrotschütze der Methode bedient, die Geschwindigkeit des Wildes und seine Entfernung zu schätzen, daraus das Vorhaltemaß abzuleiten, entsprechend den Schuß durch genaues Zielen über die Laufschiene und das Korn vor das Wild in einen von Anhaltspunkten freien Raum zu richten, und überdies während des Auslösens des Schusses das Gewehr mit dem Wild mitzuschwingen, nicht befriedigend. Derartige Überlegungen und Bemühungen überfordern und hemmen den Schützen. Sie haben zur Folge, daß er mit verkrampftem, statt mit gelockertem Körper schießt; er „klebt" mit dem Gewehr am Ziel, statt sich hiervon freizumachen und den Schuß davorzuhalten; er stoppt bei dem Abziehen des Schusses das mit dem Ziel mitfahrende Gewehr, statt währenddessen das Mitschwingen fließend fortzusetzen. Infolgedessen wird meistens zu wenig vorgehalten und weitaus mehr Wild hinten vorbei oder krank als vorn vorbeigeschossen. Zu *fest stehende Abzüge* und solche mit *totem Gang* sind an solchen Schießfehlern mitbeteiligt.

Derartige Schwierigkeiten des *Schießens mit Schrot* auf Wild in Bewegung räumt die Methode aus, nach der auf Grund ihrer Praxis geübte Schrotschützen nahezu gefühlsmäßig verfahren: Sobald das Wild in den Wirkungsbereich des Schusses gelangt ist, wird *in eine fließende Bewegung zusammengefaßt,* das Gewehr an der Schulter angeschlagen, aus dem Anschlag heraus bei auf das Ziel konzentriertem Blick hierauf eingeschwenkt, über das Ziel in seiner Flucht- bzw. Flugrichtung hinweggeschwungen und, sobald dabei die Gewehrmündung vor das Ziel gelangt, während des Schwingens der Schuß ausgelöst. Durch solche fließende Bewegung des Gewehrs, die schneller ist als die Geschwindigkeit des Ziels, erhält das Gewehr von sich aus im Augenblick der Schußabgabe einen entsprechenden Vorhalt vor das Ziel: Das schwingende Gewehr ist in der Zeit, die zwischen der Betätigung des Abzugs bis zu dem Austreten der Schrote aus der Laufmündung vergeht, von selbst dem Ziel vorausgeeilt und gleicht dadurch die Flugzeit der Schrote bis zum Ziel aus.

Das Ausmaß des durch diese Methode bewirkten Vorhaltes folgt selbsttätig den Geschwindigkeiten der Ziele; denn, mit ihnen einherlaufend, wird die gegenüber dem Ziel jeweils schnellere Bewegung des Durchschwingens des Gewehrs vor das Ziel mehr oder minder gesteigert, so daß sich ein demgemäß größerer oder kürzerer Vorhalt des Gewehrs vor das Ziel ergibt. Die nachfolgende Skizze soll diese Bewegungsvorgänge verdeutlichen.

Vornehmliche Voraussetzungen einer erfolgreichen Anwendung der Methode sind

- ein Anschlagen des Gewehrs erst in dem Zeitpunkt, in dem das Wild in den wirksamen Schußbereich gelangt ist, und nicht schon zuvor;
- ein auf das Wild und nicht auf das Gewehr bzw. seine Visierung konzentriertes Sehen;
- eine dem Schützen passende Schäftung des Gewehrs.

Bei Schnappschüssen im Wald und Busch, oder auch bei Schüssen in freiem Gelände, wenn das Wild erst im wirksamen Schußbereich erkannt wird oder ihm schon bald zu entkommen scheint, und wenn deshalb das Gewehr schnell angeschlagen und der Schuß rasch abgegeben

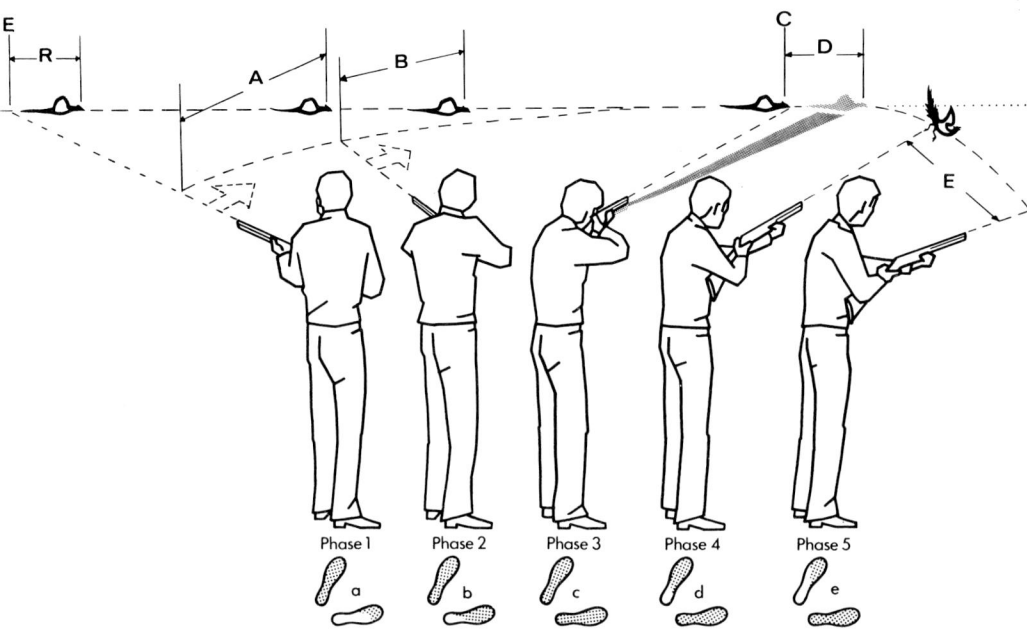

Darstellung der Anschlagbewegungen beim Schießen auf flüchtiges Wild

E *Erkennen des Wildes.*
R *Reaktions-Zeitspanne zwischen Erkennen des Zieles und Einleitung der Anschlagbewegung. Beginn und Zunahme des Einholrückstandes durch wachsenden Vorsprung des Zieles gegenüber der Flintenmündung.*
A *1. Anschlagphase mit großem Einholrückstand der Mündung zum Ziel.*
B *Verringerter Einholrückstand in der 2. Anschlagphase mit erhöhter Schwingungsgeschwindigkeit, die jetzt schon über der Zielgeschwindigkeit liegt.*
C *Die Kontaktstellen Wange und Schulter als Anschlagziel sind erreicht, Zielkontakt ist hergestellt, und die Mündung der Waffe überholt gerade den Kopf des Zieles. – Auslösen des Schusses!*
D *Zeitspanne des Weiterschwingens der Mündung zwischen Auslösen des Schusses und Auftreffen der Schrote im Ziel, die sich aus den menschlichen und mechanischen Verzögerungszeiten ergibt; der Schwingungsablauf der Waffe wird bei Schußgabe nicht unterbrochen.*
F *Ausschwingen und Rückführung der Waffe zum Anschlag-Ausgangspunkt.*

Phase 1–a Körpergewicht ist auf den linken Fuß verlagert, der rechte Fuß übernimmt die Balancefunktion mit der Fußspitze.
Phase 2–b Durch die Rechtsdrehung des Oberkörpers aus der Hüfte heraus verlagert sich das Körpergewicht zunehmend auf beiden Füßen.
Phase 3–c Körpergewicht gleichmäßig auf beiden Füßen verteilt. Das Anschlagziel ist erreicht. Auslösen des Schusses!
Phase 4–d Allmähliche Körperverlagerung auf den rechten Fuß, bedingt durch erweiterten Schwingungsradius nach rechts. Der Anschlag wird im Ausschwingen kontinuierlich zurückgeführt.
Phase 5–c Anschlag- und Schußaktion ist beendet, die maximale Schwingungsgrenze zur rechten Seite hin erreicht, der rechte Fuß voll belastet. Der linke Fuß übernimmt ab jetzt die Balancefunktion.

werden muß, verfahren wir bezwungenermaßen gelegentlich schon von selbst nach dieser Methode; und dabei treffen dann solche Schüsse, oftmals zu unserem eigenen Erstaunen. Ist dagegen das Wild im freien Gelände schon des längeren sichtbar, bevor es in den Schußbereich gelangt, und wird nunmehr das Gewehr bereits vor diesem Zeitpunkt angeschlagen, fehlt dem Vorgang des Schießens die erforderliche Beschwingtheit. Man blickt intensiv auf die Visierung, statt konzentriert auf das Wild, man zielt bedächtig wie beim Büchsenschuß auf stehendes Wild, man überlegt das Vorhaltemaß, man wartet das Anlangen des Wildes im Schußbereich ab – und so kommen die fließende Bewegung des Anschlagens des Gewehrs, des Schwenkens auf das Ziel und des Mitschwingens mit ihm nicht zustande.

Die Grundlage für die Fertigkeit im Schießen auf Wild in Bewegung muß ein *Übungsschießen auf bewegte Zielobjekte* sein. Ausgegangen wird wieder von Anschlagübungen bei gleichzeitigem Durchschwingen des Körpers in den verschiedenen Schußrichtungen, um seine Versteifung zu lockern.

Mit der Büchse schießt man auf Zugscheiben, und zwar, ebenso wie auf flüchtiges Wild, mit ungestochenem Abzug. Mit Schrot wird auf runde Scheiben aus Holz oder papierbespannte Reifen, die auf einem abfallenden Gelände herunterrollen, oder ebenfalls auf Zugscheiben geschossen.

Anfangs übt man auf Scheiben, die sich über eine breite, freie Fläche bewegen. Dann wird der Schuß über schmaler werdende, schneisenartige freie Flächen geübt, und schließlich auf solchen, die mit Bäumen oder Büchsen bestanden oder mit ähnlichen Kulissen verstellt sind. Hierbei gewöhne man sich daran, daß Ziel nicht auf Lücken abfangen zu wollen, sondern die Hindernisse zu übersehen und wie auf freier Fläche zu schießen. Die meisten Schüsse werden treffen.

Dem Schießen auf Flugwild entspricht das Üben auf Jagdscheiben, die auf hochgelegenen Drähten laufen, oder auf Wurftauben, falls diese auf *jagdliche Entfernungen* nach der Methode des „Skeet-Schießens" in wechselnden Richtungen beschossen werden.

Bei allen Übungen wird das Gewehr, bevor das Ziel im Schußbereich erscheint, in jagdlicher Grundstellung gefaßt. Erst zum Zeitpunkt der Schußabgabe wird die Waffe aus dieser Haltung hochgenommen und angeschlagen. Es ist von Vorteil, die Schießübungen mit dem Jagdgewehr durchzuführen, um hiermit eine Stetigkeit im Anschlag zu erreichen, um sich an den Gang der Abzüge zu gewöhnen und ein gleiches Vorhaltemaß zu haben.

Umgang mit dem Gewehr

Aus guten Gründen soll jede Schußwaffe als geladen und entsichert angesehen und entsprechend behandelt werden. Die Laufmündungen dürfen niemals in Richtung eines Menschen zeigen, auch nicht bei vermeintlich oder tatsächlich entladenen Läufen.

Mindestens vor dem erstmaligen Laden eines Laufes gebietet es die Vorsicht, durch einen Einblick in die Bohrung festzustellen, ob sie frei von *Fremdkörpern* ist. Ratsam ist die Wiederholung solcher Prüfung während eines Jagdtages, vornehmlich wenn Gelegenheiten gegeben waren, Fremdkörper (Nadeln oder Laub vom Waldbestand, Schnee, Erde und anderes) in Laufbohrungen gelangen zu lassen. Aber auch Schrotpatronen können im Gefolge ihres Abfeuerns von sich aus in bestimmten Fällen mehr oder minder massive Hindernisse (Bestandteile der Abdeckung der Pulver- oder Schrotladung oder von der Hülse abgerissene Teile) als Fremdkörper in einem Lauf hinterlassen. Sie führen, auch wenn sie vermeintlich leicht und unbedeutend erscheinen, bei einem folgenden Schuß öfter als angenommen zur

Das leichtsinnige Durchziehen mit dem angeschlagenen Gewehr durch die Schützenlinie. Die Schrote prallen auch von weichem Erdboden ab und treffen den Nachbarschützen!

Aufbauchung oder *Sprengung* des Laufes. Die Mehrzahl solcher Beschädigungen (etwa 75 %) wird nachweislich durch derartige Fremdkörper, die in Läufen vorgelegen haben, verursacht.

Bei jeder Jagdart wird das Gewehr in einer Richtung geladen, in der sich kein Mensch befindet, und dann gesichert umgehängt. Entsichert wird ein Gewehr nur, wenn wir es anschließend in der Hand tragen und eine Gelegenheit zum Schuß erwarten. Vor schwierig zu überwindenden Hindernissen im Gelände, Gräben, Zäunen usw., und vor dem Benutzen von Hochsitzleitern ist das Gewehr stets zu entladen. Sein Sichern, sei es, daß es beabsichtigt oder auch tatsächlich durchgeführt worden war, genügt erfahrungsgemäß nicht; denn infolge Erregung, der oftmals ein Jäger im Jagdeifer unterliegt, wird das Sichern gelegentlich vergessen, oder selbst eine vermeintlich zuverlässig wirkende Sicherung kann in der einen oder anderen Situation versagen.

Vor jedem Schuß überzeuge man sich, ob die Schußrichtung frei von Menschen und Haustieren ist. Die *Flugweiten von Schroten* betragen etwa bei $2^1/_2$ mm 200 m, bei 3 mm 250 m, bei $3^1/_2$ mm 300 m und bei 4 mm 350 m. Die *Breitenstreuung* von $2^1/_2$-mm-Schroten im freien Flug mißt auf 50 m etwa 5 m, auf 100 m 17 m, auf 150 m 45 m und auf 180 m etwa 80 m. Auf Wasser oder Erdboden in kleinen Winkeln aufschlagende Schrote prallen meistens ab, auch wenn die Erde weich ist, wobei sich die Breitenstreuung gegenüber dem freien Flug vergrößert. Die *Schußweite der Büchsen* reicht bei modernen Mantelgeschoß-Patronen Kal. 5,6–9,3 mm bis etwa 5000 m. Die Blei- und Kupfermantel-Geschosse selbst der veralteten schwachen Patrone Kaliber 9,3 × 72 R fliegen rd. 3000 m, Bleigeschosse der Kleinkaliber-Patronen Kal. 22 l. f. B. 1300 m, Flintenlaufgeschosse bis zu 1200 m weit. Ebenso wie bei Schroten, muß man auch bei Büchsen- und besonders bei Flintenlaufgeschossen stets mit Abprallern und in ihrem weiteren Verlauf mit willkürlichen Flugrichtungen rechnen.

Nach der Beendigung eines jeden Jagens, vor dem Abstellen oder Ablegen eines Gewehrs in Gegenwart anderer Personen, vor dem Besteigen eines Fahrzeuges oder dem Betreten einer Häuslichkeit ist jedes Gewehr grundsätzlich zu entladen. Gegebenenfalls ist es bei solchen Gelegenheiten sicherheitshalber nochmals daraufhin nachzusehen, ob es auch tatsächlich entladen ist.

Mit Schrot darf in das Treiben nur geschossen werden, solange sich die Treiber außer Reichweite der Schrote befinden, mit der Büchse nur auf ausdrückliche Anweisung des Jagdherrn. Beim Schuß auf Wild, das durch die Schützenlinie bricht, wird das Gewehr, falls es vorher bereits angeschlagen wurde, in genügender Entfernung von der Linie abgesetzt und erst wieder angeschlagen, wenn das Wild die Linie passiert hat. Eine Handhabung des Gewehrs wie in Abb. S. 189 ist nicht nur unanständig gegenüber dem Nachbarschützen, sondern auch grob fahrlässig.

Immer, besonders aber bei schlechtem Büchsenlicht, wird ein Schuß auf ein Stück Wild erst dann abgegeben, wenn man es mit Sicherheit als solches erkannt und genau angesprochen hat.

Die vorstehenden Hinweise mögen manchem älteren Jäger überflüssig erscheinen. Sie sind aber, wie die von 1937–1940 geführte *Jagdunfallstatistik* zeigt, stets und überall angebracht. Denn in diesem kurzen Zeitraum wurden 2476 Menschen, infolge Nichtachtung der grundsätzlichen Regeln für den Umgang mit der Schußwaffe, verletzt. Davon verliefen 66 Unfälle tödlich, 156 mit schweren Verletzungen, und die hierfür verantwortlichen Jäger hatten überwiegend eine längere oder sogar sehr lange Praxis hinter sich.

Schuß schräg von vorn *Schuß schräg von hinten*

Schießen mit der Büchse im Revier

Das jagdliche Brauchtum, das „Den Schöpfer im Geschöpfe ehrt", gebietet einen Schuß, der das Leben sicher, schnell und möglichst schmerzlos beendet, der das verendete Wild bald in Besitz des Jägers bringt, der das Wildpret nicht übermäßig entwertet, und der den guten Anblick des gestreckten Stückes wahrt.

Treffpunkt des Schusses im Wild

Der Treffpunkt des Schusses im Wild wird auf Organe gerichtet, die das Leben versorgen und so groß sind, daß sie mit genügender Sicherheit getroffen werden können. Der Schuß soll derart angetragen werden, daß das Geschoß die Organe auch zuverlässig erreicht und einen Schweißerguß nach außen liefert, der uns zum verendeten Wild führt, falls es vom Anschuß fortkommt.

Ohne Zweifel würde ein *Schuß in das Gehirn* das Leben am schnellsten beenden. Der Leser braucht sich jedoch nur der Revierstreuung beim Büchsenschießen zu erinnern, um sich zu sagen, daß ein so kleines Ziel nur auf allerkürzeste Entfernung sicher getroffen werden kann.

Schießen wir aber an der Stirnhöhle vorbei, so fassen wir vielleicht ein Licht, den Windfang oder das Geäse; in jedem dieser Fälle kommt trotz sorgfältiger Nachsuche und trotz eines guten Hundes das Wild wahrscheinlich nicht zur Strecke. Es ginge einem qualvollen Ende und Verludern entgegen.

Der *Schuß auf den Hals* verursacht ein sofortiges Verenden nur, wenn er die ebenfalls sehr kleine und leicht zu fehlende Wirbelsäule oder Schlagader trifft. Treffer auf die Drossel lassen stärkeres Wild nicht immer gleich verenden. Zwischen Halswirbel und Drossel hindurchrutschende Schüsse, die nur den Schlund fassen, führen zu denselben qualvollen Folgen wie Geäse- und Gebrechschüsse, und zu schwierigen, oft ergebnislosen Nachsuchen. Infolgedessen darf der Halsschuß nur auf ganz kurze Entfernung von sicheren Schützen angebracht werden. Er ist nur in Richtung spitz von hinten auf den Hals zu setzen, weil man nur auf diese Weise einen sicheren Anhalt für die Lage der Wirbelsäule hat.

Schuß auf breit stehendes Wild
auf die Kammer

Schuß spitz von vorn
auf den Stich

Als bester und einzig waidgerechter Schuß gilt auf gesundes Wild von jeher der bei möglichster Breitstellung des Wildes auf seine Kammer anzutragende Schuß (Abb. S. 191). Aus dem Brauch der alten Jäger, ein weißes Blatt auf die Kammermitte der Wildscheibe zu kleben, um hierauf mit der Visierung besser abkommen zu können, entwickelte sich für den Kammerschuß die Bezeichnung Blattschuß. Sie steht nicht, wie vielfach angenommen wird, in Beziehung zum Schulterblatt des Wildes. Die Darstellung der Haltepunkte auf den Abb. S. 190 u. S. 191 ist wegen der besseren Übersichtlichkeit durch Visier und Korn erfolgt. Beim Schießen mit Zielfernrohr gelten natürlich die gleichen Bedingungen.

Der mit einer ausreichend starken Patrone abgegebene, richtig sitzende *Kammerschuß* ist immer tödlich und führt in der Regel zu einem kurzzeitigen Verenden. Trifft unser Geschoß das im Vorderteil der Kammer liegende Schulterblatt, faßt es von den Innenorganen die Lunge und vielleicht auch die Drossel oder eine der Hauptadern. Sitzt der Schuß auf breit stehendes Wild in der näheren Umgebung der Kammermitte, die etwas unterhalb der mittleren Rumpfhöhe liegt, werden Lunge, Bronchien und Herz, Hauptadern und wichtige Nerven, einzeln oder miteinander, durchschlagen und durch Geschoßsplitter verletzt. Immer liegen beim Schuß, der inmitten der Kammer trifft, Ein- und Ausschuß in der Rippenpartie und schonen das hochwertige Wildpret. Liegt das Wild nicht im Feuer, was je nach Patrone und Sitz des

Schusses bei Kammerschüssen vorkommt, ist die Nachsuche eines so getroffenen Stückes nicht allzu schwer, weil es meist gut schweißt.

Bei dem Streben, ausschließlich die Kammer des Wildes zu durchschießen, gibt es nur eine Ausnahme, angesichts der dann freilich jeder Schuß seine Berechtigung hat: das ist die Nachsuche auf angeschweißtes Wild. Hier gilt der Grundsatz, die Erbeutung des kranken Stückes mit allen Mitteln anzustreben. Jeder Treffer, sitze er, wo er wolle, macht das Wild kränker und bringt uns seinem Strecken näher. Es muß deshalb auf krankes Wild geschossen werden, solange man es im Anblick hat, und wo immer man das Geschoß antragen kann.

Der *Breitschuß auf die Kammer* soll mehr die untere als die obere Hälfte des Wildkörpers zu treffen suchen, und er soll mit *hinter* dem Vorderlauf auf aufwärtsfahrender Visierung angetragen werden (Abb. S. 191). Trifft er bei zu hohem Sitz das Rückgrat, so zerstört der Schuß den hochwertigen Ziemer; dicht unter ihm durchschlagend, führt er zu trügerischen Schußzeichen, zu nur geringen Verletzungen der Lunge, und liefert unzureichend Schweiß. Ein so getroffenes Stück stürzt unter Umständen im Feuer oder tut wenigstens anfangs sehr krank, nimmt sich aber bald wieder auf. Der überraschte Schütze kann dabei den rechtzeitigen Fangschuß versäumen und steht vor einer oft sehr schwierigen Nachsuche. Über den Vorderlauf gesetzte Schüsse können beim Verreißen oder bei zu tiefem Abkommen eines Schusses, oder bei Unterschätzung der Schußentfernung zu Treffern auf den Vorderläufen und zu langwierigen Nachsuchen führen.

Beim *Schuß spitz von vorn* soll der *Stich,* die Mitte der Brust, das Ziel sein; dann durchschlägt das Geschoß Herz oder Lunge und bleibt oft im Pansen stecken. Der oft nur wenig oder erst spät Schweiß liefernde Schuß ist nur auf kürzere Entfernung und nur von einem sicheren Schützen zu verantworten; denn der Stich ist schmal, und ein nur wenig seitlich abweichender Schußsitz führt das Geschoß auf die Schräge der Schulterblattknochen, von denen es leicht abgleitet.

Beim *Schuß spitz von hinten,* der *nur* auf krankes Wild zulässig ist, soll das Geschoß etwas unterhalb des Waidloches, mitten zwischen den Keulen einschlagen.

Der *Schrägschuß von hinten* wird, je nach Stellung des Wildes, mehr oder weniger weit hinten auf den Rumpf gesetzt, und gleichfalls immer derart, daß die Kammer in ihrer größten Ausdehnung durchschlagen wird. Wenn das Stück sehr schräg steht, müßte hierzu das Geschoß sogar weidwund angetragen werden; denn der dicht hinter dem Blatt abkommende Schütze liefe sonst Gefahr, daß sein Geschoß zu weit vorn sitzt und außerhalb der Kammer nur Rippen und den Schulterblattknochen durchschlägt, ohne innere Organe zu verletzen. Der hierbei unvermeidliche Durchschuß des Pansens verbietet derartige Schüsse, die in der Regel auch wenig Schweiß liefern, auf gesundes Wild. Sein Aufbrechen ist unästhetisch, und ein so beschossenes Stück, das während einer warmen Nacht unaufgebrochen draußen liegt, wird leicht anbrüchig.

Schrägschüsse von vorn oder von oben nach unten sowie umgekehrte werden ebenfalls so angetragen, daß sie die Kammer in ihrer größten Ausdehnung durchschlagen. Hierzu ist bei Schußrichtung von oben nach unten das Geschoß über, in solcher von unten nach oben das Geschoß unter der Kammermitte anzutragen.

Sowohl *Spitzschüsse* als auch *Schrägschüsse* von vorn oder von hinten sind nur mit kräftigen Patronen und nur mit schweren Geschossen zu verantworten, die auch unter solchen Umständen größte Eindringungstiefe gewährleisten. Hierzu vergegenwärtige man sich, daß das eigentliche Leben bei solchen Schüssen in einiger Entfernung vom Einschuß liegt, so daß das Geschoß einen längeren Weg bis dorthin zurückzulegen hat. Der Schrägschuß von vorn erfordert außerdem vom Geschoß das Durchschlagen des Schulterblattknochens oder des Oberarmknochens oder noch des dicken Schildes von starken Sauen.

Schüsse auf Wild, das sich *niedergetan* hat, das *sitzt,* oder das *verdeckt* steht, verbietet eine gute, alte Waidmannsregel auf gesundes Wild. Es zeigt in den meisten Fällen nur Kopf, Hals und Rücken, so daß, um diese nicht zu zerschießen, dorthin gehalten werden müßte, wo man die Lage der Kammer vermutet; das ist aber ein unsicheres Unternehmen, das oft in Laufschüssen endet. Schüsse auf Wild, das hinter Gräsern, Halmen, Geäst usw. steht, sind auch dann zu gewagt, wenn der Rumpf noch erkenntlich und ein Abkommen darauf möglich ist. Selbst geringfügig scheinende Hindernisse solcher Art vermögen die Geschosse aus der Flugbahn abzulenken und können einen schlechten Treffer oder Fehlschuß zur Folge haben.

Schießen mit der Büchse im Revier

Patrone — Kaliber und Bezeichnung	Geschoß — Bauart und Bezeichnung	Gewicht g	Rehwild	Gams	Damwild	Schwache Stücke Rot- und Schwarzwild	Starke Stücke Rot- und Schwarzwild
5,6×57 5,6×57 R	Kegel-Spitz[1]	4,8	××		–	–	–
.243 Winchester	Teilmantel-Rundkopf	6,8	××		–	–	–
6,5×57 6,5×57 R	Teilmantel-Spitz[1]	6,0	××	××	(×)	(×)	–
	Kegel-Spitz	8,2	×	×	×	×	–
	H-Mantel	10,0	×	×	×	×	–
6,5×68 6,5×68 R	Teilmantel-Spitz[1]	6,0	××	××	(×)	×)	–
	Kegel-Spitz	8,2	×	×	×	×	(×)
7×57 7×57 R	Teilmantel-Rundkopf	9,0	××	×	–	–	–
	Nosler[2]	9,1	××	×	(×)	(×)	–
	Nosler[2]	11,3	×	×	×	×	(×)
	Kegel-Spitz	7,5	×	×	×		
	Brenneke-Torpedo-Ideal	10,5	×	×	×	×	(×)
	Kegel-Spitz	10,5	×	×	×	×	(×)
7×64 7×65 R	Kegel-Spitz	7,5	××	××	–	–	–
	Nosler[2]	9,1	××	××	×	×	–
	Nosler[2]	11,3	×	×	×	×	×
	Kegel-Spitz	10,5	×	×	×	×	×
	Teilmantel-Rundkopf	11,2	×	×	×	×	×
	Brenneke-Torpedo-Ideal	10,5	×	×	×	×	×
	Brenneke-Torpedo-Ideal	11,5	+	×	××	××	××
	H-Mantel	11,2	×	×	×	×	×
8×57 JS 8×57 JRS	Teilmantel-Rundkopf	12,7	+	×	×	×	(×)
	Brenneke-Torpedo-Ideal	12,8	×	×	×	×	×
	H-Mantel	12,1	×	×	×	×	×
8×68 S	Kegel-Spitz	14,5	+	×	××	××	××
9,3×62 9,3×64 9,3×74 R	Teilmantel-Rundkopf	18,5	+	+	×	××	××
	Brenneke-Torp.-Univ.	19,0	+	+	×	××	××
	H-Mantel	16,7	+	+	×	×	×

×× = vorzüglich geeignet; × = gut geeignet; (×) = bedingt geeignet bei Schußentfernungen bis etwa 150 m; + = reichlich brutale Wirkung; – = nicht geeignet.

[1] Patronen mit höchster Geschoßgeschwindigkeit, auf 150 m Entfernung über 800 m/s.
[2] Diese Patronen werden von der österreichischen Fabrik Hirtenberg geliefert.

Mit Rücksicht auf die Bedenklichkeit von Schüssen auf sitzendes und nicht ganz frei stehendes Wild kommt in diesen und ähnlichen Lagen die Tugend des guten Jägers zur Anwendung, die eine seiner ersten sein muß: Geduld. Warten, bis das Stück hoch oder frei geworden ist.

Wirkung der Geschosse

Grundlage der *Wirkung des Einzelgeschosses* ist die Energie („lebendige Kraft" oder „Wucht"), die ihm als Ergebnis seiner Masse und Geschwindigkeit eigen wird. Mit Hilfe des Arbeitsvermögens der Energie sind in einem beschossenen Stück Wild lebensentscheidende Organe in genügender Tiefe des Wildkörpers zu zerstören oder so weitgehend zu verletzen und zu schädigen, daß hierdurch das Leben in möglichst kurzer Frist beendet wird.

Die für diese Leistung des Geschosses benötigte Energie muß der Stärke des Wildkörpers entsprechen, die sich aus seinem Gewicht, seiner Breite und der Gewebehärte ergibt (z. B. Schwarzwild und Bär haben besonders festes Körper- und Muskelgewebe). Deshalb soll, da einer der beiden bestimmten Faktoren der Energie die Masse des Geschosses ist, mit zunehmender Stärke des Wildes ein Geschoß zunehmenden Gewichtes bzw. auch Kalibers verwendet werden. Die demnach geeigneten Gewichte der Geschosse sind aus der Tabelle S. 193 zu ersehen.

In den Wildkörper ist die Energie des Geschosses nicht nur hineinzubringen, sie muß an ihn und seine zu schädigenden Organe auch in geeigneter Weise abgegeben werden, weil sie andernfalls ungenügend ausgenutzt wird. Zu dem Zweck sind die *Jagdgeschosse* als *Deformations- und Zerlegungsgeschosse* aufgebaut. Treffen sie auf einen Wildkörper auf und dringen darin ein, werden sie infolge ihrer Geschwindigkeit einerseits und des Widerstandes des Wildkörpers andererseits im Falle der Deformationsgeschosse gestaucht, während sich die Zerlegungsgeschosse zum Teil zerlegen.

Die Verformung, die ein Geschoß bei dem Eindringen in den Wildkörper und bei seiner Durchdringung erhält, gestaltet es, bei entsprechend abgestimmter Bauart, zu einem Pilz mit frontal gelegener Ausbreitung. Sie ist die Basis der Abgabe der Energie des Geschosses an den Wildkörper, und mit der Ausbreitung des Pilzkopfes als Basis steigert sich die Energieabgabe.

Das Ausmaß der Verformung und Zerlegung des Geschosses ist abhängig von der Festigkeit seiner Bauart, der Auftreffgeschwindigkeit auf den Wildkörper und dessen Stärke. Mit der Zunahme der Geschwindigkeit des Geschosses sowie der Stärke des Wildkörpers und damit des Zielwiderstandes steigern sich die Verformung und Zerlegung des Geschosses. Deshalb müssen mit zunehmendem Zielwiderstand, zur Vermeidung vorzeitiger oder übermäßiger Verformung und Zerlegung, Geschosse vermehrter Festigkeit verwendet werden. Umgekehrt benötigt leichtes, schmales Wild, um darin ausreichende Geschoßverformung zu erlangen, entsprechend weiche oder schnelle Geschosse.

Der Wildkörper ist in lebenswichtigen Organen und in seinem Nervengefüge beiderseits in paarigen Hälften aufgebaut. Jede Hälfte für sich vermag daher, bedingt und in zeitlichen Grenzen, allein das Leben aufrechtzuerhalten. Deshalb soll sich die Energieabgabe des Geschosses gleichfalls *paarig über die gesamte Breite des Wildkörpers* erstrecken. Der Effekt wird erreicht durch ein gleichsam gesteuertes Aufpilzen (Durchmesservergrößerung) des Geschoßkopfes, das mit der Eindringtiefe des Geschosses in den Wildkörper stetig zunimmt, und durch die Fortsetzung des Vorgangs in der gesamten Breite des Wildkörpers. Andernfalls kann, bei einseitiger Organzerstörung und Energieabgabe in nur einer Rumpfhälfte, die nicht oder nur schwach geschädigte andere Rumpfhälfte die Wirkung des Geschosses auffangen und, wenigstens zeitweilig, in bestimmtem Ausmaß ausgleichen.

Wird im Wildkörper durch seinen Widerstand ein Geschoß nicht nur verformt, sondern zum Teil auch in Bruchstücke zerlegt, erfolgt eine im Endergebnis geminderte Ausnutzung der Geschoßenergie. Der Rest des Geschosses, der im Verlauf der Zerlegung erhalten bleibt, ist in seiner Masse um die abgetrennten Bruchstücke verringert und entsprechend an Energie und Eindringtiefe gemindert; die paarige Wirkung in der Tiefe des Wildkörpers ist daher in Frage gestellt. Die Bruchstücke, die nur kleine und leichte Splitter ergeben, sind demgemäß erst recht arm an Energie und können nur unbedeutend wirken. Deshalb ist die einst vertretene Auffassung, „*Splitterbildung*" eines Geschosses sei zweckmäßig, allein schon folgerichtig falsch; des weiteren hat aber auch die jagdliche Schießpraxis die Unzulänglichkeit der Splitterwirkung erwiesen.

Ein Geschoß, das den vorstehenden Bedingungen in ihren Grundsätzen entspricht, wirkt in mehrfacher Hinsicht. Bei Auftreffgeschwindigkeiten bis etwa 750 m/s erfolgen zunächst Organverletzungen direkt durch das Geschoß im Umfang des Schußkanals, ferner außerhalb davon in einem relativ kleinen Randgebiet durch Splitter des Geschosses. Weiterhin bewirkt die Energie des Geschosses organschädigende Druckvorgänge, die sich über den Schußkanal hinaus fortsetzen. Sie steigern sich mit der Geschwindigkeit, mit der das Geschoß den Wildkörper durchdringt, und mit der hierdurch gegebenen Schnelligkeit der Übertragung der Geschoßenergie in ihren Ausstrahlungsraum um den Schußkanal herum.

Zu den vorstehenden Schußwirkungen erzeugt ein Geschoß, das mit einer Geschwindigkeit von mehr als etwa 750 m/s auf einen Wildkörper auftrifft und ihn damit durchdringt, eine zusätzliche Wirkung: Es entsteht in der Länge des Schußkanals über seinen Umfang hinaus eine elastische Wundhöhle (Kaverne). Ihr Durchmesser pulsiert im Verlauf der Vorwärtsbewegung des Geschosses in schnellsten Zeitfolgen von Tausendstel-Sekunden hin und her. Die hierdurch ausgelösten Druckwellen bewirken ihrerseits in den davon betroffenen Organen und Nervengefügen heftige Reize, die sich mit denen der Schußwunde summieren. Als Endeffekt überfällt bei Schüssen mit derart schnellen Geschossen, die den Bereich der Lunge (insbesondere ihre Wurzeln) oder der Leber treffen, den Organismus des Körpers eine massierte Fülle von nicht zu ertragenden Reizen. Sie haben einen *Schock* zur Folge, der seinerseits teils schlagartig, teils binnen kürzester Frist zum Tod führt. Deshalb sind in dieser Beziehung Patronen vorteilhaft, die dem Geschoß bei ausreichender Masse die für eine derartige Wirkung erforderliche Auftreffgeschwindigkeit vermitteln. Sie muß einen Reservebetrag enthalten, um das infolge des Zielwiderstandes in seiner Geschwindigkeit nachlassende Geschoß den Wildkörper mit größtmöglicher Geschwindigkeit durchschlagen zu lassen.

Neben den tötenden Wirkungen, die ein Geschoß zu vollbringen hat, soll es für die nicht außergewöhnlichen Fälle, in denen ein beschossenes Stück Wild nicht an seinem Anschuß oder nicht in Sicht des Jägers verendet, zu Schußzeichen für eine sichere Fährtenfolge verhelfen: Das sind reichliche Schnitthaare am Anschuß und Schweiß in der Wundfährte. Beides wird erreicht durch einen möglichst kalibergroßen Einschuß sowie durch einen Ausschuß des Geschosses, der mehr als Kalibergröße beträgt.

Eignung von Geschossen verschiedenen Aufbaus

Die Forderung, *am Anschuß* mit Hilfe von *Schnitthaaren* und nach Möglichkeit auch *Schweiß* genügende Schußzeichen zu erhalten, erfüllen einstweilen am besten die *Teilmantel-Rundkopf-Geschosse* und alle Geschosse, die nach Art der *Brenneke Torpedo-Ideal-Geschosse* mit einem *Scharfrand* versehen sind, sowie die *Kegel-Spitz-Geschosse* mit ihrer scharf abgesetzten Kante rückwärts des Geschoßkopfes (Abb. S. 140).

Befriedigende mechanische Organzerstörung durch den gestauchten Geschoßkörper in ausreichendem Ausmaß und mit hinreichender Energie in der Tiefe der beiden Rumpfhälften des Wildes, um die paarige Wirkung zu erlangen, ergeben allgemein mit einigen Kompromissen (unter Umständen reichlich brutale Wirkung auf Rehwild oder begrenzte Tiefenleistung in starken Wildkörpern) die *Teilmantel-Rundkopf-Geschosse.*

Für die *universelle Verwendung* der einen oder anderen Patrone auf *schwaches und starkes Schalenwild* eignen sich zur Zeit in erster Linie die *KS- und Noslergeschosse.* Ihr Vorderteil wird im Wildkörper zu einem Pilz mit ausgiebig ausgebreitetem, wirkungsvollem Kopf verformt. Bedingt durch den massiven Quersteg des Mantels des Geschosses (Nosler), bleibt auch bei stärkstem Widerstand der hintere Geschoßteil erhalten. Er ergibt eine entsprechend *zuverlässige Tiefenleistung* und bei Verwendung von genügend starken Patronen mit einiger Sicherheit einen gut schweißenden überkalibergroßen *Ausschuß.*

Zu universeller Benutzung für Wild unterschiedlicher Stärke ist ferner das *Brenneke Torpedo-Ideal-Geschoß* bestimmt. Seine Füllung besteht aus zwei voreinander gesetzten Bleikernen, einem vorderen weichen und einem hinteren harten Kern. Sie regulieren derart die Verformung und Zerlegung des Geschosses im Wildkörper. In sehr starken Zielwiderständen zerlegt sich der Vorderteil des Geschosses erheblich, so daß dadurch in solchen Fällen die *Tiefenleistung* und die Erzeugung eines *Ausschusses* um einiges beschränkt sind.

Schließlich sind für vielseitige Verwendung die *H-Mantel-Geschosse* gedacht. Bei ihnen begrenzt eine etwa in der Mitte der Geschoßlänge angebrachte Einschnürung des Mantels die Zerlegung auf den Geschoßvorderteil. Er zersplittert im Wildkörper meistens restlos, je nach dem Zielwiderstand teils schon in der Einschußhälfte. Der hintere Geschoßteil bleibt in der Regel völlig erhalten und erhält keine nennenswerte Verformung bzw. Aufpilzung. Hieraus folgern als Vorzüge der Geschosse sehr *mäßige Zerstörung des Wildprets* auch von schwachem Wild und mit großer Sicherheit selbst in starkem Wild ein *Ausschuß,* der jedoch auf Kalibergröße beschränkt ist. Dafür muß in Kauf genommen werden, daß die *Energieabgabe* an den Wildkörper infolge der Zersplitterung des Geschoßvorderteils und der nicht gegebenen Aufpilzung des Geschoßhinterteils demgemäß *geschwächt* ist und dadurch u. U. die *tötende Wirkung* verzögert wird.

Eine neue, eingeführte Konstruktion ist das *Kegel-Spitz-Geschoß.* Bei ihm wird die Verformung im Wildkörper durch eine besondere Gestaltung der Geschoßform und der Dicke des Mantels gesteuert.

Für die verschiedenen Schalenwildarten und Jagdverhältnisse können hauptsächlich die in der Tabelle S. 193 aufgeführten Patronen und Geschosse empfohlen werden. Diese Tabelle stellt allerdings nur einen begrenzten Ausschnitt der möglichen Geschoßkombinationen dar. Insbesondere sind hierbei aus Gründen der Übersichtlichkeit die vielen ausländischen auf dem deutschen Markt gehandelten Laborierungen nicht genannt.

Schießen auf stehendes Wild

Vor *Antragen des Schusses* wird mit Sorgfalt überlegt, ob der Schuß aus waidmännischen Rücksichten zu verantworten ist. Einige Beispiele sollen das erklären.

Ein Rehbock steht im hellen Licht breit auf einer sandigen Fahrstraße und soll auf 100 m Entfernung beschossen werden. Der tödliche Bereich in der Kammer des Bockes hat eine Höhe von etwa 15 cm Durchmesser. Die „*Revierstreuung*", die wir bei dem Führen eines Büchsenlaufes der Streuungsklasse 2 (siehe S. 170) zuzüglich unserer Schützenstreuung zu erwarten haben, mag auf diese 100 m 10 cm Visier- und Kornschuß betragen. Die sandige Fahrbahnstraße wird das Auffinden des Anschusses, den Ausgangspunkt für eine Nachsuche, falls der Bock nicht im Feuer bleiben sollte, erleichtern. Somit ist der Schuß zu verantworten.

Stände derselbe Bock auf 150 m vor uns, würde auf diese um 50 m weitere Entfernung die zu erwartende Revierstreuung beim Zielen mit Visier und Korn 15 cm betragen. Die Kugel träfe das Wild dann nur zufällig mitten auf die Kammer, und der Schuß wäre nicht mehr zuverlässig. Hier könnte jetzt ein Zielfernrohr helfen. Mit ihm vermögen wir genauer im Ziel abzukommen und vermindern damit unsere Schützenstreuung. Infolgedessen hätten wir, falls ein Büchsenlauf der Streuungsklasse 3 (siehe S. 170) geführt wird und wir selbst sichere, im Zielfernrohrschießen geübte Schützen sind, mit einer auf etwa 12 cm verringerten Revierstreuung zu rechnen. Da uns die übersichtliche, sandige Fahrbahn den *Anschuß* ebenfalls noch finden lassen wird, wäre dieser Schuß auch angängig.

Es wird „Fleck gehalten“, wenn das Gewehr auf die betr. Entfernung Fleck schießt

Das Ziel wird „tief angefaßt“, wenn das Gewehr auf die betr. Entfernung Hochschuß hat

Das Ziel wird „hoch angefaßt“, wenn das Gewehr auf die betr. Entfernung Tiefschuß hat

Haben wir den gleichen Rehbock auf 100 m Entfernung bei trüber Beleuchtung in einem mit Heidekraut oder Gras unterwachsenen Bestand vor uns, bereitet uns schon das Auffinden des 100 m abgelegenen *Anschusses* die größte Mühe. Auf 150 m würden wir ihn mit aller Wahrscheinlichkeit auf solchem Bewuchs oder auf Laub- und Nadelstreu nicht mehr finden. Dieser Schuß wäre deshalb selbst bei Benutzung des Zielfernrohrs nicht mehr waidgerecht.

Bei stärkerem Wild kommt die Streuung naturgemäß weniger zur Geltung. Die Möglichkeit, den Anschuß zu finden, wird aber auch hier immer die Grenze der waidgerechten Schußentfernung sein, weil erfahrungsgemäß nicht alle Schüsse dort treffen, wo sie sitzen sollen.

Entspricht der Standort des Wildes diesen Voraussetzungen, müssen wir den Haltepunkt mit unserer Büchse überlegen, um unter Berücksichtigung ihrer Treffpunktlage auf die vorliegende Schußentfernung das Geschoß auf den richtigen Fleck zu setzen. Da diese Treffpunktlage je nach Schußentfernung verschieden ist, muß die Entfernung des Wildes vom Schützen bestimmt werden.

Das hierzu notwendige richtige *Entfernungsschätzen* erschweren die während der Jagd recht verschiedenen Sichtverhältnisse. Im Holz eines Waldbestandes, auf darin verlaufenden Schneisen und Wegen, aus der Deckung mit kleinem Ausblick oder aus Ansitzlöchern erscheinen die Entfernungen größer, als sie es tatsächlich sind. Wild, das hinter einer Anhöhe steht, die seine Läufe bis in Rumpfhöhe verdeckt, ist größenmäßig schwer zu beurteilen. Deshalb wird in solchen Fällen die Entfernung oft überschätzt. Im Freien, besonders über ein Tal hinweg und vom Hochsitz, oder auf Wild, das durch helles Licht bestrahlt ist, wird der Abstand vom Jäger vielfach unterschätzt; das gleiche gilt für Dämmerung und Nebel, die den Anblick eines Stückes Wild zu vergrößern pflegen.

Auf Rehwild läßt sich an Hand des aus der Abbildung ersichtlichen Verfahrens jedes Zielfernrohr mit Normalabsehen *als Entfernungsmesser* verwenden. Der Abstand der Querbalken voneinander, der auf 100 m Entfernung 70 cm beträgt, ist so bemessen, daß ihn die Rumpflänge eines Rehes vom Stich bis zum Spiegel auf 100 m Entfernung voll, auf 150 m zu Dreiviertel und auf 200 m zur Hälfte ausfüllt. Für andere Schalenwildarten mit ihren größeren Längenmaßen ist das Hilfsmittel erst nach vergleichenden Übungen im Entfernungsschätzen geeignet.

Der Jäger sollte während der Reviergänge die Beurteilung von abgeschrittenen Strecken ständig üben. Laufende Einprägung der Größe und Erscheinung des Wildes im Anblick auf verschiedene Entfernungen, bei wechselnden Sichtverhältnissen, Vergleiche mit Geländemerkmalen in bekanntem Abstand von Daueransitzen, lassen hierin Sicherheit erwerben. Hält der Waidmann dann an dem bewährten Grundsatz fest, lieber den Schuß im Lauf zu lassen, als zu weit zu schießen, vermeidet er Schießfehler.

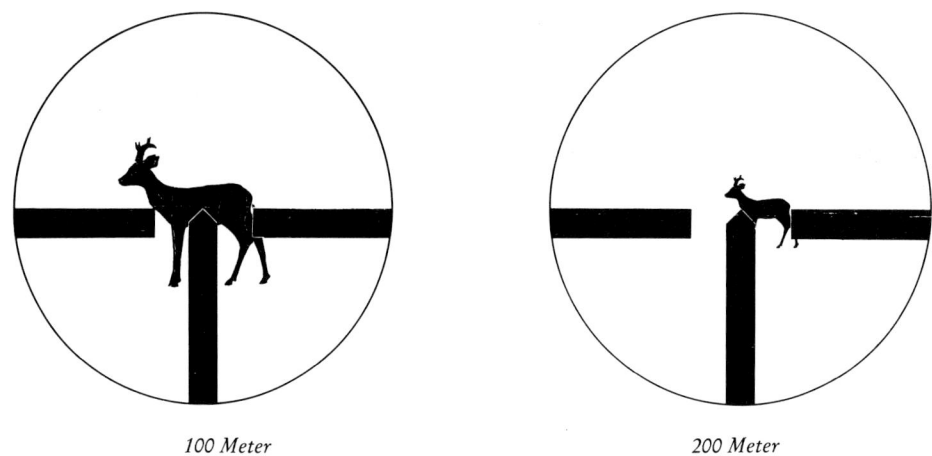

100 Meter   200 Meter

Zielfernrohr mit Normalabsehen als Entfernungsmesser

Steht das Wild in schußgerechter Stellung, spannen wir leise das Schloß oder entsichern die selbstspannende Waffe. Dan prägen wir uns Merkmale am Standort des Wildes ein, um mit ihrer Hilfe seinen *Anschuß* leichter zu finden. Unmittelbar vor dem Anschlagen des Gewehrs oder erst im Anschlag wird, wenn mit gestochenem Abzug geschossen werden soll, das Stechschloß möglichst leise gespannt.

Kommen wir wider Erwarten nicht gleich zum Schuß, weil sich das Wild vielleicht niedertat, oder weil es sich umstellte oder fortwechselte, sichern wir das Gewehr, stechen das Schloß ab und entspannen dies, falls es mit Handspannung versehen ist.

Bei *Anvisieren des Ziels* (falls über Visier und Korn geschossen wird) müssen *Zielfehler* beachtet werden, die uns als „Vollkorn" oder „Feinkorn", als „Verkanten" der Visierung und als „Klemmen" des Korns in der Kimme unterlaufen. Vollkorn ergibt Hochschuß, Feinkorn Tiefschuß. Verkanten, wie nach links, ergibt Schußabweichung nach unten links, Verkanten nach rechts eine solche nach unten rechts. Ähnliche Abweichungen verursacht das in den Skizzen gezeigte Klemmen des Korns in der Visierkimme. Ein links geklemmtes Korn ergibt Linksschuß, ein rechts geklemmtes Rechtsschuß.

Auch Sonnenstrahlung kann Visierfehler verursachen. Die hell beleuchtete Seite eines mit hellem Metall belegten Korns erscheint dem Auge größer; die im Schatten liegende tritt dagegen zurück. Scheint die frühe, noch tiefstehende Morgensonne von rechts auf ein scheinbar mitten in der Kimme stehendes Korn, sieht man das Korn nicht in seiner wirklichen Lage, sondern wie das Scheinkorn b nach rechts gerückt; weil man es aber mitten in der Kimme stehend sehen will, rückt man es unbewußt nach links und erhält Linksschuß. Will man also bei solcher Beleuchtung genau Strich schießen, muß das Korn nach der beleuchteten Seite hin geklemmt werden. Ähnlich verhält es sich mit einem stark von oben beleuchteten, hellen und blanken Korn: Es erscheint größer bzw. höher. Will man mit diesem Scheinkorn den Schuß in richtige Höhenlage bringen, muß mit vollem Korn geschossen werden; dann schießt man in Wirklichkeit mit gestrichenem und trifft richtig. Ein über das Korn geschobener, beschattender Kornschützer bewahrt vor dererlei Täuschungen.

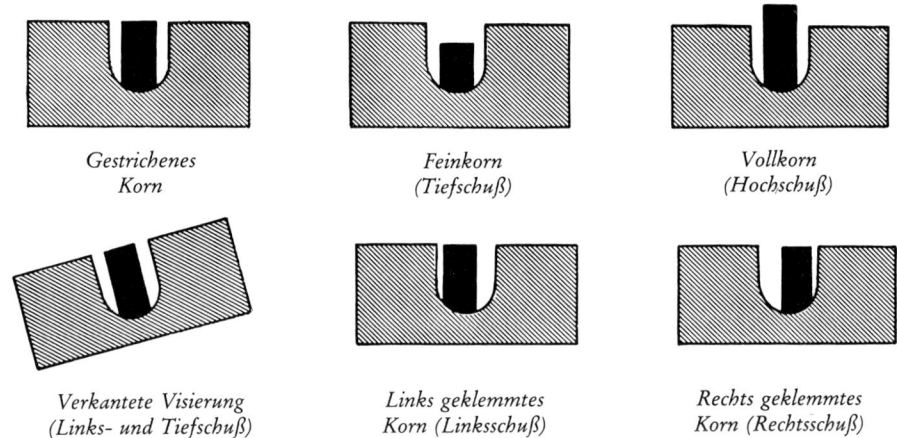

Gestrichenes — *Feinkorn* — *Vollkorn*
Korn — *(Tiefschuß)* — *(Hochschuß)*

Verkantete Visierung — *Links geklemmtes* — *Rechts geklemmtes*
(Links- und Tiefschuß) — *Korn (Linksschuß)* — *Korn (Rechtsschuß)*

Auch ein Klemmen des Absehens im Zielfernrohr nach der einen oder anderen Seite oder in der Höhe, ähnlich dem Korn-Klemmen, kann zu Schußabweichungen führen, wenn das Fernrohr nicht *parallaxefrei* eingestellt ist und infolgedessen die Abbildung des Absehens auf dem Ziel wandert. Man visiere deshalb so, daß der Absehenpunkt oder die Absehenspitze mitten im Gesichtsfeld des Fernrohrs stehen.

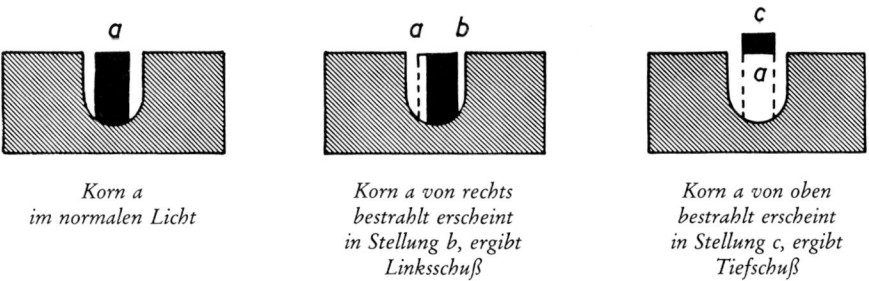

Korn a — *Korn a von rechts* — *Korn a von oben*
im normalen Licht — *bestrahlt erscheint* — *bestrahlt erscheint*
in Stellung b, ergibt — *in Stellung c, ergibt*
Linksschuß — *Tiefschuß*

Visierfehler durch Sonnenbestrahlung des Korns

Der ruhige *Anschlag* und das ruhige *Abziehen* des auf das Ziel gerichteten Gewehrs bereiten vielen Jägern Sorgen. Haben wir nicht die Ruhe, ohne Wackeln und Wanken mit der Visierung im Ziel zu bleiben, sei es, weil uns vor dem Schuß bangt, sei es, weil uns das Wild beunruhigt oder wir befürchten, es zöge oder flüchtete vor dem Schuß noch fort, dann setzen wir das Gewehr ab, beruhigen uns erst, und versuchen es nun von neuem. Wir fassen die

Büchse fest mit der rechten Hand, fahren zuversichtlich zügig mit unserer Visierung in das Ziel, und ziehen, sobald unser Abkommen darin steht, ohne Zaudern ruhig ab, indem wir den Zeigefinger langsam stetig durchkrümmen. Dabei bemühen wir uns, „durch das Feuer zu sehen", d. h. die Augen im Zeitpunkt der Schußabgabe offenzuhalten.

Auf das zügige Zielfassen und auf das unverzögerte, ruhige Durchkrümmen des Schießfingers kommt es im wesentlichen bei der Schußabgabe an; gehen wir dabei hastig vor und bewegen, statt nur den Finger gegen den Abzug durchzukrümmen, ruckartig die gesamte

Hand nach hinten, so verreißen wir das Gewehr und damit den Schuß aus der richtigen Ziellage. Dieses „Mucken", wie man es nennt, unterläuft uns aus Mangel an Vertrauen in unsere Schießfertigkeit, aus Angst vor Schwankungen unseres Gewehrs oder vor dem Rückstoß, der uns das Gewehr manchmal schmerzhaft gegen Schulter und Wange prellt, falls wir es nicht richtig einziehen oder uns die Schäftung nicht liegt. Diese rein physischen Schießfehler können nur durch fleißige Übungen im Schießen auf die Wildscheibe beseitigt werden. Auch gelegentliches Zielen und Abdrücken des Stechers auf Wild in freier Wildbahn, wobei das Gewehr entladen sein muß und gesichert sein soll, damit ein hartes Abschlagen des Schloßwerkes vermieden wird, stärkt unser Selbstvertrauen und hilft uns im Büchsenschießen voran.

Die ruhigste Gewehrlage ergibt das aufgelegte Schießen. Aber auch dies will gelernt sein. In liegendem Anschlag oder bei Schüssen, die aufwärts gerichtet sind, müssen wir unser Augen in reichlichem Abstand von einem Zielfernrohr halten, weil dabei unser Kopf dazu neigt, sich dem Zielfernrohr zu nähern. Bedenken wir das nicht und führen womöglich noch eine kurze Schäftung, schlägt uns der Rückstoß des Gewehrs das Zielfernrohr vor Auge und Stirn und verletzt sie hierdurch.

Schießen im Anschlag stehend mit angestrichenem Gewehr

Beim *aufgelegten Schießen* muß das Gewehr dicht vor dem Abzugsbügel, nicht mehr als etwa 1 1/2 Handbreite davor aufgelegt werden, um den andernfalls entstehenden Hochschuß zu vermeiden. Ferner ist bei aufgelegtem Schießen mit Büchsen, deren Lauf „hohl eingeschäft" ist, darauf zu achten, daß bei einem Umklammern des Laufes und der Unterlage mit der linken Hand der Lauf keinen abwärts gerichteten Druck und dadurch bewirkten Tiefschuß erhält.

Auch das mit *Anstreichen* benannte Anlehnen des Gewehres an aufrecht stehende Stützen mäßigt das Wanken der angeschlagenen Schußwaffe (Abb. S. 200). Aber auch diese Methode ist nicht einfach und muß geübt sein, will man mit ihrer Hilfe sicherer schießen. Zum Anstreichen benutzte Bäume müssen hinreichend stark sein, weil schwache Stämme selbst durch scheinbar mäßigen Wind viel zu lebhaft bewegt werden. Das Gewehr ist soweit wie möglich hinten an die zum Anstreichen dienende Stütze anzulehnen, weil sie sonst den Schuß nach der Seite verprellt. Der Körper muß eine zum Ziel hin gewendete Profilstellung einnehmen, d. h. bei Rechtsanschlag dem Ziel die linke Seite zuwenden, nicht seine Vorderseite; der linke Fuß ist vorzusetzen, der rechte nicht neben, sondern mehr hinter den linken zu stellen, die linke Schulter ist dem Ziel zuzukehren, die rechte zurückzunehmen. Andernfalls pendelt das Gewehr überwiegend nach einer Seite, während es bei richtiger Stellung und Haltung des Körpers sicher im Strich liegenbleibt.

Die in der Natur für ein Auflegen des Gewehrs sich bietende Unterlage oder eine für das Anstreichen des Gewehrs geeignete Stütze wird nicht immer dort vorhanden sein, wo man sie braucht. Daher bedient man sich in solchen Fällen eines kräftigen, auf den Erdboden

Schießen im Anschlag kniend mit aufgestütztem Gewehr   *Schießen im Anschlag sitzend mit aufgestütztem Gewehr*

gestützten Zielstabes, den wir auf der Pürsch mitführen. In käuflicher Form hat er eine Gabel zum Auflegen der Büchse, als einfachen Stecken (Bergstock) können wir ihn uns in vielen Revieren selbst schneiden und hieran in sitzender, kniender oder aufrechter Haltung das Gewehr anstreichen.

Treffpunktlage eines Büchsenlaufes bei Einfluß der Höhenlage des Schießortes und des Schußwinkels

Schießbedingungen und Ergebnisse	Treffpunktlage in cm[1] zur Visierlinie (Zielfernrohr) auf Entfernung					
	100 m	150 m	175 m	200 m	250 m	300 m
Tiefland (0 m über NN) und waagerechter Schuß: Normale Treffpunktlage	+ 4	+ 2	± 0	− 4	− 15	− 32
Gebirge in Höhenlage 1500 m über NN und waagerechter Schuß: Höhenlagebedingte Treffpunkterhöhung	+ 2	+ 3	+ 3	+ 4	+ 7	+ 12
Schußwinkel 30° auf- und abwärts (in jeder Höhenlage): Schußwinkelbedingte Treffpunkterhöhung	+ 2	+ 4	+ 5	+ 6	+ 8	+ 9
Höhenlage 1500 m und Schußwinkel 30° auf- und abwärts: Hierbei sich ergebende Treffpunktlage zur Visierlinie	+ 8	+ 9	+ 8	+ 6	± 0	− 11

[1] Werte abgerundet auf volle Zentimeter.

Ähnlich kann man sich zum behelfsmäßigen, angestrichenen Schießen eines Handstockes bedienen, dessen Krücke in die linke Seitentasche gesteckt wird, oder des um den linken Arm geschlungenen Büchsenriemens. Die Hilfsmittel stützen das Gewehr recht gut und sind vornehmlich geeignet, wenn es gilt, längere Zeit vor dem Wild mit angeschlagenem Gewehr auszuhalten.

Auf freistehendes Wild ist der Schuß in liegendem, sitzendem oder kniendem Anschlag von Vorteil. Spießt man dabei noch einen Hand- oder Sitzstock in die Erde, streicht hieran das Gewehr dicht vor dem Abzugsbügel an und hält mit der linken Hand das Gewehr an dem Stock fest, so schießt man außerordentlich sicher.

Schießen auf Schalenwild in Bewegung

Bei dem *Schießen mit Büchsenpatronen* auf *Schalenwild, das zieht* oder *trollt* oder *flüchtet*, muß, wie des näheren auf Seite 182 und folgenden ausgeführt wurde, zum Ausgleichen der Zeit, die zwischen der Absicht zur Schußabgabe und dem Anlangen des Geschosses am Ziel vergeht, der Schuß vor den gewünschten Treffpunkt gerichtet, das heißt vorgehalten werden. Die hierfür anzuwendende Methode und die erforderlichen Maße des bewußten Vorhaltens sind ebenfalls auf den vorgenanten Seiten niedergelegt. Auf schnell flüchtendes Wild wird man in der Praxis auch hier nicht mehr die rechnerischen Vorhaltemaße berücksichtigen können, nur entsprechendes Mitschwingen beim Schießen bringt Erfolg.

Die Schußentfernungen auf trollendes und flüchtendes Schalenwild sind angesichts der Schwierigkeiten derartiger Schüsse zu beschränken. Im allgemeinen sollte, je nach der Schießfertigkeit eines Schützen, bis etwa 60 m, äußerst 70 m Entfernung geschossen werden.

Schießen in Bergrevieren

In den *Höhenlagen der Gebirgsreviere* bewirkt die dort gegenüber dem Tiefland geringere Luftdichte (Luftgewicht) eine Minderung des Krümmungsgrades der Geschoßflugbahn und dadurch eine Erhöhung ihres Verlaufs zu der gegebenen Visierlinie eines Gewehrs[1]. Infolgedessen ergibt in Bergrevieren ein Gewehr, das in der Luftdichte des Tieflandes eingeschossen ist, eine erhöhte Treffpunktlage (TPL). Bezeichnet als *Höhenlagebedingter Hochschuß*, vergrößert sich die TPL-Erhöhung mit der Zunahme der Höhenlage des Reviers und dem Anwachsen der Schußentfernung, und das um so mehr, je geringer die Rasanz der Geschoßflugbahn der verwendeten Patrone ist. Bis 2000 m Höhenlage sind die Beträge der TPL-Erhöhung bei Benutzung von Patronen mit rasantesten Geschoßflugbahnen bis zu Entfernun-

---

[1] Die in den Höhen der Gebirge geringere Dichte der Luft schwächt ihren Widerstand gegenüber dem Geschoß. Daraus ergeben sich schnellere Geschoßgeschwindigkeit, verkürzte Geschoßflugzeit und entsprechend verringerte Zeit der Einwirkung der Anziehungskraft der Erde auf das Geschoß. Folglich fällt es während des Fluges um verkleinerte Strecken in der Richtung der Erde und seine Bahn verläuft in demgemäß vermindertem Krümmungsgrad.

Anmerkung zu Seite 203 unten: Gemäß Abb. S. 173 oben (waagerechter Schuß), verläuft durch die Enden der Fallstrecken F 1, F 2, F 3 und F 4 des Geschosses, die während seines Fluges infolge der Anziehungskraft der Erde (AE) bewirkt werden, die Geschoßflugbahn. Dabei besteht auf den einzelnen Entfernungsabschnitten zwischen der verlängerten Seelenachse (VSA) des waagerecht liegenden Laufes und den senkrechten Fallstrecken des Geschosses ein rechter Winkel. Bei Schüssen auf- *und* abwärts erhalten der Lauf und seine VSA eine entsprechende Schwenkung aus der Waagerechten. Demgegenüber verbleiben hierbei infolge der Eigenart des stets senkrechten Wirkung der AE die Fallstrecken des Geschosses gleichfalls in der Senkrechten. Sie behalten dabei in derselben Höhenlage eines Geländes auf den jeweiligen Entfernungen gleichbleibende Längen wie bei waagerechtem Schuß. Hierdurch wird bei Schüssen auf- *und* abwärts (stellt man sich den Vorgang übertragen auf die Abb. S. 173 oben vor) der Winkel der VSA des Laufes zu den Fallstrecken des Geschosses verändert. Dadurch werden ihre Enden zusammen mit der Geschoßflugbahn näher an die VSA gerückt. Folglich ergibt sich hierbei in Revieren aller Höhenlagen ein Treffpunkt des Laufes, der gegenüber waagerechtem Schuß mit zunehmender Winkelabweichung erhöht ist, also bei allen Steilschüssen ein entsprechender Hochschuß.

gen von 200 m belanglos; in weiteren Entfernungen bis 300 m wird die TPL-Erhöhung bis 6 cm gesteigert. Bei Geschoßflugbahnen mittlerer und geringer Rasanz beträgt in dieser Höhenlage die TPL-Erhöhung bereits auf 200 m Entfernung bis etwa 5 cm; mit wachsender Schußentfernung bis 300 m nimmt, je nach der Rasanz der Geschoßflugbahn der Patrone, die TPL-Erhöhung Beträge bis etwa 15 cm ein.

Schußrichtungen bergauf und bergab veranlassen allein ihrerseits – unabhängig von der Höhe des Schießortes und der hier vorliegenden Luftdichte – eine Änderung der Lage der Geschoßflugbahn zu der Visierlinie von Gewehren, die in waagerechter Richtung eingeschossen sind. Die Änderung ergibt bei Schüssen, die auf- *und* abwärts gerichtet sind, einen annähernd gleichermaßen zu der Visierlinie erhöhten Verlauf der Geschoßflugbahn und entsprechende Erhöhung der TPL. Dieser *schußwinkelbedingte Hochschuß* wird mit erweiterter Schußentfernung und vermehrtem Schußwinkel gesteigert, und zwar gleichfalls um so mehr, je geringer die Rasanz der Geschoßflugbahn der Patrone ist. Auf *kurze Entfernungen* bis etwa 100 m und bei Winkeln von weniger als 20 Grad ist die TPL-Erhöhung unbedeutend. Aber bereits bei einem Schußwinkel von 30 Grad und auf 200 m Entfernung beträgt sie, je nach der Rasanz der Geschoßflugbahn, 4 bis 8 cm, bei 45 Grad Schußwinkel auf 200 m Entfernung 11 bis 22 cm (s. Anmerkung S. 202).

Bedingt durch die Einflüsse einer Höhenlage des Schießortes und eines Schußwinkels, muß in Bergrevieren mit einem Gewehr, das im Tiefland in der Waagerechten eingeschossen ist, ein Schuß auf einen entsprechenden, wohlüberlegten Haltepunkt im Ziel gerichtet werden. Er hat einen im Bergrevier gegebenenfalls vorliegenden höhenlage- und zusätzlich schußwinkelbedingten Hochschuß zu berücksichtigen, dem durch tieferes Abkommen zu begegnen ist (s. Abb.). Inwieweit solche Einflüsse – teils allein, teils sich summierend – die TPL eines Büchsenschusses verändern können, zeigen als Beispiel die auf S. 201 angegebenen TPLn eines Büchsenlaufes bis 300 m Entfernung, der im Tiefland in der Waagerechten auf

Abkommen beim Schuß bergab und bergauf in steilen Schußrichtungen auf größere Entfernungen

175 m Fleck (± 0) eingeschossen. Die dabei verwendete Patrone ergibt eine Geschoßgeschwindigkeit von 740 m/s auf 150 m Entfernung und eine Geschoßflugbahn mittlerer Rasanz.

Wohl die meisten im Jagen in Bergrevieren noch nicht erfahrenen Jäger versäumen es, dort
noch ein drittes Moment zu beachten, das in allen Höhenlagen bei auf- und abwärts
gerichteten Schüssen Voraussetzung eines wirkungsvollen *Verlaufs des Geschosses im Wildkörper* ist: Das Geschoß muß ihn in einem Punkt treffen, in dem es in Fortsetzung der
Schußrichtung den Kern der Kammer des Wildes durchschlägt. Trifft bei einem z. B. um 45
Grad auf- oder abwärts gerichteten Schuß das Geschoß auf die Einschußseite des Wildkörpers
auf dem Punkt auf, der in der Waagerechten des Kerns der Kammer liegt, durchschlägt es sie
nur einseitig. Folglich muß das Geschoß bei abwärts gerichteten Schüssen den Wildkörper
mehr oder minder über, bei aufwärts gerichteten Schüssen mehr oder minder unter dem Punkt
treffen, der auf der Einschußseite in der Waagerechten der Kammermitte liegt.

Schießen mit Schrot im Revier

Wirkung des Schrotschusses

Im Gegensatz zu der Wirkung des Einzelgeschosses von Büchsenpatronen, die sich auf einen
Schußkanal und hiervon ausgehende unmittelbare und mittelbare Verletzungen und Schädigungen lebenswichtiger Innenorgane des Wildes beschränkt, ist die *Wirkung des Schrotschusses* anders geartet. Er „tötet", indem die Fläche des Wildkörpers insgesamt eine darüber
ausgebreitete Anzahl von Treffern erhält. Mittels einer Auftreffenergie des einzelnen Schrotes,
die den jeweiligen Stärken bzw. Größen der verschiedenen Wildarten zu entsprechen hat,
dringen die Schrote vornehmlich in die äußeren Partien des Wildkörpers. Gemäß ihrer Anzahl
fassen die Schrote annähernd gleichzeitig die hier endenden Nerven und erteilen ihnen einen
heftigen, über die Körperfläche ausgebreiteten Stoß. Er bewirkt einen Schock, der allein durch
seine Mächtigkeit das Leben stillegt und zu schlagartigem Verenden des Wildes führt.

Neben diesem Tötungsvorgang durch Schock, der aus einer Mehrzahl von Treffern
hervorgeht, wirkt gelegentlich das eine oder andere Schrot, das in lebenswichtige Innenorgane
vordringt, zusätzlich durch ihre direkte Beschädigung. Derartige Einzeltreffer allein bringen
zwar, je nach ihrer Lage, das Wild manchesmal ebenfalls mehr oder minder schnell zur
Strecke, bewirken aber meistens erst nach längerem Zeitraum ein Verenden.

Infolge Überwiegens der Schockwirkung bei dem schlagartigen Töten von Wild durch
einen Schrotschuß, ist eine reichliche Zahl von Treffern bei ausreichender Auftreffenergie des
einzelnen Schrotes anzustreben. Demnach erfordern die Wildarten ihren Größen entsprechende Trefferzahlen mit angemessener Auftreffenergie des einzelnen Schrotkorns. Derartigen Anforderungen an die Wirkung des Schrotschusses entspricht die Verwendung von: 2 1/2-
mm-Schrot auf Rebhühner und Kaninchen, 3-mm-Schrot auf Fasanen, Enten, Tauben und
Hasen im Herbst, 3 1/2-mm-Schrot auf Gänse, Hasen im Winter und Füchse. Bei Waldjagden
mit meist näherer Schußentfernung ist eine Schrotstärke von 3 mm das ganze Jahr hindurch
für alle Niederwildarten ausreichend. Bei nassem oder sehr kaltem Wetter kann für Haarwild
eine um 1/2 mm dickere Schrotsorte geeignet sein.

Die Durchschlagswirkung der angeführten Schrotgrößen reicht innerhalb der auf Seite 178
angeführten wirksamen Schußbereiche von Schrotläufen aus. Von der Verwendung dickerer
Schrote muß abgeraten werden, weil mit zunehmender Größe der Schrote die Eindeckung des
Ziels verringert wird und folglich das Wild zu wenig Treffer erhält.

Schießen auf flüchtendes und streichendes Wild

Der Schrotschuß erfordert im allgemeinen größere *Vorhaltemaße* als ein Büchsengeschoß, weil Schrot langsamer fliegt und Flugwild teilweise viel schneller streicht als Schalenwild flüchtet. Ich habe das im einzelnen bereits ausgeführt. Doch sollte aus den genannten Gründen die angeratene Methode des fließenden Hinwegschwingens des Gewehrs über das Ziel in seiner Bewegungsrichtung angewendet werden. Dabei empfiehlt es sich, den Schuß mit feinem Schrot um einiges weiter vorzuwerfen als mit gröberem Schrot, weil die Fluggeschwindigkeit der kleineren und leichteren Schrote mit wachsender Schußentfernung schneller abnimmt und sie deshalb eine längere Flugzeit zum Ziel benötigen.

Reinigung, Pflege und Aufbewahrung
von Schußwaffen und Munition

Die heute den meisten Patronen gegebene Kennzeichnung „rostfrei" besagt, daß eine derartige Munition weder in ihrem Zündmittel noch in ihrem Pulver Rost erzeugende Bestandteile enthält beziehungsweise solche bei der Verbrennung des Zündsatzes und des Pulvers entstehen läßt. Sowohl im Freien als auch in geschlossenen Räumlichkeiten enthält jedoch die Luft mehr oder minder Feuchtigkeit, im Meeresklima zusätzlich Salze. Jeder dieser Einflüsse bewirkt bereits einzeln, besonders intensiv jedoch salzhaltige Luft, mit Ausnahme von durchaus rostfreien Stählen (Böhler Antinit-Stahl z. B. ist nur rostträge), über kurz oder lang ein Rosten der Bohrung auch von nicht beschossenen Läufen, wenn hiervon die Feuchtigkeit nicht durch Konservierungsmittel abgehalten wird. Ferner werden im Verlauf einer Schußabgabe Verbrennungsrückstände des Pulvers sowohl auf der Oberfläche einer Laufbohrung abgelagert als auch durch den Gasdruck des Pulverabbrandes bis in den Grund von Unebenheiten der Laufbohrung gepreßt. Diese Verbrennungsrückstände haften z. T. fest an dem Laufmaterial, verkrusten hier und nehmen, falls sie nicht alsbald beseitigt werden, von Schuß zu Schuß zu.

Um sowohl dem *Rostbefall von Laufbohrungen* vorzubeugen, als auch ein Überhandnehmen der *Verbrennungsrückstände* des Pulvers auszuschließen, ist die Bohrung der Läufe nach Schußabgaben sachgemäß zu reinigen und ständig zu konservieren. Dazu wird zunächst mit Hilfe eines Wischstockes eine mit steifen Haarborsten versehene Bürste reichlich mit einem sogenannten Gewehrlauföl getränkt und hiernach einige Male in dem Lauf hin- und hergeschoben. Dabei nehmen die Borsten bereits einen Teil der in dem Lauf abgelagerten Verbrennungsrückstände mit. Die alsdann in der Laufbohrung noch haftenden Verbrennungsrückstände werden in verhältnismäßig kurzer Zeit durch das in dem Lauf verbliebene Öl gelöst. Nach geraumer Zeit wird mit dem Wischstock ein Reinigungspolster, das auf einen zu solchen Stöcken gehörenden Werghalter zu wickeln ist, mehrfach durch die Laufbohrung geschoben. Dadurch werden die hierin noch verbliebenen, inzwischen durch das Öl gelösten Verbrennungsrückstände ausreichend entfernt. Im Anschluß daran ist das Laufinnere mittels einer zweiten, als Wollwischer bezeichneten, wiederum mit Gewehrlauföl getränkten weichen Bürste erneut einzufetten, um hierdurch die Laufbohrung für die Folgezeit gegen Rost zu schützen.

Ein trockenes, d. h. unter Verzicht auf Anwendung von Öl, vorgenommenes Auswischen der Bohrung von beschossenen Läufen, um hierdurch Schußrückstände beseitigen zu wollen, ist nicht nur zwecklos, sondern auch schädlich. Weder eine Reinigungsbürste noch ein gewickeltes Reinigungspolster vermögen von sich aus die Verbrennungsrückstände des Pulvers, die sich auf der Oberfläche einer Laufbohrung fest anhaftend ablagern und durch den Gasdruck in deren feinste Unebenheiten gepreßt werden, auch nur annähernd ausreichend zu erfassen und zu beseitigen. Überdies setzen sich die Verbrennungsrückstände des Pulvers überwiegend aus Asche, die als solche verhältnismäßig harte Bestandteile enthält, zusammen. Diese wirken daher, falls sie bei einem trockenen Durchwischen einer Laufbohrung hierin mit Bürsten oder Polstern hin und her geschoben werden, schmirgelnd auf das Laufmaterial und schädigen somit nach dem Grundsatz „Steter Tropfen höhlt den Stein" das Laufinnere in beträchtlichem Ausmaß. Die Anwendung von Öl bei dem Durchwischen einer Laufbohrung hebt dagegen die schmirgelnde Wirkung der Pulverasche ausreichend auf und verhütet hierdurch Schäden. Nicht ratsam ist auch ein ausgiebiges „Putzen" der Bohrung von Gewehrläufen. Die lösende Wirkung von gutem Gewehrlauföl auf die Verbrennungsrückstände von Pulver erübrigt solches Fummeln in einer Laufbohrung, das durch übertriebenes Reiben diese nur schädigt und alsbald verschleißt.

Massive Wischstöcke aus Stahl, die mit einer Kunststoffverkleidung versehen sind, eignen sich für die Reinigung der Bohrung von Gewehrläufen am besten. Werden Reinigungsketten oder -schnüre verwendet, muß ein mit einer Röhre versehener Mündungsschoner in die Laufmündung eingesetzt werden, um hierdurch ein andernfalls sich ergebendes Reiben solcher Säuberungsmittel an der Innenwand der Mündung der Läufe zu verhindern. Für das Wickeln der Reinigungspolster, mit denen die Bohrung von Schrotläufen zu säubern ist, eignet sich jedes einigermaßen feine Werg. Für die Reinigung der Bohrung von Büchsenläufen werden am besten Polster, die aus sogenanntem Seidenwerg oder Watte oder Mullbinden oder wollenen Dochten gewickelt werden, benutzt. Reinigungsbürsten sind von Zeit zu Zeit in Benzin auszuwaschen.

Das Laufinnere wird stets vom Patronenlager ausgehend nach der Mündung hin behandelt, sofern das hintere Ende der Läufe je nach Konstruktion der Gewehre für ein derartiges Verfahren zugänglich ist. Dabei soll, sobald nach dem ersten Durchwischen der Laufbohrung mit geölter Borstenbürste zur weiteren Reinigung des Laufinneren das auf einen Werghalter gewickelte Reinigungspolster angewendet wird, die Laufmündung gegen ein Brett oder einen ähnlichen festen Gegenstand gehalten werden. Hierdurch wird verhütet, daß das Reinigungspolster aus der Mündung rutscht und hierin der metallene Halter des Polsters Schäden verursacht. Gelangt dennoch ein Polster aus der Mündung, ist es nicht mit Gewalt in sie zurückzuziehen, sondern von dem Werghalter abzuwickeln oder dieser von dem Reinigungsstock abzuschrauben. Wird, entgegen dem empfohlenen Verlauf des Durchwischens von Läufen, von ihrer Mündung aus in der Richtung des Patronenlagers gearbeitet, streift der dabei verwendete Wischstock ständig an der Innenwand der Laufmündung und verursacht hierdruch eine Erweiterung der Mündungsbohrung.

Vor einem Schießen soll die Bohrung von Büchsenläufen einschließlich ihrer Patronenlager mit einem trockenen Polster, das einige Male nach wiederholtem Aufwickeln neuen Reinigungsmaterials durch den Lauf zu führen ist, entfettet werden. Andernfalls kann sich eine Treffpunktabweichung des ersten Schusses, der aus der noch Öl enthaltenden Laufbohrung abgegeben wird, einstellen. Aus Schrotläufen sind darin enthaltene stärkere Ölmengen vor einer Schußabgabe gleichfalls zu entfernen. Ein geringer Fett-„Hauch" in der Bohrung solcher Läufe hat auf einen hieraus abgegebenen Schuß keinen nachteiligen Einfluß.

Die Arbeiten, die zur sachgemäßen Pflege der Bohrung der Läufe von Gewehren erforderlich sind, sollen bald nach ihrer beendeten Benutzung vorgenommen werden. Sowohl beschossene als auch nicht beschossene Läufe sind in feuchtem Klima sowie nach Regen oder Nebel, denen Gewehre ausgesetzt waren, möglichst umgehend, in trockenem Klima tunlichst nicht später als nach Ablauf einiger Stunden mit geölter Bürste durchzuwischen.

Naß gewordene Gewehre werden vor dem Reinigen des Laufinneren zunächst außen mit einem Lappen trockengewischt. Waren Gewehre bei ihrem Führen kalter Temperatur ausgesetzt, sollen sie nach der Heimkehr in einem warmen Raum (nicht in Nähe eines Ofens oder anderen Heizkörpers) abgestellt werden, damit sie hier baldigst trocken-„schwitzen". Sogleich nach dem äußeren Trockenwischen ist durch die Bohrung der Läufe ein reichlich mit Gewehrlauföl getränktes Polster zu schieben. Hiervon wird, da diese speziellen Öle derart zusammengesetzt sind, daß sie Wasser aufnehmen, Feuchtigkeit, die in eine Laufbohrung gelangte, aufgesogen. Spuren von Feuchtigkeit, die etwa danach noch im Laufinneren zurückbleiben, werden durch die hierin von dem Polster abgesetzte Ölschicht ebenfalls absorbiert, so daß dadurch zunächst auch einem Rosten der Laufbohrung vorgebeugt wird. Späterhin ist die Bohrung eines derart versorgten Laufes mit einem neuen trockenen Polster nochmals durchzuwischen und anschließend mit dem weichen, mit Gewehrlauföl benetzten Wollwischer erneut einzufetten.

Metallene Ablagerungen in einem Büchsenlauf, die hierin die Mäntel von Geschossen absetzen, werden zum Teil bereits durch bestimmte Sorten von Gewehrlaufölen, die chemische, Nickel und Kupfer angreifende Zusätze enthalten, gelöst. Daher genügt bei der Verwendung von Büchsenpatronen, die mittlere Geschoßgeschwindigkeiten und daher nur mäßige derartige metallische Laufverschmierungen ergeben, für deren ausreichende Beseitigung ein ständiges Einfetten von Laufbohrungen mit solchen Gewehrlaufölen. Werden Büchsenpatronen mit höchsten Geschoßgeschwindigkeiten verfeuert, sind die metallischen Laufverschmierungen stärkeren Ausmaßes, die hierdurch bewirkt werden, mit Hilfe besonderer chemischer Mittel zu lösen und zu beseitigen. Dafür eignet sich u. a. vorzüglich das flüssige Laufreinigungsmittel „Neu-Purgitin", das Nickel und Kupfer löst, jedoch Gewehrlaufstahl jeder Zusammensetzung nicht angreift. Starke Verbleiung der Bohrung von Schrotläufen wird durch das amerikanische flüssige Laufreinigungsmittel „Gunslick Solvent" entfernt. Nach jeder Behandlung von Laufbohrungen mit derartigen chemischen Mitteln ist das Laufinnere mit einem Reinigungspolster gründlich trockenzuwischen und hiernach mit Gewehrlauföl ausgiebig wieder einzufetten.

Die eigenhändige Anwendung von mechanisch wirkenden Laufreinigungsmitteln, zum Beispiel Bürsten mit Metallborsten, Stahlputzwolle und anderes, ist nicht ratsam. Derartige Mittel greifen unvermeidlich das Laufmaterial an und sollten daher erforderlichenfalls nur in Ausnahmefällen, die auf die Anwendung durch Büchsenmacher zu beschränken sind, benutzt werden.

Das *Äußere der Gewehr* wird von Zeit zu Zeit mit Vaseline oder einem der Rostschutzmittel, die in Sprühdosen geliefert werden, konserviert. Die für den Jäger zugänglichen Teile der Verschlüsse, der Schlosse mit den Abzügen und Sicherungen, die Patronenauszieher und die Vorrichtungen, die bei Drillingen ihr selbsttätiges Klappvisier bewegen, sind sauberzuhalten und mit einem der hierfür vorgesehenen Öle zu versorgen. Ihnen müssen beste Gleiteigenschaften, Kältebeständigkeit und auch Rostschutz eigen sein. Auch solche Öle werden in Sprühdosen geliefert. Über die für diese Zwecke erforderlichen besonderen Eigenschaften verfügen die Gewehrlauföle, die für die Pflege von Laufbohrungen bestimmt sind, nicht.

Das *Schaftholz* von Gewehren bedarf einer zeitweiligen Behandlung mit Leinöl oder speziellem Schaftöl. Andere Ölarten, die als Gewehrlauföle chemische Zusätze enthalten und hierdurch Holz zerstören können, sollten für die Pflege von Gewehrschäften nicht benutzt werden.

Die *Aufbewahrung von Schußwaffen und Munition* hat unter Verschluß zu geschehen, damit unbefugte Zugriffe, die schon viele schwere Unfälle verursachten, verhütet werden. Aufbewahrungsräume sollen trocken, weder übertrieben warm noch kalt sein. Aufbewahrung in nassen Räumen oder nahe von Außenwänden gibt Anlaß zum Rosten von Gewehren. Feuchtigkeitsgrade und Temperaturen, die stark wechseln, können Verziehungen des Schaftholzes veranlassen. Übermäßige Wärme kann zum Reißen des Holzes von Gewehrschäften führen.

Aufbewahrung von Munition bei Temperaturen über 25 °C kann, vornehmlich bei Unterschreiten einer Luftfeuchtigkeit von 40 Prozent (relativ) und längerer Einwirkung den Gasdruck von Patronen auf Werte steigern, die die Haltbarkeit eines Gewehrs gefährden.

Fallen und Eisen

Der Fang des Raubwildes ist nicht nur eine notwendige, sondern auch eine viel interessantere Jagdausübung, als diejenigen sich träumen lassen, die ihn nur von Hörensagen kennen. Er ist, und das möchte ich an die Spitze dieses Abschnittes setzen, eine waidmännische Hegemaßnahme, um das sogenannte Raubzeug auszuschalten und das Raubwild auf eine vertretbare Bestandeshöhe einzuregulieren. Leider haben althergebrachte Überlieferung und Gedankenlosigkeit den Fang vielfach zu einer Art Schindergewerbe werden lassen. Es darf dem Jagdherrn nicht gleichgültig sein, auf welche Weise sein „Jäger" das Revier von Raubwild säubert, wenn er nur recht viel fängt und sein Gebiet reinhält. Für jeden jagdlichen Mißbrauch, den der Jagdherr wissentlich duldet, ist und bleibt er allein verantwortlich. Wenn das Raubwild zur Jagd gehört, dann muß es auch nach erprobten jagdlichen Grundsätzen erbeutet werden. Quälen und Martern ist aber unwaidmännisch, roh und unmenschlich. Es gehört also nicht in den Betrieb der Jagd hinein. Aus diesen Gründen ist erfreulicherweise die Verwendung aller Tellereisen in jeglicher Form verboten. Dazu gehören auch die sogenannten Pfahleisen, die früher vielfach zum Fang von Greifvögeln dienten, oder die Reihereisen, die im Wasser auf Fischreiher gestellt wurden. Verboten ist auch die Verwendung von Selbstschüssen und Schlingen.

Die Jäger sind allerdings genötigt, die alten aus Holz hergestellten Fallen wieder mehr anzuwenden. Die Kenntnis dieser Fallen war im Zeichen des Tellereisens leider vielfach verlorengegangen; desto wichtiger erscheint es, eine genaue Beschreibung der Bauart dieser Fallen zu geben.

Man kann unter den aus Holz hergestellten Fallen die *Prügel-* oder *Knüppelfallen*, die *Kastenfalle* und die *Hundefalle* unterscheiden. Die ersteren führen ihren Namen von den Prügeln, aus denen sie hergestellt werden. Zu ihnen gehört die eigentliche *Prügelfalle*, die *Rasenfalle*, die *Quetsch-* oder *Würgefalle*, die *Scherenfalle* und der *Schlagbaum*. Diese Fallen lassen sich für jede Wildart bauen und beruhen auf demselben Prinzip: Das Kleingetier liebt es, bei schneebedecktem Boden schneefreie Stellen aufzusuchen. Diese werden auch von ihren Feinden, dem kleinen Raubwild, bevorzugt. So ist es für den Fänger das erste Ziel, durch ein dichtes Dach am Boden oder in der Nähe des Bodens einen schneefreien Schlupfwinkel zu schaffen. Gleichzeitig wird das Dach, durch ein Stellholz so eingerichtet, daß es im Niederfallen das Raubwild erschlägt. An der Falle kann das ganze Jahr hindurch gekirrt werden, doch ist sie nur während der Fangzeit zu ködern und fängisch zu stellen; das heißt nicht zur Setzzeit und nur zu den Jagdzeiten der einzelnen Raubwildarten.

Sobald der Köder berührt wird, löst sich die Stellung aus: das Dach stürzt nieder und begräbt und erdrückt das Wild unter sich. Dieser einfache Grundgedanke ist allen Prügelfallen gemeinsam, nur daß beim Schlagbaum und der Würgefalle nicht das Dach selbst das Wild erschlägt, sondern ein Prügel, den man als *Fallstange* bezeichnet.

Weshalb man, um ein verhältnismäßig kleines Tier zu fangen, ein
über zwei Geviertmeter großes Dach
baut, wird dem Anfänger nicht
gleich verständlich sein. Der erste
Grund ist, wie schon erwähnt, die
Schaffung einer größeren schneefrei-
en Stelle. Dann aber ist es die Stellung, die, dem Regen oder treibenden Schnee ausgesetzt, in ihren empfindlichen Teilen leicht festfrieren
könnte, und so außer Tätigkeit gesetzt würde. Ferner der Umstand,
daß der Köder im Schutz eines Daches vom Wild nicht von obenher
erreicht werden kann. Schließlich
soll das Wild während des Nieder-
schlagens des Daches von diesem unter allen Umständen ganz erfaßt
werden, was bei einer kleineren Fläche nicht unbedingt sicher wäre.

Die Herstellung aus Holz hat den
Vorteil, daß die Falle sich gut in die
Örtlichkeit einpaßt, also dem Wild
unverdächtig scheint. Sie macht außerdem die Anlage billig, weil nur
geringwertiges Holz verwendet
wird, das sich häufig an Ort und
Stelle findet.

Von den verschiedenen Stellungen, die bei den Prügelfallen angewendet werden, halte ich die reine
Holzstellung für die beste. Die einfachste Ausführung zeigt die Abbildung auf S. 210. An je einer Seite der
Grundstange und der *Fallstange* ist ein runder, glatter Kerb eingeschnitten, worin beim Fängischstellen der Falle die gleichfalls abgerundeten Köpfe des aus hartem Holz
geschnittenen *Stellholzes* so eingesetzt werden, daß der Druck der
Fallstange sie festhält. An dem etwa
40 cm langen und 3–4 cm dicken, berindeten, trocknen Stellholz befindet
sich etwa in der Mitte ein waagerecht
abstehender Zweig von etwa gleicher
Länge; der jedoch nicht federn darf:

Eine Prügelfalle

die *Zunge*. Auf diese ist der *Köder* oder *Anbiß* aufgespießt. Will das Wild letzteren an sich ziehen, so dreht sich das Stellholz, gleitet von den Kerben in der Grundstange und der Fallstange ab, und letztere schlägt herunter.

Eine *andere, weniger einfache Stellung* besteht aus drei Teilen, die wiederum ganz aus trocknem, hartem, berindetem Holz, am besten Haselstöcke, hergestellt sein müssen. Der erste Teil ist der Stellstab. Er ist etwa 30 cm lang, 3–4 cm dick und steht mit seinem unteren Kopfteil auf einer glattgeschnittenen Fläche der Grundstange. Ungefähr in seiner Mitte erhält er einen von unten her geschnittenen Kerb; oben ist er scharf zugeschnitten. Der *Sperrstab* hat dieselbe Dicke, ist aber etwas kürzer. Sein oberer Kopfteil ist glatt abgeschnitten; der untere in ganzer Breite scharf zugespitzt. In der Nähe des oberen Teiles erhält er einen von unten her geschnittenen Kerb. Die etwa 40 cm lange *Zunge* trägt im dickeren Drittel gleichfalls einen Kerb. Das weitere ist aus der Zeichnung (Abb. S. 211) ersichtlich. Beide besprochenen Stellungen eignen sich am besten für Schlagbaum und Würgefalle.

Um anschaulich zu sein, habe ich bereits vorgegriffen, indem ich von Grundstange und Fallstange sprach. Wir werden gleich sehen, was sie bedeuten.

Die gewöhnliche *Prügelfalle* hat eine Größe von etwa 1,50 : 1,40 m. Auf einem völlig geebneten, waagerecht geschaufelten Platz werden mit Abstand von etwa 110 cm zwei der Länge nach aufgeschnittene, durchaus gerade Stangen oder Prügel parallel niedergelegt, so daß

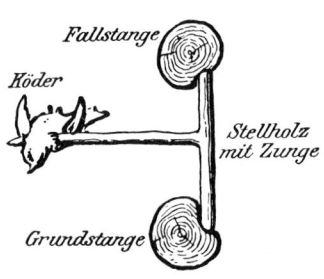

Stellung bei Prügelfallen

die Schnittfläche der unteren Hälfte der *Grundstangen* genau mit der Bodenfläche abschneidet. Auf die oberen Hälften der *Fallstangen* werden mit Holznägeln Querprügel mit etwa 5 cm Abstand genagelt, die so das schon mehrfach erwähnte Dach bilden, auf das die bei der Einebnung gewonnene Erde, Plaggen sowie Reisig, Laub und Moos verteilt werden. Um beim Anheben der vorderen Seite des Rahmens das Ausrutschen nach hinten zu verhindern, werden dort einige starke Pflöcke eingeschlagen. Die Vorderseite wird etwa einen halben Meter hoch durch dicht aneinander in den Boden eingetriebene Prügel völlig versperrt. Nachdem man unter den vordersten Prügel des Rahmens zwei feste Streben gestützt hat, die den Bau vorläufig halten sollen, stellt sich die ganze Sache als ein mit Erde stark beschwertes, vorn und hinten gesperrtes, aber an den Seiten offenes Dach dar, das nur noch gegen seitliches Ausweichen durch einige fest in den Boden getriebene Prügel gesichert wird, die zum besseren Gleiten des Daches beim Niederfallen an der Innenseite geglättet werden.

Die *Stellung* der Prügelfalle unterscheidet sich von den vorerwähnten dadurch, daß sie nicht zur Befestigung eines Köders dient, sondern den ganzen offenen Seitenraum mit ihrer langen Zunge derartig durchquert, daß kein Tier unter das Dach zu dem in der Mitte unter diesem befestigten Köder gelangen kann, ohne die Zunge zu betreten. Sie ist daher erheblich länger als bei den vorbeschriebenen Stellungen.

Die aus ganz geradem, berindetem Holz bestehende Zunge ist an ihrem hinteren Ende mit der Fallstange so verbunden, daß sie etwas Spielraum hat; an ihrem vorderen Ende hat sie einige Kerben. An dem ersten Prügel der vorderen Abdichtungsreihe ist ein Stellstab befestigt. Bringt man diesen in eine waagerechte Lage und sperrt den an dem äußersten Gleitprügel hängenden Sperrstab zwischen den Stellstab am Gleitprügel und den entsprechenden Kerb der Zunge, so muß beim Nachlassen der angehobenen Fallstange deren Druck die Zunge in waagerechter Lage halten. Diese Lage soll die dreieckige Seitenöffnung so abschließen, daß nirgends ein größerer freier Raum bleibt als von 5–6 cm. Will dann das Wild zu dem mitten

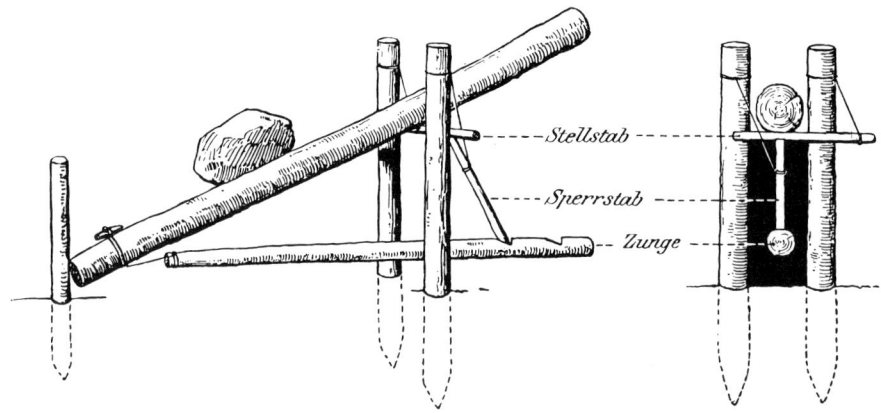

Stellung für Prügelfallen

unter dem Dach befestigten Köder, so muß es die Zunge betreten. Dann löst sich der Sperrstab aus; und das Dach saust herunter.

Bei der gewöhnlichen, viereckigen Prügelfalle bringt man an jeder Seite eine Stellung an. Jede Stellvorrichtung fängt für sich, weil beide unabhängig von dem darüber gebauten, festen Dach sind, unter dem, wie schon gesagt, der Köder angebracht wird.

Ist alles soweit geordnet, so gehören noch ein paar Stützen zu der Falle, die die Fallstangen, wenn nicht gefangen werden soll, in der erhöhten Lage erhalten. Nunmehr wird die ganze Einrichtung nochmals sorgfältig geprüft, alle nicht mehr berindeten und weiß geschnittenen Flächen, Schnittkerben und Gleitstellen werden mit humoser oder mooriger Erde schmutzig oder schwarz gemacht, so daß der ganze Bau ein altes Aussehen erhält. Späne und sonstige Holzreste werden entfernt. Oben auf die Falle wird etwas Laub, Nadelstreu und dergleichen gelegt und mit Reisig gegen Verwehen eingedeckt.

Am besten wird diese Arbeit im Laufe des Sommers gemacht, damit die Falle bis zum Winter, wenn sie in Gebrauch genommen werden soll, gehörig verwittern kann. Über den Fang selbst werde ich mich bei der im dritten Teil zu besprechenden Fangjagd näher auslassen.

Der Prügelfalle ähnlich ist die *Rasenfalle*. Sie unterscheidet sich von ihr hauptsächlich dadurch, daß sie nach drei Seiten offen ist, also nicht die Prügelabdichtung an der Vorderseite aufweist; ferner durch die Stellung, die, in der Mitte angebracht, eine Köderstellung ist, wie sie schon beschrieben wurde.

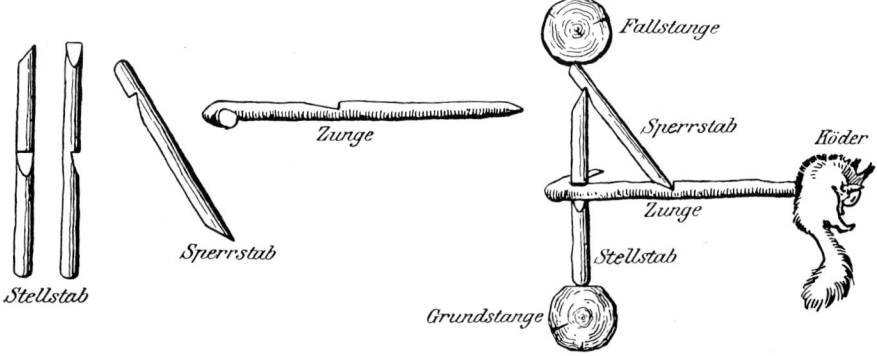

Stellung für Prügelfallen

Noch einfacher ist die *Quetsch-* oder *Würgefalle*. Sie besteht aus vier Prügeln, die an einem Ende in der Weise durchbohrt und mit einem langen Holznagel verbunden sind, daß die beiden inneren durch ein aufgenageltes Querholz zu einem Schlagbaum werden, der in dem gemeinsamen Gelenk beweglich ist. Hierzu wird unter anderem auch die auf dieser Seite wiedergegebene Stellung benutzt. Das Ganze wird mit Reisig usw. so verbaut und mit einem Dach versehen, daß das Raubwild oder Raubzeug, die auf einem viel benutzten Paß ohne Köder aufgestellte Falle nur durchschlüpfen kann, indem es die Zunge berührt. Die beiden mit einem schweren Stein belasteten Mittelprügel – um den Stein gut befestigen zu können, nimmt man zwei statt *einer* Fallstange – sausen dann herunter und quetschen das Tier sofort zu Tode. Die Falle kann in beliebiger Größe hergestellt werden, je nach ihrem Zweck. Der Quetschfalle entspricht die *Scherenfalle*, die heute als die gebräuchlichste Form zum Fang von Kleinraubwild bis zum Marder verwandt wird und die sich in der Praxis hervorragend bewährt hat. Eine nähere Beschreibung erübrigt sich, da Ausfertigung und Mechanismus weitgehend denen der bereits erläuterten Quetschfalle gleichen.

Quetsch- oder Würgefallen

Man kann die Scherenfalle auch in größeren Abmessungen bauen, so daß sie dann zum Todesfang von Fuchs und Hund geeignet ist, doch kann ich dazu nicht raten, da bei unseren von Menschen überlaufenen Wäldern die Unfallgefahr, vor allem für Kinder, zu groß ist. Größere Fallen, wie die schon beschriebene Prügelfalle, werden zu leicht von Unberufenen erkannt und bieten dann einen Anreiz zur Zerstörung.

Aus diesen Gründen ist auch – abgesehen von großen, abseits gelegenen Waldrevieren – der *Schlagbaum über der Erde*, auch *Marderschlagbaum* genannt, kaum noch in Gebrauch. Trotzdem will ich ihn hier darstellen, da er sich hervorragend für den Fang dieser Wildart eignet und auch als die klassische Fangmethode für den Marder angesehen werden kann. Der Marderschlagbaum wird meist auf drei Bäumen errichtet, die in einem Winkel von annähernd 60° zueinander stehen, bei etwas über ein Meter Schenkellänge. Der Scheitel des Winkels ist der Stützpunkt für das Dach. Die offene Seite wird durch die Grund- und Fallstange eingenommen, die etwa in Brusthöhe aufeinander zu liegen kommen. Um die Grundstange zu befestigen und der Fallstange sichere Führung zu geben, wird vor die die Schenkel begrenzenden Bäume je eine Stange fest in den Boden gerammt und mit dem Baum verbunden. In deren Zwischenraum soll die Fallstange sich leicht und ohne zu klemmen bewegen. Um dem Dach an dem Scheitelbaum eine bequeme und sichere Stütze geben zu können, wählt man diesen Baum so aus, daß er in gleicher Höhe mit der Grundstange, also etwa in Brusthöhe eine Zwille bildet oder einen stärkeren Ast trägt. Von hier aus werden nach der Fallstange hin einige, höchstens 5 cm voneinander abstehende Prügel gerichtet und mit Holznägeln auf dieser angenagelt, so daß ein dreieckiges Dach entsteht, dessen Spitze sich am Scheitelbaum befindet.

Als Stellung wird am besten die in Abb. S. 210 oder S. 211 dargestellte benutzt. Es ist aber bei der Herrichtung darauf zu achten, daß die den Köder tragende Zungenspitze sich etwa eine Spanne seitwärts der Grundstange nach innen unter dem Dach befindet, damit der Marder den Köder nur von der Grundstange aus erreichen kann. Entsprechend muß auch das Dach so weit

Marderschlagbaum

überstehen, daß der Köder nicht etwa von oben erfaßt werden kann. Das Dach selbst wird mit Rasenplaggen, Reisig usw. ebenso beschwert und dichtgemacht, wie es bei den übrigen Prügelfallen geschieht. Um den Marder gerade auf diejenige Stelle der Grundstange hinzuleiten, auf der er erschlagen werden soll, wird seitlich schräg an diese ein Laufknüppel angebracht, der fest in die Erde eingerammt wird, der aber, um ein lückenloses Zusammenschlagen von Grund- und Fallstange nicht zu stören, die Oberkante der ersteren nicht überragen darf. Um eine durch aufkommenden Wind verursachte Bewegung der drei Bäume auszuschalten, köpft man sie vor Beginn des Baues in entsprechender Höhe, sonst lassen sich unliebsame Überraschungen nicht vermeiden.

Wer sich mit dem Wesen der Prügelfallen näher vertraut gemacht hat, der wird ohne
weiteres finden, daß sie sich, unter Wahrung des Grundgedankens, in mannigfacher Form
herstellen lassen. Ich sehe daher davon ab, weitere Formen anzuführen.

Alle Prügelfallen töten in der Regel das gefangene Wild augenblicklich. Sie sind daher mit
Ausnahme des Schlagbaumes dort, wo auch Nutzwild in sie hineingeraten kann, weniger am
Platz. Namentlich gilt das für stark besetzte Niederjagden. Für diese sind daher andere
Fangvorrichtungen vorzuziehen. Von den Holzfallen ist hauptsächlich die *Kastenfalle* für
diese Zwecke geeignet, weil sie das Wild lebend fängt, ohne es zu verletzen. Zufällig
gefangenes Nutzwild kann also wieder freigelassen werden.

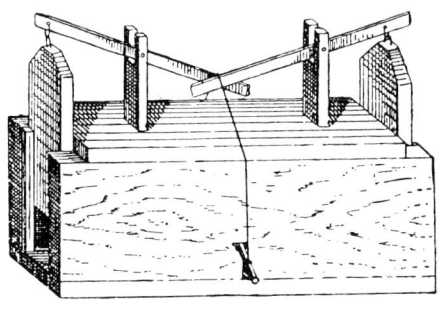

Seitenansicht   Querschnitt

Kastenfalle

Man unterscheidet ein- und zweiklappige Kastenfallen; letztere sind die gebräuchlichsten.
Der Grundgedanke ist äußerst einfach: Ein hölzerner Kasten von etwas über 1 m Länge mit
etwa 30 cm im Geviert großen Öffnungen besitzt an jeder Seite einen *Fallschieber,* der durch
eine Stellung hochgehalten wird. Mit dieser ist in der Mitte des Kastens ein Trittbrett
verbunden, dessen Berührung die Stellung auslöst und gleichzeitig die Schieber zum Fallen
bringt. Das Wild ist dann gefangen. Ein Köder gelangt bei den zweiklappigen Fallen nicht zur
Anwendung, weil die Falle als Zwangspaß wirken soll, wozu sie sich, da an beiden Seiten
offen, hervorragend eignet.

Die Bauart der *einklappigen* Kastenfalle entspricht derjenigen der zweiklappigen; sie ist
eine Hälfte von dieser. Doch unterscheidet sie sich dadurch, daß sie durch einen Köder zum
Betreten anreizt. Die nicht fangende Rückwand ist durch festes Glas geschlossen, so daß sie
dem eintretenden Wild offen erscheint. Außen davor legt man einen Köder aus, einen Sperling
oder eine süße gebackene Birne. Abzulehnen sind dagegen alle Drahtfallen (Sichtfallen) und
auch Drahtverschlüsse, weil sich das Raubwild bei Befreiungsversuchen mit dem Gebiß im
Fang schreckliche Verletzungen zufügt. Das ist Schinderei.

Die Kastenfallen werden mit bestem Erfolg nicht nur in Gebäuden, sondern auch im Freien
benutzt. Bei der Einklappigen ist vorheriges Ankirren erforderlich. Bei der Zweiklappigen
stellt man Zwangspässe her, indem man das Wild durch sich trichterförmig verengende
Seitenbegrenzungen zu der Fallenöffnung hinlenkt oder ihm durch Reisig und Dornen den
Weg an der Seite vorbei und über die Falle hinweg verlegt. Dabei ist zu beachten, daß die
Stellung frei und ungehindert wirken kann. Dann wird diese zunächst bei offener Falle
festgebunden, bis das Wild sich völlig an den Durchgang gewöhnt hat und der Fang beginnen
soll.

Ganz besonders eignen sich die Kastenfallen für Einzäunungen aller Art, wenn sie hier so
angebracht werden, daß sie Schlupflöcher vortäuschen. Alles den Zaun durchschlüpfende

Raubwild, von der wildernden Katze bis zum Wiesel, wird auf diese Weise gefangen. Für gut besetzte Niederwildreviere, namentlich für Fasanerien, richtet man ein vollständiges Maschennetz kleiner, saubergehaltener Pfade, sogenannte *Fallensteige,* ein, an deren Kreuzungen, Grabenübergängen usw. eine Kastenfalle steht. Auf diese Weise kann man das Revier von unliebsamem Besuch freihalten. Jedes neu zuwandernde Raubwild fängt sich alsbald, sofern es nicht verprellt ist.

Eine weitverbreitete Form der Kastenfalle ist die *Wippbrettfalle,* die dem Fang des Wiesels dient und mit der ausgezeichnete Fangergebnisse erzielt werden. Die Fangvorrichtung besteht darin, daß das Wiesel den Falleneinschlupf über den Zwangpaß erreicht und bei Betreten des Wippbrettes der Kasten geschlossen wird. Die Wippbrettfalle wirkt zugleich regulierend, da das Wippbrett auf jede Maus reagiert. Gibt es viele Mäuse, so ist die Falle stets schnell blockiert und fängt kaum Wiesel, die dann wiederum weiter der Mäusejagd nachgehen können. Wippbrettfallen sind auch aus Zement erhältlich, dann ist nur das Wippbrett aus Holz gefertigt. Sie fangen – wie die Holzmodelle – ausgezeichnet. Auch bei diesen Modellen sollte der Verschluß aus Glas und nicht aus Draht sein.

Die *Hundefalle* soll als letzte der Holzfallen Erwähnung finden. An geeigneter Stelle, in einer dichten Schonung oder sonstwie im dichten Buschwerk rammt oder gräbt man im länglichen Viereck oder auch im Kreise gerade Knüppel ein, so daß ein geschlossener Raum von 1,5 : 1 m oder ein Kreis von 1,5 m Durchmesser entsteht, der 1,5 m hoch sein mag und der oben mit ähnlichen Knüppeln, jedoch nicht so dicht wie rundum, geschlossen wird. Der Boden wird dicht mit ebensolchen Knüppeln abgedeckt, die so befestigt werden, daß der gefangene Hund sich nicht unten durchgraben kann. An einer Schmalseite des Rechteckes oder einer geeigneten Stelle des Kreises bleibt eine Öffnung für den Fallschieber, 60 cm breit und 70 cm hoch, der, aus starken Brettern hergestellt, in zwei ganz leicht gehenden, aber starken Falzen läuft. Dem Fallschieber gegenüber an der Wand befindet sich der Köder. Er wird hier angebracht, damit auch ein großer Hund erst ganz innerhalb des Raumes sein muß, wenn die mit dem Köder verbundene Stellung ausgelöst wird und der Fallschieber niederfällt. Durch eine besondere Sicherung am Fallschieber wird verhindert, daß dieser, nachdem er zugeschlagen ist, von dem gefangenen Hund wieder nach oben gedrückt werden kann, so daß der Räuber nicht wieder freikommen kann.

Die Stellung besteht in einer oben auf dem Dach der Anlage auf einem Stellstab in einem Gelenk spielenden Zunge, von der wiederum in losen Gelenken ein Hängestab mit dem Köder an der Innenseite der Hinterwand herunterreicht, während der andere mit einem Kerb den Fallschieber festhält. Beim Herunterziehen des Köders wird der Hängestab am Fallschieber angehoben, aus dem Kerb gedrückt, und der Schieber fällt herab.

Die Hundefalle hat den Vorzug, daß man die Hunde lebend fängt, sie also nach Befund wieder in Freiheit setzen oder ihrem Besitzer wieder zuführen kann. Nur Hunde, die als unverbesserliche Wilderer bekannt sind und deren Besitzer sich uneinsichtig zeigen und nichts unternehmen, um ihren Hund vom Herumstromern abzuhalten, sollte man auf möglichst schmerzlose Art beseitigen. Derartige Fälle werden bei aller Rücksichtnahme und allem Verständnis immer einmal vorkommen.

Nach den Holzfallen komme ich zu den gebräuchlichen Eisen. Da ist vor allem der *Schwanenhals* zu nennen, der in mehrfachen Größen als Abzugseisen in den Handel kommt. Da man selbst nichts an der Sache verbessern kann, so sehe ich von einer eingehenden Beschreibung ab und begnüge mich damit, dem Anfänger die herkömmlichen Bezeichnungen dieses besten aller Eisen anzuführen. Ich widerrate entschieden, den Schwanenhals zum erstenmal ohne sachkundige Anleitung zur Hand zu nehmen. Es ist für Laien ein gefährliches Eisen wegen seiner starken Feder, der hohen Bügel und der feinen Schloßeinrichtung.

Der *Berliner Schwanenhals* besteht aus den *Bügeln* a mit dem gezahnten *Kamm*, auch *Gewirre* oder *Gewerbe* genannt, d, der *Bügelschraube* h, der *Feder* b, dem *Schloß* c, der *Stellung* e und der *Abzugsröhre* oder *Pfeife* f mit dem *Abzugsfaden* g. Bekommt jemand einen gebrauchten Schwanenhals in die Hand, so sehe er besonders auf folgendes: Das Eisen soll blitzblank sein, nirgends Rostflecken haben. Die zusammengeschlagenen Bügel müssen an allen Seiten genau aufeinanderpassen. Die aufgestellten Bügel sollen horizontal, eher etwas zurückgebogen als aufwärts gerichtet liegen. Die Bügel müssen auf den leisesten Zug am Abzugsfaden blitzschnell zusammenschlagen. Dabei soll das ganze Eisen etwa einen Fuß in die Höhe springen.

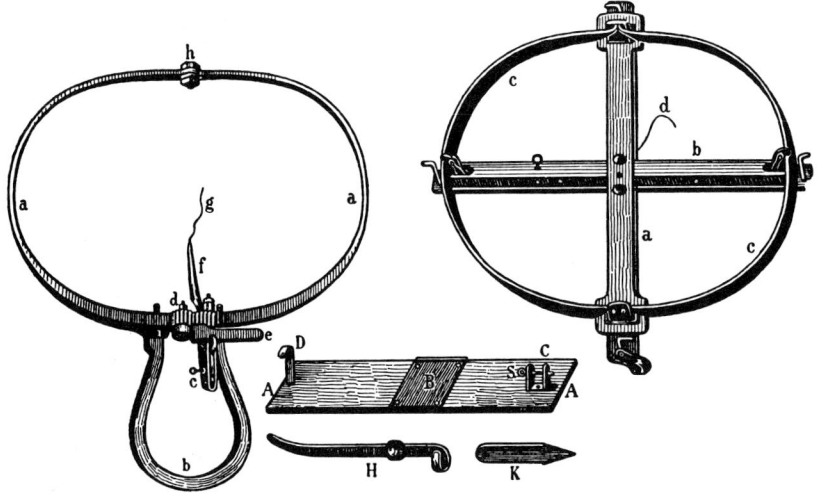

Berliner Schwanenhals
a. Bügel, b. Feder, c. Schloß, d. Gewirre oder
Gewerbe, e. Stellung, f. Pfeife oder Abzugsröhre, g. Abzugsfaden, h. Bügelschraube,
A A H K Stellvorrichtung

Deutscher Schwanenhals oder Schwanenhals
mit untenliegender Feder
a. Feder, b. Stellung, c. Bügel, d. Abzugsfaden

Der *deutsche Schwanenhals* – mit unterliegender Feder – soll dem Übelstand vorbeugen, der mit der außenstehenden Feder des vorbeschriebenen verbunden ist. Wenn sich nämlich der Fuchs von der Federseite nähert und den Abzugsfaden nach hinten abzieht, so wird der Erfolg unsicher. Daher hat man die Feder *unter* die Bügel gebracht; a ist die Feder, b die Stellung, c die Bügel, d der Abzugsfaden.

In diesem Zusammenhang muß gesagt werden, daß sogenannte Abtritteisen nicht benutzt werden dürfen. Zu dieser Art von Fallen gehören die Tellereisen, von denen bisweilen noch die Sprache ist.

Es sei darauf hingewiesen, daß jede gestellte Falle täglich, Schwanenhälse möglichst am frühen Morgen, kontrolliert werden müssen. Schwanenhälse dürfen tagsüber nicht fängisch gestellt bleiben. Das wäre bei unseren vielbegangenen Wäldern zu gefährlich. Unfälle können Schadensersatzforderungen nach sich ziehen.

Die Verwendung des *Habichtkorbes* ist, da er unversehrt lebend fängt, theoretisch zwar gestattet, doch spielt er praktisch kaum noch eine Rolle, da der Habicht, wie alle Greifvögel, ganzjährig geschützt ist. Er wird daher auch nur noch im Einzelfall Anwendung finden, wenn auf Sondergenehmigung einzelne Vögel zu wissenschaftlichen Zwecken benötigt werden oder bei Überhandnahme – z. B. in Birkwildgebieten – eine Regulierung des vorhandenen Besatzes erfolgen muß. In diesem Fall überlasse man den gefangenen Habicht am besten einem erfahrenen Falkner.

Der Habichtskorb besteht aus einem aus Draht oder Garngeflecht gefertigten Korb, in den eine Taube als Köder gesetzt wird. Auf dem Korb befindet sich eine Auslösevorrichtung, die ein Zusammenschlagen der beiden Netzbügel beim Berühren durch den stoßenden Habicht bewirkt. Bei Schnee nimmt man am besten eine dunkle, sonst eine weiße Taube als Köder. Man kann die Taube lebend in den Korb setzen und muß dann selbstverständlich für Wasser und Futter sorgen. Man muß jedoch, um Tierquälerei zu vermeiden, die Taube etwa alle zwei Tage auswechseln. Am gebräuchlichsten ist der verbesserte Krummsche Habichtsfang, bei dem, wenn er gefangen hat, die Locktaube durch eine aufspringende Klappe entweichen und zu ihrem Schlag zurückkehren kann und damit zugleich den Fang meldet.

Zum Schluß möchte ich noch die „*Norwegische Krähenmassenfalle*" erwähnen, deren Verwendung in einzelnen Ländern der Bundesrepublik Deutschland auf Antrag zugelassen werden darf. Die Falle wird aus Kanthölzern und Maschendraht hergestellt und hat eine Größe von $3 \times 3 \times 3$ bis $3 \times 2 \times 1,5$ Metern. Die Falle wird mit einigen Lockvögeln beschickt sowie mit Futter und Trinkwasser versorgt. Die anfliegenden Krähen können durch Schlupflöcher in den Käfig eindringen, jedoch nicht wieder herausgelangen. Die Fallen sind täglich, möglichst am Abend, zu kontrollieren. Mitgefangene Greifvögel und Saatkrähen sind wieder freizulassen. Die Verwendung dieser Massenfalle ist umstritten. Sie sollte daher nur in begründeten Ausnahmefällen und in dauernd unter Aufsicht stehenden Revieren angewandt werden.

Netze, Garne, Hütten und Lappen

Je weiter die Feuerwaffen sich vervollkommnet haben, und je weiter die Gewandtheit und Sicherheit in ihrem Gebrauch vorgeschritten sind, desto seltener sind die in alten Zeiten so wichtigen Netze geworden. Im Gegensatz zu den hohen Tüchern, die als *dunkles Zeug* bezeichnet wurden, nannte man die Netze *lichtes Zeug*. Sie unterscheiden sich von den Garnen dadurch, daß diese aus Zwirn, die Netze aus stärkerem Bindfaden und Leinen verfertigt wurden. Man unterscheidet *Fangnetze* und *Prellnetze*. Erstere sind so geknüpft, daß die Diagonale der einzelnen Maschen senkrecht zur Erde steht. Bei letzteren tun das die Seiten der Maschen, was man als *spiegelig gestrickt* bezeichnet.

Das *busenreich* gestellte Fangnetz wird lose über die *Stellstangen* oder *Forkeln* gelegt. Das dagegenrennende Wild fängt sich in dem dann herabfallenden Netz. Die Prellnetze werden straff angezogen; sie sollen das dagegenprellende Wild zurückwerfen.

Der heutige Gebrauch der Netze beschränkt sich auf einige wenige Gelegenheiten. Ich werde nur die *Kaninchennetze* und *Decknetze* beschreiben.

Der *Kaninchennetze* bedient man sich gelegentlich, zum Beispiel auf Treibjagden, dort, wo die zu beschießenden Wege und Schneisen so schmal sind, daß ein erfolgreicher Schuß kaum anzubringen ist. Es genügt die Höhe von 1 m. Damit die Kaninchen nicht unten durchkriechen können, wird das untere Drittel des Netzes nach der Seite umgelegt, von wo das Wild erwartet wird. Wenn nötig, werden diese Netze auf Stellstangen gelegt, sonst an Baum und Strauch gehangen. Eine Maschenweite von 3–4 cm ist die beste. Je busenreicher die Netze stehen, desto tiefer rennen die Kaninchen hinein, und um so sicherer können sie geschossen werden. Man glaube aber nur nicht, daß es immer leicht ist, ein dagegenrennendes Kaninchen zu treffen. Ich sah einst einen als besonders sicheren Kaninchenschützen bekannten Herrn ein solches am Netz umherirrendes Kaninchen fünfmal verfehlen. Schließlich lief es ihm zwischen die Beine, und er ergriff es lebend.

Viel zu wenig gebraucht und leider vielerorts ganz in Vergessenheit geraten waren die *Decknetze* für Dachs-, Fuchs- und Kaninchenbaue, erst die hinter uns liegende gewehrlose Zeit hat die Jagd mit Netzen wieder aufleben lassen. Ein Decknetz ist ein etwa 1,20–1,30 m im Geviert großes Netz aus weitmaschigem, dünnem, aber starkem Garn, das erdig gefärbt und an seinen vier Ecken mit je einer Bleikugel versehen ist, die an einem etwa fußlangen Bindfaden hängt. Wird der Fuchs oder das Kaninchen – der Dachs *springt* weniger leicht – vom Hund oder Frett aus dem Bau gesprengt, so geraten sie in die über den offenen Röhren ausgebreiteten Decknetze, verwickeln sich darin und können so entweder getötet oder gefangen werden. Zum Verschließen der Kaninchenröhren bedient man sich auch einfacher *Drahtklappen,* die auf einem Holzrahmen in der Weise spielend befestigt sind, daß sie von innen angehoben, aber von außen nicht eingedrückt werden können.

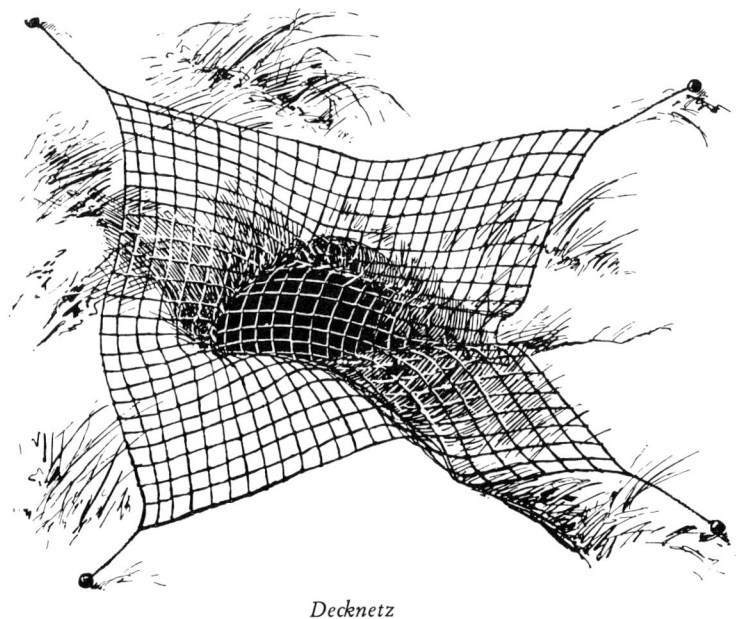

Decknetz

Die *Dachshaube* sei hier nur der Vollständigkeit halber genannt, sie dürfte kaum noch Verwendung finden, da der Dachs überall so selten geworden ist, daß eine intensive Bejagung nicht mehr notwendig und auch nicht zu vertreten ist. Sie diente dazu, den einfahrenden Dachs, wenn er nachts beunruhigt wurde und kopflos zu Bau fahren wollte, in den in den Einfahrten befestigten Dachshauben zu fangen, so daß der am Bau wartende Jäger sie lebend fangen oder töten konnte, wenn er mit dem Kopf durch den abschließenden Ring fuhr und so in der Haube festsaß.

Die *Krähenhütte* wird im hügeligen Gelände am Südwestabhang angelegt und so in die Örtlichkeit eingepaßt, daß sie nicht auffällt. Die Hütte muß eine Größe von mindestens 1,5 m im Geviert haben, bei etwa 2 m Höhe. Sie hat eine nach Norden gerichtete Schießluke von 30 cm Breite, weil der Hüttenjäger bei anderer Lage leicht gegen die Sonne schießen müßte. Mehrere Schießluken empfehlen sich nicht, weil die sehr aufmerksamen Rabenvögel dann gar zu leicht mißtrauisch werden könnten. Je ein kleines Guckloch an jeder Hüttenseite erleichtert

Durch die Lappen

die Beobachtung und schadet nichts. Die Tür zur Hütte liegt der Schießluke gegenüber und öffnet sich nach innen.

Etwa 20–25 Schritt von der Hütte wird auf einer *Krücke* oder *Jule* der gefesselte Uhu als *Reizvogel* aufgestellt. Die Jule kann von der Hütte aus hochgezogen werden, um den Uhu – es kann auch eine andere Eule oder ein ausgestopfter Uhu sein – zur Bewegung zu veranlassen und so anstreichende Vögel zu reizen.

Um den Gewohnheiten aller Rabenvögel Rechnung zu tragen, stellt man in der Nähe der Jule einige trockne *Fallbäume* auf, deren wenig belassene Äste nach der Hütte zeigen; sonst könnte der Stamm die Vögel decken. In früheren Zeiten wurden aus der Krähenhütte auch die Greifvögel, vor allem Habicht und Bussard, bejagt. Da auf Grund des Rückganges der einzelnen Arten alle Greifvögel ganzjährig geschützt sind, dient die Krähenhütte nur noch der Bejagung der Rabenvögel.

Unter *Blendzeug* verstehen wir die verschiedenen Arten der Lappen.

Man unterscheidet *Tuchlappen, Federlappen* und *Flintern*. Erstere bestehen aus hellgefärbten, leichten Lappen, die etwa $1/2$ m breit und 1 m lang sind. Sie werden in Abständen von $3/4$ m an eine mittelstarke *Leine* genäht, die ungefähr 90 Schritt lang ist und deren äußerste Enden auf etwa 2 m von Lappen freibleiben. Zur leichteren Verbindung jeder Lappenlänge, die man einen *Bund* nennt, mit der nächsten ist etwa 2 m von dem wirklichen Ende der Leine ein eiserner Ring eingeknotet. Durch diesen wird die Leine des nächsten Bundes hindurchgezogen und so befestigt. Auf einen Bund rechnet man fünf *Stellstäbe*, die, etwa 2 m lang, unten eine eiserne Spitze haben, um sie fest in den Boden stoßen zu können, und im obersten Teil, wie auch in der Mitte einen eisernen Haken tragen, in den die Leine eingehängt wird. Auf diese Weise kann man die Lappen *doppeln*, wenn die *Lappstatt* – das ist der Ort, der *verlappt* wird – besonders sicher umstellt werden soll. Zu jedem Bund gehört ferner ein *Haspel,* auf den die Lappen aufgewunden werden, und von dem die Leine im Weitergehen von selbst abläuft. Auch der Haspel trägt unten eine eiserne Spitze, damit er in den Boden gestoßen werden kann. Die Verbindungsstelle der Lappenbünde heißt, wie auch bei den Tüchern und Netzen, der *Wechsel.*

Die *Federlappen* sind den Tuchlappen ähnlich; nur besteht bei ihnen das Blendzeug nicht aus Tüchern, sondern aus Federn. Diese können aus den Flügelfedern der Gans, der Ente, der Truthühner und anderer hergestellt werden, so wie man sie erhalten kann. Sie werden, je zwei oder drei zusammen, mit etwa 25 cm Abstand in die aus stärkerem Bindfaden bestehende Leine eingeknüpft. Der Bindfaden muß vorher gekocht werden, damit er sich beim Gebrauch und bei Witterungswechsel nicht mehr dreht.

Die dritte Art Blendzeug bilden die *Flintern.* Es sind gespaltene, dünne Schindelbrettchen, die, 15 cm breit und 30 cm lang, mittels eingeschlagener Löcher mit 30 cm Abstand an der Leine befestigt werden. Sie werden gerade so behandelt und benutzt wie das übrige Blendzeug.

In alten Zeiten galt die Verwendung von Lappen zur Ausübung der Jagd durchaus als waidgerecht und war, der damaligen Entwicklung der Waffen entsprechend auch erforderlich. Später kamen sie durch mißbräuchliche Anwendung – Ablappen der Waldgrenze gegen das morgens zurückwechselnde Wild – in Verruf, doch sind sie in waidgerechten Händen in besonderen Fällen auch heute noch gut zu gebrauchen. Man darf nur nicht zu oft lappen und sollte keine auf allen vier Seiten geschlossene Lappstatt anlegen, um das Wild nicht zu sehr zu ängstigen. Es ist mit den Lappen ähnlich wie mit dem Nachtansitz bei Mondschein. Beide Jagdarten haben einen zweifelhaften Ruf und können doch durchaus waidgerecht sein, es kommt nur auf das „Wie" an. Ich kann als Mondscheinjäger und als Lappenjäger ein ebenso waidgerechter und ebenso anständiger Jäger sein wie derjenige, der diese Jagdmethoden nicht anwendet. Betont muß allerdings werden, daß sowohl die Mondschein- als auch die Lappjagd große Versuchungen zu unwaidmännischem Jagen bietet. Nach dem Bundesjagdgesetz ist die Lappjagd innerhalb einer Zone von 300 m von der Jagdgrenze verboten.

Für jede Art des Lappens gelten gewisse Regeln, die sorgsam beachtet werden müssen, will man Erfolg haben. Da ist zunächst völlige Geräuschlosigkeit beim Stellen. Der Anfang wird so gemacht, daß der Wind dem einzustellenden Wild keine Wittrung zubringen kann. Die Windseite wird zuletzt verlappt, wenn die anderen Seiten schon stehen. Niemals dürfen die Lappen dem Wild unversehens und nah plötzlich zu Gesicht kommen, weil es sie sonst ohne weiteres überflieht oder unten durchwechselt. Die Höhe muß der Höhe der einzulappenden Wildart angemessen sein.

Auch sollte die Lappstatt eher zu groß als zu klein sein und nirgends scharfe Ecken zeigen.

Besonders auf Füchse ist die Lappjagd eine sehr reizvolle Jagdmethode, und ich entsinne mich mit Vergnügen an solche Jagden, die nur durchzuführen waren, indem man die langen Flanken großer Dickungskomplexe ablappte und die Füchse – oft 2 oder 3 in einer Lappstatt – an der offengelassenen schmalen Front erwarten und erfolgreich beschießen konnte.

Es sei erwähnt, daß durch Ablappen wildschadensgefährdete Felder für kürzere Zeit wirkungsvoll geschützt werden können, zum Beispiel gegen Rotwild. Stehen die Lappen länger, so gewöhnt sich das Wild allerdings daran und überfüllt sie. Schwarzwild dagegen läßt sich durch Lappen nicht abhalten.

Die Locken

„*Locke* heißt jedes Instrument, mit dem man Wild anlocken kann", sagt G. L. Hartig. Und er hat damit besonders dann recht, wenn auch der Mund zu diesen Instrumenten gezählt wird. Denn der bildet die vielseitigste aller Locken. Es gibt natürlich auch die verschiedensten Arten von Locken, die man in jedem Jagdausrüstungsgeschäft kaufen kann. Wer aber glaubt, er habe alle Geheimnisse alter Jäger im Besitz, sobald er sich die stattliche Reihe gekauft habe, der wird nur zu oft enttäuscht sein, wenn er sie im Revier erprobt. Wie die Sprache des Menschen, so liegt auch die der Tiere hauptsächlich im Ohr. Jede Locke kann auf diese oder jene Weise ertönen. Sie erfüllt aber nur dann ihren Zweck, wenn sie den gewollten Laut *richtig* wiedergibt. Und um das zu können, muß man ihn so oft gehört haben, daß er im Ohr haften geblieben ist. Es gehört aber noch mehr dazu. Wer mit Erfolg locken will, muß auch Tagesrhythmus und Gewohnheiten des anzureizenden Wildes kennen; denn nur dann, wenn es diesen angepaßt ist, kann das Locken Erfolg versprechen. Das sei vorausgeschickt, bevor ich nun die am meisten gebräuchlichen Locken anführe.

Da ist zunächst der *Hirschruf*. Hierüber schreibt mir der durch seine Aufsatzreihe im Jahrgang 1920 von „Wild und Hund" rühmlichst bekanntgewordene Meister auf dem Ruf, GEORG GRAF ZU MÜNSTER, folgendes:

„Wie so manch anderes Wild, so läßt sich auch der Hirsch durch Nachahmung seiner Stimme überlisten. Da die menschliche Stimme aber zu schwach ist, um ohne Hilfsmittel die mächtige Stimme des Hirsches täuschend ähnlich wiederzugeben, bedinet man sich hierzu der verschiedenartigsten Hilfsmittel, die man kurzweg Hirschrufe nennt. Alle diese Hilfsmittel, von denen keines auf einen bestimmten Laut gestimmt ist, dienen lediglich dazu, die menschliche Stimme zu verstärken. Am besten eignet sich zweifellos das Gehäuse der Tritonschnecke zum Hirschruf, vorausgesetzt, daß es zweckentsprechend hergerichtet wurde. Das Herrichten einer Tritonschnecke, die wir kurzweg Muschel nennen wollen, besteht darin, daß man zunächst ihre Spitze um so viel verkürzt, daß eine Öffnung von etwa 2–2$^1/_2$ cm Durchmesser entsteht. Ist dies geschehen, so stemmt man die ersten zwei bis drei inneren dünnwandigen Schneckenwindungen mit ihren Knorpelbildungen heraus, durch welches Verfahren die Schallwirkung der Muschel erhöht wird. Man nimmt das verkürzte Ende der Muschel nicht *in*, sondern nur *an* den Mund und röhrt, je nach Bedarf, mehr oder weniger laut in die Muschel hinein. Je dünnwandiger eine Muschel ist, desto besser eignet sie sich infolge ihrer stärkeren Schallwirkung zum Hirschruf. Änlich verhält es sich mit der Größe, nur mit dem Unterschied, daß es hier gewisse Grenzen gibt, indem die Zunahme an Größe auf Kosten der Bequemlichkeit geht. Von zwei gleichgroßen Muscheln ist stets die im Gewicht leichtere auch die dünnwandigste, mithin brauchbarere. Wer selbst rufen und auch schießen will, der wähle für die Pürsche der größeren Bequemlichkeit wegen einen Ruf von nur mittlerer Größe.

Außer der Tritonschnecke werden aber auch noch verschiedene andere Dinge als Hirschrufe feilgeboten, so z. B. das Ochsenhorn, ferner phantastische Gebilde aus Guttapercha, Zellulose, Blech, Pappe oder aus Baumrinde, ja selbst Lampenzylinder, gedörrte Hirschdrosseln und dergleichen mehr. Mit Ausnahme des Ochsenhornes, welches, genügende Dünnwandigkeit vorausgesetzt, tatsächlich einen vorzüglichen Hirschruf abgibt, eignen sich all die zuletzt angeführten Dinge wohl kaum zur Herstellung eines wirklich brauchbaren Hirschrufes. Ein Instrument aber, auf welchem wir die Stimme des Hirsches naturgetreu wiedergeben wollen, muß so beschaffen sein, daß wir auf ihm, je nach Bedarf, sowohl übermäßig laute, als auch weniger laute Töne hervorzubringen vermögen; unterliegt doch auch die Stimme unseres Rothirsches zahllosen Schwankungen, nicht nur in bezug auf Rhythmus, sondern auch bezüglich ihrer Stärke."

Soweit Graf zu Münster. Außer der Tritonmuschel eignen sich jedoch auch noch andere Instrumente zur Nachahmung des Hirschrufes. Ich erwähne insbesondere das Heracleumrohr, welches Graf Silva-Tarouca in seinem Buche „Glückliche Tage" beschreibt, und außerdem den sogenannten „Eifelruf", den ich selbst (Frevert) erprobt und für gut befunden habe. Vor allem klappert er nicht so wie die Muschel und geht nicht so leicht entzwei. Der „Eifelruf" besteht aus zwei ineinandergeschobenen Röhren aus sehr dünnem Sperrholz und hat innen eine Membrane zur Tonverstärkung. Durch Verlängerung bzw. Verkürzung des Rufes kann man sehr gut den Ton modulieren.

Sehr gut läßt sich das *Mahnen* der Tiere bei geschlossenem Mund treffen, indem man die Nasenspitze mit Daumen und Zeigefinger faßt, ohne sie etwa zu verschließen, und nun die Luft unter Hin- und Herdrücken der Nase hineinstößt. Mit diesem Mahnen sucht der Jäger den in der Nähe befindlichen, aber nicht sichtbaren Hirsch zum Hervortreten zu reizen, wenn der laute Gebrauch des Hirschrufes wegen zu großer Nähe nicht mehr ratsam ist und er auf Knören nicht folgt. Für die Nachahmung des Mahnens gibt es auch eine einfache, künstliche Locke.

Allbekannt, viel mißbraucht, aber nur von erfahrenen Jägern mit Erfolg angewandt, ist das *Blatt*, mit dessen Hilfe der Rehbock zum *Springen*, d. h. zur Annäherung an den Blattenden, gereizt wird. Ich sage das Blatt und nicht die Blatte oder der Blatter, weil ich diese seltsamen Wortbildungen für reinen Unsinn halte. Man kann wohl von Blatt das Zeitwort blatten, d. h. das Reizen mit dem Blatt, ableiten, aber nun wieder von Blatten das Hauptwort Blatte oder Blatter ableiten zu wollen, das ist des Guten zu viel. Das Blatt ist ursprünglich ein grünes Buchen-, Birken- oder sonstiges glattes Blatt, ein breiter Grashalm oder dergleichen. Die künstlichen Ersatzmittel, von denen es eine reiche Auswahl gibt, sollten daher auch denselben Namen, höchstens etwa den „das Kunstblatt" führen.

Wie mit dem grünen Buchenblatt geblattet wird, das lasse ich hier auszugsweise nach meinem „Rehwild" folgen: Nimm ein nicht zu weiches, nicht zu hartes Buchenblatt mit ungefaltetem Rand, so wie es an den unteren Zweigen in jungen Stangenhölzern zu finden ist, nicht zu groß, eher klein. Dieses Blatt fasse mit jeder Hand, ziehe es straff und bringe es vor den geschlossenen Mund; nun versuche durch drückendes Blasen den Rand des Blattes in Schwingung zu setzen. Dadurch wird ein Ton erzeugt, der zunächst dem Fiepton der Rehe oft recht unähnlich ist, der aber durch Übung bald ähnlich werden kann. Wenn du dir schon einige Gewandtheit erworben hast, so kannst du das Blatt auch mit *einer* Hand an den Mund drücken und schließlich, es an der gewölbten Seite mit den Lippen lose umfassend, ganz ohne den Gebrauch der Hand benutzen. Der gewölbte Teil des Blattes wird dabei so weit zwischen die Lippen genommen, daß die äußeren Ränder ungefähr mit ihnen abschneiden. Ragen die Ränder zu weit nach außen hervor, so wird der Ton leicht gellend und verliert die Weichheit. Dasselbe geschieht, wenn der Blattrand unregelmäßig gefaltet oder eingerissen wird.

Nun glaube nicht, daß nur das Buchenblatt für unsere Zwecke geeignet sei; es geht auch mit anderen. Sie dürfen nur keine stark gesägten oder gezahnten Ränder haben. Das Blatt des Birnbaumes, des Flieders, der Birke, das feine Häutchen der weißen Birkenrinde sind sehr gut brauchbar; auch das Blatt des Schattenblümchens.

Auch blattet man auf einem breiten Grasblatt; und zwar sowohl mit den Lippen allein, als auch mit Hilfe beider Daumen: Wenn du beide so aneinanderlegst, daß die Nägel nach oben gerichtet sind, dann entsteht zwischen den zweiten Gliedern ein Spalt, ähnlich dem Längsschnitt einer Spindel, der sich durch Druck verengen läßt. Spannst du nun zwischen die ersten Glieder und die sogenannte Maus beider Daumen ein breites Grasblatt und bläst in den vorbezeichneten Spalt hinein, so entsteht ein Ton, der nach einiger Übung recht gut als Fiepton benutzbar ist.

Das ist das, was ich über das natürliche Blatt zu sagen habe. Seine richtige Anwendung hat den Vorzug eines sehr weichen Lautes, der nach Bedarf verstärkt werden kann. Aber der Ton ist auch für den Geübten nicht immer sicher; bei Benutzung beider Hände ist der Jäger zu sehr gebunden; das Blatt wird leicht unbrauchbar; oft sehr zur Unzeit.

Deshalb geben viele dem künstlichen Blatt den Vorzug. Von diesem werden die verschiedensten Arten angepriesen: das Fiep- oder Pijublatt, das Blatt mit Klageton, das Blatt mit Angstgeschrei; und es gibt Anleitungen, die ganze Notensätze mit Vorlauten, Nachlauten, Hauptlauten, Unterbrechungspausen usw. enthalten, mit deren Hilfe der Rehbock vor das Rohr gebracht werden soll.

Den *feinen* Fiepton hat das Kitz; mit dem Alter wird er voller und geht in der Klangfarbe von i in ü über. Auf diesen feinen Ton springt die Ricke, wenn sie ein Kitz in Gefahr glaubt. Auch die Böcke haben den Fiepton; und gerade diese sind es vielleicht, die in der Brunft am meisten fiepen. Ebenso ist allen Rehen der Klageton gemeinsam.

Das „Geschreiblatt" hat insofern einen Wert, als es weiter hinschallt als das Blatt mit dem Fiepton. Denn nicht überall, wie beispielsweise in sehr ausgedehnten Dickungen, kann der Jäger, ohne den Bock zu vergrämen, sich dessen Stand so weit nähern, um ihm den Ton vernehmbar zu machen.

Die verschiedenen künstlichen Blätter beruhen fast alle auf demselben Grundgedanken. Ein etwa 5 cm langes Stückchen Holz oder Horn enthält eine sich von vorn nach hinten ein wenig verbreiternde und vertiefende Rinne, auf die mittels eines Zwirnsfadens eine feine Zunge von ganz scharf ausgeklopftem Messing oder auch aus Horn oder Kunststoff so festgebunden wird, daß nur deren vorderer, schmaler Teil beim Hineinblasen in Schwingung gerät. Am einfachsten kauft man ein solches Blatt und bindet, je nachdem der Ton zusagt oder nicht, die Zunge kürzer oder länger. Im Gebrauch ändert sich der Ton ab und zu; dann muß sie nachgebunden werden. Weit verbreitet aber ist vor allem der pneumatische Rehruf, bei dem das eigentliche Blatt in einen Gummiball eingebaut ist und der Fiep- oder Geschreiton durch Händedruck ausgelöst wird.

Auf demselben Grundsatz beruht auch die *Hasenquäke*. Nur ist alles etwas gröber gebaut, weil ein weit gröberer Ton, nämlich das Klagen des Hasen, mit ihr nachgeahmt werden soll. Auch hier muß von Zeit zu Zeit nachgestimmt werden.

Eine weitere, noch gröbere Ausführung desselben Gedankens stellt die *Entenlocke* dar, mit der man das Pahk, Pahk der Stockente, ganz gleich dem Laut unserer Hausente, nachahmt.

Die *Haselwildlocken* sind für Hahn und Henne verschieden. Die *Hahnenlocke* besteht aus einem aus dem Oberarmknochen des Hasen, der Katze, der Gans usw. hergestellten Pfeifchen, mit dem das Spissen des Hahns nachgeahmt wird. Die *Hennenlocke*, das *Wusperl* oder die *Schelle*, dient zur Nachahmung des Bistens der Henne. Das Nähere hierüber werde ich bei der Lockjagd bringen.

Die *Rebhuhnlocke*, mit deren Ton man das ganze Volk zusammenrufen kann, ahmt den Lockruf des Hahnes nach, der Girrlit oder Girrhit klingt. Es war die erste Locke, die ich mir schon als Knabe selbst herstellte; ich halte diese Art heute noch für die beste. Ich nahm den Fingerhut des Schneiders, der bekanntlich an beiden Seiten offen ist, spannte über die eine offene Seite ein Stück Pergament ganz straff, stach in die Mitte mit einer Nadel ein Loch, zog ein Pferdehaar hindurch und schlug einen Knoten davor. Wenn man das Haar in dem dem Lockruf angepaßten Tempo scharf zwischen Daumen und Zeigefinger hindurchzieht, so ertönt der Lockruf des Rebhahns. Man kann diese Locken in vervollkommneter Form in den jagdlichen Geschäften kaufen.

Als *Taubenlocke* dient am besten der Mund mit beiden als Schalldämpfer wirkenden hohlen Händen. Das Rucken und Hulen der Ringeltaube, der das Locken gilt, weil nur sie, wenn ich von der im Siedlungsbereich lebenden Türkentaube absehe, bejagt werden darf, kann man zur Paarungszeit im Frühling wie auch noch im Sommer hinreichend oft hören, um es durch Übung gut nachahmen zu können. Es wird auch eine Taubenlocke in den Handel gebracht; ich kann sie aber nicht empfehlen.

Wenn ich schließlich noch die *Mauspfeife* nenne, so ist damit die Zahl der heute noch gebräuchlichen Locken erschöpft. Dieses Pfeifchen wird aus Knochen hergestellt und gibt den feinen Ton der Mäuse wieder, den man durch stärkeres oder leiseres Hineinblasen verschieden laut machen kann. Aber auch hier ist der Mund allein wieder die beste Locke. Indem man die Lippen scharf spitzt und die Luft gegen die Zähne zieht, mäuselt man nach einigen Übungen besser als mit der besten Mauspfeife. Auch kann man den Mund gegen den Handrücken drücken, um dann durch Einziehen der Luft denselben Ton hervorzubringen. Wer ein Fläschchen mit Schnaps oder Wein bei sich führt, erzeugt leicht das Mäusezwitschern, indem er den angefeuchteten Korken an der Flasche reibt.

Die Hunde

Gutes Waidwerk ohne einen entsprechend veranlagten und abgeführten Hund zu betreiben, ist unmöglich. Bereits vor der Anschaffung des vierläufigen Jagdgehilfen sollte nicht nur die Vorliebe für eine bestimmte Jagdhundrasse eine Rolle spielen, sondern in weit höherem Maße die künftigen Einsatzmöglichkeiten, also die Revierverhältnisse, in Erwägung gezogen werden. Dennoch: Bei der Vielfalt unserer Jagdhundrassen dürfte es nicht schwerfallen, das eine mit dem anderen nutzbringend zu verbinden.

Die Revierverhältnisse unterlagen in den letzten Jahrzehnten einer ständigen Veränderung, damit verbunden auch der Einsatz und die Arbeitsmöglichkeiten unserer Jagdhunde. Während z. B. noch vor einem halben Jahrhundert unsere Feldmarken fast überall reichlich mit Hühnern besetzt waren, die Jagd mit *Vorstehhunden* (Hühnerhunden) also ergiebig ausgeübt werden konnte, hat sich darin ein grundsätzlicher Wandel vollzogen. Der Rebhuhnbesatz ist aus mancherlei Ursachen weithin bis fast an die Grenze der Ausrottung zurückgegangen. In vielen Gebieten trifft das auch für Hase und Fasan zu. Die *Suchjagd* mit Vorstehhunden, also die Arbeit „vor dem Schuß", besitzt deshalb nicht mehr die Bedeutung wie früher. Andererseits hat in den meisten Revieren der Rehwildbestand zugenommen. Es gibt höhere Abschußziffern und damit verbunden auch mehr *Nachsuchen*. Hier tritt die Arbeit des Hundes „nach dem Schuß" in den Vordergrund. Daß dennoch die Vorstehhundrassen am häufigsten geführt werden, hängt mit der breiten Palette ihrer vielseitigen Leistungsfähigkeit zusammen.

Bei der Anschaffung sei zu bedenken, daß grundsätzlich der Erwerb eines *Welpen* dem eines älteren Tieres vorzuziehen ist. Ausnahmen sollte es nur dann geben, wenn die Aufzucht eines Welpen aus familiären oder wohnungsbedingten Gründen nicht möglich ist. Die *Erziehung* und *Abführung* seines Hundes sollte der Jäger selbst durchführen. Es sei denn, er hätte weder Talent noch Zeit dafür.

Bei dem heutigen hohen Stand der Jagdhundzucht fällt es in der Regel nicht schwer, einen Welpen aus guter *Leistungszucht* zu erhalten. Aufpassen muß der Jäger nur bei solchen Rassen, die innerhalb eines Zuchtvereins sowohl der Leistungs- als auch der Schönheitszucht unterliegen. Hier sei besonders des *Spaniels* und des *Teckels* gedacht. Beide stellen, aus Leistungszucht stammend, sehr gute Jagdhunde dar. Beim Dachshund ist aber die Leistungszuchtbasis noch so groß, daß es mehr jagdlich gut veranlagte Teckel gibt, als je im Jagdbetrieb unterzubringen wären.

Über den Hundehandel sind Welpen mit sicher verankerten Jagdeigenschaften nicht zu erhalten. Darum ist der Kauf ausschließlich beim Züchter vorzunehmen, der wiederum in seinen Handlungen von einem anerkannten Zuchtverein kontrolliert sein muß. Hier lassen sich dann die Elterntiere, mindestens die Mutterhündin, betrachten und geben Auskunft über das Gebäude, den Haarzustand und auch über das Wesen.

Zum Welpen gehört stets die von dem entsprechenden Zuchtverein ausgestellte und beglaubigte *Ahnentafel*. Sie sollte im Kaufpreis inbegriffen sein.

Daß der Welpe bereits vom Züchter gegen *Spulwürmer* behandelt wurde, versteht sich von selbst. Im Zweifelsfalle ist eine solche *Wurmkur* vom Käufer sicherheitshalber nachzuholen. Alle Welpen haben Spulwürmer, oft in erschreckend großen Mengen. Diese können, wenn nicht bekämpft, zu schweren körperlichen Schäden, ja sogar zum Tode der Welpen führen. Ebenso sollte die erste kombinierte *Impfung* gegen *Staupe* (mehrere Erscheinungsformen), *Hepatitis* (ansteckende Leberentzündung) und *Leptospirose* (Stuttgarter Hundeseuche) bereits beim Züchter durchgeführt werden. Die unbedingt notwendige *Tollwutschutzimpfung*, die alljährlich zu wiederholen ist, kann etwas später beim neuen Besitzer erfolgen. Auch die erwähnte Impfkombination bedarf der Auffrischung.

Aus Gründen der besseren Übersicht sei schon an dieser Stelle auch auf die wichtigsten Hundekrankheiten eingegangen. Während *Spulwürmer* nur beim Welpen vorkommen, macht der Befall verschiedener *Bandwurmarten* dem heranwachsenden und ausgewachsenen Hund zu schaffen. Der tierärztlichen Praxis stehen heute sehr gute Mittel dagegen zur Verfügung.

Gerade bei den mit langen Behängen ausgestatteten Jagdhunden tritt öfter als angenommen *Ohrenzwang* auf, besonders aber bei Hunden, die viel *Wasserarbeit* leisten müssen. Diese Krankheit beruht auf Verschmutzung und anschließender Entzündung des inneren Ohres. Ratsam ist eine vorbeugende Behandlung der Gehörgänge, die etwa alle vier bis sechs Monate zu wiederholen ist. Hierfür befinden sich vorzügliche Mittel auf dem Markt, deren Anwendung aber besser mit dem Tierarzt abzustimmen ist. In schon weit fortgeschrittenen und besonders hartnäckigen Fällen sollte stets der Tierarzt mit der Behandlung betraut werden. Chronischer Ohrenzwang belastet den Hund sehr und schmälert seine Leistungen. Öfteres Schütteln des Kopfes und Kratzversuche mit den Hinterläufen an den Behängen deuten stets auf Ohrenzwang hin.

Besonders bei *Erdhunden*, also dem *Teckel* und *Terrier*, kann die *Hunderäude* auftreten. Die durch Milben verursachte Krankheit wird vom Fuchs auf den Hund übertragen. Erfahrene Bodenjäger wissen um diesen tückischen Haar- und Hautbefall und desinfizieren ihren Hund nach jeder geleisteten Bauarbeit.

Ebenso wie *Flöhe* können sich auch *Läuse*, *Haarlinge* und verschiedene *Milbenarten* im Hundehaar und auf der Haut ansiedeln und neben einem ständigen Juckreiz andere Gesundheitsstörungen hervorrufen. Sie werden mit vom Tierarzt empfohlenen Mitteln bekämpft. Daß gleichzeitig auch das Lager und die Hütte zu desinfizieren sind, versteht sich von selbst.

Eine *Analbeutelentzündung* wird meist dadurch erkennbar, daß der Hund mit dem Hinterteil über den Erdboden rutscht. Die *Analdrüsen* liegen unterhalb des Rutenansatzes neben dem Weidloch und stellen Duftdrüsen dar, wie wir sie in vielfältiger Form bei allen Tierarten vorfinden. Durch Störungen im Drüsengefüge kommt es dann zu den mit heftigem Juckreiz verbundenen Entzündungen. Ehe man jedoch selbst Hand anlegt und durch Ausquetschen das angestaute Drüsensekret beseitigt, lasse man sich vom Tierarzt beraten.

Vor allem beim Teckel, dessen kurze Läufe zu dem verhältnismäßig langen Rücken in einem gewissen Mißverhältnis stehen, kann die gefürchtete *Teckellähme* auftreten. Sie ist mit menschlichen Bandscheibenschäden vergleichbar. Die Veranlagung für diese Krankheit kann erblich sein. Der Teckelhalter sollte vorbeugen, indem er Stauchungen der Wirbelsäule

Deutsch Drahthaar. Phot. E. Münch

Pudelpointer. Phot. E. Münch

Deutsch Stichelhaar. Phot. E. Münch

Griffon. Phot. E. Münch

Deutsch Kurzhaar. Phot. unbekannt

Weimaraner. Phot. E. Münch

Deutsch Langhaar. Phot. B. Winsmann

Großer Münsterländer. Phot. Vornholt

Kleiner Münsterländer. Phot. R. Kreitz

Pointer. Phot. W. Lehnen

Irischer Setter. Phot. E. Münch

Englischer Setter. Phot. E. Münch

Gordonsetter. Phot. E. Münch

Deutscher Wachtelhund. Phot. C. E. Gruenewald

Cockerspaniel. Phot. E. Münch

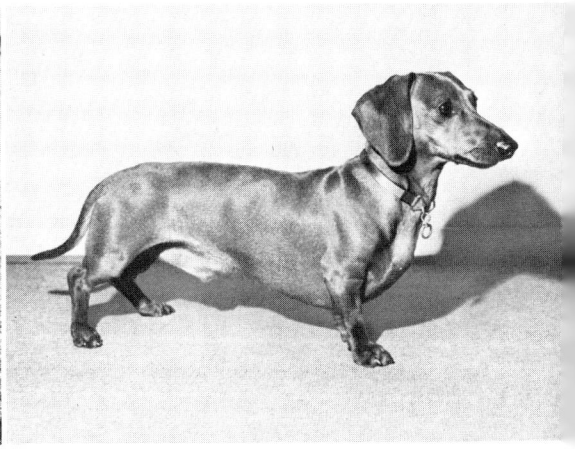

Kurzhaarteckel. Phot. Deutscher Teckelclub

Rauhhaarteckel. Phot. Deutscher Teckelclub

Langhaarteckel. Phot. Deutscher Teckelclub

Deutscher Jagdterrier. Phot. B. Winsmann

Foxterrier. Phot. Renninger

Deutsche Bracke. Phot. E. Münch

Dachsbracke. Phot. Dr. Türcke

Hannoverscher Schweißhund. Phot. Kindler

Bayerischer Gebirgsschweißhund. Phot. E. Münch

weitgehend vermeidet, z. B. den heranwachsenden Hund keine Treppenstufen regelmäßig abwärts springen läßt. Wenn rechtzeitig erkannt, ist eine erfolgreiche Behandlung der Lähme durch den Tierarzt möglich, später jedoch kaum.

Alle Jagdhunde bringen während der Vegetationszeit regelmäßig *Zecken* bzw. *Holzböcke* mit nach Haus. Beim kurzhaarigen Hund werden sie erst sichtbar, wenn sich ihr Hinterteil prall mit eingesaugtem Blut gefüllt hat, bei länger behaarten Hunden lassen sie sich durch Abtasten erfühlen. Vor der Beseitigung werden sie z. B. mit Ballistol beträufelt und dann vorsichtig mit Daumen und Zeigefinger aus der Haut herausgedreht.

Immer mehr Hundezuchtvereine – und nicht nur solche, die sich mit Jagdhunden beschäftigen – werden von einer Erkrankung des Hüftgelenks beunruhigt, die mit *Hüftgelenksdysplasie* (HD) bezeichnet wird. Auch diese, einer Verschleißerscheinung ähnliche Krankheit ist erblich. Leider ist das Krankheitsbild äußerlich nicht erkennbar, sondern kann nur röntgenologisch nachgewiesen werden. Die Aufnahme zeigt dann eine Verflachung der Gelenkpfanne, in der der Oberschenkelkopf nur wenig oder in schlimmen Fällen keinen Halt mehr findet. So wird dann auch zwischen leichter, mittlerer und schwerer HD unterschieden. Verschiedene Hundezuchtvereine erteilen Zuchtgenehmigung nur dann, wenn durch Röntgenaufnahme die HD-Freiheit bestätigt ist. Zwar wird bei nur leichter HD die Gebrauchsfähigkeit keinesfalls geschmälert, schwere HD kann jedoch bis zur Bewegungsunfähigkeit führen.

Doch zurück zum Welpen. Wichtig ist auch, daß er beim neuen Besitzer etwa das gleiche Futter erhält wie beim Züchter, um Magen- und Darmerkrankungen zu vermeiden. Eine Futterumstellung darf nur allmählich geschehen. Das Futter soll sowohl aus fleischlichen als auch aus pflanzlichen Teilen bestehen, wie es in etwa von den wilden Caniden in der freien Wildbahn auch aufgenommen wird. Ein vorzügliches Fleischfutter stellt der ungewaschene und nur wenig gesäuberte Kuhpansen dar, ist jedoch vom nur wenige Wochen alten Welpen noch schwer verdaulich. Hier ist die Verfütterung von fein geschabtem Muskelfleisch, Rinderherz u. ä. angezeigt. Bei der Verfütterung von roher Leber und Milz ist Vorsicht geboten, da sie zu schweren Durchfällen führen kann. Durch leichtes Aufkochen wird die Gefahr allerdings gebannt. Manche Hunde verschmähen Schweinefleisch (auch vom Schwarzwild) und würden eher verhungern, als solches aufzunehmen. Auch hier hilft das Abkochen.

Die „vegetarische Kost" besteht z. B. aus gekochtem Reis, Haferflocken, geschrotetem Getreide, geschabten Möhren. Brot, am besten in altbackenem oder trockenem Zustand, kann bedenkenlos in Maßen verfüttert werden, auch ab und an ein Ei mitsamt der zerstoßenen Schale. Fleischliches und pflanzliches Futter sollen stets gemischt gegeben werden.

Mehr und mehr drängen sich Fertig- und Trockenfuttersorten in den Vordergrund. Sie sind in der Aufbewahrung und Verabreichung sehr bequem und enthalten in der Regel alle nötigen Aufbau- und Erhaltungsstoffe, auch Mineralien und Vitamine. Nichts spricht gegen ihre Verwendung, zumal sie gut transportabel und haltbar sind. Dennoch sollte auf Frischfutter, wie z. B. Pansen, auf Obst, Getreide und Gemüse für den Leistungshund nie ganz verzichtet werden.

Die Fütterung der Welpen geschieht vorerst viermal am Tag. Allmählich geht man auf dreimalige, später zweimalige Fütterung zurück. Wann das jeweils zu geschehen hat, merken wir am Appetit des heranwachsenden Hundes. Die meisten Hunderassen haben in einem Alter von zwölf bis fünfzehn Monaten ihr Wachstum äußerlich abgeschlossen und werden dann nur noch einmal am Tag gefüttert. Wer es übers Herz bringt, der läßt seinen Hund einen Tag in der Woche fasten, jedoch nicht gerade dann, wenn dieser im Jagdbetrieb viel arbeiten muß. Der Durst des Hundes wird stets mit klarem Wasser gestillt. Dies wird täglich erneuert und steht dem Tier ständig zur Verfügung.

Die Frage, ob *Zwinger-* oder *Stubenhaltung* für den Hund das Bessere sei, ist nur mit „sowohl als auch" zu beantworten. Absolute Zwingerhaltung stumpft den Hund ab und läßt ihn die für eine ersprießliche Zusammenarbeit zwischen Mensch und Tier so notwendige „Rudelwärme" vermissen. Ausschließliche Stubenhaltung verweichlicht ihn dagegen, der *Haarwechsel* kommt nicht zur Ruhe, und im Einzelfall kann es sogar neurotische Probleme geben. Daher ist in guter Abgewogenheit sowohl die Stuben- als auch die Zwingerhaltung zu empfehlen.

Die Größe des Zwingers muß für einen mittelgroßen Hund mindestens sechs Quadratmeter betragen. Ein Teil des Zwingers sollte überdacht sein, um Sonne und Niederschläge abzuhalten. Hier befindet sich dann auch die zugfreie, aus zwei Kammern bestehende Hütte, deren flaches Dach vom Hund auch als Liegeplatz benutzt werden kann. Daß der Zwinger täglich gereinigt werden muß, ist selbstverständlich.

Die Einfriedigung besteht aus stabilem, nicht zu weitmaschigem Drahtgeflecht von zwei Meter Höhe. Manche Hunde überwinden jedoch selbst eine so hohe Einzäunung, dann überspannt man den Zwinger besser ebenfalls mit Maschendraht.

Zur Gesunderhaltung des Hundes gehört neben der Sauberhaltung und regelmäßigen Desinfektion des Zwingers auch die Fellpflege. Hierbei allerdings an das Baden des Hundes zu denken, wäre verfehlt. Ein Jagdhund wird nur naß bei entsprechender Wittrung, seiner jagdlichen Arbeit im Wasser oder wenn durch ein Vollbad Gefahren von Räude usw. beseitigt werden sollen, nie jedoch aus übertriebenem Sauberkeitsdenken in der Badewanne. Zur Fellpflege benutzen wir eine mittelharte Wurzelbürste, bei langhaarigen Hunden auch einen entsprechend breitzinkigen Kamm und zur Reinigung von Augen und Ohren einen weichen Lappen und Wattebausch. Der alte Ausspruch, daß „ein gesunder Hund Flöhe haben muß", ist mindestens unüberlegt getan. Wissen wir doch, daß gerade der Floh Bandwurmüberträger ist.

Auch darum sollte man mit der Hütteneinstreu im Sommer sehr zurückhaltend sein. Am besten liegt der Hund auf einer gut isolierenden Matte, die in Abständen gewechselt und desinfiziert werden muß. Im Winter füllen wir die Hütte mit gutem Roggenstroh, welches jedoch jede Woche zu erneuern ist.

Der Jagdhund ist ein Lauftier. Er braucht täglich mindestens ein bis zwei Stunden ausreichende Bewegung, falls er diese nicht während der Jagdausübung erhalten kann. Hier bietet sich die Benutzung des Fahrrades an, neben dem sich der angeleinte Hund vortrefflich bewegen kann. Ein untätiger Hund baut körperlich rasch ab, plagt sich mit vielerlei Leiden und altert früh. Seine Pfotenballen verweichlichen und werden dann selbst bei nur normaler Beanspruchung wund und für den Jagdbetrieb unbrauchbar. Ein gut gehaltener, natürlich ernährter und durch reichliche Bewegung und jagdliche Arbeit in Form gehaltener Hund kann selbst mit zehn und mehr Jahren noch voll seinen Dienst als Jagdgehilfe erfüllen. Ja, erst mit dem reifen und abgeklärten Hund, dem einiges seiner früheren Flüchtigkeit bereits abhanden gekommen ist, macht das Jagen besinnliche Freude.

Die Erziehung beginnt bereits im Welpenalter und setzt sich über das Erlernen der *Stubenreinheit*, das *Herankommen* auf Ruf und Pfiff bis hin zur *Leinenführigkeit, Setz-* und *Ablegeübungen* fort. Für die Erziehung und Ausbildung stehen gute Anleitungen zur Verfügung, z. B. das bewährte Standardwerk von Hegendorf „Der Gebrauchshund", aber auch viele Spezialbücher.

Bedingt durch die vielfachen Aufgaben im Jagdbetrieb, auch durch Veränderung der Jagdmethoden, entstanden im Laufe langer Zeiträume unterschiedlich veranlagte Jagdhundrassen. Ausgangspunkt aller Hunderassen war der Wolf, und wölfische Eigenschaften sind in allen unseren Hunden, selbst den Schoß- und Zwerghunden, bis auf den heutigen Tag erhalten

geblieben. Bedingt durch die jeweiligen Anforderungen, die der Mensch an den Wolfab-
kömmling stellte, entstanden im Laufe vieler, vieler Jahre durch Selektion und züchterisches
Geschick die einzelnen Arbeitsstämme. Wenn auch gerade unsere Jagdhunde äußerlich kaum
mehr einem Wolf ähnlich sehen, so sind doch gerade sie es, die noch viele Eigenschaften des
jagenden Wildtieres in sich tragen.

Der *Vorstehhund* stellt, besonders in den Augen der nichtjagenden Bevölkerung unseres
Landes, „den Jagdhund" schlechthin dar. Tatsächlich gibt es auch keine andere Rasse, die
nebeneinander mit so vielen jagdlichen Aufgaben betraut werden kann. Unter „*Vorstehen*"
versteht man das Einnehmen einer reglosen Haltung des Hundes, z. B. auf der *Suchjagd*, wenn
ihm die *Wittrung* des in der Deckung verharrenden Wildes entgegenschlägt. Dieses Erstarren
zum Vorstehen ist in seiner heutigen Vollkommenheit zwar züchterisch geprägt, gehört aber
in der Ursprungsform zu den Eigenschaften wohl aller Caniden. Selbst der Fuchs verharrt in
ähnlicher Stellung, ehe er zum Sprung auf das Beutetier, z. B. die Maus, ansetzt.

Natürlich soll der Vorstehhund durch sein dargelegtes Verhalten dem Jäger die Jagdbeute
nicht nur in Aussicht stellen. Er hat diese nach dem Schuß zu bringen und muß, ist das Wild
krankgeschossen, auf Spur oder Geläuf mit tiefer Nase folgen. Darüber hinaus soll er zu
Wasser und zu Lande *Stöberarbeit* verrichten, Raubzeug und Raubwild mit schnellem Griff
abtun und, auch das wird von ihm erwartet, auf der Fährte krankem Schalenwild folgen, also
Schweißhundearbeit leisten.

Bedingt durch diese vielen Einsatzmöglichkeiten ist der Begriff *Vollgebrauchshund* entstanden. Der Jäger muß sich allerdings bewußt sein, daß schwierige Schweißarbeit den
Spezialisten erfordert, der bei viel *Fährtenarbeit* und damit verbundener Erfahrung allmählich
ein Meister seines Fachs werden kann. Diesen hohen Stand werden vielseitig geführte
Vorstehunde nur selten erreichen. Ihnen ist die *hohe Nasenführung* und eine gewisse
Flüchtigkeit angezüchtet. Diese Eigenschaften sind für den Feld- und Hühnerhund unabding-
bares Rüstzeug, für den Fährtenarbeiter bei Nachsuchen jedoch von großem Nachteil.
Dennoch soll auch der für den vielseitigen Gebrauch bestimmte Vorstehhund nicht nur die
Riemen- und *Rotfährtenarbeit* kennenlernen, sondern darin auch ständig geübt werden. Für
kürzere und leichtere *Nachsuchen* kann er dem Jäger sehr nützlich sein.

Wenn von vielseitigen Vorstehunden die Rede ist, meint man in der Regel die *deutschen
Vorstehunde.* Die *englischen Vorstehunde,* ursprünglich einer harten Leistungszucht ent-
stammend, nehmen, von ihrer Zahl her, kaum einen nennenswerten Stellenwert in unseren
Revieren ein.

Bei den deutschen Vorstehhunden werden drei Haararten unterschieden. Zu den *kurzhaarigen* Hunden gehören der *Deutsch-Kurzhaar* (DK) und *der Weimaraner* (W) – er kommt auch als Langhaar vor. *Drahthaarige* Hunde sind der *Deutsch-Drahthaar* (DD), der *Deutsch-Stichelhaar* (DSt), der *Pudelpointer* (PP) und der *Griffon* (Gr). Zu den *langhaarigen* Vorstehhunden zählen wir den *Deutsch-Langhaar* (DL), den *Großen schwarz-weißen Münsterländer* (GM) sowie den *Kleinen Münsterländer* (KlM).

Bei den englischen Vorstehhundvertretern kennen wir nur einen *kurzhaarigen* Typ, es ist der *Pointer*. Der *Irische Setter*, der *Englische Setter* sowie der *Gordonsetter* sind langhaarig.

Die *Stöberhundrassen* erfüllen, ganz allgemein betrachtet, dieselben vielseitigen Aufgaben wie etwa die Vorstehhunde. Daß sie nicht vorstehen können, schließt sie von mancher Suchjagd, z. B. der Hühnerjagd, aus. Da ihnen die hohe Nase nicht so eigen ist, sind sie mehr für die Arbeit in Busch und Wald als für das Feld geschaffen.

Die *Stöberarbeit* vollzieht sich hauptsächlich auf Hase, Kanin und Fuchs, gegendweise bei starkem Maisanbau auch auf Fasanen. Daß diese Hunde mit viel Erfolg bei der *Wasserjagd* Verwendung finden, rundet ihren Einsatzwert gut ab. Die Arbeitsart des Stöberhundes besteht darin, das Wild in der Deckung zu heben und nach anfänglichem *Sichtlaut* später mit gutem *Spurlaut* vor den oder die Schützen zu bringen. Erlegtes Wild soll er *apportieren*, krankes *hetzen*, greifen und bringen. Auch soll der Stöberhund *bogenrein* sein, also gesund gebliebenem Wild nicht weit über das Treiben hinaus folgen. Wirklich bogenrein jagen allerdings nur sehr wenige Stöberhunde, sie sind dann mindestens schon im vierten oder gar fünften Behang. Auch hier also werden die Hunde durch Erfahrung klug. Bogenreine Hunde sind somit von hohem Wert, bringen das Wild geschickt vor den Schützen und ersetzen leicht mehrere Treiber.

Zu den Stöberhundrassen gehören der *Deutsche Wachtel* (DW), der einer strengen Leistungszucht unterliegt, also als „Modehund" keine Rolle spielt, und der *Jagdspaniel*, dem von Haus aus alle guten Merkmale eines Jagdgebrauchshundes mitgegeben worden sind, der sich aber heute leider zum größten Teil in den Händen von Nichtjägern befindet. Dennoch verdient der leistungsstarke, aus Jägerzucht stammende Jagdspaniel Beachtung.

Die *Erdhunde* sind entsprechend den bei der *Bau-* oder *Bodenjagd* gestellten Anforderungen kleinere Hunde, die selbst in engen Röhren eines Fuchs- oder Dachsbaues noch vorwärtskommen. Wichtigste Eigenschaften eines Erdhundes müssen Schneid und Schärfe sein. Dagegen spielen die Güte der Nase kaum, der sonst bei Jagdhunden gewünschte *Spurlaut* gar keine Rolle. Allerdings muß hier gleich festgestellt werden, daß mit den zu den Erdhundrassen gehörenden Hunden nur zum kleinsten Teil die Bodenjagd ausgeübt wird. Ihr Arbeitsbereich liegt doch überwiegend auf anderen jagdlichen Gebieten. Hier sei vor allem an die Stöberjagd, die Schweißarbeit, bei hochläufigeren Erdhunden auch an die Wasserjagd gedacht. Daraus läßt sich folgern, daß unseren heutigen Erdhundrassen im Regelfall auch eine gute Nase und *Spurlaut* eigen sind.

Daß Erdhunde, denen ja Schneid und Schärfe angewölft sein müssen, gerade auch bei der Bejagung des Schwarzwildes Hervorragendes leisten können, liegt auf der Hand. So gehören heute die Erdhunde, neben den Vorstehhunden, mit zu den verbreitetsten Jagdhundrassen und werden in den unterschiedlichsten Jagdrevieren bei ebenso unterschiedlichen Aufgaben erfolgreich eingesetzt. Diese Hunde haben neben ihrer meist vielseitigen Veranlagung auch den Vorteil, daß sie auf Grund ihrer Größe leicht transportabel sind und daher selbst im vollgepackten Auto immer noch einen Platz finden.

Viel zu wenig wird bedacht, daß sich Erdhunde mit gleichem Erfolg wie die anderen Jagdhundrassen auch zum *Pürschführer* leicht ausbilden lassen. Leider kommen die meisten Jäger dieser schönen und häufig von Jagderfolg gekrönten Art jagdlicher Hundeführung kaum noch nach. Der als Pürschführer den Jäger begleitende Hund soll rechtzeitig auf in den Beständen stehendes Schalenwild aufmerksam machen. Bei guter Ausnutzung des Windes ist es oft erstaunlich, auf welch weite Entfernungen der nasentüchtige Hund Wildwittrung anzeigt. In ensprechender Nähe des Wildes wird der Hund jedoch *abgelegt,* der Jäger pürscht also die letzte und entscheidende Strecke allein weiter. Dabei muß der Hund nun ruhig auf seinem Platz verharren, darf nicht winseln, schon gar nicht aufstehen und wird nach der jagdlichen Aktion von seinem Warteplatz abgeholt.

Die ursprünglichsten Erdhunde dürften die *Terrier* (terra = Erde) gewesen sein. Natürlich spielten auch die *Teckel, Dackel* oder *Dachshunde* bei der Bodenarbeit stets eine wichtige Rolle. *Der deutsche Jagdterrier* (DJT), eine verhältnismäßig junge Jagdhundrasse, hat nach seinem Erscheinen den *Foxterrier* weitgehend aus dem Jagdbetrieb verdrängt. Dennoch gibt es noch gute Arbeitsstämme sowohl des *glatt-* als auch des *drahthaarigen* Foxterriers.

Der Jagdteckel wird als *Rauhhaar* (RT), *Kurzhaar* (KT) und *Langhaar* (LT) gezüchtet. Wenn auch der Rauhhaarteckel in den letzten Jahrzehnten eine ungeahnte Verbreitung gefunden hat und zum meistgeführten Jagdteckel geworden ist, so findet der Jäger auch in den beiden anderen Haararten den auf Leistung gezüchteten Hund. *Zwerg-* und *Kaninchenteckel* spielen im Jagdbetrieb eine ziemlich untergeordnete Rolle. Dennoch soll nicht verschwiegen werden, daß diese Kleinsthunde, wenn sie aus Leistungszucht stammen, mit überraschend guten Arbeiten aufwarten können.

Die *jagenden Hunde* umfassen eine Vielzahl von *Brackenschlägen.* Sie spielten in früheren Jahrhunderten, ehe Pulver und Blei erfunden wurden, die wohl wichtigste jagdliche Rolle. In fast allen unseren Jagdhunden schlummert das Brackenblut vergangener Zeiten. Doch auch heute noch existieren viele bodenständige Brackenformen, die, eben landschaftsgebunden, im weiten Feld der Jagd kaum in Erscheinung treten. Zu ihnen müssen wir neben den *Deutschen Bracken* auch die österreichischen und skandinavischen Bracken sowie die Schweizer Laufhunde zählen. Alle diese Hunde existieren in verhältnismäßig kleinen Stämmen, was wiederum zur Folge hat, daß sie im Lager der Leistungszucht verblieben sind. Mindestens erwähnt sei aber, daß auch andere als die genannten Länder noch ihre eigenen, immer lokal sehr begrenzten Bracken vorweisen können.

Aus unsere deutschen Verhältnisse bezogen hat die *Brackenjagd* nur wenig Bedeutung. Daß es im Bergischen Land und im Sauerland immer noch eine Handvoll Idealisten gibt, die hier nicht nur die *Deutsche Bracke* (auch *Westfälische* oder *Olper Bracke* genannt) züchten, sondern mit ihr auch noch zu jagen verstehen, mutet fast wie ein Stück längst vergangener Jagdromantik an. Als kleiner Vetter der Olper Bracke sei auch die *Olper Dachsbracke* erwähnt, die gelegentlich mit der *Alpenländischen Dachsbracke* verwechselt wird. Letztere sollte man jedoch richtiger den *Schweißhundrassen* zuzählen.

Schweißhunde werden dargestellt durch den *Hannoverschen Schweißhund* (HS), den *Bayerischen Gebirgsschweißhund* (BGS) und, wie oben schon erwähnt, die *Alpenländische Dachsbracke.* Aufgabe dieser Hunde ist es, krankgeschossenes Schalenwild am *Riemen* nachzusuchen. Entweder ergibt dies eine *Totsuche,* oder das Wild steht vor dem Hunde aus dem *Wundbett* auf. Dann soll der Schweißhund dem fortflüchtenden Wild mindestens *sichtlaut,* besser aber *fährtelaut* folgen, es *stellen* und *verbellen,* bis der Jäger herangekommen ist und den *Fangschuß* antragen kann. Diesen gibt stets der Hundeführer ab und nicht etwa, wie es manchmal geschieht, irgend ein begleitender Jäger. Schweißhunde sind Spezialisten, und nur so läßt es sich erklären, daß sie zu Höchstleistungen auf dem Gebiet der Nachsuchenarbeit befähigt sind, die andere Jagdhundrassen nie erreichen können.

Die *Abführung* der Schweißhunde erfolgt auch heute noch nach der alten *Hirschmann-schule* wie sie einst, z. B. am *Hannoverschen Jägerhof,* geübt wurde, und zwar auf der *kalten*

Fährte gesunden Hochwildes. Zu diesem Zwecke beobachtet der einen Schweißhund ausbildende Jäger in den frühen Morgenstunden auf verhältnismäßig übersichtlichem Gelände einzeln ziehende Stücke, merkt und skizziert sich den Fährtenverlauf, um diesen nach drei oder vier Stunden mit seinem Hund zu arbeiten. Ersatzweise können auch Nachtfährten, die in weichem Boden erkennbar sind, im Verlauf des Vormittags mit dem Hunde gearbeitet werden. Von allen *warmen* Fährten muß der junge Schweißhund ferngehalten werden, um nicht die Lust an der kalten Fährte zu verlieren. Die Ausbildung eines Schweißhundes kostet viel Zeit. Ihr können sich nur Jäger widmen, die im oder in der Nähe ihres Jagdreviers wohnen.

Allmählich werden die Übungen schwieriger gestaltet und gehen schließlich in leichte *Totsuchen* über, die dann erfolgversprechend erscheinen, wenn z. B. am Anschuß Lungenschweiß liegt oder der Schütze das beschossene Wild in gewisser Entfernung hat zusammenbrechen sehen.

Hetzen ergeben sich in der Folgezeit zwangsläufig. Grundsatz bleibt, daß der Hund erst dann von der *Halsung* befreit, also *geschnallt* wird, wenn das kranke Wild entweder unmittelbar vor ihm aus dem Wundbett aufsteht oder, vom Hundeführer als solches einwandfrei angesprochen, bereits längere Zeit vor dem Hunde herzieht.

Der professionelle Schweißhund soll das Hochwild zwar *stellen* und mit gutem *Standlaut* anhaltend *verbellen,* jedoch nie versuchen, es *niederzuziehen* (wie es andererseits vom Vorstehhund z. B. bei der Nachsuche auf krankes Rehwild verlangt oder erwartet wird). Hochwild kann selbst in schwerkrankem Zustand noch sehr wehrhaft sein und den Hund schwer verletzen. Besonders bei Schwarzwildnachsuchen werden immer wieder Schweißhunde schwer geschlagen. Auch wird oft nicht bedacht, welche gefährlichen Waffen sogar die Schalen der Vorderläufe von Rottieren darstellen.

Während der schwere *Hannoveraner* hauptsächlich in den Revieren der Ebene und des Mittelgebirges seinen Einsatz findet, arbeitet im Hochgebirge der leichtere, gewandtere *Bayerische Gebirgsschweißhund.* In schwierigen Berglagen bleibt der Hund jedoch *frei suchend,* also ohne Riemen, vor seinem Führer, um die Gefahr eines Absturzes zu verringern.

Die *Alpenländische Dachsbracke* weicht insofern von den genannten Schweißhunden ab, als sie neben Wundfährtenarbeit auch zum *Brackieren* an Hase und Fuchs benutzt wird. Auch für die *Stöberarbeit* und zum *Bringen* leichten Wildes ist sie gut geschaffen. Allerdings gehen diese Einsätze stets auf Kosten der erstrebten guten Schweißhundmanieren.

Nun noch zu einigen Begriffen und Bezeichnungen. Der männliche Hund heißt *Rüde,* der weibliche *Hündin,* die Nestjungen werden *Welpen* genannt. Die Hündin wird zweimal (selten nur einmal) im Jahr *heiß* oder *läufig.* Die während dieser Zeit auftretenden Blutungen nennt man das *Färben.* Wird sie *belegt* – hier ist am zweckmäßigsten die *Frühjahrshitze* zu nutzen –, dann kommt es zwischen ihr und dem Rüden zum *Hängen.* Die *Tragzeit* dauert etwa 63 Tage, dann *wölft* oder *wirft* die Hündin. Alle Welpen zusammen stellen den *Wurf* dar. Die Welpen kommen blind zur Welt, öffnen ihre Augen etwa am zehnten Tag. Sie werden von der Hündin *gesäugt.* Die stoßenden Bewegungen der Welpen mit den Vorderläufen gegen das Gesäuge nennt man den *Milchtritt.* Die *Ruten* aller kurz-, draht- und stichelhaarigen deutschen Vorstehhunde werden *kupiert,* desgleichen (im unterschiedlichen Ausmaß) die vom Wachtel, Spaniel und Jagdterrier (Foxterrier). Dieser Eingriff darf vom Züchter nur während der ersten sieben Tage nach dem *Werfen* vorgenommen werden, später muß dies durch den Tierarzt geschehen. Gelegentlich werden Welpen mit sog. *Wolfsklauen* geboren, das sind jeweils fünfte Zehen an den Hinterläufen. Sie entfernt man ebenfalls in den ersten sieben Lebenstagen durch scharfen Scherenschnitt.

Beim Kauf eines Welpen ist u. a. besonders auf dessen *Gebiß* zu achten. Das normale Gebiß ist das *Scherengebiß*. Hierbei greifen die Schneidezähne des Oberkiefers ein wenig über die des Unterkiefers hinaus, ohne daß jedoch ein Zwischenraum entsteht. Auch noch als gut anzuerkennen wäre das *Zangengebiß*, bei dem die Schneidezähne des Ober- genau auf die Schneidezähne des Unterkiefers passen, also beim Zubeißen wie eine Zange wirken. Absolut fehlerhaft ist der *Über-* oder *Vorbeißer*, dessen Unterkieferschneidezähne die des Oberkiefers so weit überragen, daß eine mehr oder weniger große Lücke entsteht. Dieselbe Fehlerhaftigkeit stellt der *Unter-*, *Hinter-* oder *Rückbeißer* dar, dessen Unterkieferschneidezähne nicht annähernd die des Oberkiefers erreichen.

Das Alter von Vorstehhunden wird in *Feldern* angegeben, bei Schweißhunden und manchen anderen Rassen jedoch in *Behängen*. So steht z. B. ein Vorstehhund, der sich im vierten Lebensjahr befindet, im dritten Feld, ein gleichalter Schweißhund im dritten Behang.

Die Ausbildung des Jagdhundes nennt man *Abrichtung*, im Revier auch *Abführung*. Das beginnt möglichst früh, praktisch schon dann, wenn der Jagdhund in der Lage ist, seinen Führer bei Spaziergängen zu begleiten.

Selbst bei dem als spätreif angesehenen Hannoverschen Schweißhund wird heute eine früh beginnende Ausbildung gefordert, und es ist erstaunlich, mit welch guten, ja hervorragenden Leistungen Hunde bei den *Vorprüfungen* aufwarten, die gerade erst im ersten Behang stehen. Lediglich bei Erdhunden sollten ernsthafte Übungen im *Kunstbau* erst mit dem ausgewachsenen und auch wesensmäßig reifen Tier einsetzen.

Der Hund trägt eine *Halsung*, die tunlichst aus Leder ist. Während der Arbeit, z. B. beim Stöbern, selbstverständlich auch am Bau und bei der Wasserarbeit, wird die Halsung abgenommen. Der Hund wird *abgehalst* bzw. wieder *angehalst*. Gleiches geschieht bei Schweißhunden vor Beginn einer *Hetze*. Der Hund wird *geschnallt*. Die *Schweißhalsung* ist besonders breit und zum Festmachen des Schweißriemens mit einem *Wirbel* versehen.

Ein Jagdhund wird entweder an der *Führerleine* (Umhängeleine) oder – beim Schweißhund – am *aufgedockten Schweißriemen* geführt. *Abgedockt* wird der Schweißriemen vor Beginn der Riemenarbeit. Er soll mindestens sieben Meter lang sein. Zu kurze Schweißriemen schaffen nur geringen Spielraum zwischen Führer und Hund, besonders im dichten Holz oder wenn der Hund z. B. wegen eines *Widerganges* des Wildes zu kreisen beginnt. Bei zu langen Schweißriemen wiederum schleppt man stets unnütz ein nicht notwendiges Riemenstück hinter sich her. Der Riemen wird stets so geführt, daß er unter einem der Vorderläufe des Hundes hindurchgezogen wird, der Wirbel der Halsung sich also an der Halsunterseite befindet. Dann ruht der Druck beim fest im Riemen liegenden Hund stets im Nacken, die Atemwege werden nicht eingeschnürt. Wechselt der Hund von seiner Arbeitsfährte auf eine andere Fährte oder Spur über, dann *changiert* er. *Lancieren* bedeutet, wenn mit Hilfe des Schweißhundes durch reine Fährtenarbeit z. B. ein Feisthirsch zum Verlassen seines Tageseinstandes genötigt wird, um von einem der vorgestellten Schützen erlegt zu werden.

Ein entsprechend gearbeiteter Riemen, an dem mindestens zwei Hunde geführt werden, heißt *Koppel*. Die Hunde werden *angekoppelt* oder *abgekoppelt*. Befreit sich ein Hund mittels seines Gebisses vom Riemen, so nennt man dies *abschneiden*. Vom *Anschneiden* spricht man dann, wenn sich ein Hund Stücke des gefundenen Wildes einverleibt. Erhält er jedoch aus der Hand seines Führers, z. B. während des *Aufbrechens*, Teile des Aufbruches oder Schweiß, dann wird er *genossen gemacht*. Hunde, die das von ihnen zu apportierende Wild vergraben, heißen *Totengräber*.

Als *Blender* bezeichnet man einen Vorstehhund, der vorsteht, ohne Wild gefunden zu haben, als *Blinker* dann, wenn gefundenes Wild bewußt überlaufen, also nicht durch Vorstehen angezeigt wird. Er *sekundiert*, wenn er einem bereits vorstehenden Hund dieses nachahmt, obwohl er selbst ohne Wildwitterung geblieben ist.

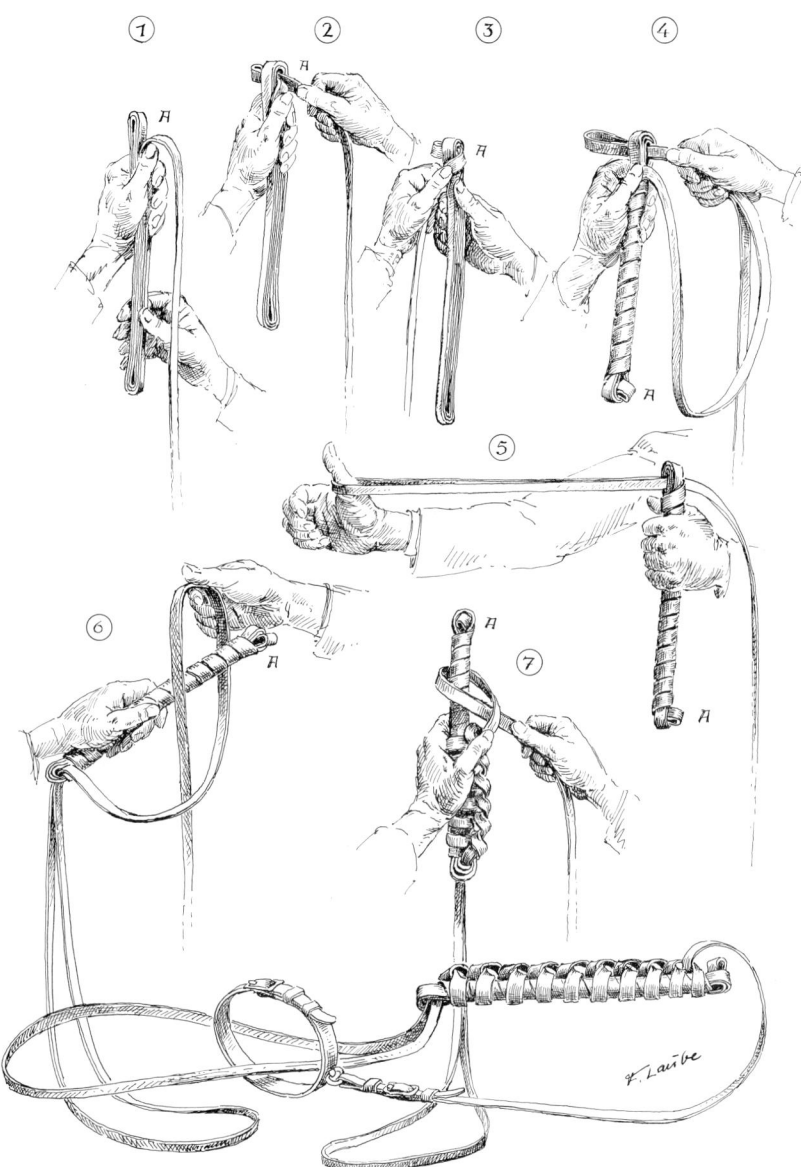

Aufdocken des Schweißriemens

Ein Erdhund *schlieft* in den Bau; *er liegt vor*, wenn er das Raubwild gefunden hat und dieses nun anhaltend verbellt. Bedrängt er es so sehr, daß es den Bau verlassen muß, dann wird es *gesprengt*. Er wird *abgebrochen* oder auch *ausgeknebelt*, wenn er sich so sehr im Raubwild verbissen hat, daß er nur mit Hilfe eines Knebels von diesem getrennt werden kann (auch bei Hunden unter sich). Erdhunde sollten stets allein in einem Bau arbeiten. Scharfe Hunde könnten sich sonst befehden, schlimmstenfalls im Jagdeifer sogar umbringen.

Ein brauchbarer Jagdhund hat nicht nur *leinen-* oder *riemenführig* zu sein, er muß sich auch an jedem Ort und über jede Zeit *ablegen* lassen. Das Ablegen geschieht am besten stets mit Halsung und Riemen. Hier wird der Jäger gezwungen, den Hund wieder abzuholen und nicht einfach herbeizupfeifen. Letzteres hält den auf den Pfiff wartenden Hund stets in Unruhe und kann ihn zum selbständigen Suchen nach seinem Führer verleiten. Auch sollten alle Jagdhunde so erzogen sein, z. B. nach einer fehlgelaufenen oder auch verbotenen *Hetze* sich stets wieder da einzufinden und selbständig abzulegen, wo sie sich vordem von ihrem Führer trennten. Dies läßt sich unschwer üben und wird erleichtert, wenn der Führer am Ausgangspunkt Rucksack, Mantel o. ä. hinterlegt. Gar mancher Hund wäre nicht verlorengegangen, hätte man ihn rechtzeitig zu solchem Gehorsam erzogen. Leider werden viele Hunde nach einem selbstgewählten Ausflug sinnlos gestraft und tun in Zukunft lieber alles andere, als freiwillig zu ihrem wartenden Führer zurückzukehren.

Lederkette mit Würgering   *Riemen mit Kreuzverschluß*

Grundsätzlich: Ein Hund wird nie geprügelt, weil er gar nicht in der Lage ist, die Prügelstrafe mit verbotenem Tun in Zusammenhang zu bringen. Ein leichter Schlag mit dünner Gerte, der eher optisch als schmerzhaft wirkt, kann gelegentlich Ausbildungshilfe sein oder eine gewünschte Unterordnung erzwingen, wenn er im richtigen Augenblick erfolgt.

Ein Hund, der z. B. anläßlich einer *Freiverlorensuche* das von ihm gefundene und bereits verendete Wild verbellt, bis sein Führer zur Stelle ist, heißt *Totverbeller*. Einer, der bei gleichem Anlaß zum wartenden Jäger zurückkehrt und durch sein Benehmen den Fund bekundet, wird *Totverweiser* genannt. Ist er darauf abgeführt, nach dem Finden des Wildes einen an der Halsung befestigten Lederstreifen o. ä. in den Fang zu nehmen und dadurch den Erfolg anzuzeigen, so ist er ein *Bringselverweiser*.

Beide Abrichtungsmethoden stiften aber in der Praxis häufig mehr Schaden als Nutzen. In beiden Fällen nämlich wird oft darauf verzichtet, bei Nachsuchen auf krankes Schalenwild die allein gerechte und erfolgversprechende Riemenarbeit anzuwenden. Ein *riemenfester* und *fährtentreuer* Hund aber benötigt weder das eine noch das andere, da er, stets am Riemen geführt, den Jäger an das verendete Stück heranbringt. Kommt es im Verlauf der Suche jedoch zu einer Hetze, dann gibt beim späteren *Stellen* des Wildes jeder Hund, selbst der sonst stumm jagende, anhaltenden *Standlaut* und kann so vom Jäger geortet werden. Daher haben sowohl der Totverbeller als auch der Verweiser nur dann eine praktische Bedeutung, wenn sie bei der Rotfährtenarbeit konsequent nur am Riemen geführt werden, die Kunst des Verbellens oder Verweisens aber nur in wenigen Ausnahmefällen auszuüben brauchen. Dieser Einzelfall kann

Abgelegt

z. B. dann eintreten, wenn anläßlich einer Rehwildnachsuche das Stück später noch gehetzt, *niedergezogen* und *abgewürgt* werden muß. Danach könnte (!) ein Verbellen oder Verweisen des Stückes nützlich sein.

Die Frage, ob der Hund am gefundenen Schalenwild genossen gemacht werden soll, wird immer wieder diskutiert. Zweifellos steigert das Genossenmachen den *Beutetrieb* der meisten Hunde, vor allem bei solchen, die gern und viel fressen. Wiederum ist nicht ganz auszuschließen, daß diese Art von Belohnung entsprechend veranlagte Hunde leicht zum *Anschneiden* verführen kann. Als grobe Faustregel könnte gelten, daß man alle speziellen Schweißhunde bedenkenlos am Stück genossen machen soll, da hier, in der Art der Führung begründet, der mögliche Hang zum Anschneiden bereits im Keim unterbunden werden kann. Bei allen anderen Jagdhunden, die nur gelegentlich Schweißarbeit leisten, sonst aber zumeist in der Niederwildjagd ihren Dienst verrichten, sollte individuell verfahren werden. Hunde, die gern *rupfen* und damit auch leicht zum Anschneiden neigen, sollten am Stück nichts erhalten. Sonst könnte es immerhin geschehen, daß sie sich beim späteren Apportieren, z. B. eines Hasen, selbst genossen machen, den Hasen also ganz oder teilweise auffressen. Letzten Endes aber kann immer nur der mit seinem Hunde vertraute Führer entscheiden, was zu tun oder zu lassen ist.

Während das Vorstehen allen Vorstehhundrassen arteigen ist, sie dieses also nicht erst zu erlernen brauchen (lediglich die Vorstehmanieren können durch den guten Führer verfeinert werden), muß das zuverlässige, korrekte Apportieren stets unter einem gewissen Zwang beigebracht werden. Das gilt auch für Hunde, die bereits in früher Jugend und aus sich heraus alle möglichen Gegenstände herbeischleppen. Gerade hier aber wird häufig der Fehler gemacht, daß man diesen Hunden das Bringen von Gegenständen und Wild spielend beibringt. Das bereitet zwar Freude und läßt den Hund auch einen gewissen Leistungsstand erreichen. Doch kann er später in der Praxis gerade dann versagen, wenn außergewöhnliche oder erschwerende Umstände während der Apportierarbeit eintreten. Um die *Brauchbarkeitsprüfung*, den gesetzlich geforderten Mindestnachweis der Eignung für den Jagdbetrieb, bestehen zu können, muß der Hund u. a. mit der *künstlichen* Schweißfährte vertraut sein. Die entsprechenden Übungen können schon recht früh erfolgen. Beginnen sollte man beim jungen Hund mit der *Schleppe*, die entweder

Apportierbock

mit Hilfe kleineren Wildes oder mit Aufbruchteilen von Schalenwild gelegt wird. Die ersten Übungen verlaufen über nur kurze Entfernungen, werden allmählich erweitert und können für den bereits geübten Junghund durchaus einen halben Kilometer und mehr betragen. Je nach Veranlagung und Lernfähigkeit wird die zuvor zusammenhängende Duftlinie allmählich unterbrochen, indem das an einem Bindfaden befestigte *Schleppsel* nur noch Schritt für Schritt auf den Boden aufgetupft wird. Nach und nach können es auch zwei oder drei Schritte werden. Diese Schleppselmethode hat den Vorteil, daß man als Jäger an die hierfür notwendigen Wildteile leicht herankommt. Das Auffangen und Aufbewahren von Wildschweiß erfordert doch ein wenig Mühe.

Dennoch sollte der einen Junghund führende Jäger keine Gelegenheit auslassen, um Wildschweiß von erlegtem Schalenwild zwecks Herstellung von *Tupf-* oder *Spritzfährten* zu erhalten. Im Notfall kann auch Rinder- oder Schafblut verwendet werden. Beides ist jedoch dem Wildschweiß nicht ebenbürtig. Getupft wird mit einem Stock, an dessen Ende ein etwa zwei mal zwei Zentimeter großes Schwammstück aufgenagelt ist. Das Tupfen hat den Vorteil, daß neben dem Ausbringen der Schweißwitterung auch eine gewisse Bodenverwundung – analog den Schalenwildtritten – stattfindet, welche die Hundenase gern wahrnimmt. Auch läßt sich die Schweißmenge, die im Endziel für tausend Meter nur ein viertel Liter betragen soll, besser dosieren. Wie oft man das Schwämmchen in den mitgeführten Schweißbehälter eintauchen muß, lehrt die Erfahrung. Gespritzt wird mit einer im Verschluß mit kleiner Öffnung versehenen Flasche. Der Vorteil des Spritzens besteht für den Fährtenleger darin, daß er stets eine Hand frei hat, um z. B. den Fährtenverlauf an Bäumen usw. zu markieren.

Grundsätze der Waidgerechtigkeit und das Jagdgesetz verpflichten den Jäger, mit *brauchbaren* Hunden zu jagen. Dieser brauchbare Hund muß bei jeder *Such-, Drück-* und *Treibjagd*, bei der *Jagd auf Schnepfen* und *Wassergeflügel* und bei jeder *Nachsuche* eingesetzt werden. Brauchbar ist ein Jagdhund dann, wenn er z. B. eine Gebrauchsprüfung des *Jagdgebrauchshundeverbandes* oder der angeschlossenen Zuchtverbände bestanden hat und in das *Deutsche Gebrauchshundstammbuch* eingetragen ist, oder wenn er eine *Herbstzucht-* oder *Zuchteignungsprüfung* mit zusätzlicher Schweißarbeit bestanden hat, oder wenn er als Spezialhund andere Prüfungen (z. B. der Schweißhund *eine Vorprüfung*, der Teckel eine *Vielseitigkeitsprüfung* oder eine *Schweißprüfung* des Deutschen Teckelclubs) abgelegt hat. Als Mindestnachweis genügt auch die *Brauchbarkeitsprüfung*. Sie fordert, in den einzelnen Bundesländern etwas unterschiedlich, beispielsweise Schweißarbeit auf 300 Meter Länge, Apportieren von Haarwild und Federwild auf rund 200 Meter weiter Schleppe, Bringen aus dem Wasser. Es wird einfacher *Gehorsam* verlangt. Die *Schußfestigkeit* wird durch Abgabe eines Schusses in dreißig bis fünfzig Meter Entfernung festgestellt. *Anschneider, Totengräber* und *schußscheue* Hunde sind von der Prüfung auszuschließen.

Die Eignungsfeststellung eines Jagdhundes kann immer nur von gezeigten Leistungen ausgehen. Sein *Wesen* kann höchstens am Rande beachtet und berücksichtigt werden. Dennoch darf es dem Jäger und Hundeführer nicht gleichgültig sein, mit welchen Wesensmerkmalen sein Hund ausgestattet ist. Auch ohne die Erkenntnisse moderner Verhaltensforschung hat der Jäger seit jeher bei seinen Hunden die verschiedenen Wesensmerkmale zu unterscheiden und züchterisch zu fördern oder zu unterdrücken gewußt. Somit hat sich in der züchterischen Aufgabe des Menschen bis heute kaum etwas geändert. Ausnahmen bilden allerdings die Massenzuchtbetriebe bei gewissen Jagdhundrassen, die auf die wesensmäßige Veranlagung der Elterntiere viel zu wenig, manchmal auch gar keine Rücksicht nehmen.

Der auf kynologischem Gebiet weniger erfahrene Jäger wird mit dem Begriff „Wesen" nicht viel anfangen können. Ganz grob und kurz gesagt umfaßt dieser Begriff alle Reaktionen eines Hundes innerhalb verschiedener Situationen. Diese unterschiedlichen Verhaltensweisen führen letztlich zu den Begriffen der Wesensfestigkeit oder der Wesensschwäche.

Ein wesensfester Hund wirkt z. B. ausgeglichen und ruhig. Er wird schnell mit den wechselnden Verhältnissen, die ihm eine unruhige Umwelt permanent beschert, fertig. Für den praktischen Jagdbetrieb bedeutet dies, daß ein solcher Hund *schußfest* und auch anderen Geräuschen gegenüber (Gewitter) unempfindlich ist. Dieser Hund ist auch *wasserfreudig.* Er zeigt eine *natürliche Schärfe* gegenüber Raubwild und Raubzeug, kennt aber andererseits seine Grenzen gegenüber starkem, wehrhaftem Wild, z. B. Schwarzwild. Nicht selten führt eine Instinktschwäche bei Meutehunden zu schwerer Verletzung durch Sauen. Zwar werden diese Hunde gern als besonders schneidig bezeichnet, aber das ist ein Trugschluß.

Gewiß werden wir in der wesensmäßigen Veranlagung der verschiedenen Rassen Unterschiede machen müssen, verlangen also z. B. dem Schweißhund keine *Raubwildschärfe* und dem Teckel keine *Wasserarbeit* im dichten Schilfwald ab. Wir beachten also hier auch das Ziel der jeweiligen Züchtung und die körperliche Beschaffenheit der Hunde.

Die *Wesensschwäche* kann einen Hund, je nachdem, auf welchem Gebiet sie sich äußert, selbst bei hoher jagdlicher Veranlagung, bis zur Unbrauchbarkeit degradieren. Ist er z. B. *schußscheu*, dann nützen ihm weder seine gute Nase, festes Vorstehen und verläßliches Apportieren, weder seine Schärfequalitäten noch *Fährtentreue* und *Findewille.* Er ist jagdlich wertlos, weil er bei jedem Schuß die Nerven verliert oder gar das Weite sucht. Allerdings muß hier zwischen der angewölften und unheilbaren *Schußscheue* und der sowohl angeborenen als auch gelegentlich durch entsprechende Umwelteinflüsse entstandenen *Schußempfindlichkeit* unterschieden werden. Schußempfindlichkeit ist bei sinnvoller und vorsichtiger Führung meist noch abstellbar. Hier kommt es darauf an, den Hund allmählich und beginnend mit schwachem Knall aus weiterer Entfernung an den Schuß zu gewöhnen. In den meisten Fällen hat der Jäger bald einen völlig schußfesten Hund in der Hand. Allerdings sollten diese Hunde besser nicht zur Zucht benutzt werden, da sie, begünstigt durch einen auf diesem Gebiet gleichveranlagten Partner, leicht schußscheue Nachkommen bringen können.

Die Schußfestigkeit wird anläßlich von Prüfungen festgestellt. Korrekt jedoch läßt sie sich nur dann prüfen, wenn der Hund zuvor über längere Zeit abgelegt wird und, noch während er liegt, das Schießen erfolgt. Nur hier kann der Gebrauchsrichter einwandfreie Schußfestigkeit bestätigen, nicht jedoch bei Veranstaltungen, auf denen mehrere Hunde zwischen ihren Führern durcheinanderlaufen und dabei der Schuß erfolgt.

Zur *Wesensschwäche* dürfte auch der *Waidlaut* (anhaltendes Lautgeben ähnlich dem Spur-
oder Fährtelaut, jedoch ohne Grund) und der *Baulaut* (Lautabgabe im Kunst- oder Naturbau,
ohne daß Raubwild vorhanden ist) gehören. Auch *Wasserscheue, Angstbeißen*, unbegründete
Handscheue, ständiges Winseln, Erschrecken bei Geräuschen oder dem Auftauchen von
ungewohnten Gegenständen sind Zeichen von Wesensschwäche. Es würde zu weit führen, alle
Merkmale von Wesensschwächen hier aufzuzeigen. Jedoch darf gesagt werden, daß selbst mit
einigen leichteren Wesensschwächen behaftete Jagdhunde durchaus noch vollwertige Helfer
des Waidmannes sein können. Nur braucht der Führer gerade in diesen Fällen ein besonders
feines Einfühlungsvermögen in die Veranlagung seines Hundes und eine behutsame, helfende
Hand.

Wenn sich der Jäger auch nicht absolut davor schützen kann, einen mit Wesensmängeln
behafteten Welpen zu erwerben, so bietet doch die Leistungszucht eine gewisse Garantie für
Wesensstärke. Daß sich der Käufer nur von einem Leistungszwinger bedienen läßt, liegt auf
der Hand.

Alle Hunde, die anerkannter Zucht entstammen, erhalten grundsätzlich eine *Ahnentafel*. In
dieser sind sowohl die Eltern und Voreltern als auch deren erworbene *Leistungszeichen*
vermerkt. Hierdurch erhält der Käufer eine gewisse Garantie für die Güte des Welpen. Sollte
dieser in seltenen Fällen dennoch fehlschlagen, dann bleibt nichts Besseres zu tun, als ihn aus
dem Jagdbetrieb zu verbannen. Denn wenn es schon keine waidgerechte Jagd ohne Hund
gibt, das Jagen mit einem unbrauchbaren Hund endet leicht in Aasjägerei.

Das Frett

Das Frett oder Frettchen ist eine zum Haustier gewordene Marderart von gelblichweißer
Färbung, etwa von der Größe eines Iltis. Die Iris der Lichter ist, weil es sich um einen Albino
handelt, ohne Farbstoff; daher ist das Frett lichtscheu und vermag am Tag nur schlecht zu
äugen. Im allgemeinen ist das Männchen bissiger und schärfer als das Weibchen. Am besten
wäre es, das Frett wäre überhaupt nicht bissig; denn seine eigenartige Ausdünstung ist allein
völlig imstande, die Kaninchen, zu deren Jagd es ausschließlich verwendet wird, aus dem Bau
zu treiben, wenn es nur fleißig ist und den ganzen Bau nach Kaninchen absucht. Die Mordlust
des Fretts ist aber ganz ungeheuer. Sie kann nur eingedämmt werden durch die entsprechende
Fütterung. Füttert man nämlich, was vielfach geschieht, die Frettchen von Jugend an mit
Fleisch, so erzieht man sich ganz unbrauchbare Jagdgehilfen, weil sie sich am ersten besten
Kaninchen festbeißen, es anschneiden und dann sich behaglich einrollen, um der Ruhe zu
pflegen. Draußen stehst du dann mit gespannter Flinte und wartest vergeblich auf weitere
Kaninchen und vor allem auf dein Frett. Werden dagegen die Frettchen von früher Jugend an
mit Milch und Semmeln gefüttert, so haben sie die Untugend des Anschneidens seltener und
sind zur Jagd erheblich brauchbarer. Um dieser Untugend zu begegnen, wird häufig ein
Schellenhalsband aus leichtem Gummistoff verwendet. Ein solches streift sich ab, wenn das
Fett damit etwa hinter einer Wurzel im Bau hängen bleibt. Nichtsdestoweniger ist und bleibt
das Frett launisch und unberechenbar. Und der Kaninchenjäger muß sich auf allerlei Gedulds-
proben mit ihm gefaßt machen.

Bei der Wartung der Frettchen ist höchste Sauberkeit Grundbedingung für die Erhaltung
ihrer guten Nase. Daher muß die meist flüssige Losung, die immer an einem und demselben
Ort abgesetzt wird, sauber entfernt werden. Sonst sind sie sehr auf ein weiches Lager und
Wärme versessen und vor allem gegen Zugluft empfindlich.

Alle Frettchen sind in der Jugend scheu und bissig. Sollen sie zur Jagd brauchbar sein, so müssen sie gezähmt und auch an Ruf und Pfiff gewöhnt werden; denn nur ein wirklich zahmes und gehorsames Frett verspricht gute Jagderfolge. Will das Frett den Bau nicht wieder verlassen, so helfen oft Stampfen auf dem Bau, Ruf und Pfiff in die Röhre hinein. Um die Tierchen einzuarbeiten, bedient man sich eines einfach angelegten Kunstbaues im Freien, durch den vorher ein Kaninchen durchgezogen wird. Hier lernen sie die Kaninchenwitterung kennen und sich auf sandigem, berastem und rauhem Boden bewegen.

Vielfach wird den Frettchen, damit sie sich nicht in ein Kaninchen festbeißen können, ein Maulkorb angelegt. Abgesehen davon, daß dieser die Tierchen in ganz anderem Maß belästigt als das Schellenhalsband und sie somit unlustig macht, nimmt ihnen der Maulkorb die Waffe gegen etwa im Bau steckendes kleines Raubwild, wie Iltis, Wiesel und auch Katzen. Man sieht daher besser vom Maulkorb ab und sucht seinen Zweck durch Fütterung mit Milch und Semmeln zu erreichen. Das Abfeilen der Fangzähne ist grausam und daher verwerflich. Außerdem nützt es nichts gegen Festbeißen und Anschneiden. Das Frett verbeißt sich mit den verbliebenen Stummeln ebenso, als wenn es seine ganzen Fangzähne behalten hätte; oder aber es verliert seinen Schneid ganz und gar.

Zur Jagd werden die Frettchen in einem besonderen Kasten mit hinausgenommen, der, an einem Riemen über der Schulter getragen, den Tieren ein warmes, bequemes Lager und Schutz gegen Regen und Zugluft bieten muß. An Ort und Stelle wird das Frett hervorgeholt und in die Röhre eines Baues gesetzt, den es dann in allen seinen Teilen absucht, die eingefahrenen Kaninchen zu wilder, kopfloser Flucht veranlassend. Länger als eine Stunde hintereinander sollte man ein Frett nicht arbeiten lassen. Dann soll es gefüttert und in den Kasten gesetzt werden, um ein anderes im Bau zu verwenden.

Mehrfach hat man das weiße Frett mit dem Iltis gekreuzt. Solche Kreuzungs- oder Iltisfrettchen sollen durchweg schärfer sein als die gewöhnlichen Fretts. Da auf dieser Schärfe der Fleiß für das Absuchen der Baue beruht, so sind sie wertvoller als die Albinos. Von anderer Seite wird jedoch zwischen den Albinofretts und den Iltisfretts kein Unterschied gemacht.

Reiz- und Lockvögel

Bei der Ausübung der Hüttenjagd auf Rabenvögel ist der Hauptreizvogel der *Uhu*. Da er zu den stark gefährdeten und nach der Naturschutzgesetzgebung ganzjährig geschützten Arten gehört, ist sein Bezug – auch aus dem Ausland – nur in besonders gelagerten Einzelfällen auf Grund der Naturschutzgesetzgebung der einzelnen Bundesländer möglich. Diese Beschränkungen gelten in der Regel nicht für Tiere, die im Inland gezüchtet worden sind.

Der männliche Vogel, der übrigens nur schwer vom Weibchen zu unterscheiden ist, bleibt seiner größeren Munterkeit und Beweglichkeit wegen vorzuziehen; er übt auf die Greif- und Rabenvögel einen größeren Anreiz zum Stoßen oder *Hassen* aus. Der Uhu wird mittels einer *Fessel* an der Krücke der Jule befestigt, die so lang sein muß, daß der Vogel sich beim Stoßen größerer Greifvögel bequem auf den Erdboden und auf den Rücken werfen kann. Das am Fang befindliche Ende der Fessel besteht aus einem weichen, aber starken Lederriemen, der durch einen leichtgehenden Wirbel geteilt ist. Dieser soll verhindern, daß der Vogel sich in den Riemen verwickelt. Zum Tragen zur Hütte bedient der Hüttenjäger sich, um das Gefieder zu schonen, eines leichten Korbes aus Weidengeflecht mit einer Tür zum bequemen Einsetzen und Herausnehmen des Vogels.

Man glaube nun nicht, daß es so einfach ist, mit dem Uhu zweckmäßig umzugehen. Der

Vogel will sorgfältig, und zwar von seinem Herrn persönlich, gefüttert und gepflegt werden. Ich habe mehrfach junge Nestvögel aufgezogen und mußte bei demjenigen, den ich durch einen anderen füttern ließ, die traurige Erfahrung machen, daß er sich von mir durchaus nicht ergreifen lassen wollte. Letzteres geschieht in der Weise, daß man den Uhu mit dickem Handschuh weich, aber entschieden von hinten um beide Fänge faßt und ihn so anhebt. Dabei hat man sich vor den scharfen Krallen recht sehr zu hüten, weil sie immer mit Aas beschmutzt sind und äußerst tief durchgreifen. In den Korb steigt der Uhu, wenn er zur Hütte gehen soll, mit sichtlichem Widerstreben, während er von der Jule mit Freuden wieder einsteigt, froh, daß die Hüttenjagd diesmal ihr Ende erreicht hat. Wer den Uhu stets füttert, ihm Wasser zum Trinken und Baden besorgt, zu dem kommt er leicht in ein Freundschaftsverhältnis, das zum Betrieb der Hüttenjagd einfach notwendig ist. Damit ist es aber noch nicht getan; der Vogel muß auch lernen, auf der Krücke richtig aufzuhaken und dort *blocken* zu bleiben. Das kostet Mühe und Geduld. Wird er aber regelmäßig mit dem Wörtchen Auf! – woher er auch der „Auf" genannt wird – auf die Jule gesetzt, dann blockt er später auf diesen Ruf meist von selbst auf, wenn er mal zu Boden gekommen ist.

Von den *ausgestopften* Uhus halte ich nicht viel. Sie erreichen jedenfalls die Brauchbarkeit eines lebenden Vogels nicht annähernd, auch wenn sie noch so sehr auf künstliche Beweglichkeit von der Hütte her eingerichtet sind. Weit besser ist dann die Benutzung einer anderen Eule. Zu erwähnen wäre hier noch die Jagd mit *Lockenten*, die früher in den sog. *Entenfängen* oder *Entenkojen* eine große Rolle spielten. Unserem heutigen waidmännischen Empfinden entspricht diese Jagdart nicht mehr, doch werden in Schleswig-Holstein noch einige Kojen auf den nordfriesischen Inseln in Betrieb gehalten, allerdings vorwiegend aus kulturhistorischem Interesse und nicht um der Jagd willen. Die Fangquoten für diese Kojen sind eng begrenzt, die Eigentümer haben darüber hinaus die Auflage, die Hälfte der gefangenen Enten für wissenschaftliche Zwecke zu beringen. In Holland dagegen ist der Fang in Entenkojen auch heute noch weit verbreitet.

Anders ist es mit der Jagd mit einzelnen Lockenten, die an bekannten Einfallstellen auf dem Wasser ausgesetzt werden und mit einem ihrer Ruder an einer Schnur angebunden sind. Am besten eignen sich hierfür die wildfarbenen Hochbrutflugenten. Die so ausgesetzten Lockenten locken durch ihr lautes Rufen und durch ihre Anwesenheit vorbeistreichende Entenschofe heran, so daß diese bei ihren vermeintlichen Artgenossen einfallen. Es ist selbstverständlich, daß bei dieser Jagdmethode jede Tierquälerei der Lockenten peinlichst vermieden werden muß. Vielfach werden auch wohl künstlich nachgebildete Enten als Lockenten benutzt, der Nachteil hierbei ist nur, daß diese stumm sind, während die lebenden Lockenten vor allem durch ihr lautes Schreien ihre wilden Artgenossen heranziehen. Die Verwendung von Lockenten unterliegt jedoch landesgesetzlichen Einschränkungen, über die man sich jeweils vorher orientieren muß.

Ausrüstung und Einrichtungen für die Jagd

Neben dem Gewehr ist das Fernglas wichtigster Ausrüstungsgegenstand des Jägers. Auch hier befriedigt die optische Industrie heute jeden erdenklichen Sonderwunsch. Bei der Neuanschaffung des *Pürschglases* sollte der Jäger bedenken, daß es sich im allgemeinen um eine einmalige Anschaffung fürs Leben handelt, und daher nicht mit dem Geld knausern. Die besten Ferngläser sind die sog. Nachtgläser mit reflexverminderndem Belag und sieben- bis achtfacher Vergrößerung. Die 10fache Vergrößerung scheint mir die Grenze des Zweckmäßigsten zu sein. Bei noch stärkeren Vergrößerungen verwackelt das Bild, wenn man keine feste Auflage hat. Für den Reviergang am Tag genügt ein lichtschwächeres und damit leichteres Glas gleicher Vergrößerung. Im Hochgebirge dagegen, wo man auf sehr weite Entfernungen ansprechen muß, verwendet man zusätzlich ein sog. Spektiv. Diese Spektive sind Fernrohre mit bis zu 38facher Vergrößerung, allerdings ist das Gesichtsbild so klein, daß eine große Übung zur Benutzung eines solchen Spektivs gehört. Zum Schutz gegen Regen bedient man sich eines Regendeckels, der in Form einer Gummikappe über die Okulare gezogen werden kann und man Umhängeriemen befestigt ist. Alle festen Klappen aus Metall sind eine Quelle des Klapperns.

Das *Jagdhorn* erhöht nicht nur die Poesie des Jagens, es ist auch von großer praktischer Bedeutung; außerdem entspricht es altem Brauchtum. Die Hornfessel war das Zeichen des gerechten Jägers, der Federschütze durfte sie nicht tragen. Erfreulicherweise hat die Verwendung des Jagdhorns in den letzten Jahren überall in der Jägerschaft stark zugenommen. Eine Treibjagd ohne Horn leiten zu wollen, ist ein Unding. Andere Signalinstrumente, wie Trillerpfeifen, Rangierhörner und ähnliche ohrenmarternde Instrumente, gehören nicht auf die Jagd. Während auf Treibjagden, zum Verblasen der Strecke usw. das Pleßsche Jagdhorn in B ausschließlich Verwendung findet, ist für die Pürsche oder auch für die Nachsuche mit dem Schweißhund das Jagdhorn in Taschenformat von Carl Clewing, welches bequem in jeder Rocktasche oder Hosentasche mitgeführt werden kann, zu empfehlen. Dieses kleine Horn klappert und blinkt nicht, man kann nicht damit hängenbleiben und trägt es mühelos in der Tasche. Dabei ist sein Ton durchaus wohlklingend und weittragend, und außerdem ist es mit dem Pleßhorn gleichgestimmt, so daß man es auch beim Verblasen der Strecke zusammen mit Pleßhörnern blasen kann. Man muß von einem Waidmann verlangen, daß er zum mindesten die deutschen Jagdsignale kennt[1].

Auf der Jagd wird das Horn, am Riemen umgehängt, an der rechten Seite getragen, die Schallöffnung nach hinten. Für kalte Witterung empfiehlt sich der Gebrauch des Hornmundstückes, das in der Hosentasche getragen wird. Dort bleibt es warm und gestattet auch bei großer Kälte einen leichten Ansatz. Lose Mundstücke, am Horn getragen, gehen leicht verloren. Sind sie mit einer Sicherungsschnur versehen, so verursachen sie beim Laufen, wenn sie herausfallen, ein häßliches Geklapper.

Sollen die Hornrufe weithin gehört und verstanden werden, so müssen sie von einem möglichst freien Stand aus gegeben werden. Mitten in dichten Dickungen geht oft jeder Laut verloren, und die Umstehenden hören nichts.

Für das Hochgebirge unentbehrlich, aber auch im Mittelgebirge sehr brauchbar, ist der *Bergstock*. Er ist etwa 2 m lang und so dick, daß er voll in die Faust paßt. Am liebsten schneidet der Gebirgler ihn sich aus dem zähen und leichten Holz der Eberesche oder des Haselstrauchs, das selbstverständlich nur rund gewachsen verwendet wird. Da oft genug Leben und Gesundheit des Jägers von der Zuverlässigkeit seines Bergstockes abhängen, so wird auf seine Verläßlichkeit der größte Wert gelegt. Eine Spitze, stark und von gutem Stahl, bildet sein unteres Ende. Wo der Waidmann lautlos gehen will, dreht er den Stock um, so daß nur Holz oder ein Schuh von Gummi den Boden berührt. Der Bergstock dient auch gleichzeitig als Zielstab. Er soll dann in geeigneter Höhe mit einer Schnur umwickelt sein, um beim Anstreichen nicht zu federn. So angewandt, tut er auch in einem Revier der Ebene bei der Pürsche ausgezeichnete Dienste.

Der *Pürsch-* und *Jagdwagen* wird langsam ein Requisit vergangener Zeiten. Das Pferd ist weitgehend vom Auto verdrängt, und doch gehört das Fahren mit dem Pferdewagen durchs

---

[1] „Die Jagdsignale" mit Merkversen von W. Frevert. Verlag Paul Parey, Hamburg und Berlin.

Revier zu dem Schönsten, was es gibt. Das Wild hält den Wagen gut aus, so daß man ohne zu stören, in aller Ruhe beobachten kann – vorausgesetzt allerdings, daß niemals vom Wagen geschossen wurde –, man kann jeden Weg benutzen und ist nicht auf eine befestigte Straße angewiesen, und gleichzeitig genießt man die Freude des Pferdeliebhabers, zwei edle Tiere im flotten Trab lenken zu können. Eine versunkene Romantik, die der Motor abgelöst hat. Heute fährt alles mit dem Kraftwagen zur Jagd. Die Vorteile brauche ich hier nicht zu schildern, es gibt auch geländegängige Wagen, mit denen man fast jeden Holzabfuhrweg fahren kann. Aber man sollte nicht mit dem Kraftwagen jagen, d. h. nicht ständig im Revier herumfahren und dann das Wild vom Auto aus schießen – das hat mit Waidwerk nichts mehr zu tun. Erfreulicherweise ist es inzwischen nach dem Bundesjagdgesetz verboten, Wild aus Kraftfahrzeugen zu schießen. Als Zubringer zur eigentlichen Jagd ist der Kraftwagen dagegen heute nicht mehr fortzudenken, und auch gegen gelegentliche Fahrten durchs Revier zum Beobachten oder in Verbindung mit dem Abfährten ist nichts einzuwenden. Daß er sich zum schnellen Transport von Futtermitteln, Fallen u. ä. eignet, versteht sich von selbst.

Zum Schluß dieses Teiles mögen noch einige Einrichtungen im Jagdrevier erwähnt werden, deren man sich mit Vorteil bedient.

Da ist zunächst der *Pürschsteig*. Er stellt einen von Gezweig, Laub, Gras oder Kraut gereinigten Pfad dar, auf dem der Pürschjäger sich ohne Mühe lautlos bewegen kann, um Wild zu erlegen oder zu beobachten. Für die allermeisten Waidmänner geht es auch ohne Pürschsteige. Die Freude über einen Erfolg nach recht schwieriger Pürsche ist dann um so größer. Allein, es ist doch nicht zu verkennen, daß ein Pürschsteig in manchen Örtlichkeiten die unbedingte Voraussetzung für den Erfolg sein kann. Ein ausreichend großes, geschickt angelegtes und gut unterhaltenes Netz von Pürschsteigen ist für die Jagdausübung von großem Wert, nicht nur bei der Erlegung von Wild, sondern vor allem auch für die Beobachtung. Dabei ist aber wohl zu beachten, daß nur ein gut unterhaltener Pürschpfad nützlich ist. Auf einem schlecht gehaltenen macht der Jäger, in der Annahme, besondere Vorsicht bei der Bewegung sei nicht nötig, mehr Geräusch, als wenn gar keiner vorhanden wäre, weil er dann von selbst die größte Vorsicht walten läßt.

Für die größere und geringere Brauchbarkeit des Pürschsteiges ist seine Lage entscheidend. Liegt er gut, d. h. führt er in guter Deckung an den Äsungsplätzen des Wildes, an Wiesen, Kulturen, Ackerflächen vorbei, durch raume Althölzer mit Mastbäumen, durch höhere und lichtere Erlenbrücher mit gutem Graswuchs, im Gebirge quer durch Wände mit vielen Runsen und Latschen, hoch an den Almen vorüber, so daß der pürschende Waidmann überall von oben in die Lieblingsstandorte des Wildes hineinsehen kann, so wird er viel Nutzen und Freude gewähren. Größere Flächen sollen rings vom Pürschsteig umgangen werden, um bei jeder Windrichtung an das Wild herankommen zu können, ohne es zu stören. Der Pürschsteig soll an vorhandene Wege und Pfade anschließen und zweckmäßig so geleitet werden, daß er einen Rundgang ermöglicht. An Stellen, an denen der Pürschsteig vom Wege abzweigt, wird ein von Rinde befreiter, kleiner Pfahl eingeschlagen, um auch frühmorgens bei Dunkelheit den Abgang leicht finden zu können. In einem Revier, das durch starken Ausflugsverkehr beunruhigt wird, läßt man die Pürschsteige nicht von begangenen Wegen anfangen, sondern erst etwa 20–30 m vom Wege entfernt, so daß Unberufene den Pfad nicht finden. Um bei Dunkelheit die Abzweigung zu finden, legt man an den Wegrand 2 größere Steine übereinander, die nicht weiter auffallen.

Dort, wo der Pürschpfad mehr oder weniger ungedeckt und offen an beliebte Standorte des Wildes heranführt, schafft man sich Sichtschutz durch Anlage von *Schirmen*. Man zweigt dann vom Hauptpfad kleine Nebenpfade ab, die in die Schirme hineinführen.

Gelegentlich beschränkt sich der Jäger auf das einfache *Ausmähen* eines Pürschpfades, z. B.

um einen in einem Erlenbruch mit viel Kraut und Gras oder in größeren Jungwüchsen mit offenen Flächen oder im Schilf eines zulandenden Sees schreienden Brunfthirsch, der sonst nicht zu haben ist, anpürschen zu können.

Unter einem *Jagdschirm* wird ein der Umgebung angepaßtes Versteck verstanden, in dem der Jäger ganz oder zum Teil gegen das Eräugtwerden durch Wild geschützt ist. Der Örtlichkeit und dem Wild entsprechend gibt es Schirme verschiedener Art. Ich sprach vorhin davon, daß die von den Hauptpürschpfaden abzweigenden Nebenpfade oder auch die Enden der Hauptpürschpfade selbst vor einem Schirm auslaufen. Derartige Schirme dürfen nicht zu

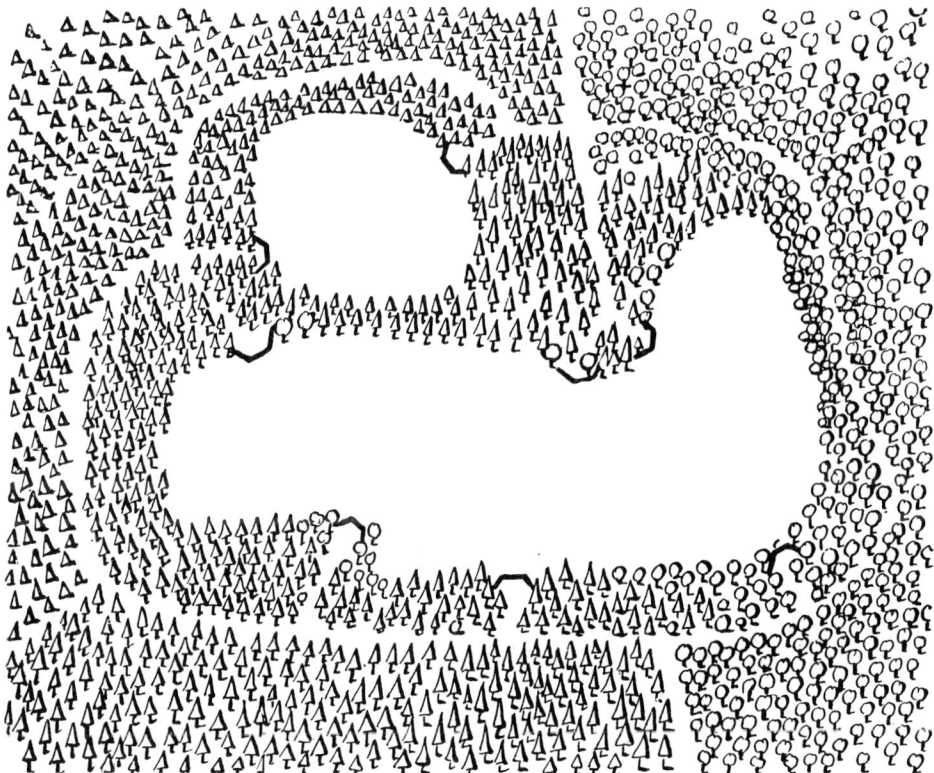

Verlauf eines Pürschsteiges um eine Wiesenfläche mit Nebensteigen und Schirmen

klein angelegt werden, weil sie nicht nur den stillstehenden Schützen, sondern auch dessen Annäherung gegen die verschiedenen Seiten der zu beobachtenden oder zu beschießenden Fläche decken sollen. Wo die Umgebung ohnehin genügend Deckung gewährt, z. B. in einer Dickung, da kann der Schirm natürlich von geringerer Ausdehnung sein. Zweckmäßig werden aber die Seiten immer herumgebogen, um nicht nur gegen Sicht von vorn zu schützen. Wo sich ein *natürlicher* Schirm nicht herstellen läßt, da muß ein *künstlicher* gebaut werden. Das geschieht am einfachsten und dauerhaftesten durch Eintreiben von hinreichend starken Stangen in den Boden, oder, wo es dazu zu steinig sein sollte, durch Benutzung stehender Stämmchen, oder, wo auch das nicht gehen sollte, durch Reisigbunde, die in Rundform neben- und übereinandergelegt werden. Diese werden dann durch Stangen, die von oben eingetrieben werden, in feste Verbindung gebracht. Bei den ersteren Schirmen werden die Zwischenräume

der Stangen oder Stämmchen mit grünem, biegsamem Reisig durchflochten. Nicht unerwähnt
bleiben soll, daß sich aus Latten oder Schalbrettern vorgefertigte Seitenteile erstellen lassen,
die draußen im Revier zusammengesetzt werden. Der Vorteil ist, daß diese Art Schirme
beweglich sind und leicht an jedem gewünschten Platz aufgestellt werden können. Dem
Ideenreichtum und der Geschicklichkeit des einzelnen sind hier keine Grenzen gesetzt.

Für Schirme gegen Hochwild ist ganz besonders auf genügende Höhe zu achten. Die
Gestalt des Jägers muß im Stehen völlig verdeckt sein, weil sonst bei Bewegung der Hut eräugt
werden kann. Um trotzdem bequem schießen zu können, wird der obere Teil des Schirmes

Ein Jagdschirm mit Einrichtung zum Auflegen

zinnenartig hergestellt, indem man das Flechtwerk oder die Reisighaufen in guter Schießhöhe
aufhören läßt und durch Einstecken von stehendem, dicht belaubtem oder benadeltem Reisig
mit Zwischenräumen von etwa 30 cm die Zinne zur vollen Höhe herstellt. Diese Rücksicht auf
gute Höhe gilt auch für Enten- und Birkhahnschirme, während sonst bei Kleinwild ein Schirm
bis zur Brusthöhe völlig ausreicht. Letztere können auch, wo es sich um Schirme für
Treibjagden handelt, mit viel geringerer Sorgfalt hergestellt werden, weil selbst der Fuchs bei
ruhigem Verhalten des Schützen nicht annähernd die Aufmerksamkeit entwickelt wie Hochwild und Birkhahn.

Zu den künstlichen Schirmen gehören auch die aus *Steinpackungen* hergestellten, wie man
sie auf Halden, Runsen und Sanden im Gebirge baut.

Jeder Schirm soll sich der Örtlichkeit anpassen, in ihr aufgehen. Wo das auf ganz freien Blößen, wie auf Heiden für den Birkhahn, wo auch Plaggen einen guten Baustoff hergeben, nicht gut angängig ist, da soll er, bevor er in Gebrauch genommen wird, wenigstens gehörig verwittert, und das Wild an ihn gewöhnt sein.

Wo irgend herstellbar, sind die natürlichen Schirme immer die besten. Der Waidmann richtet sie her, indem er entweder vorhandenes, lebendes Gesträuch und Gestrüpp zurecht-stutzt, verflicht und dich-tet, oder aber, indem er der Örtlichkeit angepaßte Sträucher und Stämmchen einpflanzt und diese so zieht und beschneidet, daß sie mit der Zeit zu einem brauchbaren Schirm her-anwachsen. Ein umsichti-ger Waidmann, der nicht nur im Revier zu finden ist, wenn es etwas zu schießen gibt, richtet sich mit der Zeit an allen für diesen Zweck in Frage kommenden und passen-den Orten solche natürli-chen Schirme ein.

Dauerkanzel

Die *Schieß-* und *An-standslöcher* stehen im all-gemeinen in keinem guten Ruf. Doch läßt sich nicht leugnen, daß ihre Anwen-dung dem Waidmann jagdlichen Vorteil bringen kann. Sie bestehen, wie schon der Name sagt, aus Löchern, die in die Erde gegraben sind, um den Schützen aufzunehmen. Weil das Wild, falls es ihn überhaupt bemerken soll-te, nur einen kleinen Teil des Oberkörpers, und zwar sehr nah am Erdboden, eräugt, so weiß es nicht, was es aus dem Gegenstand machen soll, in dem es am wenigsten einen Menschen vermutet. Da zudem das Erdreich den ganzen Körper völlig verbirgt, so bietet ein solches Schießloch eine sehr gute Deckung. Doch ist mit dieser Einrichtung der Nachteil verbunden, daß sie in Gegenden mit flachem Grundwasserspiegel wegen des andrängenden Wassers nicht anwendbar ist, sowie daß das längere Sitzen im feuchten Erdreich weder angenehm noch der Gesundheit zuträglich sein kann. Durch den unnatürlich niedrigen Sitz und entsprechendem Ausblick wird die Entfernung auch leicht falsch eingeschätzt.

Der gerade Gegensatz zum Schießloch hinsichtlich seiner Lage wie des Behagens des Waidmanns und der Beherrschung der Umgebung ist der *Hochsitz* oder die *Kanzel.* Der

Hochsitz[1] hat vor dem Schirm oder dem Schießloch den großen Vorzug, daß er, falls er hoch genug ist, den Jäger von der jeweiligen Windrichtung weitgehend unabhängig macht, weil seine Wittrung sich in Luftschichten aufhält, die über das Wild hinwegstreichen. Dies trifft jedoch oft genug nicht vollständig zu, zumal wenn durch Wind oder andere Klimaeinflüsse die Luft und damit die menschliche Wittrung nach unten drückt. Zum Beispiel streicht der Wind im Gebirge oft von oben nach unten; dasselbe ist an Bestandsrändern der Fall, wie noch später ausgeführt wird. Jedenfalls soll man bei schlechtem Wind sehr vorsichtig mit der Benutzung eines Hochsitzes sein, selbst wenn dieser 10 m oder noch höher ist. Er bietet ferner die Annehmlichkeit weiterer Umschau und ist im Sommer in Gegenden, in denen viele Mücken hausen, ein weit angenehmerer Aufenthalt für den Waidmann als der im Schirm zu ebener Erde oder gar im Schießloch in der Erde. Denn diese Plagegeister sind in der luftigen Höhe weniger lästig als tiefer unten.

Da eine Dauerkanzel immerhin ein größeres Bauwerk vorstellt, so kann sie nur von sachkundiger Hand angefertigt werden; sie erfordert dauerhaftes, starkes Holz. Aus diesen Gründen wird man sie nur dort errichten, wo sie häufigere Benutzung erwarten läßt: an ständigen Äsungsplätzen, Brunftplätzen und an den bekannten Hauptwechseln.

Der Hochsitz soll so unauffällig wie möglich hergestellt werden. Er darf nicht unter 6–10 m über dem Erdboden stehen, wenn der Jäger dem Windfang des Wildes entgehen will. Er soll stets freistehend gebaut werden, niemals an vorhandene Bäume angelehnt werden. Selbst der stärkste Baum schwankt im Winde, und der angebaute Hochsitz wird dadurch und durch das Wachstum des Stammes gelockert. Außerdem kann man vom schwankenden Hochsitz sehr unsicher beobachten und noch unsicherer schießen. Ein bequemer Sitz und eine genügend hohe Umfassung von schwachen Rundhölzern oder durch Maschendraht gehaltenem Moos sind erforderlich. Die Bretter des Fußbodens zeigen etwa zollbreite Zwischenräume, um die Ansammlung von Regenwasser zu verhindern. Sie werden, um lautloses Hin- und Hertreten zu ermöglichen, mit Rasenplaggen oder Moos oder besser mit einer Fasermatte bedeckt, die nach Beendigung der Jagdzeit wieder entfernt werden, um das Faulen der Bretter zu verhüten. Die Äste der umstehenden Bäume werden so abgesägt oder beschnitten, daß sie, ohne die Kanzel in auffälliger Weise sichtbar zu machen, nach den Beobachtungsseiten ein hinreichendes Gesichts- und Schußfeld gewähren. Der Eingang muß sicher verschlossen werden können, um den Jäger im Eifer der Jagd vor dem Hinunterstürzen zu behüten. Als Treppe dient eine feste Leiter, die auch in der Dunkelheit sicheren Auf- und Abstieg gestattet.

Häufig genügt auch eine *Ansitzleiter,* die aus Stangen und Latten schnell zusammengebaut ist und vor allem Verwendung finden kann, wenn es gilt, einem geeigneten Ansitzplatz auf ein bestimmtes Stück Wild – Bock, Hirsch oder auch Fuchs – die nötige Übersicht und ausreichend Schußfeld zu geben. Eine Leiter ist schnell aufgestellt und kann ohne Schwierigkeit an einem anderen Platz Verwendung finden. Wesentlich ist, daß der ansitzende Jäger bequem sitzt, daß eine Rückenstütze vorhanden und daß eine Gewehrauflage in passender Entfernung angebracht ist. Es gibt verschiedenerlei Konstruktionen und dem Praktiker bietet sich hier ein dankbares Betätigungsfeld, Verbesserungen zu erfinden. Darüber hinaus bietet die Jagdausrüstungsindustrie die unterschiedlichsten Modelle an, die, aus Einzelteilen zusammensetzbar, gut zu transportieren und leicht umzustellen sind.

Voraussetzung für die Anlage jeglichen Hochsitzes und jeden Schirmes muß die Möglichkeit sein, *ungesehen* vom Wild den Platz erreichen und verlassen zu können. Daher sind Hochsitze mitten auf freien Flächen, wie man sie häufig sieht, abzulehnen, sie schaffen mehr

---

[1] Sehr zu empfehlen sind die im Verlag Paul Parey, Hamburg und Berlin, erschienenen Broschüren „Jagdhütten" und „Hochsitze, Fütterungen und Hundezwinger" von Fritz Barran.

Störung als Nutzen. Sie verschandeln auch das Landschaftsbild in oft unerträglicher Weise, zumal, wenn naturfremde Baustoffe wie Wellblech, Plastikteile oder gar Karosserieteile abgewrackter Autos verwandt werden. Von einem naturverbundenen Waidmann muß erwartet werden, daß er seine Hochsitze oder Kanzeln so herstellt und in die Landschaft einpaßt, daß sie nicht als Fremdkörper wirken.

In Revieren mit viel Fremdenverkehr sind die Hochsitze oft durch Unbefugte besetzt. Um das zu verhindern, macht man die 4 bis 5 unteren Leitersprossen am besten aus Rundeisen, das durch Splinte gegen Herausrutschen gesichert werden kann, und somit beweglich zum Herein- und Herausstecken. Man versteckt diese Sprossen nach Verlassen des Hochsitzes in der Nähe an einem sicheren Ort. Der untere Teil der Leiterholme ist dann natürlich durch Stacheldraht gegen Heraufklettern zu sichern.

DIE JAGDARTEN

Der Anstand

Gar vielen Waidmännern wird der *Anstand* oder *Ansitz* die erste jagdliche Tätigkeit gewesen sein. Er dürfte auch heute noch die gebräuchlichste Jagdart auf Schalenwild sein. Daher setze ich ihn an die Spitze der Behandlung der einzelnen Jagdarten.

Wer in der freien Natur stillsteht oder sitzt, der hat stets einen Vorteil voraus. Alle Tiere äugen am schnellsten die Bewegung. Das Ruhige, Unbewegte fällt weniger auf, besonders wenn die Farbe oder besser, die Kontrastwirkung „hell-dunkel", die Silhouette nicht oder wenig von der Umgebung absticht. Wird der unbewegte Gegenstand dazu noch durch Busch und Strauch auch nur teilweise verdeckt, so bleibt er den meisten Tieren unerkannt. Hierauf beruhen zum Teil die Vorzüge des Anstandes oder Ansitzes. Einen weiteren Vorzug sehe ich darin, das Naturleben in seiner Ungestörtheit beobachten zu können, also allerlei zu sehen, was dem sich bewegenden Waidmann gar nicht oder doch nur fortflüchtend vor Augen kommen würde.

Meist gilt die Ausübung des Anstandes einer bestimmten Wildart. Danach ergibt sich die Wahl der Örtlichkeit. Diese ist wiederum in hohem Grad vom Wind abhängig. Der Wind als Träger und Verbreiter der menschlichen Witterung ist bei fast allen Jagdarten von ausschlaggebender Bedeutung. Wer mit ihm scharf rechnet, der wird dafür seinen Lohn finden; wer ihn vernachlässigt, der muß durch Mißerfolge dafür büßen.

Man unterscheidet *guten* oder *schlechten Wind,* je nachdem er von dem zu erwartenden Wild zum Jäger oder von diesem zum Wild führt. Steht er von dem einen zum anderen schräg seitwärts, so spricht man von *halbem Wind.* Den guten Wind nennt man auch, weil er von vorn kommt, *Augenwind,* den schlechten *Nackenwind.*

Hat der Wind keine bestimmte Richtung, kommt er mal hierher, mal daher, so sagt man: er *flattert.* Der auf Blößen, die von höherem Holz umgeben sind, oder in kesselartigen Tälern in der Runde umherziehende Wind heißt *Kesselwind;* man sagt dann: der Wind *küselt.* Bei Westwind hat man am Ostrand eines höheren Bestandes den Wind von Osten, weil die Luft dort in die Tiefe gedrückt wird und zurückschlägt. Hier *kippt* der Wind *über.* Diese der herrschenden entgegengesetzte Richtung zieht sich je nach der Stärke des Windes und der Höhe des Holzes oft tief in den Bestand hinein, ein Umstand, mit dem man nicht vorsichtig genug rechnen kann, wenn man sich vor übler Erfahrung bewahren will.

Kesselwind

Im Gebirge kühlen die Hänge sich nach Sonnenuntergang oder bei fortschreitender Beschattung ab; die kühlere, schwerere Luft flutet dann nach unten. Daher zieht der Wind am Abend oder an den Schattenhängen zu Tal. Solange die Hänge, von der Sonne bestrahlt, sich erwärmen, steigt der Wind an ihnen zur Höhe; er zieht also von unten nach oben. Freilich erfährt er dabei durch die herrschende allgemeine Windrichtung, durch die Lage der Täler, durch vorliegende Kämme und Kuppen manche Ablenkung, mit der der Gebirgsjäger örtlich vertraut sein muß, will er nicht seine Jagd auf falsche Grundlagen stellen.

Über Seen und Strömen wird die Luft über Tag weniger erwärmt als über dem benachbarten Land. Bei Nacht behält dagegen das erwärmte Wasser seine Wärme länger; die darüberliegende Luft kühlt sich also weniger ab als über dem Land. Da die kühlere, also schwerere Luft immer nach der Tiefe strömt, die wärmere, also leichtere, aber nach oben steigt, so zieht im allgemeinen bei leidlich ruhiger Luft der *Wind am Tag vom Wasser zum Land,* am Abend und am frühen Morgen *vom Land zum Wasser,* es sei denn, er wird durch die Eigentümlichkeit der Gegend abgelenkt.

Sobald eine frische Brise weht, ist die Windrichtung für den ortskundigen Jäger leicht festzustellen. Sehr häufig aber herrscht gerade zur frühen Morgenstunde, die am ersten für den Anstand in Betracht kommt, eine Flaute, eine Windstille; oder der Wind zieht so schwach, daß man selbst am Tabakrauch seine Richtung nicht sicher feststellen kann. Dann hilft oft ein angezündetes und hochgehaltenes Streichholz zum besseren Erkennen. Allein oft findet man, am Ansitz angekommen, wieder alles anders. Aus einem Fangtag wird dann ein gewöhnlicher Jagdtag. Für solche Fälle ist ein Hochsitz ein sehr erwünschtes Aushilfsmittel.

Bei der Auswahl der günstigsten Zeit für den Anstand ist natürlich zunächst der Zweck maßgebend. Aber abgesehen hiervon gibt es doch einige Gründe, die im allgemeinen für den *Morgen-* oder *Frühanstand* sprechen. Während das Licht beim *Abendanstand* mit jedem Augenblick schlechter wird, bessert es sich beim Frühanstand von Minute zu Minute. Der *Anschuß*, die Stelle, an der das Wild beschossen wurde, ist leichter aufzufinden; für die Nachsuche hat man den ganzen Tag vor sich. Beim Abendanstand muß man das Feststellen und Prüfen des Anschusses oft schon als aussichtslos aufgeben, wenn man noch bei leidlichem Licht geschossen hatte. Bei Kleinwild kann allerdings der Hund noch in Tätigkeit treten; bei Hochwild würde er alles verderben.

Überkippender Wind

Hat nun das Wild einen tödlichen Schuß, und wird es am Abend nicht mehr gefunden, so verdirbt es bei warmer Jahreszeit leicht über Nacht oder wird von Füchsen und Schwarzwild angeschnitten. Daher sollte wenigstens für Hochwild der Abendanstand überwiegend zur Beobachtung benutzt und nur dann geschossen werden, wenn Beleuchtung, Stellung des Wildes usw. recht günstig sind, so daß mit hoher Wahrscheinlichkeit auf einen guten Treffer gerechnet werden kann. Das gilt vor allem für Schwarzwild, das, wird es nicht bald nach dem Schuß gefunden, bei warmem Wetter in kürzester Zeit *verhitzt.*

Bei Kleinwild ist die Sache weniger ängstlich, weil der gutgezielte Schrotschuß es eigentlich stets im Dampf verenden lassen muß.

Unsere heutigen Zielfernrohre ermöglichen selbst bei starker Dämmerung noch einen leidlich sicheren Schuß. Man sollte von dieser Möglichkeit aber möglichst selten und nur mit größter Sorgfalt Gebrauch machen. Wenn das beschossene Stück nicht im Feuer bleibt, ist es schwer, die Anschußstelle zu finden, da man sich bei schlechtem Licht meistens in der

Entfernung täuscht. Besonders schwierig wird der Schuß bei Nacht. Selbst wenn Vollmond und sogar noch Schnee eine große Helligkeit vortäuschen, bleibt das Ansprechen des Wildes schwierig und es kommt immer wieder zu Fehlabschüssen. Immerhin gibt es eine Menge Jagden, in denen man auf den Nachtansitz angewiesen ist, weil einmal die durch das Wild verursachten Schäden auf den Feldern sehr hoch sind, zum anderen aber dort bei Büchsenlicht kein Wild das Revier betritt. Das Bundesjagdgesetz verbietet zwar die Nachtjagd auf Schalenwild mit Ausnahme von Schwarzwild, ermächtigt aber die Länder, dieses Verbot aus besonderen Gründen einzuschränken. Das wird aus den genannten Gründen in vielen Fällen nicht zu umgehen sein.

Windströmung bergwärts am Sonnenhang, talswärts am Schattenhang

Schön und wirklich waidmännisch ist die Nachtschießerei nicht, und wer gezwungen ist, den Nachtanstand auszuüben, sollte einmal mit den besten und modernsten Gläsern und Zielfernrohren ausgerüstet sein und außerdem sich vor Abgabe eines Schusses dreimal überlegen, ob auch beim Ansprechen kein Irrtum möglich gewesen ist. Wieviel Unglücksfälle sind beim Nachtansitz vorgekommen, wieviel Menschen sind irrtümlich bei schlechtem Licht als Wild angesprochen und von leichtsinnigen Schützen totgeschossen worden, und wie mancher junger hoffnungsvoller Hirsch, wie manche führende Bache haben durch Leichtfertigkeit ihr Leben lassen müssen. Deshalb Vorsicht und nochmal Vorsicht beim Nachtansitz! Jungjäger mit geringer Erfahrung sollten daher die Nachtjagd auf Schalenwild unter keinen Umständen ohne die Begleitung eines erfahrenen Waidmannes ausüben.

Gelegentlich kann man den Anstand auch am hellen Tag mit Erfolg ausüben. Das geschieht z. B. an der Tränke, wenn das Hochwild in heißer Feistzeit während der Mittagsstunden still und heimlich gelegene Tränken aufsucht, oder auch an der Suhle, die von Rot- und Schwarzwild sommertags gerne unter Tage angenommen wird. Je weniger Wasser im Revier vorhanden ist, um so sicherer ist dieser Anstand. Ebenso lieben es die Wildtauben, am späten Nachmittag zur Tränke und zum Baden zu streichen. Sie suchen dann nachher meist höhere Bäume mit trockenen Ästen auf, auf denen sie in der Sonne das Gefieder trocknen lassen. Stehen solche älteren Eichen oder Buchen einzeln in jüngeren Beständen, über die sie hoch hinausragen, so bieten sie eine gute Gelegenheit für den Taubenanstand. In vielen Revieren gibt es derartige „Taubeneichen" oder „Taubenbuchen", die seit langen Jahren für diesen Zweck benutzt werden. Alte Moosbänke an den besten Aussichtsstellen auf die „Hornäste" stammen vom Vater und Großvater, die hier schon ihre Tauben erlegt haben. Denn unter manchen „Taubeneichen" wächst schon die zweite Buchengeneration heran.

Wer im Herbst auf dem Anstand *Hasen* schießen will, muß sich diesem Geschäft alsbald nach der Schonzeit widmen. Denn je später im Jahr es wird, desto früher dunkelt es abends, desto später graut der Morgen; und im Dunkel rückt dann der Hase ins Feld, im Dunkel wieder zu Holz. Der Morgenanstand ist etwas länger ergiebig als der Abendanstand. Wie der Jäger sich beim Anstellen am Waldrand zu verhalten hat, das hängt in erster Linie von der Jagdgrenze ab. Gehören Wald und Feld zusammen, so stellt er sich am besten dem Wald gegenüber in etwa 40 Schritt Entfernung an, vorausgesetzt, daß er dort Deckung findet. Fehlt es an dieser, so bleibt nur übrig, sich mit dem Rücken an den Wald zu stellen, falls dieser nicht aus raumem Holz besteht. Im letzeren Fall drückt sich der Waidmann an einen Baum oder hinter einen Strauch, den er überschießen kann. Sich hinter einen dicken Baum zu stellen, widerrate ich entschieden, weil dann das ganze Gesichtsfeld nach vorn verdeckt wird und der Schütze, um doch dorthin sehen zu können, mal rechts, mal links seitwärts hervorsehen müßte. Eine böse Lage, die vielleicht ein Hase, niemals aber ein Fuchs, auf den man beim Hasenanstand gern rechnet, aushalten würde. Denn wenn der Hase schlecht äugt, so äugt der Fuchs um so schärfer. Also stellt sich der Schütze *vor* den Baum, wenn dieser etwa der Breite des Körpers entspricht.

Steht der Schütze an einer Dickung, in die ihm der weitere Einblick verwehrt ist, so stellt er sich, mit dem Rücken gegen diese, ein klein wenig in sie hinein; aber nur so weit, daß er seitlich etwas gedeckt ist und nach beiden Seiten den Rand übersehen kann. Hier muß nun freilich der Kopf immer nach rechts und links gehen, wenn Meister Lampe nicht *verpaßt* werden soll. Da die Wendung nach rechts beim Schießen die unbequemere ist, so muß darauf gleich Rücksicht genommen werden. Der Schütze scharrt also den Bodenüberzug so weit fort, daß er die Füße ohne Geräusch versetzen kann, und nimmt dann Stellung ein wenig nach halbrechts; nach links kommt er dann immer noch bequem herum. Wer schon gewandter ist, der mag sich ruhig auf seinen Jagdstuhl setzen, vorausgesetzt, daß er auch mit diesem die Wendung nach rechts ohne Störung ausführen kann.

Ich sagte vorhin, in Hinsicht auf die Dunkelheit könne der Frühanstand etwas länger ausgeübt werden als der Abendanstand. Das trifft nicht nur zu, weil der Hase früh etwas länger draußen bleibt, auch wenn es schon heller wird, sondern noch vielmehr deshalb, weil er beim Einlauf in den Wald in dem helleren, äußeren Rand, falls dieser nicht in einer Dickung besteht, leichter und besser zu erkennen ist als etwas tiefer im Holz, wie es der Abendanstand mit sich bringt. Für den Anstand an Blößen, Wiesen usw., im Wald oder am Waldrand sei angemerkt, daß ein gewiegter Jäger sich niemals einen der äußeren Randbäume zum Stand auswählt, sich vielmehr stets etwas in den Bestand hineinstellt, weil das Wild ihn sonst gar zu leicht eräugt. Eine Ausnahme davon macht er nur dann, wenn ein Schirm oder sonst eine Gelegenheit voll Deckung bietet.

Der Hasenanstand ist bei vielen Jägern verpönt. Ich kann dem nicht beipflichten. Er ist, zu stark ausgeübt, allerdings für die Jagd unpfleglich, da bestimmt mehr Häsinnen als Rammler

geschossen werden; der Rammler kommt abends später und geht morgens früher als die Häsin. Es wird aber keiner pfleglich behandelten Jagd etwas schaden, wenn man sich im Herbst den ersten Küchenhasen auf dem Anstand schießt und die Spannung genießt, die gerade diese Jagdart vermittelt.

Für den Anstand auf *Sauen* empfehle ich, die folgenden Gewohnheiten dieses Wildes zu beachten. Zunächst suhlt Schwarzwild mit großer Leidenschaft, namentlich dann, wenn es seinen Fraß nachts im Getreide gefunden hat. Der Frühanstand an der Suhle ist daher aussichtsvoll, am besten auf dem Hochsitz, um vom Wind möglichst unabhängig zu sein. Dann besucht das Schwarzwild einzelne, besonders reichbehangene Masteichen, Mastbuchen, Wildäpfel gern und mit großer Regelmäßigkeit. Es ist darauf so lüstern, daß es seinen Kessel oder sein Lager bereits erheblich früher am Abend als sonst, ja schon am hellen Tag verläßt. Das ist eine besonders gute Gelegenheit für den Anstand. Zu anderer Zeit, wenn die Sauen nach Erdmast brechen, haben sie, solange sie ungestört sind, die Gewohnheit, am Abend dort weiter zu brechen, wo sie am Morgen aufgehört haben. Hat der Jäger also solch frisches Gebräch gefunden, dann stellt er sich daselbst beizeiten in guter Deckung an. Eine nahe Dickung, eine Schilfpartie wird höchstwahrscheinlich die eingeschobenen Sauen beherbergen.

Sauen verlassen ihren Tageseinstand gerne auf dem morgendlichen Einwechsel. Der Waidmann kann also mit einiger Sicherheit berechnen, wo er sie erwarten darf, und danach seinen Stand wählen. Aber es ist zu bedenken, daß, wenn das Gebräch tief ist und in dunklem Boden liegt, die Sauen bei der ohnehin bald anbrechenden Dämmerung schwer zu sehen und noch viele schwerer anzusprechen sind, wenn sie erst im Gebräch stehen. Daher schießt der Schütze am besten beim Heranwechseln, sobald sich gute Gelegenheit für einen Breitschuß bietet.

Beim Anstand auf Schalenwild wird sich der Jäger nicht *auf* den Wechsel, sondern stets in angemessener Entfernung *neben* den Wechsel anstellen. Er hat dann Gelegenheit zur richtigen Auswahl sowie zum Schuß auf das breitstehende Stück, und das Wild nicht gestört, falls er aus irgendeinem Grund nicht zum Schuß kommen sollte. Daher bleibt der beste Stand etwa 60–80 Schritt vom Wechsel entfernt. Hier sorge man für gute Deckung, aber auch für guten Ausblick. Denn die beste Deckung nützt nichts, wenn das Schußfeld nicht gehörig übersehen werden kann.

Der Anstand auf den *Rehbock* ist keineswegs sicher, weil er häufig seinen Wechsel nur unregelmäßig einhält. Oft genug gehört daher Ausdauer dazu, um Erfolg zu haben. Zwar eine einzelne Blöße, eine Wiese im Wald nimmt der Bock zu gewissen Zeiten ziemlich sicher an; aber der Ort, wo er austritt, bleibt unsicher. Am ehesten ist er noch zu haben kurz nach einem Regen, besonders wenn es vorher längere Zeit trocken war. Ziemlich leicht ist der Rehbock auf dem Anstand Mitte Mai zu haben, da das Rehwild um diese Jahreszeit stark nach frischem Grün drängt. Der Beginn der Schußzeit am 16. Mai bietet die Möglichkeit, auch bereits im Mai Böcke zu schießen. Aber man sollte in dieser Zeit, wo die Böcke noch nicht richtig rot sind, *nur* abschußnotwendige Böcke, vor allem geringe Jährlinge strecken und den Abschuß der jagdbaren Böcke erst nach der Blattzeit vornehmen. Anfang Juni aber steht der Bock schon im Feld, wie sich überhaupt das Rehwild in manchen Gegenden mehr im Feld aufhält als im Wald oder in den Vorhölzern. Indessen mit Ausdauer ist schließlich jeder Bock zu haben. Wenn es im Feld nicht gelingen will, wo er oft recht tief im Getreide steht und ein schlechtes Ziel bietet, so ist er nach der Ernte, besonders zur Blattzeit, oder im Herbst, wenn er sich von den Strapazen erholt hat, wieder im Wald zu finden.

Das *Damwild* hält, seinem unruhigen, unsteten Wesen entsprechend, schlecht Wechsel, doch tritt es mit einer gewissen Sicherheit zeitweise auf bestimmte Blößen, Wiesen und Äcker aus, wo dann der Anstand bei einiger Beharrlichkeit wohl zum Ziel führt.

Auf den *Gams* wird der Anstand ausgeübt, meistens als Pause oder Unterbrechung der Pürsch. Gerade der Anstand auf Gams bietet unvergeßliche Erlebnisse, namentlich für den, dem die wunderbare Welt des Hochgebirges immer als ein herrliches Märchen im Alltag seines Lebens erscheint. Ich habe zwar mehr brave Hirsche als starke Gamsböcke gestreckt; aber ich lasse viele Hirsche für einen Bartgams im Stich, obwohl oder weil ich mein Leben in der Ebene verbringe. Mein Herz hängt an den Bergen, an den Wänden und Schroffen, an den stillen Karen hoch über den letzten Lärchen und Arven. Dort auf dem steilen Eck zwischen zwei Gräben zu sitzen, die Büchse auf dem Knie, das Glas zur Hand, das Auge in die Weite, so die stolzen Zinnen und Zacken wie in den Himmel hineinwachsen, in das Tal hinabzuschauen, das sind herrliche Stunden, die uns weit hinausheben über alle Menschen, die da unten „im Qualm der Städte" wohnen.

Recht sicher hält *Rotwild* Wechsel. Der Anstand ist also bei dieser Wildart überall da erfolgversprechend, wo Ruhe herrscht. Da das Wild meist über Tag nicht in unmittelbarer Nähe seiner Äsungsplätze steht – vom Feisthirsch abgesehen, dessen ungeheure Faulheit ihn niemals weit wechseln läßt, ihn vielmehr an den engsten Standort bindet –, so braucht man es in der Frühe nicht in nächster Nähe der Äsungsplätze zu erwarten. Das bringt den Vorteil besseren Büchsenlichtes beim Anstand weiter im Innern des Reviers mit sich, während das

Wild den Äsungsplatz schon vor Büchsenlicht verläßt. Dort, etwa 80 Schritt vom Wechsel entfernt, nimmt der Jäger seinen Stand, um das Wild zu erwarten.

Für den Erfolg des Anstandes ist die Art, wie der Jäger sich dem Stand nähert, von großer Bedeutung. Niemals soll das so geschehen, daß er das etwa in der Nähe befindliche Wild schon beunruhigt. Daher darf er die Örtlichkeit, in der er es vermutet oder wo es hindurchwechseln muß, nicht betreten; er darf vielmehr gelegentlich einen weiten Umweg nicht scheuen, um zu seinem Stand zu gelangen. Wie vorsichtig das Wild der menschlichen Spur gegenüber ist, dort, wo es sie nicht gewohnt ist – auf viel begangenen Wegen fragt es wenig danach –, möchte ich an einem Beispiel erklären. Ich war eines Tages quer über eine große Wiese außerhalb des Weges gegangen; als ich hinüber war, sah ich mich, bereits in Deckung stehend, zufällig um. Ein Rudel Rotwild, aus vier Stück Kahlwild bestehend, kam flüchtig, also gewiß durch irgend etwas beunruhigt, von Westen her lang über die Wiese. Schon etwas vor meiner Spur, die ich mit dem Glas recht gut im Grase erkennen konnte, wurde das Leittier *stutzig*, näherte sich am Boden schnuppernd meiner Spur, windete einen Augenblick daran, um dann sofort rückwärts zu flüchten, dorthin, wo das Rudel hergekommen war. Die dort erfahrene Störung war also nicht von nachhaltiger Wirkung, als die an ungewohnter Stelle gefundene Menschenspur es war.

Auf dem Stand angekommen, vermeidet der Jäger jegliches Geräusch. Muß er einige Äste zurechtschneiden, um sich Deckung zu verschaffen oder um guten Ausblick zu gewinnen, so soll das ohne jede Störung geschehen. Er schlägt also nicht mit dem Standhauer, dem Hirschfänger oder Waidmesser um sich, sondern schneidet vorsichtig. Trockene Äste bricht er nicht; er sägt sie vielmehr mit der Säge des Jagdmessers lautlos ab. Dann scharrt er mit dem Fuße trocknes Laub, dürre Zweige, Bodenüberzug, Moos und dergleichen möglichst leise zur Seite, so daß der wunde Boden zutage kommt. So kann er lautlos seine Stellung ein wenig verändern, falls es zum Schießen nötig sein sollte. Hat er voraussichtlich noch viel Zeit – und die soll er immer haben, um nicht durch sein Erscheinen das vielleicht schon heranwechselnde Wild zu vergrämen –, so mag er sich zunächst ruhig auf seinen Jagdstuhl setzen. Ob er dann, wenn das Wild zu erwarten ist, aufsteht, um schneller schußbereit zu sein oder sitzen bleibt, um in dieser Stellung anzusprechen und zu schießen, muß jeder selbst entscheiden. Eines aber gilt für jeden Fall: Die Büchse oder Flinte sei geladen und gespannt; gestochen wird aber erst unmittelbar, bevor der Schütze in Anschlag geht.

Oft ist die Frage aufgetaucht, ob der Jäger auf dem Anstand oder Ansitz rauchen darf. Wenn man nicht in so dicken Wolken qualmt, daß das Wild den Rauch äugen kann, schadet das Rauchen nichts. Die Wittrung der Menschen ist für das Wild genauso intensiv wie der Tabakrauch. Wenn also infolge Küselns von Wind das Wild den Rauch wittert, dann wittert es auch den Geruch des Menschen, auch wenn er nicht rauchte.

Nicht selten kommt dem Waidmann, wenn er eben seinen Stand zurechtgemacht hat und sich nun umsieht, der Gedanke: dort an jenem Stamm, hinter jenem Strauch sei der Stand noch besser. Das mag auch gelegentlich tatsächlich richtig sein. Darum bleibt es aber doch ein Fehler, den ersten Stand aufzugeben und einen neuen herzurichten. Denn der Jäger kann niemals wissen, ob das erwartete Wild vielleicht schon in der Nähe steht und nun durch das Wechseln des Standes vergrämt wird. Er kann auf dem Stand überhaupt nicht schnell genug zur Ruhe kommen. Daher sagt ein alter, vielerprobter Grundsatz: Der erste Stand ist unter allen Umständen der beste, auch wenn der zweite an sich besser sein würde. – Durch die Störung wird er schlechter.

Ich habe vorhin für den Anstand auf Hasen geraten sich lieber *vor* einen starken Baum zu stellen als *hinter* ihn. Beim Anstand auf Hochwild ist dagegen anzuraten, sich auf alle Fälle *hinter* den Stamm zu stellen. Denn dieses äugt, vom Schwarzwild abgesehen, so vortrefflich, daß es den ungedeckt *vor* dem Stamm stehenden Jäger allzu leicht gewahren würde. Es kommt hinzu, daß der Schütze den vor ihm stehenden Stamm mit aller Bequemlichkeit zum Anstreichen oder auch nach fest eingetriebenem Waidmesser gar zum Auflegen benutzen kann, was besonders beim Schießen mit dem Zielfernrohr wichtig ist.

Die Annäherung des Wildes vermag der Jäger manchmal schon von weitem zu erkennen. Entweder es kreischt der Häher, oder es warnt eine Drossel, oder es ertönt das Blasen und Grunzen von Schwarzwild, das in der Rotte immer laut zu sein pflegt. Der Lärm der Vögel freilich kann auch andere Gründe haben als die der Annäherung von Wild; er verursacht dem jungen Waidmann gar oftmals vergebliches Herzklopfen. Ein Rudel Hochwild zieht selten heran, ohne daß gelegentlich ein Poltern hörbar wird, veranlaßt durch den Tritt auf eine im Wechsel liegende freiliegende Baumwurzel oder auf hartem Boden. Starke Hirsche halten mit Vorliebe vorhandene Pfade, alte Holzwege und derlei Gelegenheiten, weil sie nicht gern mit dem Geweih in Ast und Gezweig ziehen. Ganz frei von überhängenden Zweigen sind aber solche Wege selten; und wenn belaubte Zweige hereinhängen, so rauscht es gelegentlich vom Anstreichen des Geweihes. Ebensooft jedoch wird der Waidmann durch nichts vorher auf das Erscheinen des Wildes aufmerksam gemacht; und dieses steht plötzlich und unerwartet da, wie aus dem Boden gewachsen. Beim Ansitz auf den Feisthirsch an der Tränke ist es mir wiederholt begegnet, daß ich trotz hinreichender Aufmerksamkeit den Hirsch erst gewahr wurde durch das leise Knacken seiner Gelenke, das man bekanntlich nur in nächster Nähe hört.

Da heißt es natürlich die Ruhe nicht verlieren, damit nicht ein unwillkürlicher Griff nach dem Glas oder dem Gewehr das Wild verscheucht. Im allgemeinen aber wird der Jäger, falls der Stand richtig gewählt war und es an Aufmerksamkeit nicht fehlt, das Wild schon in guter Entfernung gewahr werden. Dann soll er, während er aufmerksam beobachtet, das Gewehr langsam und vorsichtig in Anschlag bringen. Wenn das gelingt, dann ist er Herr der Lage. Er sei aber in dieser Hinsicht nicht nur beim Hochwild und Fuchs vorsichtig, auch Meister Lampe ist oft genug durch das hastige Hochfahren mit der Flinte rechtzeitig gewarnt worden und hat sich in Sicherheit gebracht. – Schießt der Jäger mit der Büchse, so darf er nicht versäumen zu stechen, bevor er in Anschlag geht, es sei denn, er sticht erst im Anschlag. Denn hiermit ist manchmal ein leises Knacken verbunden, das beim Näherkommen des Wildes von diesem vernommen werden und es zum *Aufwerfen* des Kopfes und scharfem Hinäugen nach der verdächtigen Gegend veranlassen könnte. Bei Schwarzwild darf er in solchem Fall sicher sein, daß es sofort zurückwechselt, wenn es nicht flüchtig wird. Ich persönlich halte nicht viel davon, schon zu stechen, wenn das Wild noch weiter entfernt, gewissermaßen außer Hörweite ist. Gar zu oft dreht es dann doch ab. Du kommst nicht zu Schuß, und wie leicht wird dann das Abstechen vergessen. Daher ziehe ich das Stechen unmittelbar vor dem Schuß vor.

Geht alles nach Wunsch, und könnte der Schuß mit gutem Abkommen aus dem Rohr fahren, so sei die erste Regel, sich, *bevor es kracht, den Anschuß* zu merken. Das heißt: sich an Baum und Strauch den Stand fest einzuprägen, auf dem das zu beschießende Wild die Kugel haben soll. Denn nur auf diese Weise wird der Waidmann den Anschuß leichter finden, während er, falls er es unterläßt und gar noch den weiteren Fehler macht, dem flüchtenden Wild nachzusehen, ob es nicht zusammenbricht, nachher oft große Mühe hat, ihn aufzufinden. Beim Schrotschuß wird das Wild bei gutem Treffer zumeist im Dampf liegen. Bei einem *guten* Kugelschuß ist das jedoch nicht immer der Fall, besonders nicht bei stärkerem Wild wie Rotwild und Sauen. Das Wild wird vielmehr flüchtig abgehen, um bald zusammenzubrechen. Der Schütze begnügt sich also damit, ruhig durch das Feuer sehend, auf das *Zeichnen* des Wildes zu achten, das heißt, die eigentümliche Bewegung wahrzunehmen, die es zu machen pflegt, wenn es von der Kugel getroffen wird. Hat er sich den Anschuß genau gemerkt und sah er das Wild zeichnen, dann wird er, wie wir später bei Behandlung der Nachsuche sehen werden, es auch mit Hilfe des Hundes finden, ohne durch unangebrachtes Hinterhersehen sich das Auffinden des Anschusses erschwert zu haben.

Der erste Handgriff an dem Gewehr nach dem Schuß ist: wieder laden, damit der Schütze Herr der Lage bleibt. Denn oft hat das Wild keine Ahnung, aus welcher Richtung der Schuß kam. Es bietet so, entweder ganz ruhig verhoffend oder nach einigen unsicheren Fluchten wieder sichernd, einem ruhigen Waidmann Gelegenheit, für den Schuß auf ein zweites Stück. Allein, wenn auch das nicht der Fall sein sollte, so wird das getroffene Wild manchmal, schnell kurz werdend oder gar stehend, namentlich nach einem üblen Waidwundschuß, zum zweitenmal beschossen werden können. Daher: wieder laden, regungslos stillstehen, um die weitere Entwicklung abzuwarten.

„Es ist alle Tage Jagdtag, aber nicht alle Tage Fangtag", sagt ein alter Jägerspruch; und so wird der Waidmann oft genug die Anstandszeit schwinden sehen, ohne einen Schuß abgegeben, ja ohne überhaupt Wild in Schußnähe gehabt zu haben. Da heißt es, den Stand so zu verlassen, daß das etwa doch in der Nähe stehende oder noch austretende Wild weder vom Waidmann selbst etwas gewahr wird, noch auf dessen frische Spur stößt. Denn damit würde der Anstandsort für die Zukunft an Aussicht auf Erfolg verlieren. Beim Frühanstand ist das weniger schwierig, weil sich der Rückweg bei der Helle des Morgens gut übersehen läßt und so verräterisches Geräusch vermieden werden kann. Beim Abendanstand jedoch hat das in der Dunkelheit oft genug seine Schwierigkeit. Es bedarf dann aller Anspannung, um geräuschlos davonzukommen. Geht es aber trotz aller Vorsicht schief, dann wird der Anstand an diesem Ort am besten einige Tage ausgesetzt, um dem Wild das alte Vertrauen wiederzugeben.

Der Anstand ist eine vorzügliche Gelegenheit, den Wildstand kennenzulernen und Beobachtungen zu machen. Er verhilft dem Waidmann zu Kenntnissen über Vorgänge im Revier, die ihm sonst leicht verborgen bleiben. Dem mit Ausdauer ausgeübten Ansitz fällt schließlich jedes Wild zum Opfer. Nicht zu Unrecht heißt es: „Es sind mehr Hirsche ersessen, als erlaufen."

Die Pürsche

Während der Jäger auf dem Anstand stillsitzt und die Annäherung des Wildes erwartet, ist er bei der Pürsche in Bewegung. Er sucht das Wild an seinen Standorten und Äsungsplätzen, um es zu erlegen.

Der Regel nach gilt die Pürsche nur dem Schalenwild. Man *pürscht* wohl gelegentlich einen mausenden Fuchs, eine Taube und anderes Wild *an;* man wird aber niemals sagen, daß man auf derartiges Wild *pürscht.*

Soll die Pürsche erfolgreich sein, so verlangt sie vom Waidmann neben der genauesten Revierkunde die Kenntnis aller Standorte des Wildes nach Witterung, Jahres- und Tageszeiten, seiner Wechsel, Tränken, Suhlen, Äsungs- und Brunftplätze. Sie stellt an die Ausdauer und Gewandtheit des Waidmanns, an die Schärfe seines Auges, seines Gehörs, an die nur durch viel Übung zu gewinnende richtige Deutung aller Wahrnehmungen große Anforderungen. So wird auf diese Weise, da der Jäger bei allem Erleben, Tun und Handeln auf sich allein gestellt ist, durch ihre Vielseitigkeit in Verbindung mit den stets wechselnden Eindrücken der Natur – sei es im Wald, in der Feldmark oder im Berg –, wie ich einst sagte und wie ich es heute nicht besser bezeichnen kann, die Krone aller Jagdarten.

Die Benutzung eines guten Glases erleichtert zwar manches Erkennen und spart manchen Gang; aber in der Hauptsache ist es doch das unbewaffnete *Auge,* das bei der Pürsche seine Schuldigkeit tun soll, das nur durch ein gutes Glas zum schärferen Erkennen unterstützt wird. Nicht einen Augenblick darf das Auge achtlos und in sich gekehrt ruhen. Unermüdlich muß es Baum und Strauch, Busch und Heide mustern, will der Waidmann nicht auf das Wild auflaufen und es zur Flucht veranlassen. Zu diesem ununterbrochenen Suchen, zur genauen Prüfung aller in seinen Bereich kommenden Gegenstände wird das Auge durch Übung erzogen. Schließlich sucht es ohne weitere Absicht, sozusagen aus reiner Gewohnheit ohne Unterlaß und prüft jeden Gegenstand genau, um bei dem geringsten Auffälligen zu stutzen und daran zu haften in dem Gefühl: Das gehört da nicht hin! Erst, wenn der junge Waidmann so weit ist, daß er gar nicht mehr anders kann, sobald er das Revier betritt, erst dann kann er von sich sagen, daß er *sehen* gelernt hat.

Für jeden Pürschgang bleibt die Hauptsache der *Wind.* Seine Richtung ist für den Plan des Pürschganges allein entscheidend. Der Jäger pürscht immer *gegen* den Wind. Allein würde er wenig schaffen und bald am Ende der Pürsche sein, wenn er gerade in den Wind hineinliefe. Um ein Revier planmäßig abzupürschen, richtet sich der Pürschjäger auf *halben* Wind ein, indem er z. B. bei herrschendem Westwind den Westrand, von Osten beginnend, zum Ziel nimmt, aber dieses Ziel nicht in gerader Linie, sondern dadurch zu erreichen sucht, daß er im Zickzack von Süden nach Norden, von Norden wieder nach Süden geht; etwa wie ein guter

Gebrauchshund mit tadelloser Quersuche ein Feld absucht. Nur ist dabei der gewaltige Unterschied, daß die Quersuche des Hundes im Galopp, die Querpürsche des Jägers so langsam wie möglich vor sich gehen soll, damit er Zeit hat, alles mit dem Auge abzusuchen. So sprechen wir nicht zu Unrecht vom „Pürschen stehen". Würde er im Westen des abzupürschenden Reviers wohnen oder würde er den westlichen Teil beim Anmarsch zuerst erreichen, so bleibt nichts übrig, als sich erst *Wind zu holen*, d. h. nach Osten zu gehen und dort in der beschriebenen Weise mit der Pürsche zu beginnen. Auf diese Weise stört er am wenigsten, da er, bis er die Höhe des Wildes erreicht, immer halben Wind hat. Er ist also vor dem Windfang des Wildes gesichert.

Im Hochgebirge, mit seinen schon besprochenen eigenartigen Windverhältnissen, wird der Waidmann die Frühpürsche so einrichten, daß er an den Sonnenseiten oberhalb der Standorte des Wildes die Hänge entlang und durch die Wände pürscht, weil der Wind zu dieser Zeit aufwärts zu ziehen pflegt. Pürscht er aber bei höher steigender Sonne etwa auf den Gams, der dann gern die Kühle der Schattenhänge und Täler aufsucht, so wird er sich unterhalb der Standorte halten müssen, weil hier die Luft von oben in die Tiefe streicht. Dasselbe ist der Fall bei der Abendpürsche, wo der Wind auch von den Höhen zu Tal zieht. Alles unter der Voraussetzung, daß nicht stärkere Luftströme den Wind gegen die Hänge und in die Täler hineinpressen, worüber allein die örtliche Erfahrung belehren kann. So weiß auch der Gebirgsjäger, daß der Südwind „aus allen Löchern weht" und versucht es nicht erst, bei so unverläßlichem Winde zu pürschen. Weht der Südwind nur etwas stärker, so bricht er sich an allen Berghängen und Bestandesrändern, kesselt und wechselt beständig, so daß eine erfolgreiche Pürsche ausgeschlossen erscheint.

Selbstverständlich kann der Jäger bei stundenlanger Pürsche nicht ununterbrochen auf das vorsichtigste schleichen. Das würde ihn schnell ermüden und ihn gerade dann der nötigen Spannkraft berauben, wenn er endlich Wild zu Gesicht bekommt. Zur erfolgreichen Pürsche gehört eingehende Kenntnis des Revieres und der bevorzugten Standorte und Wechsel des Wildes. Verfügt der Jäger darüber, so weiß er schon, wo er Wild erwarten darf und wo nicht. Daher spart er sich besonders vorsichtiges Schleichen für diese Orte auf, ohne aber nun an anderen in zu große Sorglosigkeit zu verfallen.

Es wird nicht immer möglich sein, völlig geräuschlos zu pürschen. Hat man zur Unzeit irgendein Geräusch verursacht, dann gibt es nur eins: das sofortige Erstarren des Jägers, in welcher Stellung es immer sei, damit das aufmerksam gewordene Wild nicht etwa eine Bewegung eräugt; denn dann wird es sofort flüchtig. Um in solchen Fällen rechtzeitig eine länger dauernde, unverrückbare Stellung annehmen zu können, muß die Gesamtbewegung fortwährend gehalten und gemessen sein.

Hat die ganze Fortbewegungsweise des Pürschjägers etwas vorsichtig Gleitendes an sich, so soll diese ruhige Art auch die Einzelbewegung beherrschen, vor allen Dingen beim Hochnehmen des Glases. Das geschieht immer dort, wo der Jäger erwartet, Wild zu sehen, wo also wahrscheinlich solches auch manchmal vorhanden sein wird. Würde er in dieser Lage das Glas kurz und hastig hochnehmen, so könnte eine solche Bewegung gar zu leicht eräugt werden, zumal das Wild auch ein kurzes Aufblitzen der Linsen wahrnehmen könnte. Der gewiegte Waidmann vermag an der Art, wie ein anderer das Glas vor Augen führt, sofort zu erkennen, ob er einen erfahrenen Jäger oder einen Neuling vor sich hat.

Ob die Pürsche in der Frühe des Morgens oder gegen Abend vor sich geht, das hat auf die abzupürschenden Revierteile einen gewissen Einfluß, ebenso wie die Wildart dabei mitspricht. Denn frühmorgens pflegt das Wild sich noch länger in den Vorhölzern und in den um größere Blößen und Wiesen gelegenen Stangenhölzern aufzuhalten, bevor es endgültig seinen Tagesstandort aufsucht; während es abends meist schnell den Äsungsplätzen zuwechselt, also auf diesen selbst am ehesten angetroffen wird. Das hat aber bei verschiedenen Wildarten eine ungleiche Bewandtnis. So pflegt Rehwild am frühen Morgen nach Anbruch des Tages gern einige Stunden in der Nähe der Äsungsplätze oder auf ihnen zu sitzen. Sauen wechseln meist in unbequemer Eile vom Feld zu Holz, um ihre Kessel zu gewinnen, während sie sich abends viel mehr Zeit lassen. Das will bei der Pürsche auf diese Wildarten berücksichtigt sein.

In ruhigen Revieren ist das Wild vielfach in den Mittagsstunden, etwa von 11 bis 14 Uhr in Bewegung, es ist das die Zeit der sog. *Faulpürsch.* Ich habe manchen Feisthirsch während dieser Stunden auf die Decke gelegt. Besonders aussichtsreich pflegt die Pürsche zu sein, wenn die Morgensonne nach starkem, nächtlichem Regen recht warm scheint. Dann verweilt das Wild länger als gewöhnlich auf seinen Äsungsplätzen, um sich die nasse Decke oder Schwarte trocknen zu lassen. Ebenso pflegt es nach starkem Regen über Tag zeitiger die Sonne aufzusuchen, als es sonst austritt. Auch dann muß der Pürschjäger früher als gewöhnlich in Bewegung sein.

Auf größeren Blößen, Wiesenflächen und Kulturen muß der Pürschjäger mit einer recht unbequemen Angewohnheit fast allen Wildes rechnen. Dieses steht bei Nordwind gern im Norden unter dem Schutz des vorliegenden Holzbestandes, bei Südwind im Süden, bei Ost- und Westwind im Osten oder Westen, also jeweils nah unter der herrschenden Windrichtung. Es steht dann meist so weit von der gegenüberliegenden Seite entfernt, daß es von dort aus gar nicht beschossen werden kann, wenn der Jäger sich nicht eines leichtfertigen Weitschusses schuldig machen will.

Für die Wahl, ob Morgen- oder Abendpürsche, gelten im übrigen dieselben Grundsätze, wie ich sie bei Ausübung des Anstandes besprochen habe. Danach ist die Frühpürsche im allgemeinen der Abendpürsche vorzuziehen.

Um für alle Fälle gerüstet zu sein und eine Nachsuche unternehmen zu können, falls das nötig ist, führt der Jäger am besten einen auf Schweiß gearbeiteten Hund mit sich. Der Hund stört nicht; er macht im Gegenteil auf Fährten aufmerksam, über die sein Führer auf berastem Pfad oder Gestell hinweggeschritten sein würde; er gibt ihm durch Winden und sonstiges Benehmen Kenntnis vom Wild, das vielleicht gedeckt im Wind steht. Ja, einer meiner Gebrauchshunde stieß mir jedesmal den Fang in die Kniekehle, wenn er Wild in die Nase bekam, in Sorge, ich könnte daran vorbeigehen. So ist ein gut erzogener Hund auf dem Pürschgang durchaus nützlich. Eine andere Frage ist, ob der Pürschjäger den Hund auch dann mitführen soll, wenn es gilt, sich an erkundetes Wild auf gute Schußnähe anzupürschen. Hierbei könnte der Hund durch Schlagen mit den Behängen leicht stören; er könnte beim Rücktreten des Jägers einmal getreten werden und klagen. Daher ist es besser, ihn dort, wo das eigentliche Anpürschen beginnt, abzulegen. Vorbedingung ist natürlich, daß der Hund sich lautlos ablegen läßt; ein einfaches Erheben der Hand muß für den Hund genügen.

Das nähere Anpürschen an das Wild erfordert ungemeine Vorsicht. Wenn es sich nur um ein einzelnes Stück handelt, das erlegt werden soll, so ist das der leichteste Fall. Denn der Jäger hat nur dieses eine im Auge zu behalten, während er es, wenn es sich um einen Sprung Rehe, ein Rudel Rot- oder Damwild oder eine Rotte Sauen handelt, mit einer ganzen Anzahl von aufmerksamen Lichtern und Lauschern zu tun hat. Da ist die erste Sorge, mit Hilfe des Glases möglichst genau herauszufinden, wieviel Stücke überhaupt da sind, wie viele davon sitzen und wie viele sich äsen. Ist er darüber klar, so sucht er sich eine Richtung aus, in der er möglichst viel Deckung findet. Diese verfolgt er in vorsichtiger Bewegung, immer das Wild und vor allem die sitzenden Stücke beobachtend; denn von diesen hat er mehr zu fürchten als von den äsenden. Sobald eines aufwirft, erstarrt der Jäger in der gerade eingenommenen Haltung, was unter Umständen zu einer harten und schmerzenden Geduldsprobe werden kann. Erst wenn das Stück den Kopf wieder herunternimmt und, wie es scheint, vertraut geblieben ist, pürscht

er vorsichtig weiter. So – da ist die Deckung zu
Ende, es ist noch lange nicht nah genug für einen
sicheren Schuß! Was nun? Ja, da hilft nichts; nun
muß er sein Heil im Kriechen versuchen. Ich ziehe
dieses, auch wenn für tief gebücktes Schleichen
hinreichende Deckung vorhanden sein würde, solchem Schleichen vor. Denn das letztere bringt den
Jäger so gründlich außer Atem, daß an einen
sicheren Schutz nicht mehr zu denken ist, während er das Kriechen ganz nach Gefallen mit aller
Muße bewerkstelligen kann, weil er dauernd
durch höheres Gras oder eine flache Falte im
Gelände in guter Deckung bleibt.

Endlich bist du nahe genug heran und nun
ergeben sich die verschiedensten Möglichkeiten:
Entweder zeigt sich jetzt bei näherer Beobachtung, daß der von weitem zuerst als stark angesprochene Rehbock nur ein recht mäßiges Gehörn
trägt oder daß der als Achter angesprochene
Hirsch ein Kronenzehner ist, für den die Abschußerlaubnis nicht ausreicht. Ein andermal ist das als
gering angesprochene Damwildkalb ein ganz gutes
Kalb, das zum Abschuß zu schade ist, weil es weit
geringere Kälber gibt. Bei anderer Gelegenheit
könntest du den *Rehbock* recht gut schießen; denn
er trägt ein ausgereiftes, starkes Gehörn, das er
vermutlich in späteren Jahren nicht besser schieben wird – da hat er sich vor dir niedergetan.

Während du dich in den ersten Fällen und um
das Wild nicht zu beunruhigen, in derselben vorsichtigen Weise, in der du dich anpürschtest, zurückziehen mußt, bleibt dir im letzten Fall nur
Geduld übrig. Denn, willst du den Bock durch das
Knacken eines Reises, durch Husten oder gar
durch einen Pfiff hochmachen, so kann es leicht
geschehen, daß er Unrat merkt, flüchtig wird und
dir keine Gelegenheit mehr zu einem sicheren
Schuß gibt. Kannst du aber auf einem Grashalm
blatten – auch außer der Blattzeit verschlägt das
gar nichts –, oder hast du gar ein künstliches Blatt
oder auch nur eine Hasenquäke bei dir, dann laß
einen solchen Ton hören. Vielleicht, daß der Bock
hoch wird, neugierig äugt und dir sein Blatt bietet.
Aber die Sache hat Eile; wenn du nicht schon vor
dem Reizen im Anschlag lagst – nun wäre es zu
spät. Der Bock nimmt jede Bewegung wahr. Bei
der ersten guten Stellung muß es knallen, oder er
bringt sich in Sicherheit.

Ankriechen mit dem „Wisch"

Um all diesen unsicheren Dingen zu entgehen, ist Geduld, ohnehin des Waidmanns größte Tugend, das Beste. Ein nicht mehr ganz junger Rehbock ist ein unruhiger, unsteter Gesell, der nicht lange niedergetan bleibt. Der Schrei eines Bussards, ein Häherruf, irgendeine sonstige Zufälligkeit läßt ihn in nicht zu langer Zeit wieder hoch werden. Dann wird sich ruhigere Gelegenheit für die Abgabe eines sicheren Schusses bieten, als wenn eine solche gewaltsam herbeigeführt wird.

Eine besondere Eigentümlichkeit des Rehbockes sei hier erwähnt, die er zeigt, wenn er mißtrauisch geworden ist. Es ist dies das scheinbar ruhige Weiteräsen, das *Scheinäsen*, während er in Wirklichkeit während des Äsens seine Umgebung, namentlich die Stelle, die ihm Mißtrauen eingeflößt hat, sorgfältig mustert. Du denkst, wenn er den Kopf unten hat, dann könntest du dich näher heranpürschen. Aber die erste Bewegung: und unter lautem Schrecken bringt er seine Decke in Sicherheit. Freilich kann ihm manchmal trotz alledem sein andauerndes Schelten zum Verderben werden, wenn du ihn schnell umgehst und er durch sein trotziges Schrecken dabei seinen Stand verrät. Ihn auf diese Weise doch noch überlistet zu haben, bereitet dann eine ganz besondere Freude.

Zur Pürsche auf den *Gams* sind einige Besonderheiten zu erwähnen, die die Natur des Hochgebirges erfordert. So bringt das richtige Einschätzen der Entfernungen im Gebirge besondere Schwierigkeiten mit sich, die nur durch planmäßiges Erlernen und lange Übung überwunden werden können. Meist sind bei der dünneren Höhenluft die Entfernungen viel größer, als der Unerfahrene annimmt. Besonders von oben nach unten pflegt er sie zu unterschätzen, während er nach oben eher zum Überschätzen neigt.

Bei dem feinen Witterungsvermögen der Gams ist die Rücksicht auf den Wind von allergrößter Bedeutung. Wie schon früher bemerkt, streicht der Wind im Hochgebirge im Schatten bergab, in der Sonne bergan. Die Pürsche wird daher so einzurichten sein, daß man an der Schattenseite, unten beginnend, nach oben steigt. Auf sonnenseitigen Hängen pürscht man in der Frühe ebenso, nur richtet man sich so ein, daß man, wenn die Sonne hochkommt, eine solche Höhe erreicht hat, die es erlaubt, nun abwärts zu pürschen. Bei der Abendpürsche fängt der Jäger hoch an und richtet den Pürschgang so ein, daß er beim Windwechsel den Wind über sich hat.

Der Vorteil bei der Pürsch auf Gams ist die Tatsache, daß das Gamswild Tageswild ist, man also den ganzen Tag mit der Aussicht auf Erfolg unterwegs bleiben kann. Bei der Pürsch auf Gams gilt besonders der Grundsatz, der für jede Pürsch wichtig ist: Mehr pürschen, stehen bzw. sitzen, als pürschen gehen! Der passionierte Neuling hat zu oft nur die Idee: Wo du nicht bist, da ist das Wild! Er pürscht pausenlos von einem Einstand zum anderen. Nichts ist falscher als das. Ruhe und Selbstbeherrschung sind die vornehmsten Tugenden des Pürschjägers. Ohne diese nützen die besten Kenntnisse des Reviers und der täglichen Lebensgewohnheiten des Wildes, auf das gepürscht wird, nichts.

Recht schwierig ist unter Umständen das richtige *Ansprechen* des zu streckenden Wildes. Ein starkes Stück Kahlwild kann ein Alttier sein, aber auch ein Gelttier. Ein mittelstarkes Stück kann ein Alttier oder ein stärkeres Schmaltier, ein geringes Stück ein starkes Kalb oder ein geringes Schmaltier sein. So kann es kommen, daß bei drei verschieden starken Stücken das stärkste für ein Alttier, das mittlere für ein Schmaltier, das geringe für ein Kalb angesprochen wird, während sie in Wirklichkeit ein starkes Gelttier, ein Alttier ohne Kalb und ein Schmaltier sind. Schießt der Jäger nun das mittlere für das Schmaltier, so erlegt er statt dessen ein Alttier, das *gelt übergeht* und gerade deshalb für das nächste Jahr ein starkes Kalb erwarten ließ. Dieses Beispiel zeigt, daß man sehr genau hinsehen muß und es großer Erfahrung im Ansprechen von Wild bedarf. Dagegen ist ein säugendes Alttier von hinten und schräg von vorn am Gesäuge bei der nötigen Ruhe und Aufmerksamkeit wohl herauszukennen. Das Kalb hat noch ein sog. Kalbsgesicht, kurz und stumpf, während der Kopf des Schmaltieres schon länger und in seinen Zügen klarer ausgeprägt ist. Außerdem saugt das Kalb von Zeit zu Zeit. Wenn der Pürschjäger also da keinen Fehler begehen will, so muß er sich Zeit lassen. Ich sagte schon einmal: Des Jägers größte Tugend ist Geduld.

Wegen der großen Unstetigkeit und seines Mißtrauens ist die Pürsche auf *Damwild* schwieriger als diejenige auf Rotwild. Das letztere wird, wenn auch einmal beunruhigt, doch gelegentlich wieder vertraut, so daß der Jäger die Pürsche nicht gleich aufzugeben braucht. Von einmal beunruhigtem Damwild lasse er ruhig ab; er kommt dieses Mal doch nicht zu Schuß. Das gleiche gilt vom Schwarzwild.

So leicht sich in vielen Fällen die Pürsche auf den *Brunfthirsch* gestaltet, weil er durch sein Schreien seine Standorte verrät und in seiner Erregung wenig auf seine Umgebung achtet, so schwierig ist die Pürsche auf den *Feisthirsch*. Indes liegt das nicht daran, wie man vielleicht sagt, daß er auf jedem Haar ein Licht hat. Es liegt vielmehr an seiner Trägheit und an den heimlichen, schwer zugänglichen Standorten, die er zur Feistzeit innehat, weil sie mit der Hauptfliegenzeit zusammenfällt und das Wild daher überhaupt schattige Orte bevorzugt.

Selbstverständlich wird die Pürsche mit geladener Büchse ausgeführt, um jederzeit schußbereit zu sein. Daß die Büchse nur gesichert getragen werden darf, bedarf keiner besonderen Erwähnung. Erst nachdem das Stück Wild genau angesprochen ist und der Schütze sich zum Schuß entschlossen hat, wird entsichert und unmittelbar vor dem Anschlagen oder auch erst – ich erwähnte das schon – im Anschlag gestochen.

Kommt der Waidmann aus irgendeinem Grund nicht zu Schuß, so ist es das erste, sobald er die Büchse herunternimmt, sichern und lautlos abstechen lassen! Wenn der Jäger nicht daran gewöhnt worden ist, beim Absetzen der Büchse nach dem Sichern als erstes das Stechschloß abschnappen zu lassen, so kann es sich ereignen, daß die Büchse bei der nächsten Schutzmöglichkeit unversehens losgeht, weil sie vom vorigen Mal noch gestochen und er auf die feine Stellung nicht gefaßt war.

Wo die Gelegenheit geboten ist, da wird der Pürschgang mit gutem Wind an Wiesenflächen, Jungwüchsen, Blößen usw. vorbeiführen. Dabei sei der Neuling auf einen Fehler hingewiesen, den ich selbst bei erfahrenen Waidmännern nicht selten beobachtet habe. Die Spannung, auf diesen freien Flächen Wild zu entdecken, ist meist so groß, daß man deren Umgebung, die Ränder des anstoßenden Holzes, oftmals zu sehr vernachlässigt. Und doch steht häufig genug auch hier Wild, das entweder zu den Äsungsplätzen hinzieht oder in deren Nähe sich niedergetan hat oder aber wieder von dort fortzieht. Man richte also seine Aufmerksamkeit nicht nur auf die freien Flächen, sondern mindestens ebensosehr auf deren Umgebung. Das wird vor mancher unangenehmen Überraschung schützen.

Auf größeren Flächen steht manchmal das Wild so, daß es von keiner Seite mit der Büchse erreicht werden kann. Da ist es für gewandte Jäger ein gar nicht aussichtsloses Unternehmen, das Wild mittels des sog. *Wisches* anzukriechen. Der Wisch ist ein benadelter oder belaubter, recht buschiger Zweig, dessen unteres Ende zugespitzt wird, damit es sich leicht in den Boden drücken läßt. Diesen Wisch hält der ankriechende Jäger so vor sich hin, daß er seine Gestalt, von vorn gesehen, deckt, und kriecht nun, ihn vor sich herschiebend, allmählich bis auf Schußweite heran (siehe Abb. Seite 265). Dieses Verfahren ist nur anwendbar, wenn der Jäger es mit einem oder wenigen, nah beieinander befindlichen Stücken Wild zu tun hat, weil er sonst von einem seitwärts stehenden Stück zu leicht eräugt würde. Selbstverständlich darf er sich nur vorwärts bewegen, wenn das Wild den Kopf am Boden hat; sonst ist die Gefahr, es zur Flucht zu veranlassen, zu groß. Wenn er sich ausruhen will, steckt er den Wisch in den Boden; ist er wieder bei gutem Atem, dann geht es weiter.

Besonders ist der Rehbock auf diese Weise zu überlisten. Ich habe so aber auch schon gute

Hirsche gestreckt, den stärksten allerdings, weil ihm die Sache verdächtig vorkam und er sich das Ding näher ansehen wollte. Das wurde sein Verderben.

Gelegentlich kommt es vor, daß man in der Unterhaltung zu zweien oder mehreren an Wild herankommt, das neugierig verhoffend, die Gesellschaft aushält. Soll davon ein Stück geschossen werden, so bleibt der Schütze in Deckung stehen, während der oder die anderen die Unterhaltung fortsetzen und weitergehen, ohne einen einzigen Augenblick stehenzubleiben. So kommt er nicht selten zu Schuß.

Trifft der Jäger bei der Pürsche auf Wild und erkennt rechtzeitig, daß kein Stück davon geschossen werden soll, so sei er bestrebt, es nicht zu beunruhigen, es vielmehr so zu umgehen, daß es nicht gestört wird. Das bringt manchmal unbequeme Umwege mit sich, es ist aber nicht zu vermeiden, wenn das Wild vertraut bleiben soll. In Revieren, in denen das nicht geschieht, wird man niemals so vertrautes Wild haben wie dort, wo diese Vorsicht geübt wird.

Als eine weitere Maßregel gilt der bewährte Grundsatz eines guten Pürschjägers, sich an Weg und Steg zu halten und nicht überall durchzukriechen. Denn wenn dabei auch das Wild nicht unmittelbar aufgescheucht werden sollte, so findet dieses doch sicher am ungewohnten Ort die Spur des Jägers und vor allem seines Hundes. Das verleidet ihm den Stand und führt dahin, daß es seine Vertrautheit verliert, an der doch jeder gerechte Waidmann seine Freude hat, und die auch im Interesse der Jagdausübung selbst liegt. Man kann ein gut besetztes Revier sehr schnell leerpürschen, das gilt vor allem für Rotwild.

Soll das Wild nicht alsbald mit jedem Schuß den Menschen in Verbindung bringen, so ist zu beachten, daß der Jäger sich nach dem Schuß niemals zeigt. Er tritt erst aus seiner Deckung heraus, nachdem sich das Wild verzogen hat; es sei denn, daß es auf einen, auch nur vermuteten _Krellschuß_ im Feuer zusammenbricht. In solchem Fall darf der Schütze nicht säumen, so schnell die Beine ihn tragen, an das Stück heranzuspringen, um es abzufangen oder noch einen Schuß anzubringen.

Von besonderer Bedeutung für den Erfolg ist die Witterung. Bei hellem Sonnenschein ist der Wald voller Schlaglichter. Er ist ganz in helle und dunkle Flecke aufgelöst, so daß der Jäger das im Hellen stehende oder sitzende Wild gar leicht gewahrt, das im Dunkeln befindliche aber meist gar nicht sieht. Es gehört daher eine besondere Schulung dazu, unter solchen Verhältnissen nicht draufzulaufen oder nicht am Wild vorüberzugehen. Die Kunst ist nur, die Aufmerksamkeit auf die dunklen Flächen zu richten, weil man das in den hellen befindliche Wild ohnehin leicht gewahrt. Dasselbe trifft aber auch für das Wild selbst zu; denn sobald der Jäger einen hellen Fleck betritt, wird er zur weithin leuchtenden Gestalt. Wo es daher angeht, verläßt er den Schatten nicht ohne Not und durchquert die hellen Stellen in beschleunigtem Gang.

Heftiger Regen ist der Pürsche ungünstig. Das Wild steht dann gern an geschützten Orten, wo der Jäger selten an es herankommt. Außerdem erschwert der Regen mit seinem Verschwemmen des Haares und dem Verwaschen des Schweißes die scharfe Beaufsichtigung des Hundes bei der Nachsuche. Um so günstiger ist dagegen feuchte Witterung mit lebhaftem Wind. Laub und Gezweig sind beim Drauftreten weich; sie verursachen kein Geräusch. Das Wild steht gern in lichten Orten ohne Unterwuchs, weil es das Anstreifen nasser Zweige nicht liebt. Es meidet die Dickungen, ist also leicht aufzufinden. Lebhafter Wind läßt nicht nur über seine Richtung keinerlei Zweifel; er verschlingt auch etwaige Geräusche des Jägers und wird dadurch sein bester Helfer.

Der Frost schließt im allgemeinen den Pürschgang aus. Der Boden kracht; die Luft ist hellhörig. Das Wild muß den Jäger schon von weitem gewahr werden. Da ist es mit dieser Jagdart nichts. Fällt dann aber Schnee, und bleibt er weich liegen, dann kann der Pürschjäger seine Gänge wieder aufnehmen; vorausgesetzt, daß das Wild nicht etwa bei tiefem Schnee Not leidet. Denn dann heißt es: Hahn in Ruh! Und aus dem Jäger wird der Heger. Bei leichtem, weichem Schnee aber pürscht es sich gut, weil die weiche Decke alle Geräusche dämpft, dagegen alle Fährten klar zutage legt.

Die häufig gehörte Behauptung, daß das Wild beim ersten Schneefall im Winter wie verbast und viel unaufmerksamer als sonst sei, ist nichts als eine Redensart, die der eine dem anderen nachschwätzt. Bei stärkerem Nebel schien es mir öfters, die gleiche Erscheinung beobachten zu können, doch dürfte hier das ruhige Aushalten des Wildes nicht auf geringere Aufmerksamkeit, sondern darauf zurückzuführen sein, daß es die sich nähernde Gestalt im Nebel nicht deutlich wahrnehmen konnte. Wegen des unsteten Windes sollte man bei Nebel überhaupt nicht pürschen, jedenfalls nicht im Gebirge! Sobald Schnee liegt, wählt das Wild Standorte, von denen es aus Erfahrung weiß, daß es leichter als anderswo an die Bodenäsung gelangen kann. Es zieht sich nach Heideflächen hin, sucht Wacholder auf, wenn er in der Umgebung vorkommt. Während es schneit, steht es, ebenso wie während des Regens, gern an Orten, die Schutz von oben bieten, namentlich unter Fichten und Tannen. Aber daß das Wild weniger aufmerksam sei als sonst, das habe ich nie bestätigt gefunden. Am ersten Tag nach einer Neuen findet man nicht viele Fährten im Revier, weil das Wild wenig umherzieht; desto mehr aber am zweiten.

Liegt der Schnee stark auf den Dickungen, so meidet das Wild diese, bis der Wind oder der Tau ihn heruntergeworfen haben. Ist er ganz still gefallen, daß er auf jedem Zweig und Ast liegenblieb, so verschließt er den Gesichtskreis auf jede weitere Entfernung hin; es sei denn in lichten Orten, wo kein Unter- und Zwischenholz steht. Fällt dann Neue auf Neue, tritt heftiger Frost hinzu, wird der Schnee hart zu Firn, dann sollte jeder wahre Waidmann nur auf die Sorge für sein Wild bedacht sein, anstatt es durch Jagen zu beunruhigen. Siehst du erst Sauen bei solchen Witterungsverhältnissen am Tag brechen, dann schütte Körnung. Sie sind mit wenig zufrieden; aber das wenige müssen sie haben.

Über das Pürschenfahren mit dem Pferdewagen habe ich schon kurz gesprochen. Grundsatz muß sein, daß niemals vom Fahrzeug aus geschossen werden darf, sondern, daß man im Fahren absteigt, neben dem Wagen hergeht, bis man eine Deckung hat, während der Wagen weiterfährt. Erst, nachdem der Wagen aus dem Blickfeld des Wildes verschwunden ist, darf man schießen. Auf den Schuß hin macht der Wagen kehrt und kommt zu dem Schützen zurück. Hat es aus irgendeinem Grunde nicht geklappt, so weiß der Kutscher, daß er nach Ablauf von etwa $^1/_4$ Stunde von selbst zurückfahren muß.

Inzwischen hat fast überall der Kraftwagen das Pferdefuhrwerk ersetzt und auch auf der Jagd hat es sich vielerorts eingebürgert, mit dem Auto pürschen zu fahren und aus ihm heraus auch Wild zu erlegen. Es ist sicher nichts dagegen einzuwenden, den Kraftwagen zu einzelnen Revierfahrten zu benutzen, sei es, um einen Überblick über das Fährtenbild zu bekommen oder als Hilfe bei der Feststellung der Wildbestände, sei es, um Material, wie z. B. Lecksteine oder Futtermittel zu transportieren. Der Schuß aus dem Auto aber widerspricht waidmännischen Gepflogenheiten und ist auf das schärfste abzulehnen. Das ist im übrigen seit 1977 auch nach dem Bundesjagdgesetz verboten. Grundsatz bei der Benutzung eines jeden Fahrzeuges muß sein, nie ein geladenes Gewehr mit sich zu führen, sondern es erst zu laden, wenn man das Gefährt verläßt, und es zu entladen, wenn man es wieder besteigt!

Die Suchjagd

Jede Jagd, bei der der Jäger mit oder ohne Hund Wild aufsucht, um es selbst zu erlegen, ist eine Suchjagd. Streng genommen würde auch die Pürsche, die Erdjagd, die Suche auf Wassergeflügel, hierhin gehören. Sie werden aber zweckmäßiger für sich behandelt.

An die Spitze der Suchjagden möchte ich eine der verbreitetsten und zugleich schönsten setzen: *Die Suche auf Rebhühner.* Sie wird in recht verschiedener Weise ausgeübt, aber nach meinem waidmännischen Empfinden gibt es nur eine einzige, wirklich schöne Suche: die, die *der Jäger mit seinem Hund allein betreibt.* Hier tritt das sonst so in den Vordergrund gestellte Schießen stark gegen die Arbeit des Hundes zurück. Wenn auch schließlich das Erlegen von Hühnern, und zwar von möglichst vielen Hühnern, der Suche Endzweck ist, so ist doch eine tadellose Arbeit des Hundes das Schönste bei der Sache. Niemals aber steht die Leistung des Hundes auf derselben Höhe, wenn er zwei oder gar noch mehr Schützen hinter sich hat, als wenn er mit seinem Herrn allein ist.

In gut besetzten Niederwildrevieren war es früher üblich, nicht alleine auszuziehen, sondern einen Träger mitzunehmen, der mit einer leichten Kiepe versehen war, in der die erlegten Hühner aufgehangen wurden. Der Träger hatte aber noch eine andere Aufgabe, nämlich die nach dem Schuß fortstreichenden Hühner im Auge zu behalten, damit sie wiedergefunden und beschossen werden konnten. Im allgemeinen folgte der Träger in kurzem Abstand. Fand sich aber eine kleine Erhebung im Gelände, von der aus man weite Umsicht hatte, so blieb er dort zurück, solange er die nahe Fühlung mit dem Schützen nicht verlor. Von dieser Erhebung aus behielt er die fortstreichenden Hühner im Auge, und zwar immer diejenigen, die nach der Seite strichen, die er selbst zum Schützen einnahm, während letzterer die andere Seite beobachtete.

Heute kann man dieser Mithilfe entbehren. Die Hühnerbesätze nehmen seit einigen Jahrzehnten in erschreckendem Maße ab. Die einzig richtige Erklärung scheint mir zu sein, daß die ständig zunehmende Intensivierung der Landwirtschaft, die Verringerung der Knicks und Hecken, die chemische Unkraut- und Schädlingsbekämpfung usw. schuld am Rückgang dieser Niederwildart sind. Immerhin gibt es aber auch heute noch gut besetzte Hühnerreviere.

Man soll die Suche nicht zu früh ausüben, die Hühner müssen gut ausgewachsen sein, nur dann liefern sie einen guten vollwertigen Braten, und nur der Schuß auf solche Hühner schafft volle Befriedigung. Hinzu kommt, daß bei den späten Jagden die Witterung günstiger zu sein pflegt als in den heißen Augusttagen, so daß Jäger und Hund erheblich mehr zu leisten imstande sind.

Und welche Freude, wenn man nach wiederholten Versuchen auch solche Völker, die nicht zu den „Waldhühnern" gehören, einmal in das Holz gebracht hat, wo sie Deckung finden. Ich erinnere mich an solche Erlebnisse in den rheinischen Bergen mit dem größten Vergnügen. Dort bestand der Wald zu damaliger Zeit meist aus Lohhecken, Eichenschälwald. Die Hühner fielen entweder auf ganz jungen Schlägen ein, wo sie sehr viel Deckung fanden und trotz der späten Jahreszeit gut hielten, oder, wenn sie in älteren Schlägen einfielen, dann immer auf holzfreien Stellen, die ich genau kannte. Ich brauchte dann diese nur absuchen, um die oft weit auseinanderliegenden Hühner zu finden, wenn nicht zuviel Zeit verstrichen und das Volk wieder zusammengelaufen war. Es hat mir das unendliche Freude bereitet. Auch in späteren Jahren, in denen mir so viele andere jagdliche Freuden zuteil wurden, als ich den Feisthirsch, den Brunfthirsch, den Bartgams habe bejagen dürfen, sind diese fröhlichen Hühnerjagden in den rheinischen Bergen mir immer noch im vollen Glanz der Erinnerung geblieben. Denn nicht die Menge, nicht die Größe, nicht die Seltenheit des erlegten Wildes, sondern einzig und

allein die Waidmannskunst schafft Waidmannsfreude. Je größer die Schwierigkeit, desto größer die Freude über den Erfolg. Das ist das Schöne am Waidwerk. Denn wo sollten sonst die vielen, denen die, ich möchte sagen, großen waidmännischen Erlebnisse nicht zuteil werden, mit ihrer Jagdpassion bleiben, wenn sie sich nicht auch im Kleinen betätigen und darin volles Genügen finden könnten!

Bei der Hühnersuche ist der *Hund die Seele des Ganzen.* Die Freude an der Arbeit eines guten Hundes ist viel schöner als alles Schießen. Aber auch hier gilt der alte Spruch: Übung macht den Meister! Wenn der Hund das ganze Jahr im Zwinger gelegen hat und zur Hühnerjagd das erstemal mit ins Feld genommen wird, dann darf man sich nicht wundern, wenn er sich wie ein losgelassenes wildes Tier benimmt, alle Hasen hetzt, den Hühnern nachprellt und für den Jäger zu einer Quelle des Ärgers wird. Schon im Februar muß man den Hund an Paarhühner bringen, um ihn an eine ruhige Suche zu gewöhnen. Je mehr Arbeit der Hund bekommt, desto ruhiger und sicherer wird er werden.

Ich bin zufrieden, wenn der Hund sich im ersten Feld eine weite, flotte Quersuche aneignet, wenn er fest vorsteht, sicher nachzieht und nicht nachprellt. Im zweiten Feld aber muß er das Umschlagen der Hühner lernen, was, falls er mittels Pfiff und Wink auch von weitem gelenkt werden kann, keine besondere Schwierigkeit macht. Er lernt es bald, wenn man ihn nur eine Zeitlang grundsätzlich von allen Hühnern, die er sieht, abruft und ihn von der anderen Seite wieder heranführt. Ist man einmal an diese Leistung des Hundes gewöhnt, so kann man sich nicht gut vorstellen, wie man ohne Umschlagen überhaupt auskommen könnte.

Nun wird vielleicht der eine oder andere junge Waidmann sagen: das ist alles recht schön und gut, wenn nur die Hasen nicht wären! Darauf sei ihm erwidert: Es ist selbstverständlich, daß auf der Hühnerjagd keine Hasen geschossen werden. Bevor die Hühnerjagd beginnt, muß der Hund so weit sein, daß der Pfiff seines Herrn ihn aus dem fröhlichsten Hetzen herumwirft, sobald er ihn erreicht. Ist der Gehorsam so weit ausgebildet, dann lernt er durch grundsätzliches Niedermachen, sobald ein Hase aus dem Lager fährt, sich nicht mehr um die Hasen zu kümmern.

Ist das zweite Feld beendet, dann muß der Hund fertig sein. Dann muß er hinreichend Gelegenheit gehabt haben, auch das Geläufe kranker Hühner zu arbeiten und gelernt haben, in solchem Fall nicht mehr vorzustehen, sondern einzuspringen, um das Huhn zu greifen. Alles das macht mancher junge Hund schon im ersten Feld. Damit es aber für die Dauer festsitzt, ist eine längere Übung, die sich auf zwei Jahre erstreckt, unerläßlich.

Nachdem wir uns den Hund erzogen haben, können wir mit ihm auf Hühner jagen. Um nicht zuviel unnötige Zeit zu verlieren, empfiehlt es sich, sie in der Morgenfrühe zu *verhören*. Über Nacht nämlich ruhen die Hühner, das ganze Volk zusammengedrückt, in einem *Kessel* am Boden. Wenn es tagt, streichen sie einigemal auf, fallen wieder ein und *fallen* schließlich auf ihre *Weide*, wo sie äsen. Dort bleiben sie zunächst liegen, um bei hochstehender Sonne den Schatten aufzusuchen. Vor jeder Ortsveränderung locken sie sich zusammen. Auf dieser Gewohnheit beruht das Verhören. Durch das morgendliche Verhören bekommt man ein brauchbares Bild darüber, ob Hühner da sind, und wo sie etwa liegen.

Solange morgens Gras und Kraut voll Wassertropfen hängen, solange hat der Hund schlecht suchen, weil er die Nase voll Wasser bekommt. Man wartet also, bis die Sonne den Tau verdunstet hat. Andererseits wird dem Hund das Finden erschwert, wenn die Sonne höher steigt und der Boden trocken wird. Danach sind nach tauiger Nacht die Stunden von 9 bis 11 Uhr vormittags die besten. Hat es nicht getaut, so kann man schon früher anfangen.

Ganz stilles Wetter ist der Suche nicht günstig. Am besten sind leichter Wind und bewölkter Himmel, denn ersterer erleichtert dem Hund das Finden erheblich; letzterer schützt nicht nur vor Hitze, er schützt auch vor der Sonne, die für das Schießen außerordentlich hinderlich sein kann. An solchen Tagen kann der Hühnerjäger mit kleiner Mittagspause den ganzen Tag über jagen, während an heißen Tagen die Zeit von 11 bis 15 Uhr richtigerweise ausfällt. Die Hunde finden bei der Trockenheit schlecht; sie leiden unter der Hitze. Und dann womöglich am Nachmittag mit demselben Hund suchen wollen, der schon vormittags gearbeitet hat, das wäre eine Torheit.

Wenn es angeht, führe man den Hund ans Wasser. Aber ich rate zum Maßhalten. Denn ebenso, wie das fortwährende Trinken an heißen Tagen den Menschen nur erschlafft und immer neuen Durst erzeugt, ergeht es auch dem Hund. Das Nötige soll er haben, wenn Wasser vorhanden ist; aber er muß von vornherein an wenig Wasser gewöhnt werden. Dadurch wird er unempfindlich gegen Durst und ausdauernd.

Ein guter Hund sucht so weit und sieht die Hühner schon auf solche Entfernung, daß sich der Jäger bei Kleinfelderwirtschaft mit dem Absuchen einzelner Stücke nicht zu plagen braucht. Hat der Hund gefunden, und steht er vor, so wird der Führer bald an der Art des Vorstehens sehen, ob es sich um einen Hasen oder Hühner handelt, ob diese nahebei liegen oder noch weiter entfernt sind. In dieser Hinsicht hat ein jeder Hund seine Eigentümlichkeiten, die der Führer ihm absehen muß. Liegen die Hühner noch weit, so lasse ich den Hund nachziehen, bis er nicht recht weiter will. Nun darf ich annehmen, nah bei dem Volk zu sein, und muß mich entschließen, wie ich es beschießen will. Zuerst richte ich mich nach dem Stand der Sonne und zwar derart, daß ich nicht gegen das Licht zu schießen brauche. Kann ich nebenher noch durch Umgehen der Hühner den Vorteil erringen, daß ich meinen Hund, der frei sucht, von vorn scharf im Auge haben und ihn so leichter vom zu nahen Aufrücken oder gar Nachprellen abhalten kann, so ist das gut.

Wichtig ist, die beiden Alten eines Volkes möglichst zu schonen, denn deren Erfahrung ist für die Führung und Sicherheit der Jungen von großem Wert. Völker aus Spätbruten sollte man ganz aufreiben, besonders früh entwickelte, kopfstarke Völker von Fall zu Fall völlig schonen. Um dem Revier einen ausreichenden Stammbesatz zu erhalten, muß man vorsorglich mit Winterverlusten von etwa 50 % rechnen.

Der Anfänger, dem es an der nötigen Anleitung und Führung fehlt, ist leicht geneigt, beim Aufstieben eines Volkes in den dichtesten Haufen zu schießen. Dieser Schuß scheint ihm bei dem starken Geprassel eines gemeinsam aufstehenden, kopfstarken Volkes, das ihm die kalte

Ruhe raubt, der leichteste zu sein. Der regelmäßige Mißerfolg wird ihn zwar bald von dieser Annahme zurückbringen; allein der Schaden ist dann schon geschehen. Es werden auf diese Weise viele Hühner angeschossen, die dann teils langsam eingehen, teils später als Krüppel und Kümmerer erlegt werden. Es soll daher das Bestreben eines jeden guten Jägers sein, immer nur auf die einzelnen, seitwärts des Haupthaufens streichenden Hühner zu schießen; und zwar nicht zu nah, um sie nicht zu zerschießen. Mit unseren heutigen guten Flinten hat er dann immer noch Gelegenheit, den zweiten Schuß auf ein anderes, einzeln streichendes Huhn anzubringen. Aber er warte damit nicht etwa zu lange. Denn durch das Weitschießen wird gerade so viel zuschanden geschossen wie durch das Schießen in den dichtesten Knäuel hinein.

Unsere nächste Sorge gilt dem Auffinden aller beschossenen Hühner, und es versteht sich, daß wir darauf achtgeben, daß keines verlorengeht und der Hund alle bringt. Doch sollte darüber die Beobachtung des nach unseren Schüssen abstreichenden Volkes nicht außer acht gelassen werden. Das spielt für den weiteren Ablauf der Suche eine entscheidende Rolle. Da auseinandergesprengte und einzelne oder in kleiner Zahl beieinander liegende Hühner besser zu halten pflegen, muß es unser Bestreben sein, das bejagte Volk möglichst bald zu sprengen. Auch ist der Schuß auf die dann einzeln aufstehenden Hühner leichter, vor allem für den noch nicht erfahrenen Jäger, den das Geprassel eines aufstiebenden ganzen Volkes nur zu leicht verwirrt.

Wenn im Spätherbst die Hühner nicht mehr halten, so benutzt man vielfach einen greifvogelähnlichen Papierdrachen, der allerdings nur bei vorhandenem Wind verwendet werden kann, aber seinen Zweck meistens gut erreicht.

Daß man als waidgerechter Jäger nicht auf sitzende oder laufende Hühner – es sei denn, daß sie vorher geflügelt sind – schießt, sollte eine selbstverständliche Waidmannsregel sein.

In der gleichen Weise, wie der Waidmann mit dem Vorstehhund Rebhühner jagt, betreibt er auch die *Suche auf Fasanen* oder, wie ich gleich besser sagen will, auf *Fasanenhähne;* denn die Henne wird im allgemeinen nicht beschossen. Will er die Geschlechter sicher unterscheiden können, so wartet er mit der Jagd bis Oktober; denn zu dieser Zeit pflegen die jungen Hähne völlig ausgefiedert zu sein. Da jedoch dann die Felder meist leer sind und allenfalls noch Mais draußen steht, so ist die Suche auf dem Feld auf diese Flächen und Hegegehölze beschränkt.

Gern liegt der Fasan dann in den Feldgemarkungen an Hecken und *Knicks,* in den *Weidenhegern* am Flußufer, in Auwaldungen und, weiter nach dem Winter hin, besonders in dichten Nadelholzdickungen, wo aber die Suche nicht möglich ist. Am besten ist diese im Wald dort auszuführen, wo dichter Bodenwuchs dem Vogel Deckung bietet, so daß er eher hält und der Holzwuchs oben so licht ist, daß man noch einigermaßen darin schießen kann. Da der wiederholt hochgemachte Fasan sich oft unglaublich fest auf den Boden drückt und sich richtig verkriecht, so ist es am besten, neben dem Vorstehhund noch einige Treiber mitzunehmen, die auf etwa zwanzig Schritt neben dem Jäger hergehen und gleichzeitig als Träger der erlegten Vögel dienen können.

Wo der Bodenüberzug so licht ist, daß er dem Fasan das Laufen ermöglicht, da pflegt dieser vor dem Hund zunächst zu laufen und sich erst zu drücken, wenn er ermüdet ist. Weit hinaus suchende Hunde sind daher für die Suche im Wald wenig brauchbar, weil dann viele Hähne außer Schußweite aufstehen. Der Hund muß vielmehr, wie beim Buschieren auf Schnepfen, sozusagen unter der Flinte des Jägers suchen. Daraus folgt aber nicht, daß man einen Hund mit flotter Feldsuche beim Buschieren nicht brauchen könne. Nein, derselbe Hund muß vielmehr so geführt sein, daß er im Feld weit, im Wald kurz vor seinem Herrn sucht.

Einen ganz besonderen Reiz für den Waidmann hat von jeher die Suche auf *Waldschnepfen* gehabt. Darunter verstehe ich die Suche auf die Herbstschnepfe, denn die Suche im Frühjahr war vernünftigerweise schon seit langem verboten, auch schon, als die Jagdzeit bis Mitte April ging.

Ein alter Erfahrungssatz sagt, daß die Schnepfe in nassen Jahren auf trocknen Gebieten, in trocknen auf nasseren Gebieten am ehesten zu finden ist. Das erklärt sich durch die Art ihrer Ernährung, durch ihr *Wurmen* im Boden. Dieser muß dazu, ich will einmal sagen, in der Oberfläche eine gewisse Gare und einen gewissen Feuchtigkeitsgrad haben, damit der Stecher leicht eindringen kann, und damit das Gewürm, wonach sie sticht, sich in der oberen Bodenschicht befindet. Das ist das Allgemeine. Im besonderen bevorzugt die Schnepfe ganz bestimmte Örtlichkeiten, an denen sie regelmäßig gefunden wird, und die der revierkundige Jäger absucht. Findet er aber auf den nächsten dieser ihm bekannten Plätze keine Schnepfe, dann mag er ruhig nach Hause gehen; denn heute sind offenbar nicht so viele Vögel da, daß die Suche sich lohnt.

Im Herbst haben wir die Langschnäbel gewöhnlich mit nördlichem Wind zu erwarten, weil sie auf der Reise aus dem höheren Norden nach dem Süden bei uns durchziehen. Bei anhaltendem, gleichem Wind pflegt die Schnepfe nicht lange zu bleiben. Geht der Wind dagegen nach Süden herum, so darf man auf längeres Verweilen rechnen, solange dieser herrscht. Ich habe in Schleswig-Holstein Tage erlebt, an denen, aufgehalten durch starken Südwind, in jedem Feldgehölz, an jedem Knick (Wallhecke) die Schnepfen so zahlreich lagen, daß man nicht wußte, wohin man zuerst sehen sollte, wenn sie vor dem suchenden Hund aufstanden. Aber das sind seltene Ausnahmen. Bei Sturm zieht die Schnepfe nicht. Sie hält aber auch dann vor dem Hund nicht aus, so daß die Suche ergebnislos bleiben würde. Stille, sonnige, warme Tage mit leichtem Südwind sind für die Suche die besten; besonders in der Mittagszeit, etwa von 10–15 Uhr.

Der Hund muß, wie es in der Natur der Dinge liegt, beim Schnepfenbuschieren kurz suchen. Um ihm das anzugewöhnen, wartet man nicht auf die Schnepfenjagd selbst. Das ist vielmehr Sache planmäßiger Erziehung, die schon vorher einsetzen soll. Ich möchte auch bestimmt widerraten, einen jungen Hund im ersten Feld auf Schnepfen zu führen. Denn man hat nur Ärger davon; und für den Hund taugt es wenig. Werden nicht alsbald Schnepfen gefunden, so weiß er nicht, was er soll. Er meint, die Suche gälte anderem Wild, hetzt an Hasen oder an Rehen, und Strafe und Unlust sind die Folge. Daher führe man den Hund erst auf Schnepfensuche, wenn er schon etwas Erfahrung hat und im Feld sicher geworden ist. Je früher er Schnepfen findet, desto besser. Denn um so schneller erfährt er, um was es sich handelt und gerät nicht in Langeweile, die selbst bei guten Hunden selten etwas taugt.

Die Schnepfe ist *weich*, d. h. sie fällt leichter als anderes Flugwild. Das darf aber nicht dazu verführen, gewagte Schüsse zu riskieren, denn solche sind aus Gründen der Waidgerechtigkeit unter allen Umständen zu unterlassen! Wenn die Schnepfe nicht tödlich getroffen ist, dann läuft sie sofort und steht nach einiger Zeit wieder auf, oder sie weiß sich so meisterlich zu verstecken, daß nur ein sehr erfahrener Hund sie findet. Auch wenn ich dem Umstand Rechnung tragen muß, daß ein Teil der Schrote sich im Holz leicht verschlägt, oder auch Blätter und Nadeln durchschlagen muß, ehe er in den Körper des Vogels eindringt, habe ich doch die Erfahrung gemacht, daß feine Schrote der Nummer 7 (2 1/2 mm) ausreichend sind, da sie bei genügender Durchschlagskraft die bessere Deckung aufweisen.

Kommen wir nunmehr zum *Haarwild*. Da mag uns zunächst der Hase beschäftigen. Es gab eine Zeit, da spielte der Glaube eine große Rolle, daß bei der Suche, zum angeblichen Nachteil der Wildbahn, zumeist Häsinnen geschossen würden. Die älteren Jagdbücher sind voll von Anweisungen, wie man den Rammler von der Häsin unterscheidet, wie man sich zu benehmen hat, um hauptsächlich erstere abzuschießen und letztere zu schonen. Schade um all die

wohlgemeinte Mühe, denn die im guten Glauben vorgetragenen Meinungen waren falsch. Wir können heute auf Grund sorgfältiger Ermittlungen mit hoher Wahrscheinlichkeit annehmen, daß die Rammler ebenso fest liegen wie die Häsinnen, daß letztere aber auch in Waldtreiben ebenso gut vorgehen wie die Rammler. So lieferte eine Beobachtung bei der Suche eines ganzen Jahres das Ergebnis von 66 % Rammlern und 34 % Häsinnen; also ungefähr das Gegenteil von dem, was man immer der Suche als Nachteil angerechnet hatte.

Die recht umfangreichen Ermittlungen über das Verhältnis der einzelnen Jagdarten zum Geschlecht der erlegten Hasen haben zu dem Ergebnis geführt, daß die einzelne Jagdart von gar keinem Einfluß auf das Verhältnis des Geschlechtes der dabei erlegten Hasen ist. Dabei hat es sich als ganz unerheblich erwiesen, ob sie mit besonderer Rücksicht auf die angebliche Schonung der Häsinnen ausgeübt, also ob beispielsweise ein Waldtreiben ganz umstellt oder nur vorn vor mit kleinen Flügeln bestellt oder ein Kesseltreiben bis zur Mitte durchgeführt oder vor Hereinschicken der Treiber bis in die Mitte abgebrochen wurde. Angesichts dieses Ergebnisses wird einmal wieder klar, welche Gefahr in der kritiklosen Übernahme fremder Meinungen liegt.

Haften der Suchjagd somit die behaupteten Nachteile der unverhältnismäßig hohen Erlegung von Häsinnen auch nicht an, so kann sie doch einen anderen Schaden im Gefolge haben, wenn sie anhaltend und fortgesetzt ausgeübt wird. Das ist die durch sie hervorgebrachte Beunruhigung. Diese veranlaßt viele Hasen zum Auswechseln. Wenn daher auch keine Veranlassung besteht, die Suchjagd auf Hasen zu verdammen, so besteht andererseits kein Zweifel, daß es wenig pfleglich ist, die Bejagung des Hasen etwa nur auf der Suche durchzuführen. Es gilt dasselbe wie für den Anstand: einige Küchenhasen auf der Suche oder dem Anstand zu schießen, kann hohe Waidmannsfreude vermitteln und schadet der Jagd nicht, im Übermaß ausgeübt, ist beides zu verurteilen.

Man betreibt die Suchjagd entweder auf dem Feld oder buschierend in Busch und Wald. Bei ersterer Jagd wählt der Waidmann weiches Wetter, weil der Hase bei Frost nicht *hält,* vermutlich, weil er das Näherkommen des Jägers bei dem starken Dröhnen im gefrorenen Boden schon von weitem vernimmt und dann so zeitig hoch wird, daß er bald aus dem Schußbereich ist. Abgesehen von der mechanischen Erklärung haben wir den Grund für das lose Sitzen bei hellem, kaltem Wetter sicherlich auch in einer allen Wildarten gemeinsamen Eigentümlichkeit zu suchen, nämlich die einer größeren Regsamkeit bei solchem Wetter. Denn der Hase *sitzt* nicht nur lose bei hellem Frost; er *läuft* dann auch viel besser bei der Treibjagd als bei weicher Witterung, nachdem er einmal lose gemacht ist.

Übrigens gibt die augenblickliche Witterung nicht immer den Ausschlag für besseres oder schlechteres *Halten.* Wie fast alle Tiere, so hat auch der Hase eine feine Empfindung für bevorstehenden Witterungswechsel. Wenn er bei schönstem warmem, weichem Wetter nicht halten will, so magst du ruhig annehmen, daß Unwetter, Sturm und Regen im Anzug sind, ja, man kann getrost sagen: der Hase hält und läuft so, wie es dem Wetter nach 24 Stunden entspricht. Wer sich die Mühe macht, darauf zu achten, wird die Behauptung bestätigt finden.

Wo *sitzt* der Hase in Feld und Wald? Immer da, wo er vor Wind geschützt ist und wo er trocken sitzt! Das ist die Hauptregel, die bei jeder Suche berücksichtigt werden will. Wer sie vernachlässigt, der darf sich über Mangel an Erfolg nicht beklagen. Liegen Feld und Wald im Gemenge, und ist das Feld ziemlich eben, so daß keine tiefen Schluchten, Gräben, Böschungen usw. vorhanden sind, die dem Hasen überwindige Plätzchen bieten, so rückt er bei windigem Wetter zu Holz. Es sei denn, daß plötzlich einsetzender Laubabfall oder tauender Schneeanhang ihn von dort auf das Feld treiben, wo er dann nach Möglichkeit in windgeschützten Geländefalten, buschigen Rainen, in Sturzäckern, Rüben- und Kohlfeldern oder auf trocknen Wiesen sein Lager sucht.

Bei nasser Witterung sitzt der Hase mit Vorliebe an Hängen, Böschungen, Grabenrändern, in Weinbergen, Steinbrüchen. Aber immer so, daß er vor rinnendem Wasser sicher ist. Im Feld pflegt der Hase *tief* zu sitzen, d. h. sein Lager so tief zu scharren, daß er einigermaßen Deckung hat. Er liebt rauhe Sturzäcker; gern nimmt er die Deckung wahr, die ihm Brombeergerank, eine trockene Distelstaude, der Rand eines Raines bieten.

Im Buschwerk und Wald dagegen liebt Löffelmann *flach* zu sitzen, d. h. oben auf, ohne sich tief einzuscharren; gern hart am Stamm zwischen zwei zusammenlaufenden Wurzeln, unter einem Busch, im Dorngestrüpp usw.

Wer bei der Suche den Hasen *im Lager sitzen sieht,* der hat schon gleich einen Vorteil über ihn. Zwar nicht, weil er ihn nun im Lager schießen kann – das tut ein waidgerechter Jäger nicht –; sondern deshalb, weil er, ihn umkreisend, sich hinreichend nähern kann, um ihn beim Herausfahren auf den Kopf zu stellen.

Im Buschwerk und im Wald ist das Erkennen recht schwierig, weil der Hase, so flach er sitzt, doch meistens so sitzt, daß er irgendeine Deckung vor sich hat.

Für den Sturzacker gilt dasselbe wie für den Wald. Auch hier geht die Farbe des Hasen völlig in der Umgebung auf, falls ihn nicht etwa eine Bewegung verrät. Denn Löffelmann rückt nicht selten in seinem Lager vor und wieder zurück, weil er sich im Angesicht des Jägers nicht traut herauszufahren und sich nach einem halben Entschluß dazu schnell wieder drückt. Sieht der Jäger also, wenn auch nur mit halbem Blick, irgendeine Bewegung aus dem braunen Acker, so halte er die Stelle scharf im Auge, bleibe aber im Gange, und er wird bald die eigenartige Kopfform und dann den ganzen Rücken erkennen.

Anders ist es auf der grünen Wintersaat; hier kommt selbstverständlich zumeist die Farbe in Betracht. Es kann sich da *nur* um einen Maulwurfshaufen, ei- nen Stein oder aber um einen Ha- sen handeln. Ähnlich ist es bei mäßiger Schneelage. Bei tieferem Schnee aber und besonders kurz nach einer Neuen, bei der sich der Hase, was er gern tut, völlig hat einschneien lassen, sieht der Jäger meist von weitem einen dunklen Punkt, der sich ab und zu verfärbt. Es ist dann das Luft- loch des Hasen, das braun wird, wenn der Bewohner der Schnee- höhle es mit seinem Kopf aus- füllt, um zu sichern, und das wie- der schwarz erscheint, wenn er in sein Lager zurücksinkt. Wie ich hier gleich bemerken will, pflegt

der Hase, in so einem Lager eingeschneit, selbst bei hellem Frost gut zu halten. Nicht selten erkennt der Jäger das Lager an dem kleinen Wölkchen Wasserdampf, das des Hasen Atem und Körperwärme über dem Schnee erscheinen lassen.

Wer es nicht zu lernen vermag, den Hasen im Lager zu erkennen, der tut bei weichem Wetter, wenn der Hase festsitzt, gut, von Zeit zu Zeit stehenzubleiben. Das mag kein Hase leiden; und einerlei, ob er sich schon hatte übergehen lassen oder nicht; er rutscht heraus. Der Jäger tut daher wohl daran, auch das nahe Feld *hinter* sich nicht ganz außer acht zu lassen.

Aus demselben Grund aber darf der Waidmann, der einen Hasen von weitem sitzen sieht, niemals stehenbleiben, weil die Gefahr besteht, daß Löffelmann sofort aus dem Lager fährt. Er nähert sich dem Hasen daher in fortwährender Bewegung, so, als ob er ihn umkreisen wolle, sorgt aber dabei, ihm recht bald nah zu kommen.

Meist schlägt der Hase beim Herausfahren einige Haken, um aber bald auf dem kürzesten Weg von seinem Feind freizukommen. Je weiter er sich entfernt, desto sicherer hat der Schütze den Krummen spitz von hinten. Ein solch ungünstiger Schuß hat nur Sinn, wenn man den Hasen sozusagen noch von oben beschießen kann, so daß man die Schrote über den Kopf hinweg vor ihm zur Erde wirft. Dann läuft der Krumme in die Schrotgarbe hinein und erhält die Schrote vorn, wo sie tödlich wirken. Läßt der Schütze aber den Hasen in dieser Flucht auf 50 Schritt und weiter hinauskommen, dann setze er ruhig ab. Denn viel, viel besser ist es, nicht zu schießen, als dem unglücklichen Hasen die Keulen zu zerschmettern und ihn dann vom Hund greifen zu lassen oder ihm gar nur das eine oder andere Korn waidwund beizubringen, an dem er langsam und schmerzlich eingeht.

Sobald es sich bei der Feldsuche nicht um noch bestandene Äcker, Kohl, Rüben oder dergleichen, handelt, in denen der Suchjäger den Hasen bei weichem Wetter nicht hoch bringt, wenn er ihm nicht sozusagen auf den Kopf tritt, ist der Vorstehhund zur Suche gänzlich überflüssig. Er tritt nur in Tätigkeit, falls ein Hase angeschossen wird; sonst gehört er angeleint neben seinen Herrn. Das liegt einmal unmittelbar im Interesse des Hundes selbst, damit er nicht wieder in das ihm mit mehr oder weniger Mühe ausgetriebene Hasenhetzen zurückfällt, dann aber auch sehr im Interesse der Suche. Denn die Hasen werden auch ohne den Hund hoch; und der Jäger ist völlig ungehindert im Schießen.

Verbindet der Waidmann, was bei der Feldsuche im Spätherbst oft der Fall sein wird, die Hasensuche mit der Suche auf Rebhühner oder Fasanen, dann läßt er den Hund natürlich frei suchen. Da er das Flugwild jedoch nicht auf dem abgeernteten Acker zu suchen pflegt, so beschränkt sich der Gebrauch des Hundes auch hier auf noch bestockte Feldstücke, wo der Führer ihn auch auf Hasen würde suchen lassen.

Ein ganz anderes Gesicht, wie im Feld, gewinnt die *Hasensuche im Buschwerk und Wald*, wo man sie oftmals mit der Suche auf Kaninchen verbinden kann. Hier ist der Jäger in weit geringerem Grad von der Witterung abhängig, wenn er nur Hasen im Holz hat. Also dann, wenn nicht gerade die Blätter nach den ersten Frösten mit Macht fallen oder aber Tauwetter nach Schneeanhang alle Hasen aus dem Wald vertrieben hat. Kaninchen aber findet der Jäger selbst an solchen Tagen, weil diese sich in ihre Baue verkriechen können, die sie trotz allem von Zeit zu Zeit verlassen.

Halten aber wird der Hase der vorhandenen Deckung wegen im Holz selbst dann, wenn er im Feld gar nicht halten würde; also sogar bei hellem Frost. Das Kaninchen hält ohnedies, von wenigen Ausnahmen abgesehen, viel besser, als es dem Jäger lieb ist. Es drückt sich bis zum letzten Augenblick, um dann dem Schützen unmittelbar vor den Füßen herauszurutschen. Ohne Hund würde der Jäger sowohl Hasen als auch Kaninchen übergehen. Er ist daher hier immer auf die Hilfe seines Jagdgefährten angewiesen. Nur darf dieser nicht weit hinaussuchen; er muß seinem Herrn vielmehr stets unter der Flinte bleiben, muß selbstverständlich felsenfest vorstehen und darf auch nicht einen einzigen Schritt weit nachprellen. Denn durch letzteren Fehler würde er seinen Herrn gar oftmals am Schießen hindern.

Angeschossene Kaninchen gehen außerordentlich leicht verloren, weil sie mit allen ihnen noch verbliebenen Kräften dem nächsten Bau zustreben. Man trachte, sie daher in noch höherem Maße als den Hasen immer von vorn zu fassen und spare vor allem den zweiten Schuß nicht, wenn der erste sie nicht gleich im Feuer bleiben ließ. Gibt aber das Kanin nach dem Schuß einen leicht pfeifenden Ton von sich, dann halte ruhig den zweiten Schuß im Rohr. Denn das ist das Zeichen, daß es tödlich getroffen ist und alsbald verenden wird.

Sind neben dem Hasen auch Kaninchen oder Fasanen zu erwarten, so führt der Jäger am besten, je nach Gewöhnung, im rechten oder linken Lauf eine feinere Schrotnummer, als er sie auf Hasen wählt: etwa neben 3 mm 2½ mm Schrot. Ich bin mir mit alten, erfahrenen Jägern einig, daß beim Buschieren oder auch Treiben im Walde in jedem Fall 3 mm Schrote, wenn nicht gar solche von nur 2½ mm Stärke ausreichen, da die Schußentfernung meist nicht groß ist und die bessere Deckung sich günstig auswirkt. Das Schießen ist im Holz insofern auch günstiger als im Feld, weil das Wild selten auf dem kürzesten Weg vom Jäger fortzuflüchten trachtet, also spitz von hinten beschossen werden müßte, vielmehr oft genug um den Jäger herumflüchtet, ihm also Gelegenheit für den Breitschuß gibt. Freilich bieten Stämme und Buschwerk manches Hindernis und fangen viele Schrote auf, aber eine altbewährte Regel besagt, daß der Schütze sich gar nicht daran kehren und schießen soll, als ob diese Hindernisse gar nicht vorhanden wären.

Eine besondere Art der Suchjagd, aber doch eine Suchjagd im ausgesprochensten Sinne des Wortes ist *die Suche mit dem Finder auf Schwarzwild*. Diese ist vorzüglich dann am Platz, wenn es sich um einen *Einzelgänger*, eine einzelne grobe Sau handelt. Es läßt sich aber auf diese Weise auch eine ganze Rotte anpürschen. Einzelne grobe Sauen, angehende und hauende

Schweine haben die Eigentümlichkeit, falls sie nicht gestört werden, lange Zeit hindurch immer wieder dasselbe Lager aufzusuchen, in dem sie dann so fest zu stecken pflegen, daß sie sich längere Zeit von einem kleinen Hund verbellen lassen, bevor sie herausfahren. Wenn der Hund sie dann verfolgt, so stellt sich die Sau leicht, schiebt sich auch gern wieder unter einer dichten Fichte, im Dornicht und ähnlichen Schutzgelegenheiten ein. Der Hals des verbellenden Finders ruft dann den Jäger heran.

Diese Art hat namentlich im ausgehenden Herbst, wenn die Sauen recht *weiß* sind, ungemeinen Reiz und verspricht zu dieser Zeit auch besonders guten Erfolg, weil das Wild dann träge ist, nicht gern weit fortwechselt, sich dem Hund aber leicht stellt. Dieses Stellen geschieht zwar selten an so lichten Orten, daß der Waidmann nur einfach heranzuschleichen braucht, um die Sau zu erlegen. Wenn er aber die nötige Gewandtheit besitzt, sich auch in dichter Dickung leise zu bewegen, am Boden zu kriechen, um das Stück überhaupt zu sehen, und die Unverdrossenheit, auch öfter vergeblich anzukriechen und es immer wieder von neuem zu versuchen, solange die Sau nicht ganz aus dem Revier herauswechselt, so wird er schließlich fast immer zu Schuß kommen.

Selbstverständlich muß der Wind beim Anschleichen gut beachtet werden. Je schärfer der Finder dem *Bassen* zusetzt, desto mehr erleichtert er dem Jäger das Herankommen, weil die Sau sich dann viel mit dem Hund beschäftigt, dessen Hals auch etwaige unvermeidliche Geräusche des anpürschenden Jägers deckt.

Wer im Besitz eines reinen *Finders* ist, der braucht nicht auf Schnee zu warten. Am besten eignet sich für diese Zwecke ein Teckel, weil er klein und unscheinbar, aber meist sehr scharf ist, beides Eigenschaften, die besonders günstig für das Stellen des Schwarzwildes sind. Sein niedriger Bau schützt den Teckel außerdem vor Schlägen, weil der Keiler selten so tief am Boden zu schlagen imstande ist. Nichtsdestoweniger sind mir auch schon Dachshunde völlig zuschandengeschlagen worden. Für grobe Sauen sind aus diesem Grund zwei Hunde zu empfehlen, von denen der eine durch sein Zufassen den anderen schützen kann.

Ohne Schnee ist der Waidmann bei dieser herrlichen, fesselnden Jagd auf den Finder angewiesen. Bei Schnee kann er zur Not auch ohne dessen Hilfe auskommen. Aber mit dem Hund ist die Sache insofern leichter, als dieser die Sauen immer von neuem verbellt, die der Jäger allein, nachdem sie in der Dickung schon vielfach hin- und hergetreten sind, schließlich trotz oder besser wegen der vielen Fährten gar nicht mehr wiederfinden würde.

Freilich dort, wo das Schwarzwild niemals Ruhe hat, wo es jahraus, jahrein verfolgt und beunruhigt wird, da ist bei dieser Suche nur ein einziger Schuß anzubringen. Denn dann setzt sich die Rotte in Bewegung und kommt meist erst wieder zur Ruhe, nachdem sie vielleicht Meilen hinter sich hat. Wo aber große, zusammenhängende Dickungen, ausgedehnte Sumpfgebiete mit vielem Röhricht den stets bedrängten Schwarzkitteln Ruhe gewähren, dort kann der Jäger mittels der Suche oft eine recht ergiebige Jagd machen.

Eine andere recht mühsame, oft vergebliche, aber für einen ausdauernden Waidmann äußerst reizvolle Suchjagd ist das *Ausmachen eines Marders* oder eines *Iltis bei Schnee*. Diese Jagd hat mich in jüngeren Jahren in hohem Maße beschäftigt; ich habe aber auch dabei gelernt, daß die meisten Jagden Fehljagden sind, wenn die Verhältnisse nicht besonders günstig liegen.

Erste Voraussetzung ist das Vorhandensein von Mardern und Iltissen. Die zweite ist Schnee. Es braucht nicht gerade eine Neue zu sein, obgleich diese das Verfahren erleichtert, weil dann nur ganz wenige Spuren vorhanden sind. Auch nach Eintritt von Tauwetter läßt sich recht gut spüren; zumal der Jäger da sicher ist, daß jede gut erkennbare Spur ganz frisch sein muß, weil sie sonst bald austaut. Wo der Marder zu suchen ist, das muß jeder erfahrene Waidmann vorher wissen; denn wie jedes andere Wild hat auch dieser ziemlich feste Gewohnheiten. Er hält gern bestimmte Striche ein; hier findet der aufmerksame Jäger die Losung auf

Wegen, Pfaden, Wildwechseln; dort sieht er die Laubdecke nach Mäusen durchwühlt. Gelegentlich liegt auch irgendwo ein Stück Fallwild; oder es ist ein Luder ausgelegt. Diese Gegenden sind beim Kreisen auf Marder besonders zu berücksichtigen. Fast immer bewegt sich der Marder in gewissen Örtlichkeiten am Boden, in anderen *baumt er fort;* auch darüber pflegt die Losung Aufklärung zu geben. Also der Waidmann geht nicht, wie die alte Vorschrift lautet, sozusagen wie ein Wildfremder in sein Revier und spürt Wege und Gestelle ab, mit besonderer Berücksichtigung derjenigen Stellen, wo der Marder etwa über eine solche Spürbahn *fortgeholzt* sein könne. Das wäre Unsinn. Der Jäger kreist vielmehr dort, wo er den Marder vermuten darf, und zwar schon in der Morgenfrühe; aus dem einfachen Grund, weil er eine sehr langwierige Jagd unternimmt, für die er am besten den ganzen Tag vor sich hat.

Dort sucht er zunächst eine Spur zu finden. Stößt er auf eine solche, so umschlägt er den Revierteil, in den sie hineinzeigt, falls er weiß, daß sich dort hohle Bäume, Greifvogelhorste, Krähen-, Elstern- oder Eichhornnester befinden. Ist das nicht der Fall, was jeder revierkundige Waidmann wissen sollte, dann sieht er vom Umschlagen des Revierteiles ab und folgt der Spur, indem er sie fortwährend *austritt.* Gelegentlich wird diese aufhören, natürlich immer an einem Baum; dann wird schon durch etwas Flechte, Rinde und dergleichen auf dem Schnee offenbar, daß der Marder hier *gebaumt* ist. Ist er nicht gleich wieder an demselben Baum *heruntergefahren,* was am *Absprung* erkennbar ist, so muß der Spurjäger kreisen, indem er, von Anfang an nicht zu eng, sondern eher etwas weiter die Stelle umschlägt, wo der Marder aufbaumte. Findet er die Spur nicht wieder, so hält er sich nicht mit Umhersuchen auf, sondern entwirft gleich einen Plan, nach dem er so kreisen kann, daß die Möglichkeit, der Marder sei über die Spurbahn fortgeholzt, ausgeschlossen ist. Hat er den Marder auf diese Weise in dem Waldteil fest, so heißt es, ihn näher ausmachen.

Bisher war die Sache leicht, jetzt aber beginnen die Schwierigkeiten, und es gibt allerlei zu überlegen. Zunächst geht der Marder nicht auf Bäumen spazieren, wie der Kater im Mondschein auf dem Dach. So vorzüglich und ausdauernd er auch klettert, es bedeutet für ihn eine ganz andere Anstrengung als die Bewegung auf der Erde. Er kann nur zweierlei im Auge haben, wenn er baumt: Entweder er jagt, und dann ist meist ein Eichhorn sein Opfer; oder aber er sucht im Horst, im Nest, im hohlen Baum oder auch in einer dichten Fichte, Tanne usw. einen Platz zum Ausruhen oder Schlafen.

Ist das erstere der Fall, jagt der Marder, so geht das nicht ohne erhebliche Spuren ab. Es brechen trockne Äste; es fallen vor allen Dingen Rindenstücke sowie Baumflechten herunter. Kurzum, unterhalb des Weges, den die Jagd nahm, sieht es am Boden anders aus als sonst im Bestand. Einem geschulten Auge kann das nicht entgehen; und so wird der Jäger dem Ort, wo der Marder sich gesteckt hat, allmählich näherkommen; denn nach erfolgtem Raub pflegt dieser alsbald zu ruhen.

Hören die Marderspur bzw. die Kennzeichen seines Fortholzens auf und man entdeckt einen alten Horst oder hat gar eine alte Eiche oder Buche vor sich, dann ist mit Sicherheit anzunehmen, daß der Marder drin steckt. Jetzt gilt es, ihn zum Springen zu veranlassen. Das kann auf verschiedene Weise geschehen: durch Klopfen mit dem Stock an den Stamm, welches am besten ein Gehilfe ausführen muß, da man selbst in höchster Aufmerksamkeit schußbereit sein muß. Sollte das Klopfen nicht helfen, kann man einen Schuß abgeben – in der Nähe des Horstes, nicht in diesen hinein –, da man den Marder eventuell totschießen würde, ohne es zu bemerken.

Verläßt der Marder den Horst auf den Schuß, dann holt ihn natürlich der nächste Schuß gleich herunter. Bedenke aber ja, daß dicke Äste eine vorzügliche Deckung abgeben und schieße nicht eher, als bis du den kleinen Räuber völlig frei hast. Sobald das Schießen oder die Möglichkeit, der Marder könnte den Boden gewinnen, überhaupt in Frage kommt, läßt der

Jäger den Hund, der nicht
scharf genug sein kann, frei
gehen und sorgt nur, daß er
nah bei ihm bleibt. Scharf
muß der Hund sein, weil der
nicht tödlich getroffene Marder sich auf Leben und Tod
wehrt und furchtbar beißt.
Ein nicht scharfer Hund läßt
dann gern ab, während ein
scharfer Hund ihn entweder
würgt oder wieder zum Aufbaumen zwingt, wo er dann
zum zweitenmal mit besserem
Erfolg heruntergeschossen
wird.

Schwierig wird die Sache,
wenn der Marder in einem
hohlen Baum steckt und
durch Klopfen nicht heraus-
zukriegen ist. Das Ausräu-
chern müssen wir als unwaidmännisch ablehnen, auch
kann der hohle Baum leicht
Feuer fangen. Alte Marderjä-
ger haben mir erzählt, daß
man in solchen Fällen durch
anhaltendes Kratzen mit metallischen Gegenständen den
Marder zum Springen brächte, selbst habe ich es nie aus-
probiert. Wenn alles nichts
hilft, könnte man den hohlen
Baum fällen lassen, aber bei
der Seltenheit hohler Bäume
und bei der Bedeutung, die
ein solcher nicht nur als Unterschlupf für den Marder,
sondern auch als Nistgelegen-
heit für alle Höhlenbrüter hat,
dürfte sich eine solche Maßnahme von selbst verbieten.

Die beschriebene Suche in
hohlen Bäumen und Horsten
paßt nur für den Baummar-
der. Beim Steinmarder, dessen
Spur sich, wie wir aus dem
ersten Teil wissen, durch den

scharfen Abdruck der Tritte von der des Edelmarders unterscheidet, darf man damit rechnen, daß er sein Lager selten in Horsten und Bäumen sucht. Hier muß gleich weiter gekreist werden, um keine Zeit zu verlieren. Denn er ist meist wieder abgebaumt, um sich unter einer Brücke, in einem Durchlaß, einem Steinhaufen, Holzstoß, am liebsten aber in verfallenen, einsamen Gebäuden oder auch in bewohnten Gehöften einen Platz zu suchen.

Am einfachsten ist das Ausmachen des Iltis. Seine Vorliebe für die Ufer der Gewässer, Gräben und andere nasse Gelegenheiten, wo er den Fröschen im Winterschlaf nachstellt, gibt bei nicht zu starkem Frost dem Jäger gleich Gelegenheit, ihn durch Hineingießen von Wasser aus einer Röhre herauszutreiben. Daraufhin pflegt der Ilk bald zu erscheinen, um entweder vom Hund in Empfang genommen oder vom Jäger erlegt zu werden.

Die Erdjagd

Durch das Reichsjagdgesetz wurde 1934 die Verwendung des Tellereisens verboten, das Verbot, das aus waidmännischer Sicht nur zu begrüßen war, da der Fang mit dieser Art Eisen Tierquälerei bedeutet und nicht länger geduldet werden konnte. Damit verlor jedoch die Fangjagd vielerorts an Boden, und die Jagd mit der Flinte gewann an Bedeutung. Für den Waidmann hieß das, sein Augenmerk wieder mehr der Erdjagd zuzuwenden, denn sowohl Dachs wie Fuchs müssen, um sie kurz zu halten, auch in der Erde bejagt werden. Das erfordert die Haltung guter Erdhunde, also Teckel oder Foxterrier bzw. Jagdterrier.

Beginnen will ich mit dem *Dachsgraben*, obwohl der Dachs durch den nun schon Jahrzehnte andauernden Tollwutdurchgang stark dezimiert ist, in vielen Revieren kaum noch vorkommt und sich nur langsam in seinen Beständen erholt. Wenn also das Dachsgraben zur Zeit auch kaum praktisch ausgeübt wird, so verdient es doch in seinem Ablauf festgehalten zu werden, da es das hervorragende Beispiel klassischer Baujagd ist und die Kunst, Meister Grimbart in der Erde zu bejagen, nicht der Vergessenheit anheimfallen sollte.

Man unterscheidet *Hauptbaue* und *Nebenbaue*; auch sogenannte *Fluchtröhren*, wenn der Nebenbau nur aus einer einzigen Röhre besteht. Ferner *Felsenbaue* und *Erdbaue*. Hauptbaue haben gewöhnlich ein hohes Alter. Sie bestehen aus mehreren Lagen von *Röhren* und *Kesseln* übereinander, gehen tief in den Boden, in die Bergwand hinein und sind daher schwer zu graben. Wenn nicht ganz besondere Verhältnisse vorliegen, verzichtet der Waidmann hier darauf; zumal der Erfolg sehr fraglich ist. Den Hund in Felsenbaue schliefen zu lassen, ist gefährlich, weil diese oft, den Klüften und Spalten folgend, tiefe, steile Abgründe haben, die der Teckel wohl hinunterspringen kann, an denen aber jeglicher Versuch, wieder heraufzukommen, scheitert.

Der Jäger kann sich hier, wenn es überhaupt erforderlich sein sollte, auf andere Weise helfen. Nachdem er alle Röhren eines Hauptbaues oder eines Felsenbaues festgestellt hat, verblendet er sie in der Nacht, nachdem die Dachse den Bau verlassen haben, was manchmal erst gegen Mitternacht erfolgt, bei nassem, stürmischem Wetter auch einmal ganz unterbleibt, indem er ein Stück weißes Papier, das er noch mit irgendeinem Stinkzeug tränkt, oder einen Lappen entweder in die Röhre hineinsteckt oder auch an einem Stäbchen vor ihr aufhängt. Auf diese Weise werden die von ihren nächtlichen Streifereien zum Bau zurückkehrenden Dachse vom Einfahren abgehalten und nehmen dann in größerer oder geringerer Nähe befindliche Nebenbaue oder Fluchtröhren an.

Der Waidmann gräbt die Dachse, wenn sie fett sind. Das ist im Herbst, vom Oktober ab, der Fall. Soll zum Dachsgraben geschritten werden, so ist die erste Frage: welcher Bau ist

befahren? Zu einem befahrenen Dachsbau führen meist von außen ganze Rinnen, die den Dachspaß darstellen, und die kein Waidmann übersehen kann. Im Herbst fährt der Dachs zudem trockenes Gras, Laub usw. für den Kessel in großen Mengen ein; auch das ist nicht zu verkennen. Auch ist eine befahrene Röhre auf ihrem Grund glatt; es hängen nirgends Spinnweben; die Ränder sind abgerundet; kurz, alles deutet auf fleißige Benutzung. Ob diese von einem Dachs oder von einem Fuchs herrührt, darüber belehren die Spuren, die hinein- oder herauszeigen. Diese sind bei gefrorenem Boden und im trockenen Sand nicht immer zu erkennen. Dann muß die Hundenase anzeigen, ob überhaupt etwas ein- oder ausfuhr. Aber noch etwas anderes vermag Kunde über den Bewohner zu geben. Der Dachs schüttelt sich fast immer noch innerhalb der Röhre den Sand aus der Schwarte. Der Fuchs tut das meist erst außerhalb. Die Stellen, wo beim Schütteln die Branten standen, bleiben bei ihm sandfrei. Hieran läßt sich bei trockner und kalter Witterung das Hinein oder Heraus feststellen. Ist der Schnee hart gefroren, dann stehen die Spuren als Sandspuren oben darauf. Außerdem findet man bei genauer Untersuchung stets einzelne Haare in der Röhre, sei es an Wurzeln oder an kantigen Felsecken – man muß sich nur auf den Bauch legen und die Röhren ganz eingehend untersuchen, so wird man sagen können, ob Fuchs oder Dachs im Bau steckt.

Zum *Dachsgraben* gehören: *zwei Spaten, zwei Schaufeln, eine Spitzhacke, eine Axt, ein Beil, eine Dachsgabel, eine möglichst lange, schmiegsame Gerte, eine Laterne.* An *Personal: zwei Jäger, zwei Gehilfen;* an *Hunden:* mindestens *zwei gute Teckel, ein Gebrauchshund* und außerdem soviel *Reisigbündel,* wie Röhren vorhanden sind, außerdem nimmt man neben der Flinte eine Pistole mit, mit der man den mit der Gabel gehaltenen Dachs totschießt.

Ein sehr notwendiges Hilfsmittel ist die *Dachsgabel.* Diese besteht aus einer Metallgabel, die an den Enden zugespitzt und innen angerauht ist, und einem etwa 2 m langen Eschen- schaft, um auch bei tiefen Einschlägen auszureichen. Die Gabel hat den Zweck, den aus der Röhre im Einschlag erscheinenden Dachs im Genick zu fassen und so fest wie möglich an den Erdboden zu drücken, um ihm in dieser Lage den Fangschuß geben zu können.

Die schmiegsame *Gerte,* die nicht zu dünn sein darf, dient dazu, den Verlauf der Röhre festzustellen, in der bisher der Hund vor dem Dachs *vorlag,* falls er von ihm abgelassen und dieser sich *verklüftet* hat. Man schneidet sie oben stumpf ab und spaltet sie ein wenig auf, um, falls man beim Nachfühlen auf etwas Weiches stößt, das der Dachs sein könnte, durch einiges Drehen ihm ein paar Haare auszuziehen, die dann oft in dem Spalt sitzenbleiben und die Gewißheit erbringen, daß der Dachs in der *Endröhre* steckt, aus der es kein Entweichen mehr gibt.

Noch ein paar Worte über die *Hunde*. Auf dem Weg zum Bau sollen sie nicht im Riemen liegen, sondern zur Linken des Jägers an der Koppel gehen, wie ein wohlerzogener Gebrauchshund. Andernfalls zerren sie sich müde, bis sie am Bau sind, wo ihrer ohnehin gewaltige Anstrengungen harren. Sie sollen auf dem Bau nicht laut werden und nicht winseln; im Bau aber unter keinen Umständen *waidelaut* sein, sondern nur Hals geben, wenn sie den Dachs oder den Fuchs vor sich haben. Um im Fuchsbau überall durchkommen zu können, dürfen für diese keine schweren Hunde verwendet werden. Die Höhe ist hier jedoch nicht allein maßgebend; denn auch ein Hund mit höheren Läufen kommt gut fort, wenn er nur in der Brust nicht zu stark ist. Das sieht man am Terrier, der überall durchschlieft, der aber trotz oder vielmehr wegen seines gewaltigen Schneides gerade für das Dachsgraben am wenigsten zu brauchen ist. Denn er verbeißt sich mit dem Dachs und gibt oft stundenlang keinen anderen Laut von sich als ein würgendes Knurren, das bei den tiefen Bauen schwer zu hören ist. Es sei noch bemerkt, daß beim Graben selbst kein Hund lose auf den Bau gehört. Sobald der Hund aus der Röhre hervorkommt und nicht gleich wieder einschliefen will, wird er sofort aufgekoppelt und statt seiner ein anderer in die Röhre hineingelassen. Nur auf diese Weise erzieht und erhält man sich brauchbare und einigermaßen folgsame Teckel.

Also der Waidmann ist mit lebendem und totem Zubehör auf dem Dachsbau eingetroffen. Die Hunde werden abgelegt, die Gerätschaften niedergelegt. Dann wird über und um den ganzen Bau gegangen, um zunächst genau festzustellen, ob ein Dachs frisch eingefahren ist. Ist er sicher, so wählt er diejenige Röhre aus, in die er den Hund einschliefen lassen will. Das ist natürlich die am meisten befahrene. Bevor der Hund jedoch geholt wird, werden sämtliche vorhandenen Röhren, auch die scheinbar niemals zum Schliefen benutzten Luftröhren, mit den vorbereiteten Reisigbündeln verschlossen, indem die Bündel lang und so tief wie irgend möglich hineingeschoben werden, so daß kein Dachs sich daran vorbeizwängen kann.

Ist bis auf die eine Röhre, in die der Hund einschliefen soll, alles versperrt, dann trägt der Jäger den Hund auf dem Arm zu dieser hin, nimmt ihm die Halsung ab, damit er nicht irgendwo hinter einer Wurzel festhaken kann, und läßt ihn schliefen. Bei flachen Bauen wird er, falls der Hund findet, auf dem Bau stehend, seinen Hals hören können; bei tiefen aber legt er sich lang auf die Erde, mit dem Ohr fest am Boden, und horcht, ob er nichts vom Hund hört, verteilt auch zu gleichem Zweck die vorhandenen Leute. Dieses Abhorchen darf niemals von der Röhre aus geschehen, weil der Schall dort den Jäger völlig falsch leiten würde, sondern immer nur von oben her.

Zuerst wird die Jagd im Bau oft hin und her gehen. Der Jäger wird den Hund mal hier, mal dort hören, dazu Scharren, Kratzen, Poltern. Letzteres rührt vom Dachs her, der sich gegen den Hund *verklüften*, d. h. sich durch zwischengeschobenes Erdreich vor ihm schützen oder ihm scharrend Sand und Staub in die Augen werfen will. Das Verklüften darf ein scharfer Hund nicht zulassen. Er muß dem Meister Grimbart so hart auf die Schwarte rücken und zwicken, daß dieser sich verteidigen muß und keine Zeit zum *Versetzen*, wie man das Verklüften auch nennt, findet. Unterdessen beeilt sich der Waidmann oben auf dem Bau nicht. Er feuert den Hund durch hineinrufen in die Röhre an, und stampft oben fest auf den Boden, um den Dachs zum *Rücken* zu bewegen, damit er sich so weit wie möglich und in eine Endröhre zurückzieht, aus der er nicht mehr weichen kann, ohne den Hund zu *überrollen*.

Erfahrene Erdhunde merken an der ganzen Aufmachung schon, um was es sich handelt.

Vor allem haben sie keine Furcht, daß ihr Herr vielleicht nicht mehr auf dem Bau sein könnte. Bei jungen Hunden ist das anders. Sie kommen nach einer Weile gern einmal zum Vorschein, um sich nach ihrem Herrn umzusehen. Daher ist in solchen Fällen der Platz des Herren an der Mündung der offenen Röhre, um den Hund sofort in Empfang zu nehmen, zu liebeln oder, falls er gefährlich *geschlagen* sein sollte, ihn durch den anderen zu ersetzen. Weiß der Hund, daß sein Herr zur Stelle ist, so bleibt er, falls die Sache nicht zu lange dauert, von nun an meist am Dachs, *liegt vor* und gibt anhaltend Laut. Nunmehr überzeugt sich der Jäger, ob die Jagd auf derselben Stelle steht, und trifft in diesem Fall Anstalten, dem Hund von oben zu Hilfe zu kommen. Zu diesem Zweck macht er einen *Einschlag* oder *Durchschlag*, d. h. er läßt einen etwa dreiviertel Meter breiten Erdwürfel ausheben, der am besten gleich so lang gemacht wird, daß er, bis zur Tiefe der Röhren heruntergetrieben, den ganzen Bau in zwei Teile teilt.

Wer die Anlage eines richtig gelegenen Durchschlages angeben will, der muß von der inneren Lage des Baues eine ziemlich klare Vorstellung haben, die er nur durch Erfahrung gewinnen und die er dann mit Hilfe der vorhandenen Röhren auf den Einzelfall anwenden kann. Als Anhalt kann ich hier nur sagen, daß der Bau in seinem äußeren Umfang durch die Mündungen sämtlicher Röhren begrenzt wird, falls er nicht in einen Berghang hineingearbeitet ist, wo schlechterdings alle Schätzungen aufhören. Aus den verschiedenen Punkten, an denen der Waidmann zu Anfang Hund und Dachs poltern und den ersteren laut werden hörte, kann er ein ungefähres Bild von dem Verlauf einiger, nicht aller Röhren gewinnen, das dann den Anhalt für die Lage des Durchschlages geben muß.

Zuerst pflegt viel zu hastig gegraben zu werden, weil auch die Arbeiter gewöhnlich große Eile haben, dem tapferen Hund zu Hilfe zu kommen. Das regelt sich aber bald; und es wird dann ruhiger vorgegangen, wie es für längeres Arbeiten auch notwendig ist. Der Aushub wird dorthin geworfen, wo er voraussichtlich für einen nochmaligen Durchschlag nicht im Weg liegt. In dieser Weise wird fleißig weitergegraben, bis der hellere Laut des Hundes und das Murren des Dachses Kunde geben, daß der Ort der Tat nicht mehr fern ist.

Neben der richtigen Lage des Einschlages ist auch seine innere Form von Bedeutung. Die Wände sollen durchaus senkrecht, sauber und glatt niedergetrieben werden. Wird etwa eine Röhre angeschlagen, so ist sie sofort zu schließen, und zwar nicht etwa mit ein wenig Plaggen, sondern mit einem handfesten Bund Reisig. Dasselbe geschieht mit jeder weiterhin angeschlagenen Röhre, nachdem sie sauber freigelegt wurde. Diese Maßregeln verfolgen den Zweck, den Einschlag zum Fangkasten des oder der Dachse herzurichten, aus dem kein Entweichen möglich ist.

Unter dem Spaten und den den Boden forträumenden Schaufeln dröhnt es dumpfer. Der Boden nimmt dieselbe Farbe an, wie wir sie außen vor den Röhren gefunden haben. Der Laut des Hundes wird immer heller; in dem Bewußtsein, daß ihm Hilfe wird, *stürmt* er immer heftiger. Nun wird es Zeit, vorsichtig weiterzugraben, um einer Verletzung des Hundes vorzubeugen. Dachsgabel und Gerte liegen an einer Seite des Einschlages zum Gebrauch bereit.

Die beste Lage des Einschlags ist diejenige, die auf den Hund oder kurz hinter den Hund trifft. Hat man weiter zum Dachs hin durchgeschlagen, so hält der Dachs den Durchschlag selten aus und geht im letzten Augenblick, den Hund überrollend, durch. Landet man zu weit hinter dem Hund, und die Röhre macht etwa noch eine Biegung, so daß kein Licht in den letzten Zufluchtsort Grimbarts gelangt, so muß man allerdings *nachkesseln*. Da man aber die rückwärtige Röhre verstopft hat, kann einem der Dachs nun nicht mehr fortkommen.

Angenommen, wir wären mit dem Durchschlagen gut heruntergekommen, so wird bei vorsichtigem Graben oder Hacken nunmehr die Röhre an einer Stelle einstürzen. Sie wird vorsichtig, am besten mit der Hand, freigelegt und nach der vom Dachs abgekehrten Seite sofort durch den Spaten notdürftig verschlossen, um alsbald mit einem festen Reisigbündel gut verstopft zu werden. Nun nimmt der Jäger den Hund ab, reicht ihn nach oben aus dem Einschlag heraus, ergreift die Dachsgabel und stellt sich hart an der Röhre auf, um, sobald der Dachs seinen Kopf wieder vorsteckt, ihn mit der Gabel im Genick fassend, fest an den Boden zu drücken. Dazu gehört die volle Kraft eines Mannes, denn die Hebekraft des Wildes ist außerordentlich stark. Hat der Jäger ihn fest, dann läßt er einen Gehilfen niedersteigen und übergibt ihm die Gabel, um dem Drama mit einem Pistolenschuß ein Ende zu machen.

Der Dachs wird nun nach oben geschafft. Falls mehrere in der Röhre steckten, werden sie alle auf dieselbe Weise erbeutet. Es bedarf dazu gar keiner weiteren Anstalten; denn jeder Dachs kommt sicher ganz von selbst aus der Röhre heraus, sobald der Hund abgenommen ist und das Licht hineinfällt, vorausgesetzt, daß die Röhre nicht noch weiter reicht und keine Biegung hat, hinter der sich die Dachse im Dunkeln bergen können. Ist das der Fall, dann heißt es je nachdem: einen neuen Durchschlag machen oder aber nachkesseln.

Hat der Waidmann Anlaß, anzunehmen, daß keine Dachse mehr im Bau stecken, so heißt es, ihn wieder in Ordnung zu bringen. Zu dem Zweck werden alle Röhren im Einschlag geöffnet; die als Verschlüsse gebrauchten Reisigbündel geben die neuen Decken für die Röhren her. Dann wird der Einschlag wieder zugeworfen und alle Röhren außerhalb werden wieder freigemacht. Das Jagd ist aus!

Aber während Ordnung geschaffen wird, gibt es für den Waidmann etwas anderes zu tun: Die Hunde harren seiner ersten Pflege. Zu dem Zweck hat er eine Flasche mit Desinfektionsmittel mitgebracht, mit dem die Schmisse sorgsam ausgewaschen werden. Die Augen reinigt er ihnen von Sand und wäscht sie mit Milch aus, die er ebenfalls in einem Fläschchen bei sie führt und an seinem Körper erwärmt hat. Gibt es Schmisse zu nähen, dann zögere man nicht, den Tierarzt zuzuziehen.

Aber, wie ich schon eingangs sagte, es gibt heute wohl kaum noch Reviere, in denen der Dachs noch so zahlreich vorkommt, daß ein Dachsgraben stattfinden muß. Soll wirklich einmal ein solcher geschossen werden, so läßt sich das leicht beim Anstand am Bau oder auf der Pürsch durchführen.

Eine Jagd, die oft unvergleichlichen Reiz bietet, ist das *Aushetzen*, das *Sprengen des Fuchses* aus dem Bau. Häufig hört man allerdings sagen: Ja, das ist eine unsichere Geschichte, daß man sich gar nicht darauf einlassen kann – wann *steckt* denn der Fuchs im Bau? Darauf möchte ich die Gegenfrage stellen: Was ist denn gefehlt, wenn der Fuchs *nicht* im Bau steckt? Bei einer Jagd, zu der ich nur meinen Teckel und meine Flinte gebrauche? Übrigens ist das gar nicht so schlimm mit den vergeblichen Gängen. Denn wenn der Fuchs nicht im Bau steckt, dann dauert die Sache nicht lange, und der Hund ist wieder da. Die Frage, wann der Fuchs im Bau steckt, ist mit einem zweifellosen Ja oder Nein überhaupt nicht zu beantworten. Wenn aber gefragt wird, wann der Fuchs *gern* im Bau steckt oder wann er *oft* darin zu finden ist, dann ist die Frage schon verständiger.

Der Fuchs scheut den Lärm, die Unruhe; davor sucht er im Bau Schutz. Er ist darauf angewiesen, sich zeitweise mühsam zu ernähren; zeitweise aber ist sein Tisch reich gedeckt. Im übrigen geht es ihm wie dem Hund: er kann immerfort schlafen. Ist es draußen schön still und warm, so finden wir ihn am hellen Tag gern in der Sonne; ist es kalt, so schläft er im Bau. Danach kann sich der Waidmann die Sache mit einiger Wahrscheinlichkeit zurechtlegen. Dort, wo die Treibjagden im Herbst viel Unruhe mit sich bringen, wo zugleich durch Krankschießen viel Fraß für den Fuchs geliefert wird, da steckt er zu dieser Zeit viel im Bau. Bringt ihm der fortschreitende Winter reiche Beute an Fallwild, so braucht er den Tag über nicht nach Mäusen umherzutraben. Er wird also wiederum viel im Bau sein. Dazu kommt, daß er die Baue zur Rollzeit im Dezember–Januar abstreift, um seinesgleichen zu finden. Zu dieser Zeit sind die Aussichten auf eine erfolgreiche Baujagd besonders gut, denn oft kommt es vor, daß die *Betze* oder *Fähe* sich vor den sie bedrängenden *Rüden* in den Bau flüchtet, und die ganze Hochzeitsgesellschaft dort anzutreffen ist. Ich habe dann nicht selten bis zu drei Füchse beim Sprengen aus einem Bau geschossen und in einem Fall sogar fünf. An eins aber glaube ich, wie ich früher schon sagte, nicht unbedingt: Das ist die Witterung, die ihn zu Bau treiben oder im Bau halten soll. Denn, wenn er Hunger hat, so fährt er bei jedem Wetter aus.

Die erste Voraussetzung für das Aushetzen ist demnach, daß der Fuchs im Bau steckt. Die zweite ist aber nicht minder wichtig: Es ist die, daß der Jäger auch mit einiger Aussicht auf Erfolg auf dem Bau schießen kann. Aus diesem Grund müssen die Schonungen und Dickungen dort, wo sich viel besuchte Baue befinden, schon beizeiten so weit gelichtet werden, daß auf Flintenschußweite genug Schußfeld vorhanden ist. Das läßt sich gut so einrichten, daß ein Schaden an der Zukunft des Bestandes nicht eintritt.

Für größere Baue sind zwei Schützen erwünscht, die am besten mit dem Rücken gegeneinander stehen. Will der Jäger aber allein jagen, so tut er gut daran, einige Decknetze mit sich zu führen, die er, bevor der Hund einschlieft, über diejenigen Röhren deckt, die er im Rücken hat. Der Fuchs kann dort nicht so schnell verschwinden, als wenn sie ganz frei wären.

Daß der Waidmann sich bei solchen Gelegenheiten auf dem Bau so still und geräuschlos wie möglich verhält, das ist selbstverständlich. Indessen möge er nicht meinen, dadurch den Fuchs über die Anwesenheit eines Menschen zu täuschen. Ich glaube nicht, daß das möglich ist. Ein Tier von so feinen Sinnen, das einen großen Teil seiner Zeit in der Erde verbringt, ist sicherlich mit allen Geräuschen oben auf dem Bau vertraut. Und so leise kann ein Mann von einundeinhalb Zentner Körpergewicht nicht auftreten, daß nicht eine Erschütterung des Erdbodens erfolgt. Also, daß dort oben etwas los ist, das wird die größte Vorsicht dem Fuchs schwerlich verheimlichen können. Das wird ihm auch den Angriffen des Hundes gegenüber die geringere Sorge sein. Nur soll kein Lärm verursacht werden, damit die Angst vor dem Geräusch da oben nicht die vor dem Hund übertrifft.

Ist also der Bau groß und der Jäger allein, so deckt er von der Seite, also von außen kommend, *die* Röhren, die er im Rücken haben wird, mit Decknetzen zu. Dann geht er leise auf den Bau und stellt sich so an, daß er nicht in die Röhren hinein-, sondern über sie hinwegsieht. Andernfalls würde er vom Fuchs leicht eräugt werden und diesen vom *Springen* abhalten. Alsdann macht er sich schußfertig und schnallt den Hund. Dieser wird, oft nachdem er den ganzen Bau umrundet hat, alsbald einschliefen. Nun ist der weitere Verlauf recht verschiedenartig. Oft springt der Fuchs in der ersten Minute; oft fährt er wie besessen heraus – *springt*; oft steckt er den Kopf heraus, um alsbald wieder zu verschwinden; nach einiger Zeit erscheint er wieder, um dann langsam herauszufahren und nach einigem Sichern flüchtig zu werden. Letzteres Benehmen läßt darauf schließen, daß der Hund mit einem anderen Fuchs beschäftigt ist, was auch gelegentlich am Lautwerden erkennbar wird.

Am besten läßt der Schütze den Fuchs ganz aus der Röhre heraus, bevor er schießt. Denn diese bietet, falls er nur den Kopf heraussteckt, ein gar zu kleines Ziel. Bleibt er nicht sofort im Feuer, so fährt er oft wieder zurück, um drinnen zu verenden. Das macht Umstände und führt oft zu seinem völligen Verlust. So sehr es sonst anzuraten ist, sich eines zusammengeschossenen Fuchses zu versichern, indem man ihn aufnimmt und, an den Hinterläufen anfassend, mit dem Kopf gegen Baum oder Stein schlägt: hier wäre das ein Fehler. Lieber gibt der Jäger einen zweiten Schuß, falls es nötig scheinen sollte. Aber den Stand verläßt er nicht früher, als bis der Hund den Bau verläßt und ihm damit zeigt, daß nichts mehr darin ist. Denn sonst würde er sich der Möglichkeit, einen zweiten oder gar einen dritten Fuchs zu schießen, berauben, weil diese nicht leicht mehr springen, falls sie den Jäger geäugt haben und zudem gerade in dem Augenblick springen könnten, wo er mit dem ersten Fuchs beschäftigt sein würde.

Dort, wo in gut gehegten Niederjagden das Kurzhalten des Fuchses niemals aussetzen darf, da wird der Jäger auch zum *Graben der Jungfüchse* schreiten müssen, sobald er einen Bau mit solchen entdeckt. Diese Jagdart aber auch auf Reviere auszudehnen, in denen die Niederjagd eine untergeordnete Rolle spielt, das halte ich für völlig verfehlt. Wo dagegen der Schaden, den eine Fähe, die ein starkes Geheck hat, zu groß wird, namentlich am zahmen Geflügel der Bauern, wird man die Jungfüchse graben müssen. Es ist selbstverständlich, daß man die Fähe erst erlegt, wenn man sicher ist, aller Jungfüchse habhaft zu werden.

Wir wollen uns hier als Schluß der Erdjagd noch mit der *Kaninchenjagd* unter Beihilfe des Frettchens beschäftigen. Da sei zunächst vorweg gesagt: Zum *Frettieren* gehören mindestens *zwei* Menschen und möglicht noch mehr Frettchen. Oder, um nicht mißverstanden zu werden: Beschäftigst du dich daheim allein mit deinen Frettchen, so daß sie außer dir niemand kennen, dann gibt das Schießen draußen auf. Denn nur wer mit diesen eigenartigen Tierchen näher befreundet ist, vermag sie auf der Jagd zu führen. Er wird aber dann auch so völlig durch sie in Anspruch genommen, daß er als Schütze nicht in Frage kommt. Hast du keine Neigung zu dieser entsagungsvollen Rolle, so laß die Hände davon und betraue einen zuverlässigen Mann mit Wartung, Pflege und Führung des Fretts. Dann bist du draußen auf dem Bau für die Flinte frei.

Die beste Zeit zum Frettieren ist der Dezember, vielleicht die Hälfte des November und der Januar dazugerechnet. Vor Mitte November sind in milden Jahren die Jungen vom letzten Satz noch gering. Die Witterung ist manchmal noch warm; die Kaninchen sind noch viel außer Bau; und sind sie drin, so *springen* sie nicht.

Am günstigsten ist trübe und kalte Witterung. Bei sonnigem Wetter, namentlich, wenn es dabei warm ist, stecken viele Kaninchen nicht im Bau. Willst du trotzdem an solchen Tagen frettieren, so mußt du die Umgebung der Baue vorher beunruhigen lassen, damit die Kaninchen einfahren. Bei windigem oder gar stürmischem Wetter ist im Freien nicht viel zu machen: der Aufenthalt auf den Bauen ist wenig angenehm. Von den ausfahrenden Kaninchen hörst du nicht viel. Die Fretts sind schwierig zu führen, weil sie den Wind nicht lieben und beim Herausschauen aus der Röhre sofort wieder in den schützenden Bau fahren. Anders ist es an solchen Tagen im Wald, wo die Nachteile des Windes fortfallen, die Jagd daher ganz ergiebig sein kann. Nasse Witterung, tiefer Schnee ist der empfindlichen Frettchen wegen wenig günstig.

Ganz früh am Morgen zu beginnen, ist nicht gut, weil die Kaninchen dann träge sind, schlafen und leicht von den Frettchen ergriffen werden. Dann beißen diese sich an ihren Opfern fest; und während du draußen stehst und wartest, liegen sie, vom Schweiß und Wildpret satt, in der warmen Kammer. Um die Jagd steht es schlecht. Um die Fretts nicht unnötiger Versuchung auszusetzen, müssen sie besser vorher gefüttert werden. Das wird zweckmäßigerweise während des Tages wiederholt. Zeit genug muß dazu da sein; denn als Grundsatz sollte gelten: Neuer Bau, neues Frett! Inzwischen können die übrigen gefüttert werden.

Bei der Jagd selbst werden die Frettchen auf größeren Bauen an *einer* Seite angesetzt – in kleinere Baue lasse man nur *ein* Frett, weil zwei leichter ein Kaninchen fangen und dann nicht wieder herauskommen –, während der Jagdleiter die Schützen an den anderen Seiten verteilt; ein jeder darf aber nur nach außen schießen. Es würde ein Fehler sein, die Schützen so zu stellen, daß sie in die Röhren hineinsehen. Sie müssen vielmehr alle so stehen, daß die herausfahrenden Kaninchen sie nicht äugen können.

Auf dem Bau soll es ebenso ruhig zugehen wie beim Sprengen des Fuchses. Ein jeder Schütze geht leise auf seinen Posten und steht still. Sobald die Fretts geschlieft sind, wird es im Bau lebendig. Die herausfahrenden Karnickel kündigen sich meist durch Poltern in der Röhre an. Aber der Schütze schießt, ebenso wie beim Fuchs, nicht auf die Kaninchen, solange sie am Ausgang der Röhre sichern; er läßt sie vielmehr erst ganz heraus. Abgesehen davon, daß er das nachfolgende Frett verletzten könnte, würde jedes nicht sofort im Feuer verendete Kanin in die Röhre zurückfahren und oft verlorengehen oder nur unter Schwierigkeiten herausgeholt werden.

Wenn die Jagd etwa am halben Vormittag anfängt, so hört sie am halben Nachmittag auf. Bei längerer Ausdehnung bleibt zu leicht ein Frett im Bau, und die einbrechende Dunkelheit verhindert dann, es wieder in die Hand zu bekommen. Sollte trotzdem ein Frettchen zurückbleiben, so trampelt und klopft man zunächst den ganzen Bau ab. Hilft das nicht, so verstopft der Jäger alle Röhren und sucht am folgenden Tag das Tierchen wieder zu ergreifen, was auch meistens gelingt. Ebensowenig wie die Teckel auf dem Bau frei umherlaufen sollen, darf das von den Frettchen geduldet werden. Der Führer muß vielmehr immer zu Hand sein; sobald eins zum Vorschein kommt, wird es sofort mit einem sanften Griff hinter den Vorderläufen aufgenommen. Einmal bleiben die Fretts auf diese Weise vertraut, werden nicht handscheu, dann aber gewöhnen sie sich so daran, öfters nach ihrem Führer draußen zu sehen,

was für ihre Ergreifung nach beendeter Jagd ein Vorteil ist. Als Schrotnummer führt der Schütze $2\frac{1}{2}$ mm. Da jedes nicht sofort verendete Kaninchen wieder zum Bau strebt und leicht verlorengeht, außerdem dann auch leicht dem Frett anheimfällt und dieses im Bau festhält, so gilt als Regel: keine Patrone schonen, sondern schießen, bis es verendet daliegt!

Wenn gelegentlich einmal an Orten frettiert wird, wo, wie in der Nähe von Gebäuden, nicht geschossen werden darf, dann sind natürlich alle Röhren mit Netzen zu belegen, und wenn der Vorrat nicht ausreicht, die übrigen Röhren dicht zu verstopfen. Die Gefangenen werden dann wie die Hasen durch den Schlag ins Genick ins Jenseits befördert. Die offenen Röhren sind natürlich sofort wieder mit dem Netz abzudecken.

Die Wasserjagd

Unter dieser Bezeichnung fasse ich alle Jagden zusammen, die sich auf und am Wasser abspielen. Dazu gehört aber nicht nur die Jagd auf alles Wassergeflügel, sondern auch die ehemalige auf den Otter und die auf den Seehund.

Der *Anstand* auf Wassergeflügel kann zeitweise recht ergiebig sein. An manchen Örtlichkeiten haben die Enten und Gänse einen ganz bestimmten, festen Zug, indem sie bei dem Besuch verschiedener Gewässer während der Morgen- und Abenddämmerung, auch während der Nacht immer genau den gleichen Weg nehmen. An anderen Örtlichkeiten pflegen sie gegen Abend oder morgens mit großer Regelmäßigkeit auf dem offenen Wasser einzufallen. Beide Gelegenheiten eignen sich gut für die Ausübung des Anstandes. Nur muß der Jäger, wenn er in hohem Schilf oder sonst keine gute Deckung findet, durch die Anlage eines Schirmes für eine solche sorgen; denn Enten wie Gänse sind immer aufmerksam und äugen vorzüglich. Was aber von ihrem Winden öfters behauptet wird, das gehört in das Reich der Fabel. Abgesehen davon, daß der Geruchssinn bei den Vögeln allgemein wenig ausgebildet ist, habe ich zu oft mit dem schlechtesten Wind, aber in guter Deckung nah bei den Enten gestanden, um nicht die feste Überzeugung zu haben, daß ihr Wittrungsvermögen gleich Null ist. Aber sie vernehmen desto besser. Sicherlich hat mancher, der glaubt, von Enten gewindet zu sein, sich durch ein Geräusch verraten, das freilich *mit* dem Wind leichter zu ihnen dringt als *gegen* ihn.

Ich rate dem Schützen, den Anstandsort so zu wählen, daß er möglichst tief steht, also recht viel Himmel über sich hat. Auf die ziehenden Enten schießt er am besten dann, wenn sie vorüber sind, weil der dicke Federpelz vorn auf der Brust die Schrote nicht durchläßt, diese aber schräg oder spitz von hinten zwischen den Federn sozusagen hindurchschlüpfen. Auf eine schräg herunterkommende, das ist meist eine geflügelte Ente, schießt er grundsätzlich nochmals, weil sie sonst leicht verlorengeht.

Auf größeren Gewässern mit schilfreichen Ufern ist es oft recht einträglich, sich mit einem Boot im Schilf zu verankern und von dort aus, natürlich in möglichst guter Deckung, den Anstand auf das ziehende Wassergeflügel auszuüben. Den Anker bilden am einfachsten einige an einer Leine befestigte Backsteine, die zu beiden Seiten des Fahrzeuges zu Wasser gelassen und kurz angebunden werden, wenn sie auf dem Grund sind.

Beim Enteneinfall halte ich, falls der Schütze nicht oben in der Luft gut abkommen konnte, den Augenblick für den besten, in welchem sie einzufallen suchen; wenn sie also über dem Wasser ganz tief einige Schritt weit hinziehen. In die dunkle, oft nur erratene Masse, die auf dem Wasser liegt, aufs Geratewohl hineinzuschießen, ist unwaidmännisch, weil der Jäger gar nicht erkennen kann, ob er Enten krank schießt und wo sie bleiben.

Auch beim Anstand am fließenden Wasser wird, wenn er bei kaltem Wetter, wenn Seen und Teiche zugefroren sind, betrieben wird, viel gesündigt. Einen Hund kann ein fühlender Waidmann zu dieser Jahreszeit nicht ins Wasser schicken, um etwa geschossene Enten herauszuholen. Ein Kahn kann ihm in der Dunkelheit nichts nützen, weil er die treibenden Enten gar nicht sieht. Da bleibt ihm nur übrig, sich für den Anstand eine Stelle auszusuchen, auf der er die über dem Land ziehenden Enten beschießen kann. Ich werde später bei der

Nachsuche noch auf das Verhalten angeschossener Enten zurückkommen. Aber schon hier möchte ich nicht unterlassen zu betonen, daß es ein großer Irrtum ist, Ente wie Wildgans ganz ausschließlich als Wasservögel zu betrachten. Ich führe das nur an, um verständlich zu machen: wenn du die angeschossene Ente im oder am Wasser vergeblich suchst, so darfst du sicher sein, daß sie sich auf dem Land verkrochen hat, was sie meisterhaft versteht.

Es ist noch nicht gar so lange her, daß das *Treiben* auf Wassergeflügel vor allem auf die Stockente, eine beliebte Jagdart war, die bevorzugt auf den großen Seen angewandt wurde und in manchen Gegenden zu den besonderen Ereignissen des Jahres gehörte. Diese Jagden wurden Ende Juli–Anfang August zu Beginn der damaligen Jagdzeiten durchgeführt, wenn man glaubte, daß die Jungenten beflogen waren.

Die Sache wurde dann folgendermaßen angefaßt: Einige Tage vor der Jagd – damit die Wasservögel sich daran gewöhnten – wurden in Abständen von je hundert Schritt zwei bis vier breite Schneisen in das Schilf gehauen, und zwar bis an den offenen Wasserspiegel des Sees. An jede dieser Schneisen wurde ein Schütze, wenn möglich, in Deckung angestellt. Denn die Enten äugen ganz vorzüglich und würden bei der geringsten Bewegung tauchen. Diese Schneisenstände waren die besten, zumal hier auch die zu dieser Zeit flugunfähigen *Mausererpel* vorbeischwammen. Die übrigen Schützen kamen mehr auf umherkreisende Enten zu Schuß.

Wenn die Schützen standen, gingen die treibenden Jäger an; entweder wateten sie durch das flache Wasser oder sie fuhren im Kahn, indes die Hunde schwimmend suchten. Auf der offenen Seeseite flügelte ein Schütze im Kahn vor. Dieser machte, wenn er seine Flinte zu führen verstand, oft die beste Jagd.

Zweifellos sind zu einem so frühen Zeitpunkt noch nicht alle Schofe voll beflogen, und es kam manche nicht ausgewachsene Ente zur Strecke. Da heute in der Bundesrepublik Deutschland die Jagd auf die Stockente erst zum 1. September aufgeht, besteht diese Sorge nicht mehr, wie diese Jagdart überhaupt wegen des späten Zeitpunktes nicht sehr erfolgversprechend und mehr oder weniger bereits Geschichte ist. Trotzdem werden auf den großen Seen manchen

Orts noch Jagden auf ähnliche Art durchgeführt, bei denen jedoch die Strecken bei weitem nicht an die früheren Ergebnisse herankommen.

Die *Suchjagd* auf Enten stellt an Jäger und Hund starke Anforderungen und pflegt dabei erheblich unergiebiger zu sein als die Suche auf anderes Geflügel. Indes hat sie großen Reiz und drei bis vier Enten an der Jagdtasche machen manchem mehr Freude als ein Dutzend Rebhühner. Ist die Witterung noch warm, so ist die Fußbekleidung am besten so beschaffen, daß das eindringende Wasser unten gleich wieder herauslaufen kann. Bei rauher Witterung aber empfehlen sich Gummistiefel, die man nach Bedarf bis an den Oberschenkel heraufziehen kann. Feste Handschuhe sind im Rohr unentbehrlich, weil es die bloße Hand manchmal böse zerschneidet.

An stürmischen Tagen pflegen die Enten am besten auszuhalten, weil sie meist im dichtesten Rohr liegen und auch durch die unter ihrem Wind fallenden, undeutlichen Schüsse nicht vorzeitig beunruhigt werden. Betreibt man die Jagd zu zweien, so läßt sich die Suche oft mit dem Anschleichen und Zutreiben verbinden, indem der eine Schütze sich in der Nähe freiliegender Enten anstellt und der andere in der Ferne sie ihm entweder auf dem Wasser oder streichend zutreibt. Dabei kommt dem Jäger die Eigentümlichkeit einzeln streichender Enten zu Hilfe, die den See, auf dem sie gelegen haben, meist eine Zeitlang in günstiger Höhe umziehen oder beim weiteren Umherstreichen gern den ersten See, Tümpel oder Sumpf wieder aufsuchen.

Wenn der Oktober ins Land zieht, dann sollte der Jäger keinen Hund mehr zu längerer Entensuche verwenden. Die Wasserarbeit nimmt den Hund ungeheur mit; namentlich aber bei kalter Witterung. Auch wenn er dann noch unverdrossen seine Schuldigkeit tun würde: man soll sie ihm nicht mehr zumuten.

Ein Übelstand für den Hund ist bei der Wasserjagd der Umstand, daß er sich das Vorstehen abgewöhnt. Im Schwimmen kann er unmöglich vorstehen; und so gewöhnt er sich bald daran, die Enten und Gänse herauszustoßen, auch wenn er nicht schwimmt. Das ist bei dieser Suche, wo der Hund ohnehin unter der Flinte bleiben muß, kein Fehler: aber er muß dann später zu Land erst wieder zum Vorstehen angehalten werden. Ebenso ist es mit dem Antragen. Ich habe immer streng darauf gehalten, daß der Hund nicht ohne Befehl anträgt. Das ist bei der Entensuche oftmals gar nicht durchzuführen: denn wenn der Hund vor dem Jäger voraus ist und dieser eine vor ihm aufstehende Ente herunterschießt, die dem Hund sozusagen vor den Fang fällt, ohne daß der Jäger es sieht, was im hohen Röhricht oft genug vorkommt, so wird der Hund natürlich zuspringen und sie bringen. Daraus ergibt sich mit der Zeit beim Hund ganz von selbst eine Eigenmächtigkeit, die auf dem Land dann aber unter keinen Umständen geduldet werden darf.

Aus diesem selbständigen Antragen ergibt sich auch noch eine andere Folge. Die kranken Enten haben nämlich das Bestreben, das Land zu gewinnen, um sich dort zu verstecken. Der Hund folgt ihnen natürlich dorthin und sucht oft lange am Land umher. Sobald der Jäger also hört, daß er nicht mehr im Wasser ist, so macht er halt, bis dieser mit oder ohne Ente wieder da ist. Alles das gilt für stürmische Witterung; bei stillem Wetter streichen die Enten ohne den Hund meist schon außer Schußweite heraus.

Man führt auf Enten im Sommer und Herbst 3-mm-Schrot, im Winter aus gut deckender Flinte lieber 3 1/2 mm. Bei aufstehenden Enten wird von unerfahrenen Schützen meist zu kurz, darunter weg geschossen. Sie seien daran erinnert, daß immer auf den Kopf gehalten werden soll.

Wenn die stehenden Gewässer bei starkem Frost zugefroren sind, so fallen die Enten außerordentlich gern auf fließenden Bächen oder Strömen ein, wo sie mit Vorliebe an scharfen Krümmungen im stillen Wasser liegen. Findet sich hier Deckung, sei es durch Weidengebüsch oder ein hohes Ufer, so kommt der Jäger durch *Anschleichen* oftmals zu Schuß. Sind solche Stellen mit Weidengebüsch bekannt, so ist es zweckmäßig, beizeiten einen Pürschpfad darin anzulegen, um ohne Geräusch in Schußweite heranzukommen. Um nicht auf die auf dem Wasser liegenden Enten schießen zu müssen, zeigt der Schütze sich sofort, wenn er in guter Schußnähe ist, und schießt dann erst auf die aufstehenden Enten, aber nicht in den Haufen – das wäre Aasjägerei –, sondern möglichst auf einzeln aufstehende Erpel. In Notzeiten bejagt der Waidmann die Enten nicht, sondern füttert sie.

Den Hund legt der Jäger vorher am Riemen ab, damit er nicht stört und nicht beim Herunterfallen der Enten in das eisige Wasser springt. Die erlegten Vögel werden, wo möglich, mit Hilfe eines Kahnes aufgefischt, der zu diesem Zweck stromabwärts liegt, oder bei Bächen durch einige lange Stangen mit Haken, die der Jäger sich zurechtgelegt hat. Von jeder Ente, die auf dem Rücken oder auf der Seite liegt, ist anzunehmen, daß sie verendet ist. Liegt aber eine auf dem Bauch, so schieße man gleich noch einmal; denn sie besinnt sich gar oft und geht verloren.

Vom hohen Ufer herab kann der Waidmann die Vorsicht, nicht auf die auf dem Wasser liegenden Enten zu schießen, außer acht lassen, wenn sie nicht zu weit sind. Der Anfänger glaube aber auch dann nicht, daß ein noch dazu recht unwaidmännischer Schuß in den dicksten Haufen eine Hekatombe liefern müsse. Die Ente verträgt einen guten Schuß; und wenn sie nicht tödlich getroffen ist, geht sie oft verloren.

Eine besondere Art der Wasserjagd ist die Jagd auf das Bläßhuhn, die Lietze, Zappe, oder, wie man in Ostpreußen sagte, das Papchen. Diese sogenannte „Papchenjagd" ist m. W. zuerst in Ostpreußen und am Bodensee, wo die Papchen *Belchen* genannt werden, ausgeübt worden. Beim Herbst- und Frühjahrszug sammeln sich die Papchen häufig zu vielen Tausenden auf bestimmten Seen. Zur Durchführung einer solchen Papchenjagd sind schmale, langgestreckte Seen oder aber Seen mit seitlichen, langgestreckten Buchten am geeignetsten. Der Ablauf geht so vor sich, daß eine Anzahl Kähne mit Schützen besetzt werden, wobei grundsätzlich aus Gründen der Sicherheit immer nur *ein* Schütze in einen Kahn hineingehört. Die Kähne treiben nun, seitlich genau ausgerichtet und mit ganz gleichen Zwischenräumen, den See oder die Bucht ab, wobei, genau wie beim Kesseltreiben im Felde, peinlichst darauf geachtet werden muß, daß kein Sack oder keine größere Lücke entsteht. Die Bläßhühner lassen sich auf diese Weise sehr gut in die äußersten Spitzen des Sees oder der Bucht zusammendrücken. Das Bläßhuhn weicht nämlich schwimmend vor dem Kahn aus und steht nicht etwa, wie es die Wildente tut, schon weit vor dem Kahn auf, um turmhoch außer Schußweite fortzustreichen. Wenn die Front der Kähne etwa 300 m vor dem Ende des Sees angekommen ist, erfolgt meistens der Durchbruch der Papchen. Hunderte und Tausende versuchen gleichzeitig über die Kähne hinweg sich in Sicherheit zu bringen. Dabei streicht das Bläßhuhn kaum über Land, höchstens am Rande des Ufers entlang, sondern bleibt über der Wasserfläche. Da der Schütze im Sitzen schießen muß, vor sich eine Kiste voll Patronen, und die Papchen erheblich schneller streichen, als es den Anschein hat, ist der Schuß durchaus nicht leicht. Man kann auf solchen Jagden anerkannt gute Flugwildschützen derartig vorbeischießen sehen, wie man es nicht für möglich halten sollte. Die Papchen, die bei der großen Durchbruchsschlacht entkommen, fallen sehr bald wieder auf demselben See ein, und man kann nun das Spiel in umgekehrter Richtung wiederholen.

Bei starkem Vorkommen kann das Bläßhuhn durch Aufnahme von Fischlaich der Fischerei Schaden zufügen, vor allem aber wird dann der Pflanzenbestand der Gewässer schwer geschädigt. Außerdem sagt man ihm nach, daß es durch seine Unverträglichkeit und die ständige Unruhe die Wildenten vertreibe. Wieweit das tatsächlich der Fall ist, sei dahingestellt. Sicher ist jedoch, daß es fast überall noch in ausreichender Zahl vorkommt und in seinem Bestand nicht gefährdet ist, ja, gebietsweise sogar stark zugenommen hat. So ist es durchaus vertretbar, wenn in Ausnahmefällen Jagden ähnlicher Art wie die geschilderte durchgeführt werden; aber eben nur in diesen besonderen Fällen und nicht in der Form mehrfachen Vor- und Rücktreibens. In der Regel wird der Einzelabschuß ausreichen, um erforderlichenfalls regulierend einzugreifen.

In gleicher Weise wurde früher der große Haubentaucher bejagt, wenn er auf dem Frühjahrs- und Herbstzug in großen Mengen die Seen bevölkerte. Als Brutvogel ist er auf vielen Seen selten geworden, doch kann er, wo er noch häufiger zu finden ist, der Fischerei schädlich werden, nicht nur durch Fischräuberei, sondern auch als Zwischenwirt eines Fischbandwurmes. Insofern wäre in solchen Fällen ein begrenzter, regulierender Abschuß zu vertreten. Doch zählt der Haubentaucher nicht mehr zu den dem Jagdrecht unterliegenden Arten und ist im Rahmen der Naturschutzgesetzgebung ganzjährig geschützt.

Vom Geflügel zu den Säugetieren. Dabei will ich den *Fischotter* nur mit wenigen Sätzen erwähnen.

Der Otter wurde früher meist auf dem Anstand bejagt, und zwar am sogenannten *Ausstieg*, d. h. derjenigen Stelle am Ufer eines Flusses, Baches, Sees, wo er gewohnheitsmäßig in das Wasser und wieder auszusteigen pflegt. Da der Otter gelegentlich weite Wanderungen über Land unternimmt, mußte der Waidmann vorher aufmerksam die Ufer nach Spuren und auch frischer Losung abspüren.

Der Otter ist ein Nachttier; er pflegt am Tage der Ruhe. Abends beginnt er seinen Raubzug; in der Frühe steigt er aus dem Wasser aus. Daher mußte der Otterjäger beim Abendanstand mehr das Land, beim Frühanstand mehr das Wasser beobachten. Die ganze Nacht anzusitzen, wäre Torheit gewesen, da unser Fischmarder nur an den Ausstiegen oder auch Einstiegen mit einiger Aussicht erwartet werden konnte, und das war eben spät abends oder morgens in aller Frühe.

Aber die Zeiten sind vorbei; der Fischotter ist sehr selten geworden und in seinem Bestand gefährdet. Eine Bejagung wäre nicht mehr zu verantworten, und so ist ihm in der Bundesrepublik Deutschland auch keine Jagdzeit mehr eingeräumt worden.

In England dagegen war die Otterjagd mit Hunden ein hochgeschätzter Sport; es gab eigens für diese Jagdart gehaltene Meuten, und es ist nicht zuletzt diese Jagdart, die den Otter auch in England hat selten werden lassen, so daß es heute nur noch einzelne Gebiete gibt, in denen eine solche Jagd noch lohnenden Erfolg versprechen würde.

Zum Schluß der Wasserjagd möchte ich die Jagd auf den *Seehund* schildern: Der Abschuß der Seehunde wird, nachdem im Frühsommer einer sorgfältige Bestandszählung vom Flugzeug aus erfolgt ist, durch die zuständige Regierungsstelle festgesetzt und auf die einzelnen in Frage kommenden Kreise (Niedersachsen) oder Seehundjagdführer (Schleswig-Holstein) verteilt. Wer also einen Seehund schießen will, muß erstens im Besitze eines Jagdscheines sein und zweitens die Abschußerlaubnis bei der Regierung gegen Zahlung einer Gebühr einholen. Er ist verpflichtet, einen zugelassenen Seehundjäger als Führer mitzunehmen, der auch über das erforderliche Boot verfügt.

Der Kugelschuß ist Vorschrift, und zwar muß der Schuß in den Kopf treffen, zwei Finger breit hinter die Gehöre, damit der Hund auf der Stelle verendet. Anderenfalls gewinnt er tiefes Wasser, geht unter und wird von der Strömung fortgerissen.

Zur waidgerechten Ausübung der Seehundjagd gehört es, daß man den Hund von der Seehundsbank aus bejagt. Wenn die Robben sich bei Ebbe auf einer Sandbank aufgelegt haben, sucht der Jäger möglichst schnell die Bank zu erreichen, wobei die Hunde natürlich sofort ins Wasser flüchten. Man legt sich dann etwa an derselben Stelle hin, wo die Hunde vorher geruht haben, und macht im Liegen ähnliche Bewegungen, wie die Seehunde sie zu machen pflegen. Da der Seehund sehr neugierig ist, kommt er bald herbeigeschwommen, um zu sehen, was auf seiner Sandbank los ist. Der jüngere Hund kommt dabei wohl aus dem Wasser heraus auf die Bank, während der ältere nur sehr zögernd folgt. Der Schuß darf erst erfolgen, wenn der Hund das Wasser verlassen hat oder, wie man sagt, „Sand unter dem Bauch" hat. Man hüte sich, zu früh zu schießen, und verlasse sich stets auf den erfahrenen Jagdführer. Nach dem Schuß muß man so schnell wie möglich versuchen, den erlegten Hund mit einem langen Bootshaken auf der Bank festzuhalten, damit er nicht noch mit letzter Kraft ins Wasser kommt und damit leicht verlorengeht. Sehr wichtig bei der Jagd ist der Wind, da die Hunde über ein ausgezeichnetes Witterungsvermögen verfügen.

Seit 1972 (Niedersachsen) bzw. 1974 (Schleswig-Holstein) ist die Jagd auf den Seehund gesperrt, da man besorgt war, daß die Zahl der Hunde rückläufig wäre und die Bestände gefährdet seien. In beiden Bundesländern werden Forschungsaufträge ausgeführt, die über die Biologie, die Verbreitung, die Wanderbewegungen der Seehundpopulationen sowie über die Störfaktoren (Fremden- und Sportbootverkehr, Wattwanderer, u. a.) Aufschluß geben sollen. Von den Ergebnissen wird es nicht zuletzt abhängen, ob in Zukunft eine begrenzte Bejagung wieder stattfinden kann. Bei dem zur Zeit hohen Anteil hautkranker Hunde (etwa 14 %) wird es nicht zu umgehen sein, diese kranken Hunde abschießen zu lassen. Das entspricht den Grundsätzen der Hege, die ja die Erhaltung gesunder Bestände zum Ziel hat. Die Bundesverordnung über Jagd- und Schonzeiten sieht eine Jagdzeit vom 1. September bis zum 31. Oktober vor.

Die Fangjagd

Zur Fangjagd rechne ich die Jagdart, bei der das Wild lebend oder tot gefangen wird. Sie war zu alten Zeiten, als die Schußwaffen noch nicht so vervollkommnet waren, fast die einzige Jagdart für das Raubwild. Doch hat die Fangjagd auch heute noch ihre Bedeutung behalten, und wenn glücklicherweise Tellereisen sowie alle Fanggeräte, die nicht sofort töten oder nicht unversehrt fangen, verboten sind, so bleiben doch noch ausreichend Fangjagdmethoden übrig, die auch diese Art der Bejagung sehr erfolgreich und reizvoll gestalten können. Vor allem in gepflegten Niederwildrevieren kommt man ohne Fallen nicht aus, ganz besonders gilt dies für Fasanenreviere. Übrigens ist in solchen Revieren nicht zu befürchten, daß das Raubwild durch die Fangjagd ausgerottet werden könnte. Nach derartigen gesegneten Jagdgründen zieht sich das Raubwild von weit her zusammen, und außerdem ist die Vermehrung des Raubwildes in solchen Revieren, in denen der Tisch stets gedeckt ist, besonders groß.

Nicht so ist es unter anderen Jagdverhältnissen: Hier ist beispielsweise eine gewisse Anzahl von Füchsen für die Erhaltung eines gesunden, kräftigen Rehbestandes eine einfache Notwendigkeit. Denn der Fuchs reißt hier beizeiten das unter Rachenbremsen leidende, schnarchende Reh, und beugt so mittelbar der Verbreitung der Rachenbremse vor. Er holt sich das spät gesetzte, kümmerliche Kitz im Winter oder das durch die Äsungsumstellung geschwächte Stück im Frühjahr. Kurz, alles, dessen Erhaltung für die Nachzucht und einen gesunden Bestand abträglich wäre. So sprach man auch gerne vom Fuchs als der Gesundheitspolizei im Walde, doch ist diese Auslegung heute von der Wissenschaft umstritten, da wir wissen, daß das Raubwild durch Verschleppen der Beute häufig auch zur Verbreitung einer Krankheit beiträgt. Das ändert jedoch nichts daran, daß auch das Raubwild als natürlicher Regulator durchaus seine Aufgabe zu erfüllen hat.

Der Fang des *Raubwildes,* mit dem wir uns zunächst beschäftigen wollen, birgt neben allerlei überliefertem Aberglauben einige „Geheimnisse", über die der Fangjäger sich klarwerden muß, will er nicht Zeit und Mühe vergeblich aufwenden. Diese erklären auch die vielfachen Widersprüche, die man über den Fang hört und liest. Das erste Geheimnis ist die Binsenwahrheit, daß sattes Raubwild den Köder viel eher verschmäht als hungriges. Auf dieser Selbstverständlichkeit beruht die Schwierigkeit des Fanges gerade in gut besetzten Revieren, soweit man auf den Hunger rechnet. Denn eine gute Wildbahn liefert dem Raubwild so viel Fraß, daß ein Köder schon außerordentlich Reiz ausüben muß, um es zum Zuschnappen zu verführen. Der Fangjäger greift daher zur *Wittrung;* sie soll auf die Leckerhaftigkeit des Wildes wirken. Das tut sie um so mehr, je seltener der Leckerbissen dem Wild von der Natur geboten wird. So übt, um hier ein wenig vorzugreifen, eine aus Fischen hergestellte Wittrung im Niederjagdgehege einer Flußaue, in der ausgeworfene, tote Fische nicht selten sind, auf den Fuchs einen weit geringeren Reiz aus als dort, wo es Fische nicht gibt. Der Jäger würde in ersteren Revieren weit besser eine aus Maikäfern gewonnene Flüssigkeit als Wittrung verwenden. Doch davon wie von dem anderen Zweck der Wittrung wird noch die Rede sein.

Ein anderes „Geheimnis" ist das, daß das *Eisen* als *Metall* für das Raubwild keinen Schrecken hat. Mache folgenden Versuch, um Dich davon zu überzeugen. Auf der Raststätte der Holzhauer im Wald, die fast allnächtlich vom Fuchs auf Reste der Mahlzeiten abgesucht wird, lege einen frisch gebrauchten Kulturspaten hin, dessen Blatt du nicht angefaßt hast. Von den umherliegenden Speckschwarten, Knochenresten nimm mittels zweier Holzstäbchen ein Stück auf und lege es auf das blitzende Eisen des Spatens. War der Fuchs in der Nacht dort, und nahm er die sonst umherliegenden Reste, dann wird auch das auf dem blanken Eisen liegende Stück aufgenommen sein. Dann mache den weiteren Versuch: Decke das eben genannte Eisen mit einer dünnen Erdschicht oder Nadel- und Laubstreu oder Spreu aus einem Ameisenhaufen und lege mittels der beiden Hölzchen die Speckschwarte obenauf. Auch diese wird der Fuchs aufnehmen, wenn er die übrigen Reste nimmt.

Daraus folgt, daß weder das blanke noch das verdeckte, *reine* Eisen den Fuchs schreckt, wenn der daraus gefertigte Gegenstand ihm bekannt ist. Nimmt er trotzdem den Atzungsbrocken am Schwanenhals nicht an, so kann das zweierlei Gründe haben, und zwar einmal die ganze Aufmachung des Fangplatzes, die ihn mißtrauisch machen kann und zum anderen die Menschenwittrung, die dem Eisen anhaftet, wenn dieses nicht mit aller Vorsicht behandelt ist.

So habe ich es mir angewöhnt, beim Fängischstellen einer Falle meine Hände zu verwittern, indem ich sie mit am Fangplatz vorhandenem Laub oder Erde einreibe. Der Fänger kann aber auch die vorhin erwähnte Wittrung dazu benutzen, den letzten Geruch der menschlichen Berührung zu verdecken, indem er das Eisen mit dieser Wittrung abreibt, es *verwittert.*

Als drittes „Geheimnis" möchte ich die Tatsache anführen, daß Raubwild sich nur dort leicht fängt, wo es seinen natürlichen Paß hat. Diesen nimmt es mit Vorliebe auf Wegen, Pfädchen, Wildwechseln, Grabenrändern usw. Solche Gelegenheiten eignen sich aber meist wenig – nur der Steinmarder und der Iltis kommen uns hier entgegen, wie wir noch sehen werden – zum Fang, weil sie von Menschen und Wild besucht werden, weil die Eisen dort entweder gestohlen oder vertreten und sonstwie in Unordnung gebracht werden können. Daher bedient der Fänger sich der *Schleppe,* um das Wild an günstiger gelegene Fangplätze hinzugewöhnen.

Aus diesen Ausführungen ist unschwer zu erkennen, daß der Fangjäger in gutbesetzten Niederjagden auf den Hunger des Raubwildes am wenigsten rechnen darf, daß vielmehr eine gute Wittrung und *Kirrung* dem Wild seltene Leckerbissen bieten müssen; sowie daß es hier leichter durch Vorrichtungen gefangen wird, die ohne jede besondere Lockung auf seinen natürlichen Pässen oder auf künstlich hergestellten Zwangspässen stehen.

Die *Prügelfallen,* wie ich sie im zweiten Teil aufgeführt habe, bieten wie auch die *Kastenfalle,* den Eisen gegenüber den Vorteil, daß bei ihnen jede Wittrung fortfällt, weil sie immer im Freien stehen und nichts an sich haben, das dem Raubwild nicht geheuer erscheinen könnte. Erstere kommen besonders für den Fang der Marder und des Iltis, letztere für Iltis und Wiesel in Betracht. Will der Jäger nur den Marder fangen, so empfiehlt sich als beste Prügelfalle der *Schlagbaum* über der Erde oder der *Marderschlagbaum.* Die Prügelfallen baut

er an stillen Orten dort, wo er sichere Pässe des kleinen Raubwildes kennt, die sich leicht an der auf den Pfaden und Wechseln liegenden Losung verraten. Nachdem die Falle möglichst noch im Sommer fertiggestellt wurde, läßt er sie bis zum Herbst verwittern.

Sobald die Jagd beginnt, macht er quer über die Hauptpässe Schleppen mit dem Gescheide von Hasen oder Kaninchen und hängt die Reste an der Stellzunge der durch einige untergestellte Stützpfähle völlig abgestellten Prügelfalle auf. Auf diese Weise wird das Raubwild zur Falle hingeleitet und durch wiederholte Kirrung völlig sicher gemacht, bis der Jäger, sobald der Balg gut ist, die Falle *fängisch* stellt.

Mit der zweiklappigen Kastenfalle wurde, den Lebensgewohnheiten des kleinen Raubwildes entsprechend, in neuerer Zeit ein ganzes System von kleinen Pfädchen, den Fallen- oder Fangsteigen gebildet, bei dem diese Fallen von Zeit zu Zeit Zwangswechsel bilden, wie ich das im zweiten Teil schon angeführt habe. Sie bilden in gepflegten Niederjagden die Hauptwaffe des Hegers im Kampf gegen das kleine Raubwild, werden ohne Schleppe, Kirrung und Köder gestellt und einen großen Teil des Jahres, soweit die Jagdzeiten es zulassen, in Betrieb gehalten. Da sie das Wild lebend fangen, so ist es nicht immer leicht, dieses sicher herauszubringen. Das beste ist stets der Sack, den der Fänger über die Öffnung stülpt, ihn dort festbindet und dann das Wild hineinschüttelt. Dabei muß zwar die Falle aus ihrer Lage gebracht und angehoben werden. Aber dieser Nachteil ist, wie mir scheinen will, geringer als die Gefahr, daß das bereits gefangene Wild, das übrigens oft genug eine wildernde Katze ist, bei anderweitigem Herausnehmen noch entwischt.

Bei Diebstahlsgefahr tarnt man die Kastenfallen durch Strauchhaufen oder verlegt sie in Durchlässen unter der Erde. Sehr bewährt haben sich die kleinen Wippbrett-Fallen für Wiesel, wenn man sie in Steinhaufen einbaut.

Soll ein System von Kastenfallen und Fangsteigen neu angelegt werden, so ist es angebracht, zunächst alle Fallen aufzustellen, die Fallbretter anzuheben und die Stellungen abzustellen, damit möglichst alles vorhandene Raubwild erst mit dem Durchschlüpfen vertraut wird und sich später um so sicherer fängt.

Eine besonders günstige Verwendung finden die Kastenfallen, vorzüglich die zweiklappigen, in Gebäuden zum Fang von Marder und Iltis. Der Jäger stellt sie entweder so auf, daß sie am Einschlupf stehen, oder aber er sucht im Dachgebälk denjenigen Kehlbalken aus, den die Marder am meisten benutzen. Denn sie haben innerhalb der Gebäude ebenso ihren Paß wie außerhalb. Um ihn zu finden, braucht man nur die Kehlbalken von oben sorgfältig zu besichtigen. In dem dort immer liegenden Staub findet man die Spuren alsbald. Auf diesem Balken wird dann der Länge nach die Falle aufgestellt.

Wie ich im zweiten Teil die *Hundefalle* besprochen habe, obgleich der wildernde Hund nicht eigentlich Gegenstand der Jagd ist, so will ich auch kurz seinen Fang erwähnen. Der Hund, besonders der stumm jagende, gehört zu den größten Plagen eines Revieres. Er ist daher scharf zu verfolgen. Von den Dörfern oder einzeln gelegenen Gehöften ausgehend, hält er seinen Einlauf ins Revier meist ziemlich genau. Quer über die hier in Betracht kommenden Wechsel und Pässe *schleppt* der Jäger daher in kurzen Zeiträumen immer frisch nach den in gut gelegenen Dickungen recht wohl verborgen errichteten Hundefallen und hängt den Rest der Schleppe als Köder über die Zunge der Stellung. Den gefangenen Hund erschießt er, falls er den Besitzer nicht kennt oder ausfindig machen kann, oder es sich nicht um wertvolle Tiere handelt, die er nicht auf so elende Weise mag umkommen lassen, am besten mit der Pistole und gräbt ihn still ein, zumal wenn ihm der Hund schon längere Zeit als Wilderer bekannt ist.

Der *Schwanenhals* hat vor allem oder besser gesagt, nur noch für den Fang des Fuchses Bedeutung, doch fängt sich in ihm gelegentlich auch der Marder. Der Fang des Fuchses mit dem Schwanenhals bildete einmal das Kernstück der Fangjagd.

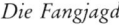

Die nachfolgende Schilderung mag zeigen, mit welcher Sorgfalt vor noch nicht allzu langer Zeit der passionierte und erfahrene Fuchsfänger arbeitete, um eine gute Winterausbeute zu erzielen. Heute dagegen gibt es nur noch wenige Waidmänner, die den Fang mit Schwanenhals beherrschen.

Um den Fuchs an den Fangplatz zu bringen, bedarf es der Schleppe, von der schon die Rede gewesen ist. Ich will aber hier ergänzend hinzufügen, daß sich die frisch getötete und mit Haut und Haaren geröstete Katze als Fuchsschleppe besonders bewährt hat.

Außer der Schleppe ist die *Kirrung* erforderlich. Sie besteht am einfachsten aus Stücken der Katze, die der Fänger, um sie gut zu erhalten, vorher einpökelt. Von diesem gepökelten Katzenfleisch hackt der Fänger so viel, wie er etwa in 14 Tagen zu verbrauchen gedenkt, in kleine Stücke, unter Belassung einiger größerer Würfel von 2–3 cm Stärke; alsdann wird das Ganze in ungesalzener, frischer Butter oder in Gänseschmalz gebraten. Die größeren Würfel sind als *Abzugsbrocken* bestimmt, wie wir nachher sehen werden.

Wir kommen nun zur *Wittrung* und damit zu dem größten aller Fanggeheimnisse. Jeder alte Fangjäger schwört auf sein Rezpt. Ich lasse hier einige gute Wittrungen folgen:

Die *Fischwittrung:* Nimm eine saubere Flasche von hellem Glas, fülle sie mit kleinen Fischen, wie sie zu haben sind, schließe sie mit einem Korken und setze das Ganze der Sonne aus, bis sich eine breiige bis ölige, dicke Flüssigkeit bildet.

Die *Maikäferwittrung:* Fülle eine gleiche Flasche wie vorhin mit Maikäfern, verschließe sie, lasse sie in der Sonne stehen, bis eine dicke, ölige Flüssigkeit aus der Masse geworden.

Die *Frehsesche Wittrung:* Schmelze in einem neuen Tiegel auf gelindem Feuer ein Viertelpfund ungesalzenes, reines Schweine- oder Gänseschmalz, rühre einen Löffel Scheibenhonig und einen gehäuften Löffel pulverisierter Bärenklau heran, bewahre die Mischung am kühlen Ort. Das letztere gilt auch für die fertiggestellten beiden ersten Wittrungen.

Wer mit Hilfe von diesen Wittrungen keinen Fuchs zu fangen versteht, dem helfen die sonst noch angepriesenen Apothekenmittel auch nichts.

Als Ort für das Legen des Schwanenhalses kommen Blößen im Wald, Wiesen und Felder in der Nähe des Waldes in Frage; besonders günstig sind die Wintersaatfelder, sowie Äcker, auf denen frisch Mist gestreut ist. Der Ort soll möglichst hoch gelegen sein, wenigstens in bezug auf die nächste Umgebung. Einmal soll kein Wasser die *Füllung* naß machen. Sie würde bei Frost steiffrieren; die Bügel würden unter Umständen ganz am Zuschlagen verhindert; oder es würden vielleicht zusammengefrorene Stücke zwischen die Bügel geraten, die das feste Zusammenschlagen verhindern. Darum wählt der Fangjäger den Ort frei von Bodenwasser. Alsdann liegt der Ort zweckmäßig deshalb etwas höher, weil dort der Wind den Schnee leichter fortweht. Solche schneefreien Punkte sucht der Fuchs gern auf.

Der Fänger wählt eine Anzahl solcher Orte aus, sucht auf ihnen einen verrasten Platz und schneidet hier noch im Herbst bei frostfreiem Wetter nach dem in gespanntem und gut gesichertem Zustand dorthin mitgebrachten Schwanenhals mit dem Waidmesser einen Rahmen im Rasen, etwa drei Finger breit, in den der Schwanenhals in völlig waagerechter Lage mit Feder und Schloß gut hineinpaßt. Es kommt darauf an, daß der fängisch gestellte Schwanenhals mit der Oberkante der Bügel etwa 2–3 cm unter der Oberfläche des stehengebliebenen Erdreiches zu liegen kommt, weil die Füllung ihn so hoch eindecken muß. Ganz besonders wichtig ist aber eine völlig feste Lage des ganzen Eisens, und zwar auf harter Unterlage. Denn der Schwanenhals muß im Augenblick des Zuschlagens etwa einen guten Fuß hoch ganz gleichmäßig in die Höhe springen, um den im Schreck zurückfahrenden Fuchs noch sicher zu greifen. Um diese zu gewinnen, legt der Fangjäger in die sauber von Erde befreite Rinne an mindestens vier Stellen: unter die Bügelschraube, unter den Kamm, unter die Mitten der Bügel und an mindestens drei Stellen unter die Feder Ziegelsteinbrocken, mit den platten Seiten nach oben und unten, und füttert sie unter wiederholtem Probieren so ein, daß der Schwanenhals, ohne zu klappern, überall fest aufliegt. Er ist dann auf sieben Punkten unterstützt; sonst aber liegt er hohl.

Daß für die Pfeife eine besondere, kleine Rinne ausgehoben werden muß, will ich ausdrücklich hervorheben. Denn der aus ihrer Öffnung beim fängisch gestellten Eisen hervorragende Abzugsfaden darf, so kurz er ist, nirgends mit dem Erdreich in Berührung kommen, weil er sonst anfrieren und die ganze Geschichte wirkungslos machen könnte.

Bevor ich weitergehe, möge noch bemerkt sein, daß der Jäger denjenigen Teil des Rasens, in den die Feder eingeschnitten wird, ganz im Zusammenhang aushebt, so daß er einen rundgeschnittenen Plaggen fortnimmt. Letzterer wird sorgfältig beiseite gelegt und nach dem Schloß zu so weit gekürzt, daß er beim Wiedereinlegen den Schloßteil nicht erreicht, letzterer also völlig frei bleibt. Ich will zum besseren Verständnis gleich hier bemerken, daß das Schloß einschließlich des Kammes später durch ein Stück steifes Papier zugedeckt wird; ebenso die

Bügelschraube, damit in diese empfindlichen
Teile weder Erdreich noch Füllung hineingeraten kann.

Ist alles soweit vorbereitet, so nimmt der
Fänger den Schwanenhals aus dem Lager, legt
den Federplaggen an seine Stelle, nachdem er ihn
mit so viel Füllung unterfüttert hat, daß er mit
dem gewachsenen Boden abschneidet, nimmt
alles ausgestochene Erdreich sauber fort und
zerstreut es etwa zehn Schritt vom Fangplatz.
Alsdann füllt er das nun noch offene Lager fest
mit der mitgebrachten Füllung aus. Diese besteht aus sorgsam gesiebtem Kaff, Heusaat oder
getrocknetem Pferdedung und wird in einem
sauberen, von jedem Geruch freien Sack mit zur
Stelle gebracht. Oben auf das Ganze legt der
Fänger einige frische Roßäpfel, die mit einem
frisch geschnittenen Stöckchen auseinanderge-
rührt werden. Der Fangplatz hat dann das Aussehen, als habe dort ein Pferd gemistet, und als
hätten Vögel den Mist auseinandergekratzt.

Zu allerletzt steckt der Jäger an der Federseite
etwas straffes, niedriges Reisig so in den Boden,
daß es dem Fuchs den Zugang über die Feder
verlegt. Durch dieses Reisig kann man bei eintre-
tendem Schneefall nicht nur das Lager leichter
wiederfinden, sondern auch ohne weiteres seine
genauere Lage feststellen, so daß man beim Legen des Eisens dann den Schnee nur wenig zu
rühren braucht.

Wenn mit dem Fang begonnen werden soll,
so ist zunächst der Schwanenhals hervorzuholen, der bis dahin an einem trocknen, luftigen
Ort aufbewahrt wurde. Das Eisen wird – der
Anfänger muß sich das zeigen lassen – vollständig auseinandergenommen, nachdem die Schrau-
ben gelöst wurden, und mit Hilfe von reinem
Wasser und reinem Sand in allen Teilen gründlich abgescheuert, so daß es überall seine schöne,
blitzblanke Eisenfarbe zeigt und nirgendwo
mehr einen Rostflecken hat. Ist das geschehen,
so werden alle Teile mit einem sauberen und
geruchlosen Lappen sorgfältig abgetrocknet und
eine Zeitlang zum völligen Trockenwerden in
den Wind gelegt, um alsdann mit einem in Eisen-

handlungen erhältlichen, geruchlosen Eisenlack überzogen zu werden. Dieser verhindert das
Rosten und bedarf nur von Zeit zu Zeit im Gewirre und an der Bügelschraube der Erneue-
rung. Der Fänger entgeht durch dessen Verwendung dem ewigen Scheuern und Putzen. Ist der

Lack gut trocken, so wird das Eisen wieder zusammengeschraubt, nachdem jeder einzelne Teil mittels eines sauberen Läppchens, auf das ein Tupfen Wittrung kommt, gründlich abgerieben wurde. Von nun an wird das Eisen mit der bloßen Hand nicht mehr berührt. Hierzu werden vielmehr ein Paar nur diesem Zweck dienende Handschuhe benutzt, die ein für allemal von der verwendeten Wittrung durchdrungen sind. Statt des früher üblichen Lederhandschuhs nimmt man heute zweckmäßigerweise Plastikhandschuhe, die mit Sicherheit frei von menschlicher Witterung sind. Das zusammengesetzte Eisen wird nochmals im ganzen mit dem Wittrungslappen abgerieben und an seinem Aufbewahrungsort aufgehangen.

Jetzt kommt das Schleppen und Ankirren! Von den einzelnen Fangplätzen, von denen einer in der Nähe eines Luderplatzes, wohin der Waidmann die Füchse durch Gescheide von Wild das ganze Jahr über ankirren kann, liegen mag, schleppt er sternförmig und so, daß die Fangplätze Schleppverbindung miteinander bekommen, und legt auf jeden Fangplatz, genau dorthin, wo beim Fang der Abzugsbrocken zu liegen kommt, einen Kirrungsbrocken, der von der Schleppe genommen wird. Die Schleppen sollen an den Fangplätzen beginnen, damit die Wittrung, wenn das Raubwild auf die Schleppe stößt, zur Falle hin zunimmt.

Das Ergebnis des Schleppens beobachtet der Fänger jeden Morgen und ersetzt dabei etwa aufgenommene Brocken durch neue, deren er eine Anzahl in einem gut verschlossenen, irdenen Töpfchen bei sich führt. Gegen Abend schleppt er dann wieder. Ist die Kirrung regelmäßig angenommen und findet der Jäger in der Nähe die frische Losung des Fuchses, die dieser nur dort absetzt, wo er vertraut ist, so wirft er einige Brocken von derselben Art, mit denen er ihn zu fangen gedenkt, also von der gepökelten und gebratenen Katze. Hierbei kommt es schon darauf an, den Fuchs so zu kirren, daß er später den Abzugsbrocken über die Bügelschraube hin nimmt, und ihn hieran richtig zu gewöhnen. Zu diesem Zweck wirft der Fänger den einen oder anderen Brocken in der Richtung von Schloß und Bügelschraube etwa einen Fuß über die letztere voraus. Hat der Fuchs die Kirrungsbrocken, den *Vorwurf*, vor allen Dingen den an der Stelle für den Abzugsbrocken liegenden, einige Tage hindurch genommen, so kann das Eisen gelegt werden. Hat dieses, wie es sich gehört, bis dahin an einem luftigen Ort gehangen, und ist es vor unbefugter Berührung sicher gewesen, so bedarf es nur noch einer nochmaligen Verwitterung, natürlich unter Benutzung der Handschuhe.

Ein Schwanenhals hat nur dann Gebrauchswert, wenn das Schloß so leicht steht, daß es bei der geringsten Berührung des Abzugsbrockens losschnellt. Das ist besonders wichtig für den Fall, daß der Fuchs den Brocken nicht mit dem Fang aufnehmen sollte, sondern an ihm herumkratzt. Die Stellung muß daher schon vor der Reinigung und Verwitterung entsprechend nachgefeilt werden, wenn sie nicht leicht genug steht. Anderseits ist aber dieses Eisen bei seiner ungeheuren Federkraft und den hohen Bügeln im gespannten Zustand ein sehr gefährliches Ding für den, der damit umgeht. Da der Sicherungsstift in seinem Loch recht lose gehen muß, damit das fängisch gestellte Eisen beim schließlichen Entsichern nicht losschlägt, so wird er zweckmäßig mit einem gut verwitterten Faden angebunden, um beim Hintragen nicht herauszufallen. Nunmehr wird der Abzugsbrocken, der schon längere Zeit vorher durchbohrt und mit einer Schnur durchzogen wurde, durch die Pfeife hindurch mittels der Schnur so knapp mit dem Stellhaken verbunden, daß er einige wenige Zentimeter von der Öffnung der Pfeife entfernt ist. Die Schnur wurde so durch den Brocken gezogen, daß dieser in deren Mitte hängt, dann hart am Brocken *fest* verknotet, nun, doppelt genommen, durch die Pfeife geschoben, um *fest* an den Stellhaken gebunden zu werden. Beim Hintragen hängt der Abzugsbrocken etwa 2–3 cm vor der Pfeifenöffnung. Das so gespannte, gesicherte und beköderte Eisen hängt der Jäger über einen neuen Holzstab und trägt es, über der Schulter freihängend, nach dem Fangplatz, nachdem er den Abzugsbrocken noch mit einem mit Wittrung gefetteten, sonst sauberen Stück Papier umbunden hatte.

Das Töpfchen mit Brocken im Sack mit neuer Füllung auf dem Rücken, den Stab mit dem Eisen über der Schulter, eine neue Schleppe in der Hand, die der verwitterte Handschuh bekleidet, begibt sich der Waidmann jetzt auf den ausersehenen Fangplatz. Dort kniet er auf der Federseite nieder, nimmt die alte Füllung aus dem Lager, falls sie, was meist der Fall sein wird, nicht mehr ganz trocken ist, legt sie in *einem* Haufen beiseite, prüft den Lagereinschnitt sorgfältig nach, legt das Eisen auf die Ziegelunterlagen, die gehoben oder versenkt werden müssen, falls es nicht ohne das leiseste Klappen überall fest aufliegen sollte. Alsdann füttert er das Eisen bis auf die Federseite und die Bügelschraube überall so fest mit der neuen Füllung ein, daß die Bügel oben nicht mehr durchgeführt werden können, deckt die Bügelschraube mit einem sauberen, ganz leicht verwitterten, passenden Stück Papier zu und füttert nun auch diese Stelle mit der Füllung ein.

Alsdann wendet er sich zur Federseite. Legt zuerst den Federplaggen auf die Rundung der Feder, nimmt das Papier vom Abzugsbrocken, deckt es über Schloß und Gewirre, zieht dann den Abzugsfaden mittels des Brockens straff an, beseitigt den Sicherheitsfaden, zieht den Sicherungsstift vorsichtig heraus, füttert das Schloß, das vorher schon unterfüttert war, über dem Papier vorsichtig mit Füllung, nimmt die alte Füllung sorgsam in den Sack und gibt dem Platz genau dasselbe Aussehen wie vor dem Legen des Eisens. Schließlich wirft der Fänger den Vorwurf, etwa vier bis fünf Brocken, einen hinter den anderen, über die Bügelschraube hinaus, so daß der nächste etwa einen halben Schritt, der letzte etwa fünf Schritt davon zu liegen kommt. Alsdann verläßt er den Platz mit allem, was dort nun nicht mehr liegen darf.

Auf diese Weise darf der Jäger mit hoher Wahrscheinlichkeit erwarten, Meister Reineke am anderen Morgen im Schmuck der eisernen Halskrause zu finden. Sollte das aber nicht der Fall sein, – der Fuchs kann aus irgendeinem Grund, der mit dem Fangplatz nichts zu tun hat, gar nicht dort gewesen sein. Er kann einige äußere Brocken genommen haben, aber nicht bis zum Abzugsbrocken vorgedrungen sein. Er kann aber auch Unrat gewittert haben und verprellt sein – so erneuert er etwa aufgenommene Brocken und deckt sie dann zum Schutze gegen Krähen allesamt mit etwas Reisig zu. Am Abend entfernt er das wieder und schleppt von neuem. Sollte der nächste Morgen wieder ohne Erfolg sein, so ist ein Fehler gemacht. Dann ist nicht zu erwarten, daß der Fuchs sich hier ohne Wechsel mit der Wittrung fangen wird. Der Jäger versucht dann am besten den Fang auf einem der übrigen Fangplätze und benutzt den ersteren nach einigen Tagen wieder unter Anwendung einer neuen Wittrung. So etwas wird bei jedem Anfänger und gelegentlich auch bei dem erfahrenen Fangjäger vorkommen. Er darf die Geduld nicht verlieren und muß über etwaige Fehler oder Unbedachtsamkeiten nachdenken, um sie in Zukunft zu vermeiden. Es ist noch kein Meister vom Himmel gefallen.

Es wird darüber gestritten, ob man den Schwanenhals nach erfolgreichem Fang gleich wieder legen soll. Da ist zu raten: Gewiß, aber zunächst lieber auf einem anderen Fangplatz. Hat man einen Fuchs gefangen, so empfiehlt es sich, etwas Urin des getöteten Fuchses auf dem Fangplatz zu verspritzen. War es eine Fähe, so ist die Wirkung, vor allem bei Beginn der Ranzzeit, ausgezeichnet.

Es sei auch hier noch einmal darauf aufmerksam gemacht, daß Schwanenhälse nur an Orte gestellt werden dürfen, die nicht von Menschen begangen werden, daß sie ferner erst am Abend fängisch gestellt und am frühen Morgen kontrolliert und wieder gesichert werden müssen. Das engt heute die Fangjagd mit dem Schwanenhals sehr ein und macht sie vielerorts unmöglich.

Der Schwanenhals mit Tellerstellung für Beköderung mit Ei, Pflaume, Birne ist eine ausgesprochene Marderfalle, über deren Verwendung ich mich wohl kaum näher auszulassen brauche. Bemerkt sei nur noch, daß beim Gebrauch dieser Fallen auf Verwittern verzichtet werden kann. Die Fallen sollen sauber und blank im Eisen gehalten werden, wozu der beim

Schwanenhals erwähnte Lack ein gutes Mittel ist. Da sie beim Gebrauch in Gebäuden der Nässe nicht ausgesetzt sind, so ist die Gefahr des Rostens ohnehin nicht so groß wie bei den im Freien verwendeten Eisen.

Auch für Marder und Iltis sind mit viel Wichtigtuerei die verlockendsten Witterungen empfohlen und auch feilgehalten worden. Sie sind aber alle völlig entbehrlich. Draußen bei den Holzfallen ist das Hasengescheide die beste Schleppe für den Marder, deren Reste auch als Kirrung und an der Zunge der Stellung als Köder dienen können. Sonst nimmt der Fänger dazu einen frisch geschossenen Vogel oder auch ein Eichhörnchen.

In Gebäuden ist die Schleppe ausgeschlossen, hier fallen Kirrung und Köder zusammen. Als solcher dient am besten ein Ei. Der Glaube, daß dieses Wild lieber ein frisches als ein gekochtes Ei annähme, ist irrig. Ich habe niemals den geringsten Unterschied darin beobachtet. Wohl aber besteht eine große Verschiedenheit der Wirkung darin, ob ein Ei gut oder schlecht auf dem Teller oder am Abzugsfaden befestigt ist; denn hierin liegt die Gefahr des Verpönens. Schlecht befestigte Eier tun das gar leicht. Daher bin ich grundsätzlich auf die Verwendung von nur hart gekochten Eiern als Köder gekommen. Sie sind für die Befestigung durchaus zuverlässig.

Wer trotzdem lieber mit einem frischen Ei ködern will, der lasse sich auf dem Teller eine Vertiefung herstellen mit vier kleinen Löchern, in der er dann das Ei mit einigen dünnen, weißen Fäden befestigt. Das am Abzugsfaden zu befestigende Ei kann ebenfalls leicht mit einigen dünnen Fäden so übersponnen werden, daß es ohne Schwierigkeit mit dem ersteren verbunden werden kann. Aber man bedenke, daß ein faules Ei schon in einiger Entfernung vom Marder als solches gewittert und dann sicher nicht angenommen wird. Aus diesem Grund bin ich gegen das Anbohren frischer Eier zum Zweck der Befestigung. Sie verderben weit früher als nicht angebohrte, auch wenn sie wieder verschlossen werden.

Brunft- und Balzjagd

In diesem Abschnitt soll diejenige Jagd besprochen werden, die der Waidmann auf das brunftende und balzende Wild ausübt, soweit ihm hierbei dessen allgemeines Verhalten und besonders die Brunft- und Balzlaute wesentliche Hilfsmittel sind. Daher gehört beispielsweise nicht hierhin die Jagd mit dem Hirschruf, die Blattjagd. Diese werden in dem Abschnitt über die Lockjagd behandelt werden.

Es gibt eine ganze Reihe – auch namhafter – Jäger, die das Bejagen des Wildes in der Brunft- und Balzzeit ablehnen und als nicht waidgerecht bezeichnen. Ich kann dieser Auffassung nicht zustimmen. Ermöglicht uns doch die größere Regsamkeit des Wildes zu dieser Zeit, es sorgfältig zu beobachten und beim Abschuß die im Interesse der Hege richtige Auswahl zu treffen. Und um wieviel ärmer würde das Waidwerk werden, wenn man einen solchen Grundsatz allgemein zur Anwendung brächte.

Wenn der *Rothirsch* sein Geweih vereckt und gefegt hat, wenn nach Beendigung des äußeren Aufbaues sich die letzten Neubildungsvorgänge im Innern der Stangen vollzogen haben und der Hirsch in der vollen Feiste steht, dann pflegen sich beim Kahlwild die ersten Zeichen der Brunftigkeit einzustellen. Mit dem Windfang am Boden zieht dann der bis dahin so heimliche Recke dahin, die Kahlwildfährten auf die ersten Anzeichen erhöhter Lebenstätigkeit prüfend. Mit dem Beginn des September, je nach Höhenlage und Klima etwas wechselnd, findet er schon dies oder jenes Schmaltier, das er vom Rudel abtreibt, um in Dickungen und Brüchen heimlich seiner Minne Lust zu frönen. Zu Beginn der Brunft vollzieht sich das still.

Wenn aber etwa ab Mitte September kalte Nächte eintreten, die Nebel am Abend oder Morgen in den Tälern brauen und gar Reif der Wiesen Grün bedeckt, dann ertönt, zuerst in stiller Nacht, der dröhnende Brunftschrei. Nach und nach schreit der Hirsch mehr, am Abend, in der Morgenfrühe. Andere Hirsch antworten; bis zum letzten Drittel des Septembers hin hat das Orgeln seinen Höhepunkt erreicht.

Die hohe Zeit des Wildes ist auch die des Jägers. Nun duldet es ihn keinen Abend und Morgen daheim. Er muß hinaus, die Hirsche zu verhören, ob sich nicht irgendwo eine ganz besonders grobe Stimme vernehmen läßt, deren Besitzer ein sagenhaft starkes Geweih tragen könnte. Zwar stehen Stimme und Geweih nicht immer in dem erhofften Verhältnis, indem ganz alte, schon zurücksetzende Hirsche am gröbsten zu schreien pflegen. Es gibt auch Hirsche, deren Stimmen von Jugend an eine tiefe Lage haben, wie es ältere Hirsche mit verhältnismäßig hohem Ton gibt. Allein von diesen Ausnahmen abgesehen, bietet die *grobe* Stimme im allgemeinen doch einen guten Anhalt dafür, daß ein besserer Hirsch in Frage steht. Ich sage mit voller Absicht grobe Stimme. Denn mehr als Tiefe oder Höhe des Tones bildet das Grobe im Brunftschrei das Kennzeichen alter Hirsche. Und da die älteren Hirsche meist auch die stärkeren Geweihe zu tragen pflegen, so hat der Waidmann an diesem groben Ton einen guten Anhalt für die Stärke.

Es sind aber auch noch einige andere Dinge zu beachten: Starke, alte Hirsche schreien nicht viel; meist nur während der Dunkelheit. Sie treten nicht selten, sobald der erste Schimmer des nahenden Morgens am Himmel erscheint, vom Brunftplatz ab. Wenn du dann das Feld des Schreiens und Kämpfens bei noch hellerem Licht überschauen kannst, so entspricht der dann im Rudel stehende Platzhirsch in keiner Weise dem groben Brunftschrei, den du während der Nacht hörtest. Der alte Recke hat zeitig das Feld geräumt. Jetzt steckt er in der Suhle, um sich dann in stiller Dickung niederzutun und sich von den Anstrengungen der Nacht zu erholen. Was über Tag aus seinem Rudel wird, kümmert ihn oft so wenig, wie es dem Kahlwild nicht darauf ankommt, sich wahllos jedem anderen Hirsch zu fügen. Erst wenn es wieder dunkelt, dann erscheint auch unser Recke wieder auf dem Brunftplatz, um alsbald nur durch sein Erscheinen, durch sein Dasein die Ordnung der vorigen Nacht wiederherzustellen. So erging es auch mir, als ich meinen stärksten Hirsch streckte. Ich paßte ihn, der eben zuvor noch mächtig röhrend sein Rudel beherrschte, ab, als er still vor sich hinbrummend mit dem aufkommenden Morgen die Bühne verließ, um im stillen Winkel der Ruhe zu frönen. Da faßte ihn meine Kugel und warf ihn ins Herbstlaub. Das alles, nachdem ich ihn am Abend zuvor mehr zufällig auf seinem heimlichen Wechsel zum Rudel entdeckt hatte und sich damit das Geheimnis um seine Wege lüftete.

Nur an einigen wenigen Tagen der mit Ansteigen und Abschwellen etwa vier bis fünf Wochen umfassenden Brunftzeit bleibt der starke Platzhirsch eine oder einige Stunden länger des Morgens beim Rudel, ist er abends um so viel früher wieder da. Das ist die Höhe der Brunft, die in einzelnen Revieren von alters her als die beste Zeit bekannt ist und bei normalem Verlauf genau auf dieselben Tage des Kalenders fällt. Diese Tage gilt es zu nutzen, hast du den alten Platzhirsch zum Abschuß frei.

Je nach den Wildstandsverhältnissen, vor allem nach dem Verhältnis der Zahl der Hirsche zu der des brunftenden Kahlwildes, nimmt die Brunft einen ganz verschiedenen Verlauf. Bei wenig Wild und etwa gleich viel Hirschen vollzieht sie sich meist vereinzelt. Ein Hirsch treibt sich ein brunftiges Stück vom Rudel ab, um sich, nachdem es abgebrunftet hat, was in wenigen Tagen geschieht, ein anderes zu holen. Er wird so von anderen Hirschen nicht viel gewahr. Besondere Gelegenheit zur Erregung, zum Ärger und Trotz gegen Nebenbuhler ist nicht viel geboten. So schreit er wenig. Hirsche, die leer ausgehen, ziehen einzeln umher, ihre Liebes-sehnsucht in die dunkle Nacht hinausschreiend. Unter solchen Verhältnissen ist es nicht leicht, einen braven Hirsch zu strecken. Der Jäger bedient sich daher des Hirschrufes, um den Hirsch zum Melden und damit zum Verraten seines Standes zu veranlassen. Wir werden das Nähere darüber in dem über die Lockjagd handelnden Abschnitt kennenlernen.

Anders dort, wo bei stärkerem Wildstand das Geschlechterverhältnis ähnlich ist, wie vorhin. Dann zieht sich das Kahlwild häufig auf größeren Blößen, Wiesen, Schlägen usw. zusammen. Die Hirsche finden sich gleichfalls ein. Der eine erregt den Neid und die Eifersucht des anderen. Um den Platzhirsch rudeln sich die Beihirsche, bedrängen ihn von allen Seiten, schreien in Wut und Kampfeslust aus vollem Hals. Da das Kahlwild selten große Neigung zeigt, dem Platzhirsch ausschließlich zu Willen zu sein, so hat dieser seinen Harem fortwährend zusammenzuhalten, Nebenbuhler abzuschlagen, sie zu verfolgen und vorüberge-hend zu verjagen. Derweil machen sich die anderen Beihirsche an das Wild, gleichzeitig untereinander kämpfend oder sich doch bedrohend.

Hörst du Hirsche kämpfen, so ist der Ton, der durch das Aneinanderfahren der Geweihe entsteht, ein guter Anhalt für die Stärke. Da nur etwa gleich starke Hirsche zum Kampf kommen, weil der geringere dem stärkeren von vornherein auszuweichen pflegt, so weißt du auch gleich, daß du es mit zwei besseren Hirschen zu tun hast, wenn der Ton hell und scharf wie Schwertschlag auf Panzer klingt. Der Ton bei geringeren Hirschen erinnert an das Aufeinanderschlagen von trockenen Holzstäben.

Klare, kalte Luft wirkt günstig auf die Lebhaftigkeit der Brunft, während warme, weiche und nasse Witterung sie still verlaufen läßt. Schon ein etwas lebhafter Wind verschlingt für den horchenden Waidmann den sonst so herrischen Brunftschrei völlig, wenn er nicht ganz unter Wind des schreienden Hirsches ist. Schreit der Hirsch mit abgewendetem Haupt, so ver-nimmst du den Schrei so, als stünde er noch einmal so weit von dir entfernt, als wenn der Schrei mit dir zugewandtem Haupt erklingt.

Zu Anfang der Brunft liegen alle Stimmen höher als zu Ende. Dann sinkt auch der Hals eines geringeren Hirsches manchmal zu einer bedeutenden Tiefe des Tones. Nur das Grobe in der Stimme eines alten Hirsches erreicht er nicht, zumal das Röhren dieses letzteren im weiteren Verlauf der Brunft oft zu einem völlig tonlosen Rasseln heruntersinkt, da durch das dauernde Schreien die Stimmbänder dann aufs äußerste überreizt und strapaziert sind.

Außer dem vollen Brunftschrei hat der Hirsch in der Brunft noch andere Töne. Er *knört*, wenn er einen leisen, aber doch oft weiter hörbaren Rasselton von sich gibt. Er *trenzt*, wenn dieser Ton noch einige Klangfarbe hat, besonders kurz abgebrochen beim Treiben eines Tieres. Alle diese Brunftlaute sind dem Waidmann Helfer und Leiter bei der Jagd auf den Brunfthirsch.

Spielt sich die Brunft auf größeren Blößen ab, so gilt folgendes als Regel: Das Kahlwild steht fast immer in deren Mitte oder an der Seite, wo der Wind herkommt. Soll der Hirsch also auf solchen Blößen gestreckt werden, so muß ihm beim Hin- und Herziehen der Wechsel abgeschnitten werden. Das geschieht durch Anpürschen in dunkler Nacht, um ihm bei werdenden Büchsenlicht auf dem Einwechsel ins Holz die Kugel anzutragen, oder am frühen Nachmittag, um beim Auswechseln am Abend rechtzeitig zur Stelle zu sein. Die Regel aber sollte sein, den Abend für die Beobachtung, den Morgen für die Jagd gelten zu lassen. Denn die Feststellung des Anschusses ist am Abend, zumal in der späten Dämmerung schwierig, oft ganz unmöglich, besonders auf den viel zertretenen Brunftplätzen. Einer Nachsuche setzt die Dunkelheit ein Ziel. Der Hirsch muß über Nacht liegen. Er ist am anderen Morgen oft angeschnitten oder verdorben, besonders bei einem Waidwundschuß. Am Morgen dagegen wird das Büchsenlicht mit jeder Minute besser. Für die Feststellung des Anschusses kann der Jäger den vollen Tag erwarten. Für die Nachsuche steht der ganze Tag zur Verfügung.

Gern brunften starke Hirsche auf kleinen Blößen, besonders wenn diese in ruhigen Dickungen liegen. Die ihm eigene Vorsicht läßt den Hirsch solche Orte wählen. Doch auf dem Brunftplatz selbst ist es das Kahlwild, dem der Waidmann seine Aufmerksamkeit widmen muß. Es stellt die Wacht für seinen Gebieter, wenn Liebeswahn und Erregung oder auch Ermattung und Stumpfheit ihn achtlos werden lassen.

Verläuft die Brunft so, daß die Hirsche mit dem Kahlwild einzeln im Revier umherziehen – das tun sie nur, wenn sie nicht mehrere Stücke zusammengetrieben haben, für deren strenge Beaufsichtigung gegen Nebenbuhler sich nur Blößen oder lichtes Holz eignen –, dann muß zum Verhören des schreienden Hirsches die Beobachtung seiner Fährte hinzukommen, um seinen Hauptwechsel festzustellen. An diesem erwartet ihn der Jäger auf dem Anstand. Denn bei allem Umherziehen waltet doch eine gewisse Regelmäßigkeit und eine Vorliebe für bestimmte Plätze zur gleichen Tageszeit. Aus dem örtlichen Wechsel des Röhrens am Abend kann der Jäger auf den Stand am Tag schließen und durch rechtzeitiges *Verstreichen* der Fährte auch einen Anhalt gewinnen, zu welcher Stunde der Hirsch diesen oder jenen Weg, eine Schneise, ein Gestell, einen Bach oder Graben überquert. Aber Vorsicht ist dabei nötig; denn er darf nur dort fährten, wo der Hirsch die Spur des Menschen gewohnt ist und sie daher nicht scheut. Andernfalls könnte der Hirsch leicht seinen Stand wechseln, und die seither aufgewandte Mühe wäre vergeblich.

Gelegentlich kommt es vor, daß du den Stand eines schreienden Hirsches ausgemacht hast, aber alle Mühe und Ausdauer sind vergeblich. Der Hirsch schreit in der nahen Dickung. Jedoch heraus, in den Bereich deiner Büchse, tritt er nicht. Da hilft der Jäger sich durch eine Frechheit, möchte ich sagen, indem er, falls der Hirsch auf Anreizen und auf den Ruf nicht folgt, so tut, als stände ein anderer Hirsch in der Nähe, der seinem Begehren durch Schlagen mit dem Geweih an Stamm und Strauch Ausdruck gibt. Er bearbeitet mit dem Spazierstock oder einem zu diesem Zweck abgeschnittenen Knüppel einen Jungwuchs, daß es ordentlich schallt und rauscht. Oftmals ist der durch kein anderes Mittel vor die Büchse zu bringende Hirsch sofort da. Da heißt es selbstverständlich: fertig sein und die Büchse am Kopf haben, denn die geringste Bewegung würde den Ersehnten natürlich auf Nimmerwiedersehen verschwinden lassen. Daraus ergibt sich das Verfahren von selbst: gedeckte Stellung mit gutem Ausblick, kurzes und bestimmtes Schlagen mit dem Knüppel, die Büchse zur Hand, gespanntes Lauschen, denn der Hirsch pflegt selten ganz unhörbar zu erscheinen; vollends nicht, wenn er trollend heranwechselt.

Dieses Hilfsmittel soll aber den letzten Trumpf darstellen, denn der Einstand der Hirsche muß dem Waidmann heilig sein! Der beste Brunftplatz kann für den Rest der Brunft verdorben und vereinsamt bleiben, wenn das Wild gestört wurde.

Wenn die Brunft vorüber ist, pflegen diejenigen Tiere, die nicht fruchtbar beschlagen wurden, nochmals, oft sogar ein drittes Mal zu brunften, sie *brunften nach.* Bei dieser *Nachbrunft* sind oft recht alte, ich möchte sagen, überalte Hirsche mit zurückgesetztem Geweih die Platzhirsche. Diese sind in der Brunft nicht recht zum Zuge gekommen, weil sie den auf der Höhe ihrer Kräfte stehenden Hirschen nicht gewachsen waren. Jetzt, wo diese erschöpft und satt sind, tritt dann solch ein überalter Herr auf den Plan, mit dem sich die Mittelhirsche und Schneider jedoch nicht messen können. Da der Abschuß solcher zurücksetzenden Hirsche im Interesse der Wildbahn liegt, so bietet die Nachbrunft dazu gute Gelegenheit. Ich will aber, obgleich es, strenggenommen, in das Gebiet der Hege gehört, hier doch gleich bemerken, daß auch das nachbrunftende Tier für die Kugel reif ist, weil es sein Kalb um so viel später setzen wird, als es selbst der eigentlichen Brunftzeit nachhinkt, dieses somit gering in den Winter kommt und sich nicht zu einer Zierde des Wildstandes entwickeln kann. Denn das Nachbrunften wiederholt sich gern bei demselben Stück.

In ähnlicher Weise wie beim Rothirsch wird auch die Brunftjagd auf den *Damhirsch* betrieben, dessen Brunftzeit um den 15. Oktober zu beginnen und bis zum 10. November zu enden pflegt. Doch unterscheidet sich der Ablauf der Brunft grundlegend dadurch, daß nicht der Schaufler das Kahlwild aufsucht, sondern daß er schon zwei bis drei Wochen vor Beginn der Brunft zu den bekannten Brunftplätzen zieht. Dort markiert er durch Schlagen die Grenzen seines Bereichs, schlägt auf dem eigentlichen Brunftplatz flache Mulden ins Erdreich, die *Brunftkuhlen,* und erwartet dort sitzend das Kahlwild. Auch während der Hochbrunft verteidigt er nicht eigentlich seinen Harem, sondern sein Brunftterritorium, das er unermüdlich von jedem Nebenbuhler freihält, während das Kahlwild zu- und abzieht wie es ihm beliebt. Die Brunft verläuft äußerst lebhaft, und während der Hochbrunft schreien die Platzhirsche den ganzen Tag hindurch, und in einem guten Damwildrevier vergeht kaum eine Viertelstunde, daß der Waidmann nicht Wild zu Gesicht bekommt.

Wenn auch das Schreien der Schaufler nicht mit dem klangvollen Konzert unseres Rothirsches zu vergleichen ist, so möchte ich zur Ehre des Damhirsches doch betonen, daß sein Schrei nicht, wie man gelegentlich liest und hört, aus einem abgesetzten, monotonen Schnarchen oder Rülpsen besteht. Das mag ein ungeschultes Ohr so aus der Ferne vernehmen. Sobald sich aber der Waidmann näher an den schreienden Schaufler herangepürscht hat, wird er ein abwechselnd an- und abschwellendes Rollen hören, das keineswegs unschöne Klangfarbe hat. Es ertönt mal leiser, mal stärker.

Unser Damhirsch bevorzugt nicht zu lichte Stangenhölzer, durchsetzt mit Fichtenhorsten als Brunftplatz, und sucht diese Plätze Jahr für Jahr wieder auf. So tut der revierkundige Jäger gut, an diesen bekannten Örtlichkeiten Schirme zu errichten, die günstig zu jeder Windrichtung stehen müssen, da das Damwild vorzüglich windet. Noch besser ist allerdings sein Auge, und ich kann empfehlen, zum Angehen an den Schirm Sichtblenden aus Reisig zu stellen, um ungesehen dorthin zu gelangen. Dann allerdings hat der pürschende Waidmann die besten Aussichten, an einen guten Schaufler heranzukommen, das Brunftgeschehen bei vollem Tageslicht zu erleben und die Pürsch mit einem sorgfältig gezielten Schuß erfolgreich zu beenden. Und es kann wohl mit Recht gesagt werden, daß die Jagd auf den schreienden Schaufler hohe Waidmannsfreuden zu bieten vermag.

Huliehidiidi, wann der Auerhahn falzt,
Huliehidiidi, und der Kohlbauer schnalzt[1],
Huliehidiidi, und 's Goldkröpferl schreit,
Huliehidiidi, is die lustigste Zeit!

(Obersteirischer Jodler)

So singt der Gebirgsjäger, wenn der Schnee zu schmelzen beginnt und die Wildwasser rauschen, wenn nach starrem Winter die Pfade im Bergwald wieder gangbar werden und die Buchenknospen schwellen. Und wahrlich, dieser geheimnisvolle Urvogel, den die Jägerei von alters her mit Sage und Sang umgeben hat; – er verdient das Jauchzen des Jägerherzens. Hat die nüchterne Forschung auch manche Sage ihres Zaubers entkleidet – immer gibt uns der Urhahn neue Rätsel auf. Immer lockt der erwachende Frühling hinauf in die Höhen, hinein in den tiefen, dunklen Tann der Ebene, wo das alte, ewige Lied der Liebe von unserem stolzen Vogel der aufsteigenden Morgenröte entgegengesungen wird.

Die Balzplätze des Auerhahns, des *Großen Hahns,* wie man ihn zum Unterschied vom Birkhahn, dem *Kleinen Hahn,* auch bezeichnet, sind der Jägerei im allgemeinen bekannt. Der Urhahn pflegt an diesen *Balzplätzen,* wenn er nicht gestört wird, häufig sogar – nicht immer – an den *Balzbäumen* festzuhalten. Durch Veränderungen des Waldbildes, durch Einschlag, durch Windwurf o. ä. wird der Hahn jedoch oft veranlaßt, seinen Balzplatz zu wechseln, und nun muß der Jäger die neuen Einstände suchen. Das geschieht zunächst durch Suchen der Losung. Liegt noch Schnee, was im Gebirge zu Beginn der Balzzeit – Anfang April – häufig der Fall ist, dann ist diese Losung auf der weißen Unterlage weit sichtbar. Hat man Losung gefunden, so beginnt man, des Abends den Hahn zu verhören oder zu *verlusen,* wie der Gebirgler sagt. Einige Hinweise möchte ich geben, wo man Balzplätze vermuten kann. Im Mittelgebirge balzt der Hahn meistens nicht auf dem Kamm oder den höchsten Punkten des Reviers, sondern etwas tiefer, wo er weniger dem Wind ausgesetzt ist. In der Ebene findet man die Balzplätze gern in bruchigen, lichten Kiefernpartien. Überhaupt liebt der Große Hahn in der Balz die ungleichalten, femelartigen Bestände und meidet gleichalte Dickungen und Stangenhölzer. Fast immer steht sein Balzbaum so, daß er den östlichen Himmel frei hat.

Das Verhören erfolgt am besten zu mehreren Personen, die sich verteilt in der Gegend ansetzen, in der man auf Grund der gefundenen Losung den Balzplatz vermutet. Man setzt sich gut verdeckt an, denn es kann passieren, daß der Hahn „zu Fuß" ankommt und so die freisitzenden Jäger sofort wahrnehmen würde. Meistens wird der Hahn, von seinen Äsungs-plätzen herbeistreichend, sich mit lautem Klatschen in der Krone eines Baumes einschwingen. Nachdem er eine Zeitlang gesichert hat, beginnt er, vor allem wenn die Balz sich ihrem Höhepunkt nähert, zu knappen oder zu zählen und in der Hochbalz auch wohl flott zu balzen. Wenn er vertraut ist, hört man ein eigenartiges Krächzen – das sog. *Worgen.* Oft *stellt* sich der Hahn einmal oder auch mehrere Male *um,* bis er den ihm zusagenden *Schlafbaum* gefunden hat. Nachdem der Jäger sich genau die Richtung und nach Möglichkeit den Baum gemerkt hat, wo er das letzte Geräusch gehört hat, bleibt er auf seinem Ansitz, bis es völlig dunkel geworden ist und er sicher sein kann, daß der Hahn eingeschlafen ist.

Am nächsten Morgen heißt es früh aufstehen. Man muß bei noch völliger Dunkelheit in der Nähe des Balzplatzes sein. Oft wird man eine Taschenlampe für den Anmarsch brauchen, vor allem im Gebirge ist das der Fall. Man pürscht nun bei völliger Dunkelheit so nahe an den Schlafbaum heran, daß man mit Sicherheit den Balzgesang des Urhahns hören kann, also etwa auf eine Entfernung von 50–100 m und wartet nun das Heraufkommen des ersten Morgens-

---

[1] Im Frühling fahren die Bauern die im Winter gebrannte Kohle aus dem Walde.

grauens ab. Leise hörst du das ewige, geheimnisvolle Rauschen des Waldes, welches nur von Zeit zu Zeit vom Ruf des Waldkauzes unterbrochen wird. Da tropft langsam das kl, kl – das Knappen – des Hahnes aus der Richtung seines *Standbaumes,* es *glöckelt,* sagt man im Gebirge. Langsam *spielt* er sich *ein,* das Knappen wird schneller und schließlich folgt der *Hauptschlag* und des *Schleifen* oder *Wetzen.* Der Jäger wartet in Ruhe, bis der Hahn richtig flott balzt, denn er hat nun Zeit, zumal an ein Schießen wegen der Dunkelheit noch nicht zu denken ist. Balzt der Hahn flott einen *Vers* oder ein *Gesetz'l* nach dem anderen, dann *springt* der Jäger den Hahn *an,* d. h. er macht unmittelbar nach dem Hauptschlag 2–3 Schritte. Falls der Hahn verschweigt – was bei den alten Hähnen sehr häufig zwischendurch vorkommt –, erstarrt der Jäger zur Salzsäule, gleichgültig, in welcher Körperstellung er sich befindet. Wenn das Gelände es erlaubt, muß man den Hahn möglichst von Westen her anspringen, um ihn gegen den helleren Osthimmel desto besser sehen zu können, im Gebirge springt man den Hahn möglichst aus der Horizontalen an, vorausgesetzt, daß die Geländeverhältnisse das zulassen. Man beachte aber stets, daß der Hahn während des Schleifens wohl taub, aber nicht blind ist. Oft ist es sehr schwer, den Hahn zu sehen; da er sich beim Balzen häufig dreht, kommt es einem dann auf einmal vor, als ob er viel weiter weg balzt, und man macht den Fehler, daß man zu nahe an ihn heranspringt. Hat man den Hahn erkannt und ist auf gute Entfernung an ihn heran, dann warte man, bis man das Korn auf der Flinte sehen kann und schieße grundsätzlich nur beim Schleifen. Es kommt vor, daß ein vorbeigeschossener Hahn flott weiterbalzt, sofern während des Schleifens geschossen wurden, und man dann noch einmal seine Schießkünste ausprobieren kann.

Man hat den Auerhahn früher vielfach mit der Büchse geschossen. Dazu dienten besondere kleinkalibrige Auerhahnbüchsen. Heute schießt man den Hahn wohl ausschließlich mit Schrot 3 1/2 oder 4 mm, jedenfalls sollte man es tun. Ich kann den Kugelschuß trotz Zielfernrohr nicht für waidgerecht halten, weil es zu leicht vorkommen kann, daß der Hahn, mit der Kugel waidwund geschossen, abreitet und irgendwo verludert. Da der Hahn selten völlig frei stehen wird, ist die Gefahr, daß sich die Kugel verschlägt, sehr groß. Die Nachsuche auf einen krankgeschossenen Auerhahn gehört aber, besonders im Gebirge, zu den mißlichsten Dingen, die überhaupt auf der Jagd passieren können. Der günstigste Schuß ist immer der von unten und hinten zwischen die Ständer, weil das lose Gefieder hier die Schrote gut durchschlagen läßt. Aber man trachte, nicht zu sehr von hinten zu schießen, um den Stoß nicht zu verderben. Indes hat der Jäger nicht immer die Wahl. Denn, wenn er erst schußmäßig an den Hahn heran ist, dann ist jedes längere Zögern vom Übel, weil es immer heller wird und die Gefahr, vom Hahn oder von den Hennen eräugt zu werden, nicht gering ist.

Balzt der Hahn am Boden, so wird auf den weißen Spiegel, den Achselfleck gehalten. Spitz von vorn ist der Schuß des dichten Halsgefieders wegen mißlich. Der Schütze läßt den Hahn möglichst nah kommen; jedoch nicht zu nah, um ihn nicht zu Brei zu schießen. Weiter als fünfundvierzig Schritt sollte beim günstigen Schuß nicht geschossen werden; näher als zwanzig beim ungünstigten aber auch nicht.

Der vertraut balzende Hahn ist immer rund und dick, weil er das Gefieder sträubt und die Fittiche hängen läßt, auch mit dem Stoß ein Rad schlägt. Wird daher der Vogel lang, äugt er herunter oder *kröcht* er gar, dann hat er etwas Verdächtiges bemerkt. Vielleicht das von der Morgenbeleuchtung erhellte Gesicht des Jägers, vielleicht das Blinken des Pürschglases. Daher drücke er den Hut tief ins Gesicht und lasse das Pürschglas, das er doch nicht braucht, fort. Ist der Hahn lang geworden, hat er Gefieder und Schwingen angezogen, den Stoß zusammengelegt und den Hals gestreckt, hat er gekröcht, und überstellt er sich jetzt, dann ist die Sache faul. Wahrscheinlich wird er bald abreiten. Da kann nur helfen: Stillstehen, aushalten, abwarten, ob er nicht doch wieder balzt. Wenn er das tut, dann nur keine Voreiligkeit! Denn sein Mißtrauen

weicht nicht so schnell; und der Jäger kann sicher sein, daß der Hahn seine Umgebung unter scharfer Beobachtung hält. Daher läßt er ihn, falls es auch unangenehm hell werden sollte, sich erst wieder einbalzen und versucht erst dann sein Waidmannsheil von neuem.

Wie das Kahlwild für den Brunfthirsch, so sind oft genug die Hennen der beste Schutz für den balzenden Hahn. Sie versammeln sich nicht immer auf dem Balzplatz; oftmals haben sie ihren Morgenstand etwas entfernt davon. Dann streicht der Hahn nach beendeter Balz zu ihnen hin, um sie zu *treten*. Sind sie aber auf dem Balzplatz, dann Vorsicht! Sie warnen den Hahn durch lautes Gök, gök. Sie streichen prasselnd davon.

Ebenso wie bei der Hirschbrunft, so ist auch bei der Hahnenbalz die Witterung von großer Bedeutung. Bei nassem, stürmischem Wetter ist das Hahn wenig balzlustig. Es wird dann das Fortpflanzungsgeschäft zwar gerade so erledigt wie bei gutem Wetter, aber es bleibt beim Treten, während das eifrige Balzen fortfällt. Es kommt hinzu, daß stürmisches Wetter sowohl das Verhören als auch das Anspringen erschwert, weil die gesamten Balzlaute so leise sind, daß der Wind sie verschlingt. Auch läßt sich der Hahn nicht gern den Wind in das Gefieder blasen, meidet die Bäume und balzt mehr am Boden. Bleibt der Morgen zu kalt, so friert dem Hahn die Liebe ein. Daher ist nicht zu kalte, stille Witterung bei klarem Himmel das beste Balzwetter. Freilich schwingt sich bei trübem Wetter der Hahn früher auf dem Schlafbaum ein; er balzt auch morgens länger, weil das volle Licht länger auf sich warten läßt.

Die zum Abschuß bestimmten Hähne sollten spät geschossen werden, damit sie die Hennen erst ausgiebig treten können. Je nach Höhenlage und Klima beginnt die Vorbalz Anfang April, im Hochgebirge erst im Mai. Auf die Vorbalz, die reich an Kämpfen ist, folgt die Hauptbalz, in der die Hahnen die erkämpften Balzplätze nun in größerer Ruhe behaupten. Dieser folgt die Hochbalz oder Überbalz, das Abebben, das Ende.

Der Große Hahn wie auch der Kleine Hahn darf nur im Rahmen des genehmigten Abschußplanes geschossen werden.

Ist der Urhahn der heimliche Einsiedler des dunklen Hochwaldes, so stellt der *Birkhahn* den fröhlichen Ritter des offenen Landes dar, der meist den Wald nur dort bewohnt, wo er sich in seine Einzelheiten auflöst. Im Hochgebirge bewohnt er die Baumgrenze, in der Ebene den lockeren Wald, die weite Heide mit Krüppelwuchs, Moore, mit Birken und Erlen nicht zu dicht bestockt. Die Birke ist sein Lieblingsbaum; ihre Blütenkätzchen bilden zeitweilig die wichtigste Äsung des Hahnes. Ebenso wie beim Auerwild genießt die Henne auch beim Birkwild vollkommene Schonung, trotzdem ist das Birkwild in den letzten Jahrzehnten immer seltener geworden. Die menschliche Kultur ist sein größter Feind. Trockenlegung von Mooren und Brüchen, Meliorationen und Aufforstung von Ödland zerstören den Lebensraum grundlegend und drängen das Birkwild immer weiter zurück.

Es ist schon ein großer Unterschied, wo ich auf den Kleinen Hahn jage. Einen Birkhahn auf der Balz im Hochgebirge zu schießen, ist eine Leistung; ihn aus dem Schirm der Ebene zu strecken, oft eine Spielerei. Das bringt schon der Balzplatz mit sich. Hoch droben, wo die letzten Lärchen und Arven sich vereinzelt in die Höhe recken; gerade dort, wo noch eine einzelne Wettertanne die *Sonnenbalz*, d. h. die Balz auf dem Baum ermöglicht, dort mußt du noch in dunkler Nacht in guter Deckung hinter einer dichten Latsche ansitzen, willst du einen der wenigen Hahnen nach unten bringen, um dessen Stoß dich die ganze männliche Dorfjugend beneidet. In der Ebene, bei gutem Stand, kannst du vom Schirm aus oft ein halbes Dutzend und mehr Hahnen balzen sehen und könntest mehrere an einem Morgen schießen. Du brauchst dazu nur früh aufzustehen und dann im Schirm stillzusitzen. Aber welchen Waidmann würde es heute noch danach gelüsten. Hast du in Deinem Jägerleben ein oder zwei Hähne geschossen, dann reicht das aus. Aber das Miterleben der Balz als stiller Beobachter ist immer aufs Neue schön.

Die Voraussetzung für eine erfolgreiche Jagd ist, geradeso wie beim Auerhahn das *Verhören*, das *Verlosen*, wie der Gebirgler sagt. Aber trau beim Verhören der Vorbalz nicht. Erst in der Hauptbalz hält der Hahn festen Stand. Ist der Hahn bestätigt, so muß der Verhörer auch genau anzugeben wissen, bis wie weit er im Balzen in die Höhe läuft. Oder du mußt dir, falls du selbst verhörst, das genau merken. Denn unter allen Umständen mußt du oberhalb des Platzes, wo der Hahn einfällt, ansitzen, weil er balzend nicht nach unten, sondern nach oben läuft und er dir sonst noch während der Dunkelheit aus dem Schußbereich kommt.

Nun bist du rechtzeitig aus deinem Heustadel herausgekrochen, und langsam steigst du den schmalen Steig empor, den Bergstock vorsichtig ansetzend, daß seine Spitze nicht weithin hörbar klirrt. Den Ansitz mußt du „im Dunkeln mit dem Stock fühlen" können, denn an vieles Suchen ist nicht zu denken. Sobald du an Ort und Stelle bist: den wärmenden Umhang um den erhitzten Körper und dich regungslos in deine Deckung gekauert!

Schweigend schauen die ewigen Sterne auf dich winziges Menschlein in der Steinwüste da oben, während tief unten im Tal „auf weichem Flaum sich träge Städter dehnen". Fröstelnd ziehst du deinen Kragen fester um die Glieder, schiebst dir den Rucksack, der deinen Sitz auf

hartem Stein verbessert, bequemer unter und harrst und harrst. Da saust es heran; . . . unter dir fällt es auf dem Schneelahner ein; . . . alles still . . . Der Hahn steht regungslos auf dem Fleck, wo er eingefallen, und sichert. Du erkennst ihn freilich noch nicht – da: Tschui! Tschui! Dann wieder Stille wie zuvor. Aber du weißt jetzt: Der Hahn ist vertraut; er hat nichts Auffälliges gemerkt.

Im Osten beginnt jetzt ein leichtes, helles Schimmern. Die höchsten Gipfel der Umgebung erhalten einen weißlichen Schein. Da: Tschui! – Rutleru! Rutleru! Rutleru! Rutleru! – Erst langsam, dann allmählich in schnellerer Folge rodelt der Hahn seinen Balzgesang in den erwachenden Morgen hinein. Nach und nach merkst du am Rodeln, wie er dir näher kommt. Aus dem leichten Schimmer im Osten wird ein heller Streifen –. Das Weiß geht nach und nach in Rosa über. Dieselbe Farbe erscheint an den östlichen Seiten der höchsten Höhen. Da schießen feurige Strahlen am Himmel auf: Golden leuchten nun die Zinnen und Ferner. Während all dieser Pracht ist das Rodeln deines Hahnes immer eifriger geworden. Aus einem unerkennbaren, nur zu erratenden, dunklen Punkt, der sich hin und her bewegt, wurde nach und nach ein Vogel, der dir bald schwarz, bald weiß erschien; je nachdem du von vorn die blauschillernde Brust oder von hinten den weißen Unterstoß sahst. Er ist dir auch erheblich näher gekommen; aber ob es für einen Schrotschuß reichen wird, das ist doch recht zweifelhaft.

Aber glücklicherweise ist es hell genug für den Büchsenschuß. Wenn der Hahn nur nicht immerfort in Bewegung wäre. Jetzt stellt er sich auf einen Stein, der aus dem Schneefeld herausragt. Ja, nun wird es Zeit. Es mag achtzig Schritt bis dahin sein. Bang! Der Hahn stürzt von seinem Stein herunter, rollt, noch ein wenig mit den Fittichen schlagend, das Schneefeld herab, bis er in einer Mulde liegenbleibt. Erst brausend, dann knatternd und rollend läuft der Hall deines Schusses an den Wänden und Schroffen entlang, bis er in weiter Ferne erstirbt. Steif erhebst du dich von deinem Sitz, steigst zum Hahn herunter und betrachtest still deine Beute, freust dich an den guten Sichelfedern und den leuchtenden Rosen, an dem stahlblau schimmernden Gefieder. Du hast den Hahn nach dem Ausziehen hinten am Rucksack befestigt und steigst zu Tal, in dem die Nebel lagern; während hoch oben die Welt im Glanz des jungen Tages liegt.

In der Ebene wird der balzende Birkhahn meist von einem Schirm aus geschossen. Der Jäger kann ihn auch anpürschen, wenn er gewandt genug und der Hahn allein ist. Natürlich geht solche Pürsche, obgleich der Hahn nicht windet, gegen den Wind. Denn er vernimmt sehr scharf; und der Wind würde ihm sonst jedes noch so leise Geräusch zutragen. Indes trägt die Pürsche nicht dazu bei, die Hähne am Balzplatz vertraut zu halten.

Birkwild ist ohnehin launisch und mißtrauisch; jede Störung kann es daher für längere Zeit vergrämen. Der Schirm soll daher möglichst der Örtlichkeit angepaßt sein und sich möglichst wenig von der Umgebung abheben. Obgleich es erstaunlich ist, mit welcher Sicherheit der einmal fest balzende Hahn in der Hauptbalz seinen Stand auch auf einer großen, freien Fläche innehält, so ist es doch gut, nicht nur einen, sondern mehrere Schirme zu errichten, um wechseln zu können, wenn der eine Schirm sich als nicht günstig errichtet erweist. Die Schirme müssen dicht sein, damit der Hahn nichts äugen kann, denn der Birkhahn hat „auf jeder Feder ein Auge".

Die beste Waffe für die Birkhahnbalz ist der Drilling oder die Büchsflinte. Will man grundsätzlich nur mit der Kugel schießen, kann man auch eine kleinkalibrige Repetierbüchse verwenden. Immer aber sollte man nur mit Vollmantel schießen, da der Hahn sonst leicht in Fetzen zerrissen wird. Als Schrotnummer empfiehlt sich 3 1/2 mm. So ausgerüstet, kann der Jäger auch den weiter vom Schirm entfernt balzenden Hahn beschießen. Während die Balz anhält, darf er sich außer dem Schießen nicht rühren. Aus dem Schirm heraus darf er auf keinen Fall; auch nicht, wenn er offensichtlich einen Hahn krankgeschossen hat und damit rechnen muß, daß er weiter fortläuft und sich verkriecht. Denn ein Heraustreten aus dem Schirm würde nicht nur für heute der ganzen Sache bestimmt ein Ende setzen, sondern es könnte auch das Birkwild für die nächste Zeit vergrämen.

Sieht der Jäger nach dem Schuß nur ein kurzes Schlagen der Fittiche und den Hahn auf den Rücken liegen, dann mag er ruhig sein: der ist mausetot. Hähne dagegen, die den Kopf noch hochheben, sind scharf im Auge zu halten, um später die Richtung zu wissen, in der sie fortgelaufen sind. Erst nach Beendigung der Balz muß dann der Hund, den der Jäger im Schirm stets mit sich führen sollte, krankgeschossene Hähne nachsuchen.

Da der Stoß des Vogels den edelsten Teil der Jagdbeute darstellt, so hüte dich, deinen Schuß so abzugeben, daß du ihn zerschießen würdest. Schieße also nicht nah von hinten auf den in der Dunkelheit leuchtenden, weißen Unterstoß.

Sobald das Büchsenlicht da ist, pflegen die Hähne fast schlagartig zu verschweigen – sie halten das Morgengebet, sagt der Jäger. Ist dann die Sonne aufgestiegen, folgt auf die *Bodenbalz* die *Sonnenbalz*. Das heißt, wenn der volle Morgen hereingebrochen und die Sonne da ist, oder auch bei bewölktem Himmel die Zeit, wo die Sonne scheinen würde, so schwingt sich der Hahn, oder auch von weiterher ein anderer, in die benachbarten Bäume, hohen Sträucher, ja selbst auf den Schirm, in dem du sitzt, um in der Höhe seinen Balzgesang fortzusetzen. Aus diesem Grund darfst du auch, falls in der Nähe deines Schirmes dieses Mal kein Hahn balzte, ihn doch nicht früher verlassen, als bis die Zeit der Sonnenbalz vorbei ist. Einmal, um dir keine Gelegenheit zu verderben; dann, um das Birkwild nicht zu vergrämen.

Sehr übel ist die Lage des ansitzenden Jägers, wenn der Hahn in unmittelbarer Nähe des Schirmes zusteht oder in der Dunkelheit dahin läuft, um dort seinen Balzgesang auszuführen. Da gilt es, auszuhalten und sich im Stillsitzen üben, bis der Hahn ein Einsehen hat und sich in verständige Schußentfernung begibt, die für den Schrotschuß nicht unter 20, aber auch nicht über 45 Schritt liegen sollte. Da die Hähne auf einem Balzplatz eine ihrem Alter entsprechende Rangordnung einnehmen und die Hennen sich nach neueren Forschungsergebnissen nur vom *Platzhahn* treten lassen, ist dieser unbedingt zu schonen. In jedem Fall sollte der Jäger auch erst gegen Ende der Balz mit der Waffe eingreifen, sofern er einen Hahn frei hat.

Wo Auer- und Birkgeflügel nebeneinander vorkommen, also die Kreuzung zwischen beiden, das *Rackelwild*, gelegentlich auftritt, da ist der *Rackelhahn* mit seinem regellosen, heiseren Balzlaut auch während der Balz zu erlegen. Er kann sowohl angesprungen werden, weil er bei einigen, dem Schleifen des Auerhahns entsprechenden, aber ungleich langen und ganz anders lautenden Tönen, wie dieser taub ist, als er auch aus dem Schirm erlegt werden kann, weil seine Balzgewohnheiten mehr denen des Birkhahnes ähneln. Seinen Balzlaut näher zu beschreiben, ist zwecklos, weil der Jäger, der den des Auerhahnes und Birkhahnes kennt, gar nicht im Zweifel sein kann, was er vor sich hat, falls er einen Rackelhahn balzen hört.

Zur Balzjagd gehört auch der *Schnepfenstrich*. Das ist die Jagd auf die im Frühling in der Abend- und Morgendämmerung balzende Schnepfe. Die Balz vollzieht sich in der Weise, daß die Männchen an lauen, feuchten Abenden und morgens in langsamem, eulenartigem Flug quorrend und püitzend dort umherstreichen, wo sie die Weibchen am Boden vermuten. Bei kaltem, stürmischem Wetter streichen sie schnell, entweder tief oder ganz hoch und meistens stumm. Die Balzzeit fällt bei uns mit der Frühlingszugzeit zusammen, die in südlichen Gegenden Anfang, in mittleren Mitte und in nördlichen Ende März beginnt. Dementsprechend fängt die Brutzeit etwa vier Wochen später an. Einzelne Bruten wurden auch schon im März gefunden, wie auch einzelne Schnepfen ihren Balzflug schon im Februar ausführen.

Die Annahme, daß von zwei oder mehreren zusammenstreichenden Schnepfen immer die erste ein Weibchen sei, ist haltlos. Es sind oft nur Männchen, die in Streit und Eifersucht aufeinander stechen. Die Weibchen beteiligen sich nur sehr wenig am eigentlichen Strich. Trotzdem sollte man nur auf den hinteren Vogel oder auf quorrende Schnepfen, also männliche, schießen, um die Hennen möglichst weitgehend zu schonen.

Will der Waidmann wissen, wann die Schnepfe da ist, so muß er zunächst an anderen

Vögeln einen Anhalt über ihren Zug zu gewinnen suchen, wie Gabelweihen und weißen Bachstelzen. Denn der Zug kann sich nach der Gunst oder Ungunst des einzelnen Jahres um eine bis zwei Wochen verschieben. Beobachtet er aber die erste weiße Bachstelze, so kann er immerhin damit rechnen, daß der „Vogel mit dem langen Gesicht" auch da ist.

Die Schnepfenweibchen liegen dort, wo sie wurmen können. Das heißt in Beständen mit offenem Boden, wie der Forstmann sagt. In trockenen Jahren lieber in nassen Örtlichkeiten, in nassen in trockeneren, wie wir das bei der Suche schon gesehen haben. Dort streichen naturgemäß auch die Männchen, denen die Jagd auf dem Strich gilt.

Hat der Jäger keine Kenntnis, wo in einem Revier wohl ein guter Strich sein könnte, so überlege er zunächst, wo die Schnepfe am besten ihre Nahrung finden würde. Das sind größere Brücher, Schonungen, unter deren dichter Benadelung oder Belaubung noch kein Gras, Moos, Beerkraut, Heidekraut aufkommt, und ebensolche Stangenorte. Über diesen Orten streicht die Schnepfe gern, indem sie dabei eine gewisse Vorliebe für die an höheres Holz anstoßenden Ränder zeigt. Werden zum Beispiel zwei größere Dickungen von höherem Holz ringsum eingefaßt, und stoßen sie an einer schmalen Stelle aneinander, so ist dieser „Hals", wie man zu sagen pflegt, ein guter Stand für den Strich, weil die meisten Schnepfen ihn zu halten pflegen, um von einer Schonung zur anderen zu streichen. Stoßen Dickungen nicht unmittelbar aneinander, werden sie vielmehr durch ein Stangenholz oder Altholz getrennt, so liegt der beste Stand da, wo am Stangen- oder Altholz die Dickungen sich am nächsten kommen. In Stangenhölzern, in denen Schnepfen liegen, streichen sie gern über breiten Gestellen, Schneisen, Wegen, Triften, weil sie dort bequem in das Holz einfallen können, falls ein Weibchen auf den Balzlaut püitzend antworten sollte. Wo sich ein Bach, eine Wiese, eine feuchte Moorpartie hinzieht, da streicht die Schnepfe gern. Wer einigermaßen Erfahrung in dieser Jagd hat, der wird bei Besichtigung einer Örtlichkeit alsbald sagen können, wo die beste Gelegenheit ist, und er wird sich selten täuschen.

Ist der Waidmann sich über seinen Stand klargeworden, so sucht er ihn zeitig am Abend auf, sucht hinter einem Busch, in der Schonung selbst, etwa zehn bis zwanzig Schritt vom Rand, eine gute Deckung, die er sich nach Bedarf für ungehindertes Schießen zurechtschneidet, legt den Hund, der niemals fehlen darf, frei bei sich ab, wenn er ihn schon ganz in der Hand hat, sonst besser am Riemen, und setzt sich auf seinen Jagdstuhl, bis die Dämmerung eintritt, der Abendstern sichtbar wird, die Drossel anfängt zu schlagen. Dann steht er auf, um nach allen Seiten schnell schußfertig zu sein, und verhält sich lauschend still. Da, quorr, quorr, püitz! – quorr, quorr, püitz! ein langsam, oft mit gesenktem Stecher einherstreichender Vogel: Die erste Schnepfe erscheint; sie streicht spitz auf dich zu. Langsam, solange sie noch nicht nahe ist, die Flinte an den Kopf, und wenn sie nah genug ist, Dampf! Wartest du, bis sie nah heran ist, und schlägst dann schnell an, so wird die Bewegung leicht eräugt, und die Schnepfe streicht pfeilschnell seitwärts ab. Solltest du gefehlt haben, so bietet sich manchmal Gelegenheit für einen zweiten Schuß; oft aber auch nicht, denn meist läßt sich die völlig gefehlte Schnepfe schnell nach unten fallen und streicht tief über den Jungwüchsen weiter, so daß du sie bei weiterer Dämmerung unter dem Horizont hast und sie kaum mehr zu sehen ist.

Wer einigermaßen auf den Schuß spitz von vorn eingeschossen ist, für den ist dieser auf die langsam streichende Schnepfe nicht schwerer als der auf die breit ziehende oder auch spitz abstreichende. Im schnellen Flug sind die beiden letzteren Schüsse leichter. So verhältnismäßig leicht der Schuß auf eine langsam und schwerfällig streichende Schnepfe ist, so schwierig wird er, wenn sie an naßkalten, stürmischen Abenden entweder hoch in schnellem Fluge dahinstreicht oder sich in raschen Windungen niedrig, sozusagen um die Büsche schlägt. Ist ein Schuß auf eine solche Schnepfe im hellen Tageslicht schon mißlich, so erschwert die an solchen Tagen noch besonders früh eintretende Dunkelheit ihn noch mehr.

Mit Eintritt völliger Nacht ist der lebhaftere Strich vorbei. Denn bis dahin haben die meisten Männchen wohl die am Boden befindlichen Weibchen gefunden. Ganz hört aber der Balzflug in der Nacht nicht auf: weil die Schnepfe ein Nachtvogel ist, dessen Lebensbetätigung größtenteils in die Dunkelheit fällt. Gegen Morgen aber wird er wieder lebhafter, so daß dann der Ansitz wieder Erfolg verspricht, allerdings nur für die Dauer der ersten Dämmerung. Der Frühanstand pflegt daher weniger benutzt zu werden.

Das, was ich an dieser Stelle so ausführlich beschrieben habe, ist Vergangenheit. Mit dem Erlaß der neuen Jagd- und Schonzeitverordnung des Bundes gehört bei uns die Ausübung des Schnepfenstrichs ab April 1977 der Vergangenheit an. Die Jagdzeit auf die Waldschnepfe endet am 15. Januar, eine Frühjahrsjagd gibt es in der Bundesrepublik Deutschland nicht mehr. Das ist um so bedauerlicher, als gerade diese Jagdart nicht nur infolge ihrer geringen Strecken, sondern auch, weil auf dem Strich zu 80 % Männchen geschossen werden und das Brutgeschäft kaum gestört wird, als den Bestand nicht gefährdend angesehen werden muß. Der seinem Revier und der Natur eng verbundene Waidmann wird diese Einschränkung aufs tiefste bedauern, da der Anreiz genommen ist, das Frühlingsbeginnen draußen aufs Eindrucksvollste zu erleben, ohne daß das Beutemachen eine wesentliche Rolle spielt. Der seinem Revier und der Natur verbundene Jäger wird dennoch an lauen Frühlingsabenden hinausziehen, um den Zauber des Schnepfenstrichs zu erleben.

Die Lockjagd

Im vorliegenden Abschnitt soll diejenige Jagd besprochen werden, bei der das Wild durch Nachahmung seiner eigenen oder der Stimme eines anderen Wildes vom Jäger herangelockt oder aber auch nur sein Stand erkundet wird, um es mittels der Schußwaffe zu erlegen. Leider ist die Kunst, das Wild durch Lockrufe zu locken oder zu reizen, vielerorts ganz in Vergessenheit geraten. Das Waidwerk ist dadurch in hohem Maße ärmer geworden. Zum Teil sicherlich deshalb, weil viele, die die Lockrufe oder Töne nicht gerade meisterhaft beherrschen, glauben, sie würden gar nichtsausrichten. Doch sollte schon die einfachste Rücksicht des erfahrenen Lockjägers, immer dann mit dem Locken aufzuhören, wenn das Wild schon nah ist, die Zweifler darauf hinführen, daß auch der geschickteste Waidmann sehr wohl die Grenzen seiner Kunst kennt und sich in nächster Nähe nicht mit dem wirklichen Musikanten messen mag, in dem Bewußtsein, gegen das Wild doch nur ein Stümper zu sein. Nur die Blattjagd auf den Rehbock erfreut sich einer weiten Verbreitung und ist dank der Lobpreisung und des reichen Angebots der verschiedensten Blattinstrumente oft genug zu einer vollendeten Lächerlichkeit ausgeartet. Doch davon später!

Während der Jäger bei allen übrigen Jagdarten das Wild erwartet oder es aufsucht, um es zu erlegen, sucht er es bei der Lockjagd zu veranlassen, sich ihm auf Schußweite zu nähern. Da das Wild hierbei seine Aufmerksamkeit naturgemäß derjenigen Stelle widmen muß, aus der die Locktöne erschallen, so ist der Waidmann in weit höherem Grad als sonst der Gefahr ausgesetzt, vorzeitig entdeckt oder erkannt zu werden. Demgemäß ist hier die Sorge für gute Deckung und andauerndes Stillstehen oder Sitzen von größter Bedeutung. Denn gar oft hat der Lockjäger von dem sich nähernden Wild noch keine Ahnung, während dieses den Stand des Waidmanns schon längst scharf beobachtet. Daß die geringste Bewegung in solcher Lage das Wild verscheuchen würde, bedarf keiner Betonung.

Aus demselben Grunde ist es auch nicht ratsam, den Hund, und sei er der folgsamste, mit auf den Stand zu nehmen. Er wird am besten in einiger Entfernung abgelegt.

Aber gute Deckung und Stillstehen tun es nicht allein; es kommt auch sehr wesentlich auf gutes Schußfeld an. Nach diesen beiden Gesichtspunkten ist der Stand zu wählen. Daß der Jäger sich zu diesem so geräuschlos wie möglich hinbegibt, daß er, obwohl dies gelang, doch noch einige Zeit verstreichen läßt, bevor er mit dem Locken beginnt, um etwa beunruhigtes Wild sich wieder beruhigen zu lassen, das wird sich jeder selbst sagen. Es kommt aber noch eins hinzu: Meist wird der Lockjäger diese Jagd nicht nur ein einziges Mal betreiben. Da ist es von großer Bedeutung, dasjenige Wild, das er nicht zu Schuß bekam, oder das er, weil zu gering oder nicht freigegeben, nicht beschossen hat, nicht durch frühzeitiges, lautes und lärmendes Verlassen des Standes zu vergrämen. Das Locken soll vielmehr ein Pürschgang sein, der von Zeit zu Zeit in guter Deckung durch das Reizen des Wildes unterbrochen wird. Wechselt, läuft oder streicht daher Wild heran, auf das nicht geschossen wurde, so wartet der Waidmann, bis es sich wieder verzogen hat, bevor er seine Deckung verläßt.

Was das Schießen betrifft, so ist Vorbereitetsein alles. Das Hochbringen des Gewehres ist ja die einzige Bewegung, um die es sich handeln soll. Es kann vielleicht eine Drehung des Kopfes hinzukommen, falls das Wild aus einer anderen als der erwarteten Richtung kommt. Daher soll der Jäger gleich beim Anstellen den Boden vorsichtig ein wenig wund scharren, um nachher bei der Wendung kein Geräusch zu verursachen. Diese soll in einem Augenblick gemacht werden, in dem das Wild nicht in die Richtung des Jägers äugt oder er vor ihm durch einen Stamm, Busch und dergleichen gedeckt ist. Fährt der Schütze mit der Waffe erst hoch, wenn das Wild in Schußnähe ist, so ist meist der beste Augenblick verpaßt. Anstatt einen ruhigen, sicheren Schuß abgeben zu können, muß er sich oft mit einem unsicheren und ungünstigen auf das flüchtende oder abstreichende Wild begnügen. Bedenke immer: Nicht das glatte, schnelle, elegante Hochfahren mit dem Gewehr und dann sofortiges Schießen tut es, sondern das rechtzeitige, langsame und vorsichtige. Und dann erst schießen, wenn das Wild die günstigste Stellung dazu bietet!

Das Benehmen des Wildes ist bei fast allen Wildarten das gleiche. Selbst der starke Hirsch kommt manchmal geschlichen wie ein Fuchs, vorsichtig das Haupt mit dem mächtigen Geweih durch die Zweige schiebend, oder er stürmt gelegentlich wie der letztere in voller Flucht auf den lockenden Jäger ein. Und wie der Haselhahn manchmal brausend und surrend auf die Locke zusteht, während er ein anderes Mal vorsichtig gelaufen kommt, so springt der Rehbock, der gestern dem Fiepen in vorsichtiger Weise folgte, heute in vollster Fahrt den blattenden Jäger an.

Das beweist, daß nur die unausgesetzte Aufmerksamkeit des Lockjägers allen Anforderungen gerecht werden kann. Tatsächlich sind die meisten Mißerfolge bei dieser schönen Jagd nicht auf falsches Locken, sondern auf falsches Benehmen des Jägers vorher, während des Stehens und nachher zurückzuführen.

Ob das Wild dem Locken leichter oder schwerer folgt, das ist, falls es sich, wie meistens, um den Paarungsruf handelt, wohl in der Hauptsache vom Geschlechterverhältnis im allgemeinen und von der jeweiligen Geschlechtslust des Einzelstückes abhängig. Je mehr männliches Wild im Verhältnis zum weiblichen vorhanden ist, desto seltener ist die Gelegenheit zur Befriedigung des Geschlechtstriebes. Desto aufgeregter ist der unbefriedigte Teil; desto feindlicher wird er seinen Nebenbuhlern gegenüberstehen und desto leichter dem weiblichen Lockruf folgen. Ein Hirsch, der die Nacht hindurch stark gebrunftet, ein Hahn, der am Balzmorgen viele Hennen getreten hat, wird weniger leicht zu reizen sein als ein anderer, dem der Liebe Freuden karger oder gar nicht beschert wurden.

Die *Jagd auf den Ruf* wird beim *Rothirsch* während der Brunft angewandt.

Bei diesem bedient sich der Waidmann des im zweiten Teil bereits erwähnten *Hirschrufes,* mit dem das Schreien, wie das Knören und Trenzen des Hirsches nachgeahmt werden.

In dem Bestreben, meinen Lesern nur das Beste zu bieten, bitte ich hier mit meinen persönlichen Erfahrungen zurücktreten zu dürfen und dafür zunächst den neidlos anerkannten Meister der Rufjagd zu Wort kommen zu lassen. GEORG GRAF ZU MÜNSTER, der den Beinamen „Der Hirschvater" führte, schrieb mir:

„Für die Stimmäußerung des Hirsches gibt es verschiedene Bezeichnungen. So sagt man z. B., wenn er seine Stimme aus vollem Hals langgezogen ertönen läßt: Der Hirsch schreit, röhrt, meldet oder orgelt, und wenn er sie weniger laut und nur kurze Zeit ertönen läßt: Der Hirsch trenzt, knört und grölt.

Da nun der Hirsch, wie uns die Erfahrung gelehrt hat, die jeweilige Stimmung, in der er sich befindet, ebenfalls mit seiner Stimme zum Ausdruck bringt, so ist es einleuchtend, daß es dem aufmerksamen, musikalisch veranlagten Beobachter und Jäger möglich sein muß, aus den verschiedenen Stärken und Klangfarben der Hirschstimme die wertvollsten Schlüsse zu ziehen, was denn auch tatsächlich der Fall ist. Die zahllosen Verschiedenheiten der Hirschstimme aber in Worte zu kleiden, ist ein Ding der Unmöglichkeit. Immerhin lassen sich Andeutungen machen, welche dem Anfänger im Waidwerk und fleißigen Beobachter der Natur als wertvolle Grundlagen dienen können. Vor allem sei darauf hingewiesen, daß

derjenige Hirsch, der am fleißigsten aus vollem Halse schreit, in der Regel nicht der Platzhirsch, sondern nur ein Beihirsch ist. Ein solcher Hirsch röhrt oft längere Zeit hindurch ununterbrochen und ergeht sich in allen möglichen Tönen, während der in seiner Nähe befindliche Platzhirsch, namentlich, wenn er ein älterer Hirsch ist, sich häufig damit begnügt, nur ab und zu einmal zu knören. Rückt aber der Beihirsch dem Platzhirsch oder einem seiner Tiere allzu nahe auf den Leib, dann verläßt letzterer seine Ruhe; aus vollem Halse schreit er den frechen Eindringling zornig an oder stürmt unter Ausstoßung des Kampfrufes auf ihn los, um ihn zu verjagen. Gibt in solchem Falle der Beihirsch nicht sofort Fersengeld, so kann es geschehen, daß sich beide Hirsche oft längere Zeit gegenseitig anschreien, bis schließlich ein Kampf auf Leben und Tod die Entscheidung herbeiführt. Fast immer verkündet dann der Stärkere durch selbstbewußtes, lautes Schreien – den sogenannten *Siegesruf* –, daß er gesiegt. Bisweilen kommt es vor, daß auch der abgeschlagene Hirsch, bald nachdem er den Kampfplatz verlassen mußte, noch einmal seine Stimme erhebt, was sich in der Regel wie folgt abspielt. Der abgeschlagene Hirsch verläßt fluchtartig den Kampfplatz, wird eine kurze Strecke vom Sieger verfolgt, bleibt aber, sobald letzterer zu seinem Rudel zurückkehrt, nicht selten stehen, um seinem Gegner gewissermaßen noch ein letztes Schimpfwort zuzurufen, indem er einen etwas unterdrückten, meist klagenden, bisweilen aber auch zornigen Schrei ausstößt, um sich dann zurückzuziehen.

Am leichtesten an seiner Stimme zu erkennen wie auch nachzuahmen ist der auf der Suche nach einem Tier begriffene Hirsch. In Revieren, in denen es verhältnismäßig viel Tiere gibt, hört man diese Stimme selten oder gar nicht; da, wo Mangel an Tieren ist, um so häufiger. Diese Stimme hat etwas Eintöniges und ausgesprochen Klagendes. Zwar gibt es für keinerlei Hirschstimme eine bestimmte Schablone für alle Gegenden, immerhin aber läßt sich unter den Stimmen der suchenden Hirsche verschiedener Gegenden eine auffallende Ähnlichkeit nicht verkennen. In der Regel hört man den suchenden jüngeren Hirsch ein langgezogenes, sehnsuchtsvoll klingendes ‚a – uh – ah' ausstoßen, mit der Betonung auf der mittleren Silbe und einem nachfolgenden, sehr langgezogenen ‚öh', welch letzteres auch manchmal fortbleibt. Der suchende alte Hirsch läßt in der Regel die erste Silbe weg, schreit also nur ‚uh – ah' und läßt ab und zu statt ‚öh' ein tiefes ‚oh' folgen. Sehr leicht nachzuahmen ist auch das ‚Sprengruf' genannte, meist zwei- oder dreimal kurz hintereinander ausgestoßene ‚öh', also ‚ö, ö, ö', welches der Hirsch zum Unterschied von den anderen Stimmlauten fast stets in der Bewegung, oft sogar in raschester Bewegung ausstößt, z. B. wenn er einen geringeren Hirsch vertreibt, einen Gegner angreift oder wenn er ein Tier treibt, welches sich ihm nicht gleich willfährig erweist.

Anders verhält es sich mit dem langgezogenen Schreien aus vollem Halse. Letzteres erfolgt nie während der Flucht, mit Vorliebe dagegen im Stehen, kann aber auch im langsamen Ziehen erfolgen. Eine Ausnahme macht merkwürdigerweise der niedergetane, also sitzende Hirsch. Er schreit in der Regel nicht gern aus vollem Halse, wenigstens nicht so anhaltend und laut, wie der stehende oder langsam ziehende Hirsch. Selbst wenn er mit dem Rufe gereizt wird, antwortet er nur höchst selten einmal aus vollem Halse schreiend, sondern begnügt sich in der Regel damit, nur leise zu knören.

Mit dem sogenannten ‚Schrecken' des Rotwildes verhält es sich ähnlich wie mit dem des Rehwildes. Auch das Rotwild schreckt meistens nur dann, wenn es ein Geräusch vernimmt, aber nicht weiß, was es zu bedeuten hat, ab und zu wohl auch, wenn es einen ihm verdächtig erscheinenden Gegenstand eräugt. Während das Rehwild nicht selten im Flüchtigwerden mehrere Schrecklaute dicht hintereinander folgen läßt, pflegt das Rotwild in der Regel nur einmal zu schrecken, dann einige Zeit zu verhoffen und erst dann eventuell noch ein- oder zweimal zu schrecken.

Während, wie wir gesehen haben, das männliche Rotwild über eine ziemliche Anzahl von Stimmen verfügt, sind dem weiblichen Rotwild nur zwei verschiedene Stimmäußerungen eigen, und zwar das ‚Schrecken' und das sogenannte ‚Mahnen'. Das erstere klingt genau so wie beim Hirsch derselben Altersstufe, erfolgt aus derselben Veranlassung und unterliegt Schwankungen nur in bezug auf die von der Altersstufe des betreffenden Stückes abhängigen tieferen oder höheren Tonlage. Das ‚Mahnen', ein eigentümlicher, nicht weithin hörbarer, quäkender Laut, der wie ein bei zugedrückten Nasenflügeln ausgestoßenes ‚ä' klingt, ist in der Hauptsache als Lockruf für den Hirsch wie auch für das Kalb anzusehen.

Wer die Nachahmung der Hirschstimme in der Praxis nutzbringend verwerten will, der versuche dies erst dann, wenn es ihm gelungen ist, wenigstens eine der verschiedenen Stimmen unseres Hirsches möglichst naturgetreu nachahmen zu können, lasse es dann aber auch von Haus aus nicht an einer gewissen Dreistigkeit fehlen, denn gerade letztere ist von allergrößter Wichtigkeit, und Mißerfolge von Anfängern sind nur zu oft auf Mangel an Dreistigkeit zurückzuführen. In sehr vielen Fällen aber genügt die naturgetreue Nachahmung der Stimme allein nicht, sondern man muß den Hirsch auch in anderer Beziehung verstehen. So z. B. muß man beim Angehen eines in der Dickung stehenden Hirsches sich bemühen, ein möglichst ähnliches Geräusch zu erzeugen, wie es ziehendes, unter Umständen auch flüchtiges Wild verursacht. Man muß überhaupt den Hirsch oder das Tier in jeder Beziehung nachahmen. Man muß gehen wie ein Hirsch, das Anschlagen des Geweihes an die Bäume, wie auch das Bearbeiten von Sträuchern oder Bäumen mit dem Geweih nachahmen usw. Ob man dabei mehr oder weniger Geräusche macht, ist gleichgültig, nur natürlich muß es klingen, so, als ob es ein Hirsch erzeugte, und dazwischen hinein muß man selbstverständlich ab und zu röhren. Daß man auf diese Weise sich nicht einem Hirsch auf freiem Schlage oder mit schlechtem Winde nähern kann, ist selbstverständlich. Vorzügliche Deckung und guter Wind sind hierbei unbedingt erforderlich.

Doch nun zu Beispielen aus der Praxis. Vor vielen Jahren war ich bei einem Freund zur Hirschbrunft eingeladen. In einem im Wienerwald gelegenen Reviere hatte noch nie eine reguläre laute Hirschbrunft stattgefunden. Die Hirsche meldeten dort am Tage überhaupt nicht und des Nachts nur höchst selten einmal. So kam es, daß während der Brunftzeit noch nie ein Hirsch hatte geschossen werden können. Schuld an diesem Verhalten der Hirsche war jedenfalls die das ganze Jahr hindurch stattfindende starke Beunruhigung des Reviers durch Sommerfrischler, Beeren-, Pilz- und Holzsammler, wie auch im Winter durch Schifahrer. Da mit dem Rufe in diesem Revier noch nie gearbeitet worden war, riet ich zu einem Versuch. Um mich kurz zu fassen, war das Ergebnis folgendes: Durch fleißiges Röhren frühmorgens und abends, meistens von Hochständen aus, brachte ich es nach zwei bis drei Tagen so weit, daß die Hirsche selbst untertags auf den Ruf, den sie anfangs vollkommen zu überhören schienen, wenigstens antworteten, womit schon viel gewonnen war. Doch es sollte noch besser kommen; denn wieder ein paar Tage später traf bereits die Meldung ein, daß da und dort ein Hirsch untertags fleißig gemeldet habe. Kurz und gut, binnen etwa acht Tagen war eine vollkommen reguläre laute Brunft im Gange, welche zur größten Freude meines Freundes gestattete, mehrere starke Hirsche auf die Decke zu legen.

Ein Jahr später kam ich kurz vor meiner Abreise in die Karpaten zur Hirschbrunft wieder in dasselbe Revier. Da ich nur zwei bis drei Tage bleiben konnte, beschloß mein Freund, obwohl von einem nahe bevorstehenden Beginn der Brunft noch keinerlei Anzeichen vorhanden waren, trotzdem einen Versuch mit dem Rufe zu machen, und zwar auf einen bestimmten Hirsch, der abgeschossen werden sollte. Er gab daher den Auftrag, das Personal möge am anderen Morgen diesen Hirsch zu bestätigen trachten. Da am Vormittag tags darauf die Meldung eintraf, es sei durch Abfährten bestätigt worden, daß besagter Hirsch seinen gewohnten Einstand, eine große Dickung, bezogen habe, wurde beschlossen, am Nachmittag dorthin aufzubrechen und von dem in der Nähe befindlichen Hochstand aus mit dem Rufe zu reizen. Der in Aussicht genommene Hochstand befand sich am oberen Teile einer an besagte Dickung angrenzenden, sanft ansteigenden Wiese. Es war 20 Minuten vor 6 Uhr, als mein Freund und ich dort eintrafen und sofort den Hochstand bestiegen, während der uns begleitende Büchsenspanner meines Freundes behufs Beobachtung nach einem etwa 300 Schritt entfernten Hochstand geschickt wurde, der unterhalb einer die Dickung durchquerenden Schneise stand. Punkt ³/₄ 6 Uhr fing ich an zu röhren. Da kein Hirsch antwortete, wiederholte ich dies immer von neuem, bis mir mein Freund zuflüsterte, er habe in der Dickung vor uns ein verdächtiges Geräusch gehört. Und richtig, nun hörte auch ich ein eigentümliches Rauschen und Knacken von Ästen, was ganz den Eindruck machte, als bearbeite ein Hirsch einen Strauch. Als bald darauf wieder alles ruhig war, röhrte ich noch einmal und lauschte dann. Gar bald hörten wir deutlich das Streichen des ziehenden Wildes. ‚Achtung‘, flüsterte ich, ‚das ist der Hirsch‘, worauf sich mein Freund schußfertig machte. Da, wieder ein schwaches Rauschen, worauf sich etwa 80 Schritt links von uns das Haupt eines Hirsches aus der Dickung schiebt. Rasch greift mein Freund zum Pürschglas, um den Hirsch anzusprechen, ich aber zum Rufe, um ihn völlig aus der Dickung herauszulocken. Da ich befürchte, der Hirsch könne auf den Mahnruf zu rasch folgen und im Troll über die Wiese gehen, knöre ich nur gedämpft, und sofort tritt der Hirsch ganz heraus, bleibt dann frei auf der Wiese stehen und sucht seinen Gegner zu eräugen. Da flüstert mein Freund kaum hörbar: ‚Er ist es‘ und geht in Anschlag. Der Hirsch aber, der diese Bewegung wohl eräugt haben mußte, macht plötzlich kehrt und will in die Dickung zurück. Da ich die Muschel noch am Munde habe, röhre ich ihn sofort laut an, worauf er wie elektrisiert stehenbleibt und nach dem Hochstand äugt. In diesem Moment aber kracht der Schuß, und ich sehe, wie der Hirsch mit hoher Flucht die Kugel quittiert und dann talabwärts flüchtet. In einer kleinen Dickung unterhalb unserer Wiese hören wir ihn zusammenbrechen. Genau 5 Minuten vor 6 Uhr war der Schuß gefallen. Die ganze Geschichte hatte also nur 10 Minuten gedauert. Daß der Hirsch mit keinem Ton geantwortet, sich vielmehr leise herangeschlichen hatte, mag wohl dem Umstand zuzuschreiben sein, daß die Brunft noch nicht im Gange war. Bei dieser Gelegenheit sei erwähnt, daß mein Freund, welcher das Röhren gut erlernt hatte, mir später nach den Karpaten die freudige Mitteilung machte, daß er in meiner Abwesenheit seine ersten selbständigen Versuche mit dem Rufe gemacht habe, die zu seiner vollsten Zufriedenheit ausgefallen seien.“

So weit GRAF ZU MÜNSTER. Ich habe ein langes Leben hindurch viel Gelegenheit gehabt, nicht nur Hirsche schreien wie Tiere mahnen zu hören, sondern auch es hierbei zu beobachten. Daher vermag ich die Münsterschen Ausführungen, hier und an anderer Stelle, nur zu bestätigen. Ich erkenne auch die Grundlagen seines Verfahrens als wohl durchdacht und das Verfahren selbst als bis zur Vollkommenheit durchgebildet an. Aber Kennen und Können ist zweierlei Ding; daher möge hier für den angehenden Waidmann eine Anzahl von Regeln folgen, die ich meinen eigenen Beobachtungen und Erfahrungen, den Münsterschen Veröffentlichungen sowie den diesbezüglichen Ausführungen eines dritten alten Praktikers, des Grafen *Silva-Tarouca*, in seinem Buche „Glückliche Tage“ entnehme:

Verhalten des Hirsches

1. Nur der auf den Läufen stehende Hirsch schreit aus vollem Halse, wenigstens im Stehen oder auch im langsamen Ziehen; der in schneller Bewegung befindliche Hirsch stößt nur

den kurzen Kampf- oder Sprengruf: ö! ö! ö! aus. Der niedergetane Hirsch beschränkt sich meistens auf ein mehr oder minder lautes Knören; schreit er ausnahmsweise einmal aus vollem Halse, so klingt es faul, wie gähnend.

2. Ein junger geringer Hirsch weicht dem Röhren eines starken in der Regel ängstlich aus, kann aber, wenn dieses ausnahmsweise gewünscht wird, durch Nachahmen eines schwachen Hirsches oder des Mahens der Tiere leicht zum Zustehen gereizt werden.

3. Zum Kampf kommt es nur zwischen gleich- oder annähernd gleichstarken Hirschen. Daher nimmt ein Hirsch den andern nur an, wenn er ihn vorher mustern konnte.

4. Am leichtesten folgt dem Rufe der auf der Suche nach Kahlwild begriffene Hirsch, besonders gern der sogenannte Raufbold, fast immer ein älterer, oft zurückgesetzter Hirsch, der Schadhirsch, der von Brunftplatz zu Brunftplatz zieht, um den Platzhirsch abzukämpfen.

5. Ein Platzhirsch steht in der Regel nur dann zu, wenn er aus nächster Nähe gereizt wird (etwa auf 50–60 Schritt), weil er sein Rudel, besonders in der Dickung, wo er es schwer im Auge behalten kann, sehr ungern verläßt.

6. Ein vergrämter, gefehlter, ja sogar getroffener Hirsch folgt nicht selten doch wieder dem Rufe, ja er schreit sogar wieder, aber nur dann, wenn er sofort nach der Störung wieder angeschrien wurde. Es kommt hier nicht auf die Art des Rufes, sondern nur auf die Schnelligkeit an; freilich je aufreizender der Ruf, desto besser.

7. Der Hirsch folgt nicht nur dem Rufe, sondern auch dem richtig angewandten „Schlagen" und „Brechen".

Verhalten des Rufjägers

1. Wenn der Schütze mit dem Rufe nicht umzugehen weiß, mag er sich von einem begleiten lassen, der diese Kunst versteht und sich dann, von jeder anderen Rücksicht frei, einzig dem Anreizen des Hirsches widmen kann, während der erstere seine Aufmerksamkeit nur dem Hirsche zuwendet. Aber auch hier gilt die alte Regel, daß der richtige Pürschjäger am besten allein ist, weil zwei Menschen im Walde leichter bemerkt werden und mehr Lärm machen als der einzelne.

2. Mit einem nicht ganz vollkommenen Rufe kann man wohl knören und trenzen, aber keinen in der Nähe stehenden Hirsch aus vollem Halse erfolgreich anschreien.

3. Das wiederholte laute Röhren mit dem Rufe dient nicht zur zum Reizen eines Hirsches, sondern auch zum Übertönen unvermeidlicher Geräusche, richtiger gesagt, um dem Hirsch das Heranziehen eines anderen vorzutäuschen.

   An ungünstigen Stellen, wo Aussicht und Ausschuß fehlen, unterläßt man besser ein lautes, aufreizendes Rufen, um hier vom plötzlich zustehenden Hirsche nicht etwa überrascht zu werden. Die Kontrolle, ob man richtig ruft, hat man in der Antwort des Hirsches.

4. Der Rufjäger beginnt am besten mit dem Röhren eines auf der Suche nach Kahlwild begriffenen Hirsches: Ah – uh – ah! Antwortet der Hirsch, so läßt sich zunächst daraus entnehmen, ob derselbe auf der Suche nach Kahlwild begriffen ist, ob er allein oder beim Rudel steht, ob er auf den Läufen steht oder niedergetan ist; ob ein starker oder geringer Hirsch in Frage kommt, ist weniger aus der Stimme selbst als aus seinem ganzen Gehabe zu entnehmen.

5. Wenn der suchende Hirsch nicht weit entfernt ist, kann man versuchen, ihn durch Nachahmen des Mahnens eines Tieres anzulocken, und zwar mahnt man am besten durch den Ruf, weil so der Ton besser klingt und weiter vernehmbar ist.

6. Hat ein Hirsch auf den Ruf geantwortet, so darf ihn der Jäger nicht mehr zur Ruhe

kommen lassen; sein weiteres Verhalten wird durch das Benehmen des Hirsches bestimmt, wie derselbe weiterhin auf den Ruf reagiert: antwortet er regelmäßig und eifrig, so sucht der Jäger die im Röhren zum Ausdruck gelangte Stimme möglichst naturgetreu zunächst nachzuahmen und dann allmählich im Affekt zu steigern. Wenn der Hirsch dabei näher heranzieht, so ist zu erwarten, daß er bald zusteht. Es genügt nicht, seine Aufmerksamkeit auf diesen einen Hirsch zu richten, man muß vielmehr die ganze Umgebung im Auge behalten, weil auch ein anderer, ohne zu schreien, plötzlich heranschleichen kann.

Bleibt der Hirsch dort stehen, wo er zuerst geantwortet hat, so ist er entweder niedergetan oder hat ein brunftiges Tier bei sich oder steht beim Rudel, er will nicht zustehen, also muß ihn der Jäger angehen, wobei er von Zeit zu Zeit röhrt, um den Hirsch in Stimmung zu halten und, wie schon früher erwähnt, über das beim Anpürschen verursachte Geräusch zu täuschen. Beständige, ängstliche Achtung auf den Wind und Vorsicht vor etwa in der Nähe stehendem Kahlwild sind die wichtigste Voraussetzung des Erfolges! Den beim Rudel stehenden Platzhirsch darf man erst in nächster Nähe laut und herausfordernd anschreien, und dies nur an Stellen, wo etwas Aussicht und Ausschuß vorhanden sind. Weckt man die Eifersucht des Platzhirsches vorzeitig aus weiterer Entfernung, so kann es geschehen, daß er, statt zuzustehen, verschweigt und geräuschlos sein Rudel in Sicherheit bringt.

7. Ist der Hirsch glücklich zugestanden oder ist es dem Jäger gelungen, ihn in der Dickung anzugehen, so heißt es, den günstigsten Augenblick rasch ausnützen, den Hirsch richtig ansprechen und blitzschnell schießen. Bei gutem Winde hüte man sich vor Übereilung und warte ruhig ab, bis der etwa ungünstig stehende Hirsch seine Stellung so weit ändert, daß ein sicherer Schuß möglich ist. Der Waidmann wird trotz aller vorhergegangenen Mühe und Plage lieber die Kugel im Rohr behalten, als ins Ungewisse auf ein unrechtes Stück zu schießen oder einen schlechten Schuß zu wagen.

8. Man sei sich aber darüber klar, daß man ein Revier nicht zur „verpürschen", sondern auch „verschreien" kann.

Auch der *Gamsbock* ist nicht schwierig durch Nachahmung seines, ein meckerndes Grunzen darstellenden Brunftlautes vor die Büchse zu bringen. Manche Jäger wissen den Ton einfach mit Mund und Nase nachzuahmen. Andere bedienen sich eines einfachen großen Schneckengehäuses, dessen Spitze sie wie beim Hirschruf beschneiden, an den Mund setzen, um dann mit der die Schallöffnung vergrößernden, hohlen Hand das sogenannte *Blädern* oder *Plädern* hervorzubringen, indem sie diese schnell öffnen und wieder schließen. Indes darf man auch hier nicht glauben, daß jeder alte Platzbock sofort auf den Lockruf heranwechselt, aber er tut es doch nicht selten. Da er dabei nach Gemsenart gern hin und wieder verhofft, so bietet er gute Gelegenheit für den Schuß.

Von allen Lockjagden ist wohl die *Blattjagd auf den Rehbock* die verbreitetste, von vielen mißleiteten Anfängern ohne Erfolg geübte, nur vom Meister erfolgreich betriebene Jagdart. Je weniger Ricken im Verhältnis zu den Böcken in einem Revier vorhanden sind und je weniger noch brunftige Ricken, desto leichter springt der Bock. Daher ist das Ende der Brunftzeit, Anfang August, die beste Blattzeit. Nicht nur für den Erfolg der Jagd selbst, sondern auch in Hinsicht auf den Wildbestand, weil dann die reifen, starken Böcke weitgehend ihrer Aufgabe nachgekommen sind. Über das Blatt selbst habe ich mich im zweiten Teil dieses Buches näher ausgesprochen, ich brauche also hier nicht darauf zurückzukommen.

Was die Tageszeit angeht, so sind die Ansichten über die günstigste Zeit zu blatten so verschieden, wie es die Revierverhältnisse sind. Im allgemeinen aber wird der Blattjäger in ruhigen Revieren nicht fehlgehen, wenn er die Zeit um die Mittagsstunde, etwa von zehn bis fünfzehn Uhr, wählt. In unruhigen Revieren kann das freilich die ungünstigste Zeit sein.

Je heißer der Tag, desto lieber folgt der Bock dem Blatt. Das schließt allerdings nicht aus, daß er auch bei regnerischem Wetter springt. Und da der Waidmann an nassen Tagen ungleich lautloser pürscht als an trockenen, so beschränkt er sich nicht auf die heißen Tage allein. Nur bei windigem Wetter sind die Aussichten gering. Einmal, weil der Blattruf nicht weit zu hören ist, und dann, weil das Rehwild überhaupt an solchen Tagen unruhiger und mißtrauischer zu sein pflegt als sonst. Ebenso wie die Pürsch nach einem Regen gute Aussichten bietet, so springt auch der Bock gern wieder beim erwärmenden Sonnenschein. Es gibt aber keine feste Regel, und es kann sein, daß die Böcke stundenweise wie besessen springen und dann, unmittelbar danach, ungerührt in ihrem Einstand verharren, obwohl du deinem Blatt die verführerischsten Töne entlockst und die Sonne unverändert warm und freundlich vom Himmel scheint.

Daß der Jäger nicht aufs Geratewohl musizierend im Revier umherläuft, ist selbstverständlich. Er richtet seinen Schritt vielmehr dorthin, wo er Rehe erwarten darf, und vor allem in Örtlichkeiten, in denen er starke Böcke weiß. Dabei beachtet er den Wind wie bei jedem anderen Pürschgang. Nur gilt es in diesem Fall nicht den Blößen, Wiesen und dergleichen, sondern den Stangenhölzern, Verjüngungsschlägen, lichten Althölzern. Denn auf die Blöße springt der Bock nicht gern, außer in der Abenddämmerung. Steht der Bock bei einer brunftigen Ricke, so springt er nur in den seltensten Fällen. Nichtsdestoweniger gelingt es zuweilen auch unter solchen Verhältnissen, den Bock dem Blatt folgen zu sehen; besonders wenn der Jäger im Kitzton fiept. Dann springt die Ricke, der der Bock natürlich folgt.

Nach der Ankunft auf dem gewählten Stand verhält der Waidmann sich zunächst etwa zehn Minuten still. Alte, schlaue Böcke holen sich, wenn sie den Fiepton vernehmen, mit Vorliebe Wind, kommen dem Jäger also unter diesem. In solchen Fällen darf er mit dem Schuß nicht säumen, weil die Sache ein vorzeitiges Ende nimmt, sobald der Bock die Windlinie schneidet. Zunächst macht der Jäger einige leise Blattstöße. Der Bock könnte ja in der Nähe stehen und durch zu starke Töne mißtrauisch gemacht werden. Darauf läßt er eine Pause von zehn Minuten eintreten und blattet dann wiederum etwas lauter, um nach einer abermaligen Pause einige ganz laute Blattstöße zu geben. Von dann an verharrt er etwa eine Viertelstunde in gespannter Aufmerksamkeit und pürscht dann erst vorsichtig zu einem anderen Blattstand, wo er dasselbe Verfahren wiederholt. Auf diese Weise wird der Revierteil abgepürscht, bis der Jäger Erfolg hat oder ohne solchen den Heimweg antritt.

Das Verhalten des Rehbocks ist sehr verschieden. Manchmal stürmt er scheinbar ohne Besinnen auf die Gegend los, in der er die Herkunft der Töne vermutet. Manchmal kommt er, den Windfang am Boden, geschlichen wie ein Fuchs. Dann wieder zieht er heran, alle paar Schritte verhoffend. Oft genug bleibt er längere Zeit außer Schußweite wie eine Bildsäule stehen. Ich habe es als das ratsamste gefunden, nicht mehr zu blatten, sobald ich den Bock gesehen oder gehört hatte. Wird er auch durch einen nicht ganz richtigen Blattstoß nicht so bald vergrämt, so zeigt der Ton ihm doch den Stand des Jägers zu genau an. Die geringste Bewegung wird dann zum Verräter. Wenn aber der Bock allzu lange zögert oder Umwege macht, um in den Wind zu kommen, oder gar, ohne vergrämt zu sein, wieder umkehren will, dann muß man weiter blatten, vorausgesetzt, daß man genügend gedeckt steht.

Breite Wege eignen sich als Stand für den Blattjäger nicht, weil der Bock nicht gern auf sie hinaustritt. In unruhigen Revieren, wo das Wild sich den Tag über versteckt hält, ist es oft zweckmäßig, im Innern nicht zu dichter Stangenhölzer zu blatten. Es gehört aber dazu, daß der Jäger auf verschwiegenen Pfaden geräuschlos in sie hineingelangen kann und daß er ein gewandter Schütze ist. Vermutet er einen guten Bock in einer Dickung, so stellt er sich nie hart an sie heran. Der Bock kann ihm in ihrem Schutz sozusagen auf den Leib rücken, und der Jäger bekommt ihn doch nicht zu sehen. Daher blattet er auf gute Schußweite von ihr entfernt.

Je geduldiger der Jäger ist, je länger er nach den letzten Blattstößen auf dem Stand verweilt, desto eher wird er Erfolg haben. Denn, wie oft steht der unbemerkt gebliebene Bock in der Nähe des Standes, um beim Fortgehen des Schützen laut scheltend flüchtig zu werden, so auch den Erfolg in der weiteren Umgebung verderbend. So habe ich es nicht selten erlebt, daß ich nach über einer halben Stunde den Stand verließ und den Bock vertrat, der sich auf meine Locktöne angeschlichen hatte, aber doch so lange mißtrauisch in guter Deckung abwartend verhofft hatte. Das verärgerte Schrecken klingt mir noch in den Ohren . . .

Wird die Blattjagd zu zweien ausgeübt, so ist das oftmals nicht ungünstig. Der eine blattet, der andere stellt sich etwa 50–60 Schritt windabwärts in die Windlinie des ersten und hat so Gelegenheit, gerade dem alten, geriebenen Bock die Kugel auf das Blatt zu setzen, der sich erst Wind holt, bevor er dem Ruf folgt. Dabei ist auch von Vorteil, daß der eine seine ganze Aufmerksamkeit auf die Umgebung vor sich richten kann und keine Bewegung zu machen braucht, während der andere blattet.

Für den Wahlabschuß der Rehböcke bietet die Blattjagd eine gute Gelegenheit insofern, als der Waidmann manchen alten, abschußreifen Bock in Anblick bekommt und die übrigen oft so nah hat, daß er sie auf Gehörnbildung und Schonungswürdigkeit ansprechen kann. Außerdem lehrt die Erfahrung, daß gerade die armseligen Krüppel, Kümmerer und Plattköpfe besonders gern aufs Blatt springen.

Wird beim Locken anderen Wildes die Stimme des Paarungsbegehrens der eigenen Art gebraucht, so bildet das *Fuchsreizen* hiervon die einzige Ausnahme. Denn den Fuchs reizt der Jäger, indem er mit seinem Hunger, seinem Beutetrieb rechnet und ihm das *feine Pfeifen der Maus* oder das *Klagen eines Hasen* vormacht. Das Zwitschern der Mäuse bringt er auf die verschiedenste Weise hervor. Einmal allein mit Hilfe der fein zugespitzten Lippen, zwischen denen er die Luft stoßweise hineinzieht. Dann, indem er die feuchten Lippen auf der Handoberfläche ansetzt und in gleicher Weise Luft einzieht. Ferner dadurch, daß er den feuchten Pfropfen der Schnapsflasche an deren Glas reibt, und schließlich durch das bekannte Mauspfeifchen von Knochen. Die erstere und die letztere Art läßt beide Hände frei; sie ist daher den anderen vorzuziehen. Das *Mäuseln* hat der Feinheit des Tones halber nur eine beschränkte Wirkungsweite. Bei stiller Witterung reicht es aber immerhin bis auf etwa 120–150 Schritt.

Will der Jäger weiterhin wirken, so bedient er sich der *Hasenquäke*, mit deren Hilfe er den Fuchs auf etwa 400–500 Schritt reizen kann. Ja, in stillen kalten Nächten folgt der Fuchs ihr noch weiter. Die Annahme, daß der Fuchs nur bei Frost oder Schnee mit Erfolg gereizt werden könne, ist nicht zutreffend. Im Gegenteil: Ich habe diese Jagd viel ausgeübt und dabei gefunden, daß der Fuchs dem Reizen in solchen Revieren auffallend schlecht folgt, wo er infolge weiten Hinschießens, mangelhafter oder gar ganz fehlender Nachsuchen und harten Winters Fraß genug an Fallwild hat. Dagegen ist mir im Sommer manches Mal jeder Fuchs angelaufen, den ich durch Mäuseln reizte. Ebenso wie er sich oft genug gar nicht um das Mäuseln zu kehren schien. Dann war er vermutlich satt, oder die Sache schien ihm aus irgendeinem Grunde nicht geheuer. Vielleicht hatte er die Locke auch gar nicht gehört.

Es ist auch ein Unterschied, ob der Waidmann einen jungen, dummen oder einen alten, gerissenen Fuchs vor sich hat. So manche Verschiedenheit im Benehmen erklärt sich einfach aus dieser Tatsache. Hier gleicht der eine Fuchs noch lange nicht dem anderen. Zur Ranzzeit, wenn der Rüde der Spur der hitzigen Fähe folgt, dann kannst du mäuseln und quäken nach allen Regeln der Kunst, du wirst keinen Erfolg haben.

Die Art der Wirkung des Mäuselns bringt es mit sich, daß der Jäger dieses meist als reine Gelegenheitsjagd betreibt, dann, wenn er einen Fuchs erblickt, den er in den Bereich seines Gewehres ziehen möchte.

Das Fuchsreizen mittels der Hasenquäke bildet dagegen eine Jagd für sich ganz allein. Man übt sie meist in hellen Winternächten bei Schnee aus. Nicht etwa, weil der Fuchs, wie ich vorhin schon sagte, zu dieser Zeit am ehesten folgen würde, was ja nicht zutrifft, sondern aus zwei anderen Gründen. Zunächst ist er zwar nicht ausschließlich, aber doch vorzugsweise ein Nachttier. Er ist also über Nacht fast immer außerhalb des Baues. Dann aber kann der Jäger während der Nachtzeit nur dann mit Aussicht auf Erfolg schießen, wenn Schnee und heller Mondschein das nötige Licht dazu geben. Ich wage zu behaupten, daß der Fuchs in dunklen Nächten im Sommer und Herbst der Quäke viel besser folgen würde, falls er nicht gerade am Jungwild der Niederjagd einen sehr viel reicher beschickten Tisch findet, als im Winter mit seinem Fallwild. In dunkler Nacht aber kann man ihn wohl reizen, jedoch selbstverständlich nicht erlegen.

Die Jagd mit der Hasenquäke in heller Winternacht hat unendlichen Reiz. Wenn auch trotz scheinbarer Tageshelle gelegentlich ein für ganz sicher gehaltener Schuß sein Ziel völlig verfehlt, so tut das der Jagdfreude keinen dauernden Abbruch. Denn dasselbe ereignet sich gelegentlich am hellichten Tag auch einmal. Von allen Visierkünsteleien rate ich ab, wenn die Flinte gut liegt, so ist das ausreichend. Sehr gute Dienste leistet in mondheller Schneenacht ein übergezogenes Schneehemd.

Nicht unerwähnt lassen will ich, daß der Fuchs in Kaninchenrevieren sehr gut auf die Kaninchenklage zusteht. Sie ist leicht durch Ansaugen der Luft auf der Oberfläche der Hand nachzuahmen.

Ausgezeichnete Erfolge habe ich auch beim Reizen mit einem Haushuhn gehabt. Ich lernte diese Methode in Polen kennen. Ein Gehilfe trägt ein Huhn im Rucksack mit. Auf dem Stand angekommen, bleibt man wie beim Reizen mit der Hasenquäke noch etwa ¹/₄ Stunde still stehen, am besten Rücken an Rücken, dann nimmt der Gehilfe das Huhn leise aus dem Rucksack und hebt es an den Ständern oder an den Flügeln hoch. Das Huhn fängt an, laut zu gackern und zu schreien, und holt den Fuchs auf sehr weite Entfernung herbei. Man hat mit dem Huhn beste Erfolge in der Nähe von Ortschaften und bei einsamen, im Felde gelegenen Gehöften, die der Fuchs sowieso gerne des Nachts aufsucht, um die Misthaufen zu revidieren, und wo er mit dem Vorhandensein von Haushühnern rechnen kann.

Gelegentlich wird das Locken auch bei der *Auer* und *Birkhahnbalz* angewendet, um einen Hahn in bessere Schußnähe zu bringen oder zum Überstellen zu veranlassen, falls er völlig gedeckt, z. B. oben auf einer dichten Krüppelfichte balzen sollte. Der Auerhahn wird nur mit dem zärtlichen Hennenruf gereizt, den man öfters gehört haben muß, um ihn gut nachahmen zu können. Es ist ein dumpfes, bei zugehaltener Nase weich hervorgestoßenes ghök, ghök, ghök, den Vokal zwischen ä und ü gehalten. Wer es nicht *gut* versteht, der lasse die Finger davon; d. h. von der Nase, und den Mund vom Reizen! Denn der ewig mißtrauische Urhahn ist sehr leicht *verreizt* und reitet plötzlich polternd ab, anstatt auf das Reizen zuzustehen.

Den Birkhahn lockt der Jäger entweder mit dem Kampfruf Tschuuuhi oder mit dem Khä, khä, khä des Hennenrufes, der gleichfalls sehr milde lautet und am besten mit zugehaltener Nase hervorgestoßen wird. Auch hier ist öfters Gehörthaben des Lockrufes die Voraussetzung für erfolgreiche Nachahmung.

Wie das Fuchsreizen mit der Hasenquäke eine ganz selbständige Jagd ist, die natürlich auch einmal gelegentlich geübt werden kann, so trifft das auch für das *Locken* des Hasel*hahnes* zu. In der Bundesrepublik hat allerdings auch der Hahn keine Jagdzeit, so daß hier das Locken kaum noch ausgeübt wird und diese Jagdart fast in Vergessenheit geraten ist.

In Ländern, wo er noch bejagt wird, schießt man den Haselhahn im Herbst, wobei der Lockjäger mit dem Geselligkeitstrieb des Haselwildes rechnet. Über die Erkennungszeichen von Hahn und Henne habe ich im ersten Teil das Erforderliche gebracht.

Zur Ausübung der Jagd müssen einem die Standorte des Haselwildes bekannt sein, an denen es, von einzelnen Störungen in den Äsungsverhältnissen abgesehen, treu hängt. Der Jäger sucht dann im nicht zu lichten Bestand – auf Blößen ist das Haselwild kaum herauszulocken – gute Deckung und möglichst gutes Schußfeld, was sich manchmal schwer vereinigen läßt. So geräuschlos wie nur möglich kommt er heran – denn das Haselwild vernimmt außerordentlich scharf – und drückt sich am Boden unauffällig nieder, lockt nach einiger Zeit und ist dann nur Auge und Ohr.

Oftmals kommt das Wild brausend herangestrichen, oftmals vorsichtig gelaufen; mal von vorn, oft auch von hinten. Für letzteren Fall ist die Jagd zu zweien, Rücken an Rücken, vorzuziehen. Aber erst den schwarzen Kehlfleck des Hahnes erkennen, bevor du drückst! Das ist unabweisliche Forderung.

Das Locken auf *Enten* will ich nur kurz erwähnen, weil es nur gelegentlich beim Anstand geübt wird, um die weiter abliegenden Vögel zum erneuten Aufstehen und Einfallen in der Nähe des Jägers zu bewegen. Wenn der Jäger eine *gute Locke* hat, dann kann er meist auf Erfolg rechnen. Manche wissen den Lockton auch ohne Hilfe, einfach mit dem Mund, nachzuahmen.

Bei *Rebhühnern* kann es sich nur darum handeln, Hühner, die in das Holz gestrichen oder gelaufen sind, wo sie nicht bejagt werden können, wieder herauszulocken. Nicht etwa, um dann, was nicht selten möglich wird, in den Haufen hineinzuschießen, sondern um sie dann von neuem zu bejagen, indem der Jäger sie vom Wald her wieder auftut, um sie feldeinwärts zu bringen.

Als letzte Art der Lockjagd sei die auf den *Ringeltauber* genannt. Bei diesem früher sehr scheuen, heute immer vertrauter werdenden Vogel ist die Lockjagd die sicherste Art, ihn in Schußnähe zu bringen. Die Locke selbst kauft man in den Jagdausrüstungsgeschäften. Sie muß aber oftmals erst richtig gestimmt werden, um das Rucksen und Hulen der Taube richtig wiederzugeben, wofür wieder die Beobachtung im Freien die beste Anleitung bietet. Doch läßt sich der Ton auch einfach mit dem Mund und den hohlen Händen nachahmen. Nur braucht der Lockjäger dazu beide Hände und weiß nicht, wo und wie er während der Zeit die Flinte am besten unterbringt. Stellt er sie neben sich, so ist der Griff danach bei dem ausgezeichneten Äugen der Taube zu gefährlich; hängt er sie um den Hals, so wird eine große Bewegung erforderlich, um schußfertig zu werden. Man kann das Locken auch gut nachahmen, indem man die Zunge nach oben wölbt, dann den Mund halb öffnet und stoßweise den Atem von sich gibt. Nach einiger Übung wird so der Taubenruf täuschend nachgeahmt. Am einfachsten allerdings benutzt der Jäger die künstliche Taubenlocke, die er an einem Bindfaden um den Hals hängt. Dann braucht er zum Locken nur eine Hand und kann die Flinte bequem schußfertig halten. Folgt die Taube dem Ruf, so läßt er die Locke fallen.

Hört der Jäger einen Tauber locken, so stellt er sich in der Nähe dort an, wo er die Tauben oftmals angetroffen hat, denn sie haben ihre ausgesprochenen Lieblingsbäume. In guter Deckung und, da es sich meist um Nadelholz handelt, das diese Tauben vor dem Laubholz bevorzugen – in gemischten Beständen baumen sie stets in den Nadelhölzern –, mit dem Ausblick in die Kronen der benachbarten Bäume lockt er, sobald der Tauber seine Strophe ausgesungen hat. Oftmals verschweigt dieser dann, oftmals balzt er weiter. Weder aus dem einen noch aus dem anderen kann der Jäger schließen, ob er auf den Ruf zustehen wird oder nicht. Das muß abgewartet werden. Hört der Lockjäger den klatschenden Flügelschlag, mit dem die Tauben ab- und wieder aufzubäumen pflegen, dann mache er sich sogleich vorsichtig schußfertig! Hat er den Tauber im Streichen frei, dann zögere er nicht zu schießen. Denn er weiß niemals, ob dieser für den Schuß günstig aufbaumen wird oder nicht. Und man glaubt nicht, wie schwer die aufgebaumten Tauben selbst gegen den Himmel zu sehen sind, weil ihre Unterseite sich zu wenig davon abhebt.

Die Lockjagd auf den rucksenden Tauber ist außerordentlich reizvoll, und ohne Übertreibung ist der Ringeltauber der „Auerhahn des kleinen Mannes" genannt worden.

Die Treibjagd

Treibjagd im weitesten Sinn ist jede Jagd, auf der das Wild durch Treiber vorstehenden Schützen zugetrieben wird. Zu unterscheiden sind *Waldtreiben* und *Feldtreiben,* je nach der Örtlichkeit, in der die Jagd vor sich geht. Man spricht auch von *Standtreiben,* bei dem die Schützen vorstehen, im Gegensatz zum *Kesseltreiben,* zur *Streife* oder *Streifjagd,* bei der die Schützen mit den Treibern vorgehen. Im engeren Sinn heißt *Treibjagd die Jagd auf Niederwild, bei der meist viele Treiber das Wild gewaltsam vor die Schützen bringen;* im Gegensatz zur *Drückjagd* oder zum *Riegeln,* die sich auf *Schalenwild bezieht* und *bei der meist nur wenige Treiber tätig sind.*

Die abzutreibende Fläche heißt das *Treiben* – in Süddeutschland der *Trieb,* auch der *Bogen,* obgleich letztere Bezeichnung sich ursprünglich auf einen Revierteil bezieht, in dem zur hohen Jagd gehörendes Wild *bestätigt* wurde.

Das Waldtreiben

Das Waldtreiben gehört mit zu den angenehmsten und abwechslungsreichsten jagdlichen Betätigungen, weil es, falls es Erfolg haben soll, nur bei freundlicher Witterung im herbstlichen oder winterlichen Wald vor sich geht und weil es durch seine Vielseitigkeit recht unterhaltend ist. Es kommen nicht nur Hase und Fuchs vor; es erscheint ein Sprung Rehe vor den Schützen; Fasanen kommen angestrichen; eine Schnepfe schwingt sich gewandten Fluges durch die Büsche; pfeilschnell schießt eine Ringeltaube vorüber, von Eichelhähern, Drosseln und dergleichen nicht zu reden. Dabei hüpft ein Zaunkönig, ein Rotkehlchen von Ast zu Ast, neugierig mit den klugen Äuglein nach dem stillstehenden Schützen lugend. Bei alledem hallt der Ton des Hornes fröhlich durch den klingenden Herbstwald. Wahrlich, es muß eine stumpfe Menschenseele sein, die bei solcher Gelegenheit nicht froh die ganze, helle Freude des Tages empfindet!

Ich sagte, daß diese Jagd nur bei freundlicher Witterung erfolgreich ist. Das hat seine guten Gründe. Denn zunächst läßt sich der Hase, auf den sich das Waldtreiben in erster Linie richtet, nur bei trockenem Wetter vorwärts treiben, während er sich bei nasser Witterung gern *drückt*. Er *läuft* dann nicht, sondern *geht* durch die Treiber *zurück*. Ferner sitzt der Hase bei Regenwetter lieber auf dem Feld als im Wald, weil ihm das Tropfen von den Bäumen lästig und unangenehm ist. Dasselbe ist der Fall, wenn das Laub nach den ersten Frösten in Massen zu Boden fällt. Diese Beunruhigung ist ihm so verhaßt, daß er fast ausnahmslos aus dem Wald ins Freie *rückt*. Man wartet daher mit dem Ansetzen des Jagdtages so lange, bis das Laub herunter ist. Schwieriger ist die Rücksicht auf die Witterung, denn die Einladungen müssen schon einige Zeit vorher versandt werden, damit die geladenen Gäste sich darauf einrichten können. Wenn es trotzdem irgend angeht, so sagt der Jagdherr bei schlechtem Wetter lieber noch im letzten Augenblick ab, als daß er seinen Gästen und sich den ganzen Ärger einer völligen Fehljagd aufhalst. „Nasse Jäger und trockne Fischer taugen nicht viel!" sagt ein alter Waidspruch. Er spricht die Erfahrung langer Zeit aus. Hinzu kommt, daß auch die Treiber bei nasser Witterung unlustig sind. Anstatt in wohlausgerichteter Reihe und gleichen Abständen nebeneinander herzugehen und namentlich kleine, dichte Horste, Unterholz, Dornicht zu durchkriechen, laufen sie, um den nassen Zweigen zu entgehen, einer hinter dem anderen her und bieten so den ohnehin zum Zurückgehen geneigten Hasen überall Lücken.

Heller, leichter Frost mit nicht starkem, aber ausgesprochenem Wind, der über seine Richtung keinen Zweifel läßt, ist die beste Witterung für das Waldtreiben. Das Wild *läuft*. Auf der gefrorenen Laubdecke hört der Schütze tapp, tapp, tapp den trabenden Fuchs, rappele, rappele, rappelte den flüchtigen Hasen herankommen. Er kann sich zeitig fertigmachen und vor allem dem Fuchs den Vorteil abgewinnen, denn in diesem Fall ist der Sieger, der den anderen zuerst eräugte.

Liegt Schnee, so ist die Nachsuche nach angeschossenem Wild sehr erleichtert. Aber es darf dabei nicht tauen; denn sonst liegt alles gerade so ungünstig wie beim Regen. Besonders veranlaßt das klatschende Herunterfallen nasser Schneeklumpen von den Bäumen die Hasen zum fluchtartigen Verlassen von Busch und Wald, aber auch trockener Schnee bringt einige Rücksicht auf die Treiber mit sich. Er fällt diesen beim Durchkriechen in den Nacken, schmilzt dort und macht die Leute bald naß und fröstelnd. Mit der Lust am Treiben – und nur frohgestimmte Treiber, die nicht nur ihren Tagelohn verdienen wollen, sondern Freude an der Sache haben, sind zu gebrauchen – ist es dann bald vorbei. Wenn der Jagdgeber nicht besondere Schutzanzüge, wie wir sie heute häufig finden, verfügt, so genügt eine ausreichende Anzahl gewöhnlicher Säcke, die an dem geschlossenen Ende so eingestülpt werden, daß eine Haube entsteht. Auf solche Weise sind die Treiber leidlich vor dem Naßwerden geschützt.

Soll alles gut klappen, so ist ein wohlüberlegter Plan für eine Waldtreibjagd unerläßlich. Da ist zunächst die Windrichtung. Es wäre vergebliches Bemühen, Fuchs und Hasen im Wald gegen den Wind treiben zu wollen: sie würden seitwärts oder rückwärts durchbrechen. Das einzelne Treiben muß also so angelegt werden, daß das Wild mit der herrschenden Windrichtung vorgetrieben wird.

Wenn sich nun ohne Unterbrechung Treiben an Treiben reihen würde, wie es in Nieder- und Mittelwaldungen, in großen Aufforstungsrevieren der Fall sein würde, so ist mit Sicherheit damit zu rechnen, daß man zwar die Hasen vielleicht in den nächstfolgenden Treiben noch finden würde, die Füchse aber bestimmt nicht mehr. Selbst wenn der Jagdleiter die Vorsicht übte, die Treiber das letzte Drittel des Bogens still durchgehen zu lassen, so würde doch der Lärm, der von einer Treibjagd einmal nicht zu trennen ist, dem Fuchs schon lange vorher in die Gehöre dringen und ihn zur schleunigsten Räumung seines Aufenthaltsortes veranlassen. Der Jagdherr tut daher unter solchen Verhältnissen gut, die Treiben nicht aneinanderzureihen, sondern je nach ihrer Größe ein oder zwei zu überschlagen, um diese bei einer anderen Gelegenheit zu nehmen oder ganz auszulassen.

Von wesentlicher Bedeutung für den Plan der Jagd ist auch die Größe der einzelnen Treiben. Ist ein großes Treiben für den Fuchs günstig, weil dieser leicht und weit vorgeht, so ist es für den Hasen weniger geeignet, denn der ist nicht weit geradeaus zu treiben und bricht gern seitwärts aus. Da man, wie die Verhältnisse heute liegen, wohl meist mehr auf Hasen treiben und den Fuchs nur gelegentlich mitnehmen wird, so sind nicht zu große Treiben den größeren vorzuziehen; hierbei spielen naturgemäß die Bestandsverhältnisse eine ausschlaggebende Rolle, man wird z. B. eine Dickung nicht gern teilen, selbst wenn sie sehr groß ist.

Wo der Fuchs noch häufig ist, wird am besten nach Schluß der Hasenjagdzeit auf diesen allein nochmal getrieben. Für große Treiben braucht der Jagdgeber dann nur wenig Treiber und kann doch zu einer guten Strecke kommen. Umgekehrt erfordert die Jagd auf Fasanen und besonders auf Kaninchen kleine Treiben, in denen die Treiber sozusagen Mann an Mann gehen müssen, eine Forderung, die bei den heutigen Löhnen allerdings kaum noch zu verwirklichen ist. Es kann aber gesagt werden, daß auch eine kleine Treiberwehr, sofern sie gut geschult ist und diszipliniert, gut verteilt und mit Pausen vorgeht, sehr erfolgreich das Wild vor die Schützen bringen kann. Ich darf hier nicht unerwähnt lassen, daß die Fasanentreibjagd, wenn sie im Sinne einer gewöhnlichen Waldjagd ausgeführt wird, zu einem Mißerfolg führen kann. Denn so schnell ein Fasanenhahn streicht, wenn er erst in der Luft ist, so schwer ist er zum Aufstehen zu bringen. Hat der Jagdleiter daher nicht nah vor den Schützen Flechthürden angelegt oder zusammenhängende Reisigbunde gelegt, was natürlich nur dann statthaft ist, wenn ganz allein auf Fasanen gejagt wird, so kommt der „Tiro diesmal zu Fuß“, und von einer Freude an der Sache ist keine Rede. Man hilft sich auf recht einfache Weise. Die Treiberkette, die gewöhnlich in gerader Linie vorgehen soll, muß im letzten Drittel des Treibens zu einem Sack geformt werden, so daß die Fasanen glauben, sie seien von allen Seiten umzingelt; dann bequemen sie sich zum Aufstehen.

Wenn der Jagdleiter so nach Witterung, Windrichtung, nach Waldverhältnissen und Wildart alles sorgsam überlegt und dabei die Zahl der zur Verfügung stehenden Schützen und Treiber berücksichtigt, so wird der Plan für die Jagd schon feste Gestalt gewinnen.

Sind die Schützen zur angesetzten Zeit zur Stelle, so gilt es, sie richtig einzuteilen. Das geschieht am einfachsten durch Zuteilung einer Nummer an jeden. Um größere Bevorzugungen, soweit sie nicht in der persönlichen Stellung begründet sind, zu vermeiden, wird jedes Treiben beim Anstellen mit einer um eins höheren Nummer begonnen, so daß jeder Schütze von Treiben zu Treiben von *einem* Flügelposten durch die Mitte zum anderen vorrückt. Da die Jagd nicht nur zum Vergnügen der Gäste dient, sondern auch eine wirtschaftliche

Nutzung und ein Mittel zur Hege darstellt, so kann es natürlich nicht gleichgültig sein, ob viel oder wenig geschossen wird, ob der Fuchs zwei unsichere Schützen zugleich anläuft und so mit heilem Balg davonkommt. Es muß also durch Zuteilung der Nummern dafür gesorgt werden, daß möglichst neben einem unsicheren Schützen ein besserer seinen Stand erhält. Auch ist einem langsamen Schützen nicht damit geholfen, in einer engen Schneise zu stehen, auf der er auf das durchflüchtende Wild nicht fertig wird, während ein Meisterschütze seine Kunst in übersichtlichem Gelände nicht ausnutzen kann. Der Jagdleiter behalte sich daher in jedem Fall vor, gelegentliche Ausnahmen von der Nummernfolge vorzunehmen, sofern das aus jagdlichen oder persönlichen Gründen erwünscht sein kann.

Beim Aufstellen der Schützen kommen allerlei Überlegungen in Frage. Ich sprach, um eine vorwegzunehmen, vorhin von der Windrichtung. Einst machte ich bei steifem Westwind ein Treiben mit und erhielt meinen Stand auf einem im Osten des Treibens gelegenen Gestell. Die abzutreibende Schonung lag, durch einen breiten Streifen Altholz von der Schützenlinie getrennt, etwa 100 Schritt vor uns. Ich war fremd im Revier. Sobald ich aber stand, sagte ich mir, wir hätten etwa 50 Schritt von der Schonung im Altholz stehen müssen. Denn hinter uns war wieder eine Schonung; und der Westwind kippte bei uns über, so daß wir den ausgerechnet schlechtesten Wind hatten. Was ich befürchtete, das trat ein: Es liefen genug Hasen an. Aber auf 50 Schritt vor der Schützenlinie machten sie ihren Kegel und drehten um. Von 12 bis 15, die ich näher und weiter sah, wurde auf unserer Seite nur einer geschossen. Wer im Wald lebt, macht die Beobachtung des überkippenden Windes, ich möchte sagen, täglich. Aber ich habe Grund zu glauben, daß die Anwendung dieser Erfahrung auf die jagdliche Praxis recht spärlich erfolgt.

Ob der Jagdleiter die Schützen hart an das Treiben heranstellt oder auf die dem Treiben abgekehrte Seite der Schneise, des Weges, des Gestells, ob er sie etwas entfernt vom Treiben anstellt, das alles muß sich nach der Örtlichkeit richten: Es gibt keine Regel, die für alle Fälle paßt.

Als erste Rücksicht hat immer zu gelten, daß der Schütze seine Nachbarn nicht gefährdet; und zwar nicht, weil er etwa ein aufgeregter unbedachtsamer Mensch ist, mit dem jede Überlegung durchgeht – solche Leute gehören nicht auf die Jagd –, sondern aus dem Zwang der Verhältnisse heraus. Die Auswahl der Stände hat daher durch den Jagdherrn vor der Jagd sorgfältig zu erfolgen. Das ist manchmal gar nicht so einfach, besonders – wie häufig im Mittelgebirge – auf horizontal verlaufendem Kringelweg.

Ich erwähnte vorhin schon die Schneise zwischen zwei Fichtendickungen. Hier steht das Holz zu beiden Seiten wie eine Mauer. Der Schütze kann weder ins Treiben hineinsehen, noch in die gegenüberliegende Dickung hineinschießen. Es muß also auf der Schneise selbst geschossen werden. Das kann nur geschehen, wenn die Schützen alle hart an das Treiben herangestellt sind, und wenn die Schneise gerade ist. Bei gekrümmten Wegen gehören die Schützen auf die Brechpunkte der Krümmungen. Allein auch das gilt nicht ausschließlich; die Örtlichkeit muß darüber entscheiden.

Wenn bei einer so dichten Fichtendickung – übrigens sind die Dickungen anderer Holzarten oft ebenso undurchdringlich – *herangestellt* wird, so geschieht das natürlich mit dem Rücken gegen das Treiben. Denn wenn das Gesicht diesem zugekehrt würde, so ständen die Schützen wie vor einer Mauer. Sie müßten beständig den Kopf nach rechts und links drehen, um nichts zu verpassen, und würden es daher erst recht tun. Dieses unaufhörliche Hin- und Herwenden des Kopfes ist auch bei der Stellung mit dem Rücken gegen das Treiben noch recht unbequem. Wo es daher die Zahl der vorhandenen Schützen irgendwie zuläßt, da stellt der Jagdherr am besten so an, daß alle Schützen mit etwa 50 Schritt Zwischenraum nur nach einer Seite schießen.

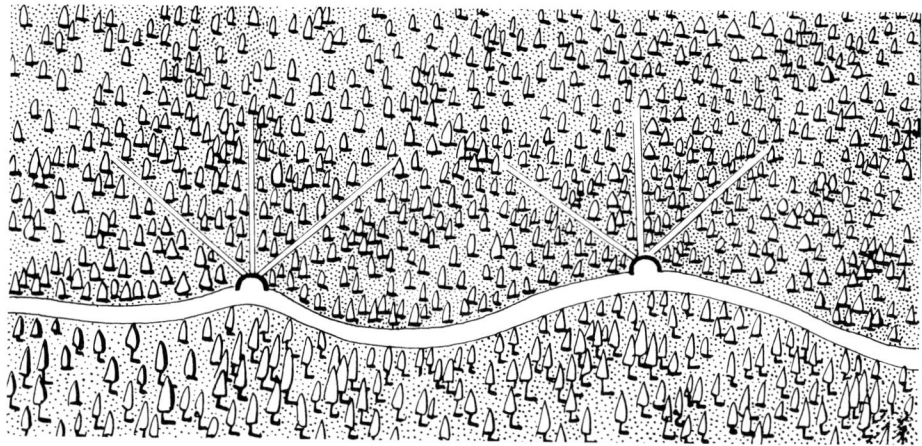

Krähenfüße

Ein sehr gutes Hilfsmittel für die Beobachtung anlaufenden Wildes in Dickungen sind die sog. *Krähenfüße*. Das sind etwa 50–60 Schritt lange, höchstens einen Schritt breite, holzfreie Linien, die am Stand zusammentreffen. Je unauffälliger und schmaler, desto besser, weil empfindliches Wild, wie Schwarzwild und Fuchs, sie sonst scheut. Meistens wird der Schütze zwar nicht auf diesen schmalen Lücken zu Schuß kommen; aber er ist dann vorbereitet für den Schuß, sobald das Wild herauskommt.

Bei sehr langen Dickungstreiben kann es sich als zweckmäßig erweisen, vor der eigentlichen Front eine zweite Schützenreihe in das Treiben hineinzuschieben, sofern eine Schneise oder Rückenlinie vorhanden ist. Die Treiber überlaufen dann im Ablauf des Treibens diese Schützenlinie, so daß sie im zweiten Teil des Treibens auf dem Rückwechsel steht. Kaninchen und auch Hasen lassen sich nicht auf große Entfernung nach vorne bringen, sondern kehren um, gehen zurück und kommen dann den hineingeschobenen Schützen. Dadurch wird den eigentlichen Frontschützen kaum etwas genommen, die Strecke aber wünschenswert vergrößert. Das ist um so wichtiger, als wir den Kaninchenbesatz unter allen Umständen kurz halten sollen.

Überall dort, wo die Schützen in das Treiben hineinsehen und auch hineinschießen können, richtet sich der Jagdleiter beim Anstellen nach der vorhandenen Deckung. Findet sich etwa 30–50 Schritt vor dem Treiben keine solche, dann stellt er *heran*. Bietet sich dort Deckung, dann gibt deren Benutzung die allergünstigste Anstellung, weil die Schützen so das im Treiben vorkommende Federwild schon von weitem heranstreichen sehen und sich darauf vorbereiten können. Niemals aber stellt der Jagdherr in solchem Fall *ab,* wenn er die Schützen auf die Blöße stellen müßte, denn dort hinaus läuft das Wild nur ungern. Er stellt sie vielmehr am besten sogar 40–50 Schritt in das Treiben hinein, wenn sie da schießen können.

Besondere Vorsicht verlangt das Anstellen von Schützen dort, wo diese in einem *Haken* zu stehen kommen. In dieser Lage ist ihnen dringend einzuschärfen, unter keinen Umständen in das Treiben hineinzuschießen. Der Jagdherr selbst aber sorge, daß der Haken nicht zu spitz wird, und richte, wenn die Verhältnisse es irgend zulassen, den Haken so stumpf wie möglich ein. Bei regelmäßig rechteckiger Form des Treibens wird der erste und zweite *Flügelschütze* mit dem ersten und zweiten Schützen der *Mitte* immer einen Haken bilden. Hier ruhigen Schützen das Hineinschießen ganz untersagen zu wollen, wäre etwas Vorsicht. Sie müssen aber wissen, daß sie mit den Nachbarschützen im Haken stehen, damit sie sich danach richten können.

Hat der Schütze seinen Stand angewiesen erhalten, dann ist das erste, daß er sich mit dem vor ihm angestellten Nachbarschützen durch Zuwinken in Verbindung setzt. Alsdann achtet er auf den nächsten Nachbarschützen, der die gleiche Verbindung mit ihm herstellt.

Nun kennt er die Richtungen, in denen er den Schuß vermeiden muß, durch die er mit angeschlagener Flinte nicht durchziehen darf. Alsdann scharrt er, nachdem er sich den zum Schießen günstigsten Punkt seines Standes ausgesucht hat, mit dem Fuß den Boden so weit von Laub usw. frei, daß er sich ein wenig bewegen kann, ohne Geräusch zu verursachen, schneidet vorsichtig und ohne irgendwelchen Lärm einige, den guten Ausblick etwa hindernde Äste und Zweige fort, stellt sich dann auf seinen Stand und ladet sofort, ganz unabhängig davon, ob das Treiben schon angeblasen ist oder nicht. Denn gar leicht kann schon Wild beim Anstellen der übrigen Schützen oder Treiber rege gemacht werden; namentlich der sehr leicht bewegliche Fuchs. Es ist völlig unbedenklich, den Schützen sofort nach dem Anstellen das Beschießen anwechselnden Wildes, auch bevor angeblasen ist, zu gestatten, und es wird in den meisten Fällen auch so gehandhabt. Da kein Schütze nach dem Anstellen seinen Stand verlassen darf, kann bei dieser Regelung nichts passieren. Unter keinen Umständen darf dagegen *nach* dem Abblasen des Treibens noch geschossen werden, da beim Abblasen die Schützen ihren Stand verlassen, und jedes Schießen dann mit Gefahr verbunden ist.

Bei trocknem, stillem Wetter hört man oft schon die Annäherung des Wildes, bevor man es sieht. Dann ist es immer zweckmäßig, alsbald in Anschlag zu gehen. Denn gar oft, immer beim Fuchs, kommt es wesentlich darauf an, daß der Schütze sich durch keine Bewegung verrät, um die beste Gelegenheit für den Schuß auszusuchen. Da diese sich auch beim Hasen je nach den Bestandsverhältnissen manchmal auf die eine oder andere Lücke beschränkt, so halte ich es für ganz falsch, erst im letzten Augenblick anzubacken. Denn schließlich ist das Treiben dazu da, dem Jagdgeber Wild zur Strecke zu liefern.

Daß der Schütze nur dasjenige Wild beschießt, das ihn anläuft, und nicht etwa gar über den Nachbarn hinausschießt, oder dem etwa im Haken stehenden Nachbarn das anlaufende Wild vor die Füße legt, sind einfache Gebote des Anstandes, die zu betonen man kaum für nötig halten sollte. Ich habe aber auf diesem Gebiet schon so wunderbare Blüten von Jagdneid beobachtet, daß ich die Erwähnung nicht unterlassen möchte.

Wir haben bei der Besprechung des Flintenschusses gesehen, wie die im flachen Winkel selbst auf weichen Wiesen- und Moorgrund aufschlagenden Schrote abprallen. Es sei daher auf besondere Vorsicht beim Schuß in die annähernde Richtung der Nachbarn hingewiesen, die vor allem bei Frost von Bedeutung ist.

Um sich aber auch selbst vor Unglück zu schützen und seinen Nachbarn den Stand nicht zu verderben, ist es dem Schützen durchaus untersagt, seinen Stand vor dem Abblasen des Treibens zu verlassen, etwa um ein erlegtes Wild aufzunehmen. Das soll er vielmehr ruhig liegenlassen und sich nur merken, wo es liegt, damit es nachher von den Treibern mitgenommen wird.

Hört der Schütze die Treiber näherkommen, so ist es mit dem Hineinschießen in das Treiben selbstredend vorbei. Er muß das dann noch anlaufende Wild erst durch die Schützenlinie durchlassen, bevor er in Anschlag geht. Mit angeschlagenem Gewehr durch die Schützenlinie hindurchzuziehen ist unverzeihlicher Leichtsinn und sollte die strengste Rüge finden. Auch wenn die Treiber vorüber sind, kann noch nach hinten durchbrechendes Wild anlaufen. Der Schütze verläßt daher seinen Stand nicht eher, als bis abgeblasen wird, falls er nicht etwa vom Jagdherrn die Erlaubnis erhalten hat, sich den Treibern anzuschließen. Ist das geschehen, so hält er sich etwa 30–40 Schritt vor der Treiberkette, er *flügelt* und hat dabei gute Aussicht, auf Hasen und Kaninchen zu Schuß zu kommen.

In allen Fällen entlädt der Schütze, sobald abgeblasen ist, die Flinte und schlägt die

Richtung ein, die ihm beim Anstellen als Folge angegeben wurde; das entladene Gewehr mit der Mündung nach oben! Denn: Es sind schon Besenstiele losgegangen.

Führt der Jäger auf der Treibjagd seinen Hund mit sich, so ist es selbstverständlich, daß dieser während des Treibens nicht geschnallt werden darf; es mag vorgehen, was will. Denn es würde nicht nur den unmittelbaren Nachbarn die Aussichten stören, wenn der Hund an ihnen vorbei und im Treiben umher einen angeschossenen Hasen hetzt, sondern auch unter Umständen noch vielen anderen Waidgenossen. Die Nachsuche ist einzig und allein Sache des Jagdherrn. Gibt dieser die Erlaubnis dazu, dann mag man *nach* dem Treiben den Hund schnallen; niemals aber vorher. Nicht fertig abgeführte oder unruhige Hunde gehören auf keine Gesellschaftsjagd. Diese ist nicht dazu da, Hunde abzuführen.

Was der Schütze erlegt und zur Strecke hat, muß er sich genau merken, damit er die vorbeikommenden Treiber zum Aufnehmen veranlassen und dem Verscharren und Verstecken zum späteren Entwenden vorbeugen kann. Denn der Jagdherr kann mit den Augen nicht überall sein. Er darf von den Gästen so viel Interesse erwarten, daß sie für ihn nach dem Rechten sehen.

Es wurde vorhin schon gesagt, daß der Schütze auf dem Weg von einem Treiben zum anderen das Gewehr ungeladen mit der Mündung nach oben tragen soll. Es gibt aber noch eine andere Regel auf diesem Gang: das ist die der unbedingten Ruhe. Bei hellem Wetter ist es sehr hörig. Laute Unterhaltung, Lachen dringt ungeheuer weit. Zum Erzählen der neuesten Witze ist abends beim Schüsseltreiben noch Zeit genug.

Noch einige Worte über das Frühstück: Dieses kann nicht einfach genug sein; es kann nicht Spirituosen zu wenig geben, am besten gar keine. Wer das Bedürfnis hat, der mag nachher bei der Abendtafel seine Gäste königlich bewirten: es wird ihm keiner darob gram sein. Aber das Frühstück draußen soll von allem frei bleiben, was träge macht und das Auge irreführt. Nach dem Frühstück ist sonst die Jagd ein mehr oder weniger schlechter Scherz, für den der Jagdgeber die Verantwortung trägt.

Für jüngere Leute mag hier noch bemerkt werden, daß es einen sehr schlechten Eindruck macht, wenn sie nicht wissen, wo sie bei der Versammlung zum Frühstück ihr Gewehr und ihren Hund lassen sollen; von gefährlichem Umgehen mit der Waffe ganz abgesehen. Andere Waidmänner können hierdurch im hohen Grad belästigt werden. Daher gehören die Gewehre gut und sicher, die Mündung nach oben, oder bei Kipplaufgewehren besser geöffnet, an einen starken Zweig gehangen, die Hunde abgelegt, und zwar in diesem Fall am Riemen abgelegt, daneben. Alles andere ist Unfug.

Von den Schützen zu den *Treibern!* Je mehr der Jagdleiter von diesen Leuten hat, desto besser ist es. Indes muß dabei mit den erheblichen Kosten gerechnet werden, deshalb begnügt er sich meist mit der *nötigen* Anzahl, die nicht allein von der Natur der abzutreibenden Reviere, sondern auch von der Wildart abhängig ist. Dichte Hölzer, viel Unterholz, hohes Gras und Kraut, Kaninchen, Fasanen erfordern mehr oder – wie ich schon sagte – sehr gut geschulte und disziplinierte Treiber. Lichtere Stangenhölzer mit offenem Boden, Hase und Fuchs sind mit einer kleineren Anzahl von Treibern schon eher zu bewältigen. Ich habe es sehr bewährt gefunden, immer dieselben Treiber zu nehmen, wenn das irgend möglich war. Hat man viele jüngere Leute, so muß in Abständen eine Respektsperson unter sie eingereiht werden, damit die Ordnung gewahrt wird.

Nur wenn der Jagdleiter immer dieselben Leute hat, gelingt es allmählich, sie von dem schädlichen und törichten Schreien abzubringen. Denn nur bei *einer* Wildart soll ihnen Rufen gestattet sein. Das ist der Fasan. Hier sollen sie rufen: Hahn! Henne/, um die vorstehenden Schützen schon beizeiten aufmerksam zu machen, falls diese nicht schon am Aufstehen hören, ob Hahn oder Henne heranstreicht. Freilich bei Schluß des Treibens, wenn die Fasanen,

Hähne und Hennen in farbigen Buketts in Menge aufstehen, hat das Rufen keinen Zweck mehr. Dann sollen die Leute schweigen. Aber das Schweigen ist schwer hineinzubringen. Denn den Treiber überfällt die Jagdleidenschaft geradeso wie uns. Und es gehört eine gewisse Gewöhnung dazu, sie in dieser Aufregung die unbedingt nötige Ruhe zu lehren.

Jeder Treiber soll einen derben Stock führen, mit dem er auf Busch und Strauch schlägt und namentlich bei der Kaninchenjagd tüchtig auf den Bodenfilz, auf Gras und Kraut klopft, um die sich unglaublich festdrückenden Nager vorwärts zu bringen. Am besten geht der Jäger, der die Treiber anführt, auch immer mit ihnen durch. Er leitet seine Schar mit dem Horn, dessen Rufe sie genau kennen muß.

Die Treiber gehen, mit Ausnahme der schon für die Fasanentreiben erwähnten Abweichung, stets gerade ausgerichtet vor. Gesprochen wird grundsätzlich gar nichts, geschrien erst recht nicht. Nur die Klapper rührend, mit dem Stock anschlagend, bewegt sich die Treiberfront vorwärts wie eine Mauer. In Abständen von etwa 50 Schritt ertönt der Ruf Halt, worauf die Front sofort steht. Das ist etwas, was auch der festsitzende Hase durchaus nicht verträgt. Er gibt das Drücken auf und wird flüchtig. Sollte die Front aus irgendeinem Grund in Unordnung geraten sein, so geben diese Unterbrechungen die Gelegenheit, sie wieder gerade auszurichten und die gleichmäßigen Zwischenräume bei den Leuten herzustellen. Bemerkt der Führer, daß, entgegen dem strengen Befehl zu schweigen, doch geschrien wird, so begibt er sich am besten in die Nähe des Sünders, um ihn schärfer beaufsichtigen und zur Ruhe bringen zu können.

Ich halte es für ganz verkehrt, wenn der Treiberführer selbst mitschießt. Er soll nicht einmal die Erlaubnis haben, krankes Wild totzuschießen, weil das erfahrungsgemäß leicht dahin führt, daß er viele gesunde Hasen und Kaninchen für krank hält. Der Treiberführer hat, wenn er seine Leute in Ordnung halten will, mit diesen hinreichend zu tun. Das eigene Schießen hält ihn nur von seiner Hauptaufgabe gab.

Will der Jagdherr dem einen oder anderen Schützen eine besondere Freude machen – ich kenne schießlustige junge Leute, die leicht auf dem Stand kalt werden und dann bitten, zur Wiedererwärmung mit den Treibern gehen zu dürfen –, so lasse er ihn auf dem Flügel der Treiber etwa 40–50 Schritt voraus mit diesen gehen. Dort wird er vielleicht die beste Strecke von allen Schützen machen. Man kann auch, wenn sich nach den ersten Treiben herausstellt, daß das Wild häufig zurückgeht, ein oder zwei Schützen 50–60 m hinter den Treibern gehen lassen. Hierfür ist aber *zwingende Voraussetzung*, daß diese Schützen *nur* nach rückwärts schießen dürfen, und das beide Schützen sich ständig im Auge behalten oder, wo das Gelände dieses nicht erlaubt, durch Zuruf sich verständigen.

Für die Stellung des Schützen auf dem Stand gilt dasselbe, was ich bei Besprechung des Anstandes gesagt habe. Er stehe bei dicken Stämmen am besten mit dem Rücken dagegen, bei dünnen dahinter. Dann stelle er sich aber so weit dahinter, daß er durch den Stamm in der freien Bewegung des Gewehres nicht gehindert ist.

Die Regel, sich *vor* einen dicken Stamm zu stellen, erleidet eine Ausnahme, wenn es sich um einen Fuchsposten handelt. Denn in diesem Fall ist Deckung bis zur Brusthöhe durchaus anzuraten. Da die Fuchsposten bekannt sind und sie, falls nicht sehr wesentliche Änderungen des Baumwuchses vorgenommen werden, auf derselben Stelle bleiben, so ist es sehr nützlich, hier dauerhafte Schirme möglichst mit Krähenfüßen herzurichten, die vor den Jagden nachgesehen und, falls erforderlich, wieder in Ordnung gebracht werden. Auch sonst auf den übrigen Ständen Schirme herzustellen, ist zwar für den Standinhaber ganz angenehm; aber die Arbeit steht doch zu dem Vorteil in keinem richtigen Verhältnis. Die beste Höhe des Schirmes ist die, daß der auf dem Jagdstuhl sitzende Schütze gerade darüber hinweg in das Treiben sehen kann.

Über das *Hineinschießen* in das Treiben sind die Meinungen geteilt. Dietrich aus dem

Winckell will es ganz und gar verwerfen; und das noch dazu für eine Zeit, in der die Flinten nur halb so weit schossen wie unsere heutigen. Ich meine, diese Vorsicht ist übertrieben. Denn wo die Treiber sind, das verrät ihr Klappern oder Rufen, und wo Schützen stehen, die im Haken gefährdet sein können, das muß der Jagdherr beim Anstellen sagen. Weit pflegt im Holz überhaupt nicht geschossen zu werden. Und wenn es als Regel gilt, den Treibern nicht mehr entgegenzuschießen, sobald sie irgendwie gefährdet werden können, und in den Haken überhaupt nicht hineinzuschießen, dann ist einem Unglück nach menschlichem Ermessen wohl hinreichend vorgebeugt.

Um die Treiben gänzlich, also auch an der Rückseite zu umstellen, dazu werden in der Regel die Schützen nicht ausreichen. Das liegt auch wenig im Interesse des Wildstandes; denn es soll doch noch etwas übrigbleiben. Aber die Besetzung der *Rückwechsel* sollte nicht vergessen werden; besonders dann nicht, wenn es sich um den Fuchs handelt. Erhält dieser nämlich vorn vergeblich Feuer oder schlägt er unbeschossen um, weil er Wind bekam oder einen ungewandten Schützen eräugte, der das Gewehr zu spät hochbrachte oder einen im Winde flatternden Lodenmantel, so schleicht er sich gar zu gern durch die Treiber zurück. Ihm dann auf dem Rückwechsel aus seinem Balg herauszuhelfen, ist ein ganz besonderes Vergnügen.

Ich habe schon früher Gelegenheit genommen, den unentschuldbaren Leichtsinn hervorzuheben, geladene Gewehre auf Fuhrwerken mitzuführen. Alljährlich zur Jagdzeit bringen die Zeitungen Bericht über Unglücksfälle dieser Art, und die Statistik spricht eine furchtbare Sprache über Jagdunfälle, die meistens auf leichtsinnige Führung des Gewehrs zurückzuführen sind. Und oft genug sind es nicht unerfahrene Anfänger und Neulinge, denen das Unglück widerfährt, sondern Jäger, bei denen man solche Leichtfertigkeit gar nicht für möglich halten sollte. Der stete Umgang mit einem so gefährlichen Ding, wie es eine geladene Schußwaffe darstellt, macht viele Jäger sorglos. Es kann also nicht streng und bestimmt genug auf das unbedingte Entladen der Waffe vor Besteigen des Wagens gehalten werden.

Es ist schon früher gesagt worden, daß auf das Feld die weitschießende, eng zusammenhaltende Flinte mit oder ohne Würgebohrung gehört, in das Holz eine weniger engschießende Waffe, weil man hier selten weit, ja meist viel näher schießt, als geschätzt wird. Man schieße aber nicht zu nah, denn das Wild soll doch immer verwertet werden können und nicht einen Brei von Knochen und Wildpret darstellen, der nur durch den Balg zusammengehalten wird. Wo man gelegentlich auf einen Kugelschuß rechnen kann, da ist der Drilling angebracht; sonst ist die Doppelflinte oder der Halbautomat die für die Treibjagd gebotene Waffe. Als Ladung führt der Schütze am zweckmäßigsten im rechten Lauf dünnere Schrote, etwa $2\frac{1}{2}$ mm für Schnepfen oder für nahkommendes Haarwild, im anderen stärkere, etwa 3 mm. Doch kenne ich erfahrene Waidmänner, die im Walde auf alle Wildarten nur $2\frac{1}{2}$-mm-Schrote verschießen, und zwar mit großem Erfolg. Die bessere Deckung der Schrotgarbe spielt bei der meist nahen Schußentfernung eben doch eine entscheidende Rolle. Weitere Schüsse als 25–30 m sind dann allerdings strikt zu vermeiden.

Nach Schluß der Hasenjagden werden in manchen Gegenden Treibjagden speziell auf Füchse veranstaltet. Hierzu sind nur wenig Schützen und wenig Treiber erforderlich. Dafür muß aber der Leiter einer solchen Jagd mit dem Revier und insbesondere mit den Fuchsposten auf das genaueste vertraut sein. Nur diese Posten werden besetzt; und das ganze Treiben geht in der größten Ruhe vor sich. Wird nicht gerade dicht am nächsten Treiben geschossen, so kann bei großen Treiben auch das eine unbedenklich an das andere gereiht werden. Die Hauptsache ist neben gutem Wind auf den Posten genaue Ortskenntnis der Treiber, damit diese, gerade weil sie gering an Zahl sind und daher keine Augenverbindung haben können, doch im allgemeinen gute Richtung und guten Zwischenraum halten.

Um jedes störende Geräusch zu vermeiden, wird beim Fuchstreiben das An- und Abblasen am besten unterlassen. Es geht vielmehr alles nach der Uhr oder nach sonstiger Anordnung. Da die meisten Treiben zwei, höchstens drei Fuchsposten haben, so ist eine größere Zahl als drei bis vier Schützen nicht erforderlich. Sehr erwünscht sind auf diesen Posten Schirme, deren Lage nach den bisherigen Erfahrungen sorgfältig ausgewählt ist und sicher die günstigste Voraussetzung bietet. Häufig genug würde der Schütze dort, wo er den anschleichenden Fuchs am ehesten gewahren und ihn am besten beschießen könnte, sich sonst mit einem minder günstigen Stand begnügen oder ohne hinreichende Deckung stehen zu müssen.

Im allgemeinen werden die Fuchsposten als solche bekannt sein. Sonst sind diese entweder dort, wo zwei Dickungen mit schmalem Hals aneinanderstoßen, wo im Gebirge eine Mulde nach oben ausläuft, wo in der Ebene eine ganz leichte, kaum wahrnehmbare Senke sich erstreckt, oder auch an Orten, die sich wiederholt bewährt haben, ohne daß der Grund erkennbar ist. Mit der Veränderung der Waldbestände ändern sich im Lauf der Jahre natürlich auch die Fuchspässe.

Da diese Jagden zum Teil in die Rollzeit fallen, so ist nicht selten das Erscheinen von zwei oder gar von drei Füchsen zu gleicher Zeit zu erwarten. Jedenfalls darf der Schütze nicht immer nur auf einen einzigen zu gleicher Zeit rechnen. Sobald er daher einen Fuchs erblickt, so schießt er ihn nicht auf der ersten Schluppe tot, sondern wartet noch ein wenig, ob er nicht noch einen zweiten zu Gesicht bekommt. Dieser würde, wenn er noch nicht im Schußbereich ist, auf den Knall sofort zurückflüchten. Daher wartet der erfahrene Waidmann, auch den ersten im Auge behaltend, ab, ob er den zweiten nicht strecken kann; und erst, wenn das gelungen ist, nimmt er auch den nun zwar flüchtenden, aber doch so schnell nicht aus dem Schußbereich herauskommenden ersten auf das Korn. Oftmals traben zwei Füchse unmittelbar hineinander – da möge der Neuling nicht denken, er könne beide mit einem Schuß strecken. Das würde nur selten glücken. Aber wenn er zunächst den zweiten und dann den ersten beschließt, so werden oft genug alle beide ihren Balg lassen müssen.

Was den Schuß auf den Fuchs betrifft, so ist derjenige spitz von vorn der allerungünstigste; selbst wenn die Entfernung gar nicht groß ist. Die eigenartige, spitze Form des Schädels ist ganz besonders dazu angetan, die etwa treffenden Schrote nicht durchschlagen, sondern abprallen zu lassen. Da bleibt der Fuchs von dem Dröhnen im Schädel vielleicht einen Augenblick ohne Besinnung liegen, um alsbald flüchtig zu werden. Es ist ihm vielleicht ein Kiefer, der eine oder andere Zahn zerschmettert; – aber damit bekommt man keinen Fuchs in seine Gewalt. Auch wenn ein Vorderlauf oder Hinterlauf getroffen sein sollte, so ergreift ihn im letzteren Fall vielleicht ein scharfer Hund. Mit zerschmettertem Vorderlauf aber geht der Fuchs davon, als ob ihm gar nichts fehlte. Dazu deckt der spitze Kopf den größten Teil des hinteren Körpers. Der Schütze läßt daher den Fuchs wenigstens so nah kommen, daß er ihm bei diesem Schuß den Schädel zerschmettern kann; oder er faßt ihn lieber beim Herumfahren in dem Augenblick, wo er sich breit zeigt, wenn er Unrat gemerkt haben sollte. Der günstigste Schuß ist der Breitschuß, der meist ein sofortiges Zusammenbrechen im Gefolge hat.

Diese Fuchsjagden mit wenig Schützen und Treibern können jederzeit leicht unternommen werden. Der Jagdleiter ist also nicht gezwungen, sie, wie größere Treibjagden, schon länger vorher anzusetzen. Daher kann er sich auch die Witterung eher auswählen als sonst. Aber welche Witterung soll er wählen? Als Jahreszeit kommen meist nur Januar und Februar in Frage. Da habe ich nun recht eigentümliche Erfahrungen gemacht, die mir starke Zweifel an der alten Lehre verursacht haben, daß der Fuchs bei nassem, stürmischem Wetter im Bau stecke.

Ich setzte nämlich zuerst, nachdem ich selbständiger Jagdinhaber geworden war, diese Fuchsjagd nur beim schönsten Frostwetter und beim hellen Sonnenschein an, in der Hoffnung, die Füchse außer Bau zu finden. Damit hatte ich auch Glück. Nun kam es aber auch gelegentlich vor, daß aus dieser schönen Witterung im Laufe des Tages sich das reinste Sauwetter entwickelte, so daß man keinen Hund hätte vor die Tür jagen mögen. Nichtsdestoweniger wurde gelegentlich noch das eine oder andere Treiben gemacht. Zwar mit geringer Aussicht; aber es war gerade ein gutes Fuchstreiben oder das Treiben lag weit an der Grenze, und man wäre in diesem Jahr vielleicht nicht wieder hingekommen. Und siehe da: zwei Füchse zur Strecke; beide: Rüd und Fähe, pudelnaß! Später habe ich, wenn die Verabredung einmal getroffen war, auch bei dem schlechtesten Wetter, selbst bei nassem Schneetreiben, solche Jagd gemacht und im großen und ganzen dabei recht gute Strecken erzielt.

Bei der hier in Rede stehenden stillen Treibjagd auf den Fuchs sind stöbernde und jagende Hunde überflüssig und störend. Überflüssig, weil der Fuchs durch die Treiber allein mit hinreichender Sicherheit vor die Schützen gebracht wird; und zwar dort, wo er erwartet wird, nämlich auf den Fuchspässen. Störend, weil die laut jagenden Hunde nicht allein schon die benachbarten Treiben beunruhigen, sondern auch die Füchse von ihren Pässen versprengen können, so daß sie ganz woanders anlaufen, als wo sie erwartet werden. Es gehört also auf derlei Jagden nur der scharfe Gebrauchshund, und zwar an der Leine, der ausschließlich zum Abwürgen und Antragen angeschossener Füchse in Tätigkeit tritt. Auch das soll nur geschehen, wenn eine Beunruhigung der nächsten Treiben nicht zu befürchten ist.

Sonst bleibt die Nachsuche bis nach Beendigung dieses Treibens, in dem der kranke Fuchs ohnehin vielleicht zu Schuß kommt. Man läuft bei solchem Verhalten zwar immer Gefahr, daß er einen Bau annimmt, aber das muß in Kauf genommen werden. Vielleicht kann man ihn am nächsten Tag graben, oder man findet ihn verendet auf dem Bau liegen.

Das Feldvorstehtreiben

Das Feldtreiben verlangt nach den örtlichen Besonderheiten recht verschiedenartige Beurteilung. Wo Feld und Wald im Gemenge liegen, sitzt der Hase, dem das Treiben meist gilt, zeitweise mehr im Holz, zeitweise mehr im Feld, wie das schon besprochen wurde. Habe ich nun bei der Waldjagd bereits gute Witterung gehabt und sind dabei viele Hasen erlegt, so darf ich, um den Stammbesatz nicht zu klein werden zu lassen, natürlich nicht auch noch Feldtreibjagd machen lassen. Das wäre des Guten zuviel!

Anders ist es dort, wo die Felder sich weithin erstrecken, von keinem Wald unterbrochen. Hier bleibt der Hase jahrein, jahraus im Feld. Der Jagdleiter hat dann nur die für die Treibjagd günstigste Witterung zu treffen, um zu einem guten Ergebnis zu gelangen. In diesem Sinne treibe man nicht zu früh im Jahr. Der Hase läuft dann noch nicht; er drückt sich um die Treiber herum und geht viel, wenn nicht meist zurück. Dasselbe ist bei trübem, feuchtem Wetter im Winter der Fall. Daher ist auch hier, wie beim Waldtreiben, heller Frost am günstigsten. Heftiger Wind ist störend; nicht nur, weil er den Aufenthalt im Freien unangenehm macht. Es wird dabei meist schlecht geschossen. Hühner wie Fasanen kommen in einer derartigen Geschwindigkeit herangestrichen, daß sie manchen Schützen gar zu schnell sind.

Wo Wald und Feld im Gemenge liegen und sich in einer Hand befinden, da hat der Jagdherr die Wahl, das eine oder das andere zu bejagen. Es sei denn, daß etwa die Waldjagd aus irgendwelchem Grund eine Fehljagd war oder umgekehrt.

Zu der Frage, wo der Hase im Felde am liebsten sitzt, muß zunächst darauf hingewiesen werden, daß der Hase eine Abneigung gegen Zugwind, noch mehr gegen heftigen Wind hat. Er pflegt daher im hügeligen Gelände stets auf der dem Wind abgekehrten Seite zu sitzen; er sitzt an *überwindigen Orten,* wie der Waidmann sagt. Die können sich von heute zu morgen aber leicht ändern; und wenn große, ein wenig geneigte, in sich ebene Flächen heute überwindig sind, so können sie bei wechselndem Wind diesem morgen stark ausgesetzt sein. Nur da, wo Tal und Hügel auf kleinen Flächen wechseln, darf man auf größeren Gebieten immer Hasen erwarten, weil sie hier nur ein wenig weiterzurücken brauchen, um im Überwind zu sitzen.

Ja, und wohin die Hasen laufen? Das kann von den verschiedensten Dingen, auch vom Wind in anderem Sinn abhängen. Zu diesen verschiedensten Dingen gehört u. a., daß die Hasen ungern über rauhscholligen Acker flüchten; namentlich wenn er gefroren ist. Es gehört nur ein wenig Aufmerksamkeit dazu, um das zu beobachten. Überdies wurde es früher durch eine oft geübte Methode bewiesen. Man braucht nur bei weichem Wetter eine Walze über einen Sturzacker gehen zu lassen, um den Erfolg zu erzielen, daß alle Hasen, die auf diesen bequemen Paß treffen, keine Neigung haben, ihn ohne große Not wieder zu verlassen. Ja, wenn man in einer größeren derartigen Fläche ein ganzes System solcher Walzenpässe einrichtet, so kann man fast alle Hasen, die auf den Sturzacker geraten, auf einer solchen ebenen Straße einem bevorzugten Gast vor die Flinte bringen.

Es ist aber weiter zu beachten, daß bei dem Weg, den der Hase nimmt, auch der Wind eine erhebliche Rolle spielt, da er der Träger der Witterung ist. Ich weiß recht gut, daß das stark bestritten wird, und daß man für Feldtreibjagden vorschreibt, keine Rücksicht auf ihn zu nehmen, aber ich halte das für verkehrt. Bekanntlich ist es außerordentlich schwer, den Hasen eine längere Strecke mit dem Wind geradeaus zu treiben. Das hat offenbar seinen Grund darin, daß er dieses bei seinem mangelhaften Sehvermögen erst recht wichtige Schutzmittel nicht ganz aufgeben will. Er bricht daher seitwärts aus, um wenigstens halben Wind zu haben. Wenn man diese täglich zu beobachtende Eigenschaft des Hasen berücksichtigt, so ist es mir unverständlich, warum man das Feldtreiben ohne Rücksicht darauf anlegen will. Und da der Hase offenbar und unbestreitbar den Wind berücksichtigt, wovon man sich übrigens auch bei jedem Feldtreiben überzeugen kann, so kann ich nicht glauben, daß die Richtung, die er heute nimmt, dieselbe sein soll, die er auch morgen bei vielleicht entgegengesetztem Wind halten wird.

Es kommt aber noch zweierlei hinzu: Der Hase läuft lieber *bergan* als *bergab*. Außerdem läuft er die *ungedeckt im freien Feld stehenden Schützen* nur sehr ungern an. Auch ist beim Anstellen der Schützen zu vermeiden, daß diese gegen die Sonne schießen müssen. Das will bei der so tiefstehenden Wintersonne an hellen Tagen wohlüberlegt sein. Denn wenn noch so viele Hasen anlaufen, und sie werden gefehlt oder krankgeschossen, so ist das eine recht ärgerliche Sache.

Es spielen also für die Vorbereitung der Jagd eine ganze Anzahl von Tatsachen eine Rolle, von denen einige jahraus, jahrein durchaus festliegen, andere dem Wechsel unterworfen sind. Bodenwärme und Geländegestaltung liegen fest. Die Fruchtfolge auf den Feldern ist jahrweise verschieden. Wind und Sonne wechseln häufig. Die Deckung der Schützen hat der Jagdherr in gewissem Maß und unter Umständen in der Hand. Danach wird der Plan entworfen unter der weiteren Rücksicht, daß Schützen wie Treiber vor unnötigen Wegen bewahrt bleiben sollen.

Der Jagdleiter würde also, die festliegenden Gründe in erster Linie berücksichtigend, den Plan der einzelnen Treiben, die natürlich möglichst groß genommen werden, so entwerfen, daß die Schützen z. B. an einem bepflanzten Weg, wo vorhandene Bäume Deckung bieten, am Rand eines Gehölzes, an den Weiden eines Grabens und an ähnlichen sich bietenden Möglichkeiten angestellt werden können.

Es wird sich wohl nur selten so einrichten lassen, Treiben an Treiben zu reihen, so daß Schützen und Treiber sich stets in gerader Vorwärtsbewegung befinden. Wo das aber doch zutreffen sollte, da tut der Jagdherr gut, hin und wieder absichtlich eine Abweichung in der

Hasen im Feldtreiben

Reihenfolge eintreten zu lassen, um nicht das eine oder andere Treiben durch die Unruhe des vorigen, durch die überlaufenden Hasen usw. schon mehr oder weniger leer zu finden.

Im ebenen Gelände ist ein Feldtreiben erheblich leichter zu leiten, als das bei einem Waldtreiben der Fall ist. Es braucht daher auch kein Jäger mit den Treibern zu gehen. Diese können durch einige ältere, zuverlässige Leute leicht in Ordnung gehalten werden, weil ja alles in voller Übersichtlichkeit vor sich geht. Daher gehört auch vor allem kein Schütze in die Treiberlinie. Vielmehr sollen einige Jäger mit zuverlässigen Hunden ein paar hundert Schritt hinter der Schützenlinie stehen, wo sie, *ohne selbst zu schießen,* etwa krank ankommende Hasen durch die Hunde fangen und antragen lassen. Das fällt natürlich dort fort, wo das folgende Treiben hinter den Schützen liegt. Denn in diesem Fall würde dieses schon stark beunruhigt werden, während die kranken Hasen ohnehin gefunden oder vorgetrieben werden. Unter diesen Verhältnissen gehören die Jäger mit den Hunden in die Treiberlinie. Es soll auch nicht verhehlt werden, daß es bei der Schwierigkeit, ausreichend Treiber zu bekommen, und den hohen Kosten, die entstehen, so manches Mal nötig sein wird, jüngere Schützen zu bitten, mit der Treiberwehr zu gehen und diese zu verstärken. Dabei erhalten diese genaue Weisung, ob und wieweit sie sich am Schießen beteiligen dürfen; sei es auf krankgeschossenes Wild, oder, mit gewissen Einschränkungen, auf zurückgehendes Wild, z. B. Kaninchen oder Flugwild.

Hat der Jagdherr es mit der Witterung und dem Plan der Jagd gut getroffen, so ist ein ruhiger, möglichst geräuschloser Betrieb des Ganzen eine erhebliche Gewähr für eine gute Strecke! Der durch die vielen Schüsse, das Dröhnen der Schritte der Treiber besonders bei Frost erzeugte Lärm kann natürlich nicht ausgeschaltet werden. Wohl aber kann jedes Rufen durch Hornblasen ersetzt, jedes Schreien und Kreischen der Treiber vermieden werden. Auch die im Wald so nützliche Klapper ist auf dem Feld überflüssig und schädlich. Denn bei hellem Frost läuft der Hase auch ohne Klappern und Schreien, während dieses ihn bei weichem Wetter und weichem Boden auch nicht vorwärts bringt. Die Treiber sollen still, gut ausgerichtet, in gleichen Abständen vorgehen, von Zeit zu Zeit eine Minute lang stillstehen und sich dann wieder in Bewegung setzen. Das veranlassen die Treiberführer durch Hochheben der Hand.

Sollten Hasen nach hinten durchbrechen wollen, so ist Stillstehen das beste Mittel dagegen. Alles Schreien oder gar Entgegen- und Zusammenlaufen macht die Hasen so kopflos, daß sie den Treibern eher zwischen den Beinen hindurchrennen, als sich zurücktreiben zu lassen.

Nähert sich die Treiberkette der Schützenlinie bis auf etwa 350 Schritt, so ertönt vom Jagdleiter der Hornruf „Halt!" Das ist das Zeichen, daß nicht mehr in das Treiben hineingeschossen werden darf. Denn im Feld werden viel hervorragend scharf- und weitschießende Gewehre geführt, deshalb ist es besser, zu vorsichtig als nicht vorsichtig genug zu sein. Von nun an werden alle Hasen durchgelassen und dürfen nur hinter der Schützenlinie beschossen werden. Wie aber, wenn diese an einem Bach angelehnt war, durch den die Hasen nicht hindurch wollen, oder wenn die Frontschützen mit dem Rücken zu einem Gehölz stehen, wohinein nur schlecht, unter Umständen gar nicht geschossen werden kann? Ich habe in solchen Fällen die Treiber auf den Ruf „Halt!" auf der Stelle stehen und sich dort etwas bewegen, die Schützenlinie aber vorgehen lassen mit der Weisung, nur hinter sich zu schießen. Das hat sich gut bewährt.

Wir wollen uns hier noch mit dem *Feldtreiben* auf *Federwild* beschäftigen. Im allgemeinen wird dieses wohl gelegentlich bei den Treiben auf Hasen mitbeschossen. Da aber im späten Herbst und Anfang Winter die Felder für das Federwild nur wenig Deckung bieten, so erfolgen die Feldtreiben auf Fasanen und Rebhühner meist früher und unabhängig von den Hasenjagden.

Solange die Hühner noch *halten,* schießt man sie lieber vor dem Hund oder bei der Streife, von der nachher die Rede sein wird. Halten sie aber nicht mehr, so ist das Treiben eine recht lebhafte Jagd, vorausgesetzt, daß es Hühner oder Fasanen oder noch besser beides reichlich gibt. Natürlich kann die Jagd nicht auf das Geratewohl hin abgehalten werden. Sie muß sich vielmehr ziemlich genau danach richten, welchen Strich das beunruhigte Wild nimmt. Hier sorgt der Jagdherr schon beizeiten für gut deckende Schirme, so daß sie den Vögeln nichts Neues mehr sind. Sich mit den Ständen an einen höheren Waldbestand anzulehnen, ist zu widerraten, weil das Federwild meist hoch darüberschwingt und noch schwieriger zu schießen ist als ohnehin schon. Freilich liegt gerade hierin für manche ein besonderer Reiz des Treibens.

Sobald die Schützen ihre Stände eingenommen haben, wobei auf die Sonne wieder besondere Rücksicht zu nehmen ist, gehen die nicht zu dünn verteilten Treiber los. Zwischen ihnen gut verteilt eine Anzahl Jäger mit guten Hunden. Es wird nicht wie bei der Hasenjagd einfach geradeaus gegangen, sondern die für das Federwild besonders anziehenden Orte mit noch stehenden Feldfrüchten und sonstiger Deckung werden mit weit größerer Sorgfalt vorgenommen als der offene Acker, obgleich auch dieser nicht ausgelassen werden darf. Einzelne Hecken, Raine, Knicks, kleine Gehölze und Schutzanlagen sind auf das genaueste abzutreiben, weil sich gerade hier die Fasanen bis an die äußerste Möglichkeit zu drücken suchen. Sollten die vorhandenen Schirme nicht ausreichen und etwa bei großen, noch bestockten Ackerflächen diese für sich getrieben werden, so stellt der Jagdleiter die Schützen, um ihnen einige Deckung zu verschaffen, nicht außerhalb auf das nackte Feld, sondern an den Rand der Stücke, oder etwa zehn Schritt davon entfernt, in diese hinein, damit die Bestockung des Ackers selbst ihnen eine gewisse Deckung bietet.

Beim Schießen in die Höhe ist natürlich der Mitschützen wie der Treiber wegen besondere Vorsicht angebracht. Das gilt vor allem für Hühner, die nur zu oft sehr flach durch die Schützenlinie streichen und zu leichtfertigen Schüssen geradezu herausfordern.

Sollen bei der Treibjagd auf Rebhühner und Fasanen die Rücksichten der Hege walten, und die läßt kein Waidmann außer acht, so wird man bestrebt sein müssen, möglichst die Hähne abzuschießen, weil diese in erheblich größerer Zahl auszukommen pflegen, als sie für das Fortpflanzungsgeschäft des kommenden Jahres nötig sind. Der Rebhahn ist im Anstreichen von vorn an seinem erheblich stärker ausgeprägten Schild recht gut zu erkennen. Der Fasanenhahn sticht durch die Pracht seines Gefieders, seine Stärke und sein längeres Spiel so stark von der Henne ab, daß er nur schwer mit ihr verwechselt werden kann. Dazu steht er meist mit lautem Gok, Gok auf und kommt oft genug auch noch mit diesem Laut herangestrichen. Freilich erreichen bei dem grundsätzlichen Hahnabschuß manche Fasanenhennen ein höheres Alter, werden gelt und nähern sich im Gefieder dem des Hahnes. Wenn solche *hahnenfedrigen* Hennen gestreckt werden, so ist das kein Fehler, sondern ein Vorteil für den Fasanenbesatz.

Den Schluß dieses Abschnittes möge die *Treibjagd* auf den *Marder* bilden. Ist dieser bei Schnee oder sonst durch zufällige Beobachtung in einem Gebäude *festgemacht,* so wird es, falls die Örtlichkeit es zuläßt, mit Schützen umstellt. Alsdann werden einige Leute hineingeschickt, die auf Blechtafeln, alten Töpfen, löcherigen Gießkannen und derlei Metallgegenständen mit Hilfe eines Eisenstabes, eines alten Kochlöffels u. a. eine möglichst ohrenbetäubende Musik machen. Der Marder gerät dadurch in eine solche kopflose Furcht, daß er seinen sicheren Schlupfwinkel unter Heu und Stroh verläßt und den vorstehenden Schützen in die Flinte läuft. Einige scharfe Hunde sollen zur Hand sein, um ihn, falls er gefehlt werden sollte, entweder zu greifen oder zum alsbaldigen Aufbaumen zu zwingen.

Die Streifjagd und Kesseljagd

Die Streifjagd wird auch *Streife, fliegendes* oder *böhmisches Treiben* genannt. Sie unterscheidet sich von der Treibjagd dadurch, daß bei letzterer die Schützen das von den Treibern rege gemachte Wild auf ihren Ständen erwarten, während bei ersterer die Schützen und Treiber sich in einer bestimmten Ordnung, die bis zum Schluß der Streife bestehen bleibt, geradeaus vorwärtsbewegen. Dieselben Voraussetzungen, die für die Feldtreibjagd in Frage kommen, gelten auch für die Streifjagd; denn bei weichem Wetter und weichem Boden läuft der Hase nicht. Das Gebiet der Streifjagd ist das Feld, das nicht durch größere Holzungen unterbrochen sein soll, wohl aber einige niedrig bestockte Flächen aufweisen darf. Selbstverständlich hat diese Jagdart nur dann Sinn und Erfolg, wenn es sich um große Gebiete handelt, weil bei vielen Schützen sonst der Anfang auch gleich das Ende bedeuten würde. Man wählt daher für engere, kleinere Verhältnisse besser das Treiben. Die Anlage der Streifjagd erfolgt zweckmäßig nur in rechteckiger Form, indem Schützen und Treiber in der Front in gerader Linie aufgestellt werden, während auf jeder Seite rechtwinklig ein Flügel abzweigt, die *Wehren.* Der Zwischenraum bei den Schützen soll mindestens 80–100 Schritt betragen; zwischen je zwei Schützen kommen dann möglichst 4–5 Treiber. Natürlich kann man die Schützen auch noch näher aneinander gehen lassen, also auch zwischen den Schützen noch weniger Treiber einreihen, bei einer gut geführten Streifjagd, wenn genug Treiber vorhanden sind, kann aber auch der Zwischenraum bei den Schützen viel größer sein als hundert Schritt: es kommt eben darauf an, ob man möglichst wenig Unkosten, d. h. mit wenig Treibern und viel Schützen, möglichst viele Hasen erlegen oder einigen wenigen Gästen ein möglichst ergiebiges Jagdvergnügen bieten will. In der Praxis wird das heute bei uns jedoch kaum noch durchgeführt werden können.

Je länger die Wehren sind, desto besser. In die Wehren noch Flügelschützen einzuteilen, ist nicht ratsam, es sei denn, daß noch überzählige Gäste unterzubringen sind, die aber keinesfalls viel schießen. Wenn sie unvorsichtig sind, können sie leicht gefährlich werden.

Am Eck zwischen Front und Wehr muß ein höchstens 15–20 Schritt weiter Zwischenraum freigelassen werden, der den Eckschützen die Möglichkeit bietet, die dort durchbrechenden Hasen bequem zu erlegen. In manchen, besonders vollkommen ebenen Revieren, wie z. B. in Ungarn, gilt das eine Eck (je nach der herrschenden Windrichtung) als der beste Posten. Anderswo, z. B. in Schlesien und Böhmen, schätzte man den Mittelposten weit höher.

Bei der Streifjagd ist vor allem darauf zu sehen, daß die Schützen- und Treiberfront immer möglichst gerade ausgerichtet vorrückt, keine Löcher entstehen, durch Vorlaufen keine vorspringenden Ecken, durch Zurückbleiben keine Säcke sich bilden: die Hasen benutzen jede derartige Unordnung sofort zum Durchbrechen der Front!

Wenn die beiden Wehren am Ende des Streifens zusammenschließen, wird Halt geblasen, die Treiber rücken aus der Front zur Verstärkung der Wehren auf beiden Seiten nach und drücken schließlich den Rest des Treibens auf die Schützen ein, die stehen-geblieben sind und natürlich vom Haltesignal an nur nach rückwärts, d. h. nicht mehr in das Treiben hineinschießen dürfen. In wildreicheren Gegenden ist es immer besser, jedem Schützen zwei Träger mit einer Stange beizugeben, an welcher bis zu fünfzehn Hasen aufgehängt werden können, statt das erlegte Wild von den Treibern tragen zu lassen. Dies führt immer zu Unordnung und Aufenthalt und oft auch zu Diebstahl. Die vollen Stangen können während des Streifens an vorher bestimmten Plätzen abgelegt und vom nachfahrenden Wildwagen aufgenommen werden.

Die *Streifjagd im Walde* wird nach denselben Grundsätzen angelegt wie die Feldstreife, nur braucht man hier mehr Treiber, und die Gänge der Schützen müssen so weit vom Unterwuchs gesäubert und gelichtet werden, daß ein gewandter Schütze mit dem Schuß auf das blitzschnell über die schmale Jagdschneise flitzende Wild fertig werden kann. Für schlechte Schützen ist die Waldstreife keine reine Freude.

Ist schon im Feldstreifen das Schießen auf nach rückwärts durchbrechende Hasen ein Unfug, weil die Treiber stehen bleiben, dem angeschossenen oder gefehlten Hasen nachstarren oder gar in übertriebenem Eifer nachlaufen und die Front in Unordnung bringen, so ist ein Schießen auf nach rückwärts durchbrechendes Wild im Walde geradezu gemeingefährlich und darum unbedingt zu verbieten.

Die Streifjagd in Wald und Feld gestattet das Abjagen eines weit größeren Gebietes und darum auch die Erzielung weit größerer Tagesstrecken, als dies mit Kesseln oder gar mit Standtreiben möglich wäre. Überdies halte ich sie für die vom Standpunkt des Hegers vorteilhaftere Jagdart.

Die *Streifjagd auf Rebhühner* wird nur auf großen Feldrevieren ausgeübt, wo es sehr viele Hühner gibt. Sie unterscheidet sich nicht wesentlich von der Hasenstreife im Felde, nur entfallen die Wehre, und auf Hasen soll dabei überhaupt nicht geschossen werden. Wenn der Jagdleiter seine Sache versteht, nicht schablonenmäßig die Felder abstreifen läßt, sondern unter geschickter Ausnutzung der vorhandenen Deckungen (große Rüben-, Klee-, Kartoffelbreiten und günstig gelegenen Remisen) so manövriert, daß er die Hühner immer wieder zusammentreibt und den Schützen vor die Flinte bringt, gewinnt diese Jagd sehr an Interesse. Als waidmännisch ist sie nur dann anzusehen, wenn gleich hinter der Schützenlinie mit guten Hunden gewissenhaft nachgesucht wird.

Ich möchte, da das *Kesseltreiben* nur eine bestimmte Form der Streifjagd ist, dieses hier gleich erwähnen, weil das noch zu besprechende Verhalten von Schützen und Treibern auf der Streif- und Kesseljagd so viele Ähnlichkeiten hat, daß sie am besten gleich zusammen behandelt werden.

Man kann sagen, die Kesseljagd ist eine Streifjagd, die sich nicht in gerader Linie fortbewegt, die vielmehr von dem Umfang eines Kreises auf dessen Mittelpunkt hin gerichtet ist, in dem schließlich alles zusammentrifft. Auch für die Kesseljagd gilt hinsichtlich des Wetters dasselbe, was für alle Treiben gilt; helles Frostwetter eröffnet die besten Aussichten. Die Anlage einer solchen Jagd geschieht in folgender Weise: Der Jagdleiter teilt Schützen und Treiber in zwei gleich große Gruppen, die Träger der geraden Nummern nach rechts, die der ungeraden nach links. Dort, wo die Mitte des Kessels sein soll, steht auf einer hohen Stange ein weit sichtbares Zeichen, ein Busch, ein Strohwisch oder dergleichen. Je nachdem ein oder zwei oder mehr Treiber zwischen zwei Schützen gehen sollen, werden diese von Anfang an verteilt. Je mehr Schützen und Treiber, desto besser; denn um so größer kann der Kessel angelegt werden. Das bedeutet im wesentlichen: Zeit gewinnen. Mit vielen kleinen Kesseln wird nicht annähernd soviel geschafft wie mit wenigen großen.

Angenommen, es kommen zwischen je zwei Schützen drei Treiber, denn mit weniger Treibern sollte man nicht kesseln, weil auch Hasen unbeschossen entkommen müssen. Dann läßt der Jagdherr zunächst nach rechts und nach links je einen ortskundigen, mit der ganzen Anlage durchaus vertrauten Treiber ablaufen, die den halben Umfang des Kreises zu umgehen und schließlich zusammenzustoßen haben. Dem Treiber folgt je ein Schütze, dann je drei Treiber, je ein Schütze usw., bis alle verteilt sind. Es glaube nun keiner, daß das Ablaufenlassen eine leichte Aufgabe ist. Der Jagdherr muß die Länge jedes Halbkreises ziemlich genau kennen, will er nicht schließlich völlig ungleiche Abstände haben und die Hasen zum Durchbrechen auf den lockeren Stellen anreizen. In diese Gesamtlänge jedes Halbkreises teilt er die für jede Seite bestimmte Anzahl von Schützen und Treibern. Der Durchmesser des Kessels ist leicht zu schätzen, am besten hat man ihn zu Hause nach dem Meßtischblatt abgegriffen. Danach kann man den Umfang errechnen und, da die Zahl der Schützen und Treiber bekannt ist, den Abstand, in welchem die Leute nach links und rechts ablaufen müssen. Dabei sollte der Kessel so weit angelegt sein, daß der Abstand von Schütze zu Schütze etwa 200 m beträgt. Sobald nach der Mitte zu marschiert wird, wird der Zwischenraum von Minute zu Minute geringer, bis die Schützen mit ihren Flinten zueinander reichen können. Geht vorher wirklich ein Hase auf zu weite Entfernung aus dem Kessel heraus, so schadet das nichts, es muß ja auch der Stammbesatz leben bleiben.

Ein Kesseltreiben bei weichem, trübem Wetter ist eine üble Sache. Die Hasen laufen nicht. Schützen und Treiber quälen sich, vorwärts zu kommen. Ist daher seit Abgang der Einladungen zur Jagd weiches Wetter eingetreten, so sehe man vom Kesseltreiben ab und versuche Standtreiben zu machen, die dann freilich auch nicht viel Erfolg haben werden. Am besten hebt man die Jagd ganz auf, wenn das angängig ist.

Es ist eine Streitfrage, ob während des Ablaufens der Schützen schon geschossen werden darf oder nicht. Ich halte das letztere für richtig, und zwar aus folgenden Gründen. Die Erlaubnis zum Schießen würde von vornherein eine starke Bevorzugung der zuerst ablaufenden Schützen sein. Das ließe sich ertragen. Wichtiger ist jedoch ein anderer Grund: Vor dem Einhalten des richtigen Weges der ersten Schützen oder Treiber hängt die ganze Ordnung des Kessels ab. Bleibt der erste Schütze stehen, muß einer der Treiber einen erlegten Hasen aufnehmen, wiederholt sich das, so kommt die ganze ablaufende Seite ins Stocken. Der eine läuft auf den andern; die Abstände geraten in Unordnung usw. Daher muß das Schießen während des Ablaufens auf alle Fälle untersagt werden.

Sobald die zuerst abgelaufenen Treiber jeder Seite sich näherkommen, machen sie mit demselben Abstand halt, mit dem Schützen und Treiber angegangen sind. Der Spitzenschütze, der stets ein Horn führen muß, bläst nun das Signal „Das Ganze"; alle Jäger, die ein Horn führen, geben das Signal weiter, so daß es beim Jagdleiter ankommt. Hat dieser richtig gerechnet, so daß alle Schützen und Treiber in diesem Augenblick abgelaufen sind, so bläst er das Signal „Halt", welches ebenfalls weitergegeben wird, also um den ganzen Kessel läuft. Hat die Sache aber nicht geklappt, dann wartet der Jagdherr mit dem Antwortsignal, und alles geht weiter, bis vom Jagdleiter das Signal „Halt" kommt. Darauf wird das Signal „Richtung" gegeben, worauf alles die Abstände nochmal prüft und ausgleicht und vor allem auch dafür sorgt, daß die benachbarten Treiber richtige Abstände aufnehmen. Schließlich gibt der Jagdleiter das Anjagdsignal: „Langsam treiben!" Alles macht links bzw. rechts um und geht nunmehr, ohne einen Sack zu bilden, und in gleichmäßigen Zwischenräumen nach der Mitte zu. Von diesem Augenblick ab darf erst geschossen werden.

Den Anfänger verweise ich hinsichtlich des Tragens seiner Flinte auf das im zweiten Teil hierüber Gesagte. Denn bei den vielen Menschen, dem oft sehr unsicheren Gehen über gefrorenem Boden ist ganz besondere Vorsicht im Tragen der Waffe und im Schießen am Platz.

Von Zeit zu Zeit wird „Halt" geblasen. Einmal, um die Hasen dadurch leichter zum Aufstehen zu veranlassen; dann, um Fehler in der ganzen Wehr wieder auszugleichen; schließlich, um für bessere Verteilung der erlegten Hasen auf die einzelnen Treiber zu sorgen. So rückt alles vor, bis der Kreis sich so weit verengt, daß die Schützen sich und die Treiber bei weiterem Hereinschießen in den Kessel gefährden würden. Dann ertönt der Hornruf: „Das Ganze halt!" Die Schützen bleiben stehen, wo sie sind und gleichen die Zwischenräume seitlich aus. Dann ertönt das Signal: „Treiber in den Kessel!" Von dem Augenblick an darf nur noch nach außen geschossen werden. Die Treiber rücken allein nach der Mitte vor, bis sie dort zusammenstoßen.

Ich habe hier die Darstellung einer Kesseljagd gegeben, wie sie sein soll und vom hegerischen Standpunkt zu vertreten ist. Habe ich jedoch – und das kommt heute oft genug vor – nicht die Möglichkeit, eine ausreichende Zahl von Treibern zu bekommen, so daß die Schützen zu dicht nebeneinander auslaufen und schon zu Beginn des Kessels kaum ein Hase die Chance hat, unbeschossen zu entkommen, so kann der Besatz nur zu leicht über das vertretbare Maß genutzt werden. In einem solchen Fall wähle man besser die Streife oder das pfleglichere Vorstehtreiben.

Die Drückjagd

Diese auch als *stilles Durchgehen* oder *Riegeln* bezeichnete Jagdart ist für alles Schalenwild, mit Ausnahme des Schwarzwildes, bestimmt. Man spricht zwar gelegentlich vom Fuchsriegeln; aber das ist doch etwas ganz anderes als die Jagd, die man unter Riegeln von Schalenwild versteht. Ich habe sie bei dem Waldtreiben auf den Fuchs bereits behandelt.

Es ist nicht recht zu verstehen und muß wohl auf Vorurteilen beruhen, daß das Drücken auf Schalenwild vielfach eine so harte Kritik erfährt, ja stellenweise in Grund und Boden verdammt wird. Und doch handelt es sich um eine Jagd, die von allen Arten, das Wild vor die Schützen zu bringen, als die am meisten kunstgerechte bezeichnet werden muß. Das, was man ihr zum Vorwurf macht, liegt auch nicht in ihren etwaigen Fehlern oder Mängeln, sondern einzig und allein in ihrem Mißbrauch. Denn wenn auf solchen schlecht geleiteten Jagden und von unwaidmännisch verfahrenden Schützen Wild ohne Rücksicht auf Alter und Geschlecht niedergedonnert oder zu Holz geschossen wird, wenn es an der nötigen Nachsuche und an brauchbaren Hunden fehlt, so kann man doch nicht die Jagdart selbst, sondern nur ihren Mißbrauch und ihre schlechte Ausführung dafür verantwortlich machen.

Das haben tüchtige Waidmänner längst erkannt. Und die Bevorzugung des Gamsriegelns in

den wahrlich zu waidgerechtem Tun nicht armen Alpenländern, das die früher so verbreiteten und durch ihren Lärm für den Wildstand so nachteiligen großen Treibjagden abgelöst hat, spricht für die Vorzüge des Riegelns. Man braucht sich nur klarzumachen, wie sehr beispielsweise die Erfüllung des Kahlwildabschusses auf der Pürsche das Revier beunruhigen muß, wenn in allen Bezirken gleichzeitig gepürscht wird. Da stört eine hin und wieder eingelegte Drückjagd, die höchstens ein- oder zweimal im Jahr denselben Bezirk trifft, viel weniger. Es kommt aber noch eins hinzu. Wenn das Wild beim Drücken, wie es bei richtiger Anlage der Fall ist, in ruhiger Gangart heranzieht, dann erleichtert dies das Ansprechen in ganz erheblichem Maße.

Das sind ganz unleugbare Vorzüge des stillen Durchgehens, die durchaus nicht durch leichtfertiges Schießen und mangelhafte Nachsuche wettgemacht zu werden brauchen. Im Gegenteil: Umsichtiges und vorsichtiges Schießen soll diese Vorzüge erhöhen. Und eine auf der Höhe stehende Nachsuche soll ebenfalls in diesem günstigen Sinn wirken. So vermögen richtig geleitete Drückjagden mit erfahrenen Jägern als Teilnehmern alle Vorzüge guter waidmännischer Betätigung in sich zu vereinigen. Mit unerfahrenen Jägern sollte man dagegen keine Drückjagd veranstalten, bzw. derartige Leute nicht zu solchen Jagden einladen.

Für die Leitung einer Drückjagd kommt als erste Rücksicht die auf den Wind in Frage. Es ist eine jedem Jäger bekannte Tatsache, daß das Schalenwild seine Bewegungen und Wechselgewohnheiten unter steter Beobachtung des Windes vornimmt. Es äst mit Vorliebe gegen den Wind; es zieht gegen den Wind oder doch mindestens mit halbem Wind. Diese Eigenschaft ist der Grund für die bekannte Erscheinung, daß beispielsweise nach länger anhaltendem Westwind die westlichen Revierteile das meiste Wild beherbergen, falls es nicht darüber hinaus in vorliegende Nachbarreviere übergetreten ist. Bei anhaltendem Ostwind trifft das für die östlichen Revierteile zu. Weil alles Wild regelmäßig gegen den Wind oder mit halbem Wind zieht, so muß es bei anhaltend gleicher Windrichtung sich schließlich in der Richtung sammeln, woher der Wind kommt.

Auf dieser Eigentümlichkeit, die mit dem Bestreben zusammenhängt, sich durch Benutzung des Windfanges vor Feinden zu schützen, beruht die geringe Neigung des Wildes, sich auch nur eine kurze Strecke weit *mit* der herrschenden Windrichtung treiben zu lassen. Wer mit dem Wesen des Hochwildes wenig vertraut ist, der würde glauben, das Treiben mit dem Wind müßte, ebenso wie bei einer Treibjagd auf Hasen, die beste Strecke liefern. Die Erfahrung würde ihn aber bald lehren, daß das ein großer Irrtum ist, indem das Wild meist durch die Treiber zurückgehen würde. Es gilt daher als Grundsatz, das Drücken stets *gegen* den Wind zu richten und die dadurch für den Schützen, falls man sie nach Art der Hasentreibjagd anstellen wollte, entstehenden Nachteile dadurch auszugleichen, daß man die Schützen nicht *an* das Treiben, sondern vom Treiben *ab* anstellt, so daß sie etwa *halben* Wind haben, wobei man die jeweiligen Wechsel berücksichtigt, die einem natürlich bekannt sein müssen. Wenn Hochwild richtig gedrückt wird, pflegt es mit ziemlicher Sicherheit auf einem Wechsel zu kommen. Es ist nun Sache des Jagdherrn, an die bekannten Wechsel die Schützen so zu stellen, daß sie zum Wechsel hin guten oder wenigstens halben Wind haben. Die jeweils örtlichen Verhältnisse sind bei den Überlegungen maßgebend.

Soviel vom Wind! Wenden wir uns nun zur Witterung. Es ist immer dasselbe, ob Hasentreibjagd, ob Hochwildjagd: Heller, trockener Frost ist stets das beste Wetter. Nur ist der Jagdleiter bei der Drückjagd in der angenehmen Lage, auch bei unerwartet schlechter Witterung sich helfen zu können. Bei heftigem Sturm ist freilich nicht viel zu machen, weil dann das Wild die durchgehenden Personen oft kaum gewahr wird. Ebenso geht man, wenn es Bindfaden regnet, am besten nach Hause. Aber wenn z. B. leichter Regen eintritt, so braucht der Jagdleiter nur die Dickungen auszulassen, in denen, wenn sie naß sind, doch nichts steht, um statt deren lichtere Stangenorte, vielleicht mit einigen Fichtenhorsten, die das Wild bei nassem Wetter gern aufsucht, zu nehmen, um mit ganz gutem Erfolg jagen zu können. Daß Schnee nicht nur vorheriges Einkreisen und Bestätigen, leichtes Auffinden des Wildes im Treiben durch Nachgehen auf der Fährte und vor allem eine sichere Nachsuche des angeschweißten Wildes ermöglicht, bedarf keiner Betonung.

Aber auch noch in anderer Beziehung ist die Witterung von Einfluß. Helles, höriges Wetter, bei dem die Tritte der Jäger beim Anstellen, auf dem Weg von einem Treiben zum andern, die Schüsse, das Geläute des Hundes weithin zu hören sind, verlangt große Treiben, damit das Wild nicht vorzeitig rege wird, während diese bei trübem Wetter kleiner genommen werden können.

Über das Anstellen der Schützen ist, soweit der Wind dabei in Frage kommt, bereits gesprochen. Es sind aber noch andere Rücksichten zu beachten. Da ist zunächst ein gutes Schußfeld, verbunden mit guter Deckung. Wild, das nicht schon vorher beschossen wurde oder das, weil es durchaus nicht vorzubringen war, nicht schon durch einen Schuß im Treiben beunruhigt wurde, pflegt Wechsel zu halten. Da letzteres die Regel, die Beunruhigung die Ausnahme bildet, so muß der Schütze das beste Schußfeld in der Richtung auf den Wechsel haben; und zwar zuerst auf denjenigen Teil, auf dem das Wild dem Schützen breit kommen muß. In etwa der gleichen Richtung aber etwas weiter nach den Seiten übergreifend, soll auch die Deckung Schutz gewähren. Am besten werden solche Deckungen außerhalb der Jagdzeit in Muße und Ruhe hergestellt: entweder als künstliche Schirme, die sich der Örtlichkeit anpassen, oder aber als gut zurechtgestutzte Sträucher, ein dichter Wacholder, eine Nadelholz- oder Laubholzkussel und dergleichen. Es wird sich, wenn das mit Liebe gemacht wird, selten um größere Arbeiten handeln, da es so viele Treiben selbst in einem größeren Jagdbezirk gar nicht gibt, als daß die Stände nicht vom Förster oder Jäger nach und nach fast kostenlos hergestellt werden könnten. Hat jeder Hauptwechsel, um für alle Fälle vorbereitet zu sein, zwei Schirme, so ist jeder Windrichtung Rechnung getragen. Ist eine Deckung nicht vorhanden, so drückt sich der Schütze hinter einen Stamm so unauffällig wie möglich.

Ganz besondere Aufmerksamkeit hat der Jagdleiter der Besetzung der *Rückwechsel* zu widmen. Besonders, wenn diese eine solche Richtung haben, daß sie dem zurückwechselnden Wild halben Wind bieten, werden sie besonders gern angenommen. Sie sind bei öfter gedrücktem Wild sogar viel sicherer als die Hauptwechsel.

Hat der Jagdherr sehr wenig Schützen, so daß nicht alle Wechsel besetzt werden können, so bleibt nichts anderes übrig, als den einen oder anderen *Wechsel zu verblenden.* Das geschieht, indem auf dem Wechsel, aber so, daß das Wild den Gegenstand möglichst zeitig gewahrt, ein Taschentuch oder ein Stück Papier angebracht wird, das sich im Winde bewegt. Auf solche Weise wird das Wild hier zurückgescheucht. Es nimmt dann oft einen anderen Wechsel an, der besetzt ist, wenn es nicht im Treiben stehenbleibt oder ganz zurückwechselt. Mehrere solcher Wechsel oder eine ganze Seite des Treibens verblendet man auch durch *Lappen,* die hervorragende Dienste leisten können; besonders, wenn es die leichten Federlappen sind, von denen *ein* Mann viele Längen tragen kann.

Neben der Rücksicht auf gutes Schußfeld und hinreichende Deckung spricht beim Anstellen der Schützen die Sicherheit der gesamten Teilnehmer noch sehr erheblich mit. Das um so mehr, als es sich nicht um eine Verletzung durch einige Schrote, sondern um den Kugelschuß handelt, der ungleich schwerere Verwundungen mit sich bringt. Die Sache ist so vielgestaltig, daß mit einigen kurzen Vorschriften nichts zu machen ist. Wer, wie viele der älteren Schriftsteller, das *Hineinschießen* in das Treiben grundsätzlich verwirft, dem Schützen also nur gestattet, auf Wild zu schießen, das die Schützenlinie überschritten hat, der sorgt gewiß gut für die Sicherheit seiner Mitjäger. Er beschränkt sie aber ebenso gewiß in vielen Fällen, ja er bringt sie oftmals ganz um die Gelegenheit zu schießen, wo das sicherlich nicht notwendig wäre. Ich will einmal folgendes Beispiel wählen.

Das Treiben wird einen Hang hinaufgebracht. Die Schützen stehen zu zweien jenseits des Kammes, zu dreien auf den Flügeln am Hang. Das Treiben mag 600 Schritt breit sein. Da frage ich: Weshalb sollen die jenseits des Kammes stehenden Schützen nicht in das Treiben hineinschießen, solange sie rechnen dürfen, daß die durchgehenden Personen noch nicht oben angelangt sind? Sie können doch niemanden gefährden. Und ferner, warum sollen die auf den Flügeln stehenden Schützen nicht in der Richtung nach dem Kamm hin in das Treiben hineinschießen, solange die durchgehenden Jäger nicht an ihnen vorüber sind?

Weiter: Ein Schütze steht im lichten Altholz in der tiefsten Stelle einer Mulde, deren Ränder er übersehen kann. Warum soll er nicht hineinschießen, solange er nichts von den Durchgehenden gewahrt und am Benehmen des Wildes mit höchster Wahrscheinlichkeit erkennen kann, daß noch keiner von ihnen in der Nähe ist? Ich meine, wenn ihm gesagt wird, er möge nicht gerade dann schießen, wenn das Wild noch auf dem oberen Rand der Mulde ist, sondern es erst in diese hineinlassen, dann sei jeder Vorsicht Genüge getan.

Oder: Die Schützen werden so angestellt, daß sie gerade über eine Welle im Gelände hinübersehen können. Vor ihnen ist eine breitere Vertiefung, die wieder in eine höhere Welle übergeht. Die Schützen können die Vertiefung einschließlich des Kammes der nächsten Welle übersehen – warum sollen sie nicht in die Vertiefung hineinschießen? Freilich, auf das Wild, das sich ihnen oben auf dem Kamm der nächsten Welle zeigt, dürfen sie nicht schießen, weil sie dann das ganze dahinterliegende Gelände gefährden.

Aus diesen drei Beispielen, die sich im Jagdrevier draußen noch mannigfach vermehren lassen, geht schon hervor, daß die allgemeine Vorschrift, nicht hineinzuschießen, viel zu weit geht. Grundsatz ist bei jeder Drückjagd, Riegeljagd, Treibjagd, daß jeder Schütze genau weiß, wo seine Nachbarn stehen und wie das Treiben kommt, daß er also von dem anstellenden Jäger bis ins einzelne darüber unterrichtet wird. Er muß dann selbst von Fall zu Fall entscheiden, ob er in das Treiben hineinschießen kann oder nicht.

Dort, wo man Büchsenschützen im *Haken* anstellen muß, halte ich es für das beste, einen Schützen, sobald die Wechsel das zulassen, in den Scheitel des Winkels zu stellen. Dieser darf nur nach außen schießen, während sein Nachbar zur Rechten nur nach rechts, der zur Linken nur nach links hineinschießen darf, solange die durchgehenden Jäger nicht gefährdet werden.

Hat der Jagdherr den soeben angestellten Schützen verlassen, so ist dieser auf sich selbst gestellt. Wir wollen einmal sehen, wie sich ein erfahrener Waidmann auf seinem Stand verhält. Da sehen wir zunächst, daß er seine Büchse ladet, die er bis dahin, wie bei jeder anderen Treibjagd das Gewehr, ungeladen mit der Mündung nach oben getragen hat. Alsdann tritt er ein paar Schritte beiseite, um seinen schon angestellten Nebenmann zu finden und verständigt sich mit ihm. Dann tritt er zu dem ihm angewiesenen Stand zurück und findet auch gleich die drei Schießlücken, die ihm als solche vorhin gezeigt waren, wieder. Inzwischen hat er aber auch den Jagdherrn mit den noch nicht angestellten Schützen im Auge behalten. Nun bleiben sie stehen; eine kurze Unterredung; dann geht es weiter. Er nimmt sein Glas und erkennt, daß der dort stehengebliebene Schütze lebhaft mit dem Hut winkt. Ein kurzes Antwortschwenken, und er kann beruhigt sein. Zur Rechten sieht er seinen Nachbarn auf einer Lücke stehen. Jetzt rasch mit dem Fuß den Boden etwas wund gescharrt, um ohne Geräusch kleine Seitenbewegungen ausführen zu können, die Büchse schußfertig zur Hand genommen, und nun übersieht er mit Muße seine Lage. Der Jagdherr hat ihm gesagt, etwa 60 Schritt links von ihm führe ein Wechsel vorbei, auf dem er das Wild zu erwarten habe. Es sind aber gut 200 Schritt bis zur Dickung, die durchgegangen wird. Wenn er das Wild möglichst nah heranläßt, dann würde er es gerade dann völlig breit haben, wenn es sich in der Schußlinie mit seinem linken Nachbarn befindet. Also muß er vorher schießen. Ja, *die* Lücke, die wird einen Winkel von 35 Grad mit dieser Linie bilden. Da darf er trotz des Frostes wohl keine Gefährdung seines Nachbarn mehr befürchten. Wie nun, falls er das Wild nach dem Durchbrechen durch die Schützenlinie nochmals beschießen könnte? Ja, da hinten, etwa in Winkel von 40 Grad, da ist sogar eine kleine Blöße, auf der man auch auf flüchtiges Wild noch ganz gut fertig werden könnte.

Es taucht nun die Frage auf, ob der Jäger *vor* dem Anblasen des Treibens oder – falls nach der Uhr begonnen wird – vor der vereinbarten Zeit bereits auf anwechselndes Wild schießen darf. Hierüber muß der Jagdleiter klare Anweisungen erteilen. Ich selbst habe es meistens so gehalten: Nachdem der Schütze angestellt ist, darf er auf anwechselndes Wild schießen, also auch *vor* dem Beginn des Treibens, nach dem Abblasen dagegen darf unter keinen Umständen mehr auf Wild geschossen werden, gleichgültig, was etwa noch anwechselt. Es gibt aber Jagden, bei denen es anders gehandhabt wird.

Kehren wir zu unserem Waidmann zurück. Er sieht plötzlich hinten am Rande der Dickung eine Bewegung. Es taucht auf, verschwindet wieder, als wenn dort eine Schlange vorwärts gleitet: Die ab und zu aus dem Grün auftauchenden Köpfe eines Rudels Rotwild! Zuerst das Leittier, dann ein Kalb, nun Stück auf Stück. Acht Stück Kahlwild; sie ziehen langsam, oft zurückäugend, auf dem Wechsel vor. Fester faßt die Hand die Büchse, ein verstohlener Blick auf das Schloß – ja, die Sicherung ist zurückgeleg. Wie sagte der Jagdleiter beim Stelldichein? ,,Also, wenn ich bitten darf, meine Herren, zunächst geringe Schmaltiere vom vorigen Jahr, dann geringe Kälber! Und bitte nur kein starkes Kalb anstatt eines geringen Schmaltieres!" Nun zieht das Rudel schon näher heran; erst das Leittier, dann ein gutes Kalb – das Kalb folgt immer dem Alttier zunächst –, dann ein ganz geringes Stück. Das muß ein Schmaltier aus dem letzten Jahr sein, wo die Kälber auffallend gering waren! Nun betritt das Alttier die ausgesuchte Schießlücke. Da sieht unser Waidmann noch ein fünftes Stück nach einem geringen Alttier; ein ganz geringes Kalb – vielleicht ein Erstlingskalb. Nun ist das zweite Stück auf der Lücke; nun erscheint das Blatt von Nummer drei; das Korn sticht förmlich hinein – bang! Hochauf fliegt der Vorderkörper – eine lange Flucht – und den Windfang tief am Boden flüchtet das Stück, die beiden ersten überholend. Diese verhoffen einen Augenblick, um dann nach vorwärts flüchtig zu werden. Seiner ersten Kugel sicher, sucht unser Schütze jetzt Nummer fünf, das geringe Kalb des geringen Alttieres, nachdem er blitzschnell eine neue Patrone in den Lauf repetiert hat. Sobald das Rudel die Schützenlinie durchbrochen hat, backt er an. Nun hat das Leittier die vorerwähnte Blöße erreicht, nun das Kalb; nun das geringe Alttier. Jetzt das geringe Kalb, das dem Alttier so hart folgt, daß gar kein Zwischenraum bleibt; – jetzt schnell die Höhe des Kalbes genommen, entschlossen vorgefahren und abgedrückt; und wie ein Hase überschlägt sich das Kalb! Die letzten Stücke machen hohe Fluchten darüber hin. Polternd auf dem harten Boden verschwindet das Rudel dem Auge.

Nach einiger Zeit glaubt er in der Dickung auf demselben Wechsel wie vorhin wieder etwas wahrzunehmen und sieht gespannt dorthin. Da knallt es rechts von ihm! Zunächst sieht er gar nichts; dann kommt in voller Flucht ein einzelnes Stück Rotwild auf ihn zu. Zweifellos ein Alttier, vielleicht ein Gelttier, das erlegt werden sollte. „Falls es ein alter, starker Kasten, also mutmaßlich ein Dauergelter ist", hatte der Jagdherr gesagt. Stark scheint ihm das Stück zu sein; aber es ist allein. Die Reihenfolge, ob letztes Stück des Rudels, hat er nicht beobachten können. Durch Vergleich mit anderen Stücken sich einen zuverlässigen Maßstab zu bilden, vermag unser Waidmann auch nicht. Wie, wenn nun der Nachbarschütze das Kalb davon geschossen hätte? Nein, wir schießen *nicht*. Und er nimmt die bereits gehobene Büchse wieder herunter. Wie?, sieht er da nicht schräg von vorn, hinten zwischen den Keulen etwas Weißes blitzen? Doch vielleicht ein säugendes Alttier? – ein „Säugetier", wie er im Falle der Erlegung schon die schadenfroh grinsenden Gesichter der Jagdfreunde ohne Worte sprechen sieht. Und nun? Ja, da wird das Stück ganz kurz; es verhofft, und wiederholt schreckend äugt es zurück. Da weiß er es: Eine Mutter, die ihr Kind verloren!

Wie angewurzelt steht das Tier; jetzt wird es seitwärts flüchtig. Und gleichzeitig sieht unser Waidmann einen der Durchgehenden aus der Dickung heraustreten, dessen Pfeifen er schon vorher vernommen hatte. Vor diesem flüchtete das Alttier offenbar.

Das Treiben ist aus. Die Büchse wird entladen; der Jagdstuhl zurechtgestellt, eine Zigarre angebrannt und gewartet, bis der Jagdherr erscheint, um die Anschüsse festzustellen. Das hat ja dieses Mal keine Bedeutung, weil beide Stücke zur Strecke sind, aber die Vorschrift ist streng und unbedingt. So befolgt unser Waidmann sie gern, wohl wissend, daß bei irgendeiner Ausnahme nur Unordnung entstünde. Denn der Eifer und die Ungeduld vieler ganz guter Jäger sind groß. Und wenn sie nicht durch klare Order an ihren Stand gebannt werden, dann treten sie vorher auf dem Anschuß herum. Wenn dann der Jagdherr kommt, ist das Bild oft genug verworren und damit die erste Grundlage für eine geordnete Nachsuche verdorben.

Nach einigem Warten erscheint von links der Jagdherr. „Nun?" – „Zwei Stück zur Strecke!" – „Waidmannsheil dazu! Wo liegen sie denn?" Die nähere Besichtigung ergibt zur Freude unseres Waidmanns: Nr. 1 ein geringes Schmaltier aus dem Vorjahr, Nr. 2 ein geringes Kalb.

Nun begleitet er, nachdem beide Stücke aufgebrochen, den Jagdherrn zu seinem rechten Nachbarn. Der kommt ihnen schon 50 Schritte von seinem Stand entgegen und erzählt unter lebhaften Gebärden: Er habe ein ganz ausgesuchtes Pech; erst habe er ein Schmaltier zur Strecke gehabt; dann sei es wieder hoch geworden und fortgezogen. Auf dem Stand angekommen, fragt der Jagdherr nach dem Anschuß. – „Ja", lautet die Antwort, „da bin ich schon wiederholt gewesen. Da ist aber nichts zu finden! Da kann ich gleich mit Ihnen hingehen." Auf die freundliche, aber bestimmte Bitte des Jagdherrn, ihm doch lieber vom Stand aus zu zeigen, wohin er geschossen, bequemt sich der aufgeregte Jagdgast dazu und richtet, mehrfach seine Angaben verbessernd, den Jagdherrn schließlich auf eine Lücke ein. Dort waren aber, wie in dem gefrorenen Buchenlaub unschwer festzustellen ist, die beiden Stücke Wild noch vertraut gezogen. Nun folgt der Jagdherr der Fährte, um den Anschuß zu suchen. Bald zeigt die zertretene und zerwühlte Laubdecke, daß hier etwas vorgefallen sein müsse; und mit einiger Mühe werden zwei Schnitthaare gefunden, nach denen der Schuß als waidwund angesprochen wird. Wir folgen einer völlig zertretenen Fährte, die wir nur deshalb mutmaßen, weil nebenan die Laubdecke unberührt erscheint. Plötzlich im verwühlten Laub Schweiß! Eine ganze Menge! Hier scheint das Stück gestanden zu haben. „Nein", belehrt der aufgeregte Gast, „hier hat das Schmaltier gesessen. Gleich nach dem Schuß tat es sich nieder; und da bin ich schnell hingelaufen. Da wurde es flüchtig!" – „Na", fragt der Jagdherr, „warum haben Sie denn nicht, statt hinzulaufen, nochmals geschossen?" – „Ja, das wollte ich auch", lautet die Antwort, „aber es versagte mir die Büchse, wie ich glaubte; und als ich nachsah, war sie nicht geladen!" Kopfschüttelnd steht der Jagdherr dabei: „Wir wollen dem Stück erst noch Ruhe lassen, damit es kränker wird. Nach dem nächsten Treiben wollen wir die Fährte dann arbeiten."

Was hat der aufgeregte Schütze, dessen äußere Stellung den Jagdherrn zum Verschlucken heftigen Tadels zwang, für Fehler gemacht? Nun, *wir* dürfen es ruhig sagen, denn die äußere Stellung des Mannes geht uns nichts an.

Zunächst hat er sich den Anschuß nicht *vor* Abgabe des Schusses gemerkt. Ferner hat er nicht sofort nach dem Schuß wieder geladen, alsdann seinen Stand entgegen der Regel verlassen. Dann ist er auf dem mutmaßlichen Anschuß und auf einem Teil der Fährte umhergetreten und hat damit dem Jagdherrn die Feststellung des Anschusses, die gerade noch möglich war, erheblich erschwert. Schließlich hat er, obgleich die Vorschrift lautet, nach dem Schuß auf dem Stand zu bleiben, bis der Jagdherr kommt, ihn verlassen, um diesem entgegenzugehen. Auch das hat dazu beigetragen, daß er nacher die Richtung des Anschusses nicht zuverlässig mehr anzugeben vermochte. Zu alledem stellte sich nachher, als das angeschweißte Stück zur Strecke war, heraus, daß dieses nicht ein geringes Schmaltier, sondern ein starkes Kalb war.

Je stiller und geräuschloser das Verhalten aller Beteiligten ist, desto besser werden die Aussichten für den Erfolg der Jagd. Durch die Schüsse, die Beunruhigung bei einer Nachsuche, den Hetz- und Standlaut des Hundes entsteht schon Lärm genug in dem sonst so stillen Revier. Würden nun noch laute Unterhaltung, Lachen und dergleichen auf dem Weg von einem Treiben zum anderen dazukommen, so würde das Wild bald vorzeitig rege werden. So würde man statt wohlbesetzter Treiben oft genug das leere Nest finden.

Ganz besonders gilt diese Rücksicht auch für die durchgehenden Jäger bzw. die alten erfahrenen Treiber. Man sollte bei Drückjagden entweder nur die mit der Örtlichkeit und den Gewohnheiten des Wildes gut vertrauten Jäger oder alterfahrene Holzhauer durchgehen lassen. Die sonst üblichen Treiber sind hierbei völlig fehl am Platze. Die Aufgabe der Durchgehenden ist nicht leicht. Es handelt sich für sie nicht eben darum, einfach der Himmelsrichtung nach durch das Treiben zu streifen – was an sich oft schon gar nicht so einfach ist, wie mancher glaubt, sondern genaueste Ortskenntnis voraussetzt –, sie sollen vielmehr nicht nur wissen, an welchen Stellen das Wild gern zu sitzen pflegt, wohin es von dieser oder jener Seite, je nach der Windrichtung angeregt, seinen Wechsel nimmt; sie müssen es auch verstehen, Wild, das nicht nach wunsch vorwechseln will, doch in die erstrebte Richtung zu drängen.

Das kann zwar nicht gut gelehrt werden, weil hier nur die örtliche Erfahrung von durchschlagendem Wert ist, aber einige Verhaltungsmaßregeln lassen sich doch erteilen. Da ist die erste: Sobald der Jäger sich der mutmaßlichen Stelle nähert, wo er das Wild niedergetan vermutet, so geht er nicht etwa darauf los; er bleibt vielmehr schon etwas vorher stehen oder tritt seitwärts hin und her, indem er durch Husten, Räuspern, leises Pfeifen oder durch vorsichtiges Anschlagen an einen Stamm, Knacken im Reisig und dergleichen das Wild zum Hochwerden reizt. Die zweite: Hört er das Wild rege werden, ein Poltern oder Anschlagen des Geweihes an das Holz, so folgt der Jäger nicht etwa gerade hinterher, er sucht vielmehr seitwärts daran vorbeizukommen; aber ohne es zu überholen, denn das würde das Gegenteil des Gewollten herbeiführen. So überzeugt er sich nach und nach, ob das Wild den gewünschten Wechsel angenommen hat. Die dritte: Ist das der Fall, so wird zunächst nicht weiter vorgegangen, sondern ruhig gewartet; denn es muß ja nun vorn bald knallen. Erst wenn das wider Erwarten nicht geschieht, wird weitergegangen, bis der Jäger etwa das Wild erneut zu Gesicht bekommt oder es wieder vor sich hört. Dann verhält er wieder, um das Weitere abzuwarten. In dieser Weise, immer auf das genaueste wissend, wo er sich befindet, sich mit Hilfe der Sonne, angrenzender Althölzer, deren Rand er gelegentlich gewahrt, der Bodenausformung usw. verbessernd und dabei gleichzeitig in steter Fühlung mit dem oder den anderen Durchgehenden bleibend, mit diesen an einem Weg, einem Graben oder Gestell sich ausgleichend, in steter ferner Verbindung mit dem angeregten Wild, tut der durchgehende Jäger sein Bestes. Auch der Laie wird hiernach einsehen, daß dies keine Treibertätigkeit, sondern feine Jagdausübung ist; erheblich schwieriger als die Leistung der vorstehenden Schützen.

Liegt Schnee, so ist die Tätigkeit beim Durchdrücken erheblich erleichtert. Ich habe in solchen Fällen, falls vorher gekreist war, die durchgehenden Jäger einfach auf der hereinstehenden Fährte nachgehen lassen, ganz gleich, ob das von vorn, also von den Schützen aus, oder von hinten geschah. Es ist selbstverständlich, daß der durchdrückende Jäger in der Dickung nicht schießt, am besten führt er gar kein Gewehr bei sich.

Besondere Aufmerksamkeit verdient bei Leitung einer Drückjagd die Tageszeit. Das Drücken in den Abend hinein ist sehr ungünstig; einmal des Schießens wegen, dann vor allem wegen der Nachsuche. Daher sollte als gute Regel gelten, das letzte Treiben spätestens gegen 15 Uhr zu beenden. Dann ist gerade noch Zeit, die Anschüsse festzustellen und eine noch nötige Nachsuche vorzunehmen, bevor der frühe Winterabend vollends hereinbricht.

Dort, wo oftmals gedrückt wird, lernt das Wild das Verfahren nur zu schnell kennen. Anstatt vorzugehen und sich dem Feuer auszusetzen, bleibt es in der Dickung stehen, umgeht die durchdrückenden Jäger, sucht nach hinten auszubrechen und wechselt, wenn es dort beschossen werden sollte, wieder in die Dickung zurück, die es auch nicht verläßt, bevor es überall still geworden ist. Dann aber bleibt es auch nicht eine Minute länger als nötig in der von Menschenwitterung durchzogenen Dickung und wechselt schnell heraus.

Hierauf fußend, habe ich oft mit allerbestem Erfolg nach dem Durchgehen die Schützen einfach stehenlassen, die Durchgehenden zwischen die Schützen gestellt und vollkommene Ruhe eintreten lassen. Es währte meistens keine Viertelstunde, bis es knallte. Auch habe ich an Jagden teilgenommen, bei denen die Stände bis zu einer Stunde besetzt blieben und erst dann endgültig abgeblasen wurde. In dieser „stillen Stunde" kam nicht selten das meiste Wild – Rotwild, Damwild, Sauen – zur Strecke, wenn es vorsichtig und ohne Hast die gestörten Einstände verließ.

Bewährt hat sich auch, größere Revierteile in einem Stück zu nehmen, wobei die bekannten Hauptwechsel besetzt werden und nur zwei bis drei ortskundige und genau eingewiesene Jäger oder Waldarbeiter mit Bedacht und viel Muße die Bestände und Einstände durchgehen – jeder für sich. Auch das genügt, um das Wild zu beunruhigen und schließlich zum Auswechseln zu bringen und auf der Suche nach einem ruhigen Ort die bekannten Wechsel anzunehmen, wo es von dem geduldig wartenden Waidmann in Empfang genommen wird. Solche weit angelegte Bögen dauern lange, oft drei bis vier Stunden, und bei großer Kälte und scharfem Wind dann das Passen schon zu einer harten Geduldsprobe werden. Der erfolgreiche Hegeabschuß entschädigt dann für alles.

Diese zuletzt dargestellte Art des Drückens – besser sage man *Anrührens* ist nicht zu verwechseln mit der heute viel geübten, sogenannten *Ansitzjagd*, auf der in einem großen Revierteil alle Hochstände und Schirme an den Hauptwechseln und Äsungsflächen besetzt

Gamsriegeln

werden, bei der aber das Wild nicht durch einzelne durchgehende Treiber, Jäger oder Jagdgehilfen aufgestört wird, sondern nach seinem eigenen Ermessen wechselt und dabei die angestellten Schützen anläuft. Auch diese Form der Gesellschaftsjagd hat sich durchaus bewährt. Ihre Durchführung erfordert eine genauso sorgfältige und ins Detail gehende Generalstabsarbeit wie eine reguläre Drückjagd.

Obgleich das Riegeln im Gebirge genau dasselbe ist wie das Drücken und sich davon nur durch den äußeren Schauplatz unterscheidet, so bringen die Eigenheiten dieses Schauplatzes doch einige Besonderheiten mit sich, die nicht unerwähnt bleiben sollen.

Da ist zunächst ein weit bestimmtes Einhalten der Wechsel, das in der Beschaffenheit des Gebirges mit seinen vielen unwegsamen Gebieten begründet ist. Bricht auch das beschossene Wild, nicht nur Gemsen, sondern auch Rotwild, über schier völlig unwegsames Geschröff aus, als ob es fliegen könnte, so hält es doch, nur angeregt und nicht zu sehr verstört, gar zu gern den Wechsel. Wird aber wiederholt geriegelt, so ist das Wild oft nicht mit Gewalt vorwärts zu bringen, weil es aus Erfahrung weiß, daß es vorn Feuer erhält. Das gilt besonders für starke Gamsböcke, die, sobald sie das Lärmen der Treiber hören, sich in einem mit dichten Latschen bestockten Geschröff oder Köpfchen drücken und es nur verlassen, wenn geschossen wird, oder bis der Treiber mit Steinen hineinwirft.

Ob das Gamswild von oben nach unten oder umgekehrt getrieben wird, hängt in erster Linie vom Winde ab. Andererseits steht fest, daß besonders alte Böcke im Sommer und frühen Herbst sich besser nach unten treiben lassen, während man im Spätherbst kurz vor der Brunft besser umgekehrt riegelt, da das Gamswild jetzt mehr den Drang nach oben zu den Brunftplätzen hat. Der Wind ist jedoch stets das Wichtigste.

Beim Treiben von unten nach oben stellt man die Schützen gern so, daß sie möglichst jenseits des Grates, des Kofels, des Kammes an den meist nur wenigen Zwangswechseln stehen. Hier wird der Jagdleiter auch noch am ehesten mit den Schützen auskommen, was beim Riegeln nach unten schon schwieriger ist. Hat er nicht genug Schützen, so wird er die wichtigsten freibleibenden Wechsel mit je einem *Auswehrer* besetzen, der nur die Aufgabe hat, das Wild nicht durchzulassen und sich, um nicht schließlich überrannt zu werden, zu diesem Zweck beizeiten bemerkbar machen muß. Von den Durchgehenden wird außerordentliche Ortskenntnis verlangt. Nur diese befähigt sie, die scheinbar unersteigbaren Wände und Schroffen zu erklettern, das Wild vom Durchbrechen nach rückwärts abzuhalten, den Jagdzweck zu erfüllen und sich selbst vor dem Absturz zu bewahren.

Häufig genug wird die Örtlichkeit dem Schützen nicht gestatten, zu stehen. Er muß sich vielmehr aus Felsstücken eine kleine Stütze für die Füße und eine Bank zum Sitzen bauen, oft genug im schwindelndmachenden Gewänd, wo ihn der Rückstoß des Schusses im Stehen unter Umständen in die Gefahr des Absturzes bringen könnte. Die Büchse auf dem Knie, auf den Wechsel gerichtet, wo das Wild erwartet wird, hat der Schütze hier regungslos zu sitzen und nicht das Auge im Kopfe zu rühren, wenn Gemsen heranwechseln. Freilich hört er meist von weitem schon die Steine fallen, das wohlbekannte *Klängen, Steineln,* und kann sich einrichten. Ist er mit der Gewohnheit der Gemsen vertraut, so weiß er bei Musterung der Örtlichkeit ziemlich sicher, an welchen Stellen das Wild verhoffen wird, denn das nicht stark beunruhigte Gamswild zieht selten ohne Unterbrechung weit hin. Er verhofft vielmehr von Zeit zu Zeit, meist auf einem kleinen Vorsprung, auf der Runse, auf einem „Eck" und an ähnlichen Stellen. Dorthin richtet der Schütze schon die Büchse; denn wenn irgend möglich, wird im Verhoffen geschossen, weil bei dem ewigen Auf und Ab, bald hoch, bald niedrig eines flüchtigen Gams, der Schuß auf ihn so gut wie aussichtslos ist.

Ich habe im ersten Teil dieses Buches schon über das Erkennen der Geschlechter gesprochen. Es gibt da aber noch eine Erleichterung, die ich jetzt unerwähnt lassen will: Jedes starke Einzelstück kann unbedenklich geschossen werden, denn es ist entweder ein Bock oder eine Goltgaas, wie der Gebirgler sagt, eine gelte Geiß. Bei großen Treiben kann man sich darauf nicht verlassen, weil da oft Kitze von der Mutter getrennt werden, die dann allein kommt und leicht als gelte Geiß erlegt werden könnte!

Zum Abschluß möchte ich hier eine *Jagdordnung* für Hochwildtreiben im allgemeinen anführen, wie ich sie lange Jahre hindurch bewährt gefunden habe:

1. Keine Büchse darf früher geladen werden, als der Schütze seinen Stand eingenommen hat. Sie ist *vor* dem Verlassen des Standes wieder zu entladen.
2. Außerhalb des Standes sind die Büchsen mit der Mündung nach oben zu tragen.
3. In das Treiben hineinzuschießen ist nur dann erlaubt, wenn jede Gefährdung anderer ausgeschlossen ist. Nähere Anweisung erteilt der Jagdleiter auf dem Stand.

4. Mit angeschlagener Büchse durch die Schützenlinie durchzuziehen, ist verboten.

5. Das Verlassen der Standes vor dem Abblasen oder Abrufen ist untersagt.

6. Diejenigen Schützen, die in einem Treiben geschossen haben, dürfen ihren Stand trotz des Abblasens nicht früher verlassen, als bis der Jagdleiter oder der von ihm beauftragte Jäger den Anschuß festgestellt hat.

7. Auf dem Weg von einem Treiben zum anderen und während des Anstellens der Schützen ist jede laute Unterhaltung verboten. Sobald der Jagdleiter aber durch Erheben des rechten Armes das Zeichen gibt, muß auch jegliche leise Unterhaltung verstummen.

8. Sollte bei der Nachsuche auf ein krankes Wild dieses vom Hund gestellt werden, so darf kein Schütze seinen Stand verlassen, um es totzuschießen, hierzu ist allein der Hundeführer befugt.

9. Zur Sicherung der Feststellung des Anschusses ist es notwendig, daß der Schütze sich den Stand des zu beschießenden Wildes, den voraussehbaren Anschuß, vor Abgabe des Schusses so genau wie möglich merkt.

10. Alle Entscheidungen des Jagdleiters sind unanfechtbar. Ein Widersprechen oder Besserwissen ist unstatthaft und stört die Harmonie auf der Jagd.

Die Treibjagd mit Hunden

Unter der Treibjagd mit Hunden fasse ich alle Jagden zusammen, bei denen das Wild von Hunden vor die Schützen gebracht wird. Dabei ist es unerheblich, ob die Hunde frei jagen oder am Riemen arbeiten, ob sie von einem Jäger oder Treiber geführt und in Ordnung gehalten werden oder nicht. Durchschlagend ist allein der Gesichtspunkt, daß überhaupt die Hunde das Wild vorbringen.

In ausgedehnten Dickungen und Brüchen und dort, wo das Wild durch das einfache, stille Durchgehen nicht mehr vorwärts zu bringen ist, wird man gegen die Verwendung von Hunden allein oder zur Unterstützung des durchgehenden Jägers nichts einwenden können; vorausgesetzt, daß sie in richtiger Weise erfolgt. Hierzu gehört zunächst der Ausschluß aller hochläufigen oder, wie man zu sagen pflegt, flüchtigen Hunde. Denn vor diesen hat das Wild eine große Scheu, und es meidet Reviere gänzlich, in denen es öfter auf solche Art beunruhigt wird. Überdies pflegt es vor hochläufigen Hunden den Schützen fast immer derartig flüchtig zu kommen, daß ein sicherer Schuß sehr erschwert wird. Zudem wird es weithin versprengt; und die benachbarten Treiben werden vorzeitig und stark beunruhigt.

Aus diesem Grund betreibt in unseren heimischen Wäldern der gerechte Waidmann diese Jagd nur unter Benutzung von frei jagenden, *kurzläufigen* oder *kleinen Hunden: Dachshund* oder *Terrier*. Eine solche Jagd ist im wesentlichen ein Riegeln oder Drücken unter Verwendung von Hunden. Ich verweise daher auf das bereits darüber Gesagte und beschränke mich auf eine Besprechung der Hunde.

Daß zu dieser Jagd keine Meute mitgeführt wird, vielmehr nur einer oder einige wenige Hunde in Frage kommen, liegt in der Natur der Sache. Der Dachshund ist seiner feinen Nase wegen dem Terrier überlegen. Doch kommt letzterer wiederum bei Schnee, im hohen Gras und im Heidekraut besser fort. Da übrigens an die Nase des Hundes bei dem frisch vor ihm flüchtenden Wild keine hervorragenden Ansprüche gestellt werden, so ist der Terrier unter allen Umständen brauchbar, während der Teckel gelegentlich mit Schwierigkeiten zu kämpfen hat.

Die Hunde werden von einem Treiben zum anderen an der Koppel geführt. Es ist zweckmäßig, sie von Jugend auf an den Hornruf zu gewöhnen, damit sie sich aufkoppeln lassen, wenn dieser ertönt. Sie lernen bald, um was es sich handelt, wenn sie weder auf Schwarzwild noch zur Erdjagd verwendet werden. Auf diese Weise werden sie bald *rein*. Sie sollen nicht weiter jagen, als bis sie an die Schützen kommen und sich von jedem Schützen *aufkoppeln* lassen. Verendetes Wild dürfen sie nicht anschneiden.

So lauten die Anforderungen an das Ideal! Die jagdliche Praxis befaßt sich jedoch mit weniger vollkommenen Hunden. Selten, sehr selten sind die Teckel, die sich von der Fährte eines kranken und schweißenden Wildes abrufen lassen, die das verendete Stück nicht anschneiden. In dem Umstand, daß der Teckel von Temperament – und das sind, wie jeder weiß, die besten Hunde – sich selten oder nie abrufen läßt – der Terrier, der meistens einen besseren Appell hat, tut es schon eher –, liegt überhaupt die schwache Seite der Jagd mit frei jagenden Hunden. Angeschweißte Stücke werden nicht selten versprengt und gehen verloren, weil die kleinen Teufel ihnen keine Ruhe lassen. Waidwundgeschossenes Wild, das von

Hunden aufgestöbert vor die Schützen gebracht und hier gefehlt wurde, tut sich, solange es den Hund in der Nähe glaubt, wenn dieser etwa die Fährte *verschossen* hat, nur sehr ungern nieder und erschwert so die Nachsuche oft bedeutend.

Sind auch die Mängel einer solchen Jagd nicht gering: – aufregend ist sie und schön und reich an spannenden Augenblicken wie kaum eine andere. Daher wird sie auch geübt werden, solange es Wild und Hund gibt. Aber nur mit Mäßigung betrieben und an Orten, wo andere Jagdarten nicht anwendbar sind, hat sie ihre waidmännische Berechtigung. In Dickungen nah am Felde, aus denen man das Wild zur Verringerung von Wildschaden fortgewöhnen will, ist sie sogar ein gutes Mittel fürsorgender Hege.

Unter ähnlichen Verhältnissen ist auch das *Lancieren* oder *Vorbringen* des Wildes mit dem *Gebrauchshund,* dem *Teckel* oder dem *Schweißhund* am Riemen eine recht sichere Art, bestimmtes Wild den vorstehenden Schützen zuzubringen. Sie besteht darin, daß der Jäger mit dem an möglichst langem Riemen geführten Hund die Fährte eines Hirsches oder auch eines Stückes oder ganzen Rudels Kahlwild so lange *arbeitet,* bis das Wild den auf den Wechseln vorgestellten Schützen kommt. Selbstverständlich kann hierzu nur ein Hund verwendet werden, der bereits hinreichend auf Wildfährte gearbeitet ist, so daß er von der Fährte, auf die er *angelegt* ist, nicht abkommt. Das ist leichter gesagt als getan. Denn beispielsweise ein Feisthirsch, der aus einer Dickung *vorgebracht* werden soll, pflegt sich so vielfach umherzudrücken, so viele *Widergänge* zu machen, so oft den bereits vorher betretenen Wechsel anzunehmen, daß trotz der immer – oder gerade wegen der immer – frischen Fährte große Ruhe und Erfahrung dazu gehören, um den Hirsch wirklich vorzubringen. Steht auch noch anderes Wild in der Dickung, was wohl meistens der Fall sein wird, so gehört ein alter firmer Schweißhund dazu, der durchaus fährtenrein ist. Mit einem solchen Hunde einen alten Feisthirsch zu lancieren, gehört dann allerdings zu dem Schönsten, was die Jagd überhaupt zu bieten vermag.

Dem Neuling im Waidwerk glaube ich das am besten an einem Erlebnis klarzumachen, das zwar nicht nach Vorschrift verlief, aber vielleicht gerade deshalb die Eigenheiten einer solchen Jagd gut beleuchtet. An einem heißen Augusttag sollte ein Jagdgast einen Feisthirsch strecken, der auf Grund seiner Geweihbildung – rechte Stange widderartig gewunden, linke stark mit wenigen kurzen Enden – zum Abschuß vorgesehen war. Der Schütze wurde auf einem recht sicheren Wechsel vorgestellt. Ich begann die Arbeit in der Hitze der Mittagszeit, weil der sehr träge Feisthirsch dann schnell ermüdet. Der Hirsch stand entweder in einem großen Bruch oder in einer dahinterliegenden, dichten Schonung, die durch eine Wiese vom Bach getrennt war. Vielleicht auch weiter nach dem Schützen zu im hohen Holz mit welligem Gelände und sehr hohem Farnkraut, unterbrochen von einigen Unterwuchsgruppen und einer langgestreckten, schmalen Fichtenzunge. Schon bald im Bruch *sprengte* ich den Hirsch aus dem Bett. Er wurde flüchtig über die Wiese, in die erwähnte Deckung hinein. Die Fährte war mit dem Stock zu fühlen, wie man zu sagen pflegt. Der Hund lag fest im Riemen. So ging es bei noch immer flüchtiger Fährte durch die ganze Dickung hindurch. Im dann folgenden Stangenholz war der Hirsch kürzer geworden, war vor einem breiten Weg etwas hin und her getreten, hatte dann den Weg im Trollen überfallen. Schließlich zeigte die Fährte, daß der Hirsch in ruhiges Ziehen gefallen war. Wieder kam ein Weg; wieder war der Hirsch erst seitwärts hin und her getreten, bevor er hinübergezogen war. Jetzt kam die erwähnte lange Fichtenzunge, etwa 25jähriges Stangenholz, recht sperrig, mit vielen, trocknen Ästen. Die hatte der Hirsch angenommen und war in ihr wohl 300 Schritt fortgewechselt, bis er über die nächste Bodenwelle in das Altholz getreten und hier dieser in umgekehrter Richtung fast ebensoweit zum alten Wechsel zurückgezogen war, wobei die beiden Gänge keine 80 Schritt voneinander lagen. Jetzt war er wieder im alten Wechsel drin; aber nur auf kurze Zeit. Da zeigte die Fährte rechts in das Farnkraut hinein wieder in die Tiefe zwischen zwei Geländewellen, die er fast 200 Schritt weit hielt. Hier verschoß der Hund die Fährte und war kurze Zeit unsicher, aber er wußte sich zu helfen. Bogenschlagend fand er sie wieder. Nun führte sie im richtigen Widergang in der Hinfährte etwa 100 Schritt zurück, bis sie die Senke verließ und die nächste Bodenwelle nach vorn überquerte. Hier wurde das Altholz durch ein lichtes Bruch mit freilich viel Unterholz unterbrochen. Da der Hirsch, wie es schien, bald entschlossen den Wechsel angenommen hatte, auf dem jenseits des Bruches der Schütze stand, so hoffte ich jeden Augenblick, es würde knallen, aber es geschah nichts. Da sah ich plötzlich, während ich mit dem Hund einen Augenblick verschnaufte, auf etwa 300 Schritt seitwärts von dem Stand des Schützen im Bruch ein Geweih. Vorsichtig das Glas ans Auge: Richtig, das war unser Hirsch! Aber ich sah auch, daß er scharf nach mir hinäugte und dann flüchtig wurde, und zwar nach rückwärts. Also weiter!

Es dauerte nicht lange, da stand die Hirschfährte in demselben Wechsel wie vorhin; nur in umgekehrter Richtung und *auf* dem Abdruck meines Fußes. Wieder ging es zwischen zwei Geländewellen durch hohen Farn; wieder mußte der Hund einen 100 Schritt langen Widergang ausarbeiten. Ihm und mir hing der Lecker weit zum Hals heraus – verschnaufen. Es schien mir bei näherer Überlegung das beste zu sein, falls der Hirsch wieder einen seiner beliebten Wechsel zwischen zwei nahen Erdwellen annahm, das Glück zu versuchen, den Hund von der Fährte zu nehmen und den Hirsch quer über die nächste Welle abzuschneiden, um ihn auf diese Weise zum Zurückwechseln auf den Schützen zu bewegen.

Gedacht, getan – und es glückte. Auf 80 Schritt wurde der Hirsch vor mir flüchtig und nahm die Richtung auf den Schützen. Der Hund wurde dort, wo wir sie verlassen hatten, wieder zur Fährte gelegt. Unverdrossen arbeitete er weiter, bis der Hirsch wieder in dem Bruch in der Nähe des Schützen war. Dort hatte er, wie ich bald in heller Ungeduld sah, richtig seinen Wechsel auf diesen zu genommen, hatte ihn aber wahrscheinlich ebenso geäugt, wie ich ihn jetzt gewahrte. Denn der Gast stand durchaus nicht still; nicht so unbeweglich steinern, wie das bei einem Hirsch notwendig ist; zumal, wenn dieser sich verfolgt weiß und fortwährend auf das sorgsamste sichert.

Das weitere Nachhängen ergab, daß der Hirsch wieder zurückgewechselt war. Und siehe da: nach einigen hundert Schritten hatte ich die Fährte jetzt zum vierten Male auf demselben Wechsel; zweimal hin, zweimal zurück. Mittlerweile ging die Uhr auf zwei. Nach allen meinen Erfahrungen war der Hirsch nunmehr bald in nächster Nähe zu erwarten. Ich war nunmehr *fest* entschlossen, den Hirsch selbst zu strecken, sobald sich die Gelegenheit bieten würde. Denn auf meinen Gast war offenbar kein Verlaß.

So ging denn die Arbeit weiter; überall da, wo wir vor kurzem schon waren. Der Hund zeigte auf der ganz warmen Fährte trotz seiner offensichtlichen Ermüdung einen wahren Feuereifer. Ich war darauf gefaßt, jeden Augenblick des Hirsches ansichtig zu werden, hatte also meine Augen, des Hundes durchaus sicher, weit voraus. Jetzt geht es wieder über eine Bodenwelle. Jetzt tauchen wir in den langen Fichtenstreifen hinein. Scharf herum zieht der Hund nach links auf einen stark ausgetretenen Wechsel und – wie ein Gespenst steht hinten im tiefen Schatten der Hirsch spitz von hinten; aber den Kopf nach mir zurückgebogen. Ein leichtes, aber bestimmtes Nieder, und der Hund liegt am Boden. Zur größeren Vorsicht trete ich noch auf den Riemen: Aber kaum lange ich nach der Büchse, die natürlich noch über der Schulter hängt, als der Hirsch flüchtig wird.

Eine freundliche Ermunterung des Hundes; und er lag wieder mit dem alten Eifer am Riemen. Aber schon nach 200 Schritt sah ich den Hirsch zum zweitenmal; zwar nicht verhoffend, sondern langsam forttretend kurz vor dem Ende des Fichtenstreifens. Nun wußte ich, daß er halali war, und daß es jetzt in kurzem krachen würde. Daher legte ich mich mit dem

Rücken in den Riemen, weil Worte den Eifer des Hundes nicht mehr zu zügeln vermochten, und nahm die Büchse in die rechte Hand. So ging es langsam weiter, aus den Fichten heraus, eine Bodenwelle hinauf. Ganz vorsichtig luge ich über sie hinfort in den vorliegenden Bestand. Ja, da steht der Hirsch; aber ich sehe nur die Keulen und einen Teil des Rumpfes; Blatt, Kopf und Geweih deckt der Stamm einer alten Buche vollständig. Da ich im hohen Farn fast völlig gedeckt stehe, so kann ich mir schon etwas erlauben. Ich krieche an den weit vor mir – der Schweißriemen ist 8 m lang – auf dem Wechsel befindlichen Hund, den Riemen stetig verkürzend, heran, lasse ihn *Nieder* machen, werde vorsichtig hoch; und siehe da: der Hirsch steht noch genau auf derselben Stelle. Mein Glas zeigt mir deutlich, wie ihm die Flanken schlagen; ich glaube aber, daß die meinigen den seinen nichts nachgeben. Also ist Warten das beste, was geschehen kann. Indessen mache ich mich schußfertig, um für alle Fälle bereit zu sein. Es dauert auch nicht lange, bis der Hirsch sich wieder in Bewegung setzt, leider nicht ziehend, sondern trollend. Er ist mir aber mit dem Rumpf zu tief im Farn, als daß ich, noch dazu mit noch immer fliegendem Atem, einen Schuß hätte wagen dürfen. Aber nun nähert er sich der gegenüberliegenden Bodenwelle, . . . nun wird er kürzer, . . . nun verhofft er, . . . macht sich lang und äugt sorgsam herüber . . . Dann zieht er nach rechts und zeigt sich dabei breit, aber er steht mir zu tief im Farn. Nun wendet er und zieht zurück, und richtig . . . gerade auf dem Wechsel verhofft er – – Bang! – Im Dampf bricht der Hirsch zusammen! – Hin, was die Beine laufen wollen! . . . Den Riemen zusammengerafft, um nicht darüber zu stolpern . . . Da bin ich heran . . .: Hoch auf dem Blatt sitzt die Kugel. . . . Zu tief für einen Krellschuß, mit dem ich immerhin rechnen mußte. Als ich zu meinem Schützen kam, war er unter der Wirkung der Augustsonne auf dem Jagdstuhl in behaglicher Stellung eingeschlafen. Selbst der ferne Schuß hatte ihn nicht geweckt.

Man mag aus diesem Erlebnis ersehen, daß ein Jäger, wenn er seine Sache versteht und einen guten Hund am Riemen hat, jeden Hirsch ziemlich sicher vorbringen kann. Aber es sollen doch auch die Nachteile dieser Jagdart nicht gering veranschlagt werden. Denn das ist sicher, wenn zur Feistzeit auf Hirsche in dieser Weise viel gejagt wird, so vergrämt man sie sich alle aus dem Revier. Nichts verträgt nämlich das Wild auf die Dauer weniger, als wenn es in seinen heimlichen Einständen auf den sonst nur von ihm betretenen Wechseln die Spuren von Menschen und Hunden findet. Es meidet solche Orte bald vollständig.

Wer also wünscht, seine Feisthirsche für die Brunftzeit im Revier zu halten, der betreibe diese Jagdart nur als seltene Ausnahme. Er tut dabei auch seinem Hund etwas Gutes. Denn die lang andauernde Arbeit auf so warmer Fährte, wie sie bei jedem Vorbringen nach dem Sprengen des Hirsches erwartet werden muß, ist für die übrige Riemenarbeit des Hundes schädlich. Sie verlangt strenges Anhalten zur Pflicht, wenn er bei älteren, kälteren Fährten wieder Eifer zeigen soll.

Es sei noch erwähnt, daß diese Methode des Lancierens die Hauptjagdart des Mittelalters und bis ins 18. Jahrhundert war. Der berühmte Leithund wurde ausschließlich zum Bestätigen und zum Lancieren des Hirsches benutzt.

Wir kommen jetzt zur *Jagd mit Hunden* auf *Schwarzwild*. Wenn in schneeverhangener Dickung das Geläute bald hierhin, bald dorthin geht, jetzt mit lautem Hals jagend, jetzt in wütendes Kläffen fallend, mal klagend, mal wild stürmend, und das Ho Rüd ho! des Rüdemanns erschallt, bald das Blasen einer groben Sau, bald das Kreischen eines vom Hund ergriffenen Frischlings ertönt – und unter all diesem wilden Jagdlärm die helle Sonne eines kalten Wintertages in die Waldespracht hineinlacht –, wessen Herz ist da nicht voll von Freude und Erwartung. Und wer denkt nicht nach Jahren noch an solch einen Tag zurück; mit einem Tropfen Wehmut im Becher der Freude über einen braven Hund, den der Keiler zuschanden schlug.

Zu jeder richtigen Saujagd gehört der *Finder,* der *Saufinder.* Das kann ein Hund jeder oder gar keiner Rasse sein: mittelgroß, flüchtig, gewandt, von guter Nase, großem Schneid, möglichst rauhaarig oder doch stockhaarig. Mittelgroß, damit geringere Sauen sich nicht vor seiner Größe fürchten und vor ihm flüchtig werden. Flüchtig, damit er den fliehenden Sauen an der Schwarte bleiben kann. Gewandt, damit er den Schlägen der Keiler rechtzeitig ausweicht. Von guter Nase, damit er möglichst bald *finden* kann. Von großem Schneid, auf daß er den alten Urian aus seinem Lager rege macht, ihm zu Leibe geht, ihn dauernd stellt, ihn von hinten in die Schwarte faßt und ihm keine Ruhe läßt. Und möglichst rauhaarig, damit ihm das Wetter, nasser Schnee und Regen, wenig anhat. Der Hund soll ferner einen hellen Hals haben, weil dieser viel weiter und besser gehört wird als ein tieferes, rauheres Geläute. Wie wichtig das aber ist, das kann nur der ermessen, der aus Erfahrung weiß, in welchem Grad eine schneeverhangene Dickung – und das ist der Hauptort der Tätigkeit des Finders – jeden Laut förmlich zu verschlucken imstande ist.

Und schließlich ist die Haupteigenschaft eines Saufinders die: Er muß *rein* sein, d. h. er darf nur auf der Fährte des Schwarzwildes jagen; er darf nur dieses Wild stellen und hetzen und soll sich um jedes andere Wild durchaus nicht kümmern.

Man sieht: Ein guter Finder ist ein Edelstein. Um als solcher zu glänzen, bedarf er des Schliffes. Der besteht in der Erziehung, in der richtigen Ausarbeitung und Leitung seiner natürlichen Anlagen. Ich glaube nicht fehlzugehen mit der Behauptung, daß keine Strafe den Hund zu dem machen kann, was der Jäger mit ihm vorhat; sondern einzig und allein viel Arbeit. Was nutzt es, wenn ich den Hund, falls er an Hasen, Rehen oder Rotwild jagt, durch Strafe davon heilen will; viel richtiger ist es, ihn so zu führen, daß er nach Möglichkeit gar keine Gelegenheit erhält, an solchem Wild zu jagen. Vor allem darf niemals ein solches Wild vor ihm geschossen werden. Wenn er statt dessen dann recht viel an Sauen hetzen und sich mit ihnen herumjagen kann, wenn er sieht, daß nur dieses Wild vor ihm erlegt wird, dann müßte es wunderlich zugehen, falls ein gut für seinen Beruf veranlagter Hund mit der Zeit nicht ausschließlich am Schwarzwild jagen würde.

Ich hatte viel Gelegenheit zu beobachten, wie sich die einzelnen Hunde bei dem fast gleichzeitigen Vorkommen von Rotwild, Rehwild und Schwarzwild in jedem Treiben verschieden benehmen. Die meisten kamen mit der Zeit auf die reinen Saufinder heraus, weil dieses Wild vor ihnen am meisten erlegt wurde, auch seine Witterung für viele Hunde offensichtlich großen Reiz hat.

Ist der Finder einigermaßen firm, so wird er zu zweierlei Arten des Jagens gebraucht: Einmal zum *Aufsuchen* der Sauen, um die gefundenen dann mit Hilfe anderer Hunde, der *Hatze,* vor die Schützen zu bringen. Dieser Fall kommt für uns *hier* in Betracht. Dann, um die Sau, von ihm gestellt und verbellt, gleich in der Dickung durch den sich anpürschenden Jäger erlegen zu können. Über letzteres haben wir uns in dem über die Suchjagd handelnden Abschnitt bereits näher unterhalten.

Ist es die Aufgabe des Finders, die Sauen aufzusuchen und durch seinen Laut anzuzeigen, daß er gefunden hat, so gehört noch eine Anzahl anderer Hunde dazu, um dem Finder *beizuschlagen,* d. h. zu ihm hinzueilen und das Wild nun vereint mit ihm zu verbellen. Auf diese Weise soll die Rotte auseinandergesprengt werden, damit die Sauen die Schützen an möglichst vielen verschiedenen Stellen anlaufen.

Unser heutiger Jagdbrauch mit seinen vorzüglichen Büchsen hat sich von dem früherer Zeiten recht weit entfernt. Während früher die dem Finder zu Hilfe eilenden Hunde die Aufgabe hatten, die Sauen zu *decken,* d. h. so festzuhalten, daß sie *ausgehoben,* also an einem oder an beiden Hinterläufen hochgehoben, – eine Lage, in der sie weder Menschen noch Hunde *schlagen* können – und so entweder mit der Saufeder oder dem Hirschfänger abgefangen werden konnten, sollen unsere Hunde heute die Rotte *auseinandersprengen,* damit die Sauen einzeln anlaufen.

Fünf bis sechs solcher Hunde, die wieder von den verschiedenen Rassen oder Mischrassen sein können, am besten aber in ihren Eigenschaften denen des Finders nahekommen, bilden eine *Hatze.* Je zwei können von einem *Hatz-* oder *Hetzmann* am *Hatzriemen* oder der *Hatzleine* geführt werden. Der Hatzmann steht unter dem *Rüdemann.* Dieser befiehlt, welche Hunde geschnallt werden sollen. Zweckmäßig ist der Rüdemann, wie jeder Hatzmann, mit einer guten Saufeder ausgerüstet. Denn, wie ich schon früher sagte, sind diese Waffen bei der Saujagd die brauchbarsten. Außerdem soll jeder von ihnen mit einem 25 cm langen, 1¹/₂ cm dicken stumpfspitzen *Knebel* aus Hartholz ausgerüstet sein, den der Rüdemann am Hirsch-fänger, die Hatzmänner am Hatzriemen oder an der Hatzleine befestigt tragen. Er dient dazu, Hunde, die sich an *Sauen* verfangen, d. h. so fest verbissen haben, daß sie freiwillig nicht loslassen, *abzubrechen.* Das geschieht in der Weise, daß der Hatzmann ihnen den Knebel auf die Zunge drückt; oder wenn alles das nicht hilft, sie damit am Gaumen kitzelt oder drückt.

Sind, den veränderten Jagdverhältnissen entsprechend, die Hunde auch nicht mehr in gleichem Maße wie zur Zeit des Packens den Schlägen grober Keiler und hauender Schweine ausgesetzt, so muß doch mancher brave Hund auch heute noch sein Leben lassen. Es ist daher gut, wenn man mit mehreren Hatzen in den Winter geht; eingedenk des alten Jägerspruches:

„Wer Schweinsköpfe essen will, muß Hundsköpfe daran setzen.“

Nach diesen Vorbemerkungen wollen wir uns mit der *Jagd* selbst beschäftigen. Bei einer Neuen hat die Jägerei, wie ein für allemal befohlen, in den ersten Tagesstunden *gekreist.* Um 12 Uhr ist die ganze Jagdgesellschaft mit Rüdemann, Hatzleuten und Hunden an der als Versammlungsort bestimmten Stelle. Der Jagdherr nimmt die Meldungen entgegen: Er entscheidet sich zunächst für die Jagd auf sechs Sauen, die im Beerenbusch stecken, einer recht dicken Fichtendickung auf einer ehemaligen, jetzt trockengelegten Bruchfläche. Aber er hat nur acht Schützen, und zwölf braucht er mindestens. Nach einigem Ratschlagen mit der Jägerei bestimmt er, diese Rotte, die vermutlich in *einem* Kessel steckt, enger einzukreisen, um sie dann mit den acht Schützen gut umstellen zu können. Die Sache ist nicht ganz einfach. Denn, werden die Sauen bei diesem neuen, engeren Einkreisen angeregt, so können sie vielleicht flüchten, bevor die Schützen stehen. Also wird die Anordnung getroffen, den Ort, wo die Rotte aller Wahrscheinlichkeit nach stecken wird, nämlich zuerst einige tiefe, jetzt trockene Gräben, in die bei der ersten Läuterung des Bestandes die herausgehauenen Vor-wüchse hineingeworfen wurden, zu umstellen und dieses mit dem Kreisen zu verbinden. Und wirklich – die Sache gelingt. Die Sauen stecken in dem auf diese Weise eng umstellten Treiben, das aber immerhin noch etwa 4 ha groß ist. Indes seine Form ist günstig, so daß die Schützen durchschnittlich nicht weiter als 60 Schritt zu schießen brauchen.

Unterdessen begibt sich der Rüdemann auf den Einwechsel, gefolgt von den Hatzleuten mit den Rüden. Er bläst die Jagd an und geht mit seinem Finder am Riemen langsam auf der Fährte nach. Allmählich ziehen sich die Fährten auseinander. Sie gehen hin und her; es ist nicht mehr ordentlich nachzufinden. Da schnallt er den Finder. Der fällt die erste Fährte an, stürmt darauf fort; und alsbald ertönt sein heller Laut auf der Stelle: Er gibt Standlaut. Der Rüdemann hat die Saufeder blank in der Linken und geht dem Laut nach. Noch immer gibt der Hund Standlaut. Dicht hinter dem Rüdemann folgen die Hatzleute, hatzfertig. Da gewahrt der Rüdemann auf einem offenen Streifen den Finder, wie er wütend nach links hin Laut gibt, mal vorfallend, mal wieder zurückfahrend. Er winkt den Hatzleuten, und auf ein leises Kommando werden die Hunde geschnallt. Im Nu sind mit dem Finder zusammen fünf Hunde an den Sauen, und es geht ein wahrer Höllenlärm los. Wie die Wüteriche setzten die Hunde hinter den Sauen her . . . Ohne jede Ordnung . . . mal hierhin, mal dorthin fahrend, bis der einzelne nur noch *einen* Schwarzkittel vor sich hat, der sich bald stellt, bald wieder flüchtet, bald wieder *einschiebt*, als wolle er nie wieder weichen. Da kracht es auch draußen ... Der Rüdemann zählt, ... nach und nach vier Schuß.

Von einer Stelle schallt wütender Standlaut mehrerer Hunde ... Da muß er hin, weiter brechend ... An Pürschen ist in der Deckung gar nicht zu denken. ... Doch die Jagd geht weiter; ... nun steht sie wieder; ... nun sieht er es sich schwarz über eine Lücke schieben. ... Er kniet nieder, ... kriecht durch die nächste Pflanzenreihe ... Da hat er den Urian frei; – aber von hinten. ... Die Hunde sind mal hier, mal da. ... Nun hat der Schwarzkittel gar wohl Wind von ihm bekommen. ... Flüchtig geht die Jagd ab. ... Draußen kracht es zum fünftenmal. ... Er horcht: – Die Hunde sind noch an drei Stellen in der Dickung laut ... am lautesten an einer Stelle, wo meistens drei zugleich stürmen. Ho, Rüd, ho! ... Hin schlägt er sich durch Geäst und Reisig. Aber dieses Mal kommt er gut heran. Auf einer Lücke steht der Basse, schaumigen Schweiß vor dem Gebrech, drei Hunde hängen an ihm, und er vermag sich nicht mehr zu rühren. Nun ran mit der Saufeder – wie er zustößt, versucht der Keiler die Hunde abzuschütteln und mit letzter Kraft den neuen Feind anzunehmen ... aber schon sitzt ihm das kalte Eisen auf dem Blatt, und mit aller Gewalt nachstoßend, nagelt der Rüdemann die Sau an den Boden. – Noch ein Stemmen, Wetzen ... ein Zucken ... Das Spiel ist aus. Eine Kugel hatte ihn vorher waidwund gefaßt, und die Hunde hatten den Schwerkranken nicht mehr ausgelassen ... Draußen fällt der sechste Schuß. Der Rüdemann bricht die Hunde ab ... übergibt sie dem neben ihm auftauchenden Hatzmann. ... Alles wird still. – Da bläst er ab: Sau tot! und Aufhören zu schießen. Dann arbeitet er sich aus der Dickung heraus, vom Jagdherrn neue Weisungen holend. Da war nicht viel anzuordnen. Eine Sau drinnen zur Strecke. Drei liegen draußen. Nur eine ist schwerkrank in die nächste Deckung hinein; aber der verfolgende Hund ist still geworden. Es wird nachgegangen: Der Hund sitzt oben auf der verendeten Sau, eifrig die Schwarte rupfend; nur eine Sau ist unbeschossen raus.

Leider gibt es heute kaum noch Reviere, in denen es sich lohnt, Saumeuten zu halten. Ich selbst (Oberforstmeister W. Frevert, der dies Werk bis zur IX. Auflage bearbeitete) hatte in Rominten eine Meute von 20 Hunden, die in einem besonderen Hatzgatter an Sauen eingejagt wurden.

In früheren Zeiten spielte die *Jagd mit Bracken* eine große Rolle. Durch die Verkleinerung der Reviere und durch die damit verbundene Störung ist die Brackenjagd nur noch auf wenige Gebiete beschränkt. Nichtsdestoweniger gibt es auch heute noch Gelegenheiten, wo sie ohne Schaden geübt werden kann und dann, wie alle Jagden, auf denen das Geläute der Hunde ertönt, viel Freude macht. Es gibt namentlich im Gebirge Örtlichkeiten, die wegen der Zersplitterung des Grundeigentums sich für Hochwildstände irgendwelcher Art nicht eignen, auch ihrer kalten, rauhen Lage wegen eine nennenswerte Vermehrung des Niederwildes nicht zulassen. Hier, wo sich der eine oder andere Hase herumdrückt, wo einmal ein versprengtes Reh Stand nimmt, wo im Geklüft und Gestrüpp der Fuchs haust, da ist die Brackenjagd am Platz. Da ist sie sozusagen die einzige verständige Jagdart überhaupt. Ähnlich verhält es sich oft in großen Sumpfgebieten und Röhrichten. Das klassische Land für Brackenjagd ist auch heute noch Westfalen, und zwar das sog. Sauerland und Siegerland. Hier in den schwierigen Gebirgsrevieren mit den ausgedehnten Lohschlägen haben sich die alten Brackenjäger ihre Bräuche und Sitten, ihre besonderen Signale und manches andere Brauchtum erhalten.

Es gibt verschiedene Arten von Bracken, die heute eingeteilt sind in: 1. große deutsche Bracke, 2. Deutsche Holzbracke, 3. Deutsche Steinbracke. Von einer Bracke wird verlangt, daß sie auf der einmal aufgenommenen Spur anhaltend *laut* jagt, sich vor allen Dingen nicht daran gewöhnt, eine neue Spur zu suchen, falls sie sie, was fast bei jeder Jagd vorkommt, einmal verschossen hat, vielmehr eifrig weitersucht, bis sie den Hasen wieder hochgemacht, der sich vor ihr drückte, oder aber den Fuchs zu Bau gejagt hat. Man beobachtet übrigens kaum jemals so wie beim Brackieren, daß auch der Hase in Bauen, Durchlässen und sonstigen Gelegenheiten Unterschlupf sucht, um den Hunden zu entgehen. Je mehr Hunde, desto besser. Einer von ihnen pflegt sich mit der Zeit als *Kopfhund* herauszubilden, weil er die beste Veranlagung mit der größten Erfahrung vereint. Diesem folgen die anderen Hunde regelmäßig, sobald er laut wird, und fallen in sein Geläut ein, wenn sie dieselbe Spur haben. Man sagt dann: *sie schlagen bei.*

Um die Hunde einigermaßen in der Hand zu haben, müssen sie an die *Koppel* gewöhnt werden, was der Führer bei jungen Hunden am einfachsten mit dem Füttern verbindet. Bald folgen sie dem Ruf: Koppel, Koppel! mit größter Bereitwilligkeit, um sich aufkoppeln zu lassen. Selbstverständlich werden sie von einem Führer geführt, der sie auch daran gewöhnt, seinem *Hornruf* zu folgen, der auf dem *Halbmond* geblasen wird. Wenn man vor dem Füttern grundsätzlich seinen Hunden den „Hunderuf" vorbläst, werden sie sehr bald genauso an die Signale gewöhnt, wie das bei alten Kavalleriepferden der Fall war. Der Führer selbst ist von der Mitjagd in keiner Weise ausgeschlossen. Denn wenn seine Hunde erst jagen, so sucht er sich ebenso, wie die anderen Schützen das schon vorher getan haben, seinen Paß aus, der als Rückwechsel oft genug besser ist als die anderen.

Der leitende Gedanke der Brackenjagd beruht auf der Erfahrung, daß das Wild, besonders der sehr heimattreue Hase, unter allen Umständen zu *dem* Ort, wo er aufgestört wurde, zurückzukehren strebt.

Wenn nun die genau bekannten Pässe von den Schützen besetzt werden, so muß ihnen, falls sie es an der nötigen Aufmerksamkeit fehlen lassen, das Wild schließlich schußrecht kommen, doch bedenke man, daß der Hase häufig weit vor dem Hund kommt und achte weniger in Richtung Hundelaut, sondern auf den Wechsel vor sich. Sonst verpaßt man gar zu leicht das Wild.

Das Brackieren ist, falls die Hunde überhaupt gefunden haben, eine Jagd von großem Reiz. Besonders aber dann, wenn der Jäger auch die Eigentümlichkeiten der Hunde kennt. Dann weiß er ziemlich genau am Hals zu unterscheiden, ob sie einen Fuchs, ein Reh oder einen Hasen jagen. An der Art, wie sich das Geläute entfernt, auf der Stelle hält, hin und her geht, erkennt er auch, ob die Hunde einen Fuchs jagen –, dann geht die Jagd weithin –; oder ein Reh –, dann bleibt sie oft lange auf der Stelle oder geht nur kurz hin und her –; einen Rammler – dann geht die Jagd flotter vorwärts, aber das Geläute ist anders als beim Fuchs –; eine Häsin – dann geht es in langen Zügen hin und her, weil sie viele, lange Widergänge macht –; oder einen Junghasen –, dann geht die Jagd kurz hin und her, weil der sich jeden Augenblick zu drücken sucht. Am Laut selbst aber sind die beiden letzten Fälle wieder von der Jagd am Reh zu unterscheiden.

Bemerkt der Führer der Hunde, dem natürlich die Örtlichkeit in allen in Betracht kommenden Gelegenheiten auf das genaueste bekannt sein muß, daß das Geläute plötzlich verstummt, ohne daß es knallt, dann begibt er sich sofort in die Gegend, wo er die Hunde zuletzt hörte, um sie zu erneutem Suchen anzufeuern; falls er dort nicht etwa einen Bau weiß, in den Meister Reineke oder gar der Hase eingeschlieft sein könnte. Es gibt keinen größeren Fehler, als die Hunde zu frühzeitig abzurufen, weil sie auf solche Weise gar zu leicht den Eifer im Wiederaufsuchen des verlorenen Wildes verlernen. Erst wenn jede Aussicht auf Wiederaufstoßen des Hasen geschwunden ist, bricht der Führer an Ort und Stelle ab. Aber nicht, um die Hunde aufzukoppeln, sondern indem er sie weiterführt, um etwa ein neues Wild zu finden. Auf diese Weise bleiben sie in Eifer und verlernen das *Anhalten* an der Spur nicht, was eine ihrer besten Eigenschaften bleiben muß.

Von durchschlagender Bedeutung bei dieser Jagd ist die Witterung. Nur offener, weicher

Boden und weiches Wetter sind dafür geeignet. Denn erstens würden sich die Hunde bei gefrorenem Boden alsbald die Ballen wundlaufen und versagen. Zweitens *steht die Spur* bei weichem Boden und feuchtem Wetter ungleich besser als bei Frost und Trockenheit.

Die idealen Bracken sind solche, die rehrein sind, also nur an Hase und Fuchs jagen. Wenn grundsätzlich niemals ein Stück Rehwild vor den Bracken geschossen wird, ist es sehr wohl möglich, rehreine Bracken zu erziehen.

Es liegt auf der Hand, daß bei der Brackenjagd keine großen Strecken erzielt werden können, aber *ein* vor den laut hetzenden Bracken im herbstlich bunten Wald am steilen Hang geschossener Hase oder Fuchs kann ein schöneres Erlebnis sein als eine Massenstrecke auf einer Feldtreibjagd.

Als letzte Art der hierhin gehörigen Jagd mit Hunden möge das *Stöbern,* die *Stöberjagd,* besprochen werden.

Die Stöberarbeit ist dieselbe, die sonst Treiber zu verrichten haben. Das heißt, der Hund muß eine Dickung, ein Röhricht ganz und gar absuchen, ob mit oder gegen den Wind, wie sein Herr es ihm befiehlt! Er darf dabei nicht vorstehen; er soll vielmehr das Wild herausstoßen und es *laut* bis an die Grenze der Dickung, des Röhrichts verfolgen. Hat er dann noch nicht alles abgesucht, so kehrt er zurück und sucht weiter, falls nicht sein Herr oder ein anderer der vorstehenden Schützen das Wild erlegte, und der Hund es antragen mußte. Man sieht leicht, daß das eine Tätigkeit ist, die an die Klugheit und Ausbildung des Hundes hohe Anforderungen stellt. Sie kann erst mit Erfolg geübt werden, wenn der Hund sonst bereits recht zuverlässig in seiner Arbeit ist und über eine gewisse Erfahrung verfügt. Offenbar setzt die Arbeit einen ganz besonders fein entwickelten Gehorsam voraus, der die Folge einer guten Erziehung ist.

Hervorragend geeignet zum Stöbern sind der Wachtel und der Spaniel. Diese Hunderassen sind typische Stöberhunde. Aber auch der Gebrauchshund soll das Stöbern beherrschen. Immerhin gehört dazu ein intelligenter und erfahrener Hund, der heute Hühner vorstehen soll und morgen in Busch und Ried Stöberarbeit verrichten muß. Freilich, hat der Hund erst begriffen, was man von ihm verlangt, dann ist die Schwierigkeit überwunden. Übrigens liegen die Lust und das Verständnis für Stöberarbeit in manchen Hunden von Natur so drin, daß sie es zur größten Freude und Überraschung des Führers sozusagen fast von Anfang an von selbst richtig machen und nur einiger Hinweise und unter Umständen einer strengen Vermahnung bedürfen, um diesen und jenen Fehler zu vermeiden.

Die Stöberjagd selbst erfolgt in der Weise, daß sich ein oder mehrere Schützen vor einer Dickung, einem Röhricht oder dergleichen anstellen, um das von dem drinnen stöbernden Hund rege gemachte Wild zu erlegen.

Die Hüttenjagd

Unter dieser Bezeichnung gedenke ich diejenigen Jagdarten zu besprechen, bei denen die Erlegung des Wildes von einer Hütte aus erfolgt.

Nehmen wir zuerst die *Hüttenjagd mit dem Uhu.*

Wo heute diese Jagdart noch ausgeübt wird – und das dürfte nur noch in wenigen Revieren der Fall sein –, wird es sich darum handeln, Krähen und Elstern zu erlegen. Die Greifvögel, die früher bei der Hüttenjagd hauptsächlich geschossen wurden, sind so selten geworden, und unsere Einstellung zum Raubwild aller Art hat sich so geändert, daß wohl nur noch in ausgesprochenen Fasanenrevieren der Abschuß einzelner dort zu stark zu Schaden gehender

Hühnerhabichte zu vertreten und auch nur in wenigen Ausnahmefällen durch die Jagdbehörden genehmigt wird. Der Habicht ist, wie alle Greifvögel, in der Bundesrepublik Deutschland
ganzjährig geschont. Um dagegen der ständigen Vermehrung der Krähen und Elstern Einhalt
zu gebieten, ist die Jagd mit dem „Auf" hervorragend geeignet, zumal, wenn wir als Jäger –
wie früher schon ausgeführt – die Verwendung von Gift ablehnen.

Die *Krähenhütte* wird im hügeligen Gelände am Südwestabhang, entsprechend der Zug-
richtung der Greifvögel zur Herbstflugzeit, angelegt und so in die Örtlichkeit eingepaßt, daß
sie nicht auffällt. Die Hütte muß eine Größe von mindestens 1,5 m im Geviert haben, bei etwa
2 m Höhe. Sie hat eine nach Norden gerichtete Schießluke von 30 cm Breite, weil der
Hüttenjäger bei anderer Lage leicht gegen die Sonne schießen müßte. Mehrere Schießluken
empfehlen sich nicht, weil die sehr aufmerksamen Krähenvögel dann gar zu leicht den Jäger in
der Hütte bemerken oder doch mißtrauisch werden könnten.

Etwa 10–25 Schritt von der Hütte wird auf einer *Krücke* oder *Jule* der gefesselte Uhu als
Reizvogel aufgestellt. Die Jule kann von der Hütte aus hochgezogen werden, um den Uhu zu
veranlassen sich zu bewegen und so anstreichende Vögel zu reizen.

Um den Gewohnheiten der Rabenvögel Rechnung zu tragen, stellt man in der Nähe der
Jule einige trockene *Fallbäume* auf, deren wenige belassene Äste nach der Hütte zeigen; sonst
würde der Stamm die Vögel vielleicht decken.

Zum Schutz des Uhus vor Verletzungen, falls er sich, was er gern tut, beim Nahen stärkerer
Greifvögel von der Jule zu Boden wirft, wird deren oberer Teil am besten mit einem weichen
Jutestrick oder einem Strohseil umwunden.

Für die Anlage einer Krähenhütte kommen verschiedene Gesichtspunkte in Frage. Sie soll
so gelegen sein, daß die Krähen den Uhu leicht gewahren; also dort, wo diese gern streichen.
Das geschieht erfahrungsgemäß an den Bergzügen und Hügelketten, in den Ebenen an den
Flußufern und den Seerändern entlang. Dabei pflegen die Krähen regelmäßig die höchsten
Erhebungen zu umkreisen. Da sie ferner erfahrungsmäßig gern an den Süd- und Westabhän-
gen streichen, so ist in den Bergen die Südwestseite der höchsten Kuppe der beste Platz für die
Errichtung der Hütte. Dazu kommt, daß auch der Uhu auf dem höchsten Punkt am
leichtesten eräugt wird. Je entlegener und öder die Gegend, desto besser. Denn jede Störung
durch Menschen oder Vieh beeinträchtigt die Hüttenjagd in hohem Grad. Es darf aber auch
kein Wald in der Nähe sein, weil dann die meisten Krähen, auf den Randbäumen aufblockend,
sich die Sache nur von fern besehen würden.

Wird eine Krähenhütte neu angelegt, so sollte sie, soweit es der Grundwasserstand erlaubt,
immer möglichst tief in die Erde gegraben werden. Die oberirdischen Teile werden dann mit
Erde beworfen und mit Rasen- oder Heideplaggen eingedeckt, so daß das Ganze einem
berasten oder bewachsenen Hügel gleicht, der in der Örtlichkeit nicht auffällt. Bei einer so tief
gelegenen Hütte ergibt sich auch von selbst der Vorteil, daß der Uhu auf der Jule etwas höher
steht als das Schießloch.

Es ist bekannt, daß die Anziehungskraft des Uhus bald erlischt. Die Krähen kennen die
Geschichte, der Uhu auch. Erstere sind gewitzigt durch die vielen Verluste; letzterer wird mit
der Zeit stumpf, sitzt gleichgültig auf der Jule und reizt infolge dieser Ruhe die Krähen noch
weniger. Man hat daher bewegliche Hütten hergestellt aus Holz und Segeltuch, die man an
einen anderen Platz umstellen kann, und die, falls die Farbe nicht aus der Umgebung
herausfällt, auch Erfolg bringen.

Über die Jahreszeit für die Benutzung der Krähenhütte ist schon mehrfach die Rede
gewesen, insofern die Zugzeit als die gegebene Jagdzeit bezeichnet wurde. Im allgemeinen
pflegt der Frühlingszug weniger ergiebig zu sein als der Herbstzug. Das liegt einmal daran,
daß im Herbst mehr Vögel vorhanden sind als im Frühjahr, weil zu den Alten die Jungen

hinzukommen. Dann aber sind die Alten im Frühling schon stark mit der Fortpflanzung beschäftigt und haben so für ihre sonstigen Neigungen wenig Zeit. Das fällt im Herbst fort; außerdem pflegen die jungen Vögel viel lebhafter und wütender auf den Uhu zu stoßen als die älteren.

Wesentlich für den Erfolg ist, daß man den Uhu bei Laune hält, ihn, wenn Krähen anstreichen, reizt und verhindert, daß er gleichgültig wird oder die Jule verläßt und zu Boden geht. Auch die Jagd mit dem „Auf" ist eine Kunst, die beherrscht werden will. Nur dann ist sie erfolgreich. Wertvoll für dich selbst aber sind auch die mannigfaltigen Möglichkeiten, die verschiedenen Arten unserer Greife in ihrem Verhalten und ihren Flugspielen zu beobachten. Wo sonst hättest du wohl die Möglichkeit dazu? Durch den Abschuß von Krähen und Elstern erfüllst du zugleich deine Hegepflicht. So meine ich auch, die Jagd mit dem Uhu ist, richtig und maßvoll angewandt, durchaus waidgerecht und für ein gutes Niederwildrevier von Nutzen.

Mit gewissem Erfolg kann man auch mit einem ausgestopften Uhu oder Waldkauz arbeiten, bei dem man mit Hilfe einer Leine die Flügel bewegen kann, so daß er auf die Krähen wie lebendig wirkt. Sogar aus Gummi gefertigte aufblasbare Uhuattrappen sind in den Jagdgeschäften überall erhältlich, aber die Erfol-

ge mit ihnen sind geringer, offenbar weil bei ihnen das Spiel des Windes im Gefieder fortfällt.

Eine Krähenhütte kann, wenn sie an einem geeigneten Ort steht, auch als *Luderhütte* verwendet werden. Meist wird es sich jedoch empfehlen, hierfür besondere Hütten zu bauen, die man auch *Lauerhütten* nennt.

Es ist dies ein kleiner einfacher Unterstand, der am besten am Hang in die Erde gegraben

wird, und in den man durch einen Laufgraben von rückwärts her hineingelangt. Nach der
Hangseite zu weist die Lauerhütte einen schmalen Sehschlitz auf, der gleichzeitig als Schießluke dient. Ein einfacher Sitz und ein Sack mit Heu, in den man die Beine in kalter
Winternacht hineinsteckt, vervollständigen die Ausrüstung. Selbstverständlich muß die
Luderhütte nach dem Laufgraben zu mit einer dicht schließenden Tür, die sich lautlos öffnen
und schließen läßt, versehen sein. Etwa 30 m hangabwärts wird das Luder ausgelegt. Man
kann auf diesen Luderplatz schon im Laufe des Sommers Aufbrüche, Fallwild u. ä. hinschaf-
fen lassen. Steht nicht regelmäßig Luder zur Verfügung, so verwendet man *Luderschächte.*
Das sind etwa meterlange Holzkästen oder Zementrohre mit geringem Durchmesser, die
senkrecht in die Erde eingegraben werden, und in die man das zerkleinerte Luder hineinwirft.
Da das Raubwild es von oben nicht erreichen kann, sondert es lange Zeit die lockende
Wittrung ab.

Im Winter, wenn die Jagd aus der Luderhütte ausgeübt werden soll, läßt man am besten ein
gefallenes Rind oder Kalb oder auch ein Stück Fallwild auf den Luderplatz schaffen und gräbt
den Kadaver, sofern es sich um einen größeren handelt, etwas ein, um zu verhindern, daß das
Raubwild durch ihn verdeckt wird. Es ist zweckmäßig, schon von Anfang an eine fußtiefe
Grube ausheben zu lassen, deren Auswurf ringsum verebnet wird. Diese Grube wird mit
kurzem Dung vollgefahren. Das schafft schon ohne Luder einen Anziehungspunkt für alles
Raubwild der Umgebung. Denn man wird in kurzer Zeit wahrnehmen, daß namentlich der
Fuchs den Düngerhaufen gern besucht und dort seine Losung absetzt. Dieser Dung als
Ausfüllung der Grube bietet die Möglichkeit, den als Luder dienenden Kadaver bei jedem
Frost gut einzugraben. Hierdurch wird das Raubwild nicht nur früher vertraut, sondern es ist
auch für dessen Erlegung von Wichtigkeit. Denn der Jäger wird so öfter Gelegenheit haben,
den Fuchs ganz frei beschießen zu können, als wenn dieser an der der Hütte abgekehrten Seite
vom Luder selbst gegen die Schrote völlig gedeckt wird.

Sobald Vollmond und Schnee eingetreten sind, kann man die Luderhütte beziehen, um nun
Raubwild aller Art, wie Fuchs, Marder, aber auch wildernde Hunde am Luder zu schießen.
Selbstverständlich spielt der Wind eine sehr große Rolle. Es ist daher zweckmäßig, wenn, wie
schon gesagt, die Luderhütte höher als das Luder liegt. Dann empfiehlt es sich, den Sehschlitz
mit einem Klappfenster zu versehen, welches aber nicht mit Eisenscharnieren befestigt sein
darf, sondern man muß zu diesem Zwecke einen breiten Lederstreifen nehmen, um ein völlig
lautloses Öffnen und Schließen des Sehschlitzes zu ermöglichen.

Die beste Waffe für den Ansitz am Luder ist der Drilling mit aufmontiertem Zielfernrohr.
Man hat mit Hilfe des Zielfernrohrs auch mit Schrot ein absolut sicheres Abkommen, so daß
ein Vorbeischießen oder Krankschießen ziemlich ausgeschlossen ist. Man muß jedoch vorher
die Schrotläufe mit dem Fernrohr eingeschossen haben. Da man von einem Tiefsitz aus
überhaupt bei Mondschein schwer Entfernungen schätzen kann, markiert man im Gelände
vor der Hütte durch ein paar Sträucher oder Pfähle die waidgerechte Schrotschußentfernung,
das sind 35 m.

Selbstverständlich kann diese Jagd auch vom Hochsitz aus ausgeübt werden und dort, wo
der Ansitz am Luder noch auf den Bären ausgeübt wird, wie im Urwald der Karpaten, ist es
nicht ratsam, Luderhütten zu bauen, sondern man wird dort, wo man einen Riß findet, oder
wo man nach den Fährten einen Bär vermuten kann, einen behelfsmäßigen Hochsitz auf einem
Baum herrichten und den Bär erwarten. Wenn man dagegen in Deutschland den Ansitz am
Luder auf Fuchs und anderes Raubwild ausüben will, so ist die Luderhütte dem Hochsitz
unbedingt vorzuziehen. Erstens: Man kommt in die Luderhütte viel besser hinein; etwa in der
Nähe befindliches Wild wird beim Anmarsch weniger oder gar nicht gestört. Zweitens: Man
sitzt in einer Luderhütte erheblich wärmer als auf einem Hochsitz, selbst wenn letzterer

Am Luderplatz

geschlossen gebaut ist. Drittens: Von einem Hochsitz schlägt der Wind sehr leicht herunter. In der vollkommen geschlossenen Luderhütte kann man dagegen sogar bei schlechtem Wind Erfolg haben, wenn Tür und Sehschlitz richtig fest schließen.

Es übt auf den Waidmann einen ganz eigenartigen Zauber aus, in kalter Winternacht bei Vollmond in einer solchen Luderhütte anzusitzen, und der Ansitz am Luder ist eine Möglichkeit mehr, den Fuchs zu bejagen, was bei Fortfall des Tellereisens besonders ins Gewicht fällt. Die Erlegung von Schwarzwild, welches sehr gern zum Luderplatz kommt, aus der Luderhütte ist durchaus möglich, doch muß jeder Waidmann es mit sich selbst ausmachen, ob er von dieser Möglichkeit Gebrauch machen will. Schließlich ist es nichts anderes, als wenn anderes Schalenwild an der Fütterung totgeschossen wird.

Über die günstigste Zeit zum Ansitz am Luderplatz sind die Meinungen geteilt. Häufig kommt der Fuchs kurz nach Dunkelwerden. Sehr gut ist auch die Zeit zwischen 22 Uhr und 2 Uhr früh.

Will der Waidmann sich den Ansitz für die nächste mondhelle Schneenacht – nur in einer solchen hat er Aussicht auf leidlich sicheres Schießen – möglichst erfolgreich machen, so läßt sich das durch den am Nachmittag oder gegen Abend angewendeten Gebrauch einer *Schleppe* bewirken. Man macht eine Schleppe, indem man irgendeinen, das Raubwild anlockenden Köder, sei es ein Hasen- oder Wildgescheide, sei es ein halbausgeworfenes Kaninchen, am besten in einem Netz auf dem Erdboden in der Richtung hinter sich herzieht, in die man das Raubwild locken möchte. Es ist ja unzweifelhaft richtig, daß eine Schleppe, wie jede Fährte oder Spur, bei offenem Boden und weichem Wetter *steht,* weil der Boden die Witterung von Fährte, Spur oder Schleppe dann am längsten festhält. Da der Jäger aber bei solcher Witterung den Ansitz auf der Luderhütte einfach nicht ausüben kann, weil er nichts sehen, also auch nichts treffen würde, so bleibt nichts übrig, als auch bei minder günstigem Wetter zu *schleppen.* Die Wirkung mag ein wenig geringer sein: aber sie reicht völlig aus.

Diese Schleppe zieht der Jäger sternförmig, mit der Luderhütte als Mittelpunkt. Schließlich wirft er, was übrigbleibt – meist ist es nicht viel –, auf den Luderplatz. Alsdann begibt er sich nach Hause, um die Luderhütte am späten Abend wieder aufzusuchen. Bei diesem Gang ist es gut, die Schuhsohlen vorher zu verwittern, damit das Raubwild nicht durch die Menschenspur beunruhigt wird. Das geschieht am einfachsten, indem der Jäger einige hundert Schritt vor der Hütte seine Sohlen mit frischen, harzreichen Nadelholz- oder Wacholderzweigen stark abreibt. Dann nähert er sich schnell der Hütte, schließt lautlos die Tür auf, macht sich zurecht, lädt den Drilling und setzt sich so nieder, daß er den Luderplatz gut beschießen kann. Je stiller er sitzt, desto sicherer ist die Aussicht auf Erfolg. Findet sich ein Fuchs ein, so wählt er den ersten günstigen Augenblick, wo dieser hoch, frei und breit steht, zum Schuß. Nie schieße er auf ihn spitz von vorn, es sei denn, er steht sehr nahe. Es wäre vergebens. Sollte der Fuchs aber, was oftmals vorkommt, im Innern der Grube, d. h. des Kadavers verschwinden, bevor er eine gute Schießgelegenheit zeigt, so bleibt nichts übrig, als sich in Geduld zu fassen. Er kommt auch wieder heraus; manchmal freilich erst nach längerer Zeit!

Hat man einen Fuchs am Luder geschossen, so darf man nicht aus der Hütte herausgehen, sondern man bleibt ruhig sitzen; ich habe es erlebt, daß von einer Hütte aus in einer Nacht zwei und sogar drei Füchse geschossen wurden.

Die Beizjagd

Unter *Beizjagd* verstehen wir die Jagd mit gezähmten und abgerichteten Greifvögeln. Sie hat eine uralte Tradition und stand bereits bei den alten Kulturvölkern Asiens in hohem Ansehen. Noch heute ist die *Falknerei* die beliebteste Jagdart orientalischer Fürsten. Die *Falkenbeize* war im Mittelalter das ausschließliche Vorrecht des Adels, der Fürsten und der Könige. Der Staufer Kaiser Friedrich der II. war einer der bedeutendsten Falkner, und sein zweibändiges Werk über die Falknerei hat auch heute noch Gültigkeit. Nachdem die Falknerei mit dem Ende des 18. Jahrhunderts in Deutschland ganz zum Erliegen gekommen war, gründeten Jäger und Ornithologen den Deutschen Falkenorden als Bund für Falknerei, Greifvogelkunde und Greifvogelschutz. Daß die Falknerei sich ihren Platz in unserem Jagdwesen zurücker- obert hat, kommt auch in der Novelle zum Bundesjagdgesetz 1975 zum Ausdruck, nach der zur Ausübung der Beizjagd zusätzlich zur Jägerprüfung eine Falknerprüfung erforderlich ist.

Heute wird in fast allen europäischen und vielen überseeischen Ländern – z. B. USA und Kanada – die Falknerei wieder ausgeübt.

Als *Beizvögel* werden hauptsächlich Falken und Habichte, aber auch Sperber und vereinzelt Adler verwandt. Der *Falkner* oder *Habichtler trägt* seinen Beizvogel selbst *ab.* Er sorgt für tägliche *Atzung,* Pflege und Führung. Der Vogel soll möglichst täglich getragen und *geflogen* werden, sonst kommt er aus der Übung. Das *Geschirr* des Habichts besteht aus einem Paar *Geschühriemen,* einer *Kurzfessel,* einer *Langfessel* und einem Paar *Bellen* (Glöckchen) sowie *Drahlen,* die an den Fängen, den *Füßen* angebracht werden. Nur mit dem Geschüh und den Bellen wird er geworfen und nach der Jagd wieder festgenommen. Die Bellen dienen zum Wiederfinden, wenn er seine Beute geschlagen, *gebunden,* hat. Zum Geschirr des Falken gehört ferner die *Falkenkappe* oder *Haube.* Zum Einholen des Falken dient das *Federspiel.* Zur Ausrüstung des Falkners gehören ferner der *Falknerhandschuh* und die *Falknertasche.* Zur Ausübung der Beize ist ein gut geführter Hund erforderlich, der das zu jagende Wild aufstöbert oder vorsteht.

Während die Falken (Wander-, Sacker-, Lanner-, Lugger-, Gerfalke) nur in flachem, übersichtlichem Gelände erfolgversprechend eingesetzt werden können, lassen sich Habicht und Sperber in Gebieten verschiedenster Ausformung zur Beize verwenden, da sie ihrer Beute bis in die Deckung zu folgen vermögen.

Wir unterscheiden das Jagen *von der Faust,* zum Beispiel beim Frettieren, wenn der Habicht sich von der Faust wirft und das flüchtende Kaninchen anjagt, und die *freie Folge,* wenn der Habicht dem Falkmer und dem suchenden Hund von Baum zu Baum folgt und anjagt, wenn das aufgestöberte Kaninchen flüchtet und er es bindet. Beide Arten gehören zur *Jagd im niederen Flug.*

Die Beize im *hohen Flug* wird dagegen mit verschiedenen Falkenarten auf hoch und weit fliegende Beutevögel ausgeübt. Dazu gehört die *Jagd aus der Kappe,* wenn dem Falken beim Hochmachen des Flugwildes die Kappe abgezogen wird, er von der Faust anjagt, steigt und im Sturzflug die Beute schlägt und bindet. Bei der *Jagd aus dem Anwarten* steigt der Falke, wenn er die Faust verlassen hat, und *stellt sich* hoch in der Luft über seinen Herrn und wartet, bis dieser oder sein Hund das Flugwild hochgemacht hat, und stürzt sich dann in rasendem Sturzflug herab. Diese Form der Jagd mit dem hohen Flug kann als die Krone der Beizjagd angesehen werden.

Die Beize ist eine Jagd die im natürlichen Ablauf Jäger und Gejagtem gleichermaßen Chancen bietet. Das Zusammenspiel von Falkner, Beizvogel und Hund ist eine Kunst, die sich nur aus Wissen, Können und Erfahrung zur Vollkommenheit entwickeln kann und vom Falkner ein hohes Maß an Disziplin, Einsatzbereitschaft, Geduld und Beobachtungsgabe verlangt.

Die Beschaffung von Beizvögeln ist heute schwierig, da bei uns der Wanderfalke ganzjährig geschützt ist und strengen Einfuhrgenehmigungen unterliegt. Habicht und Sperber dürfen nur mit Sondergenehmigung ausgehorstet werden. Auch die Haltung von Greifvögeln unterliegt strengen Bestimmungen. Um so bedeutsamer ist es, daß es inzwischen gelungen ist, verschiedenste Falkenarten sowohl durch Naturbrut als auch durch künstliche Besamung in Gefangenschaft zu züchten. Hier öffnet sich ein Weg, der auch für die *Auswilderung* und Wiedereinbürgerung des Wanderfalken von wesentlicher Bedeutung sein kann; so sind 1977 zum erstenmal sechs in Gefangenschaft gezüchtete Wanderfalken mit Erfolg in der Bundesrepublik Deutschland ausgewildert worden.

Die Nachsuche

Die Nachsuche umfaßt die gesamte Tätigkeit des Waidmanns und seines Hundes von der Abgabe des Schusses bis zur völligen Erbeutung des Wildes. Sie stellt die größten Anforderungen an das Wollen und Können des Jägers, verschafft ihm aber auch dafür die größte Freude und Befriedigung, wenn sie zum Erfolg führt. Nirgends so sehr wie bei der Nachsuche zeigt sich in gleichem Maß der himmelweite Unterschied zwischen dem Waidmann und dem Schießer. Wer den Willen hat, kein krankgeschossenes Wild ohne gründliche Nachsuche im Stich zu lassen, der wird auch schon beim Schießen darauf Rücksicht nehmen und nur dann den Finger krumm machen, wenn er erwarten darf, das beschossene Wild auch in seine Hand zu bringen.

Aber der Wille allein tut es noch nicht; auch das Können muß hinzukommen. Wenn es je zutrifft, daß die Jagd eine Kunst ist, so gilt das vor allem für die Nachsuche; und zwar nicht nur für die jagdliche Gewandtheit des Jägers selbst, sondern in hohem Grade auch für seine Fähigkeit, den Hund auf die Höhe seiner Leistungen zu führen.

Es war von je das größte Anliegen und der Stolz des deutschen Waidwerks, kein krankes Wild verkommen und verludern zu lassen. Nicht nur etwaigen Verlustes wegen – nein, ganz besonders aus dem Gefühl der Verpflichtung heraus, das angeschweißte Wild so schnell und so sicher wie möglich von seinen Schmerzen zu erlösen. Das ist eine von hoher Verantwortung getragene Einstellung, die jedem Waidmann gut ansteht.

Dieser ritterliche Sinn darf sich nicht etwa nur auf größeres Wild bzw. solches Wild, welches eine Trophäe liefert, beschränken. Der waidgerechte Jäger sucht ein geflügeltes Huhn mit der gleichen Sorgfalt nach, wie er der Schweißfährte eines kranken Hirsches folgt. Alles Wild ist ein Geschöpf Gottes und muß vom wahren Waidmann entsprechend gewertet werden – gleichgültig, ob es sich um einen jagdbaren Hirsch oder „nur" um einen Hasen handelt.

Aber aller guter Wille, alles persönliche Können des Waidmanns bleiben elendes Stückwerk, wenn er es nicht versteht, sich die feine Nase seines Hundes zum sicheren Helfer zu

1. Frischer, blasiger Lungenschweiß.
2. Lungenschweiß teilweise bereits angetrocknet mit Lungensubstanz.
3. Lungenschweiß angetrocknet.
4. Wildpretschweiß mit hineingelaufenem Knochenmark.
   In dem fettig glänzenden Schweiß gerinnt oft das Knochenmark zu kleinen weißen Kügelchen. Bei nicht genauem Betrachten können die Kügelchen leicht mit Bläschen verwechselt werden. Infolgedessen wird dieser Schweiß häufig als Lungenschweiß angesprochen.
5. Leberschweiß.
6. Milzschweiß.
7. Ausgelaufenes Knochenmark.
8. Festes Knochenmark. Beim Zerreiben zwischen den Fingern bleibt keine Substanz – Fasern – zurück wie bei Weißem oder Feist.
9. Links: Weißes vom Gescheide, rechts: Weißes von der Schwarte mit Borstenteilen.
10. Panseninhalt mit unsauberem Waidwundschweiß.
11. Lauf: Poröser Splitter aus einem Gelenkkopf.
12. Lauf: Scharfkantiger Röhrenknochen mit einem kleinen Spritzer Wildpretschweiß, dessen Ausformung die Fluchtrichtung – hier nach rechts – anzeigt.
13. Knochensplitter von der Rippe.

Zu nebenstehender Farbtafel „Pürschzeichen"

1	2	3
4	5	6
7	8	9
		12
10	11	13

machen, dessen Willen sich so zu beugen, daß er ihm das gefundene Wild auch heranbringt oder ihn hinführt. Hier kann ich einige Gedanken nicht unterdrücken:

Die Leistungen unserer Gebrauchshunde auf dem weiten Gebiet der Nachsuche entsprechen noch nicht in allem den Anforderungen, und es fragt sich, ob das Ideal als Durchschnittsleistung nicht vielleicht zu hoch gesteckt ist. Können wir bei dem einzelnen Hund uns nicht damit begnügen, wenn er nur einen Teil der allgemeinen Forderungen zur Zufriedenheit leistet, und würden wir damit nicht weiter kommen?

Man soll nie vergessen, daß man in einer Epoche, in der mehr Mittel und mehr Zeit der Jagd gewidmet wurden als heute, nämlich im 17. und 18. Jahrhundert, die zur Jagd benutzten Hunde stark spezialisiert hatte. Altmeister Döbel nennt z. B. einen Leithund, Schweißhund, Hühnerhund, Wasserhund, Hetzhund, Auerhahnhund, Otternhund, Dachsschliefer und viele andere. Es ist selbstverständlich, daß wir heute, wo der größte Teil unserer Jäger in der Stadt wohnen muß und Schwierigkeiten hat, überhaupt nur *einen* Hund zu halten, ohne den vielseitigen Gebrauchshund nicht mehr sein können, aber man sollte zugeben, daß der Spezialist in seinem Fach mehr leisten kann und wird als der Gebrauchshund, der heute mit tiefer Nase eine Schweißfährte ausarbeiten, morgen auf Kaninchen und Fasanen stöbern und übermorgen mit hoher Nase Hühner suchen und fest vorstehen soll.

Das schließt keineswegs aus, daß auch ein Gebrauchshund für die Nachsuche auf Schalenwild gut zu verwenden ist, ganz besonders, wenn er häufig Übung darin erhält. Andererseits wird der Schweißhund, sei es der hannoversche oder der bayerische, im Durchschnitt bestimmt mehr leisten als ein Gebrauchshund. Das zu bezweifeln hieße, jedes Spezialistentum leugnen. Die Schweißhunde sind seit Jahrhunderten auf Schweißarbeit bzw. auf Leithundarbeit gezüchtet. Abgesehen von der durch Zuchtauslese bedingten hervorragenden Nase befähigt der ganze Körperbau den Schweißhund dazu, mit tiefer Nase zu arbeiten, während unsere Gebrauchshunde durch die Einkreuzung englischen Blutes geradezu darauf gezüchtet sind, mit hoher Nase zu arbeiten. Auf einer übernächtigen, ganz wenig oder gar nicht schweißenden Wundfährte eines Stückes Rotwild ist aber mit hoher Nase nichts zu machen. Aus den genannten Gründen sollten daher zumindest in geschlossenen Hochwildgebieten eine ausreichende Zahl von Schweißhunden, also Spezialisten, zur Verfügung stehen. Die Erfolge einzelner Schweißhundstationen beweisen, wie berechtigt diese Forderung ist.

Sehr geeignet für die Nachsuche auf Schalenwild ist außerdem der Teckel, ganz besonders, wenn er nur auf der Schweißfährte geführt wird und nicht zum Stöbern oder zum Hetzen an Sauen Verwendung findet. Ich kenne Teckel, die einem guten Schweißhund nichts nachgeben; allerdings sind sie kaum in der Lage, ein laufkrankes Stück zu Stande zu hetzen, und auch bei tiefem Schnee müssen sie versagen; man muß zu diesem Zwecke dann einen hochläufigeren Hund zur Nachsuche verwenden.

Der Kugelschuß

Äußere Schußwirkungen

Schuß- oder Pürschzeichen

Es ist ein alter, waidmännischer Grundsatz, der inzwischen seit langem Gesetz geworden ist, daß allem Wild, das auf Schalen zieht, die Kugel gebührt. Auch der Fangschuß mit Schrot oder gehacktem Blei ist beim Schalenwild verboten.

Wenn ich im Eingang des vorigen Abschnittes sagte, die Nachsuche beginne mit der

Abgabe des Schusses, so muß ich das hier noch ein klein wenig schärfer fassen. Denn es ist von großem Vorteil, wenn der Waidmann sich beim Schießen auf stehendes oder sich nur wenig bewegendes Wild – bei Wild in der Flucht wird es nur selten möglich sein – die Richtung, in der er schießen will, schon *vor* dem Schuß merkt. Auf diese Weise findet er den *Anschuß,* d. h. die Stelle, auf der sich das Wild bei Abgabe des Schusses befand, weit leichter, als wenn er sich erst nach dem Schuß die Richtung wieder klarmachen will. Daher gewöhne sich der Anfänger, sich an Baum und Strauch oder an sonstigen Marken die Schußrichtung schon vorher einzuprägen. Das ist sehr wichtig, denn ohne den Anschuß zu haben, ist eine Nachsuche schon halb verloren. Nach dem Schuß beobachte der Schütze genau das beschossene Stück, um festzustellen, ob weitere Merkmale, die über den Sitz der Kugel Aufschluß geben können, in Erscheinung treten, also: schlenkernder Lauf, krummer Rücken, Stehenbleiben und Zurückäugen usw. Sofern sich die Möglichkeit bietet, einen zweiten Schuß anzubringen, ist unbedingt noch einmal zu schießen. Nichts ist falscher, als in solcher Situation Patronen sparen zu wollen. Eine alte Jägerweisheit lautet: Solange ein Stück Schalenwild auf den Läufen ist, muß man schießen! Bricht das Wild im Feuer zusammen und schlägt wie wild mit den Läufen, dann die Beine in die Hand und schleunigst hin, denn das Stück kann gekrellt sein, und man muß möglichst schnell den Fangschuß geben.

Das erste *Pürschzeichen,* das der Schütze sozusagen im Knall sieht, ist das *Zeichnen.* Es ist diejenige eigentümliche Bewegung, die das Wild in dem Augenblick macht, in dem es von der Kugel getroffen wird. Der Schütze wird das Zeichnen nur dann beobachten, wenn er sich gewöhnt hat, beim Schuß ruhig durch das Feuer zu sehen, also nicht zu *mucken.* Alles Schalenwild *zeichnet* ziemlich gleichmäßig. Nur Schwarzwild macht eine Ausnahme, indem es fast nur auf Knochenverletzungen sichtbar zeichnet, sonst aber nur für ein scharf beobachtendes Auge auf den Treffer zusammenruckt. Bei den modernen hochrasanten Geschossen kommt es vor, daß gut getroffenes Wild überhaupt nicht zeichnet, sondern wie vom Blitz erschlagen in der Fährte zusammenbricht.

Um das Zeichnen zu erkennen, muß man durch den Schuß sehen, was nicht alle Jäger können; beim Schießen mit Zielfernrohr ist allerdings das Zeichnen schwerer zu erkennen als beim Schießen über Kimme und Korn.

Alle *tödlichen Knochenschüsse* lassen das Wild im Feuer zusammenbrechen. Bei *einseitigen Knochenschüssen* der Läufe knickt das Wild nach der Seite ein, an der ihm durch die Kugel die Stütze zerschmettert wurde. Es berührt aber nur selten den Boden; und wenn es das auch für einen Augenblick tat, so wird es doch sofort flüchtig. Bei derartigen *hohen Laufschüssen* schleppt der zerschossene Lauf; bei *tiefen* schlenkert er hin und her. Werden *beide Hinterläufe* in der Keule im Knochen getroffen, so bricht das Wind hinten zusammen und wird nicht wieder hoch, schleppt aber häufig, sich auf den gesunden Vorderläufen vorwärtsziehend, den Hinterkörper nach; jedoch nur eine kurze Strecke. Werden *beide Blätter* durchschossen, so liegt es, entgegen der vielfach herrschenden Ansicht, längst nicht immer unter dem Feuer; sondern es wird noch so weit flüchtig, wie es die Verletzung der inneren Organe zuläßt. Wenn das Wild bei einem solchen Schuß im Feuer bleibt, so ist entweder die Wirbelsäule durchschossen oder *beide Oberarme,* d. h. die Röhrenknochen zwischen Schulter und Ellenbogen.

Bei *Krellschüssen* liegt das Wild im Knall häufig auf dem Rücken. Ist es ein reiner Krellschuß, bei dem nicht das Rückgrat selbst, sondern nur eine *Feder* (ein Dornfortsatz des Wirbels) verletzt wurde, und nur der Anprall des Geschosses an das Knochensystem das Wild vorübergehend umwarf und betäubte, so schnellt es heftig mit den Läufen, um alsbald wieder hoch und erst taumelnd, dann schneller flüchtig zu werden.

Bei allen übrigen Schüssen sucht das Wild dem Schmerz an der getroffenen Stelle auszuweichen, und zwar in der Weise, daß es beispielsweise bei tiefen Blattschüssen vorn eine

Flucht in die Höhe macht. Diese Flucht pflegt um so höher zu sein, je tiefer die Kugel sitzt. Bei den *Streifschüssen* durch den Brustkern (die Verwachsung der Rippen an der Unterseite des Brustkastens), die häufig ungefährlich sind, macht es die höchste Flucht, d. h. es zeichnet nach der herrschenden Anschauung am besten.

Bei Schüssen, die das *Wildpret* über dem *Rückgrat* oder nur das *Haar* daselbst treffen, kann der Waidmann beobachten, wie das Wild sich förmlich duckt, um auszuweichen. Dagegen zeichnet es, wenn die zu tief gehende Kugel den Boden aufreißt und die ausgerissenen Bodenteile den Brustkern treffen, wie beim besten Herzschuß.

Bei solchen *Hals-* und *Kopfschüssen*, die das Wild nicht im Feuer zusammenbrechen lassen, wird das Zeichnen durch eine ganz eigentümliche Bewegung dieser Teile sichtbar, die mit dem Schütteln des Kopfes Ähnlichkeit hat. Im Knall aber zeichnet es meist gar nicht. Der Jäger bemerkt diese Bewegung erst später, wenn er es bei der Nachsuche stehend zu Gesicht bekommt.

Der *mittlere* und *tiefe Blattschuß* veranlassen eine geringere oder stärkere, hohe Flucht; dann aber ein auffallendes Niedergehen mit dem Kopf zur Erde. Das letztere ist das Wesentliche des Zeichnens. Das Wild stürmt ohne Aufenthalt, an Baum und Strauch anprallend, in rasender Flucht fort und bricht entweder in dieser zusammen, oder aber es hebt sich – bei reinen Lungenschüssen, um dem Ersticken zu entgehen – nochmals vor dem Zusammenbrechen auf den Hinterläufen hoch in die Luft, um dann verendet niederzufallen. Bei *Herzschüssen* verendet das Wild, sobald im Gehirn Blutleere eintritt; manchmal blitzartig, meist aber erst 40–80 Schritt vom Anschuß, den es in rasender Flucht verläßt.

Den *hohen Leberschuß* pflegt das Wild kaum sichtbar zu zeichnen; es ruckt zusammen. Beim *mittleren* oder *tiefen* dagegen wird es, ähnlich wie bei Blattschüssen, vorn hoch, jedoch in geringerem Grad, fährt auch nachher nicht mit dem Windfang zu Boden. Es geht ohne besonderes weiteres Zeichen flüchtig ab.

Beim *Schuß durch das Gescheide,* also bei den *Waidwundschüssen*, schnellt das Wild mit den Läufen hinten aus, und zwar desto höher, je tiefer und je weiter nach hinten die Kugel sitzt. Ist nur der *Pansen* getroffen, so ist ein Zeichnen häufig gar nicht wahrnehmbar. Sitzt die Kugel im kleinen Gescheide, so wird das Wild oft nach einigen Fluchten kurz, zieht mit krummem Rücken weiter, bleibt häufig stehen und äugt nach hinten. Wird es weit nach hinten waidwund geschossen, so streckt es oft den Wedel mit zitternder Bewegung geradeaus.

Der *Schuß durch die Nieren* läßt das Wild fast immer hinten zusammenbrechen, um bald wieder hoch zu werden und mit ausgestrecktem, zitterndem Wedel meist langsam fortzuflüchten oder gar fortzuziehen.

Bei *reinen Wildpretschüssen* ist das Zeichnen nur durch das früher erwähnte Ausweichen vor dem Schmerz erkennbar, vielfach auch überhaupt nicht bemerkbar. *Wildpretschüsse* an den *Läufen* oder *Streifschüsse* sind oft durch ein Zusammenrucken nach der verletzten Stelle und bei den ferneren Fluchten an der Schonung des verletzten Laufes zu erkennen.

Fehlschüsse zeichnet das Wild nicht. Es bleibt oft einen Augenblick stehen, wird dann flüchtig, um von Zeit zu Zeit wieder zu verhoffen. Oft auch schreckt es nach solcher Störung, was man beim Rehwild auch hin und wieder beobachten kann, wenn es angeschweißt wurde.

Schwerkrankes Wild pflegt sich von dem übrigen Wild zu trennen; es *tut sich ab.* Nur Kälber bleiben bei der Mutter, solange sie ihr noch folgen können.

Vielfach wird behauptet, gut getroffenes Wild mache immer die ersten Fluchten *vorwärts*. Das ist nicht unbedingt zutreffend. Es tut das zwar meistens; aber einen Schluß auf Fehlschuß darf der Waidmann aus dem entgegengesetzten Verhalten nicht ziehen. Ich kenne eine Anzahl von Fällen, in denen getroffenes Wild auf guten Blattschuß sofort herumschlug und in derselben Richtung flüchtete, aus der es gekommen war.

Der *Kugelschlag.* Als man noch mit Vollbleigeschossen 11 mm und darüber schoß, war der Kugelschlag, d. h. der Knall, der durch das Auftreffen des Geschosses auf den Wildkörper entsteht, in allen Fällen sehr deutlich zu hören. Je geringer das Kaliber und je höher die Geschoßgeschwindigkeit, desto weniger ist der Kugelschlag wahrnehmbar. Es gehört vor allem eine gewisse Übung dazu, ihn zu hören. Der Treffer auf dem Blatt, der auf den mit Luft gefüllten Brustkorb schlägt, ergibt einen klatschenden Aufschlag. Beim Waidwundschuß tönt er dumpf: buff! Der Knochenschuß gibt hellen Schlag. Der Schuß auf Holz tönt heller, auch weicher als der auf Knochen.

Sicherlich unterliegt der Jäger bei den kleinkalibrigen rasanten Geschossen viel eher Irrtümern hinsichtlich des Kugelschlages als früher, weil sich bei der großen Fluggeschwindigkeit alles viel enger zusammendrängt und er den Schlag auf einen hinter dem Wild befindlichen Gegenstand leicht mit dem auf den Wildkörper verwechseln kann. So hat der Kugelschlag nicht mehr die große Bedeutung wie bei den alten Waffen, kann in dem einen oder anderen Fall aber auch heute noch von Wert sein.

Die *Eingriffe* oder der *Ausriß* bilden ein weiteres Pürschzeichen. Das von der Kugel getroffene Wild fährt heftig zusammen und macht dann eine starke Flucht, die häufig noch mit einer mehr oder minder großen seitlichen Wendung verbunden ist. Dadurch greifen die Schalen bedeutend tiefer als sonst in die Erde ein, reißen den Bodenüberzug auf und verursachen auf diese Weise eine in das Auge fallende Bodenverwundung; zunächst auf der Stelle, die das Wild mit den Schalen berührte, als es die Kugel erhielt. Diese nennt man die Eingriffe oder den Ausriß. Zwar fährt auch gesundes Wild, wenn es durch den Schuß erschreckt wird, zusammen und hinterläßt Eingriffe, doch sind diese weniger deutlich und meist mit den Eingriffen eines getroffenen Wildes nicht leicht zu verwechseln.

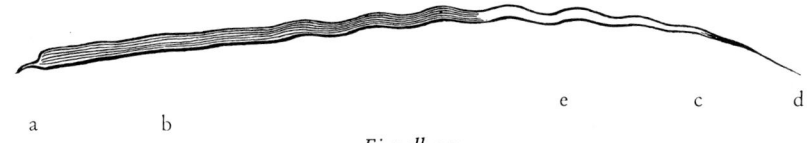

a   b   e   c   d

Einzelhaar

a–b Wurzel, b–d Schaft, b–e Unterschaft, e–c Band oder Mittelschaft, c–d Spitze oder Oberschaft

Das *Schnitthaar.* Findet der Jäger Haar, *Abschußhaar* oder auch *Farbe,* auf dem Anschuß, so weiß er, daß der Schuß getroffen hat. Aber er weiß nicht nur das, sondern auch, wo er traf. Letzteres freilich nur, wenn er sich mit der Verschiedenheit des Haares oder der Borsten an den einzelnen Teilen des Wildkörpers vorher vertraut machte. Wenn du ein Haar aus der Decke reißest und betrachtest es der größeren Deutlichkeit wegen durch eine Lupe – ein gutes Auge sieht das übrigens auch ohne eine solche –, so erkennst du folgende Teile: Ein Stückchen der abgerissenen *Wurzel* und den *Schaft.* Der Schaft teilt sich nach Form und Farbe in den mehr oder weniger grau gefärbten *Unterschaft,* den anders gefärbten *Mittelschaft,* das *Band* und den *Oberschaft* oder die *Spitze.* Für die Gesamtfärbung des Wildes geben das Band und die Spitze den Ausschlag. Ersteres bewirkt die Allgemeinfärbung. So ist es beim Rothirsch und Rehbock im Sommer rot. Letzteres bewirkt die dunkle Färbung am Nacken und auf dem Rücken.

Der am Schaft sitzende Wurzelrest bietet keinen Anhalt für den Körperteil, aus dem das Haar stammt. Wohl aber läßt er einen Schluß zu, ob das Haar *ausgerissen* oder durch die Kugel *abgeschnitten* ist. Auch ein Treffer liefert neben dem abgeschnittenen Haar, dem *Schnitthaar,* solches, das ausgerissen ist; namentlich an der Ausschußseite. Findet sich aber nur ein oder ein anderes ausgerissenes Haar auf dem Anschuß, so ist das kein Beweis für einen Treffer. Denn loses Haar steckt immer in der Decke des Wildes; es fällt natürlich leicht heraus, wenn das Wild auf den Schuß zusammenschreckt.

Daß der Waidmann einen so kleinen Gegenstand, wie ihn ein Haar darstellt, nicht auffinden kann, wenn er die Richtung des Schusses nicht ganz genau kennt, liegt auf der Hand. Nur wenn er sich die Richtung des Schusses genau gemerkt hat, ist es möglich, den Ausriß und das Haar, mit anderen Worten: den Anschuß aufzufinden.

Wenn ein Wild breit von der Kugel durchschlagen ist, so finden sich auf dem Anschuß häufig zwei Büschel Haare. Das eine rührt vom Einschuß her, das andere vom Ausschuß. Diese Büschel fallen meist so ins Auge, daß auch der Ungeübte sie nicht übersieht. Häufig aber sind solche Büschel auch *nicht* vorhanden. Dann heißt es nach Einzelhaaren suchen. Letztere fallen auf dunklem Laub oder bei dunklem Haar auf hellem Untergrund leicht ins Auge. Nach Regen und im Tau bleibt das Haar an Grashalmen, am Gebüsch, an höheren Teilen des Bodenüberzuges kleben und ist hier leicht zu finden. Helleres Haar, besonders weißes, verlangt bei Schnee große Aufmerksamkeit, während dunkles sich hier schon von weitem kenntlich macht. Selbstverständlich muß der Jäger sich tief bücken oder niederknien, um einzelne Haare zu finden.

Ob der Schütze viel oder wenig Haar auf dem Anschuß findet, das hängt von dem getroffenen Körperteil, von der Stellung des Wildes, dem stärkeren oder kleineren Büchsenkaliber, der Jahreszeit – im Winter bei dichter Behaarung mehr, im Sommer weniger – und von Zufälligkeiten ab. Streifschüsse pflegen, wenn sie den Rumpf treffen, immer viel Haar zu liefern. Trifft die Kugel breit auf den Wildkörper, so schneidet sie von einem Teil des Haares die Spitzen, von dem anderen mehr oder minder den Schaft ab. Auf derjenigen Fläche, wo sie mit dem Geschoßkopf auftrifft, zermalmt sie das Haar. Weil das meiste Haar seinen Strich nach hinten hat, so liefert ein in der Richtung dieses Striches auftreffendes Geschoß bei dem Schrägschuß von hinten auf der Einschußseite wenig Haar – die Kugel schlüpft sozusagen ein –; dagegen auf der Ausschußseite mehr. Bei Schrägschuß von vorn ist das umgekehrt der Fall. Übrigens erhält der Schütze gelegentlich eine ganz sichere Unterlage dafür, ob er Haar auf dem Anschuß finden wird oder nicht. Denn bei günstiger Beleuchtung sieht er oft im Knall das Schnitthaar in der Luft umherwirbeln; besonders im Sonnenschein.

Manchmal findet er am Abschußhaar größere oder kleinere Hautfetzen hängen. Manche sind der Meinung, daß es sich dann jedesmal um einen Streifschuß handle. Indes ist das nicht immer so. Zwar hinterlassen Streifschüsse in der Regel auf dem Anschuß neben vielem Haar auch Hautfetzen; aber in manchen Fällen ergeben auch die Ausschüsse guter Treffer solche Fetzen. Bei Geäse- und Laufschüssen finden sie sich sehr oft mit ganz kurzem Haar. Es wird daher Sache des Jägers sein zu bestimmen, was für Haar an einem gefundenen Hautfetzen sitzt, und in Verbindung mit den übrigen Zeichen ein Urteil zu haben, ob ein Streifschuß vorliegt oder nicht.

Ich rate jedem jungen Waidmann, keine Gelegenheit zu versäumen, seine Kenntnis über das Haar bei jedem Schalenwild zu erweitern und zu festigen. Da die Jagd selbst dazu selten die nötige Ruhe und Zeit läßt, so legt er sich zweckmäßig eine kleine Sammlung von Haarproben an, um sich in Muße mit den Unterschieden beschäftigen zu können. Lupe und Mikroskop braucht er dazu *nicht*. Die gesunden Augen reichen völlig aus. Das weitere müssen Fleiß und Übung bringen. Wer aber im Ansprechen des Haares sicher ist, der verfügt für die Nachsuche über ein Rüstzeug, das nicht übertroffen werden kann. Das beste Hilfsmittel sind die sog. *Schnitthaarbücher,* die man sich ohne nennenswerte Kosten selbst anfertigen kann, indem man kleine Deckenfetzen mit Haar von den verschiedensten Körperteilen des betreffenden Wildes in ein Buch einklebt und darunter vermerkt, von welcher Körperstelle das Haar

stammt. Mit zwanzig verschiedenen Haarproben kommt man gut aus. Selbstverständlich muß man ein solches Schnitthaar-
buch vom Hirsch, Alttier und Kalb haben
und beim Hirsch vom Sommer- und Winterhaar.

Bei *Kopf-* und *Laufschüssen* ist noch zu
bemerken: Faßt die Kugel den Kopf am
Ober- oder Unterkiefer, so daß das Wild
nicht im Dampf bleibt, so wird der Jäger
Knochensplitter oder *Zähne* mit Hautfetzen
der Lefzen, die meist leicht anzusprechen
sind, auf dem Anschuß finden und so über
den Sitz der Kugel nicht im Zweifel bleiben. Faßt sie aber den unteren Teil des
Laufes, so gibt das Zeichnen des Wildes –
Einknicken nach der Seite, an der die Stütze
zerschmettert wurde – zunächst einen Anhaltspunkt. Splitter von Röhrenknochen
finden sich auf dem Anschuß oder, falls nur
ein Streifschuß vorliegt, Hautfetzen, die mit denen der Lefzen nicht verwechselt werden
können, und die mit kurzen Haaren besetzt sind. Das Wild schont dann meist den getroffen

Lauf. Abgesehen von all diesem, wird ein ruhiger Schütze, wenn er auf stehendes oder ziehendes Wild schoß, sich über seinen Schuß immer so weit klar sein, daß er weiß, ob er den Kopf oder den Lauf getroffen hat. Beim Schuß auf flüchtiges Wild ist das freilich anders, weil hier Kopf und Läufe manchmal sehr nah beieinander sind.

In jagdlichen Lehrbüchern wird oft ein großer Nachdruck auf das Auffinden von *Schweiß* auf dem Anschuß gelegt, um danach den Sitz der Kugel anzusprechen. Das ist gänzlich verfehlt; denn auf dem Anschuß ist Schweiß bei weitem nicht immer vorhanden, es seien denn einige Spritzer, die die durchschlagende Kugel mit aus dem Wildkörper herausriß. Dieser Schweiß, meist nur Tröpfchen, die keinen Anhalt über die Herkunft geben können, liegt vom Schützen aus hinter dem Wild. Am ehesten findet sich noch bei schlechten Schüssen Schweiß auf dem Anschuß; bei guten beginnt er häufig erst nach 10–20 Schritt. Er spielt also für die Feststellung des Anschusses und für die Tatsache, ob und wo die Kugel getroffen hat, auf dem Anschuß selbst nur selten die entscheidende Rolle. Allerdings hängt das auch von Kaliber, Geschoßart und Ladung ab. Das Auffinden eines einzigen Schnitthaares aber sagt mir, ob und mit hoher Wahrscheinlichkeit, wo ich getroffen habe. Damit wird die ganze Nachsuche auf eine sichere Grundlage gestellt, die in Verbindung mit weiteren Pürschzeichen deren geordnete Ausführung ermöglicht.

Der *Schweiß* findet sich also meist im weiteren Verlauf der Wundfährte. Es ist dasjenige Pürschzeichen, das auf *frischer* Fährte oft ein recht sicheres Ansprechen des Sitzes der Kugel gestattet. Je länger er aber liegt, desto unsicherer wird das Ansprechen, bis schließlich nur noch erkennen läßt, daß es sich überhaupt um Schweiß handelt. Woher er stammen könnte, verrät er nicht mehr. Am leichtesten erkennt der nachsuchende Waidmann ihn auf grüner Unterlage, auf Laub, Gras und Kraut, auf hellem Sand, weißlichem, grauem Gestein und vor allen Dingen auf Schnee. Schwierig ist das Erkennen auf braunem Heidekraut, rotem Nadelpolster, auf dürren Ästen. Da *eine* Farbe von der anderen abhängt, so kann derselbe Schweiß auf verschiedener Unterlage recht verschiedenen Eindruck machen.

Wir unterscheiden: *Lungenschweiß:* hellorangerot, schaumig; *Herzschweiß:* dunkelrot, oft blasig; *Leberschweiß:* braunrot, oft mit Leberteilchen untermischt; *Waidwundschweiß:* entweder hell, dünnflüssig, wässerig oder ganz tiefrot – Milzschuß – meist mit grünlichen und bräunlichen Teilen aus dem Gescheide untermischt, dann schmutzig gefärbt; endlich *Wildpretschweiß:* hellrot, nicht blasig oder schaumig. Im allgemeinen ist die Farbe bei den einzelnen Wildarten gleich. Eine Ausnahme macht das Schwarzwild in dem Sinn, daß, wenn ich dem Schweiß des übrigen Schalenwildes im Durchschnitt mehr die Orangefärbung zuspreche, dann dem des Schwarzwildes die Karminfärbung zugestehe.

Gelegentlich findet der nachhängende Jäger im Schweiß Teile der verletzten Organe oder deren Inhalt. Schlug die Kugel durch den Wildkörper hindurch, schob sich die Decke nicht vor den Ein- oder Ausschuß, verstopft kein Feist, Weiß oder Gescheide den Schußkanal, dann liegt der Schweiß auf beiden Seiten der Fährte; sonst auf der offenen Seite. Falls beiderseitiger Verschluß vorliegt, so fehlt er auf längeren Strecken ganz. Läuft der Schweiß an einem Lauf herunter, der nicht umherschlenkert, so liegt er in der Fährte, oft nur im Tritt; schlenkert der Lauf, so liegt er umhergespritzt *neben* der Fährte. Blutreiche Gefäße, die durchschlagen wurden, ergeben viel und anhaltenden Schweiß. Wildpretschüsse schweißen alsbald, oft schon auf dem Anschuß, um bald aufzuhören. Hohe Schüsse ergeben wenig Schweiß, weil dieser sich in der Brust- oder Bauchhöhle sammelt. Tiefe Schüsse schweißen daher eher und besser. Außerdem saugt bei Hochschüssen die Decke viel Schweiß auf.

`Je schneller die Bewegung des flüchtenden Wildes ist, auf desto größerem Raum verteilt sich der Schweiß; desto spärlicher findet er sich. Wird das Wild bei gleich starkem Schweißen kürzer, so liegt entsprechend mehr Schweiß. Schrägschüsse geben oft auf der Ein- und

Ausschußseite verschiedenen Schweiß. Sie lassen daher einen ziemlich sicheren Schluß auf die Verwundung zu.

Bei den nachstehend aufgeführten hauptsächlichsten Schüssen ergibt sich der *Schweiß* wie folgt:

1. Schuß durch das *Geäse,* durch den *Ober-* oder *Unterkiefer:* Vom Speichel verdünnter, blasser, schleimiger Schweiß, in langen Fäden zu beiden Seiten der Fährte. Das Wild „sabbert".

2. Schuß durch die *Drossel:* Schweiß von der Farbe des Wildpretschweißes, falls die Lunge nicht mitverletzt wurde. Doch hat er große Blasen und liegt in der Flucht, durch die Ausatmung gewaltsam herausgestoßen, weit von der Fährte ab, oft sehr reichlich.

3. Schuß durch den *Schlund:* Sehr wenig Schweiß, mit dem grünlichen Inhalt des Schlundes untermischt, von schmutziger, dunkler Farbe, in der Fährte liegend.

4. *Mittelhoher Blattschuß, hoher Lungenschuß:* Häufig wenig Schweiß von hellorangeroter Farbe, schaumig, neben der Fährte liegend, selten beim Ausatmen durch das Geäse nach vorn gespritzt.

5. *Tiefer Blattschuß, Lungenschuß:* Auf dem Anschuß oft von der Kugel herausgerissene Lungenteilchen nebst einigen Spritzern Schweiß. Nach 15–20 Schritt zu beiden Seiten der Fährte viel hellorangeroter, feinblasiger, schaumiger Schweiß; derselbe Schweiß durch Geäse und Windfang ausgeblasen in der Fährte.

6. *Tiefer Blattschuß, Herzschuß:* Schweiß sehr dunkel, reichlich, zu beiden Seiten der Fährte; oft mit großen Blasen, aber nicht schaumig. So getroffenes Wild schweißt oft schon vom Anschuß an – tiefer Herzschuß –; häufig aber erst 5–8 Schritt davon entfernt.

7. *Leberschuß:* Schweiß beginnt häufig erst mit 15–20 Schritt vom Anschuß, ist braunrot und liegt in großen Tropfen zu beiden Seiten der Fährte. Sehr häufig sind Leberteilchen darin enthalten, die sich grießig anfühlen. Im Zweifel entscheidet der Geschmack mit Sicherheit, ob Leberschuß vorliegt.

8. *Waidwundschuß durch das große Gescheide, den Pansen:* Sehr wenig ganz heller, dünner Schweiß oft vermischt mit dem grünlichen oder bräunlichen Inhalt des Pansens, Waidsakkes, der meist gröber ist als der des kleinen Gescheides, so daß der Schweiß eine schmutzige Färbung erhält. Ist die sehr blutreiche Milz getroffen, so fällt er in dicken, ganz dunkeln Tropfen, die neben der Fährte liegen.

9. *Flanken- oder Flämenschuß, Schuß durch das kleine Gescheide:* Wenig Schweiß, oft mehr grünlich als rötlich, weil mit grünem Gescheideinhalt vermischt, neben der Fährte liegend, in einzelnen Tropfen. Bei den Waidwundschüssen ist der Geschmack ein ebenso sicherer Führer wie beim Leberschuß.

10. *Nierenschuß:* Schweiß dunkelrot, liegt in dicken Tropfen zur Seite der Fährte; jedoch meist in weiteren Abständen. Nicht selten fehlt er gänzlich, weil er im Innern der Bauchhöhle bleibt oder vom Haar aufgesogen wird.

11. *Keulenschuß:* Wildpretschuß, anfangs reichlich, später nachlassend, liegt in der Fährte.

12. *Laufschüsse* – Knochenschüsse –: Schweiß anfangs reichlich, von Farbe des Wildpretschweißes. Bei hohen Laufschüssen liegt er in der Fährte. Je tiefer die Kugel sitzt, desto weiter wird er, solange das Wild stärker schweißt, zu beiden Seiten umhergespritzt. Nach Aufhören des stärkeren Schweißes findet er sich weniger und dann in der Fährte.

Fast alle guten, alsbald tödlichen Schüsse schweißen zu Anfang weniger – außer dem tiefen Herzschuß, der sofort und viel schweißt –, dann aber mehr und anhaltend. Die Wildpret-, Krell- und Laufschüsse schweißen anfangs stärker, um immer weniger Schweiß zu ergeben und schließlich gänzlich aufzuhören.

Schweiß, der an Baum und Strauch, Halm und Zweig *abgestreift* wird, läßt meist einen sicheren Schluß auf die Höhe der Kugel zu.

Die aufgeführten Arten des Schweißens erschöpfen selbstverständlich nicht alle Möglichkeiten bei der Verwundung des Wildkörpers. Sie sollen nur einen Anhalt für die hauptsächlichsten Schüsse geben.

Es sei abschließend noch einmal darauf hingewiesen, daß Kaliber und Geschoßart eine sehr unterschiedlich starke Schweißfährte verursachen können; daß beispielsweise ein herkömmliches Teilmantel-Rundkopfgeschoß eine stetigere, deutlichere Schweißfährte bringen kann als ein modernes Spitzgeschoß, dessen Hauptwirkung sich stärker im Wildkörper erschöpft; oder daß ein großkalibrigeres Geschoß nicht unbedingt und bei jeder Wildart ein klares Bild ergibt.

Schließlich seien noch die Pürschzeichen in Gestalt von *Knochensplittern, Zähnen, Wildpret- und Schalenstücken* erwähnt, die sich auf dem Anschuß oder im weiteren Verlauf der Nachsuche ergeben. Sie bieten einen weiteren Anhalt für die Art der Verwundung des Wildes. Bei den Knochensplittern ist aus der Art des Knochens ein genauer Schluß auf den Sitz der Kugel möglich. Laufknochen sind glashart und stets mit messerscharfen Kanten gesplittert, Rippenknochen und Brustkern sind dagegen sehr porös und weisen zackige Kanten auf.

Auf alle genannten Pürschzeichen muß der Waidmann auf das sorgfältigste achten, wenn er die Nachsuche in waidgerechter Art betreiben will. Kein Haar, kein Schweißspritzer darf ihm entgehen. Dahin gelangt er nur durch Fleiß und Übung.

Innere Schußwirkungen

Eine erfolgreiche Nachsuche erfordert völliges Vertrautsein mit der inneren Wirkung der einzelnen Schüsse. Einmal, weil der Waidmann bei vorzeitigem Beginn den ganzen Erfolg in Frage stellen kann, dann, weil es verlorene Zeit bedeuten würde, an der bei eintretender Dunkelheit kein Überfluß ist, wenn er etwa bei einem guten Blattschuß die Nachsuche unnötig lange hinausschieben wollte. Um vollständig zu sein, führe ich auch diejenigen Schüsse an, die keine Nachsuche mehr erfordern. Dabei sei bemerkt, daß starke Ladung auf geringeres Wild natürlich eine schwerere Wirkung hervorbringen muß. Ich bringe daher auch nur Durchschnittsangaben.

Knochenschüsse

1. *Tödliche Knochenschüsse:* Bei Schädel- und Halsschuß verendet das Wild sofort. Beim hohen Blattschuß nach ganz kurzer Zeit. Bei Rücken- und Keulenschuß kommt das Wild nicht mehr hoch. Hier ist besonders der hohe Blattschuß hervorzuheben, weil meist angenommen wird, das Wild bliebe deshalb im Feuer, weil beide Blätter durchschossen waren. Das sind sie auch meist; aber die Wirbelsäule ist mit durchschlagen. Daher das Zusammenbrechen im Feuer.
Beim Schwarzwild täuschen das hohe Nackenwildpret und die darauf stehenden Borsten, Federn, eine größere tödliche Blattfläche vor als bei anderem Wild. So gilt daher die alte Regel, hier den tiefen Blattschuß vorzuziehen, wenn man nicht einen Krell- oder gar einen Wildpretschuß verzeichnen will.
Die Schüsse durch die Knochen des Ober- und Unterkiefers sind bei allem Wild tödlich; auch wenn es, was oft genug geschieht, nicht zur Strecke kommt, weil es damit elend verhungern muß. Sie erfordern, um diesem Unglück vorzubeugen, eine ganz besonders ausdauernde Nachsuche. Bei Sauen mit Kieferschuß kann man Nachsuchen bis 20 km Länge und darüber erleben.

2. *Krellschüsse:* Die über der Wirbelsäule befindlichen *Federn,* die Dornfortsätze der Wirbel, *Geweih* und *Gehörn* sind Gegenstand der Krellschüsse. Trifft die Kugel eine solche Feder oder den unteren Teil von Geweih und Gehörn, so bricht das Wild unter dem Feuer zusammen, fängt bald an, mit den Läufen zu schnellen, wird dann taumelnd hoch, bald flüchtig und, wenn der Schütze nicht rasch zur Stelle ist, auf Nimmerwiedersehen. Je dünner und länger die Federn sind, wie am Widerrist, desto sicherer und schneller wird das Wild wieder hoch. Je kürzer und stärker sie sind, wie über den Nieren und Keulen, desto heftiger ist die Erschütterung des ganzen Knochengerüstes. Die Lähmung dauert längere Zeit; oft wird das Wild überhaupt nicht wieder hoch. Es gibt auch Krellschüsse, die die Wirbelsäule in ihrem unteren Teil treffen. Sie sind meist tödlich.

Über den *Hohlschuß* sei hier nur so viel gesagt, daß es einen solchen, wörtlich genommen, gar nicht gibt insofern, als eine hohle Stelle im Innern des Wildkörpers, abgesehen von der mit Luft gefüllten Lunge und ihren Zugängen, nicht vorhanden ist. Es kommt jedoch vor, daß die Kugel unterhalb des Rückgrates den Brustkorb durchschlägt, ohne Rippen zu fassen, und daher einen glatten Durchschuß ergibt, ohne daß das Geschoß sich deformiert und zur vollen Wirkung gelangt. Meistens ist ein Lungenflügel an der Spitze durchschlagen. Das Wild heilt einen solchen Schuß sehr bald aus, und man spricht in diesen Fällen von einem *Hohlschuß.* Immerhin ist der sog. Hohlschuß selten, und man sollte sich sehr hüten, bei einer Nachsuche allzubald von einem vermeintlichen Hohlschuß zu sprechen und, sich damit tröstend, die Nachsuche abzubrechen. Ich habe viele hundert Nachsuchen mit Hannoverschen Schweißhunden gemacht und nur zweimal einwandfrei sog. Hohlschüsse erlebt. In einem Fall wurde der beschossene Hirsch 14 Tage später von einem Jäger im Nachbarrevier erlegt. Die beiderseits nur kalibergroße Schußwunde war bereits geschlossen.

3. *Knochenschüsse an den Läufen:* Treffen diese die Oberarme oder die Oberschenkel, so werden sie als *Blatt-* oder *Keulenschüsse* bezeichnet. Treffen sie den aus dem Körper herausragenden Teil der Läufe, so heißen sie Laufschüsse. Durchschlägt die Kugel beide Oberschenkel, so kommt das Wild nicht mehr hoch. Dasselbe ist vorn der Fall, wenn beide Oberarme durchschlagen werden. Man spricht von *Vorder-* und *Hinterlaufschüssen, hohen* und *tiefen Laufschüssen,* je nachdem die Kugel vorn oder hinten, hoch oder tief sitzt. Bei einseitigem hohem Hinterlauf- oder Keulenschuß bricht das Wild an der verletzten Seite zusammen, zieht langsam fort und ist vom Hund meist leicht zu stellen. Bei gleichem Vorderlaufschuß flieht das Wild, nachdem es vorn zusammengeknickt ist, meist schnell, aber, solange es nicht gestört wird, nicht weit fort und stellt sich oft nur vor einem sehr schnellen und scharfen Hund. Bei Vorderlaufschüssen empfiehlt es sich, baldmöglichst mit der Nachsuche zu beginnen, damit das kranke Stück nicht erst lernt, auf drei Läufen zu ziehen. Voraussetzung ist allerdings, daß man noch einige Stunden Tageslicht hat, denn Vorderlaufschüsse geben auch bei scharf jagenden Hunden häufig lange Hetzen, und es kann daher, besonders in gebirgigem Gelände, lange dauern, bis man den stellenden Hund findet. Ist also der Nachmittag schon fortgeschritten, dann lieber auch bei Vorderlaufschüssen das Wild in Ruhe lassen und bis zum nächsten Morgen mit der Nachsuche warten. Bei Schwarzwild hat das allerdings häufig zur Folge, daß man das Stück am nächsten Tag nicht mehr bekommt, denn, während sich alles andere kranke Schalenwild – in Ruhe gelassen, spätestens nach 1 500 bis 2 000 Meter steckt, zieht die kranke Sau, solange sie die Läufe tragen.

Schüsse durch die inneren Organe

1. Schuß durch die *Drossel* oder den *Schlund, Halsschuß:* Er ist in beiden Fällen tödlich. Das Wild bleibt aber nicht im Feuer, wenn nicht auch die Wirbelsäule oder die große Schlagader getroffen wird. Es wird vielmehr oft noch weit flüchtig und verendet langsam. Läuft aber bei dem Schuß durch die Drossel viel Schweiß in diese hinein, so tritt bald Erstickung ein. Wird ausschließlich der Schlund zerschossen, so kann ein langsames Verhungern die Folge sein. Ich möchte daher ausdrücklich vor leichtfertigen Schüssen auf den Hals warnen.

2. Schuß durch die *Brusthöhle, Blatt-* oder *Kammerschuß:* Er durchbohrt entweder die Lunge oder Lunge und Herz oder vereinzelt bei ganz tiefen Schüssen das Herz allein. Je nach Höhe ist es ein mittlerer oder tiefer Blattschuß. Ein solcher Schuß ist, von seltenen Ausnahmen abgesehen, immer tödlich. Ich kenne indes Fälle von völlig ausgeheilten Lungenschüssen, besonders bei den schon erwähnten Hohlschüssen.
   Der tiefe *Blattschuß,* gerade über dem Vorderlauf, ist – Breitschuß vorausgesetzt –, weil er das Herz trifft und keine Entwertung des Wildprets verursacht, der beste von allen Schüssen. Jedoch kommt es leicht vor, daß die Kugel etwas tiefer sitzt, als beabsichtigt war. Dann wird aus dem tiefen Blattschuß ein hoher Vorderlauf- oder Brustkernschuß. Um dem vorzubeugen, verzichtet der Waidmann lieber auf das Beste und nimmt dafür das Gute, nämlich den mittleren Blattschuß oder setzt die Kugel 3 Finger breit hinter das Blatt.

3. Der *Leberschuß:* Die Brusthöhle wird von der Bauchhöhle durch das Zwerch- oder Querfell getrennt. Durch letztere hindurch führt der Schlund in den Pansen. Die Leber liegt auf der rechten Seite der Brusthöhle, hart am Zwerchfell. Letzteres und mit ihm die Leber ist in fortwährender Bewegung begriffen. Bei der Ausatmung bewegt es sich nach vorn, bei der Einatmung nach hinten, so daß, je nach dem Stand der Atmung, ein den Wildkörper in der Gegend des Zwerchfells treffendes Geschoß sowohl einen Leber- wie einen Lungenschuß verursachen kann. Bei unseren heutigen Büchsen gibt ein Leberschuß dem Lungenschuß in der Wirkung nicht viel nach. Wird die Leber voll getroffen, so wird sie in ihrem ganzen Gefüge zertrümmert. Stärkeres Wild wird noch 150–250 Schritt weit flüchtig und verendet dann schnell. Bei weniger voll treffenden Schüssen ist die Wirkung zwar geringer; aber das Wild tut sich doch bald nieder und verendet nach einigen Stunden.

4. *Waidwundschüsse:* Sie treffen das Gescheide. Der Waidmann trennt diese Schüsse als solche durch das *große Gescheide,* durch den Pansen und durch das *kleine Gescheide,* die Gedärme.
   Die Schüsse, die *nur den Pansen* durchschlagen, sind die bösesten von allen. Wird die Milz, die, zwischen dem Pansen und dem Zwerchfell an der linken Seite festgewachsen, ein sehr blutreiches Gebilde darstellt, mit getroffen, dann wird das Wild etwas schneller krank, bei Breitschüssen wird außerdem, wenn die Milz getroffen wurde, auch meist die Leber verletzt. Sonst zieht das Wild bei reinen Pansenschüssen noch weit, tut sich schließlich nieder und verendet langsam. Wird es gestört oder hat es kurz vorher Hunde geäugt, ist es gar gehetzt worden, dann beruhigt es sich nicht wieder und zieht umher, solange es kann. Der Tod erfolgt durch Austritt der Äsung aus dem durchschossenen Pansen in die Bauchhöhle und die dadurch hervorgebrachte Entzündung oft erst nach 15–20 Stunden. Ein *Schuß durch das kleine Gescheide* macht das Wild weit schneller krank. Es tut sich bald nieder und verendet, in Ruhe gelassen, in einem viertel bis einem halben Tag. Angeregt wird es aber weit flüchtig und tut sich erst kurz vor dem Verenden nieder.
   Es ist vielfach die Meinung verbreitet, daß waidwund geschossenes Wild meist Deckung suche, sich also nie im Altholz oder im lichten Stangenholz niedertäte. Das stimmt nur, wenn das Wild nicht beunruhigt ist. Sobald es aber in Dickungen etwa vergeblich vom

Hund gehetzt oder wiederholt aufgestört wurde, dann meidet es diese und verendet fast ausnahmslos im Alt- oder Stangenholz.

Die Verheerungen, die schnellfliegende Geschosse im Gescheide anrichten, geben den waidwunden Verletzungen einen viel schnelleren Verlauf. Oftmals tut sich so getroffenes Wild noch im Angesicht des Schützen nieder und wird auch bei seiner Annäherung nicht mehr hoch. Aber es kommt doch oft genug vor, daß es trotz furchtbarer Verletzungen noch weithin wechselt. So habe ich ein mit 9-mm-Geschoß und 3 g Blättchenpulver waidwund geschossenes Rotwildkalb, das sich im Flüchten nach und nach das ganze Gescheide, beim Nachschleppen darauf tretend, aus dem Leib gezerrt hatte, erst nach 3/4 Stunden vor dem Hund totgeschossen. Das Gescheide lag in Stücken weithin in der Fährte.

5. Der *Nierenschuß:* Das getroffene Wild liegt unter dem Feuer, wird wieder hoch und zieht mit gerade ausgestrecktem, zitterndem Wedel noch einige Schritte langsam weiter, tut sich alsbald nieder und verendet erst nach mehreren Stunden. Das Wild sitzt nach diesen Schüssen aufrecht, hat Hals und Kopf weit nach vorn gestreckt und leidet sichtlich große Schmerzen. Daher soll der Jäger nicht lange mit der Nachsuche zögern. Das Wild wird selten wieder hoch; und wenn, dann nur für ganz kurze Zeit.

Alle vorstehend aufgeführten Schüsse durch die inneren Organe sind in der Regel tödlich.

Wildpretschüsse

Schüsse, die nur Wildpret, also keine inneren, lebenswichtigen Teile und keine Knochen verletzen, heißen *Wildpretschüsse.* Sie sitzen entweder im Nacken zwischen den Federn, am Hals zwischen Wirbelsäule, Schlagadern, Drossel und Schlund, auf den Keulen oder auch an dem oberen Teil der Vorderläufe. Sie sind nicht tödlich und heilen meist schnell wieder aus, besonders wenn keine Fliegen an die Wunden kommen.

Bei gröberen Wildpretschüssen durch den Nacken, die Vorarme oder die Keulen tut sich das Wild manchmal nach kurzer Zeit nieder, wird steif und läßt sich dann oft am folgenden Tag vom Hund stellen. Bei Zerreißung sehr großer Blutgefäße kommt es auch bei reinen Wildpretschüssen vor, daß das Wild daran verendet. Es hat sich dann eben völlig ausgeschweißt.

Streifschüsse

Sie treffen nur die Haut oder das Haar oder einen ganz unbedeutenden Teil des Wildprets und sind nur als Schrammen zu betrachten.

Es sei abschließend aber noch einmal mit allem Nachdruck darauf hingewiesen, daß der Waidmann vor sich selber verantworten muß, ob er den Kugelschuß auf ein Stück Schalenwild wagt. Er selbst muß kritisch werten, wieweit er seiner Schießkunst trauen kann, ob er ruhig genug ist, den Schuß zu riskieren, oder ob ihn das Jagdfieber zu sehr beutelt, und ob das Wild so steht, daß ein sicherer, wirkungsvoller Schuß wahrscheinlich ist. Das liegt in seiner Verantwortung. Lieber einmal zuwenig geschossen, als ein Stück Wild zuschanden zu schießen.

Der Schrotschuß

Der Schrotschuß aus einer deckenden Flinte wirkt auf waidgerechte Entfernung infolge des gleichzeitig zerstörenden Einflusses vieler Schrote auf den Wildkörper augenblicklich tödlich lähmend – man spricht von einer Schockwirkung. Ein schlechter Treffer, etwa nur auf die

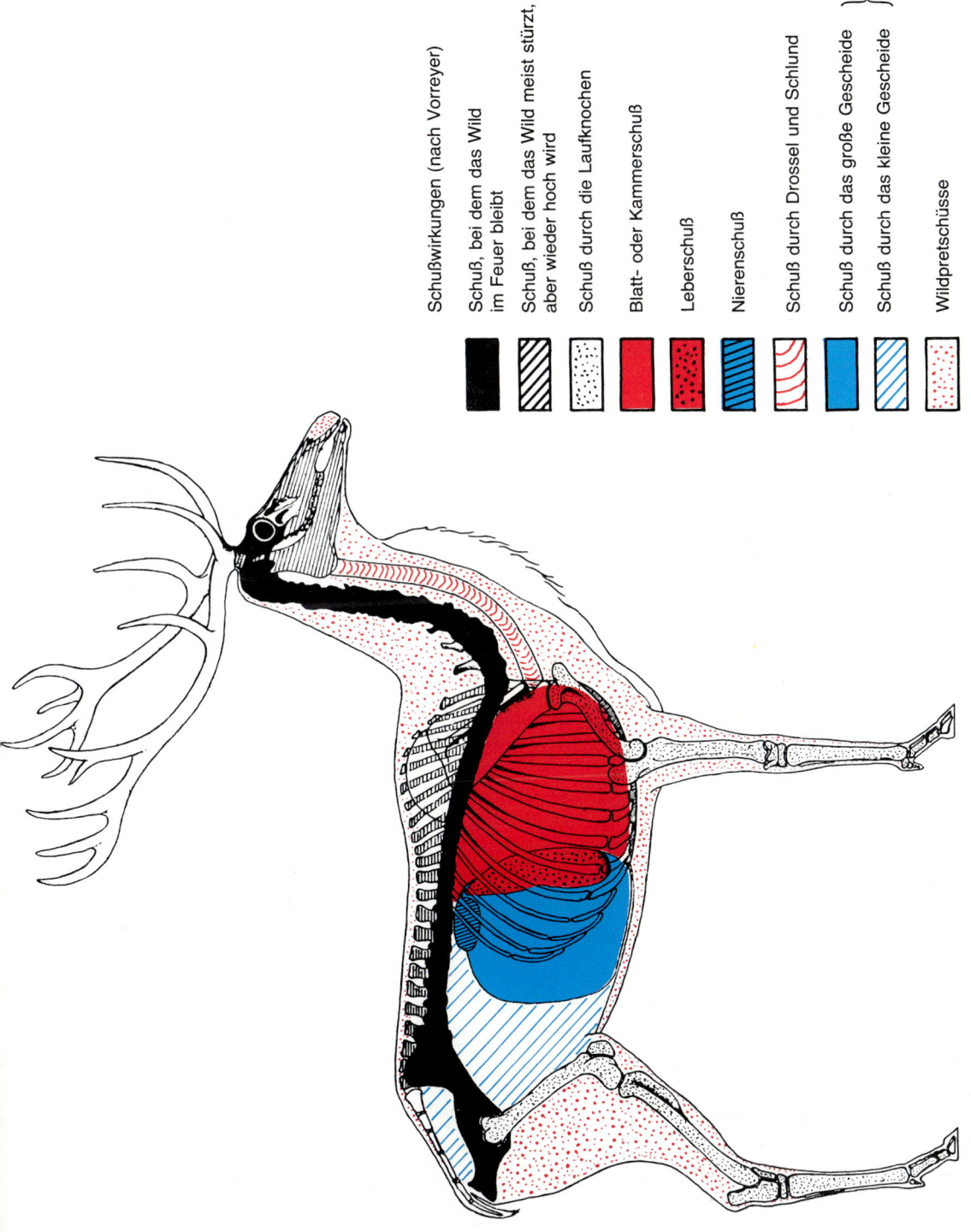

Schußwirkungen (nach Vorreyer)

Schuß, bei dem das Wild im Feuer bleibt

Schuß, bei dem das Wild meist stürzt, aber wieder hoch wird

Schuß durch die Laufknochen

Blatt- oder Kammerschuß

Leberschuß

Nierenschuß

Schuß durch Drossel und Schlund

Schuß durch das große Gescheide ⎫
⎬ Waidewund-
Schuß durch das kleine Gescheide ⎭ schüsse

Wildpretschüsse

Keulen eines Hasen oder Fuchses, hat dagegen um so traurigere Folgen, er hinterläßt im Gegensatz zum Kugelschuß kaum Schweiß, und der Jäger ist allein auf die Arbeit des Hundes bei der Nachsuche angewiesen.

Da der Schrotschuß weit mehr auf sich bewegende Ziele als auf stehende zur Anwendung gelangt, ist auch der beste Schütze nicht davor sicher, Wild krankzuschießen. Richtige Wahl der Schrotstärken für das jeweilige Wild, nicht auf zu weite Entfernung schießen und gegebenenfalls nicht den zweiten Schuß sparen wollen, kennzeichnen den vorsichtigen Waidmann. Es ist der beste Waidmann nicht – es ist oft genug nur ein schießwütiger Flintenträger – der mit der höchsten Strecke prahlt.

Die *Schußzeichen*. Bei der Verschiedenheit des in Frage kommenden Wildes wird es am besten sein, bei dieser Besprechung nach Wildarten vorzugehen.

Ich beginne mit dem *Fuchs*. Sinkt der Fuchs auf den Schuß lautlos zusammen, so ist er gewöhnlich tödlich getroffen und verendet auf der Stelle. Winkt er dagegen, wie man zu sagen pflegt, mit der Lunte, d. h., schwenkt er sie schnell ein- oder mehreremal im Bogen herum, und geht er dabei sehr flüchtig ab, so ist er meist gänzlich gefehlt. Sicherlich will er damit nicht, wie das Jagdmärchen ihm zuschreibt, dem Schützen in höhnischer Weise für seine Unversehrtheit danken. Er braucht die Standarte vielmehr, um die schnelle Veränderung seiner Fluchtrichtung zu unterstützen. Denn meist sucht er der gefährlichen Gegend entweder rückwärts oder seitwärts, so schnell er kann, zu entkommen.

Der noch unerfahrene Schütze verwechsel aber dieses Luntenschwenken nicht mit dem krampfhaften Hochstrecken der Lunte bei gleichzeitig schneller Flucht. Denn dieses Zeichen deutet auf eine tödliche Verwundung, der der Fuchs in nicht zu weiter Entfernung vom Anschuß erliegen wird. Ein Fuchs, dem ein oder beide Vorderläufe zerschossen werden, bricht, der zerschmetterten Stütze entsprechend, vorn zusammen. War er in voller Flucht, so überschlägt er sich oftmals. Wurde nur ein Vorderlauf verletzt, so wird er schnell so flüchtig, daß der Hund ihn nicht mehr einholt. Bei Verletzung beider aber kommt er einem scharfen Hund nicht aus.

Schreit der Fuchs auf den Schuß, so ist meist ein Knochen zerschmettert. Ist das hinten, so beißt er nach der schmerzenden Stelle. Auch schreit er oftmals, wenn er waidwund geschossen wird. Als Regel gilt: auf jeden Fuchs, der nach dem Schuß noch von der Stelle kommt, weiterzuschießen, solange er sich im Schußbereich befindet.

Der *Hase* zeichnet auf einen guten Treffer, der ihn vorn faßt, der also die Brusthöhle und meist beide Vorderläufe trifft, in rascher Gangart durch mehr oder minder schnelles Radschlagen vornüber. Wird ihm *ein* Lauf zerschossen, so bricht er nach der verletzten Seite zusammen, flüchtet aber sogleich weiter. Der zerschossene Lauf schlenkert dann hin und her. Das ist sehr auffallend bei einem Hinterlauf; es verlangt aber scharfes Hinsehen bei einem Vorderlauf. Sind beide Hinterläufe zerschmettert, so versucht der Hase sich vorwärtszu-

schleppen, kommt aber nicht mehr weit fort. Ist das bei beiden Vorderläufen der Fall, so flüchtet er auf den Stümpfen oft so schnell, als sei ihm nichts geschehen; aber nicht für lange. Sobald zwei Läufe außer Gebrauch gesetzt sind, wird er leicht vom Hund ergriffen. Dasselbe trifft zu, wenn ein Hinterlauf zerschossen wurde. Mit einem zerschmetterten Vorderlauf aber geht er meist noch sehr flüchtig und sehr weit.

Beim Kopfschuß pflegt der Hase oftmals in auffallender Weise in die Höhe zu schnellen, bis er verendet liegenbleibt. Ebenso macht er bei rasch tödlichen Blattschüssen fast immer vor dem Verenden einige lebhafte, zuckende Bewegungen. Hat er nur ein einziges Korn, etwa in der Lunge oder im Herzen, so flüchtet er gelegentlich wohl noch 100 Schritt und mehr, um dann zu verenden. Waidwund geschossene Hasen laufen oft noch sehr weit. Sie gehen bestimmt ein, aber erst am folgenden Tag.

Jeder getroffene Hase fährt heftig zusammen. Hat der Schütze das gesehen, ohne irgendein weiteres Zeichen wahrzunehmen, so ist immer eine Nachsuche geboten. Der vom Hund oder vom Menschen lebend ergriffene Hase pflegt laut zu klagen. Hört daher der Jäger das, falls er dem kranken Hasen den Hund nachgeschickt hatte, und dieser sollte ihn nicht antragen, so ist die sorgsamste Untersuchung am Platz. Denn entweder wurde der Hase vom Hund gefressen oder von ihm für spätere Zeit verscharrt.

Beim *Kaninchen* gelten dieselben Zeichen wie beim Hasen. Nur muß auf jedes nicht sofort im Dampf liegende Kaninchen nochmals geschossen werden, weil das krankgeschossene mit aller ihm noch zu Gebote stehenden Kraft dem nächsten Bau zustrebt und hier verlorengeht. Beim Verenden gibt es manchmal einen pfeifenden Ton von sich. Hört der Schütze den, dann ist keine weitere Sorge nötig.

Findet er bei Haarwild abgeschossenes Haar oder Wolle auf dem Anschuß, so deutet das immer auf einen Treffer, viel Haar auf einen Streifschuß, zerschnittenes (Schnitthaar) auf voll getroffene Körperteile. Das kann aber ebensogut nur Wildpret wie auch das Innere der Brust- oder Bauchhöhle sein. Dabei gilt, ähnlich wie beim Schalenwild, daß Haar mit dunklen

Spitzen vom Hals, vom Rücken oder
doch vom oberen Teil des Körpers
stammt, helleres oder weniger lebhaft gefärbtes vom unteren, kurzes vom Kopf
oder von den Läufen.

Der *Auerhahn.* Die meisten Schüsse
auf diesen stolzen Vogel werden während
des *Schleifens* abgegeben. Da der Hahn
dann, wie wir wissen, den Knall nicht
hört, so darf angenommen werden, daß er
von Schroten getroffen ist, falls er auf den
Schuß abreitet. Es ist also zu entscheiden,
ob man nochmals schießen soll oder
nicht, denn auf einen gesund abreitenden
Hahn schießt ein waidgerechter Jäger
nicht mehr, auf den kranken Hahn dagegen soll der zweite Schuß unter allen Umständen abgegeben werden. Daß der
Hahn während des Schleifens abreitet, das
besagt für das Ansprechen, ob gesund
oder krank, zunächst nichts. Denn ein
einzelnes, völlig unschädliches Schrotkorn kann ihn ebensogut dazu veranlassen, wie ein in der Folge tödlicher Waidwundschuß. Es gilt also zu beurteilen, *wie*
er abreitet. Das ist für den Neuling recht
schwierig, sobald der Hahn, ich will einmal sagen, nicht *grob* zeichnet. Denn um
den Unterschied zwischen einem gefehlten und einem getroffenen Hahn zu empfinden, dazu muß der Jäger beides wiederholt erlebt haben. Unter allen Umständen bleibt er still auf seinem Stand
stehen und horcht, ob er den Hahn im
Weiterstreichen nicht fallen hört. Mag
sich die Sache nun abspielen, wie sie will,
jedenfalls ist die Richtung genau festzulegen, um für die spätere Nachsuche einen
Anhalt zu haben.

Ist der Hahn gut getroffen, das heißt,
hat er Schrot im Gehirn, im Halswirbel,
in der Brusthöhle, so kommt er wie ein
Stück Holz herunter und bleibt, ohne sich
zu rühren, auf dem Boden liegen, meist
auf dem Rücken oder auf der Seite.

Nicht selten aber kommt der getroffene Hahn gar nicht zu Boden, er stellt sich
vielmehr nach dem Abreiten auf einen

Nachbarbaum, wo er, wenn der Jäger ihn nicht weiter stört, oftmals verendet. Bei zu kurz gehenden Schüssen werden dem Hahn oftmals nur die Ständer zerschossen. Er streicht dann, falls er überhaupt zu Boden kann, meist niedrig fort. Falls der Jäger ihn bei der Nachsuche nicht wiederfindet und mit einem besseren Schuß zur Strecke bringt, geht er verloren.

Bei der Nachsuche selbst, die ohne zuverlässigen Hund nicht vorgenommen werden sollte, sind einige Rücksichten besonders beachtenswert. Zunächst ist ein Auerhahn das, was der Waidmann als hart zu bezeichnen pflegt. Er hat ein zähes Leben, das in der hohen Zeit der Balz besonders widerstandsfähig ist. Daher soll er niemals vorzeitig nachgesucht werden, sondern immer erst einige Stunden nach dem Schuß. Dazu kommt ferner noch in Betracht, daß der Jäger in der Dämmerung den dunklen Vogel am Boden ohnehin schlecht sieht. Alsdann versteht der Hahn es meisterhaft, sich zu verstecken. Er kriecht, falls er von der Flucht kein Heil mehr erwartet, in jede Deckung förmlich ganz hinein. Schließlich glaube der Anfänger ja nicht, daß ein laufender Hahn niemals wieder abstreichen würde. Das tut er nur dann nicht, wenn er geflügelt ist. Sonst aber rechne nie bestimmt darauf, daß der Hahn nicht doch weiterstreicht, und gib auf jeden nicht geflügelten, laufenden Hahn bei erster Gelegenheit den Fangschuß ab.

Man nickt einen noch nicht verendeten Hahn entweder mit dem Waidmesser ab, oder man dreht ihm das Genick um. Zu diesem Zweck faßt der Jäger den oberen Kragenteil fest mit der linken Hand hart unter dem Kopf, ergreift mit der rechten den Kopf und dreht ihn schnell herum. Der Hahn verendet dann augenblicklich.

Alles, was über die Nachsuche auf den Auerhahn gesagt ist, gilt auch für den *Birkhahn*; ich würde mich also nur wiederholen, wenn ich dessen Nachsuche noch besonders besprechen würde.

Daher wende ich mich zum *Fasan* und gleichzeitig zum *Rebhuhn*; denn beiden sind fast die gleichen Schußzeichen eigen. Beide also können als hart angesprochen werden. Sie verlangen bei nicht zweifellos tödlichen Schüssen eine gewisse Vorsicht. Zunächst möge das „Himmeln" (s. Abb. S. 389) erwähnt werden, das beim Rebhuhn in ungleich stärkerem Maße vorkommt als beim Fasan. Es werden hier oftmals zwei ganz verschiedene Verletzungen zusammengeworfen, die nicht scharf genug getrennt werden können: das *Himmeln* und das *Steigen*. Das Himmeln ist die Folge eines nicht sogleich tödlich wirkenden Schrotschusses in die Lunge oder in das Herz, wenn nämlich besonders bei Schüssen von hinten, nur ein einziges Schrotkorn bis in die Brusthöhle drang. Sind es mehrere, so stürzen Huhn und Fasan augenblicklich zu Boden, und sie verenden sofort. Ist es aber nur eins, so macht sich die Wirkung erst allmählich, in Form der Erstickung, geltend. Diesem plötzlichen Luftmangel sucht das Wild durch einen Flug nach oben zu entgehen. Das Rebhuhn tut das oftmals in solchem Maß, daß das Wort „Himmeln" sehr bezeichnend ist. Beim Fasan findet sich dieselbe Erscheinung; aber meist nur in geringerem Grad. Beide aber fallen tot aus der Höhe herunter. Die gleiche Wirkung tritt auch ein, wenn ein Schrotkorn eine der großen Adern, Arterien oder Venen der Bauchhöhle zerrissen hat. Der Schweiß ergießt sich in diese Höhle, das Gehirn wird blutleer und das Huhn steigt senkrecht auf, bis es verendet zu Boden stürzt.

Wird dagegen das Federwild in das Kreuz geschossen, so läßt es augenblicklich die Ständer und das Spiel oder den Stoß hängen und *steigt* taumelnden Fluges in die Höhe. Es taumelt wegen des gleichzeitig mit den Ständern außer Gebrauch gesetzten Spieles oder Stoßes. Das Steigen dauert nicht lange. Dann senkt sich das Wild zur Erde, wo es oftmals verendet. Der Fasan kommt, wenn er noch lebt, nicht wieder hoch, während das Rebhuhn manchmal fortstreicht und einen zweiten Schuß erfordert. Der äußere Unterschied zwischen Himmeln und Steigen besteht also darin, daß bei ersterem Ständer, Spiel und Stoß die gewöhnliche Haltung zeigen, während sie beim Steigen herunterhängen.

Schußzeichen des Fasans

1 Gut getroffen, gestoppt; 2 geständert; 3 himmelnd, entweder Auge ausgeschossen oder Schrot in der Lunge; 4 geflügelt; 5 waidwund weiterstreichend; 6 zu nahe geschossen; 7 nach Berührung mit dem Boden flüchtig ab; 8 hinterer Teil gelähmt, hängende Ständer, aufgeplustertes Gefieder

Bei *Waidwundschüssen* lassen beide Wildarten kurze Zeit einen oder beide Ständer hängen, auch wenn diese nicht selbst getroffen sind, ziehen sie aber dann wieder an und streichen mit steifer Flügelhaltung weiter. Das Rebhuhn, das in einem Volk so getroffen wurde, bleibt gegen die anderen Hühner zurück; es tut sich auch oftmals seitwärts ab.

Werden nun die Ständer allein getroffen, so hängt der kranke Ständer herunter, der meist, wenn auch verkrüppelt, wieder ausheilt.

Geflügelte Fasanen und Rebhühner kommen, je näher der Fittich am Körper getroffen wurde, desto steiler, je weiter, desto schräger herunter, indem sie den gesunden Fittich einseitig gebrauchen. Sie beginnen am Boden alsbald und schnell fortzulaufen. Je rascher der

Hund hinterher ist, um so mehr Aussicht hat er, das geflügelte Wild zu greifen. Sobald der Schütze es vor dem Hund in die Höhe springen sieht, kann er sicher sein, daß es ihm nicht mehr auskommt.

Beim Streifschuß am Kopf stürzt Huhn oder Fasan sofort herunter, um sich aber bald zu erholen und abzustreichen oder zu laufen. Tödliche Kopfschüsse erkennt man daran, daß das gestürzte Wild einigemal in die Höhe schnellt, um dann zu verenden.

Bei der Suche auf Fasanen und Hühner gilt als Grundsatz für den Waidmann, immer zunächst das als krank erkannte oder vermutete Wild zu verfolgen, bevor er auf gesundes Wild weitersucht. Wer das nicht tut, ist ein Schießer; er verdient den Namen eines Waidmanns nicht. Beim Treiben ist sofortige Nachsuche meist nicht möglich. Das ist ein Nachteil, den der Jagdleiter auf andere Weise auszugleichen suchen muß, wie wir am Schluß dieses Abschnittes noch sehen werden.

Die Nachsuche auf *Enten* gestaltet sich aus verschiedenen Gründen recht schwierig. Denn die Ente hat nicht nur einen äußerst widerstandsfähigen Federpelz, der die Durchschlagskraft der Schrote abschwächt; auch das Wasser selbst mit seinen schilfigen Ufern, die gute Verstecke bieten und die Schnelligkeit des Hundes beeinträchtigen, bildet einen weiteren Erschwerungsgrund.

Eine Ente, die auf den Schuß mit angelegten Fittichen schräg – sie ist beim Ziehen meist in lebhafter Vorwärtsbewegung, die selten sofort unterbrochen wird – herunterkommt und auf dem Rücken oder auf der Seite im Wasser liegenbleibt, den Kopf im Wasser, ist mausetot. Liegt sie aber auf dem Bauch, mit gerade ausgestrecktem Kopf, so wird sie aller Wahrscheinlichkeit nach alsbald tauchen, um in das schützende Uferschilf zu gelangen. Sie ist daher sofort nochmals zu beschießen. Bei solcher Gelegenheit Patronen sparen zu wollen, wäre völlig fehl am Platze.

Stieben beim Schuß auf die streichende Ente Federn, und streicht sie langsam, aber stetig sich senkend weiter fort, so wird sie, besonderes wenn sie den Stoß auffallend seitwärts hin und her bewegt, tot herunterfallen.

Auf die geflügelte Ente schießt der Jäger, wenn irgend möglich, zum zweitenmal. Denn sie wird, auf das Wasser fallend, sonst sofort tauchen und das schützende Uferschilf zu gewinnen suchen. Allgemein gilt bei strömenden Gewässern, daß eine kranke Ente nicht gegen den Strom schwimmt, sondern sich diesem überläßt oder aber seitwärts nach dem Ufer strebt; am liebsten tauchend oder so tief im Wasser liegend, daß nur der Schnabel und der Oberkopf sichtbar sind. Ich kann hier nicht umhin, nochmals die Frage zu erwähnen, ob eine krankgeschossene Ente sich unter Wasser *verbeißt* oder nicht. Obgleich einige sichere Beobachtungen über das Verbeißen vorliegen, es also ausnahmsweise einmal vorkommen mag, so wird man in der Regel gut tun, die Ente am Lande zu suchen, denn normalerweise sucht die schwerkranke Ente das Land zu gewinnen, um sich dort zu drücken und gegebenenfalls zu verenden.

Die *Waldschnepfe* gehört zu demjenigen Federwild, dem man ein weiches Leben nachsagt. Ich habe darüber bei der Suchjagd schon gesprochen und beschränke mich daher auf ihr Zeichnen und die weitere Nachsuche.

Eine *gefehlte* Schnepfe läßt sich häufig so tief fallen, daß der Anfänger glaubt, sie getroffen zu haben. Der erfahrene Waidmann aber horcht recht aufmerksam, ob er sie etwa am Gezweig anstreichen oder auf den Boden aufschlagen hört, falls er sie nicht mehr sehen kann.

Die geflügelte Schnepfe stürzt geradeso im schrägen Flug, mit dem gesunden Fittich schlagend, herunter wie das meiste Federwild. Sie hat aber die Eigentümlichkeit, nicht sofort zu laufen, sondern einigemal in die Höhe zu springen, als wollte sie versuchen, doch noch wieder fortzustreichen.

Wie das Rebhuhn, so himmelt auch die Schnepfe bei ähnlicher Verletzung. Doch pflegt sie bei einem Schuß in das Rückgrat nicht zu steigen, sondern mit hängenden Ständern noch eine kürzere oder längere Zeit taumelnd weiterzustreichen. Wo sie herunterkommt, da bleibt sie liegen. Sie streicht auch meist nach dem Einfallen nicht weiter, wenn sie beiderseits geständert ist.

Wird die Schnepfe auf den Schuß lang und schmal, gebraucht sie die Fittiche nicht mehr, oder überschlägt sie sich im Flug, so ist sie meist schon verendet, bevor sie zur Erde fällt.

Eine waidwund geschossene Schnepfe kommt fast immer schnell herunter, streicht dann aber meist niedrig über der Erde fort, um nicht allzuweit einzufallen. Ihr Flug zeigt dieselbe Steifheit wie der des waidwund geschossenen Rebhuhns.

Die Nachsuche mit dem Hund

In ausgesprochenen Hochwildgebieten stehen für schwierige Nachsuchen Spezialisten der Schweißhundrassen zur Verfügung. Aber auch einseitig abgeführte Hunde anderer Rassen bewähren sich häufig, wenn Ausbildung und Ertüchtigung in der Praxis konsequent und sorgfältig vorgenommen wurden. Für leichte Nachsuchen von Schalenwild wird der Jäger zumeist – vor allem in Gegenden, wo keine Schweißhunde stationiert sind – seinen vielseitigen Gebrauchshund einsetzen, sofern in diesem Arbeitsbereich eine entsprechende Schulung vorangegangen ist, die möglichst mit bestehender Verbandsschweißprüfung abschließen sollte.

Als erster Grundsatz gilt, wenn es irgend angeht, die Arbeit auf warmer Fährte zu vermeiden, ganz bestimmt aber mit einem jungen Hund. Denn bei dieser Arbeit ist die Gefahr groß, daß er die Nase in den Wind nimmt, um einfach der frischen Wittrung des Wildes zu folgen, während doch von ihm ein gewissenhaftes Suchen auf der Fährte selbst, das heißt anhand der Tritte, des Schweißes, der Wundwittrung und Bodenwittrung verlangt wird. Diese Forderung geht nicht so weit, daß der Hund nun mit der Nase in den einzelnen Tritten umherbohren und jeden Tropfen Schweiß *zeigen* soll. Er mag vielmehr ruhig auch seitwärts unter Wind der Fährte suchen, wenn er nur die Wittrung von der Fährte und nicht vom Wild selbst hat. Diese letztere aber wird er in Gras und Laub, in Dickungen mit stehender Luft, an Busch und Strauch noch lange nach dem Vorüberziehen oder Flüchten des Wildes haben, wenn nicht etwa mindestens zwei Stunden seit dieser Zeit verflossen sind. Überdies kommt diese Frist auch dem Krankwerden des Wildes zugute. Freilich ist es nicht immer möglich, sie einzuhalten. Wenn die Dunkelheit hereinzubrechen droht, wenn Schnee in Aussicht ist, der die ganze Fährte zudecken und dem Jäger die Kontrolle seines Hundes, die niemals aussetzen soll, erschweren oder verbieten würde, dann muß der Jäger der Fährte ausnahmsweise schon früher *nachhängen*. Dem alten Hund schadet das auch nicht viel; aber bei einem jungen ist es dann unbedingt nötig, ihn streng zum sorgfältigen Arbeiten der Fährte selbst anzuhalten.

Hinzu kommt, daß jeder Hund eine frische Fährte lieber arbeitet als eine ältere; außerdem, daß die Ausarbeitung der letzteren schwieriger ist. Würde der nachsuchende Jäger also vielen frischen Fährten nachhängen, so könnte der Hund leicht die Lust an älteren verlieren. Diese aber sind es, die die größere Kunst von beiden verlangen. Also sei es fester Grundsatz, wenn irgend angängig, die Schweißarbeit auf Wild, das voraussichtlich eine längere Nachsuche erfordert, nicht vor Verlauf von zwei Stunden nach dem Schuß aufzunehmen.

Ist der Anschuß festgestellt, ist Klarheit oder Wahrscheinlichkeit über den Sitz der Kugel vorhanden, so ergibt sich die Entscheidung von selbst, ob der Waidmann Aussicht hat, das beschossene Wild mit Hilfe des Hundes allein zur Strecke zu bringen, oder ob es klüger ist, es sitzen zu lassen, um es am nächsten Tag zu arbeiten und sich zur Sicherheit noch einige Schützen zu beschaffen, die er beim Nachhängen vorstellen kann. Beiläufig will ich hier sagen, daß für letzteren Fall die Besetzung des Rückwechsels niemals zu unterlassen ist, weil krankes Wild diesen erfahrungsgemäß gern annimmt.

Die Entscheidung möge zugunsten baldigen Nachhängens fallen. Dann begibt der Jäger sich mit dem Hund auf den Anschuß. Zu Beginn der Nachsuche kommt der Hund an den Schweißriemen, er weiß dann, daß es ernst wird und daß er jetzt zeigen soll, was er kann. Hunde von ruhigem Temperament lernen es wohl auch, kurz vor dem Jäger ohne Riemen zu suchen, was im Gewänd und Geschröff, wo der Hund den Führer leicht in die Gefahr des Abstürzens bringen kann, vorteilhaft ist. Für derartig schwieriges Gelände, wie wir es z. B. in den Alpen finden, eignet sich der Bayerische Gebirgsschweißhund natürlich besser als der schwerere Hannoveraner. Die freie Nachsuche setzt vollkommenes Einverständnis zwischen Herr und Hund voraus, sie muß die große Ausnahme bleiben.

Kehren wir auf den Anschuß zurück: Hier wird der Hund das Schnitthaar, ein etwaiges Knochenstück oder einen Schweißspritzer zeigen und alsbald der Fährte des Wildes zu folgen suchen. Dieses Zeigen und Zeichnen macht jeder Hund auf seine Art, die der Führer kennen muß, um ihn richtig zu verstehen. Die meisten Hunde zeigen gewissermaßen mit steiler Nase von oben nach unten auf den Schweiß, bis der Herr es gesehen, den Hund gelobt und zum Weitersuchen aufgefordert hat.

Viele Hunde zeigen nur zu Anfang Schweiß, den ersten oder die nächsten Tropfen, um dann unverdrossen weiterzuarbeiten. Sie zeigen dann nach längerer Unterbrechung, wo kein Schweiß lag, wieder den ersten, oder aber etwas anderes als Schweiß, ein Haar, einen unterwegs verlorenen Knochensplitter. Sie zeigen Schweiß am Boden, aber auch an hohen Grashalmen, an Rohr, Zweig und Laub – aber immer mit der ihnen eigentümlichen Kopfhaltung, die besagt: ich zeige dir das, damit du es nicht übersiehst.

Zunächst wird das getroffene Wild, falls es nicht allein stand, mit dem übrigen zusammen fortgeflüchtet sein. Der Hund wird also den gemeinsamen Fährten nachziehen. Sobald er das entschlossen tut, heißt es: halt! Der Waidmann zieht sich weich am Riemen zum Hund heran, dreht die Halsung so, daß der Wirbel nach unten zeigt, läßt den Hund so in den Riemen hineintreten, daß dieser zwischen den Läufen liegt, und läßt ihn dann erst wieder weiterarbeiten: *Such verwundt mein Hund!* Das geschieht einmal, um die Hundenase an den Boden zu bringen, weil, wenn er sich in den Riemen legt, der Druck der Halsung auf den Nacken erfolgt; dann, um ihm nicht die Kehle zuzuziehen und ihm so die Luft zu nehmen. Ist der Hund jung und heftig, so arbeite ich ihn am kurzen Riemen und halte darauf, daß er *in*, nicht *neben* der Fährte unter Wind sucht. Kann ich mich aber auf ihn verlassen, weiß ich, daß er

lieber neben der Fährte unter Wind sucht und da sicher sucht, daß er, sobald die Sache zweifelhaft wird, die Fährte selbst aus sich heraus wiederaufnimmt, so nehme ich den Riemen lang. Das gibt dem Hund und mir mehr Freiheit, bildet eine große Erleichterung in Dickungen und Jungwüchsen und ermöglicht ihm, im kleinen *vorzuschlagen,* wenn er die Fährte *verschossen* hat.

Immer sei die Behandlung des Hundes am Riemen freundlich und ruhig. Nie soll der Riemen durch Rucken zu Strafen mißbraucht werden. Der Hund muß den Riemen lieben und sich freuen, wenn er *angehalst* wird. Dabei möchte ich gleich bemerken, wie unendlich eigen manche Hunde auf der Schweißfährte sind: Denselben Hund, der sich kurz vorher mit wahrer Wut in den Riemen legte, kann kurz darauf ein leicht hingeworfenes Wort zum Aufgeben der Fährte veranlassen, so daß ein Fremder meinen könnte, der Hund arbeite gar nicht auf der richtigen Fährte. Aus diesem Grund ist es oftmals sehr mißlich, wenn ein anderer ihn arbeitet als sein Herr, der jede Eigenheit und Laune seines Hundes kennt.

Bis dahin hatten wir in den Fährten des Rudels Schweiß. Plötzlich sucht der Hund recht verhalten, wendet sich rechts herum im Bogen zu mir zurück, um sich gleich darauf wieder mit Gewalt in den Riemen zu legen. Aha!, hier hat sich das kranke Stück vom Rudel *abgetan*! So recht, mein Hund, danach!

Das ist nämlich bei heftigen Hunden stets ein kritischer Augenblick, bei dem sie die Fährte leicht verschießen. Der Führer muß daher, solange die Schweißfährte sich noch in der Rudelfährte befindet, immerzu darauf bedacht sein, den Schweiß im Auge zu behalten, weil er nur dadurch feststellen kann, ob der Hund noch *recht* hat. Hat er die Schweißfährte erst allein, so tritt eine gewisse Beruhigung ein. Denn einmal sagt ihm die Tatsache, daß das kranke Wild sich abtat, daß es tödlich verwundet sein müsse; weil nur leicht verletztes Wild sich nicht gern vom Rudel trennt. Dann aber hat der Hund es von nun an, wo gesunde, gleich frische Fährten ihn nicht mehr irreführen können, erheblich leichter. Kaum hast du diesen Gedanken erfaßt, da wird der Hund im Riemen lose, schlägt nach links einen Bogen, arbeitet die Fährte zurück: Hier hat das Wild einen *Widergang* gemacht (ist in seiner Hinfährte eine Strecke zurückgewechselt). Der Hund sucht hin und her; der Widergang hat seinen Zweck erreicht: der Hund ist unsicher geworden. Der ältere, erfahrene Schweißhund wird sogleich Bogen schlagen, und zwar zunächst kleine und dann immer größere, bis er auf den Abgang stößt. Einem jungen, unerfahrenen Hund muß der Führer dabei helfen, bis der Hund den Abgang gefunden hat und Schweiß zeigt. Vor Beginn der Nachsuche hat sich der Jäger einige Brüche unter den Arm genommen, um so durch Hinlegen eines Bruches die Schweißfährte beim Überqueren von Wegen und Gestellen usw. zu verbrechen. Wenn der Hund sich verschossen hat, oder auf andere warme, kreuzende Fährten *changiert* ist, so daß man *zurückgreifen* muß, dann fängt man an der zuletzt verbrochenen Stelle wieder an und legt dort den Hund zur Fährte.

Mittlerweile habe ich mich, worauf ich schon durch das auf dem Anschuß gefundene *Schnitthaar* vorbereitet war, durch den mehrfach gefundenen Schweiß und das durch den Verlauf der Fährte mir klargewordene Verhalten des angeschweißten Schmaltieres überzeugt, daß es weidwund geschossen ist. Ich werde in dieser Annahme bestärkt, da der Hund mich nun auf ein bereits wieder verlassenes Wundbett führt, wo der Schweiß mir ganz genau sagt, daß die Kugel kurz vor der Keule in mittlerer Höhe in den Flämen sitzt.

Nicht weit seitwärts vor mir ist ein ganz dicker Fichtenhorst. Dort hinein zeigt die Fährte, als wir weiterarbeiten. Noch eine kurze Zeit, und ich stehe vor einer Mauer von dichtem, sperrigem, trocknem Gestrüpp, das die weitere Arbeit wenig verlockend erscheinen läßt. Indes, was hilft es; wir müssen hinein und vielleicht hindurch! Mancher glaubt, in einem solchen Fall sei es erlaubt, den Hund zu schnallen, weil es eine Unmöglichkeit sei, ihm am Riemen durch so eine Dickung zu folgen. Aber der Waidmann kann keinen größeren Fehler machen, als dieser Anschauung nachzugeben. Es besteht die Möglichkeit, daß gesundes Wild in der Dickung steht oder, falls auf ein Kalb geschossen wurde und es sich dort niedergetan hat, daß das Alttier sich noch wartend in der Nähe aufhält. Dann wird auch ein erfahrener Hund in dem Glauben, in dem fortflüchtenden, gesunden Wild das kranke vor sich zu haben, dieses verfolgen und, falls er seinen Irrtum nicht bald erkennt, es eine längere Strecke hetzen. Darüber kann kostbare Zeit vergehen, und wenn Jäger und Hund sich schließlich zusammenfinden, um die Arbeit am Riemen dort wiederaufzunehmen, wo letzterer verkehrterweise geschnallt wurde, dann kann der Abend da sein. So bleibt denn nichts anderes übrig, als die Nachsuche am anderen Tag wiederaufzunehmen, um möglicherweise das inzwischen verendete Wild von Füchsen oder Sauen angeschnitten zu finden. Daher lautet die alte, stets neu bewährte Regel: Den Hund nur dann zur Hetze *schnallen*, wenn der Jäger das Wild aus dem Wundbett hoch werden sah oder hörte und sich durch Prüfen des warmen Bettes überzeugte, daß jeder Irrtum ausgeschlossen ist!

Von dieser alten Jägerregel gibt es nur eine Ausnahme: Wenn nämlich der nachhängende Waidmann zu der Überzeugung gelangt, daß das kranke Wild vor ihm *forttritt*, so daß das fernere Nachhängen zu nichts führen kann. Dann darf er nicht nur, dann muß er den Hund schnallen. Zur richtigen Beurteilung, ob er forttretendes Wild vor sich hat, gehört viel Erfahrung auf der Schweißfährte und genaue Kenntnis des Hundes.

Nimmt der Hund also dauernd die Nase hoch, will er die Fährte selbst trotz festen Zuredens nicht mehr recht arbeiten, so ist es, falls die Sache länger dauert, höchstwahrscheinlich, daß der Jäger es mit dem forttretenden, kranken Wild zu tun hat. Sollten noch andere Überlegungen hinzukommen, sollte der Jäger beispielsweise aus dem bisher von Zeit zu Zeit gänzlich aufhörenden Schweiß in der Fährte schließen dürfen, daß bei einem weidwunden Stück das Gescheide zum Teil aus dem Ein- oder Ausschuß heraushängt, oder sollte es sich um einen im Knochen zerschmetterten Vorderlauf handeln, so darf er annehmen, daß solcherweise angeschweißtes Wild sich überhaupt nicht niedertut. Dann aber würde es geboten erscheinen, den Hund zu schnallen, um überhaupt zu einem Ende zu gelangen. Somit wird dem Hund die Halsung abgenommen und das Weitere allein auf seine Zuverlässigkeit gestellt. Ob man den Hund beim Schnallen anhetzt, *anrüdet*, kommt auf die Veranlagung des Hundes an. Die meisten Hunde werden ohne Anrüden nach der langen Riemenarbeit wie ein Pfeil davonschießen, um auf der nun ganz frischen Wundfährte das Wild möglichst zu *Stande zu hetzen*. Das wird desto schneller und sicherer geschehen, je schärfer und schneller der Hund ist.

Ganz von selbst sind wir schon in die *Hetze* hineingekommen. Ich muß aber doch noch ein wenig zurückgreifen, um nichts Wesentliches zu übergehen. Da ist zunächst nach dem Schnallen das Verhalten des Jägers selbst. Er ordnet den Schweißriemen, so gut es geht, um den Hals; denn zu einem regelmäßigen Aufdocken fehlt die Zeit. Dann *verbricht* er die Stelle, wo er schnallte, d. h. er legt dort einen möglichst auffallenden Bruch nieder, schalmt auch zum besseren Wiederauffinden einen oder den anderen nahestehenden Stamm an und horcht. Meist wird es nicht lange dauern, bis er den Hetzlaut hört. Da handelt es sich zunächst darum, in welcher Richtung sich die Hetze bewegt. Sobald er sich darüber klar ist, eilt er dem Laut nach, um ihn nicht aus dem Ohr zu verlieren, und sucht dabei, selbst wenn es, was häufig der Fall sein wird, einen Umweg kosten sollte, unter Wind des Hetzlautes zu gelangen. Denn *ist* der erst einmal unter dem eigenen Wind des Jägers, so hört dieser bei einigermaßen bewegter Luft vom Hals des Hundes leicht gar nichts mehr.

Und richtig: Das Unglück stellt sich ein. Es wird alles still. Nichts ist mehr zu hören als das Rauschen des Windes in den Baumkronen. So gelangt der Jäger auf einen breiten Weg. Wenn ihn der anfängliche Hetzlaut nicht trog, so muß die Hatz etwa 200 Schritt vor ihm hier herübergegangen sein. Vorsichtig fährtet er den Weg ab, dabei von Zeit zu Zeit lauschend, ob er den Hund nicht wieder hört. Da sieht er ihn von weitem den Weg entlangkommen! – Jetzt ist er bei ihm. Sorgsam besichtigt der Jäger Fang, Kopf und vordere Brust des Hundes auf Schweiß und Haar. Er könnte das Wild niedergezogen haben. Dann bleibt meist auch ein Zeichen davon an ihm zurück. Aber es ist alles rein und klar. Also wird er an den Riemen genommen und die Stelle wieder aufgesucht, wo er geschnallt wurde. Dann wird die *Hetze am Riemen ausgearbeitet.*

Es ist eine Streitfrage, ob der Hund bei der Hetze das Wild *niederziehen* darf oder nicht. Bei der alten Jägerei war das Niederziehen verpönt, und das ist bei Hochwild zweifellos auch heute noch richtig. Vom Schweißhund wird heute – ebenso wie früher – gefordert, daß er das Wild durch scharfes Hetzen dazu zwingt, sich zu stellen, um dann durch Verbellen des gestellten Stückes den Jäger herbeizurufen, der alsdann den Fangschuß gibt. Würde man den Hund veranlassen, das Stück Wild niederzuziehen, so würde ein scharfer Hund das sehr bald auch bei einem wehrhaften Stück Wild, also insbesondere beim Hirsch, versuchen. Die Folge wäre, daß der Hund geforkelt würde. Aber auch der Versuch, ein Alttier niederzuziehen, dürfte dem Hund, sofern das Stück nicht schwer krank ist, übel bekommen. Ich habe erlebt, daß ein Alttier einem zu scharf herangehenden Gebrauchshund mit einem Hieb des Vorderlaufes das Kreuz durchschlug. Anders ist die Sache bei geringem Wild, also insbesondere bei Rehwild. Der scharfe Gebrauchshund wird hier ohne weitere Anleitung ein krankes Stück Rehwild an der Drossel niederziehen.

Aus dem Gesagten geht hervor, daß es am richtigsten ist, krankgeschossenes Hochwild mit dem Schweißhund, und zwar in der Ebene und im Mittelgebirge mit dem Hannoveraner und im Hochgebirge mit dem Bayerischen Gebirgsschweißhund, zu arbeiten, während man auf Rehwild den tüchtigen Gebrauchshund oder Teckel verwendet.

Inzwischen haben wir die Hetze auf unser weidwundes Schmaltier ausgearbeitet und dabei wiederholt feststellen können, daß der Hund es auf kurze Zeit gestellt haben muß. Es hat sich aber immer wieder freizumachen gewußt, so daß er einsah, es so nicht zu bekommen und daher zurückkehrte. Nun führt er mich an eine Stelle, wo eine Menge Schweiß liegt: Hier hat das Schmaltier offenbar längere Zeit gestanden. Ich verschnaufe einen Augenblick; – da sehe ich in dem lichten Stangenholz ein flüchtiges Stück Wild. Sollte es das sein? Da – auf einer Lücke sehe ich deutlich ein Ding wie einen Beutel zwischen den Keulen hängen: Es ist das kranke Stück! Da ich keine Aussicht sehe, mit dem Hund näher an das Schmaltier heranzukommen, so schnalle ich ihn. Mit Windeseile schießt er auf der nun warmen Fährte davon; und nach einigen Minuten höre ich seinen Hetzlaut. Ich suche unter Wind heranzukommen; da geht der Hetzlaut schon in Standlaut über! Nun habe ich nicht mehr so große Eile und muß außerdem meinen Atem schonen für einen sicheren Fangschuß. So nähere ich mich denn unter Wind. Der Hund stellt das Stück jetzt sicher, es kommt ihm nicht mehr aus. Bald sehe ich es in den Stangen stehen, von Zeit zu Zeit mit den Vorderläufen einen Ausfall nach dem Hund machend, der es mit lautem Hals umkreist. Auf Schußweite passe ich den Augenblick ab, wo ich ihn seitwärts sehe, um ihn nicht zu gefährden. Dann fällt der Fangschuß. Im Knall ist das Stück verschwunden. Als ich herantrete, läuft über die Lichter schon ein grünlicher Schimmer. Es ist verendet. Ich nehme den Hund an den Riemen, nachdem ich ihn abgeliebelt habe, und lege ihn seitwärts ab, jedoch so, daß er das Wild weiter beobachten kann, breche das Stück auf und mache den Schweißhund mit Teilen der Milz sowie mit Schweiß genossen. Dann wird das Stück gerecht gestreckt.

Man hört heute häufig den Einwand, daß bei der Verwendung moderner Büchsen so wenig Nachsuchen vorkommen, daß die Haltung eines besonderen Schweißhundes überflüssig sei. Es ist zuzugeben, daß die Zahl der Nachsuchen im Vergleich zu früher abgenommen hat, die Schwierigkeiten der Suchen haben dagegen zugenommen. Denn während man früher, als man noch mit Vollbleikugeln das Wild beschoß, auch bei guten Blattschüssen fast immer eine Nachsuche hatte, gibt es heute fast nur noch bei Laufschüssen sowie bei kurzen Weidwund- und Geäseschüssen Nachsuchen. Diese sind aber stets kompliziert. Während es sich also früher lohnte, einen Schweißhund für *ein* Revier zu halten, muß man heute einen größeren Bezirk für den Schweißhund haben, was auch ohne weiteres möglich ist. Die Notwendigkeit, Schweißhunde zu halten, ist daher heute genauso geblieben wie früher. Die Bildung von Schweißhundstationen, wie sie heute vielerorts für größere Hochwildbezirke angestrebt und durchgeführt wird, ist also durchaus gerechtfertigt.

Welche Leistungen durch Hannoversche Schweißhunde erzielt worden sind, dafür sei der Nachsuchenbericht des Vereins Hirschmann angeführt. Danach haben im Jagdjahr 1978/79 genau 87 Hannoversche Schweißhunde folgende Nachsuchenstrecke erzielt: Rotwild 436 Stücke, Schwarzwild 481, Damwild 39, Muffelwild 14, Sikawild 10, Gamswild 1. Davon kamen 346 Stück Hochwild erst nach anschließender Hetze zur Strecke, und in 307 Fällen wurde noch nach zunächst vergeblichem Einsatz anderer Hunde erfolgreich nachgesucht. Das Wildpretgewicht dieser 981 Stücke Hochwild betrug knapp 50 000 Kilogramm. Wer den Wildpretwert bedenkt, kann in diesem Zusammenhang auch jagdwirtschaftliche Überlegungen anstellen. Diese Bilanz ist ein besonders ausdrucksvoller Beweis für die Notwendigkeit von Spezialisten, deren Können durch Einsatzwillen und Erfahrung ihrer idealistischen Führer unterstützt wird.

Wenn man stärkere Sauen mit dem Schweißhund arbeitet, so empfiehlt es sich, andere Hunde für eine eventuelle Hetze mitzuführen, da der Schweißhund zu schade ist, um von einem Keiler zuschandengeschlagen zu werden. Die etwa erforderliche Hetze auf eine kranke Sau leistet schließlich jeder scharfe Hund. So eignen sich zum Beispiel Jagdterrier hervorragend dafür, da sie schnell, schneidig und wendig sind. Man arbeitet in solchem Falle die

Totverbellen

kranke Fährte mit dem Schweißhund am Riemen und läßt die zur Hetze bestimmten Hunde durch einen Gehilfen nachführen. Bricht die kranke Sau vor einem fort, so daß eine Hetze erforderlich wird, so schnallt man die Hatzhunde und läßt den wertvollen Schweißhund am Riemen.

Für die Nachsuche auf alles andere Wild kommt in erster Linie, wie gesagt, der Gebrauchshund in Betracht. Zum Unterschied von der Nachsuche auf Schalenwild sucht der Hund hierbei ohne Riemen, schon deshalb, weil mit Schrot krankgeschossenes Wild wenig oder gar keinen Schweiß oder Spuren hinterläßt, so daß der Jäger seinen Hund weder kontrollieren noch ihm helfen kann. Vielfach wird der Hund das Wild auch gar nicht auf der Spur verfolgen können, sondern ist darauf angewiesen, mit hoher Nase zu suchen, um Wittrung von dem verendeten Wild zu bekommen, z. B. bei allem Flugwild, das nach dem Schuß zunächst noch fortstreicht, dann aber verendet zu Boden fällt.

Wenn möglich, wird die Nachsuche auf alles mit der Flinte beschossene Wild sofort ausgeführt. Die Spur eines wenig oder gar nicht schweißenden, krankgeschossenen Hasen werden nur wenige Hunde nach Verlauf von mehreren Stunden noch halten können. Doch kann eine Nachsuche am folgenden Tag erforderlich werden, wenn kurz vor Einbrechen der Abenddämmerung noch Wild beschossen und nicht mehr gefunden wird.

Wenn der Jäger allein oder mit wenigen Schützen jagt, so ist die Nachsuche nach krankem Wild, wie ich schon sagte, immer seine erste Sorge. Anders gestaltet sich das bei den Treibjagden aller Art. Hier ist die Nachsuche dem einzelnen Schützen völlig entzogen. Sie liegt und muß ganz allein in der Hand des Jagdleiters liegen. Für diesen ergeben sich einige Rücksichten, die nicht gut außer acht gelassen werden können, falls die Jagd selbst nicht unangenehme Störung erleiden soll. So kann er bei einer Treibjagd auf Fuchs oder Hase den Hund unmöglich auf die Schweißspur setzen, wenn diese in das oder in die nächsten Treiben hineinführt oder die Gefahr besteht, daß der gehetzte Fuchs oder Hase vom Hund laut durch diese hindurch verfolgt wird. In solchem Fall würde die eine vielleicht noch zweifelhafte Hetze das ganze nächste Treiben auf Fuchs völlig verderben, auf Hasen stark beeinträchtigen. Die zunächst unterbliebene Nachsuche kann dazu noch dadurch entfallen, daß das kranke Wild im nächsten Treiben anläuft oder von den Treibern verendet aufgefunden wird.

Noch viel weniger aber kann und darf der Jagdleiter gestatten, daß die Gäste ihre Hunde auf eigene Faust jedem vermeintlich angeschweißten Wild nachschicken und so nicht nur ihren Nachbarn den Stand verderben, sondern unter Umständen das ganze, für den Tag ausersehene Jagdrevier beunruhigen. Daher gehören die Hunde aller Gäste unbedingt an die Leine, falls nicht der Jagdleiter für einen besonderen Fall die Nachsuche gestatten wird. Jedes angeschweißte Wild muß natürlich gemeldet werden!

Was auf Treibjagden alles angebleit wird, davon hat nur der eine richtige Vorstellung, der die Nachsuchen am folgenden Tag zu leiten Gelegenheit hatte. Der aber weiß, daß die Unterlassung solcher Nachsuche die größte Aasjägerei bedeuten würde. Sie soll daher mit zuverlässigen Hunden ganz systematisch wie die Jagd selbst vonstatten gehen, damit jedes verendete Wild gefunden und jedes kranke erlegt wird. Ganz besonders kurzes und eingehendes Nachsuchen ist bei Fasanen erforderlich; weil die verendet herabgestürzten Vögel oft so in Kraut und Gras stecken, daß nur das Spiel herausschaut, oder die kranken sich derartig versteckt haben, als seien sie in die Kaninchenbaue gekrochen. Hierbei soll auf gesunde Hähne möglichst nicht geschossen werden. Doch ist das nicht immer zu vermeiden, wenn der Zweck der Nachsuche erreicht werden soll, weil krank und gesund nicht in jedem Falle unzweifelhaft unterschieden werden können.

Bei Treiben im Feld ist es immer gut, hinter der Schützenlinie einige Jäger mit sicheren Hunden folgen zu lassen oder aufzustellen, die jedes offenbar kranke Wild totschießen oder es vom Hund greifen lassen.

Die Nachsuche auf krankgeschossene Enten erfolgt am besten am folgenden Tag, und zwar nicht nur nach dem Abendanstand, sondern auch nach Treibjagden. Das sorgfältige Absuchen der Ufer wird dann meist alles krankgeschossene Wassergeflügel zur Strecke bringen.

Voraussetzung für eine gute Nachsuche ist ein ruhiger Hund. Unsere heutigen Gebrauchshunde stehen fast alle sehr hoch im Blut und sind daher sehr temperamentvoll. Ein Gebrauchs-

hund, der aber wie wildgeworden auf der Spur des kranken Hasen nachstürmt, wird trotz guter Nase jeden Haken überschießen und schließlich vor lauter Passion und Aufgeregtheit den kranken Hasen nicht bringen. Erfahrung und Alter werden den Hund ruhiger machen, aber sicher ist, daß auch beim Gebrauchshund, der nur auf Niederwild geführt wird, die Arbeit am langen Riemen auf Hasen- und Kaninchenschleppen ein hervorragendes Mittel ist, um dem Hund Ruhe und Bedachtsamkeit bei der Nachsuche beizubringen.

Die Nachsuche erschöpfend zu schildern, ist schier unmöglich. Für keine andere jagdliche Betätigung gilt das Wort, daß „das Jagen alle Tage neu ist", so sehr wie für das Nachsuchen nach angeschossenem Wild. Daher ist die Nachsuche nicht nur eine ethische Pflicht des Jägers, sondern auch der interessanteste, lehrreichste und abwechslungsreichste Teil des gesamten Waidwerkes.

Die Behandlung des erlegten Wildes und der Trophäen

Des Waidmanns Aufgabe ist mit dem Erlegen und Erbeuten des Wildes noch nicht ganz gelöst. Dieses bleibt bis zu seiner Verwertung unter der Obhut des Jägers und erfordert daher einige Maßnahmen, die ich noch zu beschreiben habe. Es wird dabei, der Behandlung entsprechend, am besten sein, nach Wildarten vorzugehen.

Alles *Schalenwild* wird, sobald es zur Strecke gelangt, *aufgebrochen*. Das ist auch bei kalter Witterung erforderlich; denn die im Innern vorhandene Wärme bewirkt, wenn sie sich nicht alsbald verflüchtigen kann, den schnellen Beginn der Zersetzung. Das Wild *verhitzt*, wie der Händler sagt: es ist *verhitzt*. Mit dem Aufbrechen wird das *Geräusch* und das *Gescheide* aus dem Wildkörper entfernt. Ich lege der nachstehenden Anleitung das Aufbrechen eines Hirsches zugrunde, möchte aber nicht versäumen, den Anfänger auf die Notwendigkeit hinzuweisen, sich die Sache genau zeigen zu lassen und sie dann unter gehöriger Aufsicht selbst vorzunehmen. Nur dann wird er es richtig lernen; denn „was man nicht selbst gemacht hat, das kann man nicht".

Das *Aufbrechen* geschieht in folgender Weise:

Der Hirsch wird auf den Rücken *gestreckt,* so daß das Geweih, mit der Krone nach hinten zeigend, zu beiden Seiten unter den Hals zu liegen kommt. Der Jäger tritt vor den Hirsch und löst durch zwei schräge Schnitte die Haken, Grandeln, aus dem Oberkiefer, die er als geschätzte Andenken in Sicherheit bringt. Alsdann *schärft* er, den Rücken des Waidmessers nach unten haltend, den Hals vom Drosselknopf bis zum Stich oder Brustkern auf, so daß die Drossel freiliegt; durchschärft das um diese sitzende Wildpret, schiebt es nach beiden Seiten zurück, ergreift mit der linken Hand Drossel und Schlund, zieht beide in die Höhe, fährt mit der rechten Hand zwischen Schlund und Wildpret und trennt ihn und die Drossel gänzlich von diesem, indem er mit der Hand bis zum Stich hinunterfährt. Liegen Drossel und Schlund ganz frei, dann stößt er abwechselnd mit der rechten und mit der linken Hand, so tief er kann, in die Brusthöhle hinein, um innerhalb dieser den Schlund von der Drossel und von etwaigen Verbindungen mit dem Geräusch zu trennen, damit er ihn nachher ohne Schwierigkeit durch die Brusthöhle nach hinten ziehen kann. Nunmehr schärft er Drossel und Schlund kurz vor dem Drosselknopf ab, trennt sie voneinander, schärft die Drossel auch dort ab, wo sie aus der Brusthöhle heraustritt, und legt sie beiseite.

Es gilt jetzt, den Schlund zu verschließen, damit beim späteren Durchziehen durch die Brusthöhle nach hinten kein grünes Geäse austreten kann. Das geschieht auf zweierlei Weise: Entweder schärft der Jäger am Ende des Schlundes einen Schlitz in dessen Längsrichtung und zieht durch diesen den übrigen Teil mehrmals hindurch; oder er schärft die um den lederartigen, inneren Schlundschlauch befindliche rote Haut etwa 5 cm vom Ende quer zur Längsrichtung ringsherum durch und schiebt die rote Haut entweder mit dem Messer oder mit der Hand so weit zurück, daß er einen Knoten in den Schlund schlagen kann. Der Schlund wird *verknüpft*. Dieses Verfahren ist dem ersteren vorzuziehen, weil die an seinem Ende verbliebene rote Haut das Rutschen und Aufgehen des Knotens und damit den Austritt flüssigen Geäses sicher verhindert, während der vorerwähnte Schlitz niemals einen ganz dichten Verschluß herbeiführt.

Der Jäger tritt dann zwischen die Hinterläufe des Hirsches – ihn zu überschreiten oder rittlings darüber zu stehen, ist gegen den Waidmannsbrauch, ebenso verpönt ist es, den Rock auszuziehen oder die Ärmel aufzukrempeln; der Hut darf nicht abgenommen werden, und Niederknien ist beim Aufbrechen nicht gestattet, so will es alte Jägersitte.

Heute nimmt man diese strengen Bräuche allerdings nicht mehr so ernst und sieht keinen Sinn darin, Rockärmel und Manschetten unnötig zu beschmutzen. Man kann da geteilter Meinung sein. Sicher ist jedoch, daß der erfahrene, geschickte Waidmann ein Stück Schalenwild ohne „Marscherleichterung" sauber und unbefleckt aufbrechen kann und es auch tut.

Dann setzt der Jäger das Messer, mit dem Rücken nach unten, zwischen die Brunftkugeln und schärft das Kurzwildpret auf, erfaßt die Brunftkugeln eine nach der anderen mit den Händen und zieht sie mitsamt den Samensträngen so lang heraus, wie es angeht. Alsdann führt das Waidmesser, wiederum mit dem Rücken nach unten, auf der Brunftrute entlang nach vorn, die Decke über der letzteren aufspaltend. Mit der linken Hand unter die Rute greifend und sie vom Körper lösend, hilft er mit dem Messer nach und schärft deren Öffnung nebst der umgebenden Haut fort. Die Brunftrute wird nun nach hinten ausgelöst und dort, wo sie zwischen den Keulen eingewachsen ist, keilförmig ausgestochen.

Jetzt ist die Bauchhöhle zu öffnen. Dort, wo das Kurzwildpret saß, wird vorsichtig die Dünnung mit dem Messer durchstochen. Der Zeigefinger der linken Hand erweitert die Öffnung. Der Mittelfinger zwängt sich mit hinein. Beide Finger nehmen den Rücken der Spitze des Waidmessers zwischen sich und führen es, indem sie gleichzeitig die Dünnung anheben, bis zum Brustkern, so daß das ganze Gescheide offen daliegt. Nunmehr wird das Waidmesser rechts neben dem Stück in den Boden gesteckt, und der Jäger führt seine freigewordene rechte Hand zwischen den Pansen und das Zwerchfell, läßt die linke folgen und löst die am Zwerchfell und Pansen festgewachsene Milz mit Hilfe der Hand von dem ersteren, bis der Pansen ganz frei in der Bauchhöhle liegt. Dann suchen beide Hände die Stelle am Zwerchfell, wo der Schlund aus dem Pansen durch dasselbe in die Brusthöhle tritt. Ist der Schlund richtig erfaßt, dann wird er mit der rechten Hand festgehalten; die linke fühlt sich an ihm durch das Zwerchfell, dessen Verbindung leicht nachgibt, nach vorn. Haben beide Hände den Schlund voll erfaßt, dann ziehen sie ihn langsam aber stetig nach hinten. Bei ruckweisem Ziehen reißt er leicht ab und verursacht dann Verunreinigung des Wildprets. Alsdann wirft der Jäger den Pansen mit dem Schlund und dem Netz ganz aus der Bauchhöhle heraus auf seine rechte Seite; aber so, daß das Gescheide nicht zerreißt, löst mit der Hand die Verbindungsstellen des kleinen Gescheides mit der Leber und schiebt nun auch dieses nach rechts aus der Bauchhöhle heraus, indem er Sorge trägt, daß die Nieren nicht mit herausgerissen werden. Das ganze Gescheide hängt jetzt nur noch durch den Waiddarm mit dem Wildkörper zusammen.

Von hier an wird wieder auf zweierlei Art verfahren: Es wird erstens von außen her durch Aufschärfen der Haut um das Waidloch und Freischärfen des ganzen Waiddarms in der Beckenhöhlung dieser so weit freigemacht, daß er samt der Blase nach vorn hervorgezogen werden kann. Hierbei wird das Schloß nicht aufgebrochen. Es wird zweitens das Schloß, das ist die verknöcherte Knorpelnaht zwischen den beiden Beckenknochen, – den *Eisbeinen* –, durch vorsichtige, sägende Führung des Messers auf dem Trennungshäutchen zwischen beiden Keulen freigelegt und diese aufgetrennt. Das heißt, es wird das *Schloß* aufgebrochen. Die erstere Art ist nicht ganz leicht auszuführen. Außerdem kühlt das Wildpret nach dem Aufbrechen des Schlosses besser aus. Die letztere ist daher vorzuziehen. Bei einem älteren Stück läßt sich das Schloß mit dem Waidmesser nicht öffnen, man muß entweder eine Messersäge zu Hilfe nehmen, wobei jedoch leicht die Blase verletzt wird, so daß sich der Blaseninhalt in die Bauchhöhle ergießt, oder man schlägt das Schloß durch zahlreiche leichte Schläge mit dem Waidblatt auf. Die auseinandergetrennten Keulen und das aufgebrochene Schloß sollen aussehen, als habe sie der gewandteste Schlächter bearbeitet.

Sind die Eisbeine getrennt, so ist damit das Schloß noch nicht offen. Es muß noch, um den Waiddarm freizulegen, auseinandergebrochen werden. Wollte der Jäger das durch Druck auf die Keulen versuchen, so würde das Wildpret sich von den Eisbeinen lösen, weithin einreißen, austrocknen und entwertet werden. Um das zu verhindern, bückt sich der Jäger über das Schloß, faßt mit jeder Hand ein Eisbein und bricht das erstere so weit auf, bis es *kracht*. Es ist jedoch Sorge zu tragen, daß vor dem Aufbrechen die Decke, Sehnen und Häute bis zum Wedel aufgeschärft sind. Sonst erschweren diese das Auseinanderbrechen.

Der nunmehr freiliegende Waiddarm und die Blase werden von der linken Hand ergriffen, mit Hilfe des Waidmessers sauber aus der Beckenhöhlung ausgelöst und am Wedel abgeschärft. Dann werden die vom Rücken nach den Keulen führenden *Brandadern* der Länge nach aufgeschärft, damit sie gehörig ausschweißen können, nicht nur, wie es oft geschieht, leicht durchstoßen. Das Zwerchfell wird hart an den Rippen ringsum abgeschärft, damit die Brusthöhle ausschweißen und auskühlen kann. Damit ist das Aufbrechen beendet. Soweit es im Wald und bei kühlem Wetter erfolgt, bleibt das Geräusch einstweilen im Wildkörper.

Durch Anheben des Vorderteils unter gleichzeitigem Vorziehen, wozu bei stärkeren

Stücken zwei Mann erwünscht sind, läßt der Jäger den Schweiß auslaufen. Falls das Wild nicht gleich verladen werden kann, wird es des weiteren Ausschweißens halber entweder aufgehangen oder, wenn das nicht möglich ist, auf die rechte Seite gestreckt, und zwar nach Möglichkeit so, daß der Vorderkörper etwas höher liegt. Die Keulen werden durch einen in das Schloß getriebenen Keil auseinandergehalten. Das Stück kann auf diese Weise nachschweißen und kühlt schneller aus.

Kann das vollständige Aufbrechen erlegten Wildes aus irgendwelchen Gründen nicht sofort nach dem Auffinden erfolgen, was die Regel bilden sollte, so ist es wenigstens zu *lüften,* das heißt: die Bauchhöhle samt dem Schloß ist so weit zu öffnen, daß die Blase entfernt werden und die sich bildenden Gase entweichen können. Beim Lüften muß man jedoch unbedingt ein sperriges Stück Holz in die Bauchhöhle stecken, so daß das große Gescheide zurückgedrängt wird und die Gase aus der Bauchhöhle entweichen können. Niemals steche man in den Pansen, dadurch wird höchstens das Gegenteil von dem erreicht, was man beabsichtigte. Beim männlichen Wild entfernt der Jäger, bevor er es lüftet, das ganze Kurzwildpret, in der Brunft-, Blatt- und Rauschzeit auch noch die Decke an der Mündung der Brunftrute. Man sieht, bis man das alles gemacht hat, kann man auch beinahe das ganze Stück aufbrechen. Ich bin daher auch gar kein Freund vom Lüften. Wenn schon so viel Zeit vorhanden ist, das Stück zu lüften, dann reicht die Zeit auch aus, es vorschriftsmäßig aufzubrechen.

Ein Teil der Jäger lüftet das Wild, um es draußen im Revier nicht aufzubrechen, sondern um das Aufbrechen grundsätzlich zu Hause durchzuführen. Der Aufbruch im Revier soll anderes Wild vergrämen. Diese Ansicht kann ich nicht teilen; einmal ist es selbstverständlich, daß der Jäger den Aufbruch draußen etwas einbuddelt oder zum mindesten gut verblendet mit Waldstreu, Steinen, Reisig u. dgl., und andererseits müßte dann ja jedes Fallwild das übrige Wild vergrämen, was keineswegs der Fall ist. Außerdem ist der Aufbruch im Revier ein willkommener Fraß für Schwarzwild und Füchse.

Liebhaber der gebratenen Leber mögen sich gesagt sein lassen, daß sie nur dann wohlschmeckend ist, wenn sie von einem schnell gestreckten und sofort aufgebrochenen Wild herrührt. Im anderen Fall ist nicht viel Genuß davon zu erwarten. Kaum genießbar ist auch die Leber brunftiger Stücke; man lasse sie mit dem Aufbruch im Revier, es sei denn, man riskiert es, die Hausfrau zu vergrämen. Auch hier sei bemerkt, daß die Schwarzwildleber und die Gamsleber eine äußerlich sichtbare Gallenblase haben, die nicht schnell genug entfernt werden kann, wenn der Wohlgeschmack nicht leiden soll. Das geschieht in folgender Weise: Der Jäger fährt mit dem Waidmesser unter den Gallenleiter, dort, wo dieser aus der Leber austritt, schärft ihn vorsichtig von der Leber frei, trennt ihn, ihn mit zwei Fingern zuhaltend, damit keine Galle zurückfließt, beim Austritt aus der Leber durch und zieht ihn mitsamt der Gallenblase vorsichtig ab. Man kann auch die Blase, von dem Austritt aus der Leber anfangend, erst ausdrücken, bevor man sie abschärft.

Beim Schwarzwild gestaltet sich das Aufbrechen insofern etwas einfacher, als der Jäger die Drossel und den Schlund einfach von außen quer durchschärft, ohne erst den Hals der Länge nach zu öffnen. Das ganze Gescheide ist hier sozusagen nur eine Handvoll, während es bei dem übrigen Schalenwild ein Sack voll ist.

Nach vollendetem Aufbrechen wird das Feist vom Gescheide abgezogen und beiseite gelegt.

Zu Zeiten, wo die Fliegen schwärmen, deckt der Waidmann das Wild mit belaubten oder benadelten Zweigen zu. Bei warmer Witterung nimmt er, um besseres Auskühlen zu erzielen, noch an Ort und Stelle das Geräusch heraus. Das geschieht in der Weise, daß er von hinten her die Drossel ergreift und sie mit Gewalt herausreißt. Es folgen dann Lunge, Herz, Leber und

Nieren von selbst. Muß man ein Stück Wild über Nacht liegenlassen, so muß man es verwittern, um zu verhindern, daß es von Sauen und Füchsen angeschnitten wird. Die scheußlichen, leider oft empfohlenen Papierfetzen halten wohl den Fuchs, aber keinesfalls die Sauen ab, sich an dem Wildpret gütlich zu tun. Wenn man dagegen in einem Umkreis von $^1\!/_2$ m rund um das gestreckte Stück herum näßt, so kann man sicher sein, daß in den nächsten 24 Stunden weder Fuchs noch Sau das Stück anrühren.

Soll erlegtes Wild *versandt* werden, so ist vorher für gründliches Auskühlen Sorge zu tragen. Es ist gänzlich verkehrt, den Versand zu übereilen. Wild, das, die Nacht über frei hängend, gehörig ausgekühlt, ist bedeutend haltbarer, als wenn es noch warm vor Abend zum Versand gelangt.

Geringeres Schalenwild, das der Jäger nicht gleich selbst im Rucksack mitnehmen will, wird bis zur Abholung, wie schon gesagt, aufgehangen, so daß es frei dem Luftzug ausgesetzt ist. Stärkeres Wild verursacht dort, wo es nicht sofort auf einen Wagen oder einen Handkarren verladen werden kann, oft große Schwierigkeiten, besonders wenn der Jäger keine genügende Hilfe hat. Es muß dann entweder von Menschenhand, von einem Pferd oder von einer Zugmaschine an die nächste befahrbare Strecke geschleppt werden. Zu diesem Zweck bindet man einen starken Strick beim Hirsch um die Rosenstöcke, beim Kahl- und Schwarzwild um den Hals, wie um Geäse und Gebrech. Dann läuft der Körper nach. Das Geweih verlangt aber eine dauernde Führung, damit es nicht hinter Wurzeln, Stämmen und Gestrüpp sitzenbleibt und beschädigt wird. Mittelstarke Stücke können getragen werden, indem der Jäger je die Vorder- und Hinterläufe oberhalb der Oberrücken fest zusammenschnürt und zwischen diese eine Tragstange hindurchschiebt, an der dann zwei Personen das Wild ohne große Schwierigkeit befördern können. Bei geringeren Stücken werden alle vier Läufe zum Tragen zusammengeschnürt und der Kopf durch die Vorderläufe gezogen. Grundsatz ist: alles Schalenwild wird mit dem Kopf nach vorn geschleppt, getragen, gekarrt, gefahren – niemals umgekehrt.

Dem Aufbrechen des Wildes folgt *das Zerwirken, aus der Decke oder aus der Haut schlagen.* Zu diesem Zweck wird das Wild entweder auf sauberem Rasen, auf untergelegten Brüchen oder noch besser auf einem besonderen hierfür bestimmten *Schragen gestreckt.* Ein solcher ist ein niedriger Tisch, dessen mittlerer Längsteil etwas vertieft ist, so daß das Wild darin wie in einer Mulde ruht.

Das Zerwirken beginnt mit dem *Abschlagen* des Geweihes, der Schaufeln, des Gehörns, der Krickel. Früher wurde der Hauptschmuck mit einem Waidblatt abgeschlagen, daher stammt auch die Bezeichnung. Heute bedient man sich dazu, falls nicht der ganze Oberkiefer erhalten werden soll, einer handlichen Säge, deren Rücken möglichst keine verstärkende Schiene haben sollte, um einen geraden Schnitt zu gewährleisten. Es gibt da – ähnlich dem Fuchsschwanz – sehr brauchbare Modelle. Zunächst schärft man am besten die Decke völlig ab, um den Sägeschnitt richtig führen zu können. Alsdann setzt der Jäger die Säge hinter den Rosenstöcken an, und zwar etwa dort, wo das Hinterhaupt in die Wirbelsäule mündet. Dann sägt man bis zu den Augenhöhlen durch und in gerader Richtung weiter, um so das Nasenbein am Schädel zu erhalten. Schließlich wird das Gehirn, der *Bregen,* der Schädelhöhle entnommen. Verbleibt hingegen der ganze Schädel am Geweih, so wird der Kopf vom Halswirbel getrennt, die Schädelhöhle von hinten aufgemeißelt und der Bregen herausgenommen.

Zum weiteren Zerwirken wird die Haut auf dem Brustkern so aufgeschärft, daß die beim Aufbrechen entstandenen Einschnitte am Hals und durch die Dünnungen mittels eines weiteren Schnitts verbunden werden. Dann wird, mit dem rechten Vorderlauf beginnend, die Haut an den Läufen handbreit über den Oberrücken ringsherum durchschärft – die Läufe werden *gekränzt* – und an der Innenseite ein langer Schnitt geführt, der bei den Vorderläufen am Brustkern in den dortigen Einschnitt mündet und bei den Hinterläufen auf den Innenseiten der Keulen in der Nähe des Wedels ausläuft. Nun wird, am Kopf anfangend, von vorn nach hinten, zuerst auf der rechten, dann auf der linken Seite, die Decke mit dem Daumen vom Wildpret gelöst, und nur da, wo das nicht angeht, das Messer zu Hilfe genommen. Einschnitte in die Haut dürfen dabei aber nicht vorkommen. Die Decke wird dann sorgfältig, über einer Querstange hängend, getrocknet. Damit ist das Zerwirken beendet.

Beim Schwarzwild dagegen ist es nicht möglich, die Schwarte durch einfaches Drücken mit dem Daumen vom Wildpret zu trennen. Sie muß vielmehr mit dem Waidmesser nach und nach abgeschärft werden.

Es folgt *das Zerlegen*. Dieses geschieht *auf der Decke oder der Schwarte,* die über den Schragen herunterhängt und das Wildpret vor jeder Unsauberkeit schützt. Das Wild wird wieder auf den Rücken gestreckt, der rechte Vorderlauf mit der linken Hand ergriffen und etwas angezogen. Darauf fährt der Jäger mit dem Waidmesser zwischen dem Vorarm, dem Blatt und den Rippen hin und löst den ersteren mit einigen leichten Schnitten samt dem Blatt ab. In gleicher Weise wird der linke Vorderlauf nebst dem Blatt herausgelöst. Alsdann trennt man die rechte Fläme oder Flanke von der Keule bis zu den Rippen, ebenso die linke, zieht mit dem Waidmesser zuerst auf der rechten, dann auf der linken Seite von den Rippen nach vorn, etwa handbreit vom Rückgrat entfernt, quer über diese einen Strich und schlägt oder sägt die Rippen in gleicher Reihenfolge glatt durch.

Das ganze Rückgrat vom Blatt bis zum Wedel wird *Ziemer* genannt. Man unterscheidet *Blatt-* oder *Vorderziemer, Mittelziemer* und *Wedelziemer.* Je nachdem der Wedelziemer an den üblichen Ziemerteilen bleiben oder der Ziemer ganz erhalten werden soll, erfolgt das weitere Zerlegen in folgender Weise: Es wird entweder der obere Teil der Keule durch einen scharfen Schnitt parallel mit dem Rückgrat durchschärft und der Keulenknochen durchsägt oder durchschlagen. Oder der Keulenknochen wird mit der *Kugel* – dem Gelenkkopf – aus der *Pfanne* gelöst und das Wildpret entsprechend durchschärft. Soll der Wedelziemer von dem übrigen Ziemer getrennt werden, so wird das Rückgrat dort, wo der erste Flankenschnitt endigt, durchschlagen.

Der vom Ziemer getrennte Hals nebst Kopf ergibt samt den Rippen und Dünnungen das *Kochwildpret* – mit Ausnahme des Schwarzwildes, wo der Kopf den besten Teil darstellt, während *Ziemer, Keulen* und *Blätter* die *Braten* bilden.

Bei dieser Gelegenheit sei der alte Brauch des Jägerrechts erwähnt. Man unterschied früher das *große Jägerrecht* und *kleine Jägerrecht.* Das große Jägerrecht wurde in den einzelnen Landesteilen verschieden gehandhabt und stellte den Hauptteil der Entlohnung der Jägerei dar. Es gehörte meistens dazu: das Haupt, Träger mit *Vorschlag,* d. i. bis zu den ersten drei Rippen, die Haut, das Geräusch und das Feist. Dieses große Jägerrecht ist heute nirgends mehr üblich. Überall finden wir dagegen auch heute noch den Brauch des kleinen Jägerrechtes. Dieses Recht besteht darin, daß der Erleger eines Stückes Schalenwild das Geräusch, also Herz, Lunge, Leber, Nieren und das Feist erhält, sofern er das erlegte Stück selbst aufbrach. Handelt es sich um ein Stück mit Kopfschmuck oder um einen Keiler, so steht dem Erleger die Trophäe zu, also beim Rotwild auch die Grandeln.

Hase und Kaninchen werden ziemlich in derselben Weise behandelt. Zunächst gilt, daß jedem erlegten Hasen, um bei diesem zu bleiben, sofort der Inhalt der Blase ausgedrückt wird, falls er nicht sogleich *ausgeworfen* wird. Das geschieht in der Weise, daß der Jäger ihn zwischen beiden Händen auf den Rücken streckt und dann mit einer Hand, von oben nach unten fahrend, den Harn aus der Blase drückt. Würde er das unterlassen, so könnte leicht das ganze Wildpret einen höchst widerlichen Geschmack annehmen. Das Auswerfen geschieht in zweierlei Art: Einmal, indem der Jäger mit Zeigefinger und Daumen jeder Hand die untere Bauchdecke erfaßt und sie aufreißt und alsdann den am Genick festgehaltenen Hasen stark im

Bogen schwingt, um mit einem Ruck aufzuhören. Das ganze Gescheide pflegt dann herausge-
schleudert zu werden. Der Hase wird buchstäblich ausgeworfen. Oder aber, und das ist die
sorgfältigere Arbeit, man macht zwei Finger breit unterhalb des Waidloches einen Querschnitt
durch den Balg von etwa 8–10 cm Länge. Nunmehr wird der Balg von der Bauchdecke nach
vorne zu abgetrennt, indem man mit der Hand zwischen Balg und Bauchdecke hineinfährt.
Nachdem dies etwa bis zum Brustbein geschehen ist, schärft man die Bauchdecke auf, ohne
den Balg zu verletzen und wirft das Gescheide heraus. Ein Aufbrechen des Schlosses ist nicht
nötig. Man reißt oder schärft den Waiddarm vor dem Waidloch ab. Die Leber holt man heraus
und läßt sie sich mit Äpfeln in Butter braten, nachdem man jedoch die Galle entfernt hat. Die
wenigsten Jäger wissen, daß eine frische, derartig zubereitete Hasenleber eine der größten
Delikatessen ist, die es gibt.

Nachdem der Hase nun ausgeschweißt ist, mache man mit dem Waidmesser oberhalb des
Querschnitts ein kleines Loch in den Balg, ziehe die Blume hindurch, und die Klappe ist fest
verschlossen, so daß ein Austrocknen des Wildprets – der einzige Grund, weshalb man Hasen
meistens nicht auswirft –, unmöglich ist. Derartig ausgeworfene Hasen und Kaninchen halten
sich genauso saftig, wie nicht ausgeworfene, mit dem einzigen Unterschied, daß sie nicht nach
Gescheide schmecken, und daß man die frische Leber als Leckerbissen verzehren kann.

Schließlich wird der Hase *geheßt*; das heißt, an einem Hinterlauf wird ihm oberhalb des
Sprunggelenks zwischen dem Knochen und der großen Sehne die Haut durchschärft und der
andere Hinterlauf durch das so entstandene Loch hindurchgezogen. So werden die Hasen
dann zunächst am Stock über den Rücken getragen und schließlich auf saubere Wagen
verladen, wo sie nicht zu dicht nebeneinander auf Stangen aufgereiht werden. Besser als das
früher stets geübte *Hessen* ist das Zusammenbinden der Hinterläufe mit einem Bindfaden.
Hasen im Rucksack oder in der Jagdtasche auf weitere Strecken zu tragen, empfiehlt sich
wenig, weil sie darin schlecht auskühlen. Da ist schon das alte Netz vorzuziehen.

Bei allem gestreckten Federwild, mit Ausnahme der Schnepfen, in denen das Gescheide
verbleibt, ist dieses alsbald zu entfernen. Das geschieht beim Auerhahn, dem Trappen,
Birkwild und Haselwild folgendermaßen: Der Vogel wird *gestreckt,* d. h. auf den Rücken
gelegt. Dann wird die Bauchdecke vom Waidloch an so weit aufwärts aufgeschärft, daß die
Hand gerade hindurchgeht. Diese fährt nach vorn, trennt das *Gescheide*, ohne es zu zerreißen,
von der Leber, zieht es nach hinten heraus und schärft es am Waidloch ab. Die Leber selbst
verbleibt nebst Herz und Lunge im Wildkörper. So behandeltes Geflügel ist *ausgefahren.*

Alles übrige Wildgeflügel wird *ausgezogen* oder *ausgehakt.* Der Jäger fährt mit einem
hierzu bestimmten Metallhaken oder einem mit einem Haken versehenen kleinen Zweig durch
das Waidloch, den Darm mit der Hakenspitze sprengend, in das Innere bis in die Lungenge-
gend und zieht dann das Gescheide unter einigen Drehungen mittels des Hakens heraus,
möglichst in *einer Schnur,* ohne es zu zerreißen. Am Waidloch wird es dann abgerissen.

Alles Federwild soll sofort nach dem Erlegen *hängend* auskühlen. Auf diese Weise legen
sich die Federn glatt an den Körper. Die Schenkel treten heraus. Das Wild erhält ein gutes
Aussehen. Entweder befördert man es in dieser Weise in Schlingen an der Jagdtasche oder an
sogenannten Hühnergalgen; bei Treibjagden mit größerer Strecke auf Wagen. Das Wildgeflügel in Haufen zusammen und aufeinander zu werfen, so daß es sich gegenseitig beschmutzt,
daß die Federn in Unordnung geraten usw., schadet nicht nur dem Verkaufswert; es macht
auch einen schlechten Eindruck. Daß bei der Beförderung in Schlingen außen an der
Jagdtasche, namentlich bei jungen Vögeln, einige Vorsicht nötig ist, damit der Hals nicht
abreißt, und das Wild nicht verlorengeht, bedarf wohl keines besonderen Hinweises.

Dem erlegten *Raubwild* wird der Balg abgezogen: Es wird *gestreift,* nur der Dachs wird
abgeschwartet. Das Streifen geht am leichtesten und bequemsten, solange das Wild noch warm

ist. Da es bei allem Raubwild ziemlich gleich ist, so möge es am *Fuchs* erläutert werden. Der Fuchs wird *gestreckt*, auf den Rücken gelegt. An den Innenseiten der Hinterläufe, von den Ballen anfangend bis zum Waidloch, wird die Haut aufgeschärft, und zwar an dem hinteren Rande der Keulen, also dort, wo das Haar wechselt. Dann wird der Balg vollständig an den Branten und Zehen gelöst und die Krallen mit einer Zange abgekniffen, so daß diese an dem Balg sitzenbleiben. Dasselbe geschieht an den Vorderläufen bis an den Rumpf. Alsdann wird der Fuchs geheßt, wie ich das beim Hasen beschrieben habe, nur, daß die Haut nicht mehr an den Läufen ist, und an den Hinterläufen an einen starken Nagel gehangen. Nunmehr wird der Balg von den Hinterläufen bis an das Waidloch abgestreift und alsdann die Lunte von der *Rübe* (den Knochenwirbeln der Lunte) gelöst. Das geschieht am einfachsten auf folgende Art: Fasse die Wurzel der Lunte fest mit der linken Faust, drehe die mit der Rechten ergriffene Lunte von der Wurzel anfangend bis in die Spitze nach und nach so lange um sich selbst, bis es jedesmal knackt. Schneide dann einen daumendicken Ast, kürze ihn auf die Länge von einem halben Fuß, spalte ihn bis zur Hälfte ein, öffne den Spalt, klemme ihn scharf über der Wurzel der Rübe fest an diese, drücke beide Spaltseiten zusammen und streife so den Balg herunter. Es geht auf diese Weise spielend leicht.

Jetzt wird der Balg von hinten nach vorn über den Kopf gezogen. Die Vorderläufe werden durch die beim Aufschärfen der Haut entstandenen Löcher gesteckt; dann wird der Hals gestreift bis an den Kopf. Hier gibt es leicht einigen Widerstand, der durch vorsichtiges Nachschärfen mit dem Waidmesser, ohne den Balg zu verletzen, überwunden werden muß, besonders an den Knorpeln der Lauscher, den Sehern und dem Windfang.

Der rohe Balg wird schließlich mit dem Haar nach innen über ein oben etwas zugespitztes Brett gezogen, mit den Lefzen und der Nase durch einige Nägel am Brett befestigt und recht lang gereckt. Das Brett muß so lang sein, daß die Luntenspitze nicht auf den Boden stößt; es darf keine scharfen Ränder haben. Die Lunte wird durch einen geraden Schnitt von der Wurzel bis zur Spitze aufgeschärft und durch einen Streifen Papier, das leicht anklebt, breit auseinandergehalten. Ebenso kommen Papierstreifen über die Branten und die Lauscher, damit sie sich beim Trocknen nicht einrollen. Ist das Raubwild fett, so muß der Balg nach dem Aufspannen auf das Brett mit Asche oder Salz eingerieben werden. Für das kleinere Wild gebraucht man entsprechend kleinere, für stärkeres größere Bretter.

Ist der Balg hinreichend trocken, so wird er vom Brett genommen, umgedreht und sauber ausgekämmt. Sollte er so trocken geworden sein, daß er beim Umkehren zu brechen droht, so stelle man ihn vorher kurze Zeit an einen feuchten Ort.

Der *Dachs* wird zunächst, in ähnlicher Weise wie der Fuchs, an den Läufen, dann aber noch vom Waidloch bis zum Windfang auf der Unterseite lang aufgeschärft. Die Schwarte muß wie beim Schwarzwild Schnitt für Schnitt abgeschärft werden. Es ist aber bei beiden Wildarten wohl darauf zu achten, daß das Messer nicht zuviel von der Schwartenseite fortnimmt, weil sonst nach dem Trocknen das Haar oder die Borsten, des Haltes beraubt, leicht ausfallen. Die Schwarte wird dann mit der Innenseite nach außen auf ein Scheunentor oder eine sonst geeignete Unterlage aufgenagelt, breit auseinandergezogen und mit Salz oder Asche wiederholt stark eingerieben, bis sie trocken ist.

Einige Hinweise für das Präparieren der Jagdtrophäen seien noch gegeben. Beim Abschlagen des Hauptschmuckes sei stets der Grundsatz maßgebend: lieber etwas zuviel dranlassen als zuwenig. Zuviel kann man später noch absägen, zuwenig nicht mehr dranflicken.

Geweihe, Gehörne, an denen zuwenig Hirnschale belassen, der Schnitt also zu nahe an den Rosenstöcken geführt wird, erhalten als wandfertige Trophäe eine zu steile Stellung; sie „kleben" an der Wand und kommen nicht so zur Geltung wie solche, die stärker nach vorn geneigt sind. Man muß „in das Geweih hineinsehen".

Zunächst muß der Schädel, bevor er abgekocht wird, wässern, am besten in fließendem Wasser. 24 Stunden sind notwendig. 2mal 24 Stunden sind besser. Dann wird der Schädel in einen Topf getan, und zwar so, daß das Wasser gerade bis an die Rosen heranreicht. Jeder Zusatz zu dem Wasser ist abzulehnen, also kein Persil, Soda u. ä. Man kocht ein Rehgehörn etwa 25 Minuten, ein Hirschgeweih je nach Alter 45 Minuten bis zu einer Stunde. Kocht man zu lange, dann lösen sich die Leimsubstanzen, die die einzelnen Knochenteile des Schädels zusammenhalten, und der Schädel fällt später auseinander. Nun kommt das Wichtigste bei dem ganzen Abkochen, was fast immer falsch gemacht wird. Man nimmt das Gehörn usw. aus dem kochenden Wasser heraus und stellt es *sofort* in einen bereitstehenden Bottich mit kaltem Wasser. Hier bleibt es bis zur völligen Abkühlung, was bei einem Hirschschädel fast eine halbe Stunde dauert. Ist das Geweih oder Gehörn nämlich innen noch heiß, so trocknet es von innen heraus aus, und die Bouillon sitzt in den Poren des Knochens fest und ist kaum herauszubringen. Nach dem völligen Abkühlen wird der Schädel mit einem Messer saubergemacht und schließlich mit einer Wurzelbürste und Kernseife völlig von allen Hautresten und Fetteilchen befreit. Alsdann läßt man ihn in der Sonne trocknen. Nach dem Trocknen schleift man den Schädel mit feinem Glaspapier ab, zunächst mit etwas gröberer Sorte und zuletzt mit der feinsten. Um an die Rosenstöcke richtig heranzukommen, schneidet man das Glaspapier in schmale Streifen. Endlich wird der Schädel mit Wasserstoffsuperoxyd oder noch besser mit Perhydrol eingerieben und zum Nachbleichen in die Sonne oder auch nur ins Tageslicht gestellt. Will man die bleichende Wirkung des Wasserstoffsuperoxyds noch erhöhen, dann legt man auf den Schädel eine dünne Schicht Watte, die jedoch nicht die Rosen berühren darf, und tränkt diese Watte mit Wasserstoffsuperoxyd. Nachdem der Schädel völlig getrocknet ist, kann man ihn noch mit einer Mischung von Spiritus und Schlämmkreide bürsten. Er erhält hierdurch einen matt elfenbeinfarbenen Glanz. Schädel, die lange in geheizten Räumen, in denen auch noch geraucht wird, gehangen haben, bekommen eine gelbbraune Farbe. Man bekommt derartige Schädel wieder völlig weiß durch Bestreichen mit Perhydrol (30 % Wasserstoffsuperoxyd) und längeres Bleichen in der Sonne.

Viele Jäger lassen ihre Trophäen auf Holzschilde der unterschiedlichsten Form aufsetzen; runde, ovale, wappenförmige, schlichte oder auch mit Schnitzerei versehene. Andere wieder lassen den ganzen Schädel daran, und es ist nicht zu leugnen, daß *starke* Geweihe und Schaufeln in dieser Form einen außerordentlich wirksamen Anblick gewähren. Bei geringeren aber sollten Schädel und Geweih in einem angemessenen Verhältnis stehen; zuviel Knochen läßt ein geringes Stangenpaar unansehnlich aussehen. Im übrigen sollte man es der freien Entscheidung eines jeden Waidmannes überlassen, welche Art des Aufsetzens und Wandfertigmachens er wählt, denn *er* soll ja Freude an den von ihm erbeuteten Trohäen haben.

Das gleiche gilt für Keilerwaffen. Das Gewaff eines Hauptschweins macht sich auf einem schlichten, runden Eichenschild sehr gut, während die Gewehre eines geringen Keilers, auf ein zu großes Brett gesetzt, unscheinbar wirken. Ich fasse meine Keilerwaffen in eine Manschette aus Silber oder Zinn und hänge sie ohne Schild an einem Kettchen an die Hand.

Es ist auch Sache des persönlichen Geschmacks, ob ich den erbeuteten Auer- oder Birkhahn in Balzstellung oder als „Stilleben" präparieren lasse; wichtig ist, daß er von einem guten Dermatoplastiker natur- und kunstgerecht präpariert ist.

Erwähnt sei schließlich, daß gut gegerbte Sauschwarten im Jagdzimmer sehr eindrucksvoll wirken und daß einzelne Decken von Damwild, Mufflon, Rothirsch oder Elch einen hübschen Wandschmuck darstellen. Man lege sie aber nicht auf den Boden, da das Haar sehr brüchig ist und sich schnell abtritt. Auch eine Decke aus farblich aufeinander abgestimmten Füchsen macht sich immer gut. Jedenfalls ist dem Waidmann viel Spielraum gegeben, seine Trophäen und jagdlichen Erinnerungsstücke vorteilhaft zur Geltung zu bringen.

VIERTER TEIL

DIE HEGE

Kein Heger – Kein Jäger

Dieses überzeugende Bekenntnis hat der große Waidmann Graf SILVA-TAROUCA über sein bekanntes Buch geschrieben. Kein Heger, kein Jäger, das muß das Leitmotiv für alle waidgerechten Jäger heute sein in einer Zeit, da die freilebende Tierwelt von allen Seiten bedroht ist und Gefahr läuft, vernichtet zu werden.

Die ständige Zunahme der Bevölkerung erfordert, um Lebensmöglichkeit für alle zu schaffen, eine immer fortschreitende Intensivierung der Land- und Forstwirtschaft und eine fortlaufend wachsende Industrialisierung. Sie bedingt eine immer stärker werdende Zusammenballung von Menschenmassen. Der Verkehr nimmt infolge der Motorisierung ununterbrochen zu, so daß auch die abgelegensten Gebiete unseres so klein gewordenen Vaterlandes leicht erreichbar und durch den von der Hetze des Alltages geplagten Menschen zur Erholung aufgesucht werden. Eine dauernde Störung und Beunruhigung der freilebenden Tierwelt, eine immer rücksichtsloser vorangetriebene Einengung ihres natürlichen Lebensraumes sind die Folgen.

Die Bevölkerung und insbesondere der Naturfreund und Jäger wehren sich aber gegen die Verödung der Natur. Wir wollen nicht in einer Kultursteppe leben und wir wollen unser Leben nicht nur nach Nützlichkeitsstandpunkten einrichten.

Nicht nur für uns Jäger sind Wald und Wild ein untrennbarer Begriff, aber bei uns liegt es, alles dafür einzusetzen, daß das Wild und mit ihm die übrige freilebende Tierwelt in seinem Artenreichtum erhalten wird und ihm angemessene Lebensräume gesichert werden.

Daher ist für den heutigen Jäger die Hege und alles, was damit zusammenhängt, vordringlich wichtig, mit der Einschränkung allerdings, daß wiederum auch keine Überhege getrieben werden darf und daß die Wildstände den landschaftlichen und landeskulturellen Verhältnissen angepaßt und mit ihnen in Einklang gebracht werden.

Deutschland verfügt im Vergleich zu anderen ähnlich dichtbesiedelten Ländern auch heute noch über eine ungewöhnlich artenreiche, freilebende Tierwelt. Wir verdanken das der hohen ethischen Auffassung von der Jagd und der großen Liebe zur Natur und zu allem, was in ihr kreucht und fleucht. Diese vorbildliche Einstellung zu erhalten und zu fördern, ist die verpflichtende und zugleich vornehmste Aufgabe des Jägers.

Die Hege mit der Büchse und der Flinte

Solange es noch Großraubwild gab, wurde krankes, geringwertiges sowie überaltertes Wild gerissen und diente dem Raubwild zum Fraß. Die Ungunst des Klimas – Schnee, Nässe und Kälte – merzte das Schwache aus. Der von der Natur gewollte harte Kampf um das Dasein ließ nur das Beste am Leben und bewirkte eine natürliche Auslese lebenstüchtiger Individuen. Nachdem der Mensch das Großraubwild vernichtet und das natürliche Gefüge der Landschaft – Lebensraum des Wildes – nach seinen Wünschen und Vorstellungen umgestaltet hat, muß er nunmehr selbst diese Auswahl treffen. Es obliegt deshalb dem Jäger, alles Minderwertige, Lebensuntüchtige auszumerzen, um einer negativen, der Natur widersprechenden Entwicklung vorzubeugen und zugleich einer Massenvermehrung einzelner Arten entgegenzuwirken. Denn darüber muß sich jeder Jäger klar sein, im Urzustand, also dort, wo der Mensch das Naturgeschehen nicht beeinflußt hat, sind nur zahlenmäßig geringe Wildbestände vorhanden. Raubwild und harte Winter, die nicht durch künstliche Fütterung gemildert wurden, sorgten dafür, daß keine Massenvermehrung eintrat.

Der Begriff „Hege mit der Büchse" ist zuerst Ende des vorigen Jahrhunderts von dem Verfasser dieses Buches in der Literatur eingeführt und eingehend erörtert worden. Und es mutet fast prophetisch an, wenn unser Altmeister bereits 1906 in der ersten Auflage seines Werkes „Das Rehwild" (heute im Verlag Paul Parey in der achten Auflage überarbeitet) schrieb: „Ich verstehe unter Hege alle Maßnahmen, die geeignet sind, unter voller Berücksichtigung der Interessen von Wald und Feld einen in der Stückzahl mäßigen, an Gehörn- und Körperstärke des Einzelstückes hervorragenden Wildstand zu erzielen und zu erhalten." Seiner Zeit weit voraus, forderte er den überlegten Wahlabschuß und die Zielsetzung, ein Geschlechterverhältnis von 1 : 1 zu erreichen und zu erhalten, und warnte eindringlich vor einer zahlenmäßigen Überhege. Daß er dabei dem Einzelstück und nicht dem Bestand, der Population als Ganzes, eine zu hohe Bedeutung beimaß, ist aus dem Wissen der damaligen Zeit verständlich.

Zur allgemeinen Anwendung kamen die Grundsätze der Hege mit der Büchse erst durch das Reichsjagdgesetz 1934. Die Erfolge beim Rotwild waren in kurzer Zeit verblüffend, dagegen beim Rehwild unbefriedigend, was aber andere Ursachen hatte, die auch heute noch nicht restlos geklärt sind und deren Erörterung hier zu weit führen würde.

Was verstehen wir nun heute unter „Hege mit der Büchse und Flinte?" – denn die Hege mit der Flinte ist gleichermaßen von großer Wichtigkeit:
1. Abschuß alles geringen, zurückgebliebenen, möglicherweise schlecht veranlagten und kranken Wildes beiderlei Geschlechts, beginnend im Jugendalter.
2. Möglichst lange Erhaltung alles gesunden, kräftigen, vermutlich gut veranlagten, noch entwicklungsfähigen Wildes beiderlei Geschlechts.
3. Herbeiführung eines mit den Interessen der Landeskultur – also der Land- und Forstwirtschaft – sowie mit den Belangen von Naturschutz und Landschaftspflege zu vereinbarenden Wildstandes in einem richtigen, d. h. natürlichen Geschlechter- und Altersklassenverhältnis. Dabei kann bei übersetzten Wildständen der *Zahlabschuß* vor einem zu vorsichtigen *Wahlabschuß* den Vorrang haben, denn er schafft erst die Voraussetzung für eine erfolgversprechende Auslese, indem er die Wilddichte dem Lebensraum anpaßt.

Die Hege mit der Büchse bedeutet also nur zu oft Entsagung. Dafür winkt dem Waidmann aber die Genugtuung erfolgreicher Hegearbeit, gewissermaßen als Lohn, die Erbeutung der einen oder anderen starken Trophäe. Mag man der sogenannten *Trophäenjagd* auch von mancher Seite kritisch gegenüberstehen, so meine ich, wir können uns mit gutem Gewissen dazu bekennen, denn die starke Trophäe ist ein Weiser für gesunde, kräftige Wildbestände und für richtig verstandene Hege und entsprechende Bejagung.

Voraussetzung für die Hege mit der Büchse ist eine möglichst zutreffende Kenntnis des zahlenmäßigen Bestandes der einzelnen Wildarten und seiner Zusammensetzung nach Geschlechtern und Altersklassen. Grundlage dieser Kenntnis ist die Wildstandsermittlung.

Eine einigermaßen klare Vorstellung von dem in einem Revier vorhandenen Stand- und

Wechselwild kann man nur bekommen, wenn man zu allen Jahreszeiten, also auch in der „jagdlosen" Zeit, möglichst viel draußen ist. Man wird dann bald erkennen, daß z. B. Rotwild je nach der Witterung und Jahreszeit seine Einstände wechselt, und daß auch das Rehwild sich umstellt, nicht selten auch weiter fortwechselt und sich zeitweise in anderen Revieren oder Revierteilen zusammenballt. Das zeigt deutlich genug, daß Schalenwildbestände – sei es Rot-, Dam- oder Schwarzwild, aber auch Rehwild – nur in größeren Räumen unter Kontrolle gehalten werden können, und daß es zur Ermittlung der Bestandshöhe der Zusammenfassung größerer Revierkomplexe bedarf. Die Notwendigkeit, in Hochwildgebieten sogenannte *Rotwildbezirke, Rot-* oder *Damwildringe* oder *Hegegemeinschaften* zu bilden, ist kaum noch umstritten. Solche Hochwildbezirke sollten nicht unter 10 000 Hektar groß sein, wenn es sich anbietet, auch größer. Aber auch beim Rehwild sind Hegegemeinschaften erwünscht, deren Größe aus Gründen der Überschaubarkeit auf etwa 5 000 Hektar begrenzt sein sollten. In ihren Abgrenzungen sollten derartige Hochwildringe oder Hegegemeinschaften sowohl den natürlichen Vorkommen als auch dem natürlichen Lebensraum und gleichwertigen Umweltverhältnissen angepaßt sein. Politische Grenzen dürfen keinen widernatürlichen Trennschnitt bilden.

Wichtige Aufgaben dieser Gemeinschaften sind: Durchführung der Wildstandsermittlung und Anweisungen dazu, Erstellung von Abschußrichtlinien im gegebenen Rahmen der Länderverordnungen, Aufstellen eines Abschußplanes für das gesamte Gebiet und Aufteilung auf die Mitgliedsreviere, Überprüfung der Abschußdurchführung, Ausrichten der jährlichen Trophäenschauen, aber auch Planung und Durchführung von Biotop- und Äsungsverbesserung, Fütterungsmaßnahmen, u. ä.

Entscheidend für eine erfolgreiche Arbeit derartiger Hegegemeinschaften ist die Person des Leiters. Er muß menschlich und fachlich qualifiziert sein, er muß überzeugen und anleiten können. Entscheidend aber ist auch die Haltung der zuständigen Jagdbehörden, die sich die Fachkenntnisse dieser Gremien zunutze machen und ihnen im Rahmen des Möglichen die nötige Handlungsfreiheit lassen sollte.

Um auf die Zählung zurückzukommen: Sie muß in solchen Bezirken zum mindesten zweimal im Jahr an einheitlich festgesetzten Tagen in allen Revieren gleichzeitig erfolgen, und zwar tunlichst einmal im Februar nach beendetem Abschuß – möglichst bei Neuschnee, und einmal im Sommer, am besten im Juni/Juli, wenn die Nächte kurz sind und das Wild lange bei gutem Licht auf den Läufen ist. Dabei müssen sich die Reviernachbarn in Verbindung setzen, ihre Zahlen vergleichen, sich über Grenzrudel verständigen, um zu möglichst wirklichkeitsnahen Zahlen zu kommen. Trotzdem wird es sich immer nur um Annäherungswerte handeln, und es bleibt Aufgabe der Jagdberechtigten, durch laufende Beobachtung das ganze Jahr hindurch weitere Unterlagen zu sammeln.

Auch beim Rehwild, das in der Regel erheblich standorttreuer ist als Rotwild, Damwild und Sauen, ist es – auch sofern keine Hegegemeinschaften bestehen – unerläßlich, sich mit den Nachbarn in Verbindung zu setzen, um zu einigermaßen richtigen Zahlen zu kommen. Für die Bestandsermittlung eignet sich besonders das Frühjahr, wenn das Rehwild schon zeitig auf die Saaten und Grünflächen drängt. Trotzdem müssen wir gerade beim Rehwild mit einer hohen *Dunkelziffer* an von der Beobachtung nicht erfaßtem Wild rechnen und das auch bei der weiteren Planung berücksichtigen. Ich kann nicht eindringlich genug auf die Notwendigkeit gewissenhafter und sorgfältiger Durchführung hinweisen, denn eine möglichst zutreffende Bestandsermittlung ist das A und O des nunmehr aufzustellenden *Abschußplanes,* der in der Bundesrepublik Deutschland für alle Schalenwildarten, außer für Schwarzwild, vorgeschrieben ist.

Um den Besatz an Niederwild, vor allem Hasen, Fasanen und Hühnern zu ermitteln, braucht der Jäger nur mit seinem Gebrauchshund seine Jagd in den verschiedenen Jahreszeiten zu begehen, um sehr bald zu wissen, was in seinem Revier los ist und wie hoch er den jeweiligen Abschuß ansetzen darf. Denn, wenn auch kein Abschußplan für das Niederwild verlangt wird, der hegende Jäger muß selbstverständlich auch bei diesen Wildarten dafür sorgen, daß ein ausreichender Stammbesatz unter vorsorglicher Berücksichtigung der Winterverluste für das kommende Jahr übrigbleibt. Wenn jeder Jagdberechtigte drauf losschießt, soviel er nur kriegen kann, dann können die Niederjagden nicht hochkommen und nachhaltig gute Strecken liefern.

In Verfolgung der Aufgabe, einen artenreichen, kräftigen und gesunden, dem gegebenen Lebensraum angepaßten Wildbestand heranzuhegen und zu erhalten, sind die Aufstellung der Abschußpläne und die Durchführung des Abschusses – also die Hege mit der Büchse – von entscheidender Bedeutung. Die Pläne werden beim Schalenwild getrennt nach Wildart und Geschlecht, des weiteren nach Altersstufen – und beim männlichen Wild nach Stärke- und Güteklassen – aufgestellt. Im Anhalt an die Abschußpläne ist der Abschuß so durchzuführen, daß die gewünschte Wilddichte und das angestrebte Geschlechterverhältnis unter Schonung der kräftigen, entwicklungsfreudigen Stücke und Herausnahme allen geringwertigen und zur Nachzucht vermutlich ungeeigneten Wildes erreicht wird.

Bei der Aufstellung der Abschlußpläne kann man als Faustregel davon ausgehen, daß – ein normales Geschlechterverhältnis vorausgesetzt – ein Rotwildbestand sich um 25–30%, ein Damwildbestand um 30–35 %, ein Rehwildbestand um 35–45 % und ein Schwarzwildbestand um 100–150 % in einem Jahr vermehrt. Da das Geschlechter- und Altersklassenverhältnis selten normal ist, verschieben sich die angegebenen Vermehrungsprozente je nach den vorhandenen Verhältnissen, und zwar meistens nach oben, da wir nur zu oft einen Überhang an weiblichem Wild haben. Daher empfiehlt es sich für die Praxis, bei der Errechnung des Zuwachses, der ja für die Abschußhöhe entscheidend ist, von der Zahl des am 1. April jeden Jahres vorhandenen weiblichen Wildes auszugehen. Als Faustregel können, sofern es sich um normale Verhältnisse handelt, folgende Werte in Ansatz gebracht werden: Beim Rotwild = 65 %, beim Damwild = 70 % und beim Rehwild = 100–120 %. Bei extrem ungünstigen Revierverhältnissen müssen diese Werte entsprechend niedriger angesetzt werden.

Beim Schwarzwild sind die Strenge des Winters und besonders das Vorhandensein von Buchen- und Eichelmast für die Vermehrungsprozente von wesentlicher Bedeutung. So werden in Mastjahren häufig schon die Frischlinge des gleichen Jahres rauschig.

Die Abschußdurchführung beim weiblichen Wild hat neben kranken Stücken zunächst alle schwachen Kälber/Kitze zu erfassen, alsdann erkennbar geringe Schmaltiere/Schmalrehe sowie schwache Alttiere/Ricken, besonders, wenn sie ein schwaches Kalb oder Kitz führen. Dabei sei man bestrebt, außer dem geringen Kalb/Kitz auch die Mutter mit zu erlegen. Das Hauptgewicht des Abschusses muß beim jungen Wild liegen, da ich einmal einen gesunden Bestand nur mit jungen, kräftigen Stücken heranhegen kann, zum anderen sich nur so ein den natürlichen Verhältnissen angepaßter Altersaufbau erreichen läßt. Um einer Überalterung der Bestände vorzubeugen, muß der Waidmann aber auch Sorge tragen, daß ein genügender Anteil alter Tiere/Ricken zur Strecke kommt.

Dabei taucht das Problem des Gelttiers und der Geltricke auf. Man muß unterscheiden zwischen Dauergelttier bzw. -ricke und geltem Alttier/Ricke. Rot-, Dam- und Rehwild überspringen gelegentlich ein Jahr und setzen nicht. Die Kälber/Kitze des auf dieses Geltjahr folgenden Jahres sind dann häufig besonders kräftig – es wäre also falsch, ein Alttier oder eine Ricke abzuschießen, nur weil sie in einem Jahr gelt ist, zumal man nicht einmal wissen kann, ob sie ihr Kalb/Kitz – aus was für Gründen auch immer – nicht frühzeitig verloren haben. Wirklich gelte, also unfruchtbare Stücke, sind sehr selten, in der Regel setzen Alttiere/Ricken bis ins hohe Alter hinein. Man sollte also beim Abschuß nicht führender Stücke sehr vorsichtig sein und möglichst nur erkennbar überalterte Stücke oder im Körper geringe abschießen. Für die Wildbahn ist die Herausnahme schwacher Alttiere/Ricken, möglichst mit ihrem Kalb/Kitz dienlicher als der Abschuß starker Tiere, die ein Jahr übergegangen sind oder ihr Kalb verloren haben.

Als Faustregel für die altersmäßige Gliederung des Abschusses von weiblichem Wild kann gelten: Kälber/Kitze ca. 50 %, Schmaltiere/-rehe ca. 15 %, Alttiere/Ricken ca. 35 %.

Ich möchte an dieser Stelle sehr eindringlich darauf hinweisen, daß der Wahlabschuß – also die Hege mit der Büchse – im Rahmen des zu erfüllenden Zahlenabschusses für die weitere Entwicklung der Wildbestände von großer Bedeutung ist und mit Überlegung und Sorgfalt durchgeführt werden muß.

Auch beim männlichen Wild ist bei der Abschußdurchführung der Körperzustand entscheidend mit zu berücksichtigen. Stärke und Ausformung des Kopfschmuckes dürfen nicht – wie es noch vor nicht allzulanger Zeit der Fall war – allein das entscheidende Kriterium für den Wahlabschuß sein. Auf die Dauer wird nur ein kräftiger Wildkörper eine starke Trophäe entwickeln können; die Hege mit der Büchse muß daher alles an Körper und Geweih Geringe, Unterdurchschnittliche ausmerzen, um den kräftigen, zukunftsfreudigen Stücken Raum zu geben und sie der Wildbahn bis zum Reifealter zu erhalten. Von ihnen dürfen wir annehmen, daß sie auch für die Nachzucht am wertvollsten sind.

Wir unterscheiden bei männlichem Schalenwild im allgemeinen zwei Stärkeklassen, und zwar jagdbare Stücke der Klasse I und geringe der Klasse II und untergliedern diese wiederum in die Güteklassen a und b, für die sich im Sprachgebrauch die Begriffe *Erntehirsche/-böcke*, *Zukunftshirsche/-böcke* und *Abschußhirsche/-böcke* gebildet haben. Dadurch ergibt sich folgende Klasseneinteilung:

I a Stark, jagdbar, dem Hegeziel entsprechend, ohne grobe Formfehler in der Geweih-/ Gehörnbildung.

I b Stark, jagdbar, in ihrer Geweih-/Gehörnbildung vom Hegeziel stark abweichend.

II a Nicht jagdbar, nach Stärke und Ausformung der für ihre Altersstufe erwünschten Normalentwicklung entsprechend und ein Hineinwachsen in die Klasse I a erwarten lassen.

II b Nicht jagdbar, nach Stärke und Ausformung unter der Normalentwicklung ihrer Altersklasse liegend und ein Hineinwachsen in die Klasse I a nicht erwarten lassend.

Die Grenze zwischen den Stärkeklassen I und II wird durch das Geweih-/Gehörngewicht bestimmt und in der Regel zusätzlich durch das Zielalter für den reifen (jagdbaren) Hirsch/ Bock. Letzteres liegt beim Rothirsch bei mindestens 10, besser 12 Jahren, beim Damhirsch bei 10, und beim Rehbock bei 4, besser 5 Jahren. Die Gewichtsgrenze ist, je nach den Wuchsgebieten unterschiedlich und liegt beim Rothirsch zwischen 3,5 und 6 kg. Sie sollte jedoch nicht nach den Spitzenhirschen/-böcken ausgerichtet, sondern auf 2/3 bis 3/4 der Gewichte derartiger Spitzentrophäen festgesetzt werden. Spitzentrophäen sind immer nur Ausnahmen und wachsen nur im günstigsten Zusammenspiel aller beeinflussenden Faktoren – Umwelt und Erbgut – heran.

In letzter Zeit sind die meisten Bundesländer dazu übergegangen, in ihren Abschußrichtlinien eine weitere Stärke-/Güteklasse auszuscheiden, die allerdings mehr einer Altersstufe entspricht und die unterschiedlich bezeichnet wird – II b^2, II c oder auch III b. Sie soll die Hirsche vom 1.–3. Kopf, bzw. die Jährlingsböcke erfassen, die in ihrer Entwicklung nach Geweih und Körper unter dem Durchschnitt ihres Jahrgangs liegen. Dadurch soll Einfluß auf die Altersgliederung des Abschusses genommen und sichergestellt werden, daß der Abschußanteil in der jüngsten Altersstufe in ausreichender Höhe durchgeführt wird. Als Faustregel für die Abschußgliederung gilt bei den Hirschen/Böcken ein Abschußanteil von 50–60 % in der Jugendklasse, 20–25 % in der mittleren und 15–25 % in der Altersklasse.

Eine konsequent durchgeführte Hege mit der Büchse wird vor allem alles Geringwertige, also die Stücke der Klasse II b²/II c/III b ausmerzen müssen, damit schon vom frühen Alter an nur die kräftigsten und vermutlich gut veranlagten Hirsche/Böcke in der Wildbahn bleiben. Alsdann kommt die Klasse II b zum Abschuß, der nach der scharfen Jugendauslese eher einer Nachlese im Wege eines sorgfältigen Wahlabschusses gleichkommt. Die Klasse II a dagegen ist unbedingt zu schonen.

Habe ich einen heruntergewirtschafteten oder falsch behandelten Wildstand übernommen, kommt diesem Hegeabschuß mit der Büchse besondere Bedeutung zu. Es versteht sich, daß ich in einem solchen Fall Hirsche/Böcke der Klasse I vorerst schonen und möglichst lange der Wildbahn erhalten muß. Starke, jagdbare Hirsche können erst erlegt werden, wenn der Wildstand nach Höhe, Gliederung und Güte in etwa dem Hegeziel entspricht, und auch dann sollte man erst den einen oder anderen Vertreter der Klasse I b auf den Abschußplan setzen, bevor man sich entschließt, einen wirklichen Erntehirsch zu beantragen und zu erlegen. Für die Wildbahn ist es gleichgültig, ob die Gefahr besteht, daß einzelne I a-Hirsche/Böcke infolge ihres Alters voraussichtlich im nächsten Jahr zurücksetzen werden, da die Zeugungsfähigkeit und damit die Weitergabe ihres Erbgutes ja auch dann erhalten bleibt. Erst wenn als Folge jahrelanger konsequenter Hege mit der Büchse ein Wildstand sich nach Gliederung und Altersaufbau eingependelt hat, kann der verantwortungsbewußte Waidmann den regelmäßigen Abschuß einzelner Hirsche/Böcke der Klasse I a vorsehen.

Hegemaßnahmen für das Schwarzwild sind wegen der seit vielen Jahrzehnten in keiner Weise sachgerechten Bejagung und der daraus resultierenden qualitativen Abwertung der Bestände dringend notwendig geworden. Durch den Abschuß von zu viel stärkeren Stücken – Keiler und Bachen – ist der Altersaufbau der meisten Bestände empfindlich gestört; Frischlinge und Überläufer sind weit in der Überzahl, geringer, oft zur Unzeit gefrischter Nachwuchs lassen einen gesunden Bestandesaufbau illusorisch erscheinen. Aus diesem Grunde hat nunmehr auch die Bundesregierung eine befristete Schonzeit erlassen. In der Zeit vom 1. Februar bis zum 15. Juni dürfen nur Frischlinge und Überläufer geschossen werden, alle stärkeren Stücke sind zu schonen. Diese Schonzeitregelung ist zwar noch nicht ausreichend, zumal es häufig genug zur Nachtzeit und im Gelände mit hohem Bodenbewuchs durch Versehen, Leichtfertigkeit und auch Schußhitze zu Falschabschüssen – vor allem auch führender Bachen – kommt. Doch ist es ein erster Schritt, und die in letzter Zeit überall entstehenden Schwarzwildhegeringe mit sich selbst auferlegten, straffen Abschußrichtlinien lassen hoffen, daß in Zukunft auch wieder starke Keiler heranwachsen. Es gibt kaum eine Wildart, die so schnell und intensiv auf eine vernünftige Hege reagiert, wie das Schwarzwild.

Im Interesse der Landeskultur und der hohen Feldschäden, die das Schwarzwild verursacht, muß aber auch weiterhin ein scharfer Abschuß, der den jährlichen Zuwachs erfassen soll, durchgeführt werden. Auch hier gilt der Grundsatz der Hege mit der Büchse, also der Wahlabschuß, der sich in der Hauptsache auf Frischlinge und Überläufer sowie kranke Stücke beschränken und jeweils die schwächsten Stücke einer Rotte ausmerzen soll. Starke Bachen und Keiler unter fünf Jahren sind dagegen möglichst zu schonen. Wird das einige Jahre konsequent durchgeführt, so werden wir auch wieder gesunden, kräftigen Nachwuchs haben und die Möglichkeit, ab und an ein hauendes oder Hauptschwein zu strecken.

Auch die *Hege mit der Flinte* wird in erster Linie die Aufgabe haben, alles kränkelnde und schwache Wild aus der Wildbahn herauszunehmen. Beim Flugwild wird der hegende Waidmann außerdem nach Möglichkeit das männliche Wild abschießen müssen. Das gilt ganz besonders für Fasanen, wo ein starker Abschuß der Hähne notwendig ist, weil diese sonst verstreichen und weil ein Zuviel an Hähnen im Frühjahr auch das Brutgeschäft der Hennen stört. Auch bei der Wildente sollte man in erster Linie die Erpel erfassen, die meistens in der Überzahl sind. Bei der Bejagung der Rebhühner sind dagegen die alten Hühner – die Eltern – die in der Regel zuerst aufstehen, zu schonen, da sie die Ketten führen. Mindestens 1/3 des Besatzes sollte für das nächste Jahr übergehalten werden. Noch nicht voll ausgewachsenes Flugwild ist bei der Bejagung zu verschonen.

Bei der Hasenjagd ist auf eine pflegliche Anwendung und Durchführung der Jagdmethoden zu achten. Bei Treibjagden gelte der Grundsatz, wenig Schützen und viele Treiber, dann kommen auch unbeschossene Hasen durch. Am schonendsten sind das Vorstehtreiben und die Streife, aber auch das Kesseltreiben kann pfleglich sein, wenn auf jeden Schützen mindestens drei Treiber kommen, eine Forderung, die allerdings heute kaum noch zu verwirklichen ist und die Berechtigung zur Abhaltung von Kesseltreiben aus waidmännischer Sicht in Frage stellt. Suche und Anstand sollten nur in beschränktem Maße ausgeübt werden. Vor allem aber sollten die einzelnen Revierteile nur maßvoll, am besten im jährlichen Wechsel überjagt werden und nicht als Tummelplatz stetig wiederkehrender Wochenend-Jagdvergnügen dienen. Gerade der Hase ist empfindlich gegen wiederkehrende Störungen und entsprechend dankbar für Ruhe. Eine Häsin kann zwar acht bis zwölf Junge im Jahr setzen. Aber die Verluste durch Witterung, Raubwild und Raubzeug sind beim Hasen besonders hoch. In günstigen Jahren kann mit einer knappen Verdreifachung, in den doch recht häufigen schlechten Jahren dagegen nicht einmal mit einer Verdoppelung des Hasenbesatzes gerechnet werden. Es sollte also je nach den Verhältnissen ein Viertel bis Einhalb des Besatzes für das kommende Jahr übergehalten werden. Wird das nicht beachtet, sinken die Streckenergebnisse sehr schnell ab.

Wildfütterung und Wildschadensverhütung

Als Folge einer immer intensiver werdenden Land- und Forstwirtschaft findet das Schalenwild, insbesondere Rot- und Rehwild, nicht mehr die Äsungsmöglichkeiten, die es zum gesunden, kraftvollen Gedeihen braucht. Infolge umfangreicher Monokulturen ähneln unsere Wälder vielerorts eher einer Holzfabrik, als einer gesunden Lebensgemeinschaft. Weichhölzer, Waldsträucher und eine nährstoffreiche Bodenflora sind weitgehend verschwunden, und draußen auf den Feldern wird das Wild mit allen Mitteln abgewehrt, um den Schaden zu verringern. Bis eine den natürlichen Gegebenheiten angepaßte Forstwirtschaft neue, dem jeweils gegebenen Standort angepaßte baumartenreiche Mischwälder begründet und heranzieht, vergehen viele Jahrzehnte. Was bleibt da noch als Lebensgrundlage, wenn der Waidmann nicht helfend eingreifen würde.

Wenn wir Hege treiben wollen, müssen wir also neben der Hege mit Büchse und Flinte dafür sorgen, daß unser Wild wieder genügend Äsung vorfindet. Das geht auf zweierlei Weise – einmal durch direkte und zweitens, wie ich es nennen möchte, durch indirekte Fütterung.

Die direkte Fütterung wird im allgemeinen auf den Winter beschränkt sein, sofern es sich nicht um stark besetzte Gatter handelt. Sie wird durchgeführt an eingerichteten Futterplätzen, an denen Heu, Kastanien, Eicheln, Rüben, Kartoffeln usw. in Raufen und Krippen dem Wilde geschüttet werden. Diese Fütterung kann und darf, auf lange Sicht betrachtet, nur ein Notbehelf sein, der geboren ist aus dem unnatürlichen Zustand des Waldes und den – das muß klar ausgesprochen werden – vielfach übersetzten Wildbeständen. Immerhin wird es, wie schon gesagt, lange dauern, bis unsere Wälder so viel Mischbestände mit Waldsträuchern und sonstigen Äsungspflanzen aufweisen, daß eine künstliche Fütterung entbehrt werden kann. Aber auch dann wird in strengen Wintern eine gewisse Fütterung sich noch als notwendig erweisen. Für Notzeiten wird sie außerdem durch das Bundesjagdgesetz vorgeschrieben, und zwar für alle Wildarten. In seiner letzten Fassung von 1976 läßt das Bundesjagdgesetz den Ländern die Möglichkeit offen, die Fütterung von Schalenwild außerhalb der Notzeit zu untersagen. Das entspricht dem gesunden Gedanken, die Wildbestände in ihrer Höhe den gegebenen landschaftlichen Verhältnissen anzupassen und keine unerwünschte Überhege zuzulassen oder Wildballungen am falschen Ort zu begünstigen.

Man soll stets möglichst viel Futterplätze einrichten. Nichts ist falscher als die Konzentration großer Wildrudel an wenigen Fütterungen. Nicht nur, daß in der Umgebung solcher Großfütterungen die Gefahr erhöhter Schälschäden an den Baumbeständen sehr hoch ist, auch das Wild selbst kommt nicht angemessen zu seinem Recht. Die Kälber, Schmaltiere und geringen Hirsche, die das Futter am nötigsten hätten, werden abgeschlagen. Krankheiten und Schmarotzer werden leichter übertragen. Daher ist es erforderlich, viele möglichst weit entfernt voneinander liegende Futterplätze einzurichten, um eine entsprechend weitgehende Verteilung des Wildes im Revier zu erzielen. Im Hochgebirge wird sich dieser Grundsatz nicht immer durchführen lassen, aber die Massierung von 80 bis 100 Stück Rotwild an einer Fütterung, wie man es in Oberbayern und im Harz erleben konnte und zum Teil noch kann, ist in jeder Beziehung abzulehnen.

Die Futterplätze sollen nach Möglichkeit in größere Altholzpartien gelegt werden, die Nähe von Dickungen oder schwachen Stangenhölzern ist zu vermeiden. Liegt die Fütterung an einer Dickung, dann wird das Wild tagsüber in unmittelbarer Nähe stehen bleiben und jedem Stamm der Dickung oder des Stangenholzes schälen. Ist der An- und Abmarschweg dagegen weiter, dann wird das Wild mehr zum Ziehen veranlaßt, wobei es sich auch natürliche Äsung sucht, und die Schälschäden verteilen sich mehr. Auch liebt das Wild es, bei der Futteraufnahme freie Sicht zu haben – es fühlt sich sicherer. Das aber ist nur an Futterplätzen im Altholz oder lichten Stangenort möglich.

Die zweckmäßige Einrichtung einer Fütterung zu schildern, muß ich mir aus Mangel an Raum versagen[1]. Über die wichtigste Art zu füttern sei nur so viel kurz mitgeteilt, daß man zunächst im Spätherbst Futtermittel reicht, die Wildpret ansetzen. Das gilt vor allem für Rot- und Damwild, die gerade die Brunft hinter sich haben. Man gibt daher zu allererst Leckerbissen zur Anlockung des Wildes an die Futterplätze, also Obst, getrocknete Vogelbeeren, Roßkastanien und Kartoffeln. Heu wird, solange kein Schnee liegt, kaum angenommen, Roßkastanien und Kartoffeln wirken fleisch- und fettbildend und sind daher im Anfang der Futterperiode besonders angebracht. Ab Januar geht man dann zu Kraftfutter über, also Hafer – auch in Form von Hafergarben –, Eicheln, Weizenkleie, eventuell Sesamkuchen oder andere heute als Preßlinge hergestellte Kraftfuttermittel; viel Rüben und Heu, am besten Luzerneheu. Heute findet als Saftfutter anstelle von Rüben und Kartoffeln in zunehmendem Maße Silage Verwendung, die man z. B. in Erdsilos ohne große Schwierigkeiten selbst herstellen kann. Zum Silieren eignen sich vielerlei Grünpflanzen, wie Wiesenheu, Weidenröschen, junges Himbeerkraut, Sonnenblumen, Rübenblatt, Mais und junges Getreidegemenge. Auch Apfeltrester ist ein beliebtes Futtermittel, vor allem, wenn Eicheln und Kastanien eingemischt sind. Es wird, wie fast jede Silage, von allen Schalenwildarten gerne angenommen. Wenn man die Möglichkeit hat, frisch geschlagene Aspen- oder Weidenzweige an die Futterplätze zu fahren, so wird man dadurch die Schäl- und Verbißschäden an wertvollen Forstpflanzen erheblich

---

[1] Eine eingehende Darstellung findet der Leser in dem Standardwerk „Die Hege in der freien Wildbahn" von Raesfeld, Verlag Paul Parey, Hamburg und Berlin.

eindämmen können. An jeder Fütterung sollte phosphorsaurer Futterkalk (Dicalciumphosphat), und zwar 10 g je 100 kg Lebendgewicht pro Tag gereicht werden.

Schwarzwild gewöhnt sich sehr leicht an Futterplätze, man nennt diese *Körnungen.* Es wird am besten mit Mais gefüttert, auch mit Kartoffeln und Äpfeln. Die Sauen nehmen auch im Sommer die Körnungen an, was das übrige Schalenwild höchstens in engen Gattern tut. Die Körnung im Sommer auf Plätzen, die weit vom Felde entfernt mitten im Walde liegen, ist unter Umständen billiger, als den Wildschaden auf dem Felde zu bezahlen. In den kurzen Sommernächten reicht nämlich für die Sauern die Zeit nicht aus, um erst die Körnung zu besuchen und dann noch zum Felde zu wechseln. Das Schwarzwild bleibt also im Walde, wo es bekanntlich Nutzen stiftet.

Die Behauptung, daß Rehwild besonders schwer an Fütterungen zu bringen sei, kann ich nicht bestätigen. Es gewöhnt sich sehr schnell daran, kennt die Futterplätze genau und stellt sich auch in den folgenden Jahren pünktlich wieder ein. Voraussetzung ist jedoch, daß rechtzeitig – vor der Notzeit – mit der Fütterung begonnen wird und nur einwandfreie Futtermittel (Rüben, Kartoffeln, Silage, Klee- oder Luzerneheu) Verwendung finden, dazu 3 bis 5 g phosphorsaurer Futterkalk pro Tag und Stück, am besten ins Kraftfutter gemengt. Gefährlich für Rehwild ist jede einseitige Verabreichung von Saft- oder Rauhfutter. Auch sollte wegen der parasitären Ansteckungsgefahr nie vom Erdboden aus gefüttert werden. Zweimal im Winter sollte eine Wurmkur mit einem Entwurmungsmittel durchgeführt werden.

Die Fütterung von Fasanen und Rebhühnern erfolgt am besten in Remisen, an Strohmieten oder an Dornbüschen – jedenfalls immer so, daß Fasanen und Hühner unmittelbar an dem Futterplatz Deckung gegen Greifvögel haben, die sehr bald die Futterplätze herausfinden und, wenn nicht genügend Deckung vorhanden ist, mühelos ihre Beute schlagen. Damit das Futter trocken bleibt, errichtet man 4–5 qm große Schutzdächer oder zeltförmige Futterhütten, die mit Rohr oder Dachpappe abgedeckt werden und vorne etwa 1 m und hinten 0,50 m hoch sind. Unter diese Deckung kommt eine dicke Lage Kaff (Rückstand beim Dreschen), und auf

dieses Kaff werden die Futtermittel gestreut. Dadurch wird das Wild zum Scharren veranlaßt, was für Federwild zur Erhaltung der Körperwärme und der Gesundheit notwendig ist. Vielfach benutzt man jetzt auch recht praktische Futterautomaten, die manchen Gang ersparen. Man muß mit dem Füttern der Fasanen sehr früh beginnen, schon Anfang Oktober, da die Fasanen sonst leicht verstreichen.

Als Futtermittel für Federwild seien empfohlen: Druschabfall, Heusamen, Unkrautsamen, Hinterkorn, Mais – am besten Kolben –, zerschnittene Rüben, Möhren, Kohl – am besten Riesenkuhkohl. – u. ä. Besonders gerne werden auch Rosinen aufgenommen. Kalkgrus, Mörtel und Sand sind erwünscht, letzterer um am Futterplatz die Möglichkeit zum Hudern zu schaffen, natürlich auch unter Dach.

Um Krähen, Elstern und Häher von den Futterplätzen fernzuhalten, hängt man eine geschossene Krähe einige Meter über den Futterplatz möglichst so auf, daß sie sich im Winde bewegt, die Fasanen kümmern sich nicht darum, und das freche Krähenvolk wird dadurch ferngehalten. Die Hühner dagegen fürchten solche Scheuchen meist.

Das Futter soll möglichst täglich geschüttet werden. Dabei kommt es nicht so sehr auf die Menge an, sondern vielmehr, daß regelmäßig und so gefüttert wird, daß das Federwild sich bei der Aufnahme des Futters anstrengen, also scharren muß.

Hasen kann man mit Rüben, Kuhkohl, auch mit Luzerne- oder Kleeheu, welches man in kleinen Bündeln auf Pfähle steckt, in strengen Wintern füttern. Sehr zweckmäßig ist es, wenn man erreichen kann, daß das Beschneiden der Obstbäume bereits im Winter und nicht erst im Frühjahr vorgenommen wird, weil die abgesägten und abgeschnittenen Zweige der Obstbäume von Hasen mit Vorliebe angenommen und völlig weiß geschält werden.

Wir kommen nun zu der *indirekten Fütterung,* wie ich sie vorher genannt habe. Man versteht darunter alle Maßnahmen, die geeignet sind, die natürlichen Äsungsbedingungen, die durch Intensivierung der Land- und Forstwirtschaft stark eingeschränkt wurden, zu verbessern und zu vermehren. In dieser Beziehung wird viel zuwenig getan. Wir müssen uns darüber klar sein, daß die direkte Fütterung nicht nur sehr kostspielig, sondern auch unnatürlich ist, und daß das Ziel sein muß, diese entbehren bzw. stark einschränken zu können. Durch die Schaffung möglichst vielseitiger natürlicher Äsung kann der Wildschaden in Wald und Feld stark vermindert und so die Möglichkeit geschaffen werden, daß trotz intensiver Bodenbewirtschaftung ein artenreicher, wenn auch zahlenmäßig geringer Wildbestand auch für die Zukunft erhalten werden kann. Wir Jäger werden den Kampf um die Erhaltung der Wildbestände gegen Land- und Forstwirte verlieren, wenn es nicht gelingt, die Wildschäden auf ein erträgliches Maß zu reduzieren.

Im Walde ist seit Jahrzehnten der letzte Quadratmeter mit Forstpflanzen oft genug Fichten, kultiviert worden. Waldsträucher aller Art, Weichhölzer wie Aspen, Weiden usw. sind dadurch stark zurückgedrängt worden. Waldkräuter, Besenpfriem, Heidekraut, Beerkraut und viele andere Äsungspflanzen finden keine zusagenden Wuchsbedingungen mehr. Im Felde hat die Beseitigung von Büschen, Rainen, Dornenhecken usw. in weiten Gebieten derartige Fortschritte gemacht, daß man schon vielerorts von einer Kultursteppe sprechen kann. Der Heger kann hier, ohne große Mittel aufzuwenden, Abhilfe schaffen und die natürlichen Äsungsbedingungen verbessern. Dazu gehört vor allem die Erhaltung noch vorhandener Deckungen und Äsungsmöglichkeiten und besonders die Schaffung neuer Äsung durch Anbau von Süßlupine, Besenpfriem, Topinambur und Weichhölzern. Eine gute und nachhaltige Verbesserung der Äsung erreicht man durch Kunstdünger. Wenig befahrene Waldwege, Schneisen, Holzablageplätze, Waldwiesen usw. reagieren auf Gaben von Thomasmehl und Kainit, Nitrophoska und anderen künstlichen Düngemitteln sehr schnell, und wo bisher nur trockenes Moos, saure Gräser und Binsen wuchsen, stellen sich Weißklee, süße

Kräuter und andere Äsungspflanzen für das Wild ein. Jedes Revier bietet hierfür trotz aller Intensivierung der Wirtschaft noch Raum, das Wild ist dankbar dafür, und der Wildschaden wird vermindert.

In Feldrevieren sollte der Jäger kleine Flächen von geringer Bodengüte langfristig pachten und dort Remisen von Fichten anlegen, die in einer Höhe von etwa 1 m geköpft werden. Geeignete Baumarten sind ferner die Krüppelformen der Bergkiefer und Krummholzkiefer, auch sollten Laubbaumarten und Sträucher, wie Weiden, Akazie, Erle, Holunder, Goldregen, Dornen und Besenpfriem nicht fehlen. Topinambur und Fasanen-Spiräe bieten eine gute Ergänzung. Derartige über das Revier verteilte Remisen geben einen ausgezeichneten Schutz für alles Niederwild, aber auch für zahlreiche Tiere, die nicht dem Jagdrecht unterliegen.

Auch die Anlage von Wildäckern[1] gehört hierher. Je nach den Bodenverhältnissen bestellt man diese meistens im Walde gelegenen Äcker mit Serradella, Luzerne, Riesenkuhkohl, Süßlupine, Klee, Kartoffeln, Topinambur, Mais, Hafer und Spörgel. Früh im Sommer gesäter Roggen bietet im Winterhalbjahr gute Grünasung, ebenso wie verschiedene Rapssorten und der seit langem bekannte Markstammkohl, die Frostgrade bis zu fast − 10° C vertragen können. Ich empfehle, einen gut durchdachten Bestellungsplan aufzustellen und die Einsaaten so zu wählen, daß vor allem auch die Wintermonate hindurch und im frühen Frühjahr Grünasung vorhanden ist. Diese Wildäcker müssen meistens zunächst eingezäunt und erst nach der Reife der angebauten Frucht geöffnet und dem Wild nach und nach zugänglich gemacht werden. Man verwendet hierzu am besten die beweglichen, aus einzelnen Fachen bestehenden Hordengatter oder auch Maschengeflecht, das an den vorhandenen Gatterpfählen ohne große Mühe ausgerollt und angeheftet werden kann.

In Rotwildrevieren empfiehlt es sich, auf großen Kahlflächen einige Kleingatter anzulegen, um auf diese Weise Waldsträucher und Weichhölzer einzubürgern. Meistens genügt die Einzäunung, um ohne künstliche Nachhilfe eine üppige Flora von Vogelbeere, Birke, Aspe, Weide, Weidenröschen hervorzuzaubern, und von diesen Kleinflächen aus vermehren sich alsdann diese wichtigen Äsungspflanzen auf weiter Fläche.

Zur Verbesserung der natürlichen Äsungsbedingungen gehört, auf lange Sicht berechnet, auch die Anpflanzung von Mastbäumen. Hierzu eignen sich vor allem Wildobst, Roßkastanie und Eiche. Wildobst und Roßkastanie tragen verhältnismäßig früh, bei der Eiche dauert es fast ein Jahrhundert, bis sie reichlich Mast trägt. Mit der amerikanischen Eiche, der Roteiche, kommt man jedoch schneller zum Ziel. Diese Holzart liefert bei genügendem Freistand bereits mit 30–40 Jahren fast regelmäßig Mast. Mastbäume müssen gepflegt werden; gegen Fegen und Schälen des Wildes schützt man die Stämme mit Drahtmanschetten. Für freien Kronenraum ist ständig zu sorgen, Kunstdünger, insbesondere Nitrophoska, beschleunigt das Wachstum. In alten Hofjagdrevieren ist in dieser Beziehung sehr viel geleistet worden.

Erwähnt werden müssen in diesem Zusammenhang noch die *Salzlecken*. Alles Schalenwild, aber auch anderes Wild, besonders die Wildtauben, nehmen gerne Salz auf. Im Frühjahr beim Übergang von der trockenen Winteräsung zum ersten frischen Grün ist für die Verdauung und damit für die Gesunderhaltung des Wildes Salz sehr wichtig. Man gibt das Salz am besten in sog. *Lehmsulzen*: 1 Ztr. Viehsalz je cbm stein- und sandfreier Lehm werden nach Mischung in alte, mit der Axt ausgehauene Wurzelstöcke getan. An Stelle der Wurzelstöcke kann man auch viereckige Kästen aus Brettern oder schwachen Rundhölzern anfertigen und diese mit der Mischung füllen. Obenauf legt man dann noch einige Salzpfannensteine, die langsam durch den Regen schmelzen, so daß die Salzlauge den Lehm durchtränkt. Hat man Sauen im Revier, so rate ich, starke Wurzelstöcke zu verwenden oder die Kästen erhöht anzubringen, da

---

[1] Ratschläge für die Anlage von Wildäckern, Wildwiesen und allen sonstigen Reviereinrichtungen bringt das Buch „Das Jagdrevier" von G. v. LETTOW-VORBECK. Verlag Paul Parey, Hamburg und Berlin.

die Sauen sonst die ganze Leckeinrichtung umbrechen. Man lege die Lecken in der Nähe der Wechsel und der Haupteinstände des Wildes an, und zwar immer zwei Lecken in einer Entfernung von etwa 20–30 m voneinander, damit auch schwaches Wild an das Salz herankommt. Vielerorts werden anstelle der Stocksulzen sogenannte *Stammsulzen* angewandt. Dazu verwendet man eine geschälte Nadelholzstange, spaltet sie am Kopfende und paßt den Leckstein in den Spalt ein. Oder man schneidet ein Stämmchen von 15–20 cm Durchmesser in etwa 1,80 m Höhe ab, schält es und verankert den Leckstein mit starken Nägeln oder eingelegt in ein Holzkästchen. Bei Regen läuft das salzhaltige Wasser am Stamm herunter, so daß dieser „gesalzen" ist und das Wild gerne daran leckt.

Auf den Fuchs übt die Salzlecke eine merkwürdige Anziehungskraft aus. Er setzt sich auf die Lecke, sofern diese nicht erhöht angebracht wurde, und löst sich darauf. Die Folge davon ist, daß das Wild die Lecke meidet. Es gibt ein einfaches Gegenmittel – man schlägt in die Mitte der Lecke einen etwa 1/2 m hohen Pfahl, und der Fuchs verliert das Interesse an dieser ihm sonst so sympatischen Klosettanlage. Wahrscheinlich stößt er beim Lösen mit der Standarte an den Pfahl, und dieser ist ihm bei seinem Geschäft irgendwie hinderlich, auf alle Fälle hilft der Pfahl verblüffend gut.

Im Handel werden alle möglichen Lecksteine mit Zusatz von Kalk, Kupfersalzen usw. für teures Geld angeboten, die angeblich die Geweih- und Gehörnbildung günstig beeinflussen sollen. Meistens werden derartige Steine gar nicht oder nur ungern angenommen, doch sind in letzter Zeit mineralstoffhaltige Lecksteine, angereichert mit wurmtreibenden Medikamenten, auf den Markt gebracht, die sogar vom Rehwild relativ schnell angenommen werden und möglicherweise einen Fortschritt gegenüber den bisherigen Pfannensteinen bedeuten.

Schließlich will ich nicht unerwähnt lassen, daß der Forstmann und Waldbesitzer eine weitere Handhabe hat, für natürliche Winteräsung zu sorgen. Durch zeitliche Gliederung des Holzeinschlags kann er beispielsweise Läuterungen und Durchforstungen jüngerer Bestände in die Notzeit legen und damit dem Wild zum besten Zeitpunkt zusätzliche Knospen und Rindenäsung anbieten; eine Maßnahme, die leider viel zuwenig beachtet wird. Besonders eignen sich dafür Jungbestände von Eiche, Esche und Kiefer.

Letztendlich möchte ich an dieser Stelle auch auf eine weitere Voraussetzung eingehen, die für das Wohlbefinden unseres Wildes von Bedeutung ist, nämlich die Möglichkeit zu suhlen. Für Rot- und Schwarzwild ist *Suhlen* ein Lebensbedürfnis. Es gehört also zu den revierverbessernden Maßnahmen des Hegers, dort, wo natürliche Suhlen fehlen oder nicht in ausreichender Zahl vorhanden sind, diesem Mangel abzuhelfen und künstliche Suhlen anzulegen. Das ist verhältnismäßig leicht zu bewerkstelligen, wenn sich vorhandene Fließgewässer dafür anbieten, es genügt dann, flache Mulden auszuheben und, wo erforderlich, das Wasser anzustauen.

Schwieriger ist die Anlage künstlicher Suhlen in trockenen, grundwasserfernen Sandrevieren. Hier suche man die am tiefsten gelegenen Stellen, möglichst in schattiger Lage, und lasse ausreichend tiefe Kuhlen ausheben, die nach den Seiten hin abgeflacht auslaufen sollen. Sind verdichtete Schichten oder das Grundwasser nicht erreichbar, so ist der Boden bis zu den Wänden hinauf mit einer starken Lehmschicht – man kann den Boden auch ausmauern – aufzufüllen und festzustampfen. Dann wird reichlich Moorerde und Modder eingebracht und so viel Wasser künstlich zugeführt, daß sich eine dickflüssige Schlammschicht bildet.

Solche künstliche Suhlen sollen, über das Revier verteilt, an abgelegenen, ruhigen Stellen angelegt werden, möglichst in der Nähe der Einstände und im Schattenbereich der Bestände. Für geeignete *Malbäume* ist zu sorgen. Unser Wild wird es uns danken und sich schnell daran gewöhnen.

Zur *Wildschadenverhütung* wird der Heger neben der Fütterung und der Verbesserung der natürlichen Äsungsbedingungen auch Mittel zum unmittelbaren Schutz der Kulturpflanzen anwenden müssen. Wir können hierbei mechanische und chemische Mittel unterscheiden. Zu den mechanischen Mitteln gehört in erster Linie der Zaun, der sicherste Wildschutz, der aber auch gleichzeitig dem Wild sämtliche Äsung auf der eingezäunten Fläche nimmt, als vom jagdlichen Standpunkt aus unerwünscht ist. Die Drahtmanschette oder der Drahtkorb zum Schutz einzelner Bäume, das Einbinden mit Reisig gegen Schälen und die Verpfählung wertvoller Holzarten sind weitere mechanische Schutzmittel. Auch das Aufstellen von Wildscheuchen aller Art, ferner der Schutz der Terminaltriebe der Holzpflanzen mit Werg, Wolle, mit Blenden aus Papier oder Metall seien hier erwähnt. Die Verwendung von Stacheldraht sollte dagegen ausscheiden, da sich das Wild am Stacheldraht leicht böse Verletzungen zuziehen kann.

Die chemischen Wildschutzmittel sind in letzter Zeit erheblich verbessert worden. Es gibt jetzt chemische Mittel, die völlig unschädlich für die zu schützende Pflanze und auch unschädlich für das Wild sind, aber das Schälen mit Sicherheit verhindern, und andere Mittel, die den Verbiß erheblich vermindern. Die Anwendung der letzteren ist erschwinglich und in vielen Revieren unerläßlich. Näheres ist in dem mehrfach genannten Werk „Die Hege in der freien Wildbahn" nachzulesen.

Ich muß mit allem Nachdruck darauf hinweisen, daß wir als Jäger und Heger verpflichtet sind, jedes mögliche und vertretbare Mittel anzuwenden, um die Wildschäden in Wald und Feld so niedrig wie möglich zu halten. Sie werden sich niemals ganz beseitigen lassen, aber sie dürfen eine ordnungsgemäße land- und forstwirtschaftliche Nutzung nicht in Frage stellen.

Bluteinkreuzung, Neubestandsbegründung, Aussetzen neuer Wildarten

Zur Verbesserung und Vermehrung eines vorhandenen Wildbestandes wird auch heute noch häufig die *Bluteinkreuzung* empfohlen, d. h. das Aussetzen von Stücken der betreffenden Wildart, die man aus fremden Revieren mit einem qualitativ besseren Wildbestand bezogen hat. Die Ansichten über den Erfolg einer solchen Maßnahme haben sich sehr gewandelt. Während zu Beginn unseres Jahrhunderts die sogenannte Blutauffrischung geradezu mit Begeisterung befürwortet wurde, sind die Bedenken – nicht zuletzt durch zahlreiche Mißerfolge – zunehmend größer geworden und es muß im allgemeinen davor gewarnt werden.

Man berief sich auf die damaligen Erfahrungen aus der Haustierzucht und glaubte, diese für das Wild der freien Wildbahn übernehmen zu können. Dabei unterschätzte man die Bedeutung des weiblichen Wildes und die sehr eingeengte Möglichkeit, die Paarung des eingeführten männlichen Stückes, z. B. des „Zuchthirsches" mit dem eigenständigen Wild zu lenken. Die Erbmasse der wenigen zugeführten Stücke wurde nach wenigen Generationen wieder „ausgemendelt".

Von Befürwortern der Bluteinkreuzung wird häufig verkannt, daß der Erbwert unserer Schalenwildbestände in der Regel keineswegs abgesunken ist und echte Degenerationserscheinungen nur in seltenen Fällen nachweisbar sind. Die geringe Qualität vieler Bestände hat ihre Ursache in ungünstigen Umweltverhältnissen und nur zu oft in zu hohen Siedlungsdichten.

Doch sind auch Beispiele bekannt, in denen eine Fremdbluteinkreuzung erfolgreich durchgeführt worden ist; so z. B. beim Rotwild im Hainberggebiet, wo aber als Voraussetzung der einheimische Bestand bis auf geringe Reste reduziert wurde, bevor gebietsfremdes Wild guter Erbanlage in größerer Anzahl zugeführt wurde.

Soll dem Versuch einer Erbgutaufwertung durch Bluteinkreuzung überhaupt nähergetreten werden, so muß einmal ausreichend Sicherheit gegeben sein, daß der reviereigene Wildbestand erblich wirklich minderwertig ist und nicht nur umweltbedingt gering. Auch dann darf grundsätzlich nur Wild aus gleichartigen oder ungünstigeren Biotopen, niemals aber aus besserer Umwelt und milderen Klimaräumen eingeführt werden. Es muß eine ausreichende Ernährungsgrundlage gegeben sein, und der vorhandene Bestand muß aufs schärfste reduziert, wenn möglich ganz abgeschossen werden. Schalenwild sollte darüber hinaus in ein Eingewöhnungsgatter gebracht werden, wo man es einige Zeit beobachten und wo es sich akklimatisieren kann. Stellt man fest, daß das Wild gesund bleibt, so entläßt man es in die freie Wildbahn. Aber es gibt Erkrankungen, gegen die das auszusetzende Wild immun ist, deren Keime es aber noch in sich trägt. Damit besteht die Gefahr, daß die Reste des vorhandenen Bestandes, die diese Immunität nicht besitzen, sich infizieren und erkranken. Auch wenn das nur Ausnahmen sind, muß diese Möglichkeit beachtet werden.

Nicht unerwähnt lassen möchte ich, daß Fälle bekannt sind, in denen durch Aussetzen fremder Hasen gute Erfolge erzielt wurden, aber ich habe es auch erlebt, daß durch das Aussetzen die Kokzidiose eingeschleppt wurde und erhebliche Verluste eintraten.

Die Bluteinkreuzung bleibt also immer mit zahlreichen Risikofaktoren verknüpft und ich kann nur – wie ich schon sagte – eindringlich davor warnen. Die übrigen Maßnahmen – also Hege mit der Büchse und Flinte, Bestandsregulierung und vor allem Umweltverbesserung – konsequent durchgeführt, gewährleisten einen sicheren und dauerhafteren Erfolg, als die zudem sehr kostspielige Bluteinkreuzung.

Positiver zu sehen ist die *Neubestandsbegründung*, bei der Wild guter Herkunft in einen bisher von dieser Wildart nicht besiedelten Raum gebracht wird. Bekannt sind die geglückten Versuche, Rehwild auf der nordfriesischen Insel Föhr und auf der ostholsteinischen Insel Fehmarn heimisch zu machen.

Auf *Föhr* wurden 1939 drei Böcke und zwei Ricken aus einem geringwertigen Bestand ausgesetzt, von denen zwei Böcke und eine Ricke überlebten. Aus diesen wenigen Stücken entwickelte sich – trotz Inzucht – unter den günstigeren Umweltverhältnissen ein gesunder Bestand, der 1955 etwa 180 Stück betrug und in Körper und Gehörn wesentlich stärker war als in den Herkunftsrevieren.

Auf *Fehmarn* wurden 1935 drei Böcke und 5 Ricken aus Dänemark eingeführt. Heute beziffert sich der Bestand auf etwa 1 500 Stück – also auch Inzucht – und hat, bei ähnlich günstigen Umweltverhältnissen, die Stärke des Wildes aus dem Herkunftsrevier gehalten. Das Rehwild auf Fehmarn gehört zu den nach Körper und Gehörn stärksten Schlägen in der Bundesrepublik Deutschland.

Derartig günstige Voraussetzungen für die Neueinbürgerung einer einheimischen Wildart wird man aber nur selten finden. In keinem Fall sollte Aussetzen von Schalenwild ohne Zuziehung eines ausgesprochenen Fachmannes, der über langjährige Erfahrung verfügt, erfolgen.

Ausgezeichnete Erfolge sind auch mit dem Aussetzen vollkommen neuer Wildarten erzielt worden. An erster Stelle ist hier der Fasan zu nennen, der vor etwa 400 Jahren zunächst in Böhmen aus seiner asiatischen Heimat eingebürgert wurde. Er ist heute, die kalten nördlichen Regionen ausgenommen, in fast allen Kulturländern vorhanden und eine begrüßenswerte Bereicherung unserer Heimat. Bei ihm ist auch das Aussetzen zum Zwecke der Blutauffrischung empfehlenswert, zumal er viel in Fasanerien gehalten wird, wo eine gewisse Gefahr der Degeneration gegeben ist, und weil infolge ihrer polygamen Lebensweise ein Aussetzen fremder Hähne einen besser durchschlagenden Erfolg verspricht. Es ist aber sehr wichtig, für die verschieden gearteten Reviere (Höhenlage, Deckung, Hegebedürftigkeit usw.) den geeignetsten Fasanenschlag ausfindig zu machen. Näheres hierüber findet sich in „Die Hege in der freien Wildbahn", 4. Auflage (Verlag Paul Parey, Hamburg und Berlin), Seite 277 ff. Eine Farbtafel gegenüber Seite 288 zeigt darüber hinaus die Merkmale der einzelnen Fasanenrassen.

Eine weitere Wildart, die sich sehr gut durch Aussetzen eingebürgert hat, ist das Muffel-wild. Diesem interessanten Wildschaf, das besonders in unser Mittelgebirge paßt, ist eine noch weitere Verbreitung zu wünschen. Jeder, der in seinem Revier Muffelwild einbürgern will, sollte sich jedoch unbedingt zuvor von einem Kenner dieser Wildart beraten lassen. Die heutigen Muffelwildbestände sind nicht mehr reinrassig, sondern mehr oder weniger Kreu-zungsprodukte mit verwandten Arten, auch wenn das Erscheinungsbild verhältnismäßig einheitlich ist. Material zum Einbürgern sollte nur aus solchen Beständen bezogen werden, in denen die erworbenen schlechten Eigenschaften – wie Schälen, Austreten auf die Felder und die Bildung großer Rudel – gar nicht oder nur wenig vorhanden sind.

Wiedereinbürgerungsversuche mit Auer- und Birkwild sind, von wenigen Ausnahmen abgesehen, bisher stets negativ verlaufen. Sie sind nunmehr auf breiterer, wissenschaftlich besser fundierter Basis wiederaufgenommen worden, so beim Auerwild im Schwarzwald und in Niedersachsen; ob erfolgreich, bleibt abzuwarten.

Einbürgerungsversuche mit weiteren Wildarten wie Sikawild, Steinwild, Truthühnern, Grouse (schottisches Moorhuhn) – auch der Luchs sei angeführt – seien hier nur am Rande erwähnt.

In jedem Fall muß vor dem Aussetzen neuer, gebietsfremder Wildarten die Genehmigung der zuständigen Länderbehörde – meist die oberste Jagdbehörde – eingeholt werden.

Jagdschutz gegen Raubwild, Raubzeug und Wilderer

Die Jagd und der Fang des Raubwildes sind bereits eingehend behandelt worden. Es sei nochmals darauf hingewiesen, daß der Jäger dem Raubwild gegenüber eine andere Stellung einnimmt, als das früher üblich war. Wir wissen heute, daß jedes freilebende Tier – also auch das Raubwild – seinen bestimmten Platz im Haushalt der Natur auszufüllen hat, und daß der Rückgang einer Nutzwildart nicht allein auf das Konto des Raubwildes gesetzt werden kann. Dieses muß vielmehr als eine Sanitätspolizei des Reviers betrachtet werden und hat seine ihm bestimmte Funktion zu erfüllen. Außerdem sind verschiedene Raubwildarten heute sehr selten geworden, und der waidgerechte Jäger wird alles vermeiden, um eine Wildart etwa auszurotten, auch wenn sie zum Raubwild zählt. Ganz besonders trifft das für die sog. Raubvögel zu, die wir besser Greifvögel nennen, um ihre Raubtätigkeit weniger scharf zu betonen.

Alle Falkenarten und auch Habicht und Sperber sind so selten geworden, daß eine nennenswerte Beeinträchtigung der Jagd durch sie kaum mehr zu befürchten ist. Es ist zu begrüßen, wenn ihnen, wie im übrigen allen Greifvögeln nach dem Bundesjagdgesetz in der neuesten Fassung von 1976 ganzjähriger Schutz gewährt wird. Bei Überhandnahme einer Art besteht rechtlich die Möglichkeit über Sondergenehmigungen regulierend einzugreifen.

Daß der Fuchs durch Mäusevertilgung für den Landwirt und den Forstmann viel Nutzen stiftet, ist heute allgemein bekannt, daß er in erster Linie krankes und kümmerndes Wild reißt, ist ebenfalls eine bewiesene Tatsache. Edelmarder und Steinmarder sind infolge ihres hohen Pelzwertes selten geworden, so daß der Jäger mit Jagd und Fang sehr zurückhaltend sein sollte, auch wenn sie in den letzten Jahren gebietsweise wieder zugenommen haben. Selbstver-ständlich dürfen die Forderungen nach einer gewissen Schonung des Raubwildes nicht dazu führen, daß dieses überhandnimmt und dann den Nutzwildarten erheblichen Schaden zufügt.

Anders liegen die Verhältnisse bei der Bekämpfung des sogenannten Raubzeuges – ein Begriff, der in der heutigen Jagdgesetzgebung nicht mehr vorkommt. Hier ist auch der Ausdruck „Bekämpfung" angebracht, denn was Krähen, Elstern, wildernde Hunde und Katzen einer Jagd schaden können, das ist allerdings sehr erheblich, und hier gilt es, rücksichtslos vorzugehen. Trotzdem lehne ich die Verwendung von Gift, auch bei der Raubzeugbekämpfung, in jeder Form ab. Der eifrige Jäger wird auch mit Flinte und mit Fallen in der Lage sein, des Raubzeuges Herr zu werden. Auch die Tiere, die man bisher als Raubzeug bezeichnete, sind Geschöpfe Gottes, und die Verwendung von Gift ist mir immer unwaidmännisch und heimtückisch erschienen. Gewiß werden wir in einzelnen Fällen – so bei der Tollwutbekämpfung des Fuchses oder der Reduzierung der Silbermöwenbestände – nicht ohne die Verwendung von schnell tötenden Giften auskommen. aber waidmännisch sind solche Methoden nicht. In dem Abschnitt „Fallen und Eisen" ist die Bekämpfung des Raubzeuges ausführlich beschrieben, so daß ich mich hier auf diese allgemeinen Bemerkungen beschränken kann. Die rechtlichen Bestimmungen über das Töten von wildernden Hunden und Katzen sind in den Jagdgesetzen der einzelnen Länder niedergelegt.

Der schlimmste Feind der Jagd ist der *Wilddieb*. Es ist viel über Wilderer gesprochen worden, und man neigt wohl dazu, ihnen eine jagdliche Passion zuzubilligen und ihr verderbliches Tun mit einer gewissen Romantik zu umgeben. Ich habe in meinem ganzen Leben nur einen einzigen Fall erlebt, in dem ein Wilderer aus Passion jagte, alle anderen taten es wegen des Gelderwerbs, waren also Gewohnheitswilderer, die aus reiner Geschäftemacherei handelten. Und von dieser Kategorie gibt es auch heute noch genug. Man muß ihnen nur auf die Schliche kommen.

Will man nun einen Wilddieb zur Strecke bringen, dann muß man an solchen Stunden und Tagen im Revier sein, wo es niemand vermutet. Sonntagmittag, während eines Holztermins, bei dem alle Forstbeamten versammelt sind, am Heiligen Abend und sonstigen hohen Feiertagen, während einer kirchlichen Feier, wie Prozession, während einer Tagung des Jagdvereins, bei strömendem Regen usw. – hat man die besten Chancen, einen Wilddieb auf frischer Tat zu ertappen. Außerdem muß man seine Pürschgänge völlig unregelmäßig einrichten, einmal morgens in aller Frühe, ein andermal über Mittag, auch nachts bei Mondschein. Man hüte sich auch, die Wohnung regelmäßig und sichtbar zu verlassen. Ich muß immer damit rechnen, von den Wilderern überwacht zu werden, und nichts erleichtert dem Wilddieb sein Handwerk mehr, als die regelmäßige Lebensweise des Jagdschutzberechtigten.

Sofern der Wilddieb mit der Schußwaffe wildert, wird er sich dadurch verraten, denn man wird bald merken, daß nicht aufzuklärende Schüsse im Revier fallen, und die Schlußfolgerungen daraus ziehen können. Wenn dagegen der Wilddieb mit Schlingen arbeitet, ist die Feststellung, daß es nicht sauber im Revier ist, sehr erschwert. Ich kann nur empfehlen, von Zeit zu Zeit die Hauptwechsel und -einstände nach Schlingen abzusuchen, um sich Klarheit zu verschaffen, ob, wann und wo gehandelt werden muß. Auch dann ist es noch schwer genug , einen Schlingensteller zu erwischen. Das Herausnehmen des in der Schlinge hängenden Wildes genügt nicht, um den Wilddieb zu überführen, der so Betroffene erklärt stets, daß er beim Holzsammeln das Stück Wild in der Schlinge hängen sah und es herausnahm, um es abzuliefern. Jedes Gericht spricht ihn aus Mangel an Beweisen frei, und die mühselige Arbeit des Hegers ist vergeblich gewesen. Man muß also stets so lange warten, bis der Wilddieb die Schlinge erneut fängisch stellt, erst dadurch wird sein verbrecherisches Tun bewiesen, und er kann gerichtlich bestraft werden.

Der gefährlichste Wilderer und zugleich der am schwersten zu fassende aber ist heute der Autowilderer. Entfernungen spielen für ihn keine Rolle, und er taucht heute hier und morgen drei Kreise weiter auf. Der dichte Autoverkehr erleichtert es ihm, nach vollbrachter Tat schnell unterzutauchen. Auf abgelegenen Wald- und Feldwegen fährt er bei Tage oder auch in der Nacht mit dem Suchscheinwerfer erkanntes Wild rasch an und beschießt es meist vom Auto aus. Bleibt das Stück im Feuer, so nimmt er es schnell auf, sonst überläßt er das wundgeschossene Wild seinem Schicksal, da eine Nachsuche zu gefährlich wäre. Die Aufdeckung und Dingfestmachung erfordert Aufmerksamkeit, Sicherstellen von Merkmalen, wie Kraftfahrzeugtyp, Kennzeichen, Reifenspuren u. ä. und rasches Handeln in Zusammenarbeit mit den Polizeidienststellen, wie überhaupt der enge Kontakt zu den Reviernachbarn und Polizeiposten von wesentlicher Bedeutung ist. Aus aufgeklärten Fällen wissen wir, daß einzelne Täter es zu Strecken von Hunderten von Stücken Wild gebracht hatten, ehe sie gefaßt werden konnten.

Beim Abtransport eines gefaßten Wilddiebes gehe man übervorsichtig zu Werke. Man lasse den Delinquenten stets mehrere Schritte mitten auf dem Wege vor sich hergehen und halte sich mit der gespannten Flinte oder Büchse anschlagbereit hinter ihm. Am besten ist es, wenn er die Hände über dem Kopf zusammenfaltet. Irgendein Anhalten gibt es nicht, auch kein Austreten! Man lasse sich überhaupt auf keinerlei Unterhaltung ein. Viele Forstbeamten haben ihr Leben lassen müssen, weil sie sich leichtgläubig und gutmütig mit dem jammernden und um Schonung flehenden Wilderer einließen, der dann die erste Gelegenheit benutzte, um einen Überfall zu wagen, bei dem er meistens dem Jäger körperlich überlegen war. Das Buch des bekannten Kriminalkommissars BUSDORF „Förstermorde" enthält eine Fülle solcher tragischer Beispiele.

Auf jeden Fall sind bei der Fahndung nach Wilddieben und deren Dingfestmachung größte Vorsicht und höchstes Mißtrauen angebracht. Ist ein Wilderer rechtskräftig verurteilt, so sollte man nie versäumen, Schadenersatzklage gegen ihn anzustrengen.

Weitere Fragen des Jagdrechts habe ich bewußt nicht angesprochen, da der Rahmen des Buches gesprengt würde.

Ich verweise dazu auf das Buch von Janetzke/Hallensleben: „Der Jagdschutz in der Praxis" Verlag Paul Parey, Hamburg und Berlin).

Jagd und Naturschutz

Die zivilisatorische Entwicklung der Menschheit mit ihren vielfältigen landschaftszerstörenden Kräften belastet in zunehmendem Maße unseren Lebensraum; die Natur mit all ihren Lebewesen ist durch die Technisierung und Industrialisierung, durch Versiedlung und Verplanung der Landschaft, durch die Verschmutzung der Gewässer, die Zerstörung des Wasserhaushalts und nicht zuletzt durch die Unvernunft vieler Menschen auf das schwerste bedroht. Auch die Beunruhigung durch den Tourismus muß sich negativ auf die Tierwelt auswirken. Der Mensch in seinem Bestreben, die Natur zu beherrschen, ist auf dem besten Wege, sie zu verlieren. Mag diese Entwicklung auch unaufhaltbar erscheinen, es wäre verkehrt, den Kopf in den Sand zu stecken und tatenlos zuzusehen. Unsere Aufgabe kann nur lauten: Eingreifen, Handeln, Lenken. Aber es bedarf der Mitarbeit aller – der Techniker und Forscher, der Bauern und Forstleute, der Naturschützer und nicht zuletzt der Jäger und Fischer –, um mit Vernunft und Verantwortungsbewußtsein der Gefahr zu begegnen und, jeder auf seinem Gebiet, tätig zu werden.

Der Naturschutz kann sich heute nicht mehr auf die Konservierung kleiner und kleinster Naturräume beschränken. Er muß seine Aufgabe darin sehen, die belebte Natur als offenes Funktionssystem zu sehen im aufeinander abgestimmten Zusammenspiel von Klima, Wasser,

Boden, Pflanze und Tier. Er hat darüber zu wachen, daß das Kapital einer gesunden Landschaft gesichert bleibt, wertvolle Gebiete in ihrer natürlichen Entwicklung geschützt werden. Er hat den Naturraum zu pflegen und – wo erforderlich – regulierend und verbessernd einzugreifen, und es muß sein Bestreben sein, die Ansprüche der Zivilisation mit der Gesunderhaltung der Lebensräume in Einklang zu bringen. Diese Erkenntnis hat sich heute weitgehend durchgesetzt, und die Naturschutzgesetzgebung des Bundes und der Länder trägt dieser Zielsetzung Rechnung.

Daß dem Jäger im Rahmen der Erfüllung dieser Aufgaben eine hervorragende Position zukommt, liegt in der Sache. Sicher gibt es genug Menschen, die allem, was mit Jagd zusammenhängt, feindlich gegenüberstehen, sei es, weil sie nichts davon verstehen oder zu bequem sind, darüber nachzudenken, sei es, daß sie bewußt irregeführt und mit Vorurteilen behaftet sind. Allein die Gefahrenlage, in der wir Menschen durch die sprunghafte Entwicklung hineingeraten sind, machen Jagd und Naturschutz zu berufenen Partnern, und es wäre tödlich, wenn der Naturschützer in unüberlegtem Sektierertum in der Jagd nur einen Zeitvertreib, ein Schießsportvergnügen sähe und der Jäger im Naturschutz den Verfechter extremer, unrealistischer Schutzforderungen. Heißsporne und Fanatiker sind auf die Dauer noch nie einer Sache dienlich gewesen.

Es ist durchaus verständlich, wenn der Jäger in erster Linie solche Lebensräume seiner besonderen Obhut unterstellt, die jagdlich für ihn interessant sind, zumal dort ja in der Regel die anderen Arten – seien es Vögel, Amphibien oder Insekten – gleichermaßen ihren Vorteil davon haben. Seine Tätigkeit kann sogar für den Naturschutz zwingend erforderlich werden, wenn der Übervermehrung einzelner Arten Einhalt geboten werden muß. Dieses Streben findet erst dort eine Grenze, wenn die Überhege einzelner Lieblingswildarten einseitig zu Lasten anderer Arten einer Lebensgemeinschaft geht.

Jäger sind naturverbundene Menschen mit einer konservativen Einstellung, die nicht daran interessiert sind, das ihnen anvertraute Naturgut bis an die Grenze des Möglichen zu nutzen. Sie wollen einen guten Wildbestand haben und sind an einer nachhaltigen Nutzung desselben interessiert.

Jagd als Waidwerk schließt die Hege mit ein. Der Begriff *Wildhege* ist viele Jahrhunderte alt. Ursprünglich verband sich damit das Bestreben, das sogenannte *Nutzwild* vor seinen natürlichen Feinden zu schützen, um große Strecken zu erzielen. Man unterschied, dem menschlichen Zweckdenken entsprechend, zwischen nützlichen und schädlichen Tieren und handelte entsprechend. Die Wandlung zur allumfassenden Betrachtung, die die ideellen Werte in den Vordergrund stellt, fand jedoch frühzeitig Eingang in das jagdliche Geschehen, nicht zuletzt, weil der Jäger als freier Mann sich für das ihm anvertraute Revier verantwortlich fühlte und aus innerer Überzeugung und Liebe zu der in ihm lebenden Tierwelt bereit war, zu beschützen, zu hegen.

Unsere freilebende Tierwelt ist durch die Jagd nicht bedroht, und es kann nicht bestritten werden, daß es der hegenden Hand des Jägers und einer ausgewogenen Jagdgesetzgebung zu danken ist, wenn uns bis heute im deutschen Raum eine nach Zahl und Arten reiche Tierwelt – und das gilt nicht nur für die eigentlichen Wildarten – erhalten geblieben ist, wie sie in einem so hochzivilisierten und industrialisierten Land ihresgleichen suchen kann.

Heute ist es Allgemeingut des Jägers, daß das Ziel einer vernünftigen Hege nur die Erhaltung einer artenreichen, gesunden, dem Lebensraum angepaßten Tierwelt sein kann, daß jede Tierart eine Aufgabe im Haushalt der Natur hat und die Vernichtung einzelner auf weite Sicht immer zu einer Störung des Naturhaushalts führen muß; aber auch, daß jede Überhege, zumal, wenn sie gezielt auf bestimmte Arten ausgerichtet ist, zu einer ernsten Gefährdung des Gleichgewichts führen muß. Dem Jäger liegt genauso an der Erhaltung selten gewordener,

gefährdeter Arten wie Wanderfalke, Weihe, Kolkrabe, Graureiher, Schwarzstorch, Wachtel
und Haselhuhn, Otter und Wildkatze wie an der Hege der Wildarten, die er bejagt, und seine
Sorge gilt gleichermaßen der Erhaltung und dem Schutz ihrer Lebensstätten. Er ist in
zunehmendem Maße zum Beschützer und Pfleger der heimischen Tier- und Pflanzenwelt
geworden, und hier treffen sich Jagd und Naturschutz in ihrem Wollen.

Dank des in der Bundesrepublik Deutschland gesetzlich verankerten Reviersystems betreut
der Jäger flächendeckend die Heimatflur. Niemand kennt die gesamte Gemarkung – sein
Revier – so genau wie er, niemand ist wie er das ganze Jahr hindurch zu allen Tageszeiten
draußen. Allein daraus bieten sich gerade ihm eine Fülle von Möglichkeiten, im Sinne des
Naturschutzes einzuwirken, zumal es ja – wie ich schon eingangs sagte – im unmittelbaren
Interesse der Jagd liegt, auf einen umfassenden Schutz des ihm anvertrauten Raumes bedacht
zu sein. Dabei beschränkt sich sein Handeln nicht nur auf den eigentlichen Jagdschutz, die
Bekämpfung der Wilderei, das Kurzhalten von wildernden Hunden und Katzen, Krähen und
Elstern, die Kontrolle über das Raubwild, eine ausreichende Wildfütterung in Notzeiten, die
regulatorischen Maßnahmen zur Gesunderhaltung der Wildbestände – also auf die Abwehr
unmittelbarer Gefahren.

Der verantwortungsbewußte Jäger trägt darüber hinaus aktiv dazu bei, die Lebensbedin-
gungen der gesamten Tierwelt zu verbessern. Dank seiner Revierkenntnis und Erfahrung hat
er die Möglichkeit, gestaltend einzugreifen und Neues zu schaffen, sei es durch Anlage von
Wildäsungsflächen, sei es durch Begründung von Hegebüschen, Remisen und Schutzgehölzen, die nicht nur dem Wild, sondern auch der Vogelwelt zusätzlich als Deckung und
Nahrungsgrundlage dienen, oder auch durch Pflege und Neuanlage von Teichen und Tüm-
peln. In jedem Revier, in jeder Feldgemarkung finden sich brachliegende Flächen – alte
Kiesgruben, Wegeböschungen, Raine, Müllplätze, Hänge und Winkel –, die nach Lage, Form
und Bodengüte sich für eine landwirtschaftliche Nutzung nicht eignen, die aber durch eine
Bepflanzung mit Baum und Strauch zu wertvollen Nischen in der Landschaft umgestaltet
werden können. Eine fürwahr dankbare Aufgabe, die sich dem Jäger und Revierinhaber stellt,
und die Hege und Naturschutz nicht nur zum Lippenbekenntnis werden lassen. Daß es so ist,
zeigen die zahllosen Beispiele, in denen durch Initiative einzelner oder durch die Kreisgruppen
der Landesjagdverbände derartige Beiträge zur Landschaftspflege und Landschaftsgestaltung
geleistet worden sind, und die Beweise dafür sind, daß der Jäger unserer Zeit zu Recht
Anspruch darauf hat, im praktischen Tier- und Naturschutz im vordersten Glied zu stehen,
als Partner für die gemeinsame Sache.

Wildkrankheiten

Auf die Bedeutung eines dem vorhandenen Lebensraum angemessenen Wildbestandes habe
ich an anderer Stelle schon hingewiesen. Die Aufrechterhaltung eines wohl abgewogenen
Verhältnisses zwischen Pflanzenbewuchs und Tierbeständen ist eine der wichtigsten Grundre-
geln in der freien Natur. Nur wenn ein solches Gleichgewicht vorhanden ist, ist die
Voraussetzung für eine gesunde Entwicklung unserer Wildarten gegeben. Ist es jedoch gestört,
sei es durch Überhandnahme einzelner Arten, sei es durch Verschlechterung der Lebensbedin-
gungen, vor allem bei unzureichender Äsungsgrundlage, so wirkt sich das nachteilig auf die
Konstitution des Wildes aus. Das einzelne Stück wird geschwächt, ist weniger widerstandsfähig und damit anfälliger gegen Krankheiten. In vom Menschen unbeeinflußten Naturräumen
hilft sich dann die Natur häufig selbst, wobei die Wildkrankheiten als unterschiedlich starke

Regulatoren eine wichtige Rolle spielen können, um die Überhandnahme einzelner Arten zu verhindern und das natürliche Gleichgewicht wiederherzustellen.

Aber auch in den von uns Jägern betreuten Revieren kann falsch verstandene oder einseitige Hege zum Nährboden bestimmter Wildkrankheiten werden. Ein verstärktes Auftreten ist für den Waidmann, der sein Revier kennt und dauernd unter Kontrolle hat, ein Zeichen dafür, daß etwas aus dem Gleichgewicht geraten ist und sein Handeln erforderlich macht, sei es durch Verbesserung der Äsungsmöglichkeit, sei es durch verstärkten Abschuß, der nicht selten eine deutliche Reduzierung der Wildbestände zum Ziel haben muß.

Trotzdem werden wir immer wieder mit dem Auftreten von Wildkrankheiten rechnen müssen. Grundsatz – und das ist das erste Gebot – muß für den Waidmann als berufenen Heger sein, alle schwachen, kümmernden Stücke aus der Wildbahn so zeitig wie möglich auszumerzen.

Für den Jäger kommt es also zuerst darauf an, sich ein richtiges Bild über sein Wild zu machen; das heißt, Aussehen und Verhalten des lebenden Stückes zu beurteilen. Du mußt erkennen, ob das Wild einen kranken Eindruck macht, wie es bei vielen fieberhaften Erkrankungen oder anderen schweren Schäden wie Vergiftungen, Magen- und Darmentzündungen oder auch Verletzungen der Fall ist; oder ob sein Verhalten anormal ist, ob es agressiv ist oder apathisch, oder ob es die natürliche Scheu verloren hat, wie wir es beispielsweise bei von der Tollwut oder Schweinepest befallenen Stücken beobachten können.

Aber auch am erlegten Stück muß man sich von dessen Zustand überzeugen und auf erkennbare Veränderungen wie Abmagerung, Abzesse, Geschwülste und Verletzungen achten sowie beim Aufbrechen das Aussehen der inneren Organe überprüfen. Das ist allein schon im Hinblick auf die weitere Verwendung des Wildprets als Lebensmittel – ich komme darauf noch zurück – erforderlich. Durch Übung und Vergleichen lernt man einigermaßen zuverlässig, ein krankes Organ (Farbe, Knoten, Verhärtungen u. ä.) von einem gesunden zu unterscheiden. Das liegt in der Verantwortung des Erlegers. Die eigentliche Diagnose zu stellen, ist dann oft Sache des Fachmannes.

Findet man *Fallwild*, so muß man versuchen, sich über die Ursache des Eingehens Klarheit zu verschaffen, soweit das nach dem Verwesungszustand noch möglich ist. Sind keine äußeren Verletzungen als Todesursache festzustellen, so besteht der Verdacht einer Erregerkrankheit, möglicherweise einer ansteckenden Wildseuche.

Der Umgang mit Fallwild oder schwerkrankem Wild bedeutet wegen der Infektionsmöglichkeit für den Jäger immer eine Gefahr. Darum ist in jedem Fall eine vorsichtige, sachgerechte Behandlung solcher Stücke erforderlich. Versuchst du selber der Ursache auf den Grund zu gehen, so rate ich, Gummihandschuhe zu verwenden. Besteht der Verdacht des Vorliegens einer Wildseuche, sollten ein oder mehrere Stücke unaufgebrochen einer Untersuchung zugeführt werden. Die Einsendung einzelner Körperteile ist meistens zwecklos. Zuständige Stellen sind die staatlichen Veterinäruntersuchungsämter, die pathologischen Institute an den tierärztlichen Hochschulen und jagdkundliche Institute. Die Verpackung erfolgt luftig in aufsaugendem Material (Sägemehl, Torfmull), niemals in dicht schließenden Behältern, da in diesen eine stürmische Fäulnis einsetzt. Die Versendung ist auf dem schnellsten Wege vorzunehmen. Jeder Einsendung ist ein Begleitschreiben beizufügen, damit das Untersuchungsamt über die Beobachtungen des Einsenders unterrichtet ist.

Wild verendet oder kümmert durch Befall mit Krankheitserregern (Erregerkrankheiten) oder durch Witterungsschäden, Ernährungsstörungen, Vergiftungen, Geschwülste und Verletzungen. Ich will hier die Erregerkrankheiten als die für Mensch und Tier gefährlichste Gruppe als letzte behandeln und vorweg die anderen aufgeführten Ursachen kurz ansprechen.

Witterungsschäden führen durch Unterkühlung bei kalter, feuchter Sommerwitterung zu großen Abgängen beim jungen Niederwild und im Winter bei harter Kälte zu erheblichen Verlusten bei einigen Wildarten. Länger anhaltende hohe Schneelagen können zu Nahrungsmangel und damit zum Hungertod führen. Bei überfrierendem Tauschnee (Harschschnee) leidet das Schalenwild an wundgescheuerten Läufen. Geschwächte Stücke, vor allem geringes Rehwild, Muffelwild und Kälber werden dann leicht vom Raubwild oder von wildernden Hunden gerissen.

Ernährungsstörungen werden durch Mangel an vollwertiger Äsung oder durch falsche, verdorbene Futtergaben verursacht. Sie treten vor allem beim Rehwild, aber auch bei anderen Wiederkäuern im Spätwinter und Frühjahr auf, beim Übergang von trockener Winteräsung auf safthaltige, eiweißreiche Grünäsung. Es kann zu hohen Verlusten kommen. Eine sachgerechte Fütterung kann vorbeugend wirken, da das Wild dann widerstandsfähiger in die kritische Zeit geht.

Vergiftungen treten bei Wildtieren in verschiedener Form auf, sind aber, wenn es sich um Einzelfälle handelt, nur schwer zu erkennen. Finden sich dagegen auf eng begrenztem Raum eine größere Zahl von Stücken, möglicherweise noch von verschiedenen Wildarten, so ist der Verdacht auf akute Vergiftung berechtigt, und eine Untersuchung ist umgehend zu veranlassen. Für eine chemische Untersuchung auf Giftstoffe werden Kropf-, Magen- und Darminhalte sowie Leber und Nieren benötigt.

Vergiftungen durch Mineraldünger kommen, obwohl das immer wieder behauptet wird, kaum vor. Entweder werden die Düngesalze vom Wind ohne Schaden vertragen, oder ihre Aufnahme wird abgebaut. Wesentlich bedenklicher sind die Schäden, denen der Wildstand durch unsachgemäße und leichtfertige Anwendung von Insektiziden sowie von chemischen Mitteln zum Beizen von Saatgetreiden und zur Mäusebekämpfung ausgesetzt ist. Alle diese Mittel müssen genau nach Vorschrift angewandt werden, eine Überdosierung ist unter allen Umständen zu vermeiden. Bekannt ist, daß manche dieser Stoffe erst mit der Zeit zur Speicherung im Tierkörper und zu Schädigungen führen oder auf die Nachkommen übergehen können, oder auch vom Raubwild oder den Greifvögeln über die Beutetiere aufgenommen werden. Das hat beispielsweise zum Verzicht auf arsen- oder quecksilberhaltige Mittel und zum Verbot von DDT geführt.

Geschwülste (Tumore) sind anormal wuchernde Gewebearten, die in fast allen Körperregionen vorkommen. Bei Wildtieren gibt es vielerlei Arten von Geschwülsten, doch sind sie für die Wildbahn ohne Bedeutung, da es sich um Einzelerkrankungen handelt. Als bösartig bezeichnet man Tumore, die in das anliegende gesunde Gewebe hineinwachsen und es zerstören, als gutartig solche, die durch ihr Wachstum lediglich benachbarte Organe bedrängen. Krebsgeschwülste kommen beim Wild selten vor. Bei den meisten Tierarten ist die Ursache noch ungeklärt.

Auch bei *Mißbildungen* handelt es sich um Einzelfälle, die für den Wildbestand keine Bedeutung haben. Es sind häufig fehlgebildete Organe und Körperteile, die bereits während der embrionalen Entwicklung entstanden sind. Meist handelt es sich um Verdoppelungen oder auch Verlagerung von Organen. Verhältnismäßig häufig sind Mißbildungen bei den Geschlechtsorganen; es gibt so gut wie alle Kombinationsmöglichkeiten von weiblichen und männlichen Organen. Das reicht von doppelseitigen Zwittern mit doppelten Hoden und Eierstöcken über einseitige Zwitter bis zu Böcken, die in der Bauchhöhle außer den Hoden eine unterentwickelte Tracht ausweisen.

Als Mißbildungen können wir auch vererbbare Farbabweichungen sehen, einmal infolge gänzlichen Fehlens von Hauptfarbstoffen = *Albinismus,* oder bei Fehlen von beispielsweise schwarzem oder braunem Pigment in Federn oder Fell, wie wir es häufig beim Damwild finden. Echte Albinos haben rote Augen, da der Farbstoff in der Iris fehlt.

Verletzungen werden durch äußere Gewalteinwirkung, aber auch durch Verätzungen, Verbrennungen oder Erfrierungen hervorgerufen und führen zu Brüchen und unterschiedlichen Körpergewebszerstörungen. Schnitt- und Quetschwunden durch Verkehrsunfälle und durch landwirtschaftliche Maschinen, Drahtzäune und nicht zuletzt Schußverletzungen sind die häufigsten Ursachen. Die körperlichen Schäden führen oft zum Tod, doch ist es erstaunlich, wie hart einzelne unserer Wildarten im Ausheilen von körperlichen Schäden sind. So werden schwere Knochenbrüche, wenn es daneben nicht zu starken inneren Verletzungen kommt, meist ausgeheilt, und ich entsinne mich einer starken Bache, der infolge einer alten Schußverletzung zwei Drittel des Unterkiefers fehlten bei gleichzeitiger durch Splitter hervorgerufener Wucherung des Oberkiefers. Die Bache hatte eine beachtliche Schicht Weiß und wog 95 Kilogramm bahnfertig. Schwere Schußverletzungen finden wir außer bei Laufschüssen im Ellenbogenbereich und am Unterkiefer. Offene, infizierte oder komplizierte Trümmerbrüche brauchen oft viele Monate zur Heilung.

Nicht unerwähnt lassen möchte ich die Forkelverletzungen bei unseren Hirscharten, die in vielen Fällen zum Tode des geforkelten Gegners führen, sei es durch Stichwunden in Weichteilen oder Organen, sei es durch Bruchverletzungen oder Durchstoßen der Schädeldecke, wie es z. B. bei Rehböcken nicht selten vorkommt.

Die eigentliche, ich möchte sagen „schleichende“ Gefährdung unserer Wildbestände muß jedoch in der großen Gruppe der *Erregerkrankheiten* gesehen werden. In ihr unterscheiden wir einmal die *Infektionskrankheiten,* verursacht durch Viren und Bakterien, und zum anderen die durch Parasiten hervorgerufenen *Invasions*krankheiten. Pilzkrankheiten dagegen spielen beim Wild kaum eine Rolle.

Viren sind winzig kleine artenreiche Zellparasiten ohne eigenen Stoffwechsel, die meist in den Zellen der Wirtstiere leben und die dank ihrer Winzigkeit nur durch sorgfältige Untersuchungen mit dem Lichtmikroskop festgestellt werden können. Die wichtigsten Viruskrankheiten sind: Tollwut, Myxomathose, Schweinepest, Geflügelpest, Taubenpocken, Gamsblindheit, Maul- und Klauenseuche. Eine Besonderheit, wie sie gerade bei Viruserkrankungen vorkommt, ist, daß mit dem Einbrechen einer in einer Gegend bislang noch nicht aufgetretenen Seuche – z. B. Myxomatose, Schweinepest, Geflügelpest – die Sterblichkeit in den ersten Jahren sehr hoch ist, dann aber stetig absinkt und sich schließlich auf einen für den Bestand erträglichen Grad einpendelt. Eine Ausnahme davon macht die Tollwut wegen der oft sehr langen Zeit von der Infektion bis zum Ausbrechen der Krankheit (Inkubationszeit).

Bakterien sind mikroskopisch kleine, einzellige Lebewesen unterschiedlicher Form, die sich durch Spaltung vermehren. Die schädigende Wirkung entsteht durch giftige (toxische) Ausscheidungen dieser Kleinlebewesen. Manche Bakterienarten sind ständig im Körper des Wildes vorhanden, ohne irgendeine Schädigung hervorzurufen, und entfalten erst dann eine krankmachende Wirkung, wenn das Wild durch Erkältung, Hunger, Parasitenbefall u. a. in seiner Widerstandsfähigkeit geschwächt ist. Einige bilden Darmformen, die jahrelang außerhalb der Tiere lebensfähig bleiben. Die wichtigsten bakteriellen Erkrankungen sind: Pseudotuberkulose, Brucellose, Salmonellen, Pasteurellose, Nagerpest, Tuberkulose, Milzbrand, Strahlenpilzerkrankung.

Parasiten sind ein- oder mehrzellige Lebewesen, die auf Kosten eines anderen, des Wirtstieres, leben. Dabei gibt es solche, wie z. B. die Läuse, die sich lebenslang auf ihrem Wirt aufhalten, sich auf ihm vermehren und sich von ihm ernähren. Andere oder deren Brut halten sich nur zeitweise auf oder in ihren Wirten auf; so die Kokzidien, Rundwürmer, Saugwürmer, Bandwürmer. Bei den genannten Wurmarten leben oder entwickeln sich die Larven entweder im Freien oder in einem für das Fortkommen unentbehrlichen *Zwischenwirt,* bis sie die *Invasionstüchtigkeit* erlangt haben und dann meist mit der Nahrung vom Wildtier aufgenommen werden. Oder es können sogenannte *Sammelwirte,* die lediglich der Ansammlung und dem Transport der Parasitenbruten dienen, eine Invasion vermitteln. Parasiten schädigen ihren Wirt durch Entziehung von Nahrungsstoffen, Verletzung von Organen, mechanische Einwirkungen, Druck aufs Gehirn und durch giftige Ausscheidungen. Die wichtigsten auf unserem Wild vorkommenden Arten sind: Magenwürmer, Lungenwürmer, Leberegel, Bandwürmer, Spul- und Haarwürmer, Rotwürmer, Dasselfliegen, Rachenbremsen, Milben, Trichinen, Zecken.

Es würde im Rahmen dieses Werkes jedoch zu weit führen, die Vielfältigkeit im Lebensablauf der einzelnen Parasitenarten und der verschiedenen Wildkrankheiten überhaupt darzustellen. Dazu empfehle ich als Spezialliteratur: Wetzel/Rieck, Krankheiten des Wildes, 2. Auflage, Verlag Paul Parey, Hamburg und Berlin. Ich werde im Verlauf meiner Ausführungen jedoch bei den einzelnen Wildarten auf die bei ihnen auftretenden wichtigsten Krankheiten zurückkommen.

Die in Mitteleuropa auftretenden zahlreichen Erregerkrankheiten sind vorwiegend eine Folge zu hoher Siedlungsdichte des Wildes. Bei den häufigsten Wildarten Reh und Hase finden sich relativ die meisten kranken Stücke, weil die Wilddichte oft weit höher ist, als dem Raumanspruch des einzelnen Stückes zuträglich ist. Je mehr Individuen einer gefährdeten Art, vor allem junge und überalterte auf beschränktem Raum vorhanden sind, um so mehr werden die Übertragungsmöglichkeiten von Krankheitskeimen und Parasiten gefördert. Angemessener Lebensraum, ausreichend Nahrung und ein günstiges Klima sind entscheidend für den Gesundheitszustand und die Widerstandskraft der Wildbestände. Der Engpaß und damit die Gefährdung für Krankheiten liegt immer im jeweiligen Minimum.

Krankheitsübertragungen von Haustieren kommen vor. Von den Haustierkrankheiten greifen Tuberkulose, Geflügelpocken und die Maul- und Klauenseuche gelegentlich auf Wild über, haben aber wegen der Widerstandsfähigkeit der für diese Krankheiten empfänglichen Wildarten in der freien Wildbahn keine Bedeutung. Milzbrand und Wild- und Rinderseuche, die in früheren Zeiten häufiger auftraten, sind in den letzten Jahrzehnten beim heimischen Wild nicht mehr beobachtet worden. Dagegen haben Schweinepest und Tollwut wieder sehr an Bedeutung gewonnen, vor allem letztere ist in den letzten Jahrzehnten zu einer permanenten, nicht ernst genug zu nehmenden Bedrohung geworden.

Manche Parasiten kommen bei Wildarten und den ihnen verwandten Haustieren vor, so daß eine gegenseitige Übertragung an gemeinsamen Aufenthaltsorten möglich ist. In Fasanerien treten wegen der engen Raumverhältnisse leicht verheerende Geflügelkrankheiten auf, die bei normalem Besatz eines Reviers so gut wie unbekannt sind, dagegen unter Hausgeflügel häufiger wüten. Es sind Geflügeldiphtherie, Geflügelcholera, Hühnerpest, Tuberkulose, Kokzidiose, Bandwurmbefall und Rotwurmseuche.

Jagdhunde infizieren sich mit Tollwut, wenn sie sich mit einem Fuchs oder Dachs herumbeißen, der von dieser Krankheit befallen ist. Sarcoptesräude befällt besonders Erdhunde, die in Bauen arbeiten, in denen sich räudekranke Füchse aufhalten; aber auch andere Jagdhunde, die mit räudekrankem Raubwild in Berührung kommen, sind einer Ansteckung ausgesetzt. Manche Hundebandwürmer haben außer Haustieren auch Wildarten als Zwischenwirte. Die Finne des gesägten Hundebandwurms sitzt im Netz und auf der Leberoberfläche von Hasen und Kaninchen, die des geränderten Hundebandwurms an Netz, Bauchfell und Leber des Schalenwildes, die des dreigliedrigen Hundebandwurms in Leber, Lunge und anderen Organen des Schalenwildes und die des Gehirnquesenbandwurms im Gehirn und seltener im Rückenmark von Schalenwild. Vor Verfütterung von rohen Wildteilen an Hunde sollte auf das Vorhandensein von Bandwurmblasen geachtet werden.

Der Mensch kann sich an Schalenwild mit Milzbrand, Rotlauf und Maul- und Klauenseuche, an Hasen mit Brucellose, Nagerpest (Tularämie), Pseudotuberkulose und an Haarraubwild sowie befallenem Nutzwild mit Tollwut infizieren. Ansteckend ist auch die Salmonellose, die durch verschiedene Wildtiere übertragen werden kann. Da die meisten dieser Krankheiten selten sind, besteht jedoch kein Anlaß zu übertriebenen Befürchtungen. Eine Ausnahme bildet die Tollwut; bei Tollwutverdacht ist immer größte Vorsicht bei der Behandlung des Wildes geboten.

Von Bedeutung ist auch die Übertragungsmöglichkeit von Trichinellen durch Genuß des Wildprets von Schwarzwild und Haarraubwild. Ist es für den menschlichen Genuß bestimmt, so ist es beschaupflichtig, soll es an Tiere verfüttert werden, so ist das Wildpret gut durchzukochen. Keinesfalls soll man rohe Raubwildkerne auf Luderhaufen oder Dungplätze werfen, weil hierdurch die Verbreitung der Trichinellen begünstigt wird. Andere Wildarten werden zwar durch Trichinellenbefall nicht beeinträchtigt, beim Menschen dagegen führen etwa 25 % der Fälle zum Tode.

Die Finne des im Menschen schmarotzenden Einsiedlerbandwurms kommt, wenn auch sehr selten, in der Muskulatur von Schwarzwild vor. Die Übertragung erfolgt durch Genuß schlecht gekochten oder rohen bzw. geräucherten Wildprets, das die Schweinefinne enthält.

Genannt werden muß auch die Zeckencephalitis, auf die gerade in letzter Zeit wiederholt aufmerksam gemacht wurde. Es handelt sich um eine Viruserkrankung des Zentralnervensystems, die durch Zecken (Holzböcke) auf den Menschen übertragen werden kann.

Wildkrankheiten bedingen nicht allein Verluste durch Fallwild, sondern sie haben darüber hinaus eine große Bedeutung, weil sie auf die Entwicklung der Körpergewichte und der Trophäen des Schalenwildes Einfluß haben. Die auffallend verschiedene Stärke der unter gleichen Umweltbedingungen gewachsenen Rehgehörne ist vielfach auf den unterschiedlichen Gesundheitszustand der Stücke zurückzuführen. Das Auftreten einzelner starker Gehörne unter sonst durchschnittlichen oder geringen Trophäen ist meist eine Folge davon, daß ihre Träger von Erkrankungen verschont blieben und keinen Mangel zu leiden hatten.

Die Widerstandsfähigkeit gegen Krankheiten ist bei unseren Wildarten recht unterschiedlich. Je anfälliger die Wildart für Parasitenbefall ist, desto schwieriger ist ihre Haltung in Gefangenschaft. In den nachstehenden Ausführungen werden die Hauptwildarten in der Reihenfolge ihrer Anfälligkeit für Krankheiten aufgeführt, zur besseren Übersicht sind die Gruppen Schalenwild, Haarraubwild, Hase, Kaninchen und Wildgeflügel getrennt behandelt. Seltene Krankheiten werden bei den einzelnen Wildarten nur kurz erwähnt.

Schalenwild

Rehwild

Als besonders anfällig für Krankheiten gilt das Rehwild. Die hohe Siedlungsdichte der Rehe und die oft enge Berührung mit Haustieren trägt dazu bei, daß es von einer großen Zahl von Krankheiten heimgesucht wird. Durch Parasiten hervorgerufene Krankheiten überwiegen, Infektionskrankheiten kommen seltener vor.

Durch *allgemeine Unterkühlung* während starker Kälteperioden können Massenverluste eintreten. Der Tod der Stücke erfolgt dadurch, daß der Kreislauf zum Erliegen kommt. Betroffen werden vor allem Kitze und alte sowie kranke Stücke, weil sie nur wenig Feistvorräte aufspeichern konnten. Die Rehe verenden mit vollem Pansen auch an gut beschickten Fütterungen, denn die aufgenommene Äsung reicht bei harter Kälte nicht aus, um den Stoffwechsel aufrechtzuerhalten. Am Fallwild fallen die Blutfülle der inneren Organe und die

Blutarmut der Muskulatur auf. Die fast immer vorhandene blutige Labmagen- und Dünn-
darmentzündung ist als Ausdruck einer Gefäßschädigung aufzufassen.

Zu hohen Verlusten führen im Frühjahr *Verdauungsstörungen,* für die ein besonderer
Erreger nicht bekannt ist. Man nimmt an, daß die Umstellung auf Grünäsung zum Überhand-
nehmen bestimmter Darmbakterien führt, die krankmachende Eigenschaften annehmen. Die
kranken Stücke sind an Spiegel und Hinterläufen mit breiiger Losung besudelt, es kommt zu
Blähungen, Durchfall und Lähmungserscheinungen und zu einem schnellen Kräfteverfall. Der
Labmagen und Zwölffingerdarm sind entzündet und enthalten einen blutig-schleimigen
Inhalt. Die schlechte Ausbildung der oberen Gehörnteile ist vielfach eine Folge dieser
Erkrankung bei den Überlebenden.

Zweifellos spielt der *Magenwurmbefall* als Todesursache oder in noch höherem Maße als
Ursache für das Kümmern von Rehwild eine große Rolle. Der Parasit, der die Krankheit
hervorruft, ist der gedrehte Magenwurm, andere Arten sind weniger gefährlich. Der Schmarotzer sitzt auf der Schleimhaut des Labmagens, er schädigt seinen Wirt durch Entziehung von
Nährstoffen, durch Absonderung von Giften und durch Entzündungen, die seine Bohrtätig-
keit in der Magenschleimhaut und der Wand des Dünndarms hervorruft. Die befallenen
Stücke magern ab, bekommen Durchfall, haben eine struppige Decke, verfärben schlecht und
haben eine fahlgelbe Färbung. Die Böcke setzen geringe Gehörne auf. Mit Magenwurm
befallene Rehe streuen mit ihrer Losung zahllose Eier im Revier aus. Die aus den Eiern
schlüpfenden Larven sind nach einer Woche invasionstüchtig und wandern am Abend auf die
Spitzen der taubenetzten Gräser, um sich dort bis Sonnenaufgang aufzuhalten. Die mit der
Äsung aufgenommenen Larven entwickeln sich im Labmagen zu geschlechtsreifen Würmern,
die bei genauem Hinsehen als feine weiße oder auch rötliche Fäden im Magenschleim oder im
Dünndarm zu erkennen sind. Der Wurmbefall läßt sich durch Verabreichung von Entwurmungsmitteln wie Phenothiazin oder Thibenzole mit der Fütterung mit gutem Erfolg bekämpfen.

Der *Lungenwurmbefall* ist für das Rehwild nicht so bedeutsam, wie oft angenommen wird.
Von den beiden beim Reh schmarotzenden Arten fällt der Rinderlungenwurm durch seine
Größe und sein Vorkommen in den Bronchien auf, der Lungenhaarwurm durch die von ihm
verursachten hellgrün-grauen Knoten im Lungengewebe. Das Weibchen legt seine Eier
bevorzugt in den hinteren Teilen der Lunge ab. Die sich entwickelnden Larven werden bis in
den Rachenraum gehustet, abgeschluckt und gehen durch den Magen-Darmkanal mit der
Losung ab. Während die Larvenentwicklung des Rinderlungenwurms ähnlich der des gedreh-
ten Magenwurms im Freien verläuft, werden in den Entwicklungskreis des Lungenhaarwurms
Landschnecken als Zwischenwirte eingeschaltet. In jedem Fall werden die infektionstüchtigen
Larven mit der Äsung wieder aufgenommen, bohren sich durch die Dünndarmschleimhaut,
wandern zum Herzen und werden von dort mit dem Blut in die Lunge eingeschwemmt, wo
sie zum geschlechtsreifen Wurm heranreifen. Der Kreis hat sich geschlossen. Lungenwürmer
rufen Entzündungen hervor und verstopfen bei starkem Befall die Bronchien; die kranken
Stücke magern ab und husten. Eine Bekämpfung ist in der freien Wildbahn schwierig.

Leberegelbefall wird beim Rehwild vor allem in feuchten Niederungsgebieten angetroffen
und geht wohl in den meisten Fällen vom Weidevieh, insbesondere von Schafen aus. Von den
zwei vorkommenden Arten ist der große Leberegel der gefährlichere, während der Lanzett-
egel wenig Bedeutung hat. Der Leberegel schmarotzt in den Gallengängen der Leber und ruft
hier Entzündungen hervor, die zu schweren Schäden und dadurch zum Tode des befallenen
Stückes führen können. Die lanzettförmigen Saugwürmer können in den aufgeschnittenen
Gallengängen mit dem bloßen Auge festgestellt werden. Der Entwicklungskreis des Leber-
egels ist kompliziert. Die Eier gehen mit der Losung durch den Darm ab. Die ausschlüpfenden

Schalenwild

Krankheit	Befallene Wildart	Häufigkeits- grad	Tödlicher Ausgang	Krankheitsmerkmale
Viruskrankheiten Tollwut	Reh	gelegentlich	immer	anormales Verhalten Kahlgescheuerte Stirn
Maul- und Klauen- seuche	Schalenwild	sehr selten	selten	Blasen und Geschwüre am Geäse und Schalen
Schweinepest	Schwarzwild	gelegentlich	immer	Blutungen in allen Schleimhäuten in den Nieren und unter der Herzhaut
Papillomatose	Gams	vereinzelt	meist	Zahlr. Warzen a. Geäse
Kreuzlähme	Rotwild	gelegentlich	immer	Schwanken d. Nachhand, zunehmende Lähmung
Seuchenhaftes Erblinden	Gams	vereinzelt	oft	Hornhauttrübung, Hornhautgeschwüre
Bakterienkrankheiten Milzbrand	Schalenwild	sehr selten	immer	Milz vergrößert mit breiigem Inhalt, Blut teerfarbig
Wild- und Rinder- seuche	Schalenwild	sehr selten	meist	Lungenentzündung, Durchtränkung des Gewebes mit bern- steingelb. Flüssigkeit
Tuberkulose	Schalenwild	sehr selten	oft	Tuberkuloseknoten in den Organen
Rotlauf	Schwarzwild	sehr selten	–	Milz vergrößert
Pilzkrankheiten Strahlenpilzerkrank.	Schalenwild	vereinzelt	immer	Knochenwucherungen am Unter- oder Oberkiefer
Schmarotzer- krankheiten Leberegelkrankheit	Schalenwild	gelegentlich	meist	Leber höckerig ge- schwollen, Gallengänge entzündet, Durchfall
Bandwurmbefall	Gams, Reh	vereinzelt	selten	Bandwurmknäuel im Darm, Durchfall
Drehkrankheit	Schalenwild	sehr selten	immer	Kreisbewegungen, Lähmungen, Finne im Gehirn
Hülsenwurm- erkrankung	Schalenwild	sehr selten	bisweilen	Finne in Lunge, Leber u. a. Organen
Lungenwurmkrankheit	Schalenwild	häufig	selten	Lungenwürmer in den Bronchien
Magenwurmkrankheit	Schalenwild	häufig	oft	Magenwürm. i. Labmagen, abmagern, Durchfall
Palisadenwurmbefall	Reh	gelegentlich	bisweilen	Würmer im Grimmdarm
Gamsräude	Gams	häufig	meist	Kahle Stellen und Bor- ken auf der Decke
Wildschweinräude	Schwarzwild	sehr selten	meist	Schwarte mit Borken bedeckt
Rachenbremsenbefall	Reh, Rotwild	häufig	selten	Larven in Nasenhöhlen und Kehlkopf, Husten
Dassellarvenbefall	Reh, Rotwild	häufig	selten	Larven unter d. Decke

Flimmerlarven dringen in eine Sumpfschneckenart ein, um sich in ihr weiterzuentwickeln und sogar ungeschlechtlich zu vermehren. Nach Verlassen des Zwischenwirts kapseln sich die Larven an Grashalmen ein und werden vom Wild mit der Äsung wiederaufgenommen. Die Schädlichkeit ist groß, vor allem beim Weidevieh. Eine Bekämpfung ist nur über die Vernichtung des Zwischenwirts möglich.

Palisadenwürmer sind dem Jäger als Krankheitserreger wenig bekannt, obwohl sie bisweilen zu Verlusten führen. Die verhältnismäßig kurzen und dicken Würmer sitzen im Grimmdarm und zerstören dort größere Bezirke der Schleimhaut. Die befallenen Stücke haben häufig Durchfall. Die Entwicklung der Wurmbrut gleicht der der Magenwürmer.

Die häufig zu findenden Larven der _Rachenbremse_ oder Nasendasselfliege sind auffällig und werden daher in ihrer Gefährlichkeit für das Wild meist überschätzt. Gewiß wird das befallene Stück geschädigt, aber zum Verenden führen die Schmarotzer beim Rehwild nur selten. Die Rachenbremse, eine braun-rot behaarte Fliege, schwärmt an heißen Sommertagen um das Rehwild und versucht, den Stücken ihre Larven in den Windfang zu spritzen. Die Larven haben Borstenkränze, mit denen sie sich auf der Nasenschleimhaut festhalten und allmählich in das Innere der Nasenhöhlen bis zum Rachen und Kehlkopf kriechen. Bis zum Ende des Winters sind die Larven so klein, daß sie nicht bemerkt werden und auch dem Wild keine Beschwerden machen. Das Hauptwachstum erfolgt in den Monaten März bis Juli, die Larven verstopfen die oberen Luftwege und verursachen Schwellung und Entzündung der Schleimhäute. Die Folge hiervon ist, daß die befallenen Stücke röcheln, krampfhaft husten und Schleuderbewegungen mit dem Haupt ausführen. Die reifen Larven lassen sich auswerfen und verpuppen sich im Boden; aus der Puppe schlüpft nach vier bis sechs Wochen die Fliege. Bei dreißig bis fünfzig Larven in der Kopfhöhle spricht man von einem starken Befall. Wichtig ist der frühzeitige Abschuß allen hustenden Wildes, möglichst vorm Ausreifen der Larven.

Die Larven der _Hautdasselfliege,_ auch Engerlinge genannt, finden sich vom Spätwinter bis zum Frühjahr unter der Decke des Rückens in den Dasselbeulen und entwickeln sich dort bis zu 25 mm Länge. Zur Anlage eines Atemloches wird die Decke von den Larven durchbohrt und dadurch stark entwertet. Durch dieses Loch kriechen die reifen Larven im März–April aus, um sich in der Erde zu verpuppen. Die schwärzlich-graue Fliege schlüpft im Frühsommer und legt an die Haare des Wildes Eier, aus denen Larven schlüpfen, die sich durch die Decke bohren und zum Rücken wandern.

Die nach dem letzten Krieg durch den Fuchs eingeschleppte und verbreitete _Tollwut_ hat auch beim Rehwild zu erstaunlich vielen Erkrankungen geführt. Tollwütige Rehe verlieren die Scheu und zeigen ein anormales Verhalten. Häufig ist die Decke an der Stirn abgescheuert und blutig. Beim Umgang mit solchen Stücken ist Vorsicht geboten. Zur Feststellung der Tollwut ist der Kopf verdächtiger Stücke umgehend an das zuständige Veterinäruntersuchungsamt einzusenden, damit gegebenenfalls die mit dem Stück in Berührung gekommenen Menschen schutzgeimpft werden können.

Maul- und _Klauenseuche_ ist in Zeiten schwerer Seuchenzüge unter Haustieren, vereinzelt auch bei Schalenwild aufgetreten. Es bilden sich Geschwüre am Geäse und zwischen den Schalen. Für die freie Wildbahn hat die Krankheit jedoch keine Bedeutung, auch als Überträger auf Vieh spielt das Wild keine Rolle.

Milzbrand und _Wild-_ und _Rinderseuche_ sind Infektionskrankheiten, die früher bei Schalenwild gelegentlich auftraten, in den letzten Jahrzehnten aber kaum noch beobachtet wurden.

Nekrobazillose wird von gewöhnlich harmlosen, unter besonderen Bedingungen als Krankheitserreger wirksamen Bakterien hervorgerufen und verursachen in der Mundschleimhaut, in inneren Organen und an den Schalen in scharf abgegrenzten Bereichen das Absterben von Gewebeteilen.

Tuberkulose kann von Haustieren auf freilebendes Rehwild übergreifen, tritt aber nur sehr selten auf. Die Infektion dringt mit der Äsung über den Darm in Leber und Milz und verursacht kleine, harte, gelbe Knoten.

Wiederkäuerbandwürmer schmarotzen im Dünndarm und führen nur bei Rehkitzen zu schweren Störungen der Gesundheit und zum Verenden.

Die *Gehirnquese,* die Finne eines Hundebandwurmes, führt zur „Drehkrankheit". Durch Druck der Bandwurmblase auf Gehirn- oder Rückenmarkgewebe werden Lähmungen und Störungen in der Fortbewegung hervorgerufen.

Strahlenpilzerkrankung (Actinomykose) wird, soweit bekannt, durch ein Bakterium verursacht, das an Gräsern und Getreideähren angesiedelt ist. Die Infektion erfolgt beim Kauen, wenn Wunden in der Mundhöhle vorhanden sind oder wenn Getreidegrannen sich in die Mundschleimhaut einspülen. Meist geht die Erkrankung vom Zahnfach aus. Es kommt zu Eiterungen und Wucherungen am Ober- oder Unterkiefer, die fortschreitend den ganzen Kiefer mit Abzeßhöhlen durchsetzen und zu Kieferdeformationen führen. Der Ausgang ist tödlich, weil die Stücke schließlich keine Äsung mehr aufnehmen können. Außer Schalenwild kann sich auch der Mensch infizieren, wenn er achtlos an Gräsern und Getreideähren kaut. Strahlenpilzerkrankungen an Weichteilen, vor allem Zunge und Gesäuge sind dagegen äußerst selten.

Gamswild

Die am meisten gefürchtete Krankheit des Gamswildes ist die *Räude.* Sie wird durch Milben, die sich in die oberen Schichten der Haut eingraben und dort ihre Eier ablegen, verursacht. Unter ihnen ist die *Sarcoptesräude* die gefährlichste, vor allem für das Gamswild, aber auch bei Fuchs und Schalenwild. Die Gamsräude kann unter für sie günstigen Verhältnissen einen verheerenden Umfang annehmen und den größten Teil eines Bestandes vernichten. Besonders nach unseren heutigen Begriffen überhegte Reviere liefern günstige Vorbedingungen für die Ausbreitung, weil eine hohe Siedlungsdichte auch eine größere Anzahl schwacher und mit Eingeweideparasiten behafteter Stücke einschließt, die dem Räudemilbenbefall wenig Widerstand entgegenbringen können. Die Räude verursacht starken Juckreiz, Haarausfall, borkige Hautverdickungen und Entzündungen, vor allem am Kopf beginnend und auf den ganzen Körper übergreifend. Im weiteren Verlauf tritt Entkräftung ein, die zum Tode führt. Die Übertragung erfolgt unmittelbar durch Berührung, vor allem während der Brunft oder mittelbar an Lager- und Scheuerstellen. Nur einzelne, sehr kräftige und sonst gesunde Stücke können die Krankheit ausheilen und überleben. Eine Bekämpfung dieser gefährlichen Krankheit ist nur durch rücksichtslosen Abschuß aller kranken und krankheitsverdächtigen Stücke möglich.

Eine seuchenhafte Augenentzündung, die *Gamsblindheit* beginnt mit einer Bindehautentzündung, greift später auf die Hornhaut über, führt zur Trübung des Auges und im weiteren Verlauf häufig zum Erblinden. Die Krankheit ist ansteckend, der Erreger wahrscheinlich ein Virus. Nur kräftige, widerstandsfähige Stücke vermögen die Krankheit auszuheilen. Sie bilden das Gerüst zum Wiederaufbau, wenn die seuchenhafte Entwicklung sich mit der Zeit abschwächt.

Die *Papillomatose* ist eine Viruskrankheit, die gelegentlich bei einzelnen Stücken auftritt ohne im allgemeinen seuchenhafte Ausbreitung zu erlangen. Es kommt zu warzigen Wucherungen am Äser, die die Nahrungsaufnahme behindern, so daß die befallenen Stücke meist an Entkräftung eingehen.

Muffelwild

Das Muffelwild ist gegenüber den Infektionskrankheiten, den durch Viren, Bakterien und Pilzen verursachten Erkrankungen sehr widerstandsfähig. Dagegen ist es anfällig gegenüber parasitären Krankheiten und leidet besonders unter Leberegel- und Magenwurmbefall, vor allem in feuchten, ihm nicht zusagenden Niederungsgebieten. Die befallenen Stücke zeigen Mattigkeit, magern ab und kümmern. Dagegen ist das Muffelwild in Revieren, die seinen Anforderungen an den Lebensraum entsprechen, in der Regel gesund.

Bekannt ist die Neigung zum *Auswachsen der Schalen*, dessen wesentliche Ursache vermutlich in ungeeigneten Standorten zu suchen ist. Das Muffelwild kommt aus steinigen, trockenen Regionen, in denen die Schalen stark beansprucht und laufend abgenutzt werden. Derartige Standortverhältnisse fehlen bei uns in den meisten Revieren. Auf jeden Fall sind weiche rohhumusreiche, feuchte oder vernäßte Böden denkbar ungeeignet. Es kommt dann zu schweren Schäden an den Schalen mit Fäulnis in den ausgewachsenen Hornschalen. In diesen Fäulnisprozeß wird schließlich das Schalenbein einbezogen, die befallenen Stücke lahmen, kümmern und gehen, wenn sie nicht rechtzeitig abgeschossen werden, häufig an anderen hinzutretenden parasitären Erkrankungen ein.

Auf die Darstellung weiterer Krankheiten des Muffelwildes, wie z. B. die *Klauenseuche* oder auch die *Paradentose* sowie die Übertragbarkeit der Gamsräude, soll hier verzichtet werden.

Schwarzwild

Sauen sind gegen Krankheiten recht unempfindlich. Am stärksten werden die Bestände durch die *europäische Schweinepest* gefährdet, deren Seuchengang sehr ansteckend ist, zu schweren Verlusten führen kann und des öfteren auch schon geführt hat.

Es handelt sich um eine Viruserkrankung, die sich durch hohe Infektionsfähigkeit auszeichnet und häufig von zahmen Schweinebeständen übertragen wird. Die Übertragung erfolgt durch Kontakt kranker Tiere oder durch deren Ausscheidungen. Als weitere Infektionsquelle kommen von kranken Schweinen stammende, nicht durchgekochte Fleischwaren in Betracht. Vor Verwendung von gefallenen Schweinen und Fleischabfällen vom Schwein an Luderplätzen kann daher nicht eindringlich genug gewarnt werden. Bei akutem Seucheneinbruch ist der Krankheitsverlauf meist verbunden mit Durchfall, Lungenentzündung und Blutungen in allen Schleimhäuten, Lunge und Nieren. Die befallenen Sauen leiden unter hohem Fieber, verlieren die Scheu vor dem Menschen, magern schnell ab und gehen meist schnell ein. Die Sterblichkeit ist sehr hoch, eine Gesundung ist bei stärkeren Stücken möglich, selten bei Frischlingen. Eine Bekämpfung ist nur durch rücksichtslosen Abschuß möglich, der jedoch nicht mittels Treib- und Drückjagden erfolgen sollte, da dann die Rotten in die weitere Nachbarschaft versprengt werden. Ein erkrankter Bestand soll besser an Ort und Stelle durchseuchen.

Von den Parasiten sind *Leberegel* gefährlich und *Lungenwürmer* schädigend.

Schweinefinnen und Trichinellen bereiten den Sauen selbst zwar keine Beschwerden, doch wird durch letztere das Fleisch für den Menschen ungenießbar. Es sind kleine Fadenwürmer, die als Larven mit dem Blutstrom in das Muskelfleisch wandern, wo sie sich einkapseln und über Jahre infektionstüchtig bleiben. Für den menschlichen Verbrauch ist trichinöses Fleisch unverwertbar, der Genuß kann tödliche Folgen haben. Es muß daher jedes zum menschlichen Genuß bestimmte Stück Schwarzwild von einem amtlichen Trichinenbeschauer auf Trichinen untersucht werden. Eine Trichinose ist für den Menschen sehr schmerzhaft und in den meisten Fällen tödlich.

In Parks oder Wildgattern tritt häufig die Räude auf, die in ihren äußeren Erscheinungen der Gamsräude gleicht. Räudige Sauen kommen ab und verenden schließlich an Entkräftung.

Rotwild

Besonders widerstandsfähig gegen Krankheiten ist, im Gegensatz zum Rehwild, das Rotwild. Infektionskrankheiten wie *Milzbrand* und *Wild-* und *Rinderseuche* führten bis zur Jahrhundertwende zu größeren Bestandesverlusten, doch sind derartige Seuchengänge in letzter Zeit nicht mehr aufgetreten.

Maul- und *Klauenseuche* wird sich allenfalls auf seltene Einzelfälle beschränken, desgleichen *Tuberkulose*befall, so daß ich nicht näher darauf einzugehen brauche.

Dagegen kann die *Kreuzlähme*, die auch als *Schleuderkrankheit* bezeichnet wird, in stark besetzten Rotwildbeständen eine gewisse Bedeutung erlangen. Die Ursache dieser Krankheit ist noch nicht restlos geklärt. Man vermutet als Erreger bis zu 7 cm lange Rundwürmer, die im Zentralnervensystem zwischen der harten Gehirn- und Rückenmarkhaut und dem Gehirn oder Rückenmark parasitieren. Es ist nicht ausgeschlossen, daß die Krankheit übertragbar ist. Typisch für das Krankheitsbild sind Bewegungsstörungen, hervorgerufen durch eine Schwächung der Hinterhand, die ihren Ausdruck in seitlichem Schwanken, Einknicken oder auch Zusammenbrechen finden. Im weiteren Verlauf verstärken sich die Lähmungserscheinungen, während die Vorderläufe meist noch über eine gute Funktionsfähigkeit verfügen. Die Stücke magern ab, die Rückenmuskulatur bildet sich zurück, bis sich das Wild im letzten Stadium nur noch mit den Vorderläufen vorwärts bewegt und die Hinterhand nachschleppt; ein Zustand, der noch Monate dauern kann, bis das Stück sich nicht mehr erheben kann und eingeht. Von Kreuzlähme befallene Hirsche zeigen oft anormale, rückläufige Geweihformen und -stärke. Von der Krankheit werden Stücke jeden Alters und Geschlechts befallen.

Parasitenbefall wird meist gut überstanden, obwohl Rachenbremsen-, Dassellarven-, Magen- und Lungenwurmbefall Beeinträchtigungen des Wohlbefindens mit sich bringen. Kritischer kann der Leberegelbefall werden, der in manchen Fällen zum Verenden führen kann.

Auch gegen Witterungseinflüsse ist das Rotwild wesentlich härter als das Rehwild, obwohl langandauernde tiefe Schneelage und starke Kälte auch diesem robusten Wild gefährlich werden und zu Verlusten, vor allem unter den schwächeren Kälbern führen können.

Damwild

Am wenigsten leidet unter den Schalenwildarten wohl das Damwild unter Krankheiten. Magenwurm- und auch Leberegelbefall kommen vor, doch sind mir dadurch verursachte Ausfälle bisher nicht bekanntgeworden. Auch der Befall mit Dassellarven ist wesentlich geringer als beim Reh- und Rotwild. Hinzu kommt eine bemerkenswert große Winterhärte. Diese geringe Anfälligkeit wirkt sich auch vorteilhaft auf die Eignung des Damwildes zur Gatterhaltung aus.

Haarraubwild

Fuchs

Als gefährlichste Krankheit muß zweifellos die *Tollwut* angesehen werden, die lange Zeit als erloschen galt, sich aber nach dem letzten Kriege – aus dem Osten kommend – schnell bis über die Grenzen der Bundesrepublik hinaus verbreitete und bislang trotz aller Bemühungen nicht wieder zum Erlöschen gebracht werden konnte. Der Erreger ist ein kleines Virus, das eine nichteitrige tödlich verlaufende Gehirnentzündung bei allen Säugetieren und Menschen hervorruft. In Europa ist der Fuchs der einzige wichtige Tollwutüberträger, was aus nachfolgender Übersicht erkennbar ist:

Wildtiere	ca.	80 %	Haustiere	ca.	20 %
Rotfuchs	ca.	67 %	Rind	ca.	7 %
Reh	ca.	10 %	Katze	ca.	8 %
Marder, Dachs			Hunde	ca.	3 %
und sonstige	ca.	3 %	sonstige	ca.	2 %

Dabei ist zu berücksichtigen, daß bei Wildtieren, vor allem beim Fuchs mit einer hohen Dunkelziffer gerechnet werden muß.

Die Übertragung der Tollwut erfolgt fast ausschließlich durch Biß- oder Kratzwunden wutkranker Tiere oder bei vorhandenen Wunden durch den infektiösen Speichel oder durch Berührung, wodurch der Erreger eindringen kann. Das Tollwutvirus ist in der Lage, alle Säuger mit einer haftenden Infektion zu töten, da infolge der langen *Inkubationszeit* von 20–60 Tagen, maximal sogar von 6 Monaten und mehr, immer infizierte Tiere vorhanden sind, die für eine Weiterverbreitung sorgen. Tollwutverdacht liegt vor, wenn die Tiere anormales Verhalten, Verlust der Scheu vor Menschen, Apathie, heiseres Klagen oder Bellen sowie Krämpfe und Lähmungserscheinungen zeigen. Das sind Anzeichen für die sogenannte *stille Wut.* Im Stadium der *rasenden Wut* irren die Tiere planlos umher, rennen Bäume und andere Hindernisse an, scheuern sich die Stirn wund, sind aggressiv und beißen wild um sich. Die Nahrungsaufnahme unterbleibt schließlich ganz, und die befallenen Tiere gehen meist innerhalb von 10 Tagen nach Ausbruch der Wut ein. Da eine einwandfreie Feststellung des Tollwutbefalls nur durch mikroskopische Untersuchung des Gehirns auf Veränderungen möglich ist, ist bei Verdacht der Kopf umgehend einer veterinärmedizinischen Untersuchungsstelle zuzuleiten. Die Ansteckungsgefahr für den Menschen ist zwar nicht allzu groß, doch sind unter allen Umständen Schutzimpfungen vorzunehmen, wenn man mit einem erkrankten Stück Wild in Berührung gekommen ist oder sich etwa bei der Versorgung verletzt hat. Denn wenn eine Infektion erfolgt ist oder bereits Krankheitserscheinungen wie Krämpfe oder Lähmungen auftreten, so kommt jede Hilfe zu spät. Der Ausgang ist unter großen Qualen immer tödlich. Bei Haustieren und vor allem Hunden können prophylaktische Impfungen erfolgreich vorgenommen werden.

In unseren Bemühungen, die Tollwut zum Erliegen zu bringen, müssen wir versuchen, den Virusträgerbestand, also den Fuchs, so stark und permanent niederzuhalten, daß die Infektionskette von Fuchs zu Fuchs abreißt; das ist bei einer Siedlungsdichte von etwa einem Fuchs je 300 Hektar der Fall. Das erfordert schärfste Bejagung und zusätzliche Verwendung aller nach dem Viehseuchengesetz und dessen Verordnung zugelassenen Maßnahmen, erforderlichenfalls auch Vergasung der Baue. Impfungen der Füchse in freier Wildbahn führten zwar zu positiven und erfolgversprechenden Ergebnissen, die aber noch nicht praxisreif und großflächig anwendbar sind.

Eine weitere gefährliche Krankheit der Füchse ist die *Räude,* die manchmal seuchenhaft auftritt, um dann wieder für lange Zeit zu verschwinden. Der Erreger ist eine auf Raubtiere beschränkte Varietät der Räudemilbe. Die Übertragung der Milben erfolgt in der Ranzzeit durch unmittelbare Berührung oder während des ganzen Jahres in verseuchten Bauen. Räudekranke Füchse verlieren an den befallenen Körperstellen die Wolle, der Körper ist mit Borken bedeckt. Im Laufe der Zeit tritt Entkräftung ein, die zum Tode führt.

Bandwürmer, Spulwürmer im Darmkanal und *Lungenwürmer* in den Bronchien haben nach unserer bisherigen Kenntnis keine schwerwiegenden Folgen für Füchse. Etwa 4 % unserer Füchse sind Träger von *Trichinellen.* Wer Fuchsfleisch in den Verkehr bringt, auch durch Verschenken, ist für die Vornahme der Trichinenschau verantwortlich.

Dachs

Lungenwurmbefall führt besonders bei Jungdachsen gelegentlich zu größeren Verlusten. Die für den Dachs spezifische Lungenwurmart hat ihren Sitz in der Luftröhre und den Bronchien und führt zur Verstopfung der Luftwege und zur Entzündung des Lungengewebes. Die mit der Losung ausgeschiedenen Larven brauchen für ihre weitere Entwicklung Schnecken als Zwischenwirte.

Dachsräude wird von der gleichen Rasse der Sarcoptesmilbe hervorgerufen wie die Fuchsräude. Gegenseitige Ansteckung erfolgt in Bauen. Der Verlauf der Krankheit ist wie beim Fuchs. Auch die *Tollwut* tritt in der gleichen Weise wie beim Fuchs auf. Da Dachse öfter gegessen werden, sei hervorgehoben, daß sie Träger von *Trichinellen* sein können (s. Fuchs).

Marder und Iltis

Räude tritt bei den Mardern nur ganz gelegentlich auf, beim Baummarder seltener als beim Steinmarder. Von der *Tollwut* werden sie nicht verschont. Unter Innenschmarotzern haben die Marder im Vergleich zu anderen Pelztieren nur wenig zu leiden, selbst in Zuchtgehegen geht kaum je ein Marder an Parasiten an. *Nasensaugwurmbefall* wird in seltenen Fällen beim Iltis angetroffen. Der Sitz der Schmarotzer ist die Nasenhöhle, in der schwere Veränderungen hervorgerufen werden, die bis zu Durchlöcherungen der knöchernen Wand und Bildung von Abszessen in der Kopfhaut führen. Die Larven dieses Schmarotzers entwickeln sich in Fröschen.

Fuchs, Dachs, Marder

Krankheit	Häufigkeitsgrad	Tödlicher Ausgang	Krankheitsmerkmale
Viruskrankheiten Tollwut	Fuchs: häufig Dachs: seltener Marder: selten	immer	Verlieren der Scheu, Beißwut, Lähmungen
Schmarotzerkrankheiten Räude	gelegentlich	immer	Haarlose Stellen und Borken
Lungenwurmbefall	gelegentlich	–	Lungenwürmer in d. Bronchien

Hase und Kaninchen

Feldhase

Starke Abgänge an Junghäschen können bei feuchtkalter Frühjahrs- und Sommerwitterung durch Unterkühlung eintreten, außerdem fallen viele Junghasen den zahlreichen Feinden zum Opfer.

Den ungefähren Anteil der in Deutschland durch Krankheiten verursachten Hasenverluste im langjährigen Durchschnitt zeigt folgende Übersicht:

Magenwurmbefall	30 %	Nichtparasitäre Erkrankung der	
Hasenseuche	16 %	Verdauungsorgane	7 %
Nagertuberkulose	13 %	Lungenwurmbefall	2 %
Kokzidiose	11 %	Leberegelbefall	1 %
Traubenkokkenkrankheit	9 %	Brucellose	1 %
Nichtparasitäre Erkrankung		Finnenbefall unter	1 %
der Atmungsorgane	9 %	Bandwurmbefall unter	1 %
		Nagerpest unter	1 %

Die *Magenwurmseuche* nimmt in nassen Jahren unter den Hasenkrankheiten die erste Stelle ein. Die häufigsten Erreger sind mit freiem Auge kaum sichtbare Würmer, die im Zwölffingerdarm schmarotzen. Weniger oft findet man größere, vom Blut des Wirts rot gefärbte Würmer in der Schleimhaut des Magens oder im Dünndarm. Die Wurmbrut entwickelt sich, nachdem die Eier abgestoßen sind, meist ohne Zwischenwirt und wird mit der Äsung aufgenommen. Es kommt zu Magen- und Darmentzündungen. Die befallenen Hasen sind matt, abgekommen und verenden an Entkräftung.

Lungenwurmbefall kommt bei Hasen seltener vor, wirkt sich dann aber schädlicher aus als beim Schalenwild. Die Lungenwürmer des Hasen sind dünn und schmarotzen in zopfförmig verflochtenen Bündeln in der Luftröhre und in ihren Verzweigungen. Die Larven benötigen Schnecken als Zwischenwirte. Junge, schwächliche Hasen sind weitaus anfälliger als alte, kräftige Individuen.

Leberegelbefall kommt nur ausnahmsweise vor. Der Parasit ist der gleiche wie beim Schalenwild und Weidevieh. Die Veränderungen der Leber ähneln denen beim Rehwild.

Hohe Verluste verursacht dagegen die *Hasenseuche* (Pasteurellose). Sie wird durch ein Bakterium hervorgerufen, das im Blut und in allen Organen ständig vorhanden ist und erst bei den durch Nässe, Äsungsmangel oder Parasiten geschwächten Hasen Schädigungen auslöst und zu einer Blutvergiftung (Sepsis) führt. Die erkrankten Hasen zeigen Atembeschwerden und Bewegungsstörungen. An den Schleimhäuten der Luftröhre und am Herzbeutel treten Entzündungen und Verklebungen auf, die Milz ist vergrößert. Ein Seuchenzug endet von allein, wenn die Voraussetzungen nicht mehr gegeben sind. Gutes, trockenes Wetter verhindert den Ausbruch und bringt die Seuche zum Erlöschen.

Die *Nagertuberkulose* (Pseudotuberkulose) ist eine weitere häufige Infektionskrankheit, die ebenso wie die Hasenseuche Stücke mit verminderter Widerstandskraft ergreift. Die Bakterien verursachen in Leber, Milz, Nieren und Lunge die Bildung von Gewebeknötchen, die mit einer gelben, käsigen Masse gefüllt sind. Die Infektion erfolgt meist auf dem Verdauungs- oder seltener auf dem Atmungswege nach Berühren verseuchter Artgenossen oder bakteriell verunreinigter Äsung. Der Tod tritt durch Kräfteverfall ein.

Kokzidienbefall rafft besonders die Junghasen in nassen Jahren dahin; bei ungünstigem Witterungsverlauf erleidet der Nachwuchs ab Ende August starke Verluste. Die Kokzidiose kann bei anhaltender Nässe zur gefährlichsten Junghasenkrankheit werden. Althasen dagegen sind fast immer immun. Die Erreger sind mikroskopisch kleine, einzellige Sporentierchen, die mit der Äsung aufgenommen werden, in die Darmzellen eindringen, sich hier ungeschlechtlich vermehren und wieder ausgeschieden werden. Dieser Vorgang wiederholt sich mehrere Male und führt zur Zerstörung der Darmschleimhaut. Dadurch gelangen Äsungsbestandteile ins Blut, und es kommt zu einer Anreicherung von giftig wirkenden Stoffen und als Folge zu Herzschwäche und Darmentzündungen. Abmagerung, aufgetriebener Bauch und Durchfall sind die typischen Merkmale. Beim Öffnen der Bauchhöhle fällt die weiße Fleckung des Dünndarms auf. Im Gefolge einer Kokzidiose kommt es häufig zu anderen bakteriellen Erkrankungen. Eine medikamentale Bekämpfung ist bisher nur sehr bedingt möglich.

Hase und Kaninchen

Krankheit	Häufigkeitsgrad	Tödlicher Ausgang	Krankheitsmerkmale
Viruskrankheiten Myxomatose	häufig (nur bei Kanin.)	meist	Augenlider, Lippen, Weidloch geschwollen, Beulen in Unterhaut
Bakterienkrankheiten Hasenseuche (Haemorrhagische Septikaemie)	häufig	meist	Blutige Entzündung der Luftröhren- und Bronchienschleimhaut, Verklebung von Lunge, Brustfell, Herzbeutel
Nagertuberkulose (Pseudotuberkulose)	häufig	meist	Zahlreiche gelbe Herde in Leber, Nieren, Lunge, Milz; Milz stark vergrößert
Traubenkokkenkrankheit (Staphylomykose)	häufig	oft	Große Eiterherde in der Muskulatur, dem Unterhautzellgewebe und in den Organen
Eitrige Bronchitis	vereinzelt	häufig	Zäher Eiter in Luftröhre und Bronchien
Brucellose	vereinzelt	immer	Hoden u. Tragsack vergrößert u. mit käsigen Knoten durchsetzt, Milz stark vergrößert
Nagerpest (Tularämie)	sehr selten	immer	Milz ist geschwollen, verkäste Herde in Milz u. Leber
Schmarotzerkrankheiten Kokzidiose	häufig	oft	Weiße Fleckung des Dünndarms, gelbe Abzesse i. d. Gallengängen
Leberegelkrankheit	gelegentlich	immer	Leber knotig geschwollen, Gallengänge entzündet, Durchfall
Bandwurmbefall	häufig	selten	Bandwürmer im Dünndarm und in der Bauchhöhle
Finnenbefall	gelegentlich	selten	Bandwurmblasen im Netz und auf der Leber
Lungenwurmbefall	selten	oft	Lungenwürmer in den Bronchien
Magenwurmbefall	häufig	häufig	Magenwürmer auf der Schleimhaut des Magens oder des Zwölffingerdarms, Durchfall

Die *Traubenkokkenkrankheit* (Staphylomykose) schließt die Aufzählung der häufigsten Krankheiten. Sie wird durch Eitererreger hervorgerufen und ist durch das Vorhandensein umfangreicher mit zähem, hellgelbem Eiter gefüllter Herde unter dem Balg, im Wildpret und in den Organen gekennzeichnet. Die Übertragung erfolgt durch den Stich des Hasenflohs oder durch Kratzwunden.

Die *Brucellose* oder *Knotenseuche* wird durch sehr kleine Bakterien hervorgerufen. Brucellen kommen in drei Arten vor und erzeugen beim Rindvieh und Schwein seuchenhaftes Verkalben. Beim Hasen verläuft die Krankheit meist langsam mit fortschreitender Abmagerung. Sie verursacht vor allem im Tragsack oder den Hoden käsig-gelbe Herde, die Milz erscheint ungewöhnlich stark vergrößert. Weitere Herde können sich in den Nieren, der Leber und in der Lunge bilden. Die Infektion erfolgt vermutlich auf der Weide durch Aufnahme von brucellenverschmutzter Äsung.

Die *Tularämie* oder *Nagerpest* kommt bei uns in seltenen Fällen vor, hat aber bisher kaum Bedeutung erlangt. Sie wird durch kleine Bakterien verursacht und ist vermutlich durch Zugvögel aus dem Norden eingeschleppt worden. Beim Hasen verursacht die Tularämie nach längerer Dauer eine ungewöhnlich starke Vergrößerung der Milz. In Milz, Leber und Lymphknoten treten abgestorbene und verkäste Herde auf. Die Krankheit ist auf den

Menschen übertragbar und führt dann zu hohem Fieber, Lymphknoten- und Milzschwellungen. Die Heilung dauert oft Monate, die Sterblichkeit beim Menschen beträgt etwa 4 %.

Hasenfinnen an der Leber und am Netz sowie *Hasenbandwürmer* im Dünndarm des Hasen kommen vor, sind aber in der Regel bedeutungslos.

Wildkaninchen

Schneereiche kalte Winter können zu erheblichen Besatzverlusten führen.

Die meisten der für den Hasen geschilderten Krankheiten kommen auch beim Wildkaninchen vor. Größere Verluste treten durch Kokzidiose und Magenwürmer auf. Die oft gefundenen Finnen und Bandwürmer sind dagegen nahezu harmlos.

Die *Myxomatose* ist eine Viruserkrankung, von der nur das Kaninchen befallen wird. Sie gelangte 1953, von Frankreich kommend, nach Westdeutschland, rückte von dort aus unaufhaltsam vor und verursachte innerhalb weniger Jahre in Europa verheerende Verluste. Das hochinfektiöse Virus kann durch direkten Kontakt mit bereits infizierten Kaninchen, über die Losung erkrankter Tiere oder durch fliegende, stechende Insekten übertragen werden, gelegentlich wohl auch durch Greifvögel infolge von Fehlfängen. Dabei spielen im Sommer Mücken und im Winter der Kaninchenfloh eine wichtige Rolle. Nachdem die Myxomatose bei uns stationär geworden war, sind die Verluste deutlich zurückgegangen, da der Kaninchenbesatz die Fähigkeit entwickelt hat, schneller Immunkörper zu bilden. Man kann jedoch vor allem dort immer wieder hochschnellende Myxomatosezüge feststellen, wo die Bestände zu hoch geworden sind.

Die befallenen Kaninchen leiden unter Bindehautentzündung und gallertartigen Unterhautverdickungen, vor allem am Kopf und an den Ohrmuscheln; Augenlider, Nüstern und Geschlechtsteile schwellen an. Die erkrankten Tiere sind häufig am hellen Tag zu sehen, kriechen geschwächt einher, Gesicht und Gehör gehen verloren, die Köpfe sind stark verquollen (Löwenkopf). Die Krankheit läuft in Form einer Sepsis ab, d. h. einer Virusausbreitung in allen Geweben. Der Tod tritt nach 8–14 Tagen ein. Kaninchen, die die Myxomatose überstanden haben – bei den ersten Seuchendurchgängen 1–3 % – weisen noch einige Wochen danach haarlose Narben an den untersten Teilen der Löffel und um die Seher auf.

Die Myxomatose ist zwar für den Menschen nicht infektiös, doch sollte das Wildpret schwer erkrankter Kaninchen nicht als Lebensmittel verwendet werden.

Seehund

Als besonders anfällig gegen Krankheiten zeigt sich der Seehund. Am häufigsten finden wir *Hautkrankheiten,* die als eitrige Geschwüre auftreten und meist bei Jungtieren im ersten Lebensjahr in der Nabelgegend entstehen und sich von dort flächig um den Nabel ausbreiten oder nach innen durchbrechen und zu Bauchfellentzündungen führen. Diese Geschwüre sind zugleich Eintrittspforte für bakterielle Infektionen, wie überhaupt die meisten der bei Landsäugetieren vorkommenden Bakterien auch beim Seehund gefunden werden. Die Geschwüre heilen fast nie ganz zu, da durch das Herauf- und Herabrutschen auf den freifallenden Sänden eine permanente mechanische Reizwirkung entsteht, die die Vernarbung verhindert. Diese Krankheit ist bereits aus den dreißiger Jahren bekannt, doch hat sie stark zugenommen, da durch die ständige Beunruhigung des Wattenmeeres durch den Besucherverkehr die Hunde keine Ruhe mehr finden, vor allem während der Wurf- und Säugezeit. Befallen werden daher vor allem Junghunde im ersten Lebensjahr, die unzureichend ernährt und entsprechend geschwächt besonders anfällig sind. Die Sterblichkeitsrate liegt daher mit geschätzt 45 % ungewöhnlich hoch.

Nachgewiesen ist auch ein starker Parasitenbefall, sowohl von Magen-Darmparasiten als auch von Lungen- und Herznematoden. Dabei treten Lungen- und Herzwürmer vor allem bei Jungtieren und noch nicht geschlechtsreifen Hunden auf, während bei Althunden häufig Magenwürmer nachgewiesen werden konnten. *Läusebefall* ist nicht selten, *Bandwürmer* sind nicht ungewöhnlich.

Bei Untersuchungen toter Hunde wurden auch in zunehmendem Maße Schadstoffrückstände in den Organgeweben nachgewiesen. So fanden sich in der Leber alter Hunde – Endglied der Nahrungskette – hohe Konzentrationen von Quecksilber, während bei Junghunden bereits nicht unerhebliche Rückstände von Pestiziden, vor allem das industriell erzeugte PCB, im Fettgewebe festgestellt wurden. Die kombinierte Wirkung der verschiedenen Schadstoffe auf die Dauer ist noch nicht abzusehen.

Wildgeflügel

In freier Wildbahn ist bisher ein seuchenhaftes Auftreten von Geflügelkrankheiten kaum bekanntgeworden. Verluste beschränken sich in der Regel auf wenige Stücke. Die Ansteckung geht oft von erkranktem Hausgeflügel aus.

Fasan

Am häufigsten treten Krankheiten des Wildgeflügels beim Fasan auf, weil er stellenweise in großen Mengen gehegt wird, und weil er bei der Verwilderung aus Fasanerien Krankheitserreger in die freie Wildbahn mitnimmt, ferner, weil er mitunter in Gebieten angesiedelt wird, die seinen Ansprüchen an den Lebensraum nicht entsprechen. Bei der künstlichen Fasanenaufzucht sind Massenerkrankungen häufig und gefürchtet.

Der *Rotwurmbefall* (Sygnamose) verursacht besonders in Fasanerien hohe Verluste bei Jungvögeln. Die als rötliche Fäden erkennbaren geschlechtsreifen Rotwürmer sitzen in der Luftröhre und legen dort ihre Eier ab, die ausgehustet und abgeschluckt werden. Sie gehen durch den Darmkanal mit dem Kot ins Freie und entwickeln sich dort zu infektionstüchtigen Larven. Die Rotwurmlarve wird vom Fasan mit dem Futter bzw. mit den als Zwischenwirt dienenden Regenwürmern oder Schnecken aufgenommen, durchbohren die Darmwand und gelangen mit dem Blut über das Herz in die Lunge, entwickeln sich dort weiter und nehmen ihren endgültigen Sitz in der Luftröhre ein. Die befallenen Vögel sitzen matt mit gesträubten Federn und geöffnetem Schnabel und schnappen mühsam nach Luft. Bei starkem Befall tritt der Tod durch Ersticken ein. In Fasanerien kann eine Heilbehandlung mit gutem Erfolg mit Magenwurmmedikamenten durchgeführt werden.

Die *Kokzidiose* ruft schwere, zum Tode führende Entzündungen des Dünndarms und Blinddarms hervor. Der Erreger ist ein einzelliges Urtierchen, das in den Zellen der Darmschleimhaut schmarotzt. Mit dem Gestüber werden Dauerformen des Parasiten ausgeschieden, die bei Aufnahme mit dem Futter besonders Jungfasanen befallen.

Spulwurmbefall (Heterakiasis) führt seltener zu Verlusten. Die Spulwürmer leben im Dünndarm und verursachen Durchfall und Kümmern. Im Blinddarm entstehen Verdickungen der Wand mit grau-gelben Knötchen, die die Wurmlarven enthalten.

Bandwurmbefall, hauptsächlich durch den Friedberger Bandwurm, der bis 20 cm lang wird, kommt gelegentlich vor. Zwischenwirte, mit denen die Finnen aufgenommen werden, sind wahrscheinlich Ameisen. Massenerkrankungen treten nur in Fasanerien auf.

Geflügelcholera, eine Form der Pasteurellose, kommt selten bei freilebenden Vogelarten vor, ihre jagdwirtschaftliche Bedeutung beschränkt sich auf Fasanerien. Der Tod tritt oft plötzlich, wie durch Vergiftung ein. Die Darmschleimhaut ist meist blaurot gefärbt, unter der Herzhaut befinden sich in der Regel kleine, spritzerförmige Blutungen.

Geflügelpest ist für die freie Wildbahn ohne Bedeutung, kann jedoch in Fasanerien zu erheblichen Schäden führen. Sie wird durch ein Virus hervorgerufen und verursacht Blutungen in den Organen, vor allem im Drüsenmagen. Die Verluste unter dem befallenen Fasanenbesatz können hoch sein.

Geflügelpocken bzw. *-diphtherie* ist eine Viruserkrankung der Hühnervögel. Bei der Diphterieform entstehen am Gaumen, an der Zunge und in der Rachenhöhle käsige, grauweiße Beläge, und es bilden sich scharf umrissene, abgestorbene Gewebebezirke. Die weniger gefährliche Pockenform ist durch Ausschläge an den unbefiederten Teilen des Kopfes gekennzeichnet. In freier Wildbahn tritt diese Krankheit beim Fasan nur vereinzelt auf.

Geflügeltuberkulose kann in Fasanerien zu größeren Verlusten führen. Dabei geht die Infektion fast nur von über zwei Jahre alten Hühnern aus. In Darm und Leber finden wir derbe Knötchen. Der Tod erfolgt durch Kräfteverfall.

Eine *Salmonellose,* die in Fasanerien große Bedeutung erlangen kann, ist die *weiße Kükenruhr,* so genannt nach dem weißen Durchfall der befallenen Vögel. Die Übertragung erfolgt vor allem durch Haushühner und kann innerhalb kurzer Zeit zum Eingehen des gesamten Kükenbestandes führen.

Wildgeflügel

Krankheit	Befallene Wildart	Häufigkeitsgrad	Tödlicher Ausgang	Krankheitsmerkmale
Viruskrankheiten				
Geflügelpest	Fasan, Rebhuhn	selten	häufig	Blutungen i. d. Organen
Geflügelpocken	Rebhuhn, Fasan Ringeltaube	selten häufig	bisweilen	Ausschläge am Kopf hornige Wucherungen am Schnabel
Bakterienkrankheiten				
Geflügelcholera (Pasteurellose)	Fasan	selten	immer	Blutungen am Herzen, Darmentzündung, Darmschleimhaut blaurot gefärbt
Tuberkulose	Auer- u. Birkwild Fasan, Tauben	selten	häufig	Knötchen in Leber, Darm u. and. Organen
weiße Kükenruhr (Salmonellose)	Fasan	selten	häufig	Durchfall, weißer Kot
Schmarotzerkrankheiten				
Kokzidiose	Fasan	selten	oft	Darmentzündung, Kokzidien i. Darminhalt
Rotwurmbefall	Fasan, Rebhuhn Taube, Wachtel	selten	häufig	rote Würmer i. d. Luftröhre, gesträubte Federn, geöffneter Schnabel
Spulwurmbefall	Fasan, Rebhuhn, Auerwild	gelegentlich	bisweilen	Würmer im Dünn- und Blinddarm
Haarwürmer	Rebhuhn, Fasan Enten	gelegentlich	bisweilen	Darm- und Kropfentzündung
Bandwurmbefall	Hühnervögel	selten	bisweilen	Bandwürmer im Darm

Rebhuhn

Hauptverlustquellen des Besatzes sind die Kükensterblichkeit bei feuchtem kaltem Frühsommerwetter durch Unterkühlung und der Kältetod bei hartem langandauerndem Winterfrost sowie die Tötung durch Feinde.

Erheblich seltener als beim Fasan kommen alle dort aufgeführten Parasiten auch beim Rebhuhn vor. Von den Infektionskrankheiten findet sich im Herbst häufiger das Auftreten von *Geflügelpocken*, die hornige Knoten an Schnabel und Ständern hervorrufen. Vorwiegend sind Junghühner erkrankt, meist mehrere oder alle Mitglieder eines Volkes. Krankheiten, die zu einem seuchenhaften Eingehen geführt haben, sind beim Rebhuhn nicht bekanntgeworden.

Auerhahn

Im Darm werden Bandwürmer, Spulwürmer und andere Darmwürmer gefunden, die Entzündungen hervorrufen und gelegentlich zum Eingehen führen. Ob die Abnahme des Auerwildes in manchen Gegenden auf Infektionskrankheiten zurückzuführen ist, bedarf noch der Klärung. Es besteht die Möglichkeit, daß die Schwarzkopfkrankheit (Blackhead), eine namentlich bei Puten vorkommende Krankheit, auf Auerwild der freien Wildbahn übergreift. Kennzeichnend sind eine dunkle Verfärbung der unbefiederten Kopfteile und eine Leber- und Blinddarmentzündung.

Ringeltaube

Die *Taubenpocken* sind in unseren Wildtaubenbeständen weit verbreitet. Das Virus ist identisch mit dem, das die Geflügeldiphtherie verursacht, und ruft die gleichen Erscheinungen wie beim Rebhuhn hervor. Anzeichen sind Pocken am Schnabelansatz und abgestorbene Deckhaut der Zehen. Im akuten Stadium sitzen die erkrankten Vögel, vor allem Jungtauben, mit gesträubtem Gefieder unaufmerksam herum. Man sieht ihnen an, daß sie krank sind.

Tuberkulose und Geflügelcholera treten selten auf; gelegentlich werden Luftröhrenwürmer gefunden.

Stockente

Enten scheinen gegen Krankheiten weniger anfällig zu sein, Untersuchungsmaterial liegt kaum vor. Der gelegentliche Befall mit *Haarwürmern*, die in der Regel im Dünndarm bzw. Blinddarm schmarotzen, hat nur geringe Bedeutung.

Anzeigepflicht bei Wildkrankheiten

Die Bedeutung der Wildkrankheiten ist einem steten Wandel unterworfen. In früherer Zeit zählten der Milzbrand und die Wild- und Rinderseuche zu den verheerendsten Wildseuchen. Beide sind inzwischen bedeutungslos geworden. Unter einer Wildseuche verstehen wir heute diejenigen Wildkrankheiten, die der Anzeigepflicht nach dem Viehseuchengesetz unterliegen. Darunter fallen als wichtigste die Tollwut, die Schweinepest und die als Geflügelpest bezeichnete Newcastledisease. Anzeigepflichtig, aber fast ohne Bedeutung beim Wild, sind außerdem Milzbrand, Maul- und Klauenseuche, ansteckende Schweinelähme, Geflügelcholera, Geflügelpest und die drei Arten von Brucellose.

Die Anzeigepflicht für die genannten Seuchen wurde vorgeschrieben, weil Haustiere und z. T. der Mensch durch sie in hohem Maße gefährdet sind, man die Seuchenerreger kennt und

bei den Haustieren wirksame Schutzmaßnahmen entwickelt hat. Die Anzeige wird am besten
beim Amtsarzt erstattet oder aber bei der unteren Verwaltungsbehörde. Der Verdacht auf eine
der genannten Seuchen ist ebenfalls anzeigepflichtig. Auch das Bundesjagdgesetz schreibt eine
Anzeigepflicht beim Auftreten von Wildseuchen vor.

Von den anzeigepflichtigen Seuchen sind Tollwut, Milzbrand und Brucellose für den
Menschen infektiös. Daneben gibt es aber noch andere Wildkrankheiten, die auf den Menschen übertragen werden können, und die weder nach dem Viehseuchengesetz noch nach dem
Bundesjagdgesetz anzeigepflichtig sind. Hier sind einmal die Zeckenencephalitis zu nennen,
eine Viruserkrankung des Zentralnervensystems, die durch Zecken (Holzbock) übertragen
werden kann, zum anderen die bakteriellen Wildkrankheiten Tularämie, Pseudotuberkulose,
Salmonellose, Rotlauf und Listeriose. Für einige Bandwurmarten ist der Mensch Zwischenwirt.

Vorbeugung, Niederhaltung und Tilgung
von Wildkrankheiten

Die Heilung von Wildkrankheiten ist außerordentlich schwierig, weil wir die freilebenden
Wildtiere – soweit es überhaupt möglich ist – nicht regelmäßig gezielt und gründlich
„behandeln" können. Deshalb kommt der *Vorbeugung* und *Tilgung* eine besonders hohe
Bedeutung zu.

Krankheiten werden am häufigsten bei den Wildarten auftreten, die eine große Vermeh-
rungsrate haben und die infolgedessen bei Unachtsamkeit des betreuenden Waidmanns nur zu
schnell zu einer zu hohen *Siedlungsdichte* ausufern. Eine Übervölkerung führt zur Schwächung des Wildes und erleichtert damit die Übertragung von Krankheitskeimen, insbesondere
die Vermehrung von Parasiten. Bei günstigem Witterungsverlauf können zwar größere
Wildmengen der gleichen Art auf beschränktem Raum gesund bleiben, bei Eintreten von lang
andauernden Schlechtwetterperioden vermögen aber bestimmte Krankheiten einen seuchenhaften Umfang anzunehmen, weil Boden und Äsung schnell mit Krankheitskeimen angereichert werden. Daraus ergibt sich – ich wies bereits wiederholt darauf hin –, daß eine den
natürlichen Verhältnissen angepaßte Siedlungsdichte und deren Erhaltung bei der Vorbeugung
und Niederhaltung von Wildkrankheiten entscheidend ist. Unser Bestreben muß sein, wenig
und dadurch gesundes Wild zu hegen.

Eine *kräftige Ernährung* erhöht die Widerstandsfähigkeit des Körpers gegen Ansteckungsgefahr. Durch Hunger kümmerndes Wild hat herabgesetzte Abwehrkräfte gegen Infektionen
und Parasitenbefall. Nicht vollwertige Äsung wirkt sich gleichermaßen ungünstig aus. Die
gebotene Äsung muß nahrhaft sein, den Ansprüchen der einzelnen Wildarten entsprechen und
gut über das Revier verteilt sein.

Salzlecken fördern die Verdauung und verbessern die Konstitution des Wildes. Besonders
Wiederkäuer haben in vielen Revieren das Bedürfnis, Kochsalz aufzunehmen.

Trockenlegung feuchter Revierstellen durch Entwässerung erschwert zahlreichen tierischen
Schmarotzern die Entwicklungsmöglichkeit. Kokzidien, Leberegel, Lungen-, Magen- und
Palisadenwürmer brauchen für ihre Entwicklung im Freien Feuchtigkeit, deshalb können
sumpfige Stellen ständige Quellen der Ansteckung sein. Wenn eine Trockenlegung nicht
möglich ist, sollte versucht werden, das Wild durch Schaffung ausreichender Deckung und
Anlage bevorzugter Äsungsflächen in anderen Revierteilen anzulocken. Eine solche „räumli-
che Ordnung" ist durchaus möglich. Ich habe das in einem von mir betreuten Rotwildrevier
selbst mit Erfolg praktiziert und das Wild jahrzehntelang an die gewünschten Bezirke binden
können.

Förderung der natürlichen Feinde von Krankheitserregern und ihren Zwischenwirten ist eine weitere vorbeugende Maßnahme. Der Zwischenwirt bedeutet für die Vermehrung bzw. Fortentwicklung der meisten Parasitenarten eine Lebensnotwendigkeit. Fehlt dieser oder ist nicht in ausreichender Dichte vorhanden, so kommt es nicht zu Seuchenzügen, oder die Verseuchung erlischt. Eine Hilfe ist der praktische *Vogelschutz* durch Anlage von Schutzgehölzen und Aufhängen von Brutkästen für Höhlen- und Halbhöhlenbrüter. Zahlreiche Vogelarten wie Fliegenschnäpper, Rotschwanz und Bachstelze helfen bei der Vertilgung von Rachenbremsen und Dasselfliegen. Die im Boden liegenden Larven dieser Fliegen werden ebenso wie die ausgeschiedenen eiergefüllten Glieder der Bandwürmer von Staren, Schnepfen, Fasanen u. a. aufgenommen, die Zwischenwirtschnecken einiger Lungenwurmarten von Hühnervögeln vernichtet. Auch Kleinsäuger wie Igel, Spitzmäuse u. a. beteiligen sich an der Vertilgung von Wildparasiten.

Die *Art der Fütterung des Wildes* soll die Aufnahme der Brut von Lungen-, Magen- und Darmwürmern verhüten. Deshalb sollen die Fütterungen auf trockenen Stellen angelegt werden und nach Zahl und Verteilung so bemessen sein, daß einer Massierung des Wildes entgegengewirkt wird. Für die Darreichung der Futtermittel ist eine Form zu wählen, die dem Schalenwild die Aufnahme auf den Boden gefallenen Futters unmöglich macht. Wenn durchführbar, ist ab und zu ein Wechsel des Futterplatzes zu empfehlen. An den Fütterungen, vor allem unserer Hauptschalenwildarten, ist die oberste Bodenschicht häufig mit Losung und angetretenen Futterresten durchmischt und mit Eiern und Larven von Parasiten angereichert. Deshalb muß diese Schicht von Zeit zu Zeit entfernt und der Boden mit Kalk bestreut werden.

In Fasanerien ist peinliche Sauberkeit die erste Vorbedingung für den Erfolg der Aufzucht. Futter- und Trinkgefäße sind täglich gründlich zu reinigen, in den Ausläufen muß ständig das Gestüber gesammelt und verbrannt werden. Außerdem sind die Ausläufe möglichst oft zu wechseln. *Schutzimpfung* z. B. gegen Geflügelcholera verspricht in Fasanerien Erfolg.

Hygienische Maßnahmen beugen der Einschleppung und Verbreitung von Krankheiten vor. Verschiedene Parasitenarten, wie der Leberegel und einige Magen- und Lungenwurmarten können wechselseitig von Haus- auf Wildtiere übergreifen. Mehrere Hundebandwürmer benötigen Schalenwildarten und Kaninchen als Zwischenwirte für ihre Finnen. Finnenhaltige Aufbrüche müssen daher vergraben oder verbrannt werden. Das gleiche gilt für die Larven von Rachenbremsen und Dasselfliegen. Wenn auch heute dank der guten Überwachung und tierärztlichen Behandlung der Viehbestände die Infektionsgefahr für das Wild geringer geworden ist, sollte der Heger die Beseitigung infektionsverdächtigen Fallwildes oder Teile davon nicht auf die leichte Schulter nehmen. Es muß jede Möglichkeit wahrgenommen werden, der Entstehung neuer Gefahrenquellen vorzubeugen und die Entwicklungsmöglichkeiten von Erregerherden zu vermindern.

Von ganz wesentlicher Bedeutung ist aber unverändert das Ausmerzen der schwachen oder geschwächten Stücke einer Wildart, das heißt, ein konsequent durchgeführter *Wahlabschuß*, der alle die Stücke erfaßt, die durch Krankheit am meisten gefährdet sind. Damit wird dem massierten Aufkommen von Wildkrankheiten der Boden entzogen.

Die Bestrebungen und Versuche, krankes Wild durch *Verabreichung von Arzneimitteln* zu heilen, haben bisher nur in *sehr* begrenztem Maße zu überzeugenden Erfolgen geführt. In der freien Wildbahn ist die medikamentöse Behandlung so schwierig, da die Medikamente ja nur angeboten und nicht in der gewollten Dosierung und nicht regelmäßig verabreicht werden können. Wir kennen zwar heute eine ganze Reihe von Medikamenten gegen Magen- und Lungenwürmer, Kokzidien und Leberegel, die mit dem Futter gegeben werden können, aber die Erfolge in der freien Wildbahn werden vorerst sehr bescheiden bleiben und bei überhöhten Wildbeständen ganz ausbleiben. Angelpunkt aller Maßnahmen, Wildkrankheiten niederzuhal-

ten und zu bekämpfen ist für den hegenden Waidmann nach wie vor die Einregulierung der
Siedlungsdichte, das heißt Vorsorge gegen eine Übervölkerung und Verbesserung der Lebens-
bedingungen (Äsung, Deckung) im gegebenen Raum. Ist in dieser Richtung alles getan, kann
dort, wo eine Durchführung erfolgversprechend ist, mit Medikamenten als Vorbeugung
gearbeitet werden.

Am wirkungsvollsten hat sich bisher die Beigabe von Entwurmungsmitteln gegen Magen-
und Darmparasiten bei den Schalenwildarten, vor allem dem Rehwild, erwiesen, die mit dem
Winterfutter verabreicht werden. Mit der Beigabe sollte nicht zu spät im September begonnen
werden. Dagegen steckt die vorbeugende Behandlung von Hasen gegen Kokzidienbefall noch
sehr in den Anfängen und verspricht auch nur einen sehr begrenzten Erfolg, das es kaum
möglich sein wird, den Großteil des Hasenbesatzes an die medikamentös präparierten Rüben
anzulocken. Das natürliche Äsungsangebot ist im August/September noch zu hoch. Jedenfalls
ist es vorerst Illusion, sich der Hoffnung hinzugeben, Krankheiten wie Magen- und Lungenwurmbefall, Kokzidiose, Pseudotuberkulose oder Pasteurellose mit Hilfe von Medikamenten
tilgen zu können.

Dagegen ist die vorbeugende medikamentöse Behandlung von Fasanen, wie Hühnervögeln
überhaupt, in Fasanerien durchaus erfolgversprechend und verhindert in der Regel drohende
Krankheitseinbrüche und Seuchenzüge. Fasanerien, Gatterreviere und Wildgehege sollten
grundsätzlich unter fachlicher, am besten tierärztlicher Überwachung stehen, damit in diesen,
meist dicht besiedelten Räumen die Gewähr für eine frühzeitige Diagnose und gezielte
medikamentöse Behandlung gegeben ist. Wird das nicht eingehalten, können derartige Gehege
sehr leicht zu Keimzellen von seuchenhaften Erkrankungen werden, die schnell auf die
umliegende freie Wildbahn übergreifen.

Ist eine Krankheit einmal ausgebrochen, so ist in erster Linie die Ausmerzung der
Krankheitsträger anzustreben. Der *Totalabschuß einer Wildart* ist geboten, wenn von vornherein die Eindämmung der Ausbreitung einer Krankheit aussichtslos erscheint. Das ist bei
Tollwut, Schweinepest, Räude und Geflügelpest der Fall. Doch sind die Erfolgsaussichten
auch bei diesen Krankheitszügen begrenzt.

Die *Tollwut* kann nur dann zum Erlöschen gebracht werden, wenn es gelingt, durch
fortdauernde, erfolgreiche Reduzierung des Fuchsbestandes auf einen Niedriststand von
höchstens einem Fuchs je 300 ha die Infektionskette von Fuchs zu Fuchs zum Abreißen zu
bringen. Da das bei starken Seuchenzügen auch mit intensivster Bejagung nicht zu erreichen
ist, muß – ich führte das schon an – jedes gesetzlich zulässige Mittel recht sein. Wir kommen in
diesen Fällen, so unerfreulich das vom waidmännischen Standpunkt ist, auch um gezielte
Baubegasungsaktionen nicht herum.

Bei der *Schweinepest* erfolgt der Seuchenausbruch meist durch Übergreifen von befallenen
Hausschweinbeständen. Trifft die Seuche auf einen zahlenmäßig geringen Bestand, so läuft sie
sich bald von alleine tot. Trifft sie aber auf einen überhöhten Bestand, so wird sie diesen
radikal abbauen. Das zu beschleunigen, ist Aufgabe des Jägers, denn je schneller der Bestand
auf ein Mindestmaß reduziert werden kann – ein Totalabschuß ist praktisch nicht zu erreichen
– um so schneller erlischt die Schweinepest nach Durchseuchung des Bestandes von allein. Bei
Auftreten der Seuche sollte auch in den umliegenden Bezirken ein scharfer Reduktionsab-
schuß erfolgen, um den verseuchten Bereich von vornherein möglichst einzuengen. Doch ist
zu beachten, daß groß angelegte Treibjagden nur zu leicht dazu führen, die Seuche schnell auf
größere Gebiete zu übertragen. Sie sollten unterbleiben. Daß Fallwild – soweit es gefunden
wird – tief zu vergraben ist, sollte bei der Gefährlichkeit der Seuche selbstverständlich sein.

Die *Geflügelpest* wird nach Durchseuchung des Bestandes und entsprechender Verminderung von alleine erlöschen.

Bei *Räudebefall*, sei es bei Sau, Fuchs oder Dachs, ist jedes befallene oder verdächtig erscheinende Stück abzuschießen, zu vergraben oder auf dem schnellsten Wege einer Abdekkerei zuzuführen. Es wäre verantwortungslos, die verendeten Stücke im Revier liegenzulassen. Ein Verwittern der Baue mit Rohkreosol oder einem anderen Desinfektionsmittel verhütet das Einwandern gesunder oder kranker Stücke und beschleunigt damit die Tilgung der Seuche.

Der *Abschuß kranker Stücke* steht bei sämtlichen Wildkrankheiten im Vordergrund aller Maßnahmen. Dabei muß scharf vorgegangen werden, indem auch die krankheitsverdächtigen Stücke mit einbezogen werden. Der Abschuß dient nicht allein der Austilgung der Krankheitsträger, sondern auch dem Wunsch, krankes Wild von seinen Leiden zu erlösen. Allgemeine Merkmale für das Vorliegen einer Krankheit sind Abmagerung, vermindertes Fluchtvermögen, Apathie, Verlust der Scheu vor dem Menschen, struppiges Haar, verzögerter Haarwechsel, Husten und Röcheln, Durchfall, beschmutzter Spiegel u. a. Die Entscheidung darüber, ob ein Stück krank und damit abschußreif ist, liegt beim Jäger. Doch sollte er, wenn er seiner Hegepflicht gerecht werden will, in Zweifelsfällen lieber ein Stück zu viel erlegen, als möglicherweise kranke Stücke in der Wildbahn zu lassen.

Durch *Suche mit dem Hund* ist die Ausmerzung kranken Niederwildes möglichst gründlich durchzuführen. Man läßt den Gebrauchshund eine kurze Hetze machen; gesundes Wild entkommt, während kranke Stücke leicht gegriffen werden können.

Ein *Schonen der Füchse* zum Wegfangen kranken Niederwildes – vorausgesetzt, das Gebiet ist tollwutfrei – ist angebracht, wenn eine Verschleppung von Krankheitserregern nicht zu befürchten ist. Das ist bei Parasitenkrankheiten der Fall. Eine *Vertilgung* von *Raubzeug* und Verminderung von Raubwild ist dagegen angezeigt, wenn eine Infektionskrankheit, z. B. Hasenseuche oder Nagertuberkulose ausgebrochen ist, weil mit den verschleppten Kadaverteilen des verendeten Wildes die krankmachenden Bakterien im Revier verbreitet werden. In kritischen Fällen erscheint hier sogar die Sondergenehmigung zum Abschuß von einzelnen Greifvögeln vertretbar, da sie infolge von Fehlfängen zu Mitüberträgern von seuchenartigen Krankheiten werden können. Das sollte aber nur in nachgewiesenen Fällen erfolgen.

Ich möchte abschließend zu meinen Ausführungen über Wildkrankheiten noch einmal mit Nachdruck darauf hinweisen, daß es zur unabdingbaren Hegepflicht eines jeden Waidmannes gehört, seinen Wildbestand gewissenhaft unter Kontrolle zu halten und Sorge zu tragen, daß Wilddichte und Lebensraum aufeinander abgestimmt sind. Die Verhinderung einer zu großen Siedlungsdichte des Wildes ist eine der wichtigsten Voraussetzungen, um das Auftreten von Krankheiten zu verhüten. Eine Übervölkerung führt zur Schwächung des Wildes und erleichtert die Übertragung von Krankheiten, insbesondere die Vermehrung von Parasiten. Nebenherlaufen sollten Maßnahmen zur Revierverbesserung, vor allem der Äsungsgrundlagen, denn ausreichende artgerechte Nahrung ist Voraussetzung für kräftiges, widerstandsfähiges Wild. Verbunden damit ist die konsequente Hege mit Büchse und Flinte, das Ausmerzen aller kranken, kümmernden und schwachen Stücke und, wenn erforderlich, die Eindämmung und Tilgung ausgebrochener Seuchenzüge durch rücksichtslosen Abschuß bis zur Grenze des Möglichen. Nur der Waidmann, der so handelt, wird dem Auftrag der Hege, wie ihn das Bundesjagdgesetz vorschreibt, gerecht.

Wild als Lebensmittel

Wildpret ist ein wertvolles und beliebtes Lebensmittel, das den erheblich verschärften Bestimmungen des Lebensmittelgesetzes unterworfen ist. Nach dem Lebensmittel- und

Bedarfsgegenständegesetz darf der Jäger nur solches Wild in den Verkehr bringen, dessen Genuß die menschliche Gesundheit nicht gefährdet. Der Jäger hat also für die sorgfältige und saubere Behandlung des erlegten Wildes Sorge zu tragen und ist für den einwandfreien Zustand des in den Verkehr gebrachten Wildprets verantwortlich. Schon um dieser Aufgabe gerecht zu werden, muß der Jäger Grundkenntnisse über Wildkrankheiten, deren Erkennungsmerkmale und Gefährlichkeit besitzen, die er sich aus Fachbüchern aneignen und durch sorgfältige Prüfung des von ihm erlegten Wildes vervollkommnen kann. Nur durch fortlaufende Beobachtung und Übung wird er die nötige Sicherheit im Erkennen erlangen.

Auf die Anmeldung zur Trichinenschau bei Schwarzwild, ggf. auch Dachs und Fuchs, habe ich bereits hingewiesen. Darüber hinaus gibt es für Wild keine Beschaupflicht, so daß der Jäger eine besondere Verantwortung für den einwandfreien Zustand des Wildprets trägt.

Krankes und stark abgekommenes Wild ist nicht zu verwerten. Rehwild, das sich abnorm verhält, ist wegen des Verdachts auf Tollwut und der damit verbundenen Ansteckungsgefahr zu verwerfen. In Zweifelsfällen, z. B. wenn das Wildpret nicht normal aussieht oder riecht, sollte ein Tierarzt zu Rate gezogen werden.

Gesund erlegtes Wild ist rechtzeitig zu versorgen, damit das Wildpret nicht verdirbt. Hierzu gehört das möglichst frühzeitige Aufbrechen oder zumindest Lüften und gutes Auskühlen des Schalenwildes, insbesondere vor einem Transport. Bei Hasen und Kaninchen wird die Harnblase ausgedrückt, bei warmer Witterung das Gescheide ausgeworfen; beim Federwild wird das Gescheide ausgehakt. Niederwild ist auf dem Wildwagen luftig zu hängen, damit es auskühlt, es darf niemals übereinandergelagert werden, weil es dann schnell in Fäulnis übergeht.

Das sind für den erfahrenen Waidmann Selbstverständlichkeiten, und doch kann nicht eindringlich genug auf diese Fürsorgepflicht hingewiesen werden.

FÜNFTER TEIL

DAS JAGDLICHE BRAUCHTUM

Allgemeines und Geschichte

Brauch, Sitte und Recht sind die Bindungen, ohne die das Leben einer menschlichen Gemeinschaft nicht möglich ist. Die Menschen primitivster Kulturstufe können sie nicht entbehren. Sehr häufig wird aus dem Brauch ein Recht, welches der Staat durch Gesetze schafft. So sind zahlreiche Jagdbräuche heute durch die Jagdgesetze zum Recht geworden. Viele Beispiele lassen sich hierfür anführen. Es entsprach dem alten waidmännischen Brauch, waidgerecht zu jagen und das Wild nicht nur zu erlegen, sondern auch zu hegen. In allen deutschen Jagdgesetzen ist die Verpflichtung verankert, die Jagd nur nach anerkannten Grundsätzen der Waidgerechtigkeit auszuüben und das Wild zu hegen. Die Pflicht zur Hege ist in der Novelle zum Bundesjagdgesetz vom 28. 9. 1976 ganz eindeutig festgeschrieben, indem es heißt: „Mit dem Jagdrecht ist die Pflicht zur Hege verbunden." Die Hegepflicht ist also ein Teil des Jagdrechts und geht bei Vergabe des Jagdausübungsrechtes an einen Dritten, z. B. an den Jagdpächter, auf diesen über. Es galt früher als unwaidmännisch, Schalenwild anders als mit der Kugel zu erlegen. Der Schrotschuß, der Schuß mit gehacktem Blei, selbst in Form des Fangschusses, ist inzwischen seit langem auf alles Schalenwild verboten. Der alte Brauch der Jägerprüfung, der Wildfolge und manche andere jagdliche Sitte sind durch die geltenden Jagdgesetze zum Recht geworden.

Darüber hinaus kennen wir Jäger aber noch ein umfangreiches jagdliches Brauchtum, dessen Beobachtung zwar nicht durch das Gesetz erzwungen werden kann, bei dessen Vernachlässigung aber der Achtlose, der dagegen verstößt, dem Spott oder der Verachtung der Waidmänner anheimfällt. Wer die Jägersprache nicht beherrscht, wer ein Stück Wild nicht gerecht, d. h. unter Beachtung der dabei üblichen alten Bräuche, aufbrechen kann, wer über die Strecke tritt oder die Jagdsignale nicht kennt, wird von seinen Mitjägern nicht anerkannt. Wer etwa gar ohne Liebe zu Wald und Wild und nur nach der Trophäe jagt, wird von der grünen Zunft verachtet.

Sitten und Bräuche auf der Jagd sind so alt wie die Jagd selbst. Schon der Mensch der Eiszeit, dem die Jagd Lebensinhalt und einziger Beruf war, denn Ackerbau und Viehzucht waren damals noch unbekannt, umwob seine Tätigkeit mit den verschiedenartigsten Bräuchen. Wir haben in zahlreichen Ausgrabungen hierfür Beweise gefunden. Schon vor etwa 30 000 Jahren durchbohrte der Paläolithiker die Grandeln des erlegten Hirsches und zog sie auf einer Darmsehne auf, um mit dieser Kette seine Liebste zu schmücken. Noch heute ist es Brauch, Hirschgrandeln zu vielerlei Schmuck zu verarbeiten und zu tragen. Vor dem Auszug zur Jagd zeichneten die alten Naturvölker das Bild des zu jagenden Wildes, also etwa einen Ur, Wisent oder Elch in den Sand mit einem Pfeil an der tödlichen Stelle. Der Medizinmann des Stammes sprach beschwörende Zauberformeln darüber, und nun war man sicher, daß man Erfolg auf der Jagd haben würde. Heute ist uns die Begegnung mit einem Schornsteinfeger oder einem jungen Mädchen, das wir über die Büchse springen lassen, ebenfalls gutes Omen vor der Jagd. Schon vor fast 2 000 Jahren schmückten die Donaukelten ihre Hunde nach erfolgreicher Jagd mit Brüchen; sie hielten Jagdfeste ab, zu deren Finanzierung eine gemeinsame Jagdkasse vorhanden war, in die jeder Erleger eines Stückes Wild einen Obolus zahlen mußte.

Auch einen gewissen Begriff der Waidgerechtigkeit kannten die alten Donaukelten schon: beim Hasenhetzen, einer damals viel gebräuchlichen Jagdart, durften auf einen Hasen immer nur zwei Hunde geschnallt werden, um auf diese Weise dem Wild eine Chance zu geben, ein Brauch, der schon eine gewisse ethische Auffassung der Jagd verrät.

Im Mittelalter wurde die Jagd immer mehr ein Vorrecht der Herren und Fürsten und damit ein ritterliches Vergnügen und als solches mit Bräuchen und Sitten, ja mit Zeremonien umkleidet, deren genaue Kenntnis und Beachtung für einen Jäger erforderlich war. Zahlreich sind die Bräuche, die mit dem Leithund verknüpft waren. Der Leithund spielte in alten Zeiten die bedeutendste Rolle von allen Hunden, er diente zum Bestätigen der Hirsche. An der Schwelle des Mittelalters zur Neuzeit ragt eine besonders markante Jägergestalt hervor; es ist dies Kaiser MAXIMILIAN I., der „letzte Ritter", wie ihn die Geschichte genannt hat, der „Großmächtig Waidmann" oder „Große Waidwerksmeister", wie er sich selbst bezeichnet. Von ihm stammen verschiedene Schriften, wie „Der Weißkunig", „Von des Hirschen Wandlung", „Tewerdank" u. a., aus denen wir einen eingehenden Einblick in den damaligen Jagdbetrieb und die damaligen Jagdgebräuche gewinnen. MAXIMILIAN kannte schon zwanzig hirschgerechte Zeichen, eine Zahl, die bis zur Mitte des 18. Jahrhunderts auf 72 Zeichen wuchs.

Im 17. und 18. Jahrhundert erlebten die Bräuche auf der Jagd ihren Höhepunkt an Mannigfaltigkeit, aber wir finden auch in dieser Zeit des höfischen Prunkes die ersten Merkmale der Entartung. Immerhin gab es auch damals noch in Deutschland gerechte Jäger, die Waidwerk und Sitte im alten Sinne hochhielten. Aus der Fülle der Jagdliteratur des 18. Jahrhunderts wird uns neben höfischem Prunk und entarteten Zeremonien viel altes urwüchsiges Brauchtum berichtet.

Eine besondere Pflege erfuhr das Brauchtum an alten Jägerhöfen, die z. T. schon frühzeitig errichtet wurden. So bestand der Jägerhof in Alt-Dresden von 1568–1831. Am berühmtesten ist der Hannoversche Jägerhof geworden, vor allem, weil hier der Hannoversche Schweißhund gezüchtet und die Beachtung waidmännischer Bräuche und Sitten besonders streng gehandhabt wurde. Der Hannoversche Jägerhof wurde 1677 in Celle gegründet und 1772 nach Hannover verlegt, wo er bis zum Übergang Hannovers an Preußen bestanden hat.

Das jagdliche Brauchtum hat somit seine Grundlage in einer durch viele Jahrhunderte gewachsenen, gesunden Tradition; einer Tradition, die lebt, sich weiterentwickelt, mit der Zeit geht. Sie lebendig zu erhalten, zu pflegen und unserem Empfinden anzupassen, ist für den wahren Waidmann Verpflichtung. Dessen sollten wir eingedenk sein und danach handeln.

Jägersprache und Jägerlied

Stärksten Ausdruck findet das jagdliche Brauchtum in der Zunftsprache der deutschen Waidmänner, der sog. deutschen Jägersprache. Die ersten Anfänge waidmännischer Ausdrucksweise, die von der übrigen Sprache bewußt abweicht, finden wir bereits in Jagdschriften und Urkunden des 7. und 8. Jahrhunderts. Die Zahl der jagdlichen Ausdrücke wuchs im Laufe der Jahrhunderte derartig, daß nach neueren, sehr gründlichen Erhebungen die deutsche Jägersprache einen Wortschatz von etwa 13 000 verschiedenen Ausdrücken enthält und sich somit zu einer richtigen Kunstsprache, die nur von Jägern gesprochen wird, entwickelt hat. Wie jede Sprache und wie überhaupt alles Brauchtum ist auch die Jägersprache nichts Totes oder Museales, sondern etwas Lebendiges, das sich ständig weiterentwickelt. Wir können daher heute nicht nur jagdliche Ausdrücke und Benennungen gelten lassen, die etwa schon vor Jahrhunderten üblich waren, und alles, was nachher an jagdlichen Ausdrücken entstanden ist, als unwaidmännisch abtun.

Diese Jägersprache, die nur von Jägern deutschsprachiger Länder gesprochen und beherrscht wird, ist, wie die menschliche Sprache überhaupt, ein starkes menschliches Bindemittel. Das Zusammengehörigkeitsgefühl wird durch diese gemeinsame Zunftsprache geweckt und gefördert. Schon DÖBEL wies darauf in seiner „Jägerpractica" in der Mitte des 18. Jahrhunderts eindringlich hin und nannte die nicht gerechten Jäger, die die Jägersprache nicht beherrschten, verächtlich „Federschützen" oder „Bönhasen".

Die einzelnen waidmännischen Bezeichnungen sind bei der Beschreibung der Wildarten und der Jagdmethoden angeführt, so daß ihre Aufzählung hier unterbleiben kann. Mancheiner mag das Festhalten an der uns überlieferten Jägersprache als nicht mehr zeitgemäß abtun, ich meine aber, sie ist keineswegs ein alter Zopf, sondern mit der Kunst des Waidwerks gewachsen, und es steht dem Waidmann wohl an, sie richtig zu beherrschen, damit er lernt, „wie der Jäger vom Wild bey Jägern weydmännisch reden und das Weydmesser verhüten solle".

Bruchzeichen

Die Bruchzeichen sind für den Jäger dasselbe, was die Zinken für den Handwerksburschen bedeuten. Die erfahrenen Jäger verständigen sich mit diesen Zeichen unauffällig miteinander, ohne daß Unberufene es merken. Darüber hinaus sind aber die Bruchzeichen auch Symbole der gerechten Jägerei. Der Brauch, das gestreckte Wild, den Leithund und sich selbst mit Brüchen zu schmücken, ist uralt. Der Zersplitterung unseres Vaterlandes entsprechend, waren früher auch die Bruchzeichen verschieden entwickelt. An den einzelnen Jägerhöfen der früheren Jahrhunderte wurden die Bruchzeichen vielfach in entgegengesetzter Bedeutung

Hauptbruch, armlang, befegt

Leitbruch, halb-armlang, befegt

angewandt. Es schien daher sinnvoll, eine gewisse Einheitlichkeit auf diesem Gebiete herbei-
zuführen, die sowohl im Norden als auch im Süden unseres Vaterlandes Gültigkeit hat. So
gelten für die Verwendung von Brüchen in der Regel nur die fünf Holzarten: Eiche, Kiefer mit
Latsche und Zirbelkiefer, Fichte, Weißtanne und Erle als „gerecht" im strengen Sinne. Man
kann darüber streiten, doch scheint mir, es entspricht durchaus dem Sinn des Bruchzeichens,
wenn sich der Erleger eines starken Hirsches, Schauflers oder Bockes den *Schützenbruch* von
dem Baum oder Strauch bricht, der für den Erlegungsort charakteristisch ist, und sei es die als

Anschußbruch mit Fährtenbruch, Hirsch nach links geflüchtet

Bruchzeichen verpönte Buche. Für den erfolgreichen Waidmann ist gerade der Schützenbruch
ein wertvolles Erinnerungszeichen. Tradition und Brauchtum müssen lebendig sein und
sollten nicht im Überkommenen erstarren.

Es gibt die verschiedensten Arten von Brüchen, den *Hauptbruch,* den *Leitbruch,* den
Anschußbruch, den *Standplatzbruch,* den *Wartebruch,* den *Warnbruch,* den *Inbesitznahmebruch* und den *Schützenbruch,* von denen im folgenden nur der Anschußbruch, der Inbesitznahmebruch, der Schützenbruch als die für jeden Jäger unentbehrlichen Brüche beschrieben
seien, während für die anderen Brüche, die in der Hauptsache nur für große Hochwildreviere
und für Schweißhundführer in Betracht kommen, auf die Spezialbücher von WALTER FREVERT
„Das jagdliche Brauchtum", 10. Auflage 1969 und „Die gerechte Führung des Schweißhundes", 4. Auflage 1979 (Verlag Paul Parey), verwiesen sei.

1. Der *Anschußbruch* dient zur Festlegung des Anschusses und hat große Bedeutung für die
Nachsuche. Hat der Jäger an den Pürschzeichen den Anschuß festgestellt, so steckt er einen

Bruch, etwa halbarmlang, mit dem abgebrochenen Ende aufrecht in den Boden. Der Anschußbruch wird nicht befegt, d. h. die Rinde wird nicht abgeschält. Sind am Anschuß die Eingriffe
oder die Fährte des beschossenen Stückes zu sehen, so legt man in dieselben den *Fährtenbruch.*
War das beschossene Stück männlich, also Hirsch, Schaufler, Keiler, Rehbock, so wird der
Fährtenbruch mit dem Waidmesser angespitzt und das angespitzte Ende in die Fluchtrichtung
gelegt. Beim weiblichen Stück zeigt die gewachsene Spitze in die Fluchtrichtung (s. Abb.). Um
nun zu wissen, ob z. B. ein Hirsch nach rechts oder ein Tier nach links geflüchtet ist, wird der

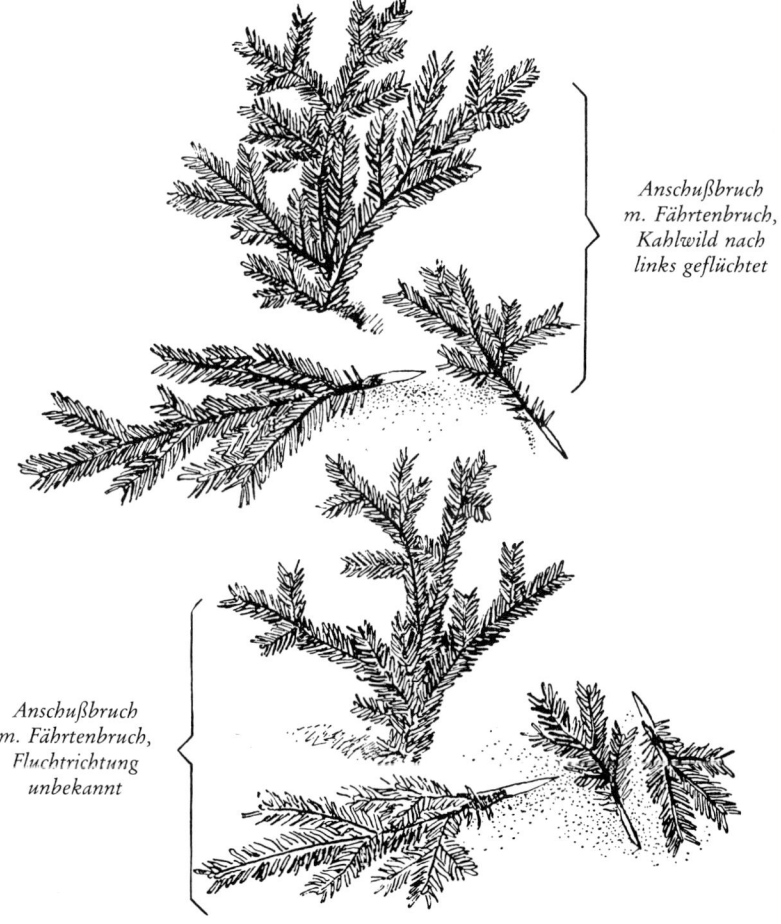

*Anschußbruch
m. Fährtenbruch,
Kahlwild nach
links geflüchtet*

*Anschußbruch
m. Fährtenbruch,
Fluchtrichtung
unbekannt*

Fährtenbruch geäftert, d. h. ein kleiner Querbruch wird hinter ihm gelegt. Ist die Fluchtrichtung des beschossenen Stückes unbekannt, was in unübersichtlichem Gelände vorkommen
kann, so wird der Fährtenbruch doppelt geäftert. Der Fährtenbruch wird ebenso wie der
Anschußbruch nicht befegt.

2. Der *Inbesitznahmebruch* zeigt an, daß der Schütze ein erlegtes Stück Schalenwild in
Besitz genommen hat. Dieser Bruch hat neben der praktischen Bedeutung, die darin besteht,
daß, wenn etwa ein anderer Jäger das gestreckte Wild findet, dieser nun feststellt, daß es nicht
von einem Wilderer, sondern von einem Jagdberechtigten erlegt wurde, auch noch eine
symbolische Bedeutung. Der Inbesitznahmebruch ist der letzte Gruß, den der Jäger dem

Wilde erbietet, gewissermaßen also ein Achtungsbeweis für das erlegte Wild. Nur Schalenwild wird verbrochen, nachdem es gerecht gestreckt wurde. Hierzu wird das erlegte Stück auf die rechte Seite gestreckt, und man legt auf den Wildkörper einen Bruch, und zwar so, daß beim männlichen Stück, also Hirsch, Schaufler, Keiler, Rehbock, das abgebrochene Ende nach dem Haupt zeigt, beim weiblichen Stück umgekehrt, also die gewachsene Spitze nach dem Haupt. Dem männlichen Stück, aber nur diesem, wird außerdem noch ein Bruch quer durch den Äser bzw. durch das Gebrech gesteckt, der sog. „letzte Bissen". Diesen letzten Bissen erhalten auch der Große und der Kleine Hahn.

3. Der *Schützenbruch* ich erwähnte ihn schon ist ein Bruchzeichen, das überall bekannt geblieben ist. Der Schützenbruch wird dem Erleger jedes Stückes Schalenwild, aber auch dem Erleger eines Auerhahns, eines Birkhahns und eines Fuchses überreicht. Im Hochgebirge wurde auch wohl dem Erleger eines Murmeltieres der Schützenbruch gegeben. Ursprünglich wurde dieses uralte Bruchzeichen, das sich bereits vor über 1000 Jahren nachweisen läßt, nur bei Erlegung eines Hirsches oder eines starken Keilers angewandt. Wir sind aber heute bescheidener geworden, und das ist gut so, denn jedes Stück Wild ist ein Geschöpf Gottes, und unsere waidmännische Auffassung gebietet uns, den Schöpfer im Geschöpf zu ehren. Der Schützenbruch wird vom Jagdherrn bei Treibjagden, vom Führenden auf der Pürsch und vom Hundeführer auf der Nachsuche dem Erleger überreicht, indem man den Bruch zunächst durch den Schweiß des erlegten Stückes zieht, mit Schweiß netzt, dann auf den gezogenen blanken Hirschfänger oder das Waidblatt oder, wenn beides nicht vorhanden, auf den abgenommenen Hut legt und dem Erleger mit „Waidmannsheil" überreicht. Das Überreichen kann mit der linken oder der rechten Hand geschehen, in Österreich wird grundsätzlich mit der linken Hand der Bruch überreicht. Der Erleger nimmt den Bruch, befestigt ihn auf seinem Hut und bedankt sich mit „Waidmannsdank". In den meisten Gegenden, besonders in Österreich; ist es üblich, den Schützenbruch auf der *rechten* Hutseite zu tragen. Bei Beerdigungen trägt man dagegen den Bruch, den man dem Verstorbenen mit ins Grab geben will, auf der *linken* Hutseite, doch sollte man aus den bereits erwähnten Gründen die Riten dieses schönen Brauches nicht gar so engherzig auslegen. Der Schritt vom Erhabenen zum Lächerlichen ist oft nicht weit.

Handelt es sich um eine Nachsuche, bei der das Stück zur Strecke kam, dann bricht der Erleger einen kleinen Teil von dem ihm überreichten Bruch ab und gibt diesen Teil dem Schweißhundführer zurück, als Zeichen, daß Hundeführer und Hund einen hohen Anteil an der Erlegung des Stückes hatten. So wie bereits vor tausend Jahren der Jäger seinen Leithund nach erfolgreicher Arbeit mit Brüchen schmückte, so steckt auch heute der Schweißhundführer seinem braven „Hirschmann" nach erfolgreicher Nachsuche einen Bruch hinter die Halsung.

Alle Brüche werden nicht abgeschnitten, sondern abgebrochen.

Jagdsignale

Die Hornfessel war das Zeichen der alten gerechten Jägerei. Der Federschütze durfte sie nicht tragen. Ohne Jagdhorn kein richtiger Jäger. Auch heute sollte dieser Satz noch gelten. Es ist nicht nur die Poesie, die in den schönen Hornsignalen vorhanden ist, es sind auch praktische Erwägungen, die die Verwendung des Hornes auf der Jagd heute noch als notwendig erscheinen lassen. Die Leitung der Treibjagd, sei es Vorstehtreiben oder Kesseltreiben oder gar böhmische Streife, ist ohne Hornsignale nicht denkbar. Ohne Signalblasen kann eine Jagd nicht ordnungsmäßig und reibungslos durchgeführt werden. Eine solche glatte Durchführung einer Jagd ist aber notwendig, wenn sie für alle zu einem echten Erlebnis werden soll. Der Schweißhundführer, der zunächst am langen Riemen und schließlich der Hetzte des geschnallten Hundes weit über Berg und Tal im fremden Revier folgt, wie soll er anders wieder Anschluß an seine Begleiter finden, als mit dem Hornruf! Schon der Steinzeitmensch verstärkte den Ruf seiner Stimme durch Verwendung des Hornes des von ihm erlegten Urs, und im Mittelalter war es der aus Elfenbein geschnitzte Olifant, der dem Jagdherrn zum Herbeirufen der Jägerknechte und der Meute diente. Zinken und Flügelhörner, Halbmonde

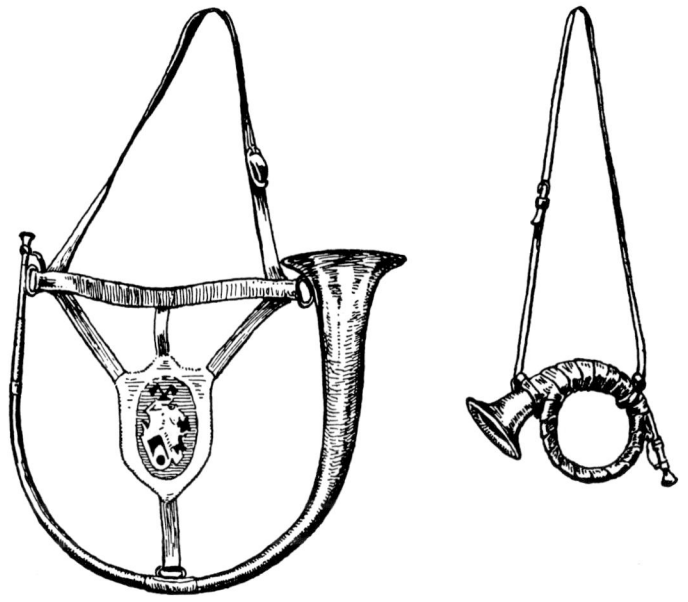

Sauerländer Halbmond   *Pleßsches Jagdhorn*

und Pleßsches Jagdhorn zeigen die Weiterentwicklung des Jagdhornblasens in Deutschland. Es gibt nichts Schöneres, als wenn nach gut verlaufener Jagd im Abenddämmern die Strecke gelegt wird, und die Jagdhörner blasen als letzten Gruß die Totsignale und zum Schluß „Jagd vorbei" und „Halali". Es ist ein beeindruckender Augenblick, wenn für einen zur Strecke gebrachten Hirsch das „Hirsch tot" gegen die im Herbstbunt prangenden, heimatlichen Berge erklingt.

Die gebräuchlichsten Jagdhörner sind heute das Pleßhorn in B, das Volpersdorfer Jagdhorn in Taschenformat und das Clewingsche Taschenjagdhorn. Außerdem wird von den Brackenjägern des Sauerlandes noch der Sauerländer Halbmond auf der Brackenjagd benutzt. Auch das Parforcehorn hat in steigendem Maße neue Liebhaber gefunden, allerdings weniger im praktischen Jagdbetrieb als bei feierlichen Anlässen oder festlichen Veranstaltungen. Über die Anwendung der deutschen Jagdsignale sind genaue Richtlinien gegeben in WALTER FREVERTS Buch „Das jagdliche Brauchtum", erschienen im Verlag Paul Parey. Hier sind alle 45 gebräuchlichen deutschen Jagdsignale und die Brackenjagdsignale aufgeführt.

Strecke legen

Nach beendeter Jagd wird das Wild gestreckt, es wird Strecke gelegt. Ein einzelnes Stück Schalenwild, das auf der Pürsch erlegt wurde, wird auf die rechte Seite gelegt, also Herzseite nach oben, und beim männlichen Stück wird das Haupt mit Hilfe eines Astes aufrecht gestellt, um so den Kopfschmuck besser zu zeigen. Alsdann wird das Stück mit dem Inbesitznahmebruch und beim männlichen Stück mit dem letzten Bissen gerecht verbrochen (s. Abb. S. 461). In dieser Stellung wird das Stück totgeblasen. Nach einer Drückjagd oder Treibjagd wird folgendermaßen verfahren:

1. Wildjagd (s. Abb. S. 458). Dem uralten Jagdspruch folgend: „Wie Jäger will obern Falckner seyn, also obertrifft Hirsch das Schwein", liegt in der ersten Reihe das Rotwild, Hirsche am rechten Flügel, nach links hin die schwächeren Stücke, also das stärkste Stück stets am rechten Flügel. Alles Wild liegt auf der rechten Seite, die männlichen Stücke neben dem Inbesitznahmebruch auch den letzten Bissen im Äser bzw. Gebrech. In der zweiten Reihe liegt das Damwild, in der dritten Sauen, in der vierten Rehwild und in der letzten Reihe die Füchse und am linken Flügel dieser Reihe sonstiges Raubwild, falls solches geschossen wurde.

2. Treibjagd auf Niederwild (s. Abb. S. 459). In der ersten Reihe liegen die Füchse und am linken Flügel sonstiges Raubwild, alles auf der rechten Seite, die Lunten nach oben gebogen, in der zweiten Reihe die Hasen, jeder zehnte, vom rechten Flügel anfangend, ist eine halbe Hasenlänge vorgezogen, in der dritten Reihe Kaninchen, in der vierten die Fasanen und am linken Flügel dieser Reihe weiteres Geflügel, also etwa Schnepfen, Rebhühner, Tauben. Bei allem Wild ist wie bei den Hasen jedes zehnte Stück, vom rechten Flügel anfangend, eine halbe

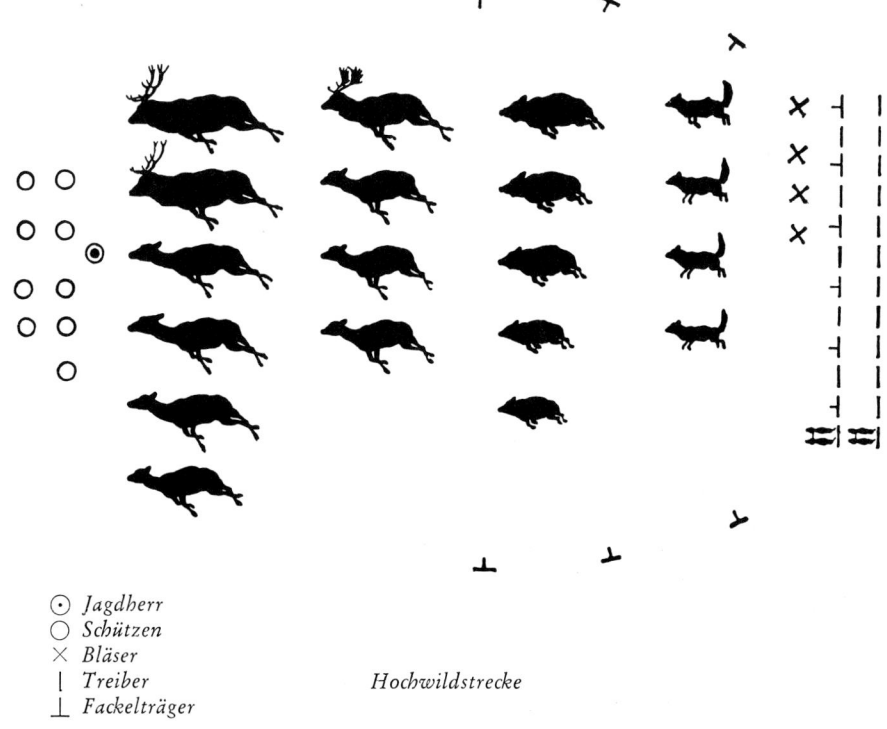

⊙ *Jagdherr*
○ *Schützen*
× *Bläser*
| *Treiber*
⊥ *Fackelträger*

Hochwildstrecke

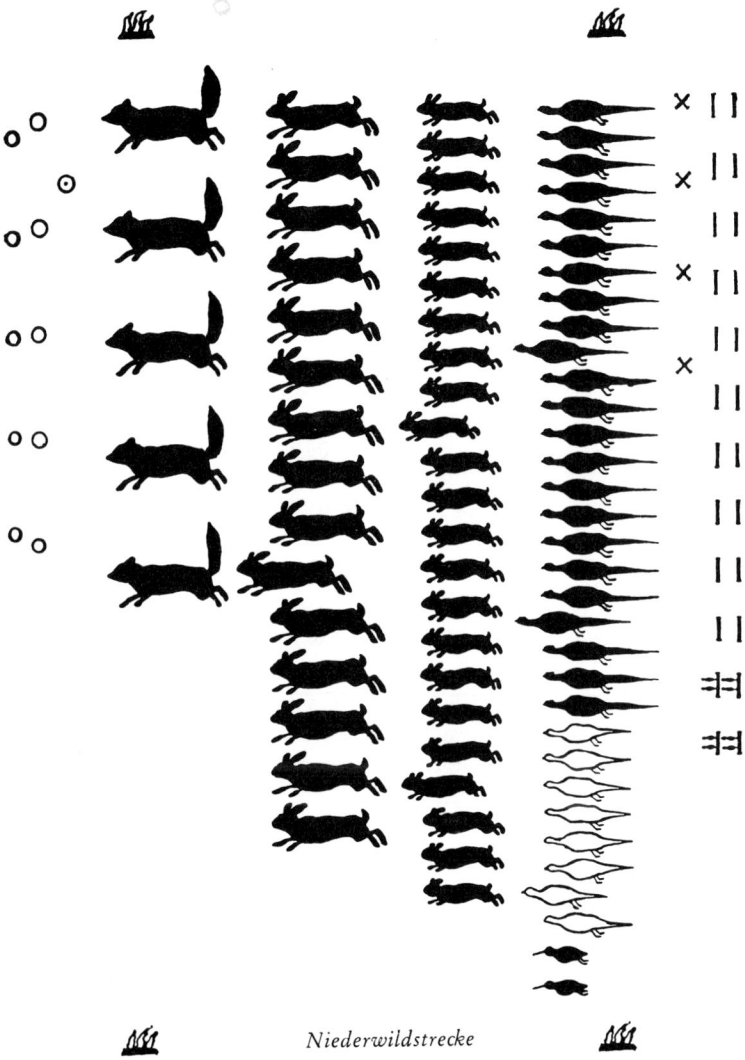

Niederwildstrecke

Wildlänge vorgezogen. Bei großen Strecken werden im allgemeinen nicht mehr als hundert Stück Wild in eine Reihe gelegt, um die Strecke nicht zu lang werden zu lassen. Sind also z. B. 300 Fasanen geschossen, so liegen drei Reihen Fasanen hintereinander zu je hundert Stück. Sind bei Waldtreibjagden gemischte Strecken, also Schalenwild und Niederwild, vorhanden, so wird stets das Wild der hohen Jagd vor das Wild der niederen Jagd gelegt. Sind also z. B. auf einer Waldtreibjagd zwei Stück Rotwild, drei Sauen, sechs Füchse und 30 Hasen geschossen, dann liegen in der ersten Reihe am rechten Flügel die beiden Stücke Rotwild, und da es sich nicht lohnt, bei der geringen Zahl eine neue Reihe zu machen, wird man in diesem Falle die drei Sauen in dieselbe Reihe links anschließend an das Rotwild legen. In der zweiten Reihe liegen die Füchse, in der dritten Reihe die Hasen. Grundsatz muß immer sein, daß die Strecke möglichst nicht tiefer als breit wird, weil das unschön aussieht; wenn also von einer Wildart nur wenige Stücke erlegt sind, so schließt man die folgende Wildart in derselben Reihe an. Nur für das Raubwild gilt das nicht, Füchse und anderes Raubwild liegen stets in einer

Reihe für sich, selbst wenn es nur ein einziges Stück ist. Auch beim Streckelegen sollte es keine zu starre Regeln geben; man sei aber immer darauf bedacht, daß die Strecke sauber und ordentlich gelegt wird und der Zahl des erlegten Wildes entsprechend ein harmonisches Bild abgibt.

Der Jagdherr und die Schützen stehen vor der Strecke, die Bläser hinter der Strecke am rechten Flügel; hinter den Bläsern stehen die Treiber, die Hundeführer mit den Hunden am linken Flügel. Nachdem die Strecke fertig gelegt ist, gibt der Jagdherr das Gesamtergebnis bekannt. Auf Jagden, bei denen der Jagdherr nicht selbst Jagdleiter war, kann er sich die Strecke durch diesen melden lassen. Alsdann gibt der Jagdherr in kurzen Worten seinem Dank an Jäger, Treiber, Hundeführer und Bläser Ausdruck und läßt die Strecke verblasen. Es wird in der Reihenfolge verblasen, wie die Strecke liegt. Nach dem letzten Totsignal folgt „Jagd vorbei" und „Halali". Man kann die Feierlichkeit dieses schönen alten Brauches noch erhöhen, wenn man die Strecke bei Fackelbeleuchtung oder bei brennenden Kienfeuern verblasen läßt.

Verschiedene Jagdbräuche

Der alte Brauch des Jägerrechts, die Bräuche beim Aufbrechen, Auswerfen, Ausfahren und Aushaken des Wildes sowie beim Zerwirken und Zerlegen sind schon früher beschrieben worden. Doch möchte ich hier noch auf einzelne Gepflogenheiten oder neuere Bräuche eingehen, die sich im Laufe der letzten Jahrzehnte entwickelt haben. Dabei spreche ich bewußt nicht die sogenannte *Totenwacht* an, da es dem Empfinden des Einzelnen überlassen bleiben muß, in welcher Form er dem erlegten starken Stück Wild die letzte Ehre erweisen und seiner Freude Ausdruck geben möchte. Das sind so persönliche Empfindungen, daß sie sich nicht gut in die Form überkommenen Brauchtums einpassen lassen.

Jedes Stück Schalenwild wird nach altem Brauch stets mit dem Haupt nach vorn geschleppt, getragen, gefahren oder gekarrt. Dieser Brauch hat auch eine praktische Bedeutung; schleift man z. B. Wild umgekehrt, so brechen sehr leicht die Haare ab, die Decke leidet, und das Stück wird unansehnlich, außerdem schleift es sich erheblich schwerer. Ein Stück Schalenwild wird, nachdem es auf den Wagen oder Karren gezogen ist, mit Brüchen bedeckt, insbesondere werden einige sperrige Brüche in die Bauchhöhle gesteckt, um einmal die Fliegen abzuhalten und den Luftzutritt in die Bauchhöhle zu ermöglichen, und weil das Stück außerdem so geschmückt einen besseren Anblick bietet.

Der Gruß des Jägers lautet „Waidmannsheil", die Antwort ebenfalls „Waidmannsheil". Will sich ein Jäger bedanken etwa für einen Glückwunsch zur Erlegung eines Stückes Wild oder für die Überreichung des Schützenbruches, so sagt er „Waidmannsdank".

Aus dem alten „Ho Rüd Ho" hat sich das heutige „Horrido" entwickelt. will jemand ein Horrido ausbringen, so sagt er z. B.: Das edle deutsche Waidwerk: Horrido! Alle: Joho! Der Ausbringende: Horrido! Alle: Joho! Der Ausbringende: Horrido! Alle: Joho! Es ist geschmacklos, an das Joho ein Hussassa oder irgendwelchen Unsinn anzuhängen.

Man tritt nicht über ein erlegtes Stück oder gar über die Strecke, es entspricht auch nicht waidmännischer Sitte, sich auf ein gestrecktes Wild zu setzen. Das Verhalten eines Jägers sei in allen Fällen einfach und bescheiden. Prahlerisches Aufschneiden entspricht nicht unserer Jägerart. Dagegen ist das Jägerlatein beim kreisenden Humpen ein uralter Brauch, und niemand sollte sich beleidigt oder verletzt fühlen, der einem alten Jäger beim Erzählen hahnebüchener Geschichten auf den Leim gegangen ist. Der Seemann spinnt sein Garn, und wir Jäger erzählen Jägerlatein.

Der Brauch nach einer Gesellschaftsjagd, beim *Schüsseltreiben* einen Jagdkönig zu küren, ist weitverbreitet und auch verständlich; der gute Jäger, der zuverlässige Schütze soll geehrt werden. Das kann in schlichter Form erfolgen. Man hüte sich aber, die Königswürde zum Anlaß zu nehmen, den Abend in ein wüstes Gelage ausarten zu lassen. Das gleiche gilt für das *Jagdgericht,* das durchaus humorvoll abgezogen werden kann. Ehe man jedoch Auswüchsen die Tür öffnet, verzichte man besser darauf.

So ranken sich Brauch und Sitte um deutsches Waidwerk durch die Jahrhunderte. Wir Menschen eines technischen Zeitalters, die im Alltag gehetzt sind vom Tempo der Zeit und der Maschine, wollen in der Beachtung alten Brauchtums uns Art und Wesen derer bewahren, die vor uns jagten. Wir wollen nicht den letzten Zweck, den tiefsten Sinn des Jagens in der Erlegung des Wildes und in der Erinnerung der Trophäe sehen, wir wollen nicht im Hetztempo unserer Zeit die Jagd herabwürdigen zu einer sportlichen Betätigung, sondern wir wollen als Jäger zurückfinden zu den Werten, die uns auch heute noch gerechtes Waidwerk bieten kann; wir wollen erkennen, daß nicht das „Was", sondern das „Wie" entscheidend bei allem Waidwerk ist. Die Jagd soll uns Ausgleich sein zu unserem täglichen Dasein, sie soll uns Liebe und Verbundenheit zur Natur vermitteln. Diese hohen ethischen Werte der Jagd werden sichtbar verkörpert in Brauch und Sitte, wie sie uns in unserem Waidwerk überliefert sind.

SECHSTER TEIL

BEWERTUNGSFORMELN

Die formelmäßige Bewertung der Jagdtrophäen

In früherer Zeit wurden die Jagdtrophäen, also Geweih, Gehörn, Krucken, Keilerwaffen usw. nach gutachtlichem Ermessen der Bewerter frei beurteilt, wobei einzelne Kriterien, wie Endenzahl, Gewicht oder Sehnenhöhe mehr oder weniger willkürlich mitberücksichtigt wurden. Objektive Vergleichsmaßstäbe aber gab es nicht und Begriffe wie stark – kapital – hochkapital – waren gleitend. Auf Ausstellungen war es dem Mehrheitsbeschluß der Preisrichter überlassen, eine Bewertung und Prämiierung der verschiedenen Trophäen vorzunehmen. Häufige Beanstandungen waren die Folge dieser Unzulänglichkeiten. Während auf Ausstellungen aber immerhin ein umfangreiches Vergleichsmaterial zur Verfügung stand, so daß es fraglos möglich war, mit gewisser Genauigkeit die stärkste, zweitstärkste usw. Trophäe einigermaßen sicher zu ermitteln, war der Vergleich von Einzeltrophäen, die ein Jäger irgendwo zu Gesicht bekam, mit anderen Trophäen fast unmöglich. Es ist ein sehr großer Unterschied, in welcher Umgebung und in welcher Aufmachung man eine Trophäe zu Gesicht bekommt; ein Hirschgeweih, das in einem niedrigen Zimmer vor hellem Hintergrund allein an einer Wand hängt, hinterläßt auf jeden Beschauer, auch auf den erfahrensten und sachverständigsten, stets einen stärkeren Eindruck, als wenn ein gleichstarkes oder gar dasselbe Geweih in einem großen Saal, womöglich noch mit anderen und noch stärkeren zusammenhängt.

Die Jägerei hat sich früher, insbesondere beim Hirschgeweih, damit geholfen, daß man das Gewicht des Geweihs ermittelte und dadurch schon einen guten Anhalt für die wahre Stärke der Trophäe hatte. Wenn man z. B. wußte, daß in einem Revier Hirsche von 8 kg Geweihgewicht oder gar noch darüber erbeutet waren, so konnten die Hirsche bestimmt nicht schlecht sein, andererseits gibt das Gewicht auch keinen absolut sicheren Faktor für die Bewertung. Zunächst finden die Form, die Endenzahl, die Kronenbildung, die Farbe, kurzum die ganze „Schönheit" des Geweihs keinerlei Berücksichtigung bei der Bewertung allein nach dem Gewicht. Darüber hinaus ist aber auch das Gewicht eines Geweihs, ebenso eines Gehörns bei gleichem Volumen in verschiedenen Gebieten, ja, z. T. sogar von Revier zu Revier verschieden. Es gibt Geweihe, die porös gewachsen sind und bei verhältnismäßig großem Volumen nur ein geringes Gewicht aufweisen, andererseits gibt es dünnstangige Geweihe, die im Innern eine sehr dichte Struktur zeigen und dadurch eisenschwer sind.

Auf der Internationalen Jagdausstellung in Leipzig 1930 wurden zum erstenmal nach bestimmten Formeln die Jagdtrophäen vermessen, und das zahlenmäßige Ergebnis allein wurde für die Bewertung der Trophäe herangezogen. Schon vor dem Ersten Weltkrieg hatte man auf einzelnen Jagdausstellungen die Länge der Stangen, den Umfang der Stangen und auch das Volumen der Trophäe, das durch Wasserverdrängung gemessen wurde, zur Beurteilung herangezogen. Nach feststehenden Formeln wurde dagegen zum erstenmal in Leipzig gewertet. Diese Formeln sind inzwischen, insbesondere bei der Vorbereitung der großen

Internationalen Jagdausstellung in Berlin 1937, mehrfach abgeändert und ergänzt worden. So werden heute bei der Findung der Wertziffern neben den meßbaren Kriterien, wie Länge, Umfang, Auslage, Gewicht, auch die übrigen Merkmale, wie Kronenausbildung, Farbe, Form, Perlung, u. ä., mit berücksichtigt und mit Zuschlägen, ggf. auch mit Abzügen, gewertet.

Es dürfte sich erübrigen, auf diese Entwicklung näher einzugehen, es sei nur kurz der Männer gedacht, die um die formelmäßige Bewertung der Trophäen sich besonders bemüht haben. Die ersten Vorschläge für die Rothirschgeweihformel stammen vom GRAFEN MERAN (Steiermark). Diese enthielten nur Längen- und Umfangsmessungen. Der Direktor des Zoologischen Gartens in Budapest, NADLER, entwickelte hieraus die sog. *Nadlerformel,* die international in ganz Europa angewandt wurde, und aus der sich, insbesondere zur Verwendung bei der Internationalen Jagdausstellung in Berlin, die sog. Prager Rotwildformel und später auch die deutsche Rotwildformel entwickelten. Leider wurde auch diese Formel, wenn auch nur unwesentlich, anläßlich der Internationalen Jagdausstellung in Düsseldorf 1954 abgeändert. Im Jahre 1955 beschloß der „Conseil International de la Chasse et de la Conservation du Gibier" (CIC) neben der Internationalen Rothirschformel auch die Nadlerformel wieder zuzulassen. Schließlich kam der CIC 1975 in Paris überein, die Formeln für das europäische Wild unverändert zu belassen. Das wurde, nachdem 1976 noch eine textliche Überarbeitung erfolgte, auf der Tagung 1976 in Brüssel bestätigt.

Die Formel für Elchschaufeln hat der bekannte ostpreußische Elchjäger v. KOBYLINSKI geschaffen. Sie wurde inzwischen durch eine in Polen entwickelte Bewertung für Stangengeweihe ergänzt.

Für die Damschaufeln wurde zuerst in Ungarn eine Formel angewandt, die durch Oberbaurat WILD in verschiedenen Punkten ergänzt und abgeändert und letztmalig 1965 in einem fehlerhaften Ansatz korrigiert wurde.

Verfasser der Rehgehörnformel ist Forstmeister BIEGER, der zu seiner Zeit als Spezialist auf dem gesamten Gebiete der Formelbewertung der Jagdtrophäen galt. Es sei an dieser Stelle auf sein Buch „Die Bewertung der europäischen Jagdtrophäen" (erschienen im Verlag Paul Parey, Hamburg und Berlin) verwiesen[1].

Die Formeln für Keilergewehre und Muffelschnecken stammen aus Ungarn. Die heutige Formel für Gamskrucken ist aus bayerischen und österreichischen Bewertungsformeln entstanden.

Forstmeister BIEGER gibt in seinem oben zitierten Buch folgende Vorzüge der formelmäßigen Bewertung an:

1. Die Preisrichter können ihr Urteil zahlenmäßig belegen.
2. Beanstandungen fallen fort und lassen sich schnell zurückweisen.
3. Abstimmungen unter den Preisrichtern, wie sie bei der freien Beurteilung üblich sind, erübrigen sich.
4. Jede Beeinflussung oder Parteilichkeit ist ausgeschlossen.
5. Eine einheitliche Formel gibt eine Grundlage für gleichmäßige Beurteilung.
6. Die Geweih- und Gehörnentwicklung läßt sich sowohl für größere Gebiete als auch für kleinere Bezirke und einzelne Jahre genau verfolgen.
7. In wissenschaftlicher Hinsicht gibt die Formel einen brauchbaren Anhalt zur Klärung mancher Fragen.
8. Auch Nichtaussteller können ihre Trophäe beurteilen und mit den ausgestellten Beutestükken vergleichen.

---

[1] 6. Aufl., herausgegeben von Prof. NÜSSLEIN.

Diesen Auffassungen von BIEGER kann man in jeder Beziehung zustimmen. Im Rahmen unserer Hegebestrebungen bildet die formelmäßige Bewertung der Trophäen über längere Zeiträume gesehen einen unentbehrlichen Weiser für die Entwicklung der Bestände der einzelnen Wildarten. Denn die starke Trophäe ist in der Regel Ausdruck gesunden, kräftigen Wildes und wohl geeignet, als Wertmaßstab zu gelten.

Aber wie alles im Leben, so haben auch die Trophäenformeln ihren Haken; jedes Geweih und jedes Gehörn ist ein Gebilde der Natur und daher ungeheuer mannigfaltig und verschiedenartig. Die Zahl kann immer nur grobe Werte angeben, niemals aber Schönheitswerte oder feine Nuancen in der Ausformung vermitteln. Ein Geweih, das z. B. 190 Punkte bei der formelmäßigen Bewertung aufweist, wird gewiß immer ein starkes Geweih sein; trotzdem kann ein Geweih, welches 20 Punkte weniger mißt, dem Jäger tausendmal begehrenswerter erscheinen.

Eine schlimmere Folge der Formelbewertung ist dagegen die im Gefolge jeder zahlenmäßigen Messung sehr leicht eintretende Rekordsucht. Es geht nicht mehr um die Trophäe schlechthin, sondern es geht um die Punktzahl! Der Hirsch ist kaum verendet, und schon kniet der Jäger neben dem Haupt und mißt mit zu diesem Zwecke mitgeführtem Zentimetermaß die Punkte des Geweihs aus. Ist die Punktzahl geringer, als der Schütze geschätzt hatte, so verwandelt sich die Freude des Erlegers schnell in das Gefühl einer Enttäuschung. Die Rekordsucht obsiegt, und damit wird die Jagd herabgewürdigt zum Sport, was sie für den wahren Waidmann nicht sein soll und nicht sein darf. Ich kenne bereits Jäger, die es ablehnen, ihre Trophäen zu vermessen, und die den leider aufgekommenen Zahlenfimmel nicht mitmachen wollen. Es sind sicher nicht die schlechtesten. Die Wahrheit liegt auch hier in der Mitte, wir kommen ohne eine formelmäßige Bewertung der Jagdtrophäen heute nicht mehr aus, aber andererseits hüte man sich davor, auf der Jagd der Zahl eine zu große Bedeutung beizumessen.

Ich lasse die Bewertungsformeln der Trophäen unserer wichtigsten Schalenwildarten folgen, wie sie heute international anerkannt sind.

Bewertungsformeln der Jagdtrophäen

1. ROTHIRSCH

Internationale Formel

I. Messungen:			Punkte:
1. Länge der linken Stange	}	Durchschn. in cm × 0,5	_____
Länge der rechten Stange			
2. Länge der linken Augsprosse	}	Durchschn. in cm × 0,25	_____
Länge der rechten Augsprosse			
3. Länge der linken Mittelsprosse	}	Durchschn. in cm × 0,25	_____
Länge der rechten Mittelsprosse			
4. Umfang der linken Rose	}	Durchschn. in cm × 1	_____
Umfang der rechten Rose			
5. Umfang der linken Stange zwischen Aug- und			
Mittelsprosse		in cm × 1	_____
Umfang der rechten Stange zwischen Aug-			
und Mittelsprosse		in cm × 1	_____

---

[1] Nach W. BIEGER/F. NÜSSLEIN, Die Bewertung der europäischen Jagdtrophäen. Verlag Paul Parey.

6. Umfang der linken Stange zwischen Mittelsprosse
   und Krone   in cm × 1   ———
   Umfang der rechten Stange zwischen Mittelsprosse
   und Krone   in cm × 1   ———

7. Gewicht des trockenen Geweihs   in kg × 2   ———

8. Auslage   von 0–3 Punkte   ———

9. Zahl der Enden   1 Ende = 1 Punkt   ———

II. Zuschläge (Schönheitspunkte):

a. Farbe   von 0–2 Punkte   ———

b. Perlung   von 0–2 Punkte   ———

c. Spitzen der Enden   von 0–2 Punkte   ———

d. Eissprossen   von 0–2 Punkte   ———

e. Krone   von 0–10 Punkte   ———

      Summe I. 1–I. 9 und II. a–e: ———

III. Abzüge (Fehler):   von 0–3 Punkte   ———

      Endgültige Summe: ———

Anweisung für die Anwendung

I. 1. Stangenlänge: Messung entlang des äußeren Bogens vom unteren Rosenrand bis zur Spitze des Kronenendes, das den höchsten Längenmeßwert ergibt. Das Bandmaß wird nicht in den Winkel zwischen Rose und Stange eingedrückt.

2. Länge der Augsprosse: Messung vom oberen Rosenrand bis zur Spitze des Sprosses.

3. Länge der Mittelsprosse: Messung vom unteren Ansatzpunkt, der aus der Halbierung des Winkels zwischen Stangen- und Endenachse gebildet wird, bis zur Spitze der Sprosse.

5. u. 6. Stangenumfang: Messung an der schwächsten Stelle. Sprossen über der Mittelsprosse werden zur Krone gerechnet.

7. Geweihgewicht: Das Geweihgewicht (mindestens 3 Monate nach der Erlegung festgestellt) ist im Regelfalle um 0,5 bis 0,7 kg herabzusetzen entsprechend der Größe des Schädelabschnittes und dem Vorhandensein des Oberkiefers.

8. Auslage:

Weniger als 60 % der durchschn. Stangenlänge	= 0 Punkte
60–70 % der durchschn. Stangenlänge	= 1 Punkt
70–80 % der durchschn. Stangenlänge	= 2 Punkte
über 80 % der durchschn. Stangenlänge	= 3 Punkte

9. Als Enden werden 2 cm und mehr über der Stangenoberfläche gerechnet.

II. Zuschläge: a. Farbe: Für die Beurteilung der Farbe gilt das Schema:

hellgrau, gelblich oder künstlich gefärbt	0 Punkte
grau bis mittelbraun	1 Punkt
dunkelbraun bis schwarz	2 Punkte

d. Eissprosse: Für die Beurteilung der Eissprosse gilt das Schema:

			Punkte
kurz	2–10 cm lang	einseitig	0
		beiderseitig	0,5
mittel	10,1–15 cm lang	einseitig	0,5
		beiderseitig	1,0
lang	über 15 cm lang	einseitig	1,0
		beiderseitig	2,0

e. Krone: Für die Beurteilung der Kronenenden gilt das Schema:

kurz	2–10 cm lang
mittel	10,1–15 cm lang
lang	über 15 cm lang

Für die Wertung der Kronenenden gilt das Schema:

Gesamte Endenzahl beider Kronen	Punkte
5–7 kurz	1– 2
5–7 mittel	3– 4

5–7 lang	4– 5
8–9 kurz	4– 5
8–9 mittel	5– 6
8–9 lang	6– 7
10 und mehr kurz	6– 7
10 und mehr mittel	7– 8
10 und mehr lang	9–10

Bei unterschiedlichen Endenlängen in der Krone ist eine dem Bewertungsschema entsprechende Verrechnung vorzunehmen.

Gegabelte Enden sind dabei nur einmal in ihrer ganzen Länge zu erfassen.

III. Abzüge: Als Fehler gelten unter anderem ungleichmäßige Stellung der Stangen, deutlich ungleiche Stangenlänge, ausgesprochene Asymmetrie des Geweihes und Unregelmäßigkeiten der Aug-, Eis- und Mittelsprosse, sofern diese nicht über die Wertung der Länge der jeweiligen Sprosse bereits erfaßt sind.

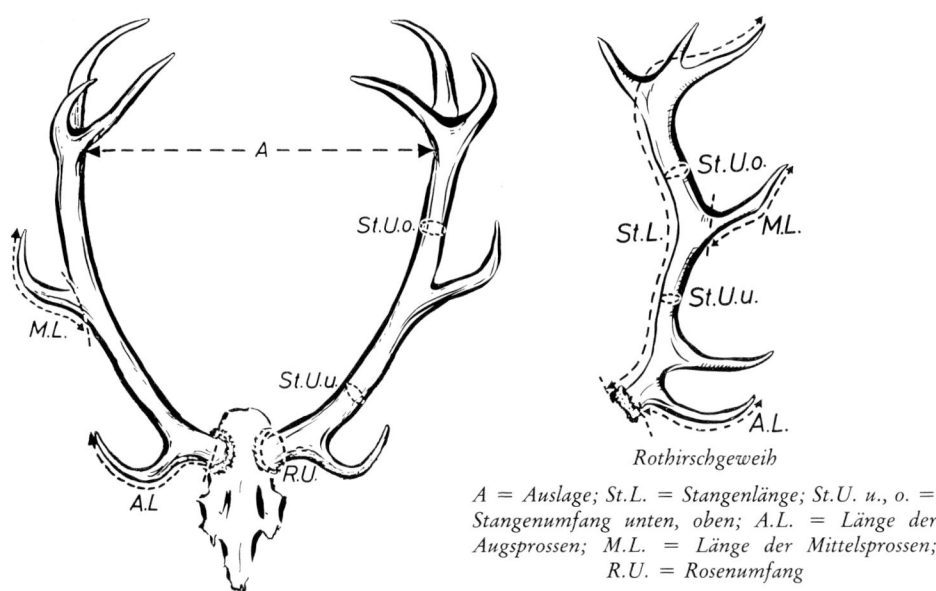

Rothirschgeweih

A = Auslage; St.L. = Stangenlänge; St.U. u., o. = Stangenumfang unten, oben; A.L. = Länge der Augsprossen; M.L. = Länge der Mittelsprossen; R.U. = Rosenumfang

Praktische Durchführung

Bei der Feststellung der Stangenlänge können bei endenreichen Kronen Zweifel darüber entstehen, welches Kronenende zu vermessen ist. Maßgebend ist das längste Ende, das oft erst durch Probieren ermittelt werden muß. Dabei ist darauf zu achten, daß das Bandmaß der Anleitung entsprechend sorgfältig an die Stange gedrückt wird, so daß alle Krümmungen mitgemessen werden. Die Längenmaße beginnen am unteren, dem Schädel zugekehrten Rande der Rose. Das Bandmaß wird nicht über den oberen Rosenrand in den von der Rose und der Stange gebildeten Winkel gedrückt, sondern vom oberen Rosenrand direkt nach oben geführt.

Der untere Ansatzpunkt für die Messung der Mittelsprossenlänge ist die Stelle, wo der Mittelsproß sich deutlich von der Stange absetzt. Gemessen wird auf 1 mm genau.

Für die *gegenseitige Verrechnung der Enden* an einer Krone mögen zwei unmaßgebliche Beispiele dienen:

a. Eine Krone hat 3 kurze Enden und 1 mittleres Ende; das mittlere Ende mag gleich 2 kurzen gesetzt werden, so daß die Gesamtendenzahl 5 kuze Enden beträgt und mit 1–2 Punkten bewertet wird.

b. Eine Krone hat 4 lange Enden; diese mögen gleich 8 mittleren oder 12 kurzen Enden gesetzt und mit 5–6 oder 6–7 Punkten bewertet werden.

Für die *Erfassung gegabelter Enden* der Krone diene die Erläuterung: Ist ein Ende in mehrere Zinken (Enden) gegabelt, so wird der Teil des Endes, der zwischen seinem Ansatz an der Stange und dem Beginn der Gabelung liegt, nur einmal zusammen mit einem Zinken erfaßt (und so in kurz, mittel oder lang eingestuft); jeder der übrigen Zinken wird nur als solcher erfaßt (und in kurz, mittel oder lang eingestuft).

Zur Krone werden alle über der Mittelsprosse angesetzten Enden – auch die sogenannte Wolfssprosse – gerechnet.

Das *Geweihgewicht* läßt sich am einfachsten mit einer Brückenwaage ermitteln, die schräg auf die Tischecke gesetzt ist. Das Geweih wird mit dem Hinterhauptbein auf die nach außen liegende Waageschale gelegt, so daß die Stangen frei an beiden Seiten der Tischecke hängen. In den ersten zwei Wochen nach der Erlegung verlieren Geweihe etwa 10 % an Gewicht; es empfiehlt sich daher, von dem Monate nach der Erlegung ermittelten Gewicht einen entsprechenden Abzug vorzunehmen. Gewogen wird auf 0,01 kg genau.

Zu beachten ist dabei, daß als Norm das kurz gekappte Geweih mit Nasenbein gilt. Bei Geweihen, die mehr Schädelanteil haben als diese Norm, müssen entsprechende Abzüge vorgenommen werden. Beim ganzen Schädel (mit Hinterhaupt und Oberkiefer samt Zähnen) sind 0,7 kg abzuziehen, bei geringerem Schädelanteil entsprechend weniger.

Die *Auslage* wird an der Stelle gemessen, an der die innere Entfernung der Stangen am größten ist.

Hervorgehoben sei ferner, daß für die Bewertung der *Zahl der Enden* die tatsächliche Endenzahl maßgebend ist. Ein ungerader Zwölfer wird also nur mit 11 Punkten bewertet, wenn er an der einen Stange 6 und an der anderen 5 Enden aufweist. Abgekämpfte Enden über 2 cm rechnen voll, völlig abgebrochene oder künstlich aufgesetzte Enden werden nicht gezählt.

2. DAMHIRSCH

Formel

I. Messungen:		Punkte:
1. Länge der linken Stange Länge der rechten Stange	Durchschn. in cm × 0,5	_____
2. Länge der linken Augsprosse Länge der rechten Augsprosse	Durchschn. in cm × 0,25	_____
3. Länge der linken Schaufel Länge der rechten Schaufel	Durchschn. in cm × 1	_____
4. Breite der linken Schaufel Breite der rechten Schaufel	Durchschn. in cm × 1,5	_____
5. Umfang der linken Rose Umfang der rechten Rose	Durchschn. in cm × 1	_____
6. Umfang der linken Stange zwischen Aug- und Mittelsprosse	in cm × 1	_____
Umfang der rechten Stange zwischen Aug- u. Mittelsprosse	in cm × 1	_____
7. Umfang der linken Stange zwischen Mittelsprosse und Schaufel	in cm × 1	_____
Umfang der rechten Stange zwischen Mittelsprosse u. Schaufel	in cm × 1	_____
8. Gewicht des trockenen Geweihs	in kg × 2	_____

II. Zuschläge (Schönheitspunkte):		
a. Farbe	von 0–2 Punkte	_____
b. Enden an den Schaufeln	von 0–6 Punkte	_____
c. Wucht, Form, Regelmäßigkeit	von 0–5 Punkte	_____
	Summe I. 1–I. 8 und II. a–c:	_____

III. Abzüge (Fehler):		
a. Ungenügende Auslage	von 0–6 Punkte	_____
b. Fehlerhafte Schaufeln	von 0–10 Punkte	_____
c. Unerwünschte Kanten der Schaufeln	von 0–2 Punkte	_____
d. Mangelnde Ebenmäßigkeit	von 0–6 Punkte	_____
	Summe III. a–d:	_____
	Endgültige Summe:	_____

Anweisung für die Anwendung

I. 1. Länge der Stangen: Messung vom unteren Rosenrand bis zum höchsten Punkt der geschlossenen
Schaufel. Schaufelartige Fortsetzungen kommen nur dann bei der Messung der Länge zur Berücksichtigung, wenn deren größte Breite wenigstens das halbe Maß der größten vollen Schaufelbreite aufweist.
2. Länge der Augsprossen: Vom oberen Rosenrand bis zur Spitze des Sprosses.
3. Länge der Schaufeln: Messung auf der äußeren Krümmung von der Stelle, an der sich die Stange zu
verbreitern beginnt, bis zum höchsten Punkt der geschlossenen Schaufel.

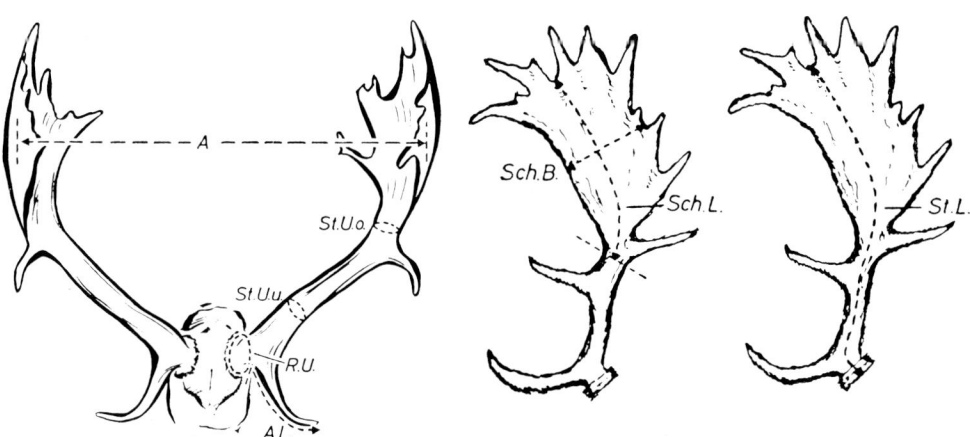

Damhirschgeweih

*A = Auslage; St.L. = Stangenlänge; A.L. = Länge der Augsprossen; Sch.L. = Schaufellänge; Sch.B. =
Schaufelbreite; R.U. = Rosenumfang; St.U.u., o. = Stangenumfang unten, oben*

4. Breite der Schaufeln: Messung des ganzen Umfanges der Schaufel an ihrer breitesten Stelle ohne Enden
und Auswüchse und Berechnung der Hälfte dieses Maßes.
6.–7. Umfang der Stangen: Messung an der schwächsten Stelle.
8. Geweihgewicht: Bei Geweihen mit ganzem Schädel ohne Unterkiefer werden 0,25 kg, mit Oberkiefer
ohne Zahnreihen 0,1 kg abgezogen.

II. Zuschläge:

a. Farbe (0–2 P.). Hierfür gilt folgende Aufteilung:

hellgelb oder künstlich gefärbt		0 Punkte
grau bis mittelbraun		1 Punkt
braun bis schwarz		2 Punkte

b. Endenbildung (2 cm und mehr) an den Schaufeln (0–6 P.).
Hierfür gilt folgende Wertung:

Schaufelkanten mit wenigen	einseitig	0 Punkte
kurzen Enden	beiderseitig	0 Punkte
$^1/_3$ der Schaufelkanten mit Enden	einseitig	1 Punkt
	beiderseitig	2 Punkte
$^2/_3$ der Schaufelkanten mit Enden	einseitig	2 Punkte
	beiderseitig	4 Punkte
Enden am gesamten hinteren	einseitig	3 Punkte
Schaufelrand einschließlich Dorn	beiderseitig	6 Punkte

III. Abzüge: a. Ungenügende Auslage

unter 85 % der mittleren Stangenlänge =	1 Punkt
unter 80 % der mittleren Stangenlänge =	2 Punkte
unter 75 % der mittleren Stangenlänge =	3 Punkte
unter 70 % der mittleren Stangenlänge =	4 Punkte
unter 65 % der mittleren Stangenlänge =	5 Punkte
unter 60 % der mittleren Stangenlänge =	6 Punkte

b. Fehlerhafte Schaufeln. Bei fischbauchförmigen oder gegabelten Schaufeln sind 0–10 Punkte abzuziehen. Zur Erläuterung diene folgende Aufteilung:

Fischbauch-, Karo-, Dreiecksschaufel	einseitig	1– 3 Punkte
	beiderseitig	2– 6 Punkte
Schlitzschaufel	einseitig	2– 4 Punkte
	beiderseitig	4– 8 Punkte
zerrissene Schaufel	einseitig	3– 5 Punkte
	beiderseitig	6–10 Punkte
Schwertschaufel	einseitig	4– 5 Punkte
	beiderseitig	8–10 Punkte

c. Als unerwünscht gelten z. B. glatte oder morsche Kanten der Schaufeln; hier sind 0–2 Punkte abzuziehen.

d. Mangelnde Ebenmäßigkeit liegt vor allem bei unterschiedlicher Ausbildung der Stangen, und zwar bei ungleichmäßiger Stellung der Stangen, unregelmäßiger Länge der Stangen und Unterschieden in der Länge der Aug- und Mittelsprossen.

Praktische Durchführung

Die Messung beginnt oberhalb der Mittelsprosse, dort, wo der Stangenumfang mindestens 1 cm größer als an der schwächsten Stelle ist. Bei normalgeformten Schaufeln sollte kein Punkt der gekrümmten Schaufelmeßlinie von dem vorderen Schaufelrand einen größeren Abstand haben als der Endpunkt der Meßlinie am oberen Schaufelabschluß.

Die Enden werden bei der *Stangenlänge* nicht berücksichtigt. Der höchste Punkt der geschlossenen Schaufel muß bisweilen durch Probemessungen gefunden werden. Wenn die Schaufel tief gegabelt ist, gilt der breitere Teil als die geschlossene Schaufel. Teilweise schaufelartige Fortsetzungen der Schaufel sollten nur dann bei der Messung der Länge berücksichtigt werden, wenn deren größte Breite wenigstens das halbe Maß der größten vollen Schaufelbreite aufweist. Das Bandmaß wird nicht in die Ecke eingedrückt, die durch die obere Rosenfläche und die Stangenaußenwand gebildet wird.

Wenn die *Augsprossen* nicht unmittelbar über dem oberen Rosenrand ansetzen, darf das Stangenstück zwischen dem oberen Rosenrand und dem Augsprossenansatz nicht mitgemessen werden.

Als *Schaufelbreite* wird die Hälfte des Umfanges bezeichnet. Der Umfang wird mit fest angedrücktem Bandmaß an der breitesten Stelle der geschlossenen Schaufel ermittelt.

Die Messung des *Stangenumfanges* zwischen Mittelsproß und Schaufel kann bisweilen erschwert sein. Wenn in Sonderfällen die Schaufelbildung beiderseits bereits unmittelbar über der Mittelsprosse angesetzt hat, sollte für den oberen Stangenumfang der Wert für den Stangenumfang zwischen Aug- und Mittelsprosse unter Hinzurechnung von 1–2 Punkten für jede Stange in Ansatz gebracht werden. In denjenigen Fällen, in denen die Schaufelbildung nur auf einer Seite unmittelbar über der Mittelsprosse beginnt, sollte das Verhältnis des unteren und oberen Stangenmaßes der normalen Stange auch auf die andere Stange übertragen werden.

Das *Geweihgewicht* wird wie beim Rothirschgeweih ermittelt.

Bei der Messung der *Auslage* ist darauf zu achten, daß die größte innere Entfernung der Stangen gemessen wird. Diese liegt in den meisten Fällen im oberen Teil der geschlossenen Schaufel. Die Enden werden bei der Auslage nicht berücksichtigt.

Die wesentlich höhere Anzahl von Punkten für Zuschläge und Abzüge im Vergleich mit den Formeln von anderen Trophäen ist wegen der sehr differenzierten Ausformung der Damschaufeln notwendig. Sie macht aber auch eine besonders sorgfältige Handhabung erforderlich.

3. REHBOCK

Formel

I. Messungen:		Punkte:
1. Länge der linken Stange ⎫ Länge der rechten Stange ⎭	Durchschn. in cm × 0,5	_____
2. Gewicht des trockenen Gehörns	in g × 0,1	_____
3. Gehörnvolumen	in ccm × 0,3	_____
4. Auslage	von 0–4 Punkte	_____

II. Zuschläge (Schönheitspunkte):

a. Farbe   von 0–4 Punkte   _____

b. Perlung   von 0–4 Punkte   _____

c. Rosen   von 0–4 Punkte   _____

d. Spitzen der Enden   von 0–2 Punkte   _____

e. Regelmäßigkeit und Güte   von 0–5 Punkte   _____
   (Vereckung)

III. Abzüge (Fehler)   Summe I. 1–I. 4 und II. a–e: _____
                                            von 0–5 Punkte   _____
                                            Endgültige Summe   =======

Anweisung für die Anwendung

1. Stangenlänge: Messung an der Außenseite der Stange vom unteren Rosenrand, der Krümmung d. Stange folgend, bis zur Spitze.

2. Gewicht des trockenen Gehörns, mindestens 3 Monate nach der Erlegung: Bei ganzem Schädel mit Oberkiefer (ohne Unterkiefer) sind im Regelfall je nach Größe des Schädels 65–90 g abzuziehen.

3. Volumen des Gehörns: Messung durch Eintauchen der Stangen, außer Schädel und Rosenstöcke, in Wasser und Berechnung in ccm.

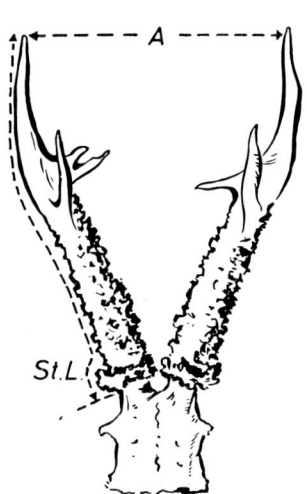 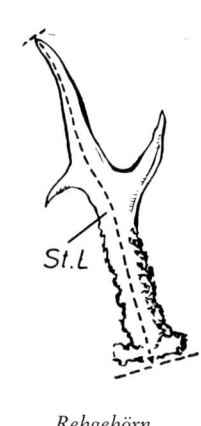

Rehgehörn
A = Auslage; St.L. = Stangenlänge

Schönheitspunkte:

Farbe:

hell oder künstlich gefärbt	0 P.
gelb oder hellbraun	1 P.
mittelbraun	2 P.
dunkelbraun ohne Glanz	3 P.
dunkel, fast schwarz	4 P.

Rosen:

schwach (schmal und niedrig)	0 P.
mittel (schnurförmig, wenig geperlt)	1 P.
gut (kranzförmig und ziemlich hoch)	2 P.
stark (breit und hoch)	3 P.
sehr stark	4 P.

Spitzen der Enden:

stumpf und wenig ausgeprägt	0 P.
stumpf und mittelmäßig entwickelt	1 P.
spitz und weiß poliert	2 P.

Perlung:

glatt, fast ohne Perlung	0 P.
schwach geperlt	1 P.
mittelmäßig geperlt (kleine, ziveml. zahlreiche Perlen)	2 P.
gut geperlt (kleine Perlen auf allen Stangenseiten)	3 P.
sehr gut geperlt (reiche Perlung auf allen Stangenteilen)	4 P.

Auslage:

sehr eng (unter 30 % der Stangenlänge)	0 P.
eng (30–35 %)	1 P.
mittel (35–40 %)	2 P.
gut (40–45 %)	3 P.
sehr gut (45–75 %)	4 P.
abnorm (mehr als 75 %)	0 P.

Für Regelmäßigkeit und Güte (Vereckung) der Gehörnform: 0–5 P.
davon für Regelmäßigkeit 0–3 P. und Güte (Vereckung) 0–2 P.
Für die Vereckung gilt: normale Enden = 0 P., gute Enden = 1 P., sehr gute Enden = 2 P.

Abzüge (Fehler):
Für mangelnde Vereckung, Unregelmäßigkeiten der Stangen und Enden und für poröse Gehörne: davon für mangelnde Vereckung 0–2 P. und für sonstige Unregelmäßigkeiten der Stangen oder für poröse Gehörne 0–3 P.
Für die Vereckung gilt: normale Enden = 0 P., einseitige oder mäßige Enden = 1 P., fehlende oder ganz kurze Enden = 2 P.

Praktische Durchführung

Bei der *Stangenlänge* wird der Winkel zwischen Rosenrand und Stange mit dem Meßband überbrückt, das Maß wird also nicht in den Winkel gedrückt.

Beim *Gehörngewicht* gilt als Norm das kurz gekappte Gehörn mit Nasenbein. Bei Gehörnen, die mehr Schädelanteil haben, müssen entsprechende Abzüge vorgenommen werden. Bei ganzem Schädel ohne Unterkiefer beträgt er 65–90 g. Beim Fehlen der Nase sollten 10 g, bei kurz gekapptem Schädel 20 g zugegeben werden. Die Ermittlung des Volumens ist umständlich. Für Jäger, die sich mit überschläglicher Bewertung zufriedengeben, sei folgendes Verfahren angegeben: Man multipliziert das Gehörngewicht mit 0,23 und erhält den Punktansatz für Gewicht und Volumen. Man bekommt auf diese Weise brauchbare Annäherungswerte. Diese Methode ergibt für spezifisch leichte Gehörne allerdings zu niedrige, für spezifisch schwere Gehörne zu hohe Wertziffern.

Die *Auslage* wird an der Stelle gemessen, an der die innere Entfernung der Stangen einschließlich der Spitzen der Enden am größten ist.

4. GAMS

Formel

I. Messungen:		Punkte:
1. Länge des linken Schlauches ⎫ Länge des rechten Schlauches ⎭	Durchschn. in cm × 1,5	_____
2. Höhe der Krucke	in cm × 1	_____
3. Umfang des stärksten Schlauches	in cm × 4	_____
4. Auslage der Krucke	in cm × 1	_____
II. Zuschläge (Alterspunkte):		
6–10 Jahre:	1 Punkt	_____
11–15 Jahre:	2 Punkte	_____
15 Jahre und mehr:	3 Punkte	_____
	Summe I. 1–I. 4 und II.:	_____
III. Abzüge:	0–5 Punkte	_____
Für Pechbelag	Endgültige Summe:	_____

Anweisung für die Anordnung

1. Durchschnitt der Schlauchlänge: Messung vom unteren Rand des Schlauches über die äußere Krümmung bis zur Spitze der Hakelung.
2. Höhe der Krucke: Messung von der Schädelnaht zwischen den beiden Schläuchen bis zur höchsten Stelle der Schlauchkrümmungen. Der obere Endpunkt wird mit Hilfe eines Lineals festgestellt, das auf die höchsten Punkte beider Schlauchkrümmungen gelegt wird.
3. Umfang des stärksten Schlauches: Messung an der stärksten Stelle einschließlich Pechbelag. Es können entsprechend der Stärke des Pechbelages bis zu höchstens 5 Punkte abgezogen werden.
4. Auslage: Messung des größten Abstandes der höchsten Punkte der Schlauchkrümmungen, von Mitte zu Mitte der Schläuche. Bei abnorm starker Auslage darf diese nicht höher bewertet werden als die Kruckenhöhe.

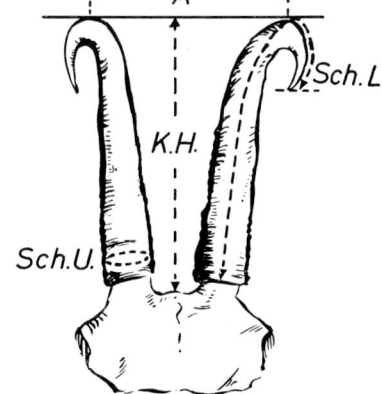

Gamskrucke
A = Auslage; K.H. = Höhe der Krucken;
Sch.L. = Schlauchlänge; Sch.U. =
Schlauchumfang

Praktische Durchführung

Besondere Sorgfalt erfordert das einwandfreie Bestimmen der Kruckenhöhe, weil die beiden Meßpunkte nicht leicht festzulegen sind. Der untere Meßpunkt liegt auf dem Schnittpunkt der Schädelnaht mit der kürzesten Verbindungslinie zwischen den beiden Schlauchansätzen. Der obere Meßpunkt liegt in der Mitte der Linie, die die beiden höchsten Punkte der Schlauchkrümmung verbinden. Der Verlauf dieser Linie muß mit Hilfe eines Lineals durch Probemessungen festgestellt werden.

Alle Maße werden auf 0,1 cm genau ermittelt.

5. MUFFELWIDDER

Formel

		Punkte:
I. Messungen:		
1. Länge des linken Schlauches Länge des rechten Schlauches }	Durchschn. in cm × 1	_____
2. Umfang des linken Schlauches an der Basis Umfang des rechten Schlauches }	Durchschn. in cm × 1	_____
3. Umfang des linken Schlauches im zweiten Drittel Umfang des rechten Schlauches im zweiten Drittel }	Durchschn. in cm × 1	_____
4. Umfang des linken Schlauches im dritten Drittel Umfang des rechten Schlauches im dritten Drittel }	Durchschn. in cm × 1	_____
5. Auslage der Schläuche	in cm × 1	_____
II. Zuschläge (Schönheitspunkte):		
a. Farbe	von 0–3 Punkte	_____
b. Rillung	von 0–3 Punkte	_____
c. Drehung der Schläuche	von 0–5 Punkte	_____
	Summe I. 1–I. 5 und II. a–c:	_____
III. Abzüge (Fehler):	0–5 Punkte	_____
	Endgültige Summe	═══════

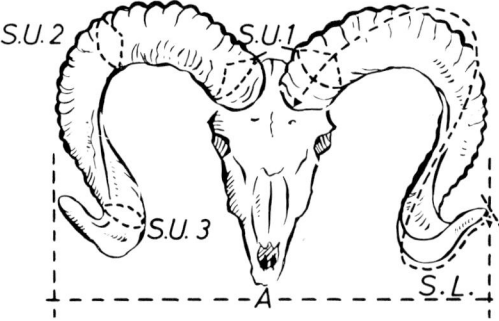

Muffelschnecken. A = Auslage; S.L. = Schlauchlänge; S.U. 1, 2, 3 = Schlauchumfang

Anweisung für die Anwendung

1. Länge der Schläuche: Messung vom unteren Rande der Schläuche bis zur Spitze, der äußersten Krümmung folgend.
2.–4. Umfang der Schläuche: Messung im ersten (unteren), zweiten (mittleren) und dritten (oberen) Drittel an der stärksten Stelle.
5. Auslage: Messung des größten Abstandes der Außenflächen der Schläuche mit der Kluppe.

Zuschläge (Schönheitspunkte):

Farbe:		Rillung:	
hell	1 Punkt	spärlich	1 Punkt
braun	2 Punkte	mittel	2 Punkte
schwarz	3 Punkte	dicht	3 Punkte

Abzüge (Fehler):
Fehlerabzüge sollen u. a. für Einwachser, für asymmetrische Schnecken, für zu engen und zu weiten Kreisbogen erteilt werden.

6. SCHWARZWILD

Formel

I. Messungen: Punkte:

1. Länge des linken Gewehrs }
   Länge des rechten Gewehrs }   Durchschn. in cm × 1   _____
2. Breite des linken Gewehrs }
   Breite des rechten Gewehrs }   Durchschn. in mm × 3   _____
3. Umfang des linken Haderers   in cm × 1   _____
   Umfang des rechten Haderers   in cm × 1   _____
II. Zuschläge (Schönheitspunkte):   von 0–5 Punkte   _____
                                    Summe I. 1–I. 3 u. II.:   _____
III. Abzüge für Unregelmäßigkeiten oder Fehler   von 0–10 Punkte   _____
                                    Endgültige Summe: _____

Anweisung für die Anwendung

1. Länge der Gewehre: Messung auf der äußeren Krümmung in cm auf 1 mm genau. Wenn die Spitze eines Gewehres abgebrochen ist, wird nur die tatsächliche Länge gemessen.
2. Breite der Gewehre: Messung an der breitesten Stelle mit Zirkel oder Kluppe in mm. Abnorme Auswüchse werden nicht gemessen.
3. Umfang der Haderer: Messung an der stärksten Stelle in cm auf 1 mm genau. Abnorme Auswüchse werden nicht gemessen. Unebenheiten sind bei der Messung nicht zu berücksichtigen.

Keilerwaffen. G.L. = Gewehrlänge; G.B. = Gewehrbreite; H.U. = Umfang der Haderer

		Punkte
4. Zuschläge (Schönheitspunkte)		0–5 P.
Es gilt folgendes Schema:		
Schönheitspunkte für Gewehre und zwar		0–2 P.
Färbung an der Schleifecke der Gewehre dunkelbraun bis schwarz, gleichmäßige Wölbung der Ober- und Außenfläche der Gewehre, ausgedehnte Schleifflächen, Ausbildung der Spitzen oder kreisförmige Krümmung der Gewehre	einseitig	1 P.
	beiderseitig	2 P.
Schönheitspunkte für Haderer und zwar		0–3 P.
Krümmung der Haderer	einseitig	1 P.
	beiderseitig	2 P.
Farbe der Schleiffläche der Haderer	einseitig	0,5 P.
	beiderseitig	1 P.
5. Abzüge (Fehler)		0–10 P
Es gilt folgende Aufteilung:		
Schleiffläche der Gewehre und zwar		0–3 P.
Schleiffläche unter 4 cm	einseitig	1,5 P.
	beiderseitig	3 P.
Schleiffläche unter 5 cm	einseitig	0,5 P.
	beiderseitig	1 P.
Ungleichheit der Gewehre in Länge, Breite und Form		0–3 P.
Ungleichheit der Haderer in Länge und Form		0–3 P.
Mißverhältnis zwischen Gewehren und Haderern		0–1 P.

SACHREGISTER

Wamme 30
Wanderfalk 100
Wanderhühner 115
Wanst 30
Warnen 50
Warnruf 37
Waschbär 84
Wasserhuhn 125
Wasserjagd 290, 294
Wasserralle 126
Wasserscheue 242
Wasserzeichen 56
Wechsel
–, Rehwild 58
–, Rotwild 19, 22
Wechseln 19
Wedel
–, Gamswild 42
–, Rehwild 56
–, Rotwild 19
Wedelziemer 19
Weide 72
Weihen 91
Weiß 47, 73
Weißes 44
Weißbäckchen 101
Weißer Storch 124
Weißwangengans 130
Welpen 224
Wenden 23
Wespenbussard 93
Wetzen 44, 45, 50, 52
Widderlamm 37
Widerrist 30
Widersinnig 56
Wiesel 82
Wieselspur 83
Wieseltritt 83
Wiesenweih 91
Wild 17
– als Lebensmittel 449
Wildacker 418
Wilddichte 34, 36, 60
Wilderer 422
Wilddieb 423
Wildenten 130
Wildfütterung 414
Wildgans 128
Wildkalb 17, 31
Wildkatze 77
Wildkrankheiten

–, Anzeigepflicht 475
–, Übersicht 426–450
–, Übersichtstabelle 433
–, Vorbeugen, Tilgung 446
Wildpret 19, 65, 75
Wildpretschuß 375, 384
Wildschadensverhütung 414, 419
Wildschaf 37
Wildschwan 127
Wimpelschlagen 23
Wind 253, 262
–, Holen 263
–, Überkippender 254
Windströmung 255
Winden
–, Enten 131
–, Fischotter 76
–, Rotwild 19, 28
Windfang 18, 71
Winterschlaf 67
Wirbel 374
Wirkung, Geschosse 194
–, Schrotschuß 204
Wirkungsgrenze
–, Schrotschuß 176
Wisch, mit 265
–, Zukriechen 267
Wisent 54
Wittern
–, Fuchs 71
–, Gamswild 42
–, Kaninchen 65
–, Marder 80
–, Murmeltier 68
–, Rotwild 19
–, Schwarzwild 47
–, Wildente 131
–, Wildkatze
Witterungsschäden 427
Wittrung 300
Witterungsvermögen 42
Wölfen
–, Fähe 68, 71
–, Wiesel 83
Wolf 54
Wolle 61
Worgen 50
Würgebohrung 177
Würgefalle 212
Wundbett 19

Wurf 43, 68
Wurmen 274
Wurzeln 72, 73

Zahn 86
Zähne 378
Zahnabnutzung 31, 34
Zahnbein 31
Zahnformel 30
Zahnschliff 31
Zahnschmelz 31
Zahnwechsel 31
Zahnwurzel 31
Zahnzement 31, 34
Zain 72
Zehenstifte 50
Zehnender 17
Zehner 17
Zeichen 23
Zeichnen 261, 374, 386
Zentralfeuerzündung 139
Zerlegen 20, 77, 404
Zerreißwirkung 194
Zerwirken 20, 403
Ziehen 114
–, zu Holz 14, 29
Zielfehler 198
Zielfernrohr 157
–, Montage 158
Zielübungen 179
Ziemer 19, 179, 404
Züchten 130
Züge 130
Zuge 118
Zügel 41
Zukunftshirsch 20
–, Böcke 412
Zusammenbrechen 20
Zuwachsringe 41
Zwang 25, 34
Zwergrohrdommel 123
Zwergschnepfe 120
Zwergschwan 128
Zwergtaucher 135
Zwergtrappe 121
Zwölfender 18, 24
Zylinderbohrung 144
Zylinderverschluß 144, 145, 147, 152

Weitere Jagdklassikerausgaben
in neuen Bearbeitungen:

Ferdinand von Raesfeld
Die Hege in der freien Wildbahn
Ein Lehr- und Handbuch. 4. Aufl., neubearb.
von Wildmstr. Hans Behnke. 1978. 320 Seiten,
266 Abb., davon 63 farbig. Kunstdruckpapier.
Leinen 64,– DM

Das Rotwild
Naturgeschichte, Hege und Jagd. 8. Aufl., völlig
neubearb, von Olfm. a. D. Friedrich Vorreyer.
1978. 397 Seiten mit 202 Abb., davon 17 farbig
auf 5 Tafeln nach Gemälden und Zeichnungen
von Fritz Laube, Wilhelm Buddenberg und
Gerhard Löbenberg. Kunstdruckpapier. Leinen
64,– DM

Das Rehwild
Naturgeschichte, Hege und Jagd. 8. Aufl., völlig
neubearb. von Alfred Hubertus Neuhaus und
Dr. Karl Schaich. 1978. 392 Seiten, 270 Abb.,
davon 36 farbig auf 5 Tafeln. Kunstdruckpapier.
Leinen 64,– DM

Diezels Niederjagd
22. Aufl. der Originalausgabe, bearb. von Prof.
Dr. Detlev Müller-Using. 1978. 377 Seiten, 203
Abb. nach Zeichnungen von Karl Wagner und
Wilhelm Buddenberg, 5 farbige Tafeln. Kunst-
druckpapier. Leinen 48,– DM

Erhard Ueckermann/Paul Hansen
Das Damwild
Naturgeschichte, Hege und Jagd. 1968. 280 Seiten, 157 Abb., davon 6 ganzseitig, 2 Farbtafeln
und 53 Tabellen. Kunstdruckpapier. Leinen 52,–
DM

Lutz Heck/Günther Raschke
Die Wildsauen
Naturgeschichte, Ökologie, Hege und Jagd.
1980. Ca. 200 Seiten mit zahlreichen Abb. Ca.
60,– DM. In Vorbereitung

Friedrich Türcke/Herbert Tomiczek
Das Muffelwild
Naturgeschichte, Hege und Jagd. 2., neubearb.
Aufl. in Vorbereitung für Herbst 1980

Werner Knaus/Wolfgang Schröder
Das Gamswild
Naturgeschichte, Verhalten, Ökologie, Hege
und Jagd, Krankheiten. 2., vollständig neubearb.
Aufl. unter Mitwirkung von Prof. Dr. Erich
Kutzer. 1975. 234 Seiten, 135 Abb., 22 Tab.
Kunstdruckpapier. Leinen 56,– DM

Alwin Lindner (Hrsg.)
Die Waldhühner
Naturgeschichte, Ökologie, Verhalten, Hege
und Jagd. Unter Mitarbeit von Dr. Heinz Brüll,
Dr. Ludwig von Lutterotti, Dr. Wolfgang Scher-
zinger. 1977. 148 Seiten, 51 Abb. und 26 Tab.
Kunstdruckpapier. Leinen 58,– DM

Rudolf Wetzel/Walter Rieck
Krankheiten des Wildes
Feststellung, Verhütung und Bekämpfung. Ein
Leitfaden für Jäger, Tierärzte, Biologen und
Landwirte. 2., neubearb. Aufl. 1972. 256 Seiten,
102 Abb. Kart. 38,– DM; Leinen 45,– DM

Gerd v. Lettow-Vorbeck
Das Jagdrevier – wie es sein sollte
Ein Ratgeber für die Einrichtung und Pflege
insbesondere von Pachtrevieren. 4 Aufl., neubearb. von Ofm. Friedrich Karl v. Eggeling. 1976.
132 Seiten, 45 Abb. im Text und auf 8 Tafeln.
Laminierter Einband 22,– DM

Hans Behnke
Jagdbetriebslehre
Eine praktische Einführung in die einzelnen
Jagdarten. 3., neubearb. Aufl. 1976. 112 Seiten,
52 Abb. Kartoniert 12,80 DM

Friedrich Karl v. Eggeling
Der Jäger als Land- und Forstwirt
Ein Leitfaden für Revierpraxis und Jägerprüfung. 1978. 78 Seiten, 52 Abb. Kunstdruckpapier. Kartoniert 14,80 DM

Walter Frevert
Das jagdliche Brauchtum
Jägersprache, Bruchzeichen, Jagdsignale und
sonstige Jagdgebräuche. 10., neubearb. Aufl.
1969. 148 Seiten, 25 Abb. Kartoniert 9,80 DM

Wörterbuch der Jägerei
Ein Nachschlagewerk der jagdlichen Ausdrücke.
4. Aufl., neubearb. und erweitert von Wildmstr.
Hans Behnke. 1975. 100 Seiten. Linson 14,80
DM

Die Jagdsignale
Vollständige Sammlung aller offiziellen Jagdsignale nebst einer Zusammenstellung weiterer ge-
bräuchlicher Signale, der Brackenjagdsignale und
der Bläserordnung des DJV sowie den Merkversen von Walter Frevert. Revidiert, zusammengestellt und hrsg. vom Deutschen Jagdschutz-Verband e. V. 3. Aufl. 1976. 46 Seiten, 29 mit Noten.
Kartoniert 5,– DM

Preisstand: Herbst 1979. Spätere Änderungen
vorbehalten

VERLAG PAUL PAREY · HAMBURG UND BERLIN

Fritz Barran
**Hochsitze, Fütterungen
und Hundezwinger**
Eine Anleitung für den Selbstbau kleinerer jagdlicher Bauten und Anlagen. 5., neubearb. Aufl.
1978. 63 Seiten. 78 Abb. im Text und auf 8
Tafeln. Kartoniert 12,– DM

Jagdhütten
Ein Leitfaden für das eigenhändige Bauen in der
jagdlichen Praxis. 4., neubearb. Aufl. 1972. 84
Seiten, 94 Abb. im Text und auf 12 Tafeln.
Kartoniert 10,80 DM

Hermann Brandt/Hans Behnke
Fährten- und Spurenkunde
Ein Hilfsbuch für Jäger und Naturfreunde über
Fährten, Spuren, Geläufe und andere Wildzei-
chen. 11., neubearb. und erw. Aufl. (43.–52.
Tsd.). 1978. 124 Seiten, 124 Abb., 12 Tafeln.
Leinen 18,– DM

Hans Behnke/Reinhard Behrendt
Jagd und Fang des Raubwildes
Anleitung zur gerechten Bejagung. 11., neuge-
staltete Aufl. 1977. 106 Seiten, 73 Abb., im Text
und auf 4 Tafeln. Kartoniert 14,– DM

Gerhard Janetzke/Heinz Hallensleben
Der Jagdschutz in der Praxis
Ein Leitfaden mit Beispielen für den Waffenge-
brauch des Jägers. 2., neubearb. und erw. Aufl.
1971. 120 Seiten. Kart. 14,– DM

Anton Usinger
Die Ruf-, Lock- und Reizjagd
5. Aufl., in der Bearbeitung von Wildmstr. Hans
Behnke. 1978. 69 Seiten, 36 Abb. im Text und auf
1 Tafel. Kartoniert 9,80 DM

Heinz Brüll (Hrsg.)
Die Beizjagd
Ein Leitfaden für die Falknerprüfung. Hrsg. un-
ter Mitarbeit von H. Brüll, G. Eutermoser, C.
Fentzloff, W. Hammer, D. Kollinger, K. Lind-
ner, H.-C. Petersen, H. S. Raethel, Chr. Saar, G.
Trommer. 3., neubearb. Aufl. 1979. 136 Seiten,
32 Abbildungen im Text und auf 12 Tafeln.
Leinen 36,– DM

Karl Grund
Jagdliches Schießen
Mit Büchse, Flinte und Kurzwaffe auf dem Stand
und im Revier. 1977. 230 Seiten, 185 Abb. Laminierter Einband 38,– DM

Bertil Haglund/Eric Claesson
Die Jagdwaffe und der Schuß
Büchse und Flinte im praktischen Gebrauch. 4.
Aufl., völlig neubearb. von Ing. (grad.) Helmut
Kinsky. 1978. 192 Seiten, 122 Abb., 16 Tafeln, 18
Tabellen. Leinen 38,– DM

Walter Frevert/Karl Bergien
**Die gerechte Führung
des Schweißhundes**
Ausbildung und Einsatz aller für die Arbeit auf
der Wundfährte geeigneten Jagdhunde, dargestellt am Beispiel des Hannoverschen Schweißhundes. 4., neubearb. und erweit. Aufl. 1979. 102
Seiten, 64 Abb., davon 16 farbig auf 3 Tafeln.
Kartoniert 34,– DM

Hans Lux
**Vorstehhunde, Stöberhunde und
Bracken auf der Schweißfährte**
Ausbildung und Führung in der Praxis. 2., bearb.
Aufl. 1977. 102 Seiten, 14 farb. Abb. auf 3 Tafeln.
Kartoniert 16,– DM

Hegendorf/Horst Reetz
Der Gebrauchshund
Eine Anleitung für Zucht und Abrichtung. 14.
Aufl., völlig neubearbeitet von H. Reetz. Ca. 190
Seiten mit ca. 80 Abbildungen. Kunstdruckpa-
pier. Laminierter Einband ca. 32,– DM. Er-
scheint im Frühjahr 1980

Wilhelm Bieger
**Die Bewertung der europäischen
Jagdtrophäen**
6. Aufl., neubearb. und erweitert von Prof. Fritz
Nüsslein. 1977. 80 Seiten, 25 Abb., 4 Tafeln,
zahlreiche Tabellen, Wertziffern und Bewer-
tungsbeispiele. Kartoniert 26,40 DM

**Formeln für die Vermessung
von Jagdtrophäen der Welt**
Formules de Mensuration des Trophées du Mon-
de entier · Formulae for the Measurements of
Game Trophies of the World. Hrsg. vom Conseil
International de la Chasse et de la Conservation
du Gibier (CIC). 1980. Ca. 272 Seiten mit ca. 100
Abbildungen, zahlreichen Tabellen, Wertziffern
und Bewertungsbeispielen. Balacron geb. ca. 60,–
DM. Erscheint im Winter 1979/80

Wild und Hund
Zeitschrift für Jäger und andere Naturfreunde.
Vierzehntäglich erscheint ein starkes, reich und
farbig illustriertes Heft. Im Jahresabonnement
(1980): 74,– DM zzgl. Versandkosten. Kostenlo-
ses Probeheft auf Anforderung

Zeitschrift für Jagdwissenschaft
Unter internationaler Mitwirkung zahlreicher
Mitarbeiter. Schriftleitung: Dr. Erhard Uecker-
mann. Erscheint vierteljährlich. 4 Hefte bilden 1
Band von 192–224 Seiten. Abo.-Preis (1980) je
Band 86,– DM zzgl. Versandkosten

Preisstand: Herbst 1979. Spätere Änderungen
vorbehalten

VERLAG PAUL PAREY · HAMBURG UND BERLIN